민주적 헌법국가

슈타르크 헌법논집

민주적 헌법국가

헌법재판소·기본권·정부제도

김대환 대표편역

시와진실

• **저자 서문**

여기에 모은 논문들은 민주적 헌법국가의 이론에 관한 글들이다. 주로 1991년부터 한국의 학술지와 논문집에 발표했거나, 한국에서 강연했으나 아직 출판하지 않은 논문들이다. 원칙적으로는 독일 헌법의 고찰을 기본으로 했다. 권력의 분립, 기본권 보장, 주기적인 선거로 민주적 정당성을 확보하는 국가권력 등 민주적 헌법국가의 구조는 기본적으로 비슷하다. 이것들은 특별한 헌법기구, 특히 법원을 통해 보장한다.

이러한 의미에서 Ⅰ부에서는 헌법과 헌법재판소에 의한 헌법의 보장을 다루었다. 1장에서는 50년 동안 기본법을 연방헌법재판소를 통해 어떻게 최고 국가기관의 행위와 법률, 법원의 재판을 평가하는 기준으로 적용해왔는가를 설명했다. 여기서는 헌법 해석의 규칙들이 기능하는데(2장), 이 규칙들은 헌법재판소와 법이론이 논증해냈고, 헌법재판소 판결의 기초가 되었다. 권력분립제도는 저절로 보장되는 것이 아니라 그것을 보호하려면 헌법재판의 절차가 필요함이 입증되었다. 독자들은 이에 관한 자세한 것을 연방헌법재판소 설립 50주년에 즈음해 헌법질서와 정치과정에서 연방헌법재판소의 역할을 설명한 3장에서 접할 수 있을 것이다. 헌법재판소는 헌법의 골격법 성격을 준수해야 하고, 민주적으로 정당화된 입법의 정치적 형성 자유를 보장해야 한다(4장). 이어 5

장에서는 헌법재판소에 의한 국민적 기본 콘센서스를 확보하기 위해 비교법적인 고찰을 했는데, 많은 나라의 예를 들어 입증했다. 이는 한국에서도 나타난다. 한국에서는 1987년 헌법으로 헌법재판소를 설치한 이후 정치적 안정이 지속되는데, 이는 어느 정도는 헌법재판소의 설득력 있는 판결 덕분이다. 그리고 6장에는 2012년 12월에 대한민국 헌법재판소에서 열린 헌법재판연구원의 1회 국제학술세미나에서 필자가 강연한 헌법재판소 규범통제 결정의 주문작성과 효과에 관한 논문을 실었다.

Ⅱ부에서는 기본권 문제를 다루었다. 기본권에는 종교와 철학적 특징을 지닌 인간상이 있다(1장). 이 기초는 인간의 존엄성을 보장한 근거로도 드러난다(2장). 법원, 특히 헌법재판소의 심사 기준인 기본권은 판결의 예견 가능성을 보장하는 일반적으로 승인된 해석규칙들을 전제로 한다(3장). 기본권의 효력은 이 해석규칙에 달려 있다. 4장과 5장에서는 사법(私法)에서의 기본권의 효력을 다루었는데, 사법은 입법과 법관의 법률 해석으로 사인의 기본권이 다른 사인의 침해에서 보호받도록 형성되어야 한다. 이는 국가가 책임져야 하는 기본권의 보호기능이다. 기본권으로 보장하는 학문과 연구의 자유는 오늘날 특별한 문제들을

제기한다. 선량한 학문의 실질적인 규칙을 보장하고, 한 연구자가 다른 연구자의 권리를 침해하지 못하도록 보호하는 자유의 한계를 6장에서 다루었다. 7장에서는 결코 물질이 아니며, 학문연구의 수단이 되면 안 되는 태아의 법적 지위를 다루었다.

Ⅲ부에서는 민주적 헌법국가의 제도에 이바지하는 것들을 다루었다. 선거는 대표를 뽑고, 국민을 통합하며, 국가권력의 정당성 확보와 통제를 목적으로 한다(1장). 선거를 바탕으로 기능하는 의회정부제가 국가의 안정성에 어떤 영향을 미치는지는 2장에서 볼 수 있고, 민주국가에서 의회입법의 기능은 그것과 관련성이 있다(3장). 한국에서는 모든 법 영역에 효력을 미친 과거 불법 정권의 행위나 결정과 관련해 독일의 통일이 시사하는 문제들을 다룬 4장이 특히 흥미를 끌지도 모르겠다.

마지막으로 부록에서는 법을 수용하는 이유와 조건, 형태를 다루었다. 이것은 법제도의 국제성과 함께 민주적 헌법국가의 제도와 관련이 있다.

이 책은 2015년 8월에 나올 예정인데, 1910년 8월 — 실제로는 1905년이지만 — 에 일본의 합병으로 잃어버렸던 대한민국의 독립을 다시 찾은 광복 70주년을 기념하고자 한다. 1948년에 대한민국을 건설했으나, 1953년에야 끝난 한국전쟁은 남한과 북한을 38선으로 갈라놓았다. 북한에는 오늘날까지 공산주의 일가가 독재를 한다. 남한은 뒤에 독재정권이 지배하다가 1988년 이후 6공화국부터 안정적인 법치국가적이며 민주적인 나라로 자리를 잡았다. 그렇게 되기까지는 헌법재판소가 중요한 역할을 했다. 2013년에 창설 25주년을 맞이한 대한민국의 헌법재판소를 되돌아보며 이 책을 바친다.

내 논문들을 번역해주신 분들께 깊은 감사를 드린다. 이분들은 내 국가학 이론이 대한민국에서 광범위하게, 특히 학생들에게 알려지게 해주셨다. 학문공동체와 관계를 맺게 해주신 번역자 분들을 책 말미에 간단하게나마 소개했다. 마지막으로 이 책이 나오는 데 노력해주신 김철수 서울대 명예교수님과 김대환 서울시립대 교수님께 감사드린다.

대한민국 헌법재판소 설립 25주년과 광복 70주년을 기념하며

2015년 4월 21일 **크리스티안 슈타르크**

• 편역자 서문

헌법재판소가 활동하기 시작한 후 구체적인 우리 문제를 해결하는 것이 헌법학의 과제가 되어 헌법의 이론도 점점 한국화하고 있다. 이러한 경향은 매우 바람직하다고 본다. 그러나 헌법학계나 헌법재판소가 사용하는 기본적인 개념 틀은 여전히 외국의 선진 법학, 특히 독일 헌법학에서 이어받은 것이 상당히 많다. 그러므로 우리 헌법학을 전개하려면 아직은 독일 헌법학을 이해해야 하고, 그런 의미에서 독일법의 번역은 단순한 비교법적 고찰을 넘어 학문으로서 법학의 연장이라고 할 수 있다.

이 책은 독일의 세계적인 헌법학자 크리스티안 슈타르크 교수님의 주요 논문들을 번역해서 모은 것이다. 슈타르크 교수님은 헤르만 폰 망골트 원저인 『본 기본법 주석서(Das Bonner Grundgesetz Kommentar)』의 저자로도 잘 알려져 있다. 우리나라에도 여러 번 오셔서 대한민국학술원과 헌법재판소를 비롯해 서울시립대, 성균관대, 동아대, 서울대, 고려대 등에서 강의하셨고, 한국 학자들과도 왕성하게 교류하시는 분이다.

교수님의 논문은 국내에 다수가 번역·소개되었다. 이 책은 그 논문들을 한 권의 책으로 정리해 독자들이 슈타르크 교수의 헌법 철학과 이론, 나아가 독일 헌법학을 이해하는 데 도움을 드리고자 기획되어 출판된 것이다. 슈타르크 교수의 업적은 책의 말미에 있는 저서와 논문에서 보는 바와 같이 실로 방대하다. 그래서 이미 독일 굴지의 출판사에서도 주요 논문들을 모아 단행본으로 계속 출판을 하고 있다. 이 번역서도 같은 의도로 출판하는 최초의 한국어 단행본이다.

나는 지난 3월부터 입학처장이라는 중임을 맡아 개인적인 시간을 만들기가 쉽지 않았지만, 야간에 몸을 재촉하며 수개월을 작업한 끝에 이 책을 내놓게 되었는데, 거기에는 이유가 있다. 우선 슈타르크 교수님은 이 번역서를 지난 2013년 우리나라 헌법재판소 설립 25주년에 맞춰 출판하기를 매우 원하셨다. 교수님은 우리나라가 정치적으로 안정되는 데 헌법재판소가 큰 역할을 했다고 믿고 있다. 그런 만큼 한국의 헌법재판소에 애정이 깊었던 것 같다. 그러나 나의 게으름으로 그에 부응하지 못하다가 광복 70주년을 맞아 올해만은 넘기지 않아야겠다고 생각하던 차에 교수님께서 다시 출판을 상의해오셨기 때문이다.

또 다른 이유는 슈타르크 교수님에게 입은 은혜에 보답하기 위해서다. 나는 지난 2003년부터 2년간 독일 괴팅엔 대학에서 박사후과정과 연구년을 함께 하게 되었는데, 그때 기꺼이 지도해주신 분이 바로 슈타르크 교수님이다. 은사이신 김철수 선생님의 소개로 맺은 인연이었다. 이국땅에서의 생활은 모든 게 낯설었는데, 교수님과 사모님의 배려로 우리 가족은 행복한 시간을 보냈다. 독일 생활을 시작한 지 얼마 되지 않았을 때 우리 가족을 댁으로 초대하셨는데, 사모님께서는 직접 구우신 토르테와 차를 내놓으시면서 "이 좋은 차가 있는데 왜 커피를 마시는지 모르겠다"고 하시며, 우리나라의 녹차를 예찬하셨다.

또 그 긴 다리를 접고 마룻바닥에 앉으셔서 내 다섯 살 막내딸 현진이에게 그림책을 읽어주시고, 뒷마당 사과나무에 사다리를 놓고 큰딸 유진이의 손을 잡고 올라가서 사과를 딸 수 있게 해주시기도 하면서 좋은 추억을 만들어 주셨다. 이 모든 게 다 나와 우리 가족이 편안하게 머물기를 바라는 배려였던 것이다. 우리 가족이 머물 숙소와 학교에 연구실을 마련해 주시고, 도서관 활용법도 안내해 주었으며, 당신의 강의와 세미나에 참석하게 하여 독일 법과대학의 분위기를 익히게 하시거나 법대 교수들의 저녁모임에도 초대하셔서 교류하게 해주셨다.

이제와 생각하니 그게 다 당신이 나를 공부시키는 방법이었던 것 같다. 언젠가 아내가 정성을 다해 한국 음식을 차려놓고 교수님 부부를 초대해 대접했는데, 오이 소박이 김치를 맛있다며 한입 커다랗게 드시던 기억이 지금도 새롭다. 그때 나는 교수님의 은혜에 보답하기 위해서라도 꼭 교수님의 저서를 한국에 소개해야겠다고 마음먹었다. 이제 훌륭하신 번역자 분들의 힘을 빌려 이렇게나마 시작을 하게 되었으니 마음이 가볍기 그지없다.

이 책에는 모두 18편의 논문을 실었다. 각 논문의 의의에 대해서는 저자 서문과 김철수 교수님의 추천사에 잘 설명되어 있으므로 여기서는 생략하겠다. 다만 번역자 분들만 잠깐 언급한다. 이 책의 역자 분들은 모두 우리나라의 대표적인 헌법학자들이다. 계희열 교수님은 헌법학도들이라면 다 아는 우리나라를 대표하는 저명한 헌법학자이시다. 일찍이 독일의 헌법해석이론을 번역해 단행본으로 소개해 주셔서 학생으로서 한참 공부할 때 많은 도움을 받은 바 있다.

김효전 교수님은 지속적으로 대한민국 헌법학의 뿌리를 찾아내시는 보배 같은 분이신데, 독일 헌법 이론 번역서 출간도 독보적이시다. 김형성 교수님은 독일에서 슈타르크 교수님의 지도를 받고 박사학위를 받으신 분이다. 국회입법조사처 초대 처장과 한국헌법학회 회장을 지내신 대표적인 헌법학자이시다. 박정훈 교수님은 판사 출신의 행정법학자이신데,

성격이 호탕하시며 전개하는 법 이론이 자기만의 뚜렷한 색깔이 있는, 후배들의 존경을 받는 학자이시다. 송석윤 교수님은 특히 헌법의 정치적 의미를 철저한 고증과 치밀한 논리로 풀어내며, 우리나라 헌법이 가야 할 방향을 제시하는 가히 가까이서 배울 만한 소장학자이시다. 홍강훈 교수님은 독일 튀빙엔 대학에서 정보공개법으로 박사학위를 받은 장래가 촉망되는 행정법학자로, 헌법·경찰법·정보법을 활발하게 연구하시는 분이다. 이러한 분들의 탁월하며 선견적인 번역이 있었기에 이 책을 출간할 수 있게 되었다.

이 책의 출간은 무엇보다 김철수 교수님과 김효전 교수님, 정재황 교수님의 격려와 독려 덕분이다. 특히 김철수 교수님께서는 시와진실 이라는 좋은 출판사와 연을 맺어주셨다. 궂은 일들은 서울시립대학교 법학전문대학원의 박진우 조교가 변호사 시험을 준비하면서도 성심으로 도와주었다. 이 자리에서 고마움을 표한다. 그리고 무엇보다도 기꺼이 출판을 맡아주신 최두환 대표님과 까다로운 글들을 치밀하게 살펴 근사한 책으로 만들어주신 전영랑 편집장님께도 깊이 감사드린다.

슈타르크 교수님 부부와의 추억을 회상하며
2015년 7월 30일 김 대 환

• 추천사

대한민국 학술원 명예회원인 크리스티안 슈타르크(Christian Starck) 교수의 헌법논집, 『민주적 헌법국가』가 출판되게 된 것을 한독헌법학계의 교류를 위해 환영해마지 않는다. 슈타르크 교수는 세계헌법학회의 명예회장이며, 독일 괴팅엔(Göttingen) 학술원 회장, 괴팅엔 대학 총장, 니데작센 지방헌법재판관, 연방헌법재판소 연구관을 지내셨고, 독일공법학자대회 회장과 세계의 수많은 대학의 석좌교수를 겸직하셨다.

저서도 수십 권이 넘으며 논문도 수백 편에 달한다. 그중에서도 독일헌법재판소에 관한 저작과 기본권에 관한 방대한 주석서, 일반 헌법국가에 관한 저서와 논문들이 압권이다. 그의 저서나 논설은 세계 각국에서 번역·출간했는데 아시아에서도 일본·중국·대만에 이어 우리나라에서 출판하게 되어 다행이다.

이 책은 저자의 해박한 철학·종교·비교문화적 소양 위에 쌓인 헌법학의 근본 문제에 관한 논문을 모은 것으로 우리나라 법학도들이 꼭 읽어야 할 책이다. 이것은 헌법학을 공부하는 대학생만이 아니라 대학원생·학자·실무가들이 모두 다시 음미해 보아야 할 중요한 문제이므로 필독해야 할 책이다. 그래야만 헌법학의 모범인 독일제도를 알고 수용할 수 있을 것이다.

이 논문들은 독일학계에서 발표한 것도 있으나, 한국인을 위해 우리나라에 오셔서 처음으로 발표한 논문도 많기에 초판이나 마찬가지다. 슈타르크 교수는 한국을 사랑하는 친한파 교수로 그동안 대한민국학술원과 대한민국 헌법재판소, 각 대학의 초청으로 강연을 해오셨다. 또 우리나라 학자들을 독일에서 유학할 수 있도록 도와주셨으며, 세계헌법학회 한국학회를 응원해주셔서 2018년에 세계헌법학자대회를 서울에서 열 수 있게 도와주셨다.

이 책을 출판하기까지는 번역하신 교수님들의 많은 노력이 있었다. 모두 독일에서 유학하신 학자들이라 아름답고 알기 쉽게 번역해 일반 독자도 쉽게 이해할 수 있을 것이다. 어려운 원문을 우리나라 독자를 위해 번역해주신 데 대해 감사한다. 특히 그동안 번역과 원고 수집, 교정 등에 노력해주신 김대환 교수에게 감사한다. 김 교수의 노력이 없었다면 아마 이 책을 출판하기 어려웠을 것이다.

또 출판 사정이 여의치 않은데도 한국과 독일의 문화교류를 위해 이 책의 출판을 맡아주신 시와진실 대표 최두환 교수님께 감사드린다. 최 교수님은 괴팅엔에서 20년 가량이나 독문학을 연구하셨고, 지금도 한독문화교류에 헌신하시는 분으로 존경해마지 않는다. 끝으로 이 책을 우리나라 독자들이 많이 읽어 대한민국 입헌정치의 발전에 기여하기를 바란다.

2015년 7월 제헌절에 김 철 수

(대한민국학술원 회원, 서울대 명예교수)

• 추천사

독일 헌법학의 대가이시자 세계헌법학회(IACL)를 반석에 올려놓는데 주축 역할을 하신 슈타르크 교수님의 심오한 논문을 모은 명저가 수려한 모습의 한국어판으로 태어남을 매우 기쁘게 생각하며 축하드린다. 이에 출판진에서 추천사를 부탁해 감히 그럴 사람이 못 된다고 여러 번 사양했으나, 한편으로는 이 기쁜 소식을 알리기도 해야 할 것 같아 추천사를 쓰기로 했다.

슈타르크 교수님과의 인연은 오래전으로 거슬러 올라간다. 3회 세계헌법대회가 1990년 일본 도쿄에서 열렸는데, 독일헌법학회의 거목이신 교수님께서 집행부 구성원으로 맹활약을 하실 때였다. 필자의 은사이신 김철수 선생님과도 친분이 돈독하셨다. 교수님의 용안은 솔직히 고백하면 엄격하며 게르만적인 느낌이었는데, 대해주시는 모습이나 말씀은 매우 온화하셨다.

슈타르크 교수님은 우리나라에 몇 번 오셔서 한국을 잘 아신다. 김철수 교수님 추천으로 대한민국학술원의 명예회원이기도 하다. 2009년 대한민국 학술원에서 정부형태의 헌법개정방안에 관한 학술세미나에서도 독일의 의원내각제의 소중한 경험을 소개해주셔서 큰 도움이 된 바 있다. 2012년에는 헌법재판연구원에서 마련한 변형 결정에 관한 세미나에 이젠제(J. Isensee) 교수님과 초청받으신 적이 있다. 세미나 전날 옆자리에 모시고 저녁을 함께 했는데, 모처럼 지난 기억들을 떠올리시던 추억이 새롭다. 연세가 많으시지만 여전히 정정하시며, 학문적 열정은 이루 말할 수 없이 강렬하셨다. 세미나에서 교수님은 친히 필자의 이름을 또렷이 새겨넣으신 당신의 노작 논문을 선물하셔서 몸둘 바를 몰랐다.

2014년에는 루마니아에서 예산법을 주제로 연 세계헌법학회 라운드테이블 겸 집행이사회에서 다시 뵙게 되었고, 필자는 김대환 교수님께서 바쁘신 가운데 마련해주신 당신의 논문 한국어 번역 별쇄본을 드렸다. 매우 기뻐하신 것은 물론이고, 당시에 집행이사회에서 2018년 세계헌법대회 개최지가 치열한 경쟁 속에 우리나라로 결정되는 데도 도와주셨다.

헌법은 주지하다시피 인간의 인격을 발현하는 여러 기본권을 보장하는 최고법이다. 필자가 장황하게 교수님과의 인연을 쓴 것도 그분의 인간미가 담긴 헌법 담론을 독자들도 느끼게 되리라는 생각에서다. 더불어 이 책은 법학도들에게 헌법적 마인드는 물론 비교법적인 시각과 지평을 넓혀주는 소중한 교과서가 될 것이다. 나아가 대학원에서 학자의 길을 열어가는 학생들은 물론 자칫 변호사 시험에만 매달려 헌법 이론을 소홀히 하는 것을 막기 위해서도 로스쿨 학생들의 헌법 공부에 큰 도움이 될 것이다.

교수님의 저작이 이렇게 한국어로 멋지게 나올 수 있었던 것은 무엇보다도 서울시립대 김대환 교수님의 큰 헌신 덕분이다. 김 교수님의 노고가 없었다면 빛을 보지 못했을 것이다. 아울러 학문적인 저작을 한국어로 출간하는 데 흔쾌히 수락하시고 편집에 심혈을 기울여주신 시와진실 여러분께도 심심한 감사의 말씀을 드린다.

이 저작이 한국의 입헌주의는 물론 세계인들의 인권을 보장하는 데 기여하리라는 것을 믿어 의심치 않는다. 그 기여는 바로 독자 여러분의 애독에 있다. 슈타르크 교수님께서도 늘 건강하셔서 후학들을 위해 대작을 계속 펼쳐주시길 기원한다.

2015년 7월 25일 정 재 황

(성균관대 법학전문대학원 교수, 한국공법학회 전 회장)

차례

I부. 헌법과 헌법재판소

Ⅲ부. 선거·정부·입법

● **일러두기**

1. 번역은 최초 것을 유지함을 원칙으로 했으나, 이 책을 출판하려고 수정·보완하기도 했다.
2. 번역은 직역을 원칙으로 했으나, 문맥에 따라서는 원문의 뜻을 살리면서 의역을 가미했다.
3. 문단 구분은 원문을 유지하면서도 읽힘성을 고려해 수정하기도 했다.
4. 법조문 표기는 일반 독자도 읽기 편하도록 '제23조 제1항 제1호'로 하지 않고 '23조 1항 1호' 식으로 했다.
5. BVerfGE 9, 25는 해당 판례가 독일 연방헌법재판소 판례집 9권 25쪽부터 있다는 뜻이다.
6. 인용 쪽수는 해당 국가의 관행을 유지한다는 한국법학교수회의 원칙에 따라 독일 책은 S., 영미 책은 p., 우리나라 책은 쪽으로 통일했다.
7. 사람 이름은 본문에는 한글로만 적고, 561쪽 '인물 찾아보기'에 원명까지 정리해놓았다.
8. 본문에서 쓴 부호와 기호의 뜻은 다음과 같다.

   단행본:『 』

   논문:「 」

   직접 따온 말: " "

   간접 따오거나 강조하는 말: ' '

I부.

헌법과 헌법재판소

1장.

기본법 50년

점령법 속에서 잠정적 조치, 과거의 경험, 미래의 예측을 근거로 제정한 기본법은 옛 연방공화국이 일반적으로 승인한 기본 질서로 확립되었다. 동독이 기본법 23조 수용 조항의 요청을 받아들이고, 기본법을 연방공화국에 편입함으로써 통일의 기초가 되었다. 기본법의 확립과 미래에 대한 기본법의 적응은 연방국가성, 의원내각제 정부 형태, 국가와 시민, 유럽연합의 순서로 예시했다. 물론 여기서는 불가피한 변화도 다룰 것이다. 끝부분에서는 민주적 정당성을 부여한 기관들의 형성 의사에 자율성을 주고, 미래 적응력을 보장하는 기본법의 개괄적 특성을 강조할 것이다.

1. 제정과 안정

1. 점령법 속에서 과도기적 조치의 제정

기본법은 과도기에 처한 국가적 운명에 새로운 질서를 만들기 위해 어렵고 신중해야 했던 시대인 1948~1949년[1]에 탄생했다. 우리 헌법의 명칭인 '기본법'은 이와 같은 과도기적 성격에서 비롯되었다. 당시 이 '기본법'이라는 명칭에 대한 연합국의 반대는 상실한 주권, 즉 행위 능력의 제한과 독일의 분단 때문에 확정적인 해결책을 논의할 수 없다는 주장으로 극복했다.[2] 여기에 따라 기본법 146조도 초안에는 "이 기본법은 독일 국민이 자유로운 의사결정으로 정하는 헌법이 유효해지는 날 효력을 잃는다"고 되어 있었다.

서방 연합국의 점령지에 세운 옛 연방공화국의 기본법이 41년이나 효력을 유지하는 동안 점령법[3]은 점차 해체되었다. 먼저 1952년[4] 독일조약이 있었고, 1968년 5월 27일 통일조약 5조 2항에 따라 연합국의 유보권을 해제하려고 연합 3국의 선언이 있었다.[5] 이때 과도기적 성격으로 시작한 기본법이 완전한 헌법으로 확립되었다.[6] 그러나 이러한 성격은 기본법의 40년 효력에 즈음한 문헌에서는 강조하지 않았다. 동독의 독재가 붕괴되기 반 년 전인 1989년 5월에서 상기해야 할 것이 있다면, 재통일의 위임을 받은 기본법은 서독이라는

---

1) 1948년과 1949년의 헌법 제정은 *Starck*, in: v. Mangoldt/Klein/Starck, GG, Bd. I, 4. Aufl. 1999, Präambel Rdnr. 17ff 참조.

2) JöR 1(1951), S. 16; Parlamentarischer Rat, Plenum, 2. Sitzung(6. 9. 1948), Sten. Ber. S. 11; 9. Sitzung(6. 5. 1949), Sten. Ber. S. 171; 10. Sitzung(8. 5. 1949), Sten. Ber. S. 203.

3) *v. Mangoldt/Klein/Starck*, GG, Bd. 1, 3. Aufl. 1985, Art. 1 Rdnr. 164~168.

4) Vertrag über die Beziehungen zwischen der Bundesrepublik Deutschland und den Drei Mächten vom 26. 5. 1952 und Vertrag zur Regelung aus Krieg und Besatzung entstandener Fragen vom 26. 5. 1952, jeweils in der Fassung des Pariser Protokolls über die Beendigung des Besatzungsregimes in der Bundesrepublik Deutschland vom 23. 10. 1954(BGBI. II, S. 305, 405).

5) BGBl. 1968 I, S. 714.

6) *v. Mangold*, Das Bonner Grundgesetz, 1950, S. 25; *v. Mangoldt/Klein*, Das Bonner Grundgesetz, 2. Aufl. 1957, S. 24ff.

부분 국가의 과도기적 헌법이 기초가 되었다는 사실이다.[7)]

2. 전통과 경험으로 창조한 미래

기본법 제정은 독일 헌법의 전통에 의존했으나 의식적으로 새로운 것도 제시했다. 2가지 모두 취약했던 바이마르 체제와 민족사회주의적 독재라는 나쁜 경험을 근거로 했다. 연방주의는 상황이 좋아 바이마르 헌법보다 강화되었고, 연방정부의 체제에서 큰 영향력을 갖게 되었다. 즉 주는 연방상원을 통해 연방의 입법과 행정에 참여했는데, 제국상원이 독일의 주를 대표하는 것보다 훨씬 강했다.

의원내각제 정부 형태는 바이마르 헌법에 비해 많이 달라졌다. 제국 하원과 대통령의 민주적 정당성에 관한 이원주의는 다시 도입하지 않았으나, 약한 연방대통령과 특히 건설적 불신임제도로 기반이 강한 수상제도를 도입했다. 정당은 일반적 결사의 권리에서 분리해 기본법 21조에 헌법적으로 제도화했으며,[8)] 정당에게는 과제가 주어지고 조직이나 재정과 관련해서는 의무가 부과되었을 뿐만 아니라, 정당 해산에 대해서는 특별한 헌법적 보호를 허용했다.

기본법에서 시민과 국가의 관계는 1조 1항에 규정한 인간존엄성의 보장으로 확인했다. 1조는 1항과 2항에서 인간의 존엄성을 존중

---

7) *Christian Starck*, über Auslegung und Wirkungen der Grundrechte, in: *Heyde/Starck*(Hg.), Vierzig Jahre Grundrechte und ihre Verwirklichung durch die Gerichte, 1990, S. 9. 파울 키르히호프(*Paul Kirchhof*)는 기본법 시행 40주년 기념 논문(Gegenwartsfragen an das Grundgesetz, JZ 1989, S. 453, 454)에서 국제 협력을 위한 개방성은 독일 통일을 위한 개방성일 수 있음을 지적했다.

8) 정당은 국가기관이 아니다. BVerfGE 52, 63, 85 참조.

하며 보호할 것을 모든 국가권력의 의무로 하고, 불가침과 불가양의 인권에 대한 독일 국민의 신념을 정했다. 이렇게 함으로써 기본법은 기본권이란 국가가 먼저 정한 다음에 보장한다는 실정법적 관념을 극복했다. 기본법은 역사적으로 발전하며 자연법적으로 근거가 된 인권에서 출발했다.[9] 국가는 이러한 인권을 인정해야 하며, 기본권으로 구체화하고 보장하게 된다.

제헌의회[10]의 보고자인 폰 망골트 박사의 기술에 따르면, 기본권은 폭넓고 법적으로 불확실한 바이마르 양식을 채택한 것이 아니라 '고전적인 기본권'의 의미로 형성되었다. 그의 말을 그대로 옮기면 다음과 같다. "바이마르 헌법 Ⅱ부에 있었던 것처럼 직접 효력이 있는 조문들과 단지 입법을 위한 프로그램을 제시하거나 실행하기 위해 구체적인 입법을 필요로 하거나, 자유권만이 아니라 특정한 법제도의 유지를 보장하는 조문들을 혼합하는 것은[11] 법적으로 큰 어려움을 불러왔다. 이러한 어려움은 될 수 있으면 피해야 했다. 그래서 기본권을 다음과 같이 체계화하기에 이르렀다. 즉 1조 3항에 표현한 것처럼 기본권이 입법·행정·사법과 나아가서는 연방과 주를 비슷하게 구속하는 '직접 효력을 갖는 권리'[12]로 인정하도록 규정했다."

기본법 1조 3항과 연방헌법재판소 설치는 기본권의 권리를 입법자보다 높게 만들었다. 기본권 목록에서 당시 국제적으로 많이 논의

9) *Christian Starck*, Der demokratische Verfassungsstaat, 1995, S. 415.

10) Parlamentarischer Rat, 1948/49, Schriftlicher Bericht zum Entwurf des GG, Drs. Nr. 850, 854, S. 5.

11) 이에 망골트는 기본법 6조, 7조, 5조 3항 2문 때문에 어떤 제한을 설정했다(a. a. O., S. 6).

12) 강조는 원문.

한 사회적 기본권은 기본법 20조 1항의 사회적 연방국가 규정과 28조 1항 1문의 사회적 법치국가 규정에 두 차례 부가적 형식으로 표현한 사회적 국가 목표[13)]를 수용하면서 완화되었다. 이렇게 해서 사회적 균형이라는 국가적 과제[14)]는 자유권과 분리되었고,[15)] 그것을 실행하기 위해 입법자에게 사회적 급부의 확장과 축소에 대한 광범위한 형성적 활동 영역이 주어졌다.

국가와 교회의 관계는 바이마르 헌법에서 그대로 가져왔다. 바이마르 문화협상[16)]이라는 이 규정은 국교로서의 교회를 폐지했다. 그러나 종교적으로 중립적인 국가는 정신생활을 배려하는 제도로 종교단체를 우대했다. 그러나 바이마르 문화협상은 합의하기가 어려워 협상과정에서 다시 기본법에 수용되었다.[17)] 국가와 교회의 관계에 대한 바이마르 헌법의 규정은 학설이나 연방헌법재판소의 판례에서 확인한 것처럼 극도로 활성화된 규범이다.[18)] 그래서 연방헌법재판소도 바이마르 헌법 137조 3항의 한계 형식에서 교회질서와 국가질서를 일치시키려면 기초를 인식해야 한다고 했다.

여기에 따르면 국가의 법률은 교회의 본질적이며 고유한 질서를 침해하면 안 되고, 교회의 율법도 국가의 불가피한 질서를 침범

---

13) *Hans Zacher*, Das soziale Staatsziel, HStR 1(1987), §25 Rdnr. 1ff. m.w.N.

14) 이는 "시민의 자유와 평등을 사실상 제약하고, 개인의 완전한 개성 신장과 국가의 정치적·경제적·사회적 형성의 모든 일에 효과적으로 참여하는 것을 방해하는 경제적·사회적 유형의 난관을 제거하는 것은 공화국의 과제"라고 적절하게 기술한 이탈리아 헌법 3조 2항 참조.

15) BVerfGE 59, 231, 263; 70, 278, 288; 82, 60, 80.

16) *Ernst-Rudolf Huber*, Deutsche Verfassungsgeschichte, Bd. VI, 1981, S. 858ff, 867ff.

17) *v. Mangoldt/Klein/v. Campenhausen*, GG, Bd. 14, 3. Aufl. 1991, Art. 140 Rdnr. 7.

18) 개괄적으로는 *Alexander Hollerbach*, Religion und Kirche im freiheitlichen Verfassungsstaat, 1998.

하면 안 된다.[19] 바이마르 헌법의 교회 조항은 새 주들의 헌법 제정(1992~1993)에서 참조[20]하며 보충했다.[21] 학교 정규 과목으로서 신앙구속적 종교수업의 지위 규정은 바이마르 헌법 149조를 계승했다. 강제에서 교사와 학생을 해방시키는 규정도 마찬가지다. 국가와 교회의 관계 규정에서 바이마르 헌법에 의존한 것은, 독자적인 세계관을 제시하며 교회를 적으로 보았던 나치정권기에 이루어진 교회를 부정적으로 대우한 것에 대한 답이기도 했다. 파괴된 평화는 바이마르 헌법의 규정을 계승해 복구해야 했다.[22]

3. 기본법으로 재통일

동독에서 공산당의 독재가 붕괴된 직후[23] 재통일을 하기 위한 정치적 의사가 등장했다. 자유로운 의사결정으로 국가적 통일을 이루기 위해 기본법은 원래 초안에 2가지 길을 제시했다. 하나는 기본법 146조에 따른 헌법 제정이고, 또 하나는 기본법 23조 2문에 따라 동독을 편입하고 기본법의 효력을 동독지역으로 확대하는 것이다.[24] 23조를 통한 길을 선택한 것은 옛 연방공화국과 동독에서 보

---

19) BVerfGE 42, 312, 340; 53, 366, 401; 66, 1, 22; 70, 138, 167; 이는 *Christian Starck*, Ius utrumque im Wandel der Zeiten, in: Festschrift für Martin Heckel, 1999, S. 275, 291ff 참조.

20) Art. 9 Abs. 1 MW; Art. 109 Abs. 4 SV; Art. 32 Abs. 5 SAV; Art. 40 ThV.

21) Art. 36ff. BbV; Art. 9 Abs. 2 und 3 MVV; Art. 109 Abs. 1-3 SV; Art. 32 Abs. 1-4 SAV; Art. 41 ThV.

22) *v. Mangoldt/Klein/v. Campenhausen*, GG, Bd. 14, 3. Aufl. 1991, Art. 140 Rdnr. 70.

23) 처음에는 동독의 과도정부만이 아니라 콜 수상 측에서도 10대 계획 속에서 조약 공동체와 연합을 집중적 협력의 국제 법적 기구로 국가 통일의 전 단계라고 불렀다. *Christian Starck*, Deutschland auf dem Wege zur staatlichen Einheit, JZ 1990, S. 349, 351f 참조.

24) BVerfGE 36, 1, 2, 28f은 명시적으로 재통일 방법으로 명명했다. 주석서에서 관련 문헌은 *Starck*, JZ 1990, S. 349, 352 FN 19.

여준 기본법의 권위에 힘입은 바가 크다. 재통일로 당면하게 된 국제사회에서는 기본법에 기초한 연방공화국의 국제적 신뢰와 초국가적 결속이 일정한 역할을 했다.[25)] 40년에 걸쳐 기본법의 효력을 많이 개정하면서도 기본법을 국가의 법적 기본 질서로 특별히 안정시켰으며, 나아가서는 외국의 헌법 발전에도 큰 영향을 주었다.[26)]

그러나 기본법 23조 2문을 적용하는 데 결정적으로 문제가 된 것은 동독의 정치적 의사였다. 1949년에 헌법제정권을 행사할 수 없었던 동독 국민은 두 번의 절차에서 보충하며 행사했다.[27)] 첫 번째는 1990년 3월 18일에 실시한 국민의회의 총선거에서였다. 여기서는 기본법 23조 2항에 근거해 빠른 국가적 통일을 요구한 정당이 4분의 3 이상을 얻었다. 두 번째는 1990년 8월 23일[28)]에 실시한 국민의회의 편입결정에서였다. 이 결정에서는 국민의회의 법적 재적의원 400명 중 363명이 참석했고, 294명이 기본법에 편입하는 것을 찬성했다. 이는 의원수로 보면 3분의 2를 넘고, 투표자수로 보면 4분의 3을 넘는 것이었다.

편입을 전제로 전문과 기본법 146조[29)]는 고쳐야 했고, 23조는 폐

---

25) 이 관련성은 *v. Mangoldt/Klein/Starck*, Das Bonner Grundgesetz, Bd. I, 3. Aufl. 1985, Präambel Rdnr. 38(현재는 Bd. I, 4. Aufl. 1999, Präambel Rdnr. 47)에서 명백히 했다.

26) *Christian Starck*(Hg.), Grundgesetz und deutsche Verfassungsrechtsprechung im Spiegel ausländischer Verfassungsentwicklung, 1990; *Klaus Stern*(Hg.), 40 Jahre Grundgesetz. Entstehung, Bewährung und internationale Ausstrahlung, 1990, S. 235~319; *Ulrich Battis/E. G. Mahrenholz/Dimitris Tsatsos*(Hg.), Das Grundgesetz im internationalen Wirkungszusammenhang der Verfassungen, 1990.

27) 옛 기본법 전문 참조.

28) *Klaus Stern*, in: Stern/Schmidt-Bleibtreu(Hg.), Einigungsvertrag, 1991, S. 21.

29) 개정 146조의 의미에 관한 논쟁은 *Martin Heckel*, Die Legitimation des Grundgesetzes durch das deutsche Volk, HStR Bd. VIII(1995), §197 Rdnr. 86ff과 거기에 표시한 관련 문헌도 참조.

지해야 했다. 135a조에는 동독의 구속성에 관한 규정을 추가했다. 새로 넣은 143조에는 여러 경과 규정이 있는데, 그동안 유효기간이 지난 것도 있고, 일부는 1990년 7월 15일에 공개한 재산문제를 규정하기 위해 두 정부의 공동선언 1조의 헌법 적합성을 확보하는 것을 목적으로 했다. 여기에 따르면 점령법적 기초 위에서 이루어진 수용은 취소할 수 없다.[30] 기본법 51조 2항의 개정으로 700만 이상의 주민을 확보한 4개 주는 투표권 비율을 적정하게 하려고 연방상원에 더 많은 표를 확보하게 되었다.[31]

4. 헌법의 개정

1999년 5월에는 50년 동안의 기본법 효력을 축하할 뿐만 아니라, 50번째의 헌법 개정도 할 수 있다는 가정이 크게 틀리지 않았다. 1990년의 통일조약은 36번째의 기본법 개정을 포함했다. 그후 기본법을 10번 개정했는데, 가장 최근은 1998년 7월 16일로 46번째 개정이었다.[32] 중요한 개정 내용을 살펴보면 1950년대에는 재정헌법을 4번 개정했고, 방위헌법을 도입했다. 1950년대에는 10번 개정했고, 대연정 기간이었던 다음 10년 동안에는 16번 개정했다. 여기서 특히 중요한 것은 1967년과 1969년 두 차례에 걸친 예산·재정 개혁과 1968년의 위기헌법이다. 1970년대에는 8번 개정했는데, 연방

30) 기본법 143조 3항은 기본법 79조 3항과 부합하지 않는다고 한다. 그렇게는 BVerfGE 84, 90, 120~128.

31) BT Drs. 11/7760, S. 355ff.

32) BGBI. I, S. 1822.

입법권을 확대하는 것이 주 내용이었다. 1980년대에는 잠잠했는데, 1983년의 유일한 개정에서는 기본법 21조 1항 4문의 회계의무에 정당의 재산을 공시해야 하는 회계의무를 추가했다.

1990년대에는 1992년 마스트리히트 조약과 1994년 공동헌법위원회의 제안으로 대폭 개정했다. 다른 3번의 개정은 재정헌법에 관한 것이고, 70조와 83조 이하의 권한 규정이 주요 개정 대상이었다. 1993년에는 망명권을 개정했고, 1998년에는 주거불가침권을 새로운 형식과 매우 자세한 기술방식으로 개정했다.[33] 지금까지 기본권 개정에서 볼 수 없었던 이 새롭고도 어려운 형식[34]은 법률을 제정하는 의회의 단순 과반수에 대해 불가피하게 헌법 개정을 함께 해야 하는 야당의 불신으로 생겼다. 이 두 경우는 헌법 개정에 이른 협상은 구조적으로 법률 규정들이 헌법적 지위를 제고해야만 이루어질 수 있었다.[35]

망명협상에서는 정치적으로 추적 위협을 받지 않는 망명신청자를 줄이기 위한 입법자의 목표는 기본법 16조를 기준으로 내린 행정법원과 연방헌법재판소 판례의 배경 앞에서는 법기술적으로 기본법 16조의 제도적 보장을 바꾸어야만 이룰 수 있다는 점이 부가되었다. 16a조 2항부터 4항의 형성에서 기본법에 수용한 것과 마찬가지로 입법자는 이러한 규정들을 제정할 수 있었을지도 모른다. 그러나 헌법

---

33) *Michael Brenner*, Die neuartige Technizität des Verfassungsrechts und die Aufgabe der Verfassungsrechtsprechung, AöR 120(1995), S. 248, 258ff.

34) *Hans H. Klein*, Art. 16 a GG: Ein mißglücktes Gesetz?, in: Diederichsen/*Dreier*(Hg.), Das mißglückte Gesetz(Abhandlungen der Akademie der Wissenschaften, philol.-hist. Klasse III, 223), 1997, S. 96, 115ff. m.w.N.

35) *Andreas Voßkuhle*, Verfassungsstil und Verfassungsfunktion, AöR 119(1994), S. 35, 40ff.

개정권자는 그렇게 하지 않았고, 먼저 법원이 옛 기본법 16조를 제도적 보장으로 해석할 수 없도록 봉쇄했기 때문에 법적 결과를 제도적 보장에 접근시키고, 망명권을 기본권으로 승인하려는 시도가 기본법 16a조와 함께 이루어졌다. 그러나 이러한 개정들은 헌법을 안정시키는 데는 도움이 되지 않는다.

2. 미래의 확신과 적응

1. 연방국가성

1) 과제와 재정의 분배

국가의 과제는 독립된 기간제 선거로 민주적 정당성을 확보하는 주와 연방에 분배된다. 이는 원칙적으로 잘 유지되었고, 권한과 재정분배 방식을 개정해 변하는 상황에 대응하려고 했다. 과거에는 단일화와 중앙집중화 경향 속에서[36] 연방국가성은 연방공화국이 안정하는 데 본질적 요소가 되었다. 1990년 10월 3일 독일 재통일 이후 연방적 국가 구조는 동서의 결합과정을 쉽게 하는 요인이 되기도 했다. 연방에 새로 편입된 5개의 동독지역 주들의 독자적 국가성을 통해 국가권력의 일부분은 오직 옛 동독 주민에 의해서만 정당화되고 행사되었다. 이것은 1991~1993년에 있었던 주헌법 제정에서 표현되

---

36) *Konrad Hesse*, Der unitarische Bundesstaat., 1962; *Fritz Ossenbühl*, Föderalismus nach 40 Jahren Grundgesetz, DVBl. 1989, S. 1230, 1233ff; *Klaus Kröger*, Einführung in die Verfassungsgeschichte der Bundesrepublik Deutschland, 1993, S. 138ff. m.w.N.; *Christian Starck*, Unitarisierung des Rechts im Bundesstaat, in: Festschrift zum 50jährigen Bestehen des BayVfGH, 1997, S. 229.

었는데,[37] 주헌법기관들의 정치적 활동과 선거에서 지속적으로 나타났다. 비록 연방정책이 주에게 지나치게 영향을 주고, 주가 연방상원에 미치는 힘이 커진다고 해도 연방국가성은 매우 중요하다.

미래에 이행할 능력이 있는 주들로 구성한 연방국가성은 유럽연합과의 관계에서 매우 중요하다. 이때 유럽연합 내부의 다양성은 유지해야 하는데, 독일 입장에서만 보면 민족국가적 특성을 충분히 확보하지 못했다. 통일조약 5조에 근거해 구성한 연방 하원과 상원의 공동헌법위원회는 연방국가적 질서를 개혁하려고 입법권의 분배와 행사, 입법절차안을 제시했고,[38] 모두 헌법에 수용했다.

공동헌법위원회의 제안에 따르면 먼저 입법권에서는 연방상원을 강화해야 한다는 것이고, 둘째는 더 중요한 것으로 경합적 입법권이 항상 연방으로 넘어가는 것을 막아야 한다는 것이다. 입법권이 주에게로 넘어가는 것은 부차적인 문제이며 연방의 권한 확보로 보상된다. 입법 영역에서 이러한 새 규정들은 연방 영역에서 얼마나 통일적 입법이 요청되는지를 잘 지적했다.

기본법 75조의 포괄 입법과 관련된 개정은 연방이 직접 효력이 있는 법으로 구체적 사항을 규정하는 것을 어렵게 하고, 주가 본질적인 입법 가능성을 유지하도록 하는 것이다. 연방헌법재판소가 그것의 적용을 완전히 입법자의 재량에 맡긴 예전의 필요 조항은, 연방헌

---

37) *Christian Starck*, Die Verfassungen der neuen Länder, HStR Bd. IX(1997), §208 Rdnr. 9ff, 22ff, 51ff, 84f. m.w.N.

38) BT Drs. 12/6000, S. 30ff; 이것과 그 이하는 *Christian Starck*, Die Bundesstaatlichkeit und die Gemeinsame Verfass.ungskommission, in: Festschrift für Walter Remmers, 1995, S. 159, 162ff 참조.

법재판소가 그것의 엄수를 감시하는 법적 기준으로 변형되어 연방이 경합적 입법권을 차지하는 것을 막는 데 대단한 노력을 했다.

연방국가성의 중추인 재정헌법을 개정하는 데 공동헌법위원회는 아무런 제안도 하지 않았다. 1993년, 1995년, 1997년에[39] 있었던 재정헌법의 최근 개정들은 연방의 조세징수액에서 근거리 교통을 위한 주의 몫만이 아니라, 주와 지방자치단체를 위해 새로운 거래세 분배를 다루었다. 기본법에서 재정헌법의 근본 문제는 연방과 주가 과제 수행에 필요한 재원을 독자적인 징세로 마련하는 것이 아니라는 데서 찾아야 한다. 기본법은 오히려 105조의 조세입법 권한 규정으로 연방이 배타적인 조세입법을 하게 한다. 연방법으로 규정한 조세수입은 지분권을 비롯해 분리체제와 결합체제에 따라 연방과 주와 지방자치단체에 분배된다.

세수분배의 목표는 기본법 104a조 1항에 연방과 주가 과제를 수행할 때 따르는 지출을 충당하는 것으로 되어 있다. 여기에 따르면 세수는 연방과 주가 비슷하게 쓸 수 있도록 분배해야 한다. 기본법은 여러 조문에서 연방의 세수를 주에게 분배하거나, 주의 과제를 연방과 공동으로 부담하라고 되어 있다.[40] 이러한 협동적 연방주의 제도는 주의 재정 자립을 침해하고, 주의 의회정부 형태에 결정적으로 나쁜 영향을 주었다. 왜냐하면 주의회의 예산안 승인권이 침해되기 때문이다.[41] 연방이 지불한 재정 보조와 지방자치단체의 과제 수

39) 40. ÄndG v. 20. 12. 1993(BGBl. 1, S. 2089), 43. ÄndG v. 3. 11. 1995(BGBl. 1, S. 1492) und 44. ÄndG V. 20. 10. 1997(BGBl. 1, S. 2470).

40) Art. 104 a Abs. 4, Art. 106 Abs. 4 Satz 2, Abs. 8, Art. 91a, 91b GG.

41) 24. 9. 1991. Nds. Landtag Drs. 12/3797, S. 27의 독일 주의회의 의장협의회 결정 참조.

행의 범주에서 지불한 금액은 세수분배에서 주의 몫을 늘려야 하며,[42] 예산 사용은 전체 경제의 균형이라는 전제에서 비교적 주의회의 자유로운 결정에 맡겨야 한다.

2) 개혁의 요청

개혁의 중심에는 주의 독자성이 확보되어야 한다. 협동적 연방주의의 다양한 형태로 정치적 얽힘을 풀고, 정치적 행위를 분명하게 책임지게 하는 것이 이러한 목적을 위한 개혁의 중요한 과제다.[43] 주입법권은 주정책에 대한 책임이 연방상원의 공동작용보다 주의 결정에 집중되어야 한다. 이렇게 해야 주의회의 정치적 의미가 다시 커지고, 주에서 의회정부제의 공동화 현상이 사라지거나 중단될 수 있다. 그러면 주행정부의 힘은 다시 약해질 것이다. 지금까지 주행정부의 권력은 주끼리의 협력이나 주와 연방의 협력에서 '접촉특권'[44]으로 연방국가의 일원화를 강력하게 추진했다. 주의 독자성과 관련해 연방 영역을 새로 나누는 것은 해결하지 못한 과제로 남아 있다.

연방국가의 재정헌법은 상반되는 2가지 원칙을 고려해야 한다. 하나는 주의 재정 자치이고, 또 하나는 연방의 일원으로서 연대성이다. 새 주들을 위한 불가피한 과도 규정들이 옛 헌법상의 재통일 요청을

---

42) *Christian Starck*, Finanzausgleich und Finanzhilfen im Bundesstaat, JZ 1975, S. 363, 364f.

43) *Fritz W Scharpf*, Die Politikverpflechtungsfalle, PVS 26(1985), S. 323ff; *Wolf-Rüdiger Schenke*, 40 Jahre Grundgesetz, in: JZ 1989, 653, 662; *Fritz Ossenbühl*, in: ders. (Hg.), Föderalismus und Regionalismus in Europa, 1990, S. 117, 151ff, 154f; vgl. die Beiträge von *Hans-Peter Schneider, Klaus Dirk Henke* und *Gunnar Folke Schuppert*, in: Staatswissenschaften und Staatspraxis 4(1993), S. 3~42; *Irene Kesper*, Bundesstaatliche Finanzordnung, 1998, S. 135. M.w.N.

44) *Peter Glotz/KlausFaber*, HbVerfR 2. Aufl. 1995, §28 Rdnr. 60.

실현하는 연대성 원리[45]에 근거했음을 볼 때, 앞으로 재정헌법은 재정의 자립과 거기에 따른 주들의 책임을 강조하는 형태로 바뀌어야 한다. 즉 세수는 연방의 과제와 주의 과제가 동일한 가치가 있다는 전제에서 제대로 분배해야 하고(대칭분배), 연방이 주의 과제를 공동으로 부담하거나 재정을 할당하는 일은 될 수 있으면 피해야 한다.[46] 그리고 주에게는 독자적인 세입 가능성이 있어야 한다.[47] 자치적 과제 수행은 미국이나 스위스처럼 조세 자치를 전제로 해야 한다.

주끼리의 수평적 평준화는 원칙적으로 연방적 연대성의 표현으로 정당하며 필요하다. 그러나 일반적인 분배 기준은 재정 자립을 지나치게 제한하고, 독자적으로 재정 능력을 증진할 동기를 저하시킨다.[48] 주의 경제와 재정 정책의 상이한 성과는 당시에는 재정적으로 나타나지도 않았고, 유권자가 주들을 정치적으로 비교하는 데 어렵게 만들었다. 왜냐하면 오늘날은 실용적인 재정 조정으로 부족한 세수를 메꾸기 때문이다. 그러나 세수 부족 걱정은 하지 않아도 되게 되었다.

그러나 기본법 107조 2항은 주의 상이한 재정 능력의 적정한 조정만을 요구한다. 즉 사회보장을 위한 비용 부분에서 나타나고, 특

45) *Peter Selmer*, Grundsätze der Finanzverfassung des vereinten Deutschlands, in: VVDStRL 52(1993), S. 11, 31ff; *Gunnar Falke Schuppert*, Der bundesstaatliche Finanzausgleich, in: Staatswissenschaften und Staatspraxis 6(1995), S. 675, 689f.

46) *Kesper*(각주43), S. 218ff.

47) *Kesper*(각주43), S. 335ff; *Hans-Günter Henneke*, Reform der Aufgaben-und Finanzbeziehungen von Bund, Ländern und Kommunen, 1999, S. 134ff.

48) 이하는 *Kesper*(각주43), S. 273ff; *Klaus-Dirk Henke*, Maβnahmen zur Stärkung der Eigenstaatlichkeit der Länder, in: Staatswissenschaften und Staatspraxis 4(1993), S. 10, 15ff; *Wolfgang Renzsch*, Einheitlichkeit der Lebensverh?ltnisse oder Wettbewerb der Regionen?, in: Staatswissenschaften und Staatspraxis 8(1997), S. 87ff; *Edzard Schmidt-Jortzig*, Herausforderungen für den Föderalismus in Deutschland, DöV 1998, S. 746, 749f 참조.

히 재정 구조가 취약한 주에 부담이 되는 특별한 세출 부담은 수평적 재정 조정으로는 어렵다. 오히려 세출 부담의 책임은 연방법 때문에 야기된 주의 세출을 위해 바꾸어야 한다.[49] 재정헌법의 새 질서는 겉으로 보기에는 돈문제로 보인다. 그러나 핵심은 주의 독자적 국가성에 대한 보장이며, 주에서 의회정부제를 존속할 것이냐는 문제이니 다시 헌법학도들이 관심을 가져야 한다.

2. 의원내각제

의원내각제 정부 형태는 대표의 사상에 근거했다. 의회와 정부로 들어간 정치인들은 형성하고 결정한다. 국민은 판단하고 통제하며 정치가들의 결정을 기간제 선거로 정당화시킨다. 의원내각제 정부의 또 다른 특징은 정부가 의회 다수파의 신임에 종속된다는 것이다. 기본법 제정 당시 의원내각제 정부는 바이마르 헌법과 비교하면 근본적으로 달라졌고 개선되었다. 기본법은 바이마르 헌법 22조와는 달리 비례대표제를 확고히 했다. 또 직접 민주적 정당성이 있는 강한 대통령을 부정하고, 정당정책적 합의로 정부를 구성하는 수상을 강하게 만들었다.

1) 선거법

의원내각제 정부를 안정시키는 요소는 연방선거법의 규정이다. 여기에 따르면 연방의회의 의석 배분에는 선거구에서 행한 유효한

49) 이에 대해 상세하게는 *Kesper*(각주43), S. 296ff.

두 번째 표를 최소한 5% 이상 확보하거나, 적어도 3개 이상의 지역구 선거에서 행사한 첫 번째 표에 근거해 의석을 차지한 정당만이 참여할 수 있다. 연방헌법재판소도 표의 결과 가치의 평등성을 침해하는, 이른바 봉쇄 조항을 평등선거의 원칙과 일치하는 것으로 판단했다(기본법 38조 1항 1문).[50)]

선거는 무엇보다도 국민의 의사를 거울처럼 반영해 유권자 개개인의 정치적 의사를 현실화할 뿐만 아니라, 의회를 정부 구성과 입법과 통제를 위해 충분히 기능할 수 있는 국가기관으로 만들어야 하기 때문이다. 물론 여기서 비례대표제의 봉쇄 조항은 기본법에 따라 가능한 한 대선거구의 다수대표제와 비례대표제보다 투표 가치의 평등을 적게 침해한다는 점도 고려해야 한다.

이러한 논거는 첫 번째 표에 의해 다수대표제와 함께 운용되는 비례대표제의 초과의석도 정당화시킨다.[51)] 한 정당이 두 번째 표를 통한 순수한 비례대표의 결과에 따라 배정하는 의석수보다 더 많은 의석수를 첫 번째 표로 당선시켰을 때는 그 정당이 직접 당선시킨 수만큼 의석수를 갖게 된다. 의석은 비율에 따라 분배되어야 하므로 다수대표제는 예외일 때만 초과의석을 허용하는데, 대개 큰 정당에게만 유리하다. 니더작센 주정부가 제기한 규범 통제에 근거해 여론이 격렬하게 논쟁한 후, 연방헌법재판소가 4대 4로 연방선거법의

---

50) BVerfGE 6, 84, 89ff; 51, 222, 234ff; Grundmandatsklause l의 비례성은 BVerfGE 95, 408, 420ff 참조.

51) *Hans-Jürgen Papier*, Überhangmandate und Verfassungsrecht, in: JZ 1996, S. 265ff; *Christian Starck*, Die Vergröβerung der Mehrheit durch Überhangmandate, in: FAZ v. 15. 11. 1994/Nr. 266, S. 15; *Hans Meyer*, Überhang und anderes Unterhaltsames aus Anlaβ der Bundestagswahl 1994, in: KritV 1994, S. 312, 333ff.

관련 규정을 합헌으로 선언함으로써 1994년 연방의회 선거의 초과의석은 적법해졌다(CDU 12석, SPD 4석).[52)]

이 결정에서 이긴 법관들은 선거에서 평등원칙을 위반했음을 확인했다.[53)] 1998년 연방의회 선거에서 초과의석이 오로지 사민당에게만 유리하게 돌아가자 여론이 좋지 않았다. 아마도 만족스러운 것으로 판명된 4대 4의 결정[54)]보다는 당시 초과의석을 반대한 니더작센 수상이 연방수상보다 즐기게 됐다는 점에서 비롯된 것으로 보인다.

요약하면 이러한 일련의 과정은 초과의석에 반대하는 법적 투쟁이 재개되지는 않을 것이라는 올바른 평가로 연결된다. 초과의석은 승자, 즉 야당에 대해 정부의 우위를 확대시키며, 작은 연정 상대보다 큰 연정 상대의 지위를 강화시킨다. 이것은 바로 정부를 안정시키고 통치 부담을 덜어줄 뿐만 아니라 일반적으로 환영받는다. 특히 정부가 4년마다 다시 통제되고 합법화되는 상황에서는 더 그렇다.

2) 정 당

기본법 21조로 제도화한 정당은 국민의 정치적 의사형성에 기여할 뿐만 아니라,[55)] 선거법으로 정당을 우대함으로써 연방공화국의 정부체제에서 매우 중요한 위치가 되었다. 왜냐하면 당원이 아니면 유권자가 아무런 영향력도 행사할 수 없는 주 명부작성에서 정당의

---

52) BVerfGE 95, 335, 349~367.

53) BVerfGE 95, 335, 367~407.

54) 그에 대한 일반적인 비판으로는 *Christian Starck*, Die Begründung mit Stimmengleichheit erlassener Entscheidungen des Bundesverfassungsgerichts, in: Gedächtnisschrift für Geck, 1989, S. 789, 791ff 참조.

55) BVerfGE 52, 63, 85.

존재는 불가피하기 때문이다. 특히 정당은 관직배분에서 권력적 지위를 이용한다. 다른 원칙을 적용하는 장관의 임명 외에는 정당이 당연하게 연방과 주의 모든 상위 관직을 조종하는 것은 놀라운 일이다. 이는 모든 독일 국민이 개성과 능력과 전문성에 따라 모든 공직에 오를 수 있다는 헌법 33조 2항의 규정과 배치되는 면도 있다.[56)]

연방헌법재판소의 예를 들면[57)] 재판관 16명은 연방 하원과 상원에서 절반씩 뽑는다. 더구나 하원에서는 위원 2명으로 구성한 위원회에서 뽑는다. 사민당과 기민·기사당 사이에는 두 정당이 각각의 재판부에서 재판관 4명씩을 추천한다는 불문의 합의가 있다. 재판관 선출은 3분의 2 이상이 찬성해야 하므로 다른 정당의 동조가 필요하다. 따라서 정당은 협상한 후보만이 위원회에서 선출되게 한다. 양대 정당이 과점한 상태에서는 연정 파트너의 추천권 배제도 나타난다. 중립적 인물을 추천한다고 양대 정당이 항상 합의하는 것은 아니다. 물론 이것 때문에 재판관 중 정당원이 다소 줄기도 했다. 법적으로만 3분의 2라는 의결정족수를 재판관 선출을 위해 환영해야 한다면,[58)] 연방헌법재판소의 구성에서 양대 정당이 과점하는 것은 명백히 기본법 33조 2항을 위반하는 것이다.

3) 연방상원

주가 연방상원을 통해 연방의 행정과 입법에 참여하는 것은 연방

---

56) 앞의 의미에서는 *Kirchhof*, JZ 1989, S. 457도 참조.

57) 그에 대한 참고문헌은 *Wilhelm Karl Geck*, Wahl und Amtsrecht der Bundesverfassungsrichter, 1986, S. 31ff, 45f.

58) 이는 *Ernst Benda*, in: Benda/Klein, Lehrbuch des Verfassungsprozeβrechts, 1991, Rdnr. 88 참조.

공화국 정부체제의 중요한 특징이다. 연방의 책임을 두 차원에서 지게 하고, 그것으로 종적 권력분립을 탄생시킨 연방주의는 연방상원의 통치적 제도로 수평적 권력분립을 확대했다. 정치적 책임을 지는 연방상원의원들은 대개 결정하는 절차에 경험과 협상력이 있다. 연방상원에서 정당정치적 긴장은 해소되고 사안 중심으로 돌아가게 된다. 특히 주가 연방상원에 참여하는 것은 지역적·행정적·정당정치적 견해와 이해를 더 잘 토론하고 반영되게 한다. 따라서 연방주의제도를 확대하는 것은 연방 정치체제를 강화한다는 의미다. 그러나 연방의 다수가 정당정치적 반대파로 이해하고, 연방 정부와 의회의 다수를 선거에서 약화시키고, 자신의 선출 기회를 높이려고 체계적으로 연방의회의 다수 결정을 가로막으면 정부는 약화된다. 그러나 현행 헌법의 기초 위에서는 아무 방해가 되지 않는다.

이에 대해 한스 마이어는 1974년 기본법 25주년을 기념하는 빌레펠트의 공법학회에서 「기본법의 의원내각제」[59]라는 논문을 발표했는데, 이는 아직도 유효하다. 그는 이논문에서 "연방상원의 원칙은 연방하원에서 다수인 연방정부가 연방상원이 반대하는 구조 때문에 정치적 의사를 관철하지 못하고, 따라서 거기에 반대해 아무것도 하지 못하는 부진정 소수 정부가 될 수 있다"고 했다.

즉 여기서는 의회의 다수를 점한 연방정부를 부진정 소수 정부로 만들려고 주의회 선거를 할 수 있는데, 목표는 연방상원을 통해 연방의 입법에 의회 소수당이 내용적으로 참여하는 것이다. 이렇게 해서 연방수상의 지위가 달라진다. 즉 연방수상은 연방상원의 신임문

59) VVDStRL 33(1975), S. 69, 119.

제를 제기할 수 없고, 체계적인 방해를 막을 수도 없게 된다.

기본법 84조 1항은 연방법에서 행정절차를 정할 때 연방상원의 동의가 주요 근거가 되므로, 연방하원 다수가 행정절차의 제정을 피하면 이 동의를 피할 수 있다. 그러나 법률은 특성에 따라 실체적 내용과 절차적 명령을 모두 가진 양면적인 규정[60]이 있으므로 그것이 항상 쉽지는 않다. 그래서 법률 규정은 시민들에게 행정청으로 하여금 서류 심사를 보장하게 하고, 행정청에게 그러한 심사를 하도록 의무를 부과했다.[61] 이와 관련된 연방헌법재판소의 판례[62]를 보면 더 제한적으로 해석하려는 것으로 보인다.

권력상 강화된 연방상원의 지위는 앞에서 확인한 바와 같이 독일 연방주의의 강력한 통합의 표현이다. 중요하며 일반적인 재정결정은 대부분 중앙집권적으로 이루어진다. 이미 재정정책적 이유로 주의회 정부의 범주에서 이루어지는 본질적 결정은 줄어들므로, 연방주의의 중요한 요소인 사안의 근접성과 보충성이 위험해진다. 그러므로 이러한 경향을 막고, 연방 상원과 하원의 관계를 새로 정립하는 것은 물론, 주요한 문제나 재정문제에서는 주자치를 강화하기 위해 많이 노력해야 한다.[63]

4) 의회와 정부

오늘날 법률은 지나치게 자세하게 규정하고, 자주 개정하므로 입

60) *Peter Lerche*, in: Maunz/Dürig, GG, Art. 84 Rdnr. 41.

61) Beispiel in BVerfGE 55, 274, 321ff.

62) BVerfGE 37, 363, 381ff; 75, 108, 151.

63) 그렇게는 *Rudolf Dolzer*, Das parlamentarische Regierungssystem und der Bundesrat, DVBl. 1998, S. 1263, 1265(These 27).

법자인 연방하원은 과적 상태에 있다. 많은 법률이 실험적인 것으로 국회를 통과할 때 이미 곧 개정해야 함을 아는 경우도 많다. 법률로 조정해야 할 현실은 대개 종합적으로 잘 파악되지 않는다. 그런 이유로 법률의 효과가 빗나가거나 다르게 나타나기도 한다. 입법자의 과부하와 법률을 제안하는 정부 관료의 전문화는 법률 간의 내부적 연관성을 잃게 만든다. 법률로 규정하는 생활 영역에서 이러한 연관성은 사실상 있기 때문에 법적 공백이 생기기도 하고, 의도한 목표를 놓치기도 한다. 법률의 다양성과 다수성은 법률 개정에서 일련의 부수적 개정이 필요한데, 이는 전혀 개정하지 않았는데도 다른 법률을 개정하는 효과를 나타내는 법률의 원하지 않는 효과를 막기 위한 것이다.

연방헌법재판소, 행정법원, 국가법 이론으로 오랫 동안 확대해 온 법률유보는 입법자에게 필요 이상을 규정하게 만든다. 법률유보의 범위와 정도의 불투명성 때문에 정부 관료와 의회는 헌법적인 모험을 피하려고 아주 자세한 규정을 만들려고 한다. 여기다 헌법상의 비례원칙은 기본권을 제한할 때 다양한 구별을 요구하는 것으로 보인다. 지나친 구별은 법률의 명료성과 명확성을 떨어뜨릴 뿐만 아니라, 법을 위반하게 하기도 하고 자꾸 개정하게 만든다.

입법은 의회에서 결정하는 법률로만 하는 것은 아니다. 연방 정부와 각료, 주정부는 명령을 할 수 있도록 법률로 위임받을 수 있다. 이러한 위임으로 의회는 부담을 줄일 수 있다. 바이마르 시대의 위임과 관련된 나쁜 경험으로[64] 기본법 80조 1항 2문에 따라 위임의

64) *Fritz Ossenbühl*, Rechtsverordnung, in: HStR Bd. Ill(1988), §64 Rdnr. 11; *Wilhelm Mößle*, Inhalt, Zweck und Ausmaβ. Zur Verfassungsgeschichte der Verordnungsermächtigung,

내용·목적·범위는 법률로 정해야 한다. 이 조항은 초기에 너무 엄격하게 해석해 명령의 특성과 의미에 대해 실제적이며 학문적인 관심을 잃어버리게 만들었다.[65]

위임은 분명해야 하고, 명령 규정은 예측할 수 있어야 한다는 연방헌법재판소의 명확성 요청 해석[66]은 법치국가 원칙과 민주주의 원칙으로 귀착되는데, 바로 여기서 위임문제가 헌법의 핵심문제라는 결론에 이르게 된다. 위임의 이러한 핵심적 지위는 명확성의 요청이 그렇게 높이 평가되어야 함을 의미하는 것은 아니다. 예측 가능성 면에서는 명령의 정확한 규정은 법치국가 원칙을 충족한다. 그리고 입법자로서 직접민주적으로 정당화된 연방하원이 자세한 규정을 만드느라 기진맥진해야 함이 민주주의 원칙에서 도출되는 것도 아니다.

반대로 기본법에서 명백하게 규정한 의회의 안내자 역할은 근본적이고 견고한 법률의 철저한 심의를 요청한다.[67] 이러한 과제 수행 시간을 절약하기 위해 의회는 모든 것을 스스로 결정하지 않고 행정부에 입법을 위임할 수 있어야 한다. 따라서 법치국가의 원칙이나 민주주의 원칙에서 기본법 80조 1항 1문이 반드시 엄격한 의미로 해석해야 한다는 결론이 도출되는 것은 아니다.[68]

1990, S. 24ff, 39ff; vgl. aber die abschlie*β*ende Darstellung für die Weimarer Zeit von *Erwin Jacobi*, Die Rechtsverordnungen, in: HbDStR Bd. 2(1932), S. 236ff.

65) 이에 대해서는 *Fritz Ossenbühl*, Gesetz und Verordnung im gegenwärtigen Staatsrecht, in: Schuppert(Hg.), Das Gesetz als zentrales Steuerungsinstrument des Rechtsstaates, 1998, S. 27, 35, 44에서 적절히 지적했다.

66) 예컨대 BVerfGE 1, 14, 60; 41, 251, 266; 56, 1, 12; 58, 257, 277 참조; 이에 대해서는 *Michael Nierhaus*, BK(1998), Art. 80 Rdnr. 276 참조.

67) *Christian Starck*, Der Gesetzesbegriff des Grundgesetzes, 1970, S. 169ff.

68) 비슷하게는 *Fritz Ossenbühl*, HStR Bd. III(1988), §64 Rdnr. 19.

연방헌법재판소는 여러 번 의회와 정부 사이의 권력분배 문제를 다루었다. 1978년 칼카 결정(Kalkar-Beschluß)[69]에서 연방헌법재판소는 민주주의 원칙에서 포괄적 의회유보 형태의 권력단일주의가 도출되는 것은 아니라고 적시했다. 이것은 1984년 주둔 판결에서 확인되었으며,[70] 기본법이 담고 있는 민주주의는 법치적 민주주의로서 국가기관 간의 관계를 위해서 무엇보다도 권력분립적 민주주의를 의미한다는 것이 추가되었다. 즉 권력분립에서 의회의 입법 독점이 나오는 것은 아니다. 법률이나 직접 헌법을 통한 명령권의 위임은 모든 민주적·법치국가적 국가에서 나타난다. 기본법 80조 1항 2문을 입법은 상세 규정의 짐에서 벗어날 수 있는 것으로 해석할 수 없다면, 이 규정은 1976년 헌법개정위원회의 안대로 개정했어야 했다.[71] 기본법 50년을 맞아 연방헌법재판소의 판례가 명령권 위임과 관련해 지나치게 엄격한 요구를 하지 않기를 바란다. 다른 법치적 민주국가들을 비교법 시각에서 보면 더욱더 용기를 얻을 수 있을 것이다.

의원내각제 정부에서 외교정책은 정부와 의회가 나누어서 한다. 기본법 59조 1항은 국제법적 조약을 체결하기 위해 연방대통령의 권한에 근거를 마련해주었다. 그러나 그 권한은 국가 의사를 대외적으로 공표하는 것으로 제한한다. 계약 행위와 조약의 내용적 형성은 연방정부의 의무다. 그러나 이것은 "연방의 정치적 관계를 규정하거나 연방입법의 대상과 관계되는" 조약과 관련해서는 의회가 유보한 상태다. 이 규정은 장기적이거나 근본적으로 풀기 어려운 국제법적 구속을 연

69) BVerfGE 49, 89, 125.

70) BVerfGE 68, 1, 87.

71) BT Drs. 7/5924, S. 90, 251.

방하원의 동의 없이는 할 수 없게 하는 데 그 의미가 있다.[72] 그래서 연방정부는 조약을 협상할 때 연방하원의 의견과 의석 비율을 고려해야 한다. 이것이 의회유보에 있는 한 외교권은 연방정부만이 갖고 있는 게 아니라 정부와 의회의 공동권한이라는 결론이 나온다.[73]

의회유보에 대한 연방헌법재판소의 견해[74]를 보면, 기본법 59조 2항 1문과 24조 1항[75]은 그들이 파악한 영역에 대한 확정적 규정이 있다고 한다. 그외에도 의회유보의 근거는 결정의 실질적이고 정치적인 범주와 관련해 본질성의 관점에서 독립해서 존립하기는 어렵다고 한다. 자기 책임으로 외국과 비조약적 행위를 결정하는 것은 행정부의 핵심적 형성 영역에 속한다. 그것은 제도적으로나 관례상으로나 정부만이 외부 환경에 올바로 대처하고, 외교 업무를 책임 있게 수행하기 위해 인적·물적·제도적 가능성을 충분히 활용할 수 있다는 데서 근거했다. 이 원칙들의 영역에 따른 변형은 최근 연방헌법재판소의 전투병 투입에 대한 판례에서 비롯되었다.[76] 여기에 따르면 공동안전의 체제에서 연방군 투입 허용은 연방하원의 사전 동의에 달려 있다.[77] 논거가 명백히 방위헌법에 기초한 원칙에만 기대므로 이 결정으로 연방헌법재판소가 외교적 사안에서 정부의 권한

72) BVerfGE 68, 1, 88.

73) *Rüdiger Wolfrum*, VVDStRL 56(1997), S. 38ff; *Pernice*, in: Dreier, GG II, 1999, Art. 59 Rdnr. 28ff.

74) BVerfGE 68, 1, 87f, 109; 90, 286, 357f.

75) 의회유보는 국가 간 기구에 고권을 위임하는 것에 관한 기본법 24조 1항에서 나타난다; 현재는 기본법 23조 1항도 참조.

76) 그렇게는 또한 *Wolfrum*(각주73) S. 52.

77) BVerfGE 90, 286, 381ff, 387f; 이에 대해서는 *Georg Nolte*, ZaöRV 1994, S. 652, 674ff에서 비판적으로 법률 형성을 받아들인다.

을 일반적으로 제한하기 시작했다고 인식되지는 않아야 한다.

3. 국가와 시민

1) 국가 형태의 기초

기본법에서 국가와 시민의 관계는 인간존엄성과 기본권 보장에서 공화적·민주적·사회적·법치국가적·연방국가적이라는 국가 형태의 규정에 본질적으로 나타나 있다. 민주주의는 선거와 투표로, 평등한 공무담임으로, 정보 교환과 정당의 자유로, 국가권력에 참여하는 것을 의미한다.[78)]

법치국가란 국가가 과제를 수행하며 목표를 달성할 때 권한과 절차에 구속되고, 기본권과 제도 보장에서 기본적으로 나타나 있는 내용적 한계를 지키는 것이다. 기본권적·민주적 자유사상은 바꿀 수 없는 헌법의 원칙이며, 국가 정당성의 근거이기도 하다. 기본권이 입법까지 기속하는 것은 제도적 안전장치, 즉 사법의 독립을 전제로 한 권력분립으로만 실현할 수 있는 기본법의 새로운 면모다. 그래서 기본권은 그 실현에서 법원을 통해 그려지는 것이라는 점을 확인할 수 있다.[79)]

입법의 기본권 기속을 실현함에서 본질적인 어려움은 입법이 기본권에 기속되어야 한다는 것만이 아니라, 기본권의 한계를 설정하려고 기본권에 덧붙인 개별적 법률유보에 위임되어 있다는 점인데,

---

78) *Christian Starck*, Grundrechtliche und demokratische Freiheitsidee, in: HStR Bd. II(1987), §29 Rdnr. 31ff.

79) *Wolfgang Heyde/Christian Starck*(Hg.), Vierzig Jahre Grundrechte in ihrer Verwirklichung durch die Gerichte, 1990의 많은 면 참조.

이것으로 형식적 전제만 확인되는 것은 아니다.

2) 기본권 제한의 실질적 한계

연방헌법재판소는 자유가 양보해야 할 보호법익이 무엇인가를 밝히고, 헌법적으로 근거된 법적 이익을 보호하려고 동원한 수단이 적합하며 필요하고 비례적인가를 심사함으로써, 항상 모든 기본권 제한의 실질적 전제를 심사했다는 점에서 분명 공적이 매우 크다. 연방헌법재판소는 기본권 제한의 한계를 이끌어내[80) 기본법 1조 3항의 기속 조항을 현실화했다. 연방헌법재판소가 기본권과 보호해야 할 법익 및 그것을 위해 투입한 수단 사이에 최적의 해결만을 합헌으로 인정하게 되면, 연방헌법재판소를 통한 집중적이고 실질적인 입법 통제는 입법권을 침해하는 결과를 초래할 수도 있다.

반면 헌법이 보장한 입법자의 형성 자유는 동원한 수단을 모든 면에서 적합하지 않은지, 필요 없거나 비례적이지 못한 것은 아닌지 등 부정적으로만 심사해야 한다. 그것은 긍정적인 최적화 요청과는 다른 용어인 과잉금지[81)]라는 표현에 잘 나타나 있다. 동원할 수단을 정하려면 반드시 사실확인과 예견이 있어야 한다. 이는 원래 입법자가 하지만 열린 법률 규정에서는 행정과 사법이 한다. 이때 연방헌법재판소는 기본권 기속이 훼손되지 않도록 사실관계를 제대로 조사하고 예견했는지를 통제한다. 이 예견에서는 입법자나 행정부나 법원의 경험적

---

80) 이러한 소위 제한의 한계는 *Klaus Stern*, Staatsrecht, Bd. III/2, 1994, S. 764f; *Horst Dreier*, in: Dreier, GG I, 1996, Vorb. Rdnr. 91 참조.

81) BVerfGE 90, 145, 191.

기초·고려·가치평가 등이 논박되지 않는 한 옳은 것으로 본다.[82] 그리고 시간이 지나면서 침해 정도에 맞는 통제 단계가 형성된다.[83]

기본권을 기준으로 법률을 헌법재판으로 통제할 때 비례원칙을 적용하는 것은 학설이 이룩한 법문화의 큰 성과다.[84] 유럽인권협약의 실질적 법률유보를 살펴보면 앞으로도 학설의 이러한 역할은 계속되어야 한다. 헌법의 포괄적이고 추상적인 특징을 고려할 때, 문제를 해결하는 법적 수단은 항상 유일한 것은 아니므로, 기본법이 입법자에게 기본권을 제한하는 권한을 주는 형성 영역을 마련해야 한다. 따라서 법률의 사법적 통제는 입법자가 기본권이나 기본법으로 그에게 설정된 경계를 제대로 지켰는지에 대해서만 검증해야 한다.

3) 일반적 평등 조항의 적용

비례원칙은 1980년대 중반 이래 헌법재판소가 법률이 헌법의 일반적 평등 조항의 기준에 맞는가를 심사할 때도 적용하게 되었으며, 이는 통제 밀도를 높인 것으로 긍정적으로 평가받았다.[85] 실제로는 자유권에서 일반적 평등 조항의 헌법적 관계에 빌려온 것이다. 그것은 특히 개인이나 집단에 대한 불평등 대우를 심사하는 새로운 형식을 도입할 때 표현한다. 항상 자유권이나 사법 기본권이 관계되는

---

82) BVerfGE 16, 147, 181; 50, 142, 163; 71, 206, 215ff.

83) *Starck*, in: v. Mangoldt/Klein/Starck(각주1), Art. 1 Rdnr. 245.

84) 1980년대 비로소 이루어진 오스트리아의 발전은 *Heinz Schäffer*, Festgabe für Koja, 1998, S. 121 참조.

85) *Manfred Gubelt*, in: v. Münch/Kunig, Grundgesetz-Kommentar, Bd. I, 4. Aufl. 1992, Art. 3 Rdnr. 14; *Lerke Osterloh*, in: Sachs, Grundgesetz, 2. Aufl. 1999, Art. 3 Rdnr. 13ff(그러나 의문을 제기하기도 한다).

한[86] 법률 규정들은 이러한 권리와 관련되어 비례원칙의 기준에 맞춰 합법화해야 한다.[87] 물론 그것을 위해 일반적 평등 조항의 논리를 고치고, 평등 조항에 침해 모델을 설정할 필요는 없다.[88]

그러나 자유권이나 제도적 보장과 관계없으면 입법자는 정치적으로 허용된 목표를 추구하기가 훨씬 자유롭다. 이 새로운 형식으로 평등 조항에 규범 밀도 이상의 무엇인가가 생기는 것은 아니다. 오히려 늘 그렇듯이 일반적 평등 조항의 헌법적 관련성이 심사의 정도를 결정한다.[89] 법률의 헌법적 심사에서 무엇보다도 해당하는 기본권과 특별한 평등 보장을 척도로 삼으면 이러한 내용이 적용된다.

그런 주관적 권리가 없고 헌법소원에서 일반적 평등 조항과 함께 심사를 시작해야 한다면, 기본권에 들어 있지 않은 다른 헌법적 차별금지·요청·허용이 평등 판단을 내리기 위해서 원용되어야 한다. 이 평등 판단은 무엇을 평등하게 혹은 불평등하게 취급해야 하는지에 대해서 아무런 언급도 하지 않은 일반적 평등 조항에서는 결코 근거될 수 없다. 헌법에서 그러한 중요한 관점들이 근거되지 않는 한 기준들이 법률 규정 자체에서 나올 수는 없다.[90]

---

86) *Konrad Hesse*, Der allgemeine Gleichheitssatz in der Rechtsprechung des Bundesverfassungsgerichts zur Rechtssetzungsgleichheit, in: Festschrift für *Lerche*, 1993, S. 121, 128.

87) 이에 대해서는 BVerfGE 55, 72, 88, 93: 기본법 3조 1항과 103조 1항; BVerfGE 78, 129, 192, 195: 기본법 12조 1항과 3조 1항; BVerfGE 88, 87, 96ff: 기본법 3조 1항과 일반적 인격권; BVerfGE 91, 346, 358, 363: 기본법 14조 1항(상속권)과 기본법 3조 1항.

88) *Stefan Huster*, Gleichheit und verhältnismäßigkeit. Der allgemeine Gleichheitssatz als Eingriffsrecht, JZ 1994, S. 541, 547가 시도했다.

89) *Starck*, in: v. Mangoldt/Klein/Starck(각주1), Art. 3 Rdnr. 13ff.

90) 예컨대 BVerfGE 9, 20, 28; 24, 75, 100; 59, 287, 297; 60, 16, 40.

4) 기본권과 사권

1958년 연방헌법재판소의 뤼트(Lüth) 판결에 따르면 기본법은 "기본권의 장에서 객관적 가치질서를 제시했으며, 바로 여기에 기본권 효력의 원칙적 강화가 표현되어 있다"고 한다.[91] 인간의 인격성이 중심이 되는 이러한 가치체계는 그런 정신에서 해석해야 하는 민법에도 당연히 영향을 미친다. 연방헌법재판소는 이러한 기준을 그르친 민사법관은 객관적 헌법규범을 위반하는 것일 뿐만 아니라, 공권력 행사의 주체로서 그의 판결을 통해 시민이 사법적 방법으로 요청할 수 있는 기본권을 침해한 것[92]이라고 덧붙였다.

이 판결은 대체로 바이마르 시대에 발전한 루돌프 스멘트의 기본권 구상에서 근거했다. 그의 견해에 따르면 기본권은 "이 헌법으로 구성되는 국가 생활의 정신이 되어야 할 특정한 문화질서나 가치질서"를 선언하는 것이다.[93] 기본권의 이러한 체계를 스멘트는 정신과학적 작업의 대상으로 보았고, 3가지 이유로 법학은 이것을 그냥 지나칠 수 없다고 했다. 즉 기본권은 실정법 질서를 정당화하고, 이를 위해 오로지 정신적 관련 속에서만 올바로 적용할 수 있는 해석의 원칙을 제시했다.[94]

군주체제를 폐지한 후 기본권의 통합적 의미,[95] 즉 기본권의 공화국적 의미에 대한 스멘트의 요지가 확실히 연방헌법재판소의 견

91) BVerfGE 7, 198, 205f.
92) BVerfGE 7, 198, 206f.
93) Verfassung und Verfassungsrecht(1928), *Rudolf Smend*, Staatsrechtliche Abhandlungen, 2. Aufl. 1968, S. 119, 265에 따라 인용했다.
94) *Smend*(각주93), S. 266.
95) *Smend*(각주93), S. 260, 267.

해에 기초가 되었다.[96] 스멘트를 인용하지는 않았지만 판단 이유의 기초자는 스멘트의 구상을 분명히 알았다. 이 판결에는 헌법재판을 통한 규범 통제를 생각할 수 없었던 1928년에 그의 기본권 구상을 전개한 스멘트와 연결시킬 수 없는 연방헌법재판소의 언급도 있다.

여기에 따르면 기본권 규범의 객관법적 내용에 대한 존중은 주관적 권리의 침해를 주장할 수 있게 됨으로써 헌법재판소가 감시하고 헌법소원으로 청구할 수 있다.[97] 따라서 빌헤름 헤니스가 「헌법을 통한 통합?」이라는 기고문에서 한 "이미 알려진 기본권의 새로운 가치평가를 제외하고는 뤼트 판결은 통합 이론과는 아무런 관련이 없다"는 말은 설득력이 있어 보인다. 물론 스멘트를 통한 기본권의 새로운 평가에서 새 헌법질서의 범주에서 뤼트 판결로 이끈 모종의 독자적 역동성을 부정할 수는 없다.

뤼트 판결에 기초해 연방헌법재판소는 입법자에게 민법의 부분적 개정을 요구하거나,[98] 민사법관이 민사적 분쟁에서 충돌하는 기본권을 형량하고 올바른 균형을 잡도록 기본권을 사용했다.[99] 그래서 연방헌법재판소는 상업 대리인 판결에서 기본법 12조에서 계약제한에 대하여 직업의 자유를 보호하기 위한 예방을 민법에서 하게 하는 입법자의 의무를 도출해냈다. 힘이 균형을 이루지 못하면 기본

96) Axel Frhr. von Campenhausen, *Rudolf Smend*, in: Loos(Hg.), Rechtswissenschaft in Göttingen, 1987, S. 500, 515f.

97) 여기서는 판례에 의한 새로운 창조를 전제로 한다. 이에 대해 비판적으로는 *Christian Starck*, Praxis der Verfassungsauslegung, 1994, S. 46, 64ff.

98) 이는 *Konrad Hesse*, Verfassungsrecht und Privatrecht, 1988, S. 27ff, 37f; *Claus-Wilhelm Canaris*, Grundrechte und Privatrecht, 1999, S. 27ff.

99) *Wolfgang Rüfner*, Drittwirkung der Grundrechte, in: Gedächtnisschrift für Martens, 1987, S. 2 15, 220ff.

권을 보호하기 위해 국가의 규정이 균형을 잡도록 간섭해야 한다는 것이다.[100] 이러한 결정은 기본권이 민법의 기본 노선을 제시하는 원칙으로 발전해[101] 기본권과 연방헌법재판소가 무리한 부담을 지게 되고,[102] 연방헌법재판소가 힘의 균형을 잴 수 없게 될 위험이 있다. 또 다른 결정[103]에서 임대로 생긴 임차인의 점유권이 기본법 14조의 의미에서 재산권으로 취급하고, 이 법률을 해석하는 법관에게 임대인과 임차인의 충돌하는 재산권적 지위를 양측의 보호할 가치가 있는 이익을 고려하는 적합한 관계를 만들도록 했다.

이렇게 해서 임차인 지위가 축소되는 것은 어떠한 것도 헌법적으로 정당한 기본권 침해로 판단해야 하며,[104] 당연한 결과로 소유권자와 임차인 사이의 모든 민사적 분쟁이 헌법적 분쟁으로 비화되었다. 그리하여 "민사법관은 기본권적 영향의 종류와 범위를 고려되는 기본권 자체의 형량과 조정 속에서 찾아야 하는 극도로 어려운 과제"에 직면하게 되었다. 이렇게 말한 콘라드 헷세[105]는 상호관계에 놓여 있는 사람들이 국가 행위에 절대적인 기본권 조항에서 벗어나지 않아야 한다면, 사법의 독자성과 사적 자치는 위험에 놓일 것으

---

100) BVerfGE 81, 242, 254f zu §90 a HGB a. F.

101) 경고적 입장으로 *Hesse*(각주98), S. 29; *Uwe Diederichsen*, Das Bundesverfassungsgericht als oberstes Zivilgericht, AcP 198(1998), S. 171, 185ff, 199ff.

102) *Fritz Ossenbühl*, in: *Badura*/Scholz(Hg.), Verfassungsgerichtsbarkeit und Gesetzgebung, 1998, S. 75, 93.

103) BVerfGE 89, 1, 5; 이전에 연방헌법재판소는 사회국가적 근거가 있는 임차권을 임대인의 재산권을 고려해 정당화했다.; BVerfGE 68, 361, 368; 79, 292, 302f 참조.

104) 이에 대한 적절한 지적으로는 *Otto Depenheuer*, Der Mieter als Eigentümer?, NJW 1993, S. 2561, 2564.

105) 그렇게는 *Hesse*(각주98), S. 25와 그 이하 및 *Volkmar Götz*, in: *Heyde/Starck*, Vierzig Jahre Grundrechte in ihrer Verwirklichung durch die Gerichte, 1990, S. 35, 41ff.

로 본다. 그렇게 되면 민사법원의 결정에 반대하는 헌법소원에는 한계가 없어지고, 연방헌법재판소는 민사분쟁에서 최고법원이 된다. 그것은 연방헌법재판소가 법원의 판결에 대한 헌법소원에서 행사하는 통제에서 분명해진다.[106] 여기서도 물론 전문법원에서 결정하는 사건 자체를 기본권의 기준에 맞춰 통제할 수 있고, 균형적 위치를 언제 확인할 수 있는지를 확인할 수 있는 심사 도구들을 마련했다.

연방헌법재판소의 통제력과 가장 밀접하게 연관된 미래에 대한 기본법의 적응은 정치적 과정에 충분한 활동 영역을 허용하는 헌법 해석을 요구한다. 대항적 소송절차에서 법이 개별 사건에 적용해야 하는 전문법원의 기능에 대한 올바른 인식 역시 연방헌법재판소가 존중해야 한다. 그러므로 재판헌법소원에서는 해당 기본권과 관련해 사건 개요를 완전히 잘못 파악했는지, 문제없이 확인한 사안에 법률 적용을 위헌으로 했는지만 심사해야 한다.[107] 이러한 문제로 심사가 제한되면 하나의 법률 영역에 배타적으로 자리잡은 법적 오류는 헌법적으로 무시되는데, 특히 평등 조항을 위반한 것으로는 평가하기 어렵다.

4. 유럽연합

기본법 속에서 독일의 다른 부분에 대해 연방공화국으로 편입을 제공한 기본법 23조는 2년여의 휴식을 거쳐 지금은 유럽연합과의

---

106) 이에 대해 비판적인 것은 *Christian Starck*, Verfassungsgerichtsbarkeit und Fachgerichte, JZ 1996, S. 1033ff. m.w.N. 참조.

107) 이에 대해서는 *Starck*, JZ 1996, S. 1039.

헌법적 조응을 규정했다. 이러한 외관에는 깊은 의미가 있다. 즉 독일이 통일되어 기본법 23조가 무용지물이 된 뒤, 국제정치적으로 볼 때 결국은 재통일에 긍정적으로 작용한 유럽의 통합은 계속 발전·강화되었는데, 바로 여기에 새 기본법 23조가 헌법적 기초를 제공한 것이다. 기본법 23조 1항은 연방공화국이 협력하는 유럽연합이 준수해야 할 헌법적 원칙을 열거하며, 이 목적을 위해 독일의 고권을 이양하는 법률에 대해 연방상원의 동의를 요구한다. 그때까지 유럽의 통합에 유효했던 국가 간 기구의 고권 이양에 관한 일반적 규정(기본법 24조 1항)도 이것을 예측하지는 못했다.

그러나 유럽공동체에 고권을 이양하는 것 역시 주의 권한과 직접 관련이 있으므로 새로 도입한 연방상원의 동의권은 헌법 체계상 의미 있고 필연적인 것이다.[108] 유럽연합과 관련된 일에서 연방상원의 협력은 기본법 23조 2항과 50조에 언급되어 있고, 기본법 23조 4항~7항에 자세히 정해져 있다. 기본법 23조 7항에 따르면 연방상원의 협력은 유럽연합의 회원국으로서 연방의 권리들은 주의 배타적 입법권에 해당하면 주 대표가 행사한다. 연방 권리의 차지는 기본법 23조 6항 2문에 따라 연방정부의 동의와 참여 하에 이루어진다. 즉 그곳에서는 연방 전체의 책임이 유지되어야 한다.[109]

확인해보면 유럽연합은 공동의 독자적 기관을 지휘하는 유럽공동체로 구성하고, 공동의 대외 및 안전보장 정책, 경찰 사법적 형사공

---

108) 그렇게는 또한 *Rupert Scholz*, Grundgesetz zwischen Reform und Bewährung, 1993, S. 14; *Ingolf Pernice*, in: Dreier, GG II, 1998, Art. 23 Rdnr. 86: '연방적으로 조정한 민주적 정당성'.

109) 1993. 3. 12. 유럽연합사무의 연방과 주의 협력에 관한 법률 6조 2항의 실행에 대해[(zur Durchführung §6 Abs. 2 des Gesetzes über die Zusammenarbeit von Bund und Ländern in Angelegenheiten der Europäischen Union(BGBI. I S. 313)]를 참조.

조, 회원국 간에 의도적으로 '강화한 협력'으로 보완한다.[110] 무엇보다도 유럽공동체의 입법은 독일에서 통용되는 법을 유럽공동체 기관의 결정과 명령으로 바꾸기도 하고, 명령과 행정 법규가 충분하지 않으면 유럽공동체 기관들이 연방과 주 입법으로 노선을 바꾸기를 요구하기도 한다. 유럽공동체로 고권을 이전하는 것은 준칙이 허용하는 범위에서 독일의 입법은 점차 초국가적 목표 설정에 맞춰지고, 거기에 수단과 형식을 정하는 것에 제한되는 효과를 나타낸다.[111]

1999년 1월 1일 공동화폐인 유로를 도입한 후, 유로화의 안정이 문제가 되면 회원국들의 경제와 예산 정책은 보조를 맞추라는 압력을 받게 된다. 기본법 88조 2항에는 중앙은행의 권한을 유럽연합의 기구에 양도하도록 되어 있다. 결국 유럽공동체조약 98조에 예정된 경제와 통화 정책적 공동 보조 의무와 수단은 그것을 통해 회원국의 예산 자치가 제한을 받을 정도로 강하게 추진될 수밖에 없다.

유럽법원의 권한이 존재하는 한 독일의 상급법원은 최종 결정권이 없다. 그것은 독일의 기본권 보호와 관련해 마지막 심급으로 이해한다. 그래서 독일의 공동체법의 적용은 유럽법원과의 협력 속에서 그의 관할을 행사하려는 연방헌법재판소에 대해서도 원칙적으로 유효하다.[112] 또 신뢰보호 영역에서는 충돌할 수도 있다.[113] 그외에도

110) 1997. 10. 2. 암스테르담 조약의 1조 3항, 11조 이하, 43조 참조.

111) 문제는 *Thomas Oppermann*, Europarecht, 2. Aufl. 1999, S. 211f; *Michael Schweitzer/Waldemar Hummer*, Europarecht, 5. Aufl. 1996, S. 106f(여기서는 그때그때 판례를 인용했다) 참조.

112) BVerfGE 89, 155, 175.

113) 신뢰보호의 약화는 연방헌법재판소의 최근의 판례에서도 드러난다; BVerfGE 97, 67, 77 참조; 비판적으로는 *Kruis* 재판관의 반대 의견 S. 85ff 및 *Christian Starck*, Steuerliche Lenkungsnormen und Vertrauensschutz am Beispiel der Schiffsabschreibungen, in: Festschrift für Groβfeld 1999, S. 1137, 1142ff.

유럽법원이 유럽공동체법을 통해 기본권 제한이 이루어지게 하고, 연방헌법재판소가 유럽법원에 반대해 기본권 보호를 보장해야 하는 점들은 조금도 걱정할 필요가 없다.[114] 특히 기본법 23조 1항은 "본질적으로 비견할 만한 기본권 보호"만 요구했다.

그러나 거꾸로 유럽법원이 독일의 법을 따르면 정당한 기본권 제한인 직업 규정을 유럽공동체조약의 자유보장에 대한 위반으로 판단하거나, 독일의 헌법적 제도 보호에서 나오는 차별을 차별적 배척으로 판단해, 독일의 법질서를 결정적으로 침해할 소지가 있다. 개별 회원국의 법질서에서 역사적으로 확립된 차이를 고려해 보충성(EGV 5조 2항과 3항)과 국가적 동질성(EUV 6조 3항)[115]의 관점에서 각국의 제도 보호를 인정하고, 획일화가 지나치게 빨리 진행되지 않게 하는 것을 유럽법원에 기대할 수도 있다.

유럽연합이 행사하는 공권력의 민주적 정당성은 오늘날 각국의 의회를 통해 근거되고, 여기에 유럽연합의 기관 중에서 특히 이사회가 재결합되어 있다. 연방헌법재판소가 적절하게 지적한 것처럼[116] 유럽 국가들의 공동성장[117]에 따라, 모든 회원국에서 일치하는 동일한 선거법을 만드는 데 따라, 유럽공동체의 정책과 입법에 더 많은 영향력을 행사해야 하는 유럽 의회가 추가적으로 민주적 정당성을

114) *Hans-Werner Rengeling*, Grundrechtsschutz in der Europäischen Gemeinschaft, 1992, S. 1ff.

115) EUV 46조는 이 규정의 효력을 유럽법원에 대해서는 배제했다; 그러나 유럽법원은 그 의미에 맞게 이 규정을 전적으로 준수하는 것도 가능하다.

116) BVerfGE 89, 155, 184ff.

117) 민주적 정당성의 딜레마에 대해서는 *Dieter Grimm*, Braucht Europa eine Verfassung?, 1994, S. 36ff; *Jochen Abr. Frowein*, Legitimation und Wirkung des Rechts der Europäischen Union/Gemeinschaft, in: Müller-Graff(Hg.), Perspektiven des Rechts der Europäischen Union, 1997, S. 105, 111ff 참조.

보장했다. 통일된 유럽을 실현하기 위한 유럽연합의 발전은 기본법 전문과 23조 1항에 그린 기본법의 목표다.

3. 헌법의 특성과 중요성

1. 헌법과 헌법재판의 개념과 기능

기본법은 발전과정에서 제기하는 요구에 어떻게 대응할 것인가? 우리가 살펴본 바와 같이 기본법은 기속적인 법을 포함한다. 엄격한 의미에서 다른 국내법보다 우선하는 규범적 헌법이다. 특히 헌법 개정적 입법의 특별한 절차가 진행되는 것이 아니면 기본법에 대한 입법의 기속은 기본법의 규범성을 위한 전제이며, 이것은 헌법 해석으로 정해진다. 기본법은 해석되자마자 입법을 제한하고, 입법의 자유로운 정치적 형성 영역을 측정한다.[118] 그렇게 되면 입법의 가능성과 한계, 나아가서는 의무까지도 사법적인 판단 대상과 법학의 대상이 된다.

기본법과 마찬가지로 헌법의 규범성은 규범적이고 실제적인 요소들을 전제로 한다. 권력의 분립과 정당의 자유와 함께 헌법의 규범성을 확보하기 위해 특별히 적합한 조직적 요소들이 헌법에 자리잡

118) *Christoph Gusy*, Parlamentarischer Gesetzgeber und Bundesverfassungsgericht, 1985, passim; *Klaus Stern*, Verfassungsgerichtsbarkeit und Gesetzgeber(Nordrh.-Westf. Akademie der Wissenschaften, G 350), 1997, S. 13ff; *Herbert Bethge*, in: Maunz/Schmidt-Bleibtreu/Klein/Ulsamer, BVerfGG, Vorbem. Rdnr. 160ff. sowie die Beiträge von *Paul Kirchhof, Ernst G. Mahrenholz, Hans H Klein* und *Fritz Ossenbühl*, in: Badura/Scholz(Hg.), Verfassungsgerichtsbarkeit und Gesetzgebung, 1998.

았다. 일당제의 재음미가 분명히 하는 바와 같이, 주도적 정당은 모든 국가의 기능을 자신의 사람들로 채운다. 나아가 헌법은 충분히 투명해야 한다. 왜냐하면 자의 없이는 위헌적인 것이 정해질 수 없기 때문이다. 끝으로 규범성은 현재의 정치문제를 적절하게 해결하기 위해 정치적으로 책임이 있는 기관의 활동 공간을 허용하는 그런 헌법이어야 한다. 헌법 규범성의 실제적 전제는 해당 국가 국민의 정치문화의 수준이고, 사회적 관계에서 최소한의 균형이다. 법학, 특히 법적 방법론에 상응하는 수준 역시 헌법의 규범성을 쉽게 하는 정치문화에 속한다.

기본법이 조직과 국가기관의 권한과 절차와 적극적 지위에서 국민의 권리를 규정한 이상, 권한 규정에서 불가피한 정의는 국가활동의 기초이며 한계이기도 하다. 국가활동의 내용적 전제는 시민의 방어권, 즉 국가활동의 한계로 특정 법익을 보호하고 권리를 특정 방식으로 형성·장려하는 국가 위임의 기본권이다. 기본법이 담고 있는 다양하며 다소 특정된 규범들에 대한 이런 광범위한 분석은 구조적 관점에서 헌법을 성문법과 구별하는 것을 금지한다.

성문법에도 고도의 부정확한 규범과 단순히 목적만 설정하는 규범이 함께 있다. 거꾸로 기본법의 조직 규범과 절차 규범은 아주 구체적이다. 그러나 전체적으로 보아 기본법은 보통의 법률보다 성긴 규정들로 이루어져 있다. 그러나 그러한 사실이 헌법은 단편적이며, 채워져야 하고 구체화되어야 한다는 것을 말하는 것은 아니다.[119]

---

119) 그렇게는 특히 *Konrad Hesse*, Grundzüge des Verfassungsrechts der Bundesrepublik Deutschland, 20. Aufl. 1995, Rdnr. 60ff; *Brun-Otto Bryde*, Verfassungsentwicklung, 1982, S. 82ff.

뿐만 아니라, 파편들이 시간이 지나면서 하나의 규범적 전체로 결합되어야 한다거나, 규범적 성장과정이 나타나는 것을 뜻하는 것도 아니다.[120] 기본법 규정들은 명확성과 개방성에서 하나의 잘 정돈된 전체다. 기본법이 잘 정돈되어 있다는 것은 많은 내용이 근본적으로만 규정되어 있거나 전혀 규정되어 있지 않고, 그로 인해 해당 국가기관에 불가피한 활동 영역이 장기간 열려 있어야 한다는 것, 즉 헌법 해석을 통한 규범적 성장과정이 금지된다는 것이다. 민주주의 국가의 정치과정은 근본적인 결정을 다수결로 하고, 형성의 모든 것이 헌법으로 미리 결정되어 있지 않아야 한다.

기본법 50주년을 맞이해 아무 걱정 없이 묻는 기본권의 미래 적응성은 연방과 주, 의회와 정부, 행정과 행정법원의 의미 있는 권한 분배에 놓여 있다. 또 기능성 있는 절차와 해당 기관들이 헌법적으로 구체화되는 것이 아니라, 존중하고 지켜야 하는 포괄질서[121] 속에 있다. 포괄질서로서 기본법의 권력 제한 기능은 문제의 성격에 따라 연방헌법재판소의 판례에서 점차 분명해지는 범주의 신뢰할 만한, 방법상 정연하고 예측할 수 있는 결정이 필요하다. 어떻게 정해진 틀이 채워지는가는 입법에 참여한 사람들의 생각에, 정당의 정책 프로그램에, 연정의 합의에, 사용하는 수단에 종속되는 정치적

---

120) 그렇게는 언제나 *Peter Häberle*, Verfassung als öffentlicher Prozeβ, 3. Aufl. 1998, z. B. S. 72f, 100.

121) *Ernst-Wolfgang Böckenförde*, Die Methoden der Verfassungsinterpretation, NJW 1976, S. 2089, 209 1; *Rainer Wahl*, Der Vorrang der Verfassung, in: Der Staat 20(1981), S. 485, 507; *Josef Isensee*, Verfassungsrecht als 'politisches Recht', in: HStR Bd. VII(1992), §162 Rdnr. 43; *Michael Brenner*, Das gefährdete Grundgesetz, 1997, S. 17f, 49, miβverständlich freilich zur 'Verfassungskonkretisierung', S. 19f.

기회의 문제다. 헌법의 틀 속에 있는 규정들은 취소하거나 개정할 수도 있는데, 물론 신뢰는 존중해야 할 틀이다.

헌법적 틀과 정치적 형성 자유의 구별은 헌법의 능률성을 위한 불가피한 전제다. 연방헌법재판소도 헌법의 능률성에 관해서는 기본법 해석의 종류와 방식으로 정하므로, 기본법의 미래 유용성에 대해서는 헌법재판소에 물어보게 된다.

2. 국가법학의 과제

기본법의 체제에서 국가법학의 역할은 바이마르의 제국헌법이나 1871년의 제국헌법과는 다르다. 그런데 헌법재판 관할[122)]로 국가법학의 퇴위를 논할 수 있을까? 왕좌를 차지한 국가법학의 위험한 모습을 들여다보면, 바이마르 시대에는 국가법학이 정치적인 현실 때문에 널리 제거된 기억을 더듬을 수밖에 없을 것이다.[123)] 국가법적 구성의 자유가 크다는 것은 당시에는 실제로 조금도 중요하지 않았다는 것과 관련이 있다. 이렇게 해서 제거된 국가법학이 왕좌에 앉았다면, 의심 없이 1933~1945년에 공포한 것과 다른 것을 공포하지 않은 것으로 폐위되었을 것이다.

1949년 국가법학은 왕좌에 확실히 앉지 않았기 때문에 우리는 태연하게 그 왕좌를 잊을 수 있고, 헌법재판과 국가법학의 관계도 냉정하게 물을 수 있다. 헤니스는 앞에서 언급한 기고문에서 이렇게

122) 그렇게는 *Bernhard Schlink*, in: Der Staat 28(1989), S. 161ff.
123) 이에 대해서는 *Schlink*(각주122), S. 168.

말했다. 즉 1952~1962년까지 10년 동안 기본법에 대한 해석권이 학문에서 연방헌법재판소로 넘어갔고, 거기서 한번도 본질적으로 문제가 되지 않고 그대로 머물러 있다는 것이다. 이러한 극단화는 중요한 것을 어둠 속에 내버려두는 것이다.

연방헌법재판소도 초기에는 의심 없이 법 실제에서 중요한 의미를 지닌 바이마르의 국가법학에 의존했다. 예를 들면 평등 조항의 형식, 의사 자유의 한계, 국가 교회법, 조세의 권한 제한에 이르기까지의 유사성, 연방 충성 의무 등이다. 연방헌법재판소가 판결하기 시작한 지 1년 반 후, 연방헌법재판소의 『판례집』 2권이 나오기 전에 700쪽에 달하는 폰 망골트의 『기본법 해설서』가 나왔다.[124)]

자신의 결정을 논증해야 하는 법원이 헌법을 엄수하는지를 감시하기 때문에_입법자가 정치적 재량에 따라 기본권과 헌법적 제도를 마음대로 할 수 없다면, 헌법은 국가법학으로 수용되고 강화된 합리성을 경험할 것이다. 그래서 헌법재판 관할은 화물 적환장 같은 것이 되었다. 거기서는 국가법학의 작업이 실제 헌법에 영향력을 행사할 수 있었는데, 내부적으로는 법관의 학문적 작업을 통해서였고[125)] 외부적으로는 학문적 이론을 통해서였다.

사법절차는 특히 법학적 고려를 이해하는 데 적합하고, 역시 그런 작업에 지정되었다. 연방헌법재판소가 결정을 많이 하면 할수록 결정의 이론적 일관성을 유지하고 입법자의 형성적 자유와 정치적

---

124) *Christian Starck*, Hermann von Mangoldt(1895~1953). Mitglied des Parlamentarischen Rates und Kommentator des Grundgesetzes, AöR 121(1996), S. 438, 444ff 참조.

125) 연방헌법재판소법 3조 4항 1문: "독일 고등교육 기관에서 법률교사로 다른 직업활동을 하는 것은 재판관의 활동과 부합하지 않는다."

책임을 고려해야 하는 곳에서는 무엇이 기속적 헌법의 표현인가에 의존해서 결정을 연구할 필요성이 더 많아진다.

경제·과학·환경보호·군사방위 문제에서 유럽화와 세계화뿐만 아니라, 늘어나는 초국가적·국제적 협력에 직면해 오늘날 국가법학은 법률을 비교하는 방법으로 다른 법질서의 법적 문제 해결을 연구하고 헌법을 해석하는 논의에 불러오도록 환기되었다. 여기서는 물론 독일 헌법의 실정성을 무시하지 않아야 한다.[126] 문제는 독일 헌법을 개념적으로 더 세련되게 하고, 입법적인 문제를 해결하기 어렵게 하며, 헌법적 틀을 더 좁게 하는 것이 아니라, 상이한 규범적·사회적 환경을 비교해 다른 법질서의 문제를 해결해야 한다는 것을 인식해야 한다. 또 헌법 해석을 위해서는 기본법의 포괄적 성격에 유의해 결실을 볼 수 있게 하는 것이다. 그러니까 기본법이 미래의 요청을 극복하는 데 국가법학이 얼마나 중요한가를 보여주는 여러 가지 이유가 있다.

---

126) *Christian Starck*, Rechtsvergleichung im öffentlichen Recht, JZ 1997, S. 1021, 1024.

2장.
헌법의 해석

I. 총 론

1. 헌법의 개념과 해석의 관계

1) 헌법의 규범성

헌법의 해석은 모든 방법론적 고려에 앞서 일차적으로 헌법의 개념과 관련이 있다.[1] 이 글이 실릴 독일 책의 10부 표제는 '기본법의 규범성'이다. 그럼으로써 기본법이 구속력 있는 법이라는 것, 즉 엄격한 의미에서 규범적 헌법이라는 독일의 법학과 사법에서 공통된 의견을 표출했다고 할 것이다.[2] 이러한 의미에서 기본법은 입법이 헌법적 질서에 구속되며, 집행권과 사법이 법률과 법[3]에 구속된다고 규정했다(20조 3항).

특히 기본권과 관련해 1조 3항은 "다음의 기본권들은 직접 적용

---

1) *Ernst-Wolfgang Böckenförde*, Die Methoden der Verfassungsinterpretation-Bestandsaufnahme und Kritik, in: NJW 1976, S. 2089, 2097.

2) 특히 *Brun-Otto Bryde*, Verfassungsentwicklung, 1982, S. 37f 참조.

3) *Christian Starck*, Gesetz und Recht, in: *Werner Heun*/ders.(Hg.), Das Gesetz, 2012, S. 51, 52ff. 63.

되는 법으로 입법·집행권·사법을 구속한다"라고 정했다.[4] 특히 입법이 헌법 개정 입법으로 작용하지 않는 한 — 기본법에 구속된다는 것은 헌법의 규범성을 위한 전제다. 이러한 전제가 헌법 해석에서 주된 문제를 던져준다. 이 문제는 헌법이 그 해석에 따라 입법을 제한한다는 것, 즉 입법의 자유로운 정치적 형성의 여지와 그 한계를 정한다는 데 있다.[5] 이로써 입법의 가능성과 한계, 심지어 의무까지도 법학의 대상이 되었다. 더욱 중요한 것은 사법적 판단의 대상이 된 것이다. 즉 입법은 이제 그가 헌법을 이해하려는 방식에서 더는 자유롭지 않으며, 헌법재판소의 해석에 구속될 수 있다.

헌법의 규범성은 특정한 요소들을 전제로 하는데, 규범적 전제와 실제적 전제를 구별해야 한다. 규범성을 지녀야 하는 헌법은 국가권력을 조직하고 권한을 분배할 때, 부여받은 권한을 행사하는 기관이 지속적으로 권한 부여 규범의 의미를 독단으로 해석할 수 없도록 해야 한다. 이를 위해 필요한 통제는 권력분립과 주기적 선거로 행한다. 프랑스의 인간과 시민의 권리 선언(1789) 16조에서는 권력분립과 기본권 보장이 헌법이 존재하는 전제라고 선언함으로써[6] 헌법의 규범성을 위한 이러한 전제가 아주 근본적으로 표현되었다. 권력분립과 더불어 헌법의 규범성을 위한 이러한 전제가 아주 근본적으로 표현되었다. 권력분립과 더불어 헌법의 규범성을 보장하는 데

4) 독일에서 항상 그랬던 것은 아니다. 게어하르트 안쉬츠(*Gerhard Anschütz*)의 표준적 주석(Die Verfassung des Deutschen Reichs, ^{14}1933, S. 514f)에 따르면 대부분의 기본권은 "장차 제정할 법률의 지침일 뿐"이었고, "현실적인 효력과 적용가능성이 없었다."

5) 이 문제를 더 상세하게 설명한 *Christoph Gusy*, Parlamentarischer Gesetzgeber und Bundesverfassungsgericht, 1985, passim.

6) 16조: "권리보장이 확보되지 않고, 권력분립이 확정되지 않은 사회는 헌법이 없는 것이다."

특히 적합한 규범적인 요소들이 헌법 안으로 들어오게 된다.

이러한 사실에 대해서 해석과 적용이 문제되는 규범들에 기초하는 권력분립이 규범을 안정시키는 작용을 할 수는 없다는 이의를 제기할 수는 없다. 이러한 이의가 옳지 않다는 것은 반증으로 분명해진다. 예를 들어 일당제를 정하거나 한 정당에게 모든 국가 기능의 '지도 역할'을 인정하고, 이를 자유선거에서 다른 정당과의 경쟁으로 확인받을 필요가 없도록 정하는 헌법[7]은 독자적인 규범 기능이 없다. 왜냐하면 실질적인 통제 장치가 부족하기 때문이다. 즉 헌법의 규범성에서는 헌법으로 정한 권한과 권력의 분배가 문제가 된다.

나아가 규범적 작용을 해야 하는 헌법은 그 결정 내용에서 충분히 명확해야 한다. 그렇지 않으면 '규범성'은 항상 일차적으로 그때그때의 목적을 위해서 자의를 완전히 배제하지 못한 상태로 정해지고, 또 정해질 수 있기 때문이다. 끝으로 규범성은 국가기관들에게 활동의 여지를 주는 헌법의 구조가 있어야 한다. 여기서 나오는 헌법의 불가피한 대강적 성격은 뒤에서 다시 다룰 것이다.[8]정치적인 책임을 지는 기관 — 특히 입법 — 에 인정되는 행동의 여지는 현존하는 정치문제들이 적절하게 해결되는 것을 보장해야 한다. 그렇지 않으면 시간이 지나면서 헌법이 폭발할 위험이 있기 때문이다.

헌법의 규범성의 실제적 전제[9]는 해당 국가 주민들의 상응하는 정치문화와 사회적 상황의 왜곡을 최소화하는 것이다. 사회적 상황

---

7) 예컨대 동독 헌법 1조 1항(1968/1974), 폴란드 헌법 3조 1항(1976), 소련 헌법 6조(1977), 체코 헌법 4조(1960/1978), 헝가리 헌법 3조(1972/1975).

8) 다음 참조.

9) 이에 관해서는 무엇보다 *Konrad Hesse*, Die normative Kraft der Verfassung, 1959, S. 16ff. 헌법의 불가침성에 대한 의식.

과 관계가 있는 정치문화는 여러 세대를 소급하는 좋고, 나쁜 한 국민의 정치적 경험들로 특징지어진다. 이러한 경험들이 다음 세대에서도 생명력을 유지하고, 또 결정적인 것이 되어야 한다면 그것은 부모와 학교가 젊은 세대에게 전달해야 한다.[10] 헌법의 규범성에 유리하게 작용하는 정치문화에 속하는 것으로는 법학방법론을 포함한 법학의 상응하는 기준들이 있다. 헌법규범성의 이러한 실제적 전제들은 앞에서 언급한 정치문화로 성장한 정당과 후보들이 선출함으로써 헌법규범성의 규범적 전제를 지탱하는 역할을 한다.

2) 국가활동의 기초와 한계의 헌법

헌법의 규범성과 헌법의 규범성에 대한 국민의 확신은 헌법의 내용에서 분리될 수 없다. 헌법이 국가기관의 조직, 권한과 절차, 적극적 지위로 국민의 권리를 정하는 한 헌법은 국가기관과 그 활동을 이루어 나가는 기초다. 특히 권한규범은 기초이면서 한계다. 그외에도 국가적 활동의 내용적 과제가 헌법에서 발견된다. 이것은 국민의 방어권과 특정한 법익을 보호하라는,[11] 혹은 권리를 특정한 방식으로 형성하거나[12] 촉진하라는,[13] 국가에 대한 위임으로써 기본권의

10) 1946년 12월 1일의 헤센 헌법 56조 5항: '모든 학교와 학급의 역사교육' 참조. 반면 '헌법교육(Verfassungspädagogik)'은 기대할 수 없다. 왜냐하면 교육적 노력을 헌법에 집중시키는 것은 헌법의 과중부담을 유발시키기 때문이다. 정치생활에서 해당 판결을 실감나게 서술한 것은 *Wilhelm Hennis*, Verfassung und Verfassungswirklichkeit(1968), in: Manfred Friedrich(Hg.), Verfassung. Beiträge zur Verfassungstheorie, 1978, S. 232(249ff).

11) 예를 들면 기본법 1조 1항 2문, 6조 1항.

12) 기본법 117조와 관련해 3조 2항; 기본법 6조 5항.

13) 기본법 6조 4항.

형태로 나타난다. 헌법의 이와 같은 상이한 내용과 기능은[14] 여기서 논의할 헌법 해석의 문제와 직접적인 중요성이 있다.

헌법의 성격이 다른 법률보다 특수다는 것[15]은 계속 지적되었다. 법률이 "비교적 높은 정도의 내용적 확정성, 의미의 결정성, 규범적·개념적 완성"을 보여주고, "단순한 목표의 프로그램이 아닌 구성 요건과 업적 효과의 내용적으로 확정된 연결이라는 의미에서 '가언적' 프로그램"을 내포하며, 또한 형식을 완비한 법률적 법질서(gesetzliche Rechtsordnung)와의 관련 속에서 "개별 법률이 이들에서 내용적으로 다시 확정되고, 그의 '개방적' 규정의 내용을 채워갈 수 있는" 반면 "헌법은 규범적·내용적 완성에서 단편적"이다. "해석방법적 관점에서 헌법과 법률의 구조상의 동일성"은 없다.

여기서는 법률 중에서도 고도의 불확정적 규범과[16] 단순한 목표 규정을 갖는 규범[17]이 있으며, 헌법도 평균적인 법률 규범보다 훨씬 분명하고 확실한 다수의 규범[18]을 포함했다는 것을 우선 상기해야 한다. 이미 이와 같은, 조문을 읽는 사람이 모두 분명히 알 수 있는 이유 때문에 헌법과 법률의 대비가 의미하는 것은 아마도 다른 것일 것이다. 그렇게 이해해야만 사람들이 눈에 확 들어오는 헌법과 법률의 대비를 무시할 수 있다고 믿었던 것을 이해할 수 있다.

헌법이 전체적으로 보아 상세한 규범적 확정을 평균적 법률보다 덜 포함했다는 주장은 옳다. 그러나 이러한 주장과 관련해 행해진

14) BVerfGE 42, 103(116).
15) *Böckenförde*(각주1), S. 2091; 이러한 것으로는 오늘날 또한 BVerfGE 62, 1(45).
16) 예컨대 민법 242조; 공과규칙(AO) 42조, 227조.
17) 예컨대 공간정서법(RaumOG) 1조 2조; 연방건축법(BauGB) 1조 5항, 35조.
18) 이에 대해서는 *Bryde*(각주2), S. 82 참조.

헌법을 단편적(Bruchstück=fragmentum)[19]이라는 표현으로 특징지으려는 시도는 맞지 않으며, 오히려 문제의 이해를 오도했다. 헌법규범은 — 어떤 전체의? — 단편적이라는 표현이 암시하듯이 단편이나 파편이 아니라 잘 정돈된 규범적 전체이며, 그것은 더 높은 단계에 있는 국가활동이 기초와 대강을 정하는 것이다.

헌법이 잘 정돈되어 있다는 것[20]은 많은 것을 규정하지 않았고, 관할 헌법기관의 필요한 행동의 여지가 개방되어 있다는 것에서만 나타나는 것은 아니다. 민주국가에서 정치과정은 실제 문제를 다수결에 따르며, 모든 것이 헌법재판소의 판결로 발견될 수 있는 형태로 헌법에 미리 정해져 있지는 않아야 한다. 즉 헌법은 '대강의 질서'라고 표현하는 것이 가장 적절하다.[21] 이를 통해 많은 것이 규범적으로 미리 결정되지 않은 상태에 있다는 것이 드러난다. 권한과 절차가 헌법기관의 활동을 위한 형식적 기초를 정했다고 한다면, 우리는 넓은 의미의 범위와 한계에 대해 이야기할 수 있다. 절차는 결정이 준비되고 내려지는 범위가 된다. 권한은 동시에 한 기관이 할 수 없는 것이 무엇인가 하는 한계가 된다. 특정한 목표를 이루게 하는 헌법적 위임은 그런 관점에서, 즉 목표 달성을 위해 투입한 수단들이

---

19) Fragmentum → frangere = zerbrechen.

20) 헌법이 하나의 체계(System)인지에 관한 문제는 이러한 맥락에서 답변해야 한다. 개별규범들의 관련에서 개별 규범들의 해석 지침이 나올 수 있다. 이에 관해서는 *Konrad Hesse*, Grundzüge des Verfassungsrechts der Bundesrepublik Deutschland, 181991, 중에서 한편으로는 Rn. 67: 헌법은 "완결되고 통일된–논리적·공리적·가치위계적–체계가 아니다"라는 구절과 다른 한편으로는 Rn. 71, 72의 '헌법의 통일성'과 '실제적 조화' 참조: 이 문제는 다음 참조.

21) 그렇게는 또한 *Böckenförde*(각주1), S. 2091: *Rainer Wahl*, Der Vorrang der Verfassung, in: Der Staat 20(1981), S. 485(507); *Isensee*(각주21), §162 Rn. 43ff.

정치적 관점에서 자유로이 선택할 수 있는 범위로 이해할 수 있다.

반면 단편적인 것의 헌법이라는 생각은 시간이 지남에 따라 앞에 있었던 단편적인 것들이 내용적인 보충으로 하나의 — 새로운 — 규범적 전체로 맞춰질 수 있고, 또 — 이와 표리관계에 있는 것으로 — 정치적 기관들의 행동의 여지를 축소하는 규범적 성장과정[22]이 생길 수 있다는 잘못된 생각을 하게 할 수 있다. 이에 상응하는 것이 구체화의 사고[23]에서도 나온다. 이에 따르면 "국가의 모든 법은 헌법에서 형성되며",[24] 입법자는 헌법을 전개시키며, 그 사고를 발전·실현[25]·충족[26]·적성화시키고, 궁극적으로는 헌법의 내용을 증가시켜 결국은 헌법에 과중한 부담을 지운다. 헌법의 위임이라는 정확하지 않은 개념[27]도 이러한 맥락에 속한다.

우리가 헌법을 하나의 범위, 그것도 정치적 행동의 가능성을 위한 하나의 범위로 본다면, 헌법적 관점에서 문제되는 것은 어떤 해석의 수단으로 그 범위를 결정하는가 하는 것뿐이다. 헌법의 권력 제한적 기능은 이러한 범위를 신뢰하고 예측할 수 있게 규정하는 것을 요청

22) 인간존엄성의 규범적 성장은 *Peter Häberle*, Menschenwürde und Verfassung am Beispiel von Art. 2 Abs. 1 Verf. Griechenland 1975, in: Rechtstheorie 11(1980), S. 389(423) 참조.

23) 이에 대해서는 *Hesse*(각주20), Rn 60ff 참조. 규정의 광의성과 구체화의 필요성의 결합은 또한 *Bryde*(각주2), S. 82ff에서도 나타난다.

24) BVerfGE 4 2, 103(116f)에서는 이러한 표현을 사용하면서 모든 법이 '헌법에서부터' 형성됨을 '아주 자명한 것'이라고 했다. 다만 그렇다고 모든 법이 헌법이 되는 것은 아니라고 부연했다.

25) 이에 대해 비판적인 것으로는 *Hennis*(각주10), S. 250ff. m.w.N.

26) *Böckenförde*(각주1), S. 2097; *Wahl*(각주21), S. 506은 이에 대해 주의를 환기시킨다; *Fritz Ossenbühl*, Die Interpretation der Grundrechte in der Rechtsprechung des Bundesverfassungsgerichts, in: NJW 1976, S. 2100(2105f)도 이에 대해 의구심을 보인다.

27) 이에 대해 무엇보다 비판적인 것으로는 *Peter Lerche*, Das Bundesverfassungsgericht und die Verfassungsdirektiven, in: AöR 90(1965), S. 34 1ff; 과중하게 요청하는 것으로는 *Adolf Arndt*, Das nichterfüllte Grundgesetz, 1960, passim.

한다. 어떻게 이 범위에서 형성되는지는 시대정신과 입법에 참여하는 이들의 이념과 정당 프로그램과 처분할 수 있는 수단으로 정해지는 정치적 적절성의 문제다. 입법자의 광범위한 행동의 여지는 그 범위가 명확하지 않아서 나오는 결과가 아니라, 헌법에 의해 내려진 — 많은 경우 간단하게 되어 있는 — 규정들의 밖에서 나온다.

헌법적인 범위와 정치적 형성 자유의 — 물론 공간적인 것으로 생각된 것이 아닌 — 구별은 입법과 헌법재판 간의 기능의 한계를 설정하는 것을 견지하기 위해 필요한 전제다. 즉 범위로서의 헌법은 입법이 독자적으로 형성할 수 있는 여지를 보장해준다. 발이 이것을 적절히 지적했다.[28] "범위로 이해한 헌법규범을 법률의 척도로 적용할 때는 판결에서 중간이나 최고 혹은 적절한 것을 찾는 것이 아니라, 가능했던 다른 구체적 형성과 마찬가지로 구체적 법률이 '범위에' 있는지가 문제다." 즉 문제는 합헌이냐 위헌이냐다. 이러한 구별은 헌법을 그때그때의 목적을 위한 도구로 만드는 것을 촉진하는[29] 기술적이고 형식화된 헌법관에 기초하는 것이 아니라 — 예를 들어 헌법이 기본권의 형태도 정치에 부가하는[30] — 내용적 한계도 포괄했다. 범위로 이해한 헌법은 '헌법의 충족'이 최소한으로, 적절하거나 그 밖의 어떤 정도로 이루어졌는가라는 문제에 대한 법률적으로 파악할 규준을 포함하지 않는다.

---

28) *Wahl*(각주21), S. 507.

29) 이와 같은 우려가 *Ernst Forsthoff*, Die Umbildung des Verfassungsgesetzes, in: FS für Carl Schmitt, 1959, S. 35ff와 논쟁을 벌인 *Alexander Hollerbach*, Auflösung der rechtsstaatlichen Verfassung, in: AöR 85(1960), S. 241(249)에서 나타난다.

30) BVerfGE 42, 103(116f).

3) 헌법의 우위와 헌법재판제도

헌법의 규범성을 논의하면서 이미 헌법의 우위를 시사했다. 입법에서 헌법의 규범성은 헌법의 우위를 전제로 한다. 그렇지 않으면 신법이 구법에 우선한다는 원칙에 따라 헌법이 법률의 처분에 놓이기 때문이다. 헌법의 우위[31]는 역사적으로 오랜 뿌리, 즉 — 정규적 입법권의 권력에 대한 의식적이고 의도적인 제한을 의미하는 — 근본법이라는 법적 형태에 소급한다. 이렇게 전래된 우위 사상은 국민주권에 기초하는 국민의 헌법제정권력과 결합되어 있으며, 헌법에 연결되어 있다.[32] 일반적인 입법절차와 구별되는 헌법 개정의 특별한 가중 절차는 여기서 나온다.

국민 주권의 토대 위에서 창설된 헌법은 국가권력을 근거짓기도 하고 제한하기도 한다. 이를 조직하고, 그 과제와 의무를 확정하며, 권한을 부여하고, 국가권력이 작용하는 절차를 정한다. 논리 필연적으로 헌법으로 창설된 국가권력은 헌법에 구속된다. 마샬 대법원장이 이미 1803년에 아주 적절하게 주장한 바와 같이,[33] 국가권력의 일부인 입법도 예외가 아니다. 헌법으로 '구성한' 기본 질서는 "국가가 미리 정한 규칙으로만 그 국민에게 작용할 수 있도록" 보장해야

31) 이하의 서술은 *Christian Starck*, Vorrang der Verfassung und Verfassungsgerichtsbarkeit, in: ders./*Albrecht Weber*(Hg.), Verfassungsgerichtsbarkeit in Westeuropa, Teilband 1. 1986, S. 11ff; 그 밖에 *Klaus Sehlaich*, Das Bundesverfassungsgericht, 1985, S. 8; *Wahl*(각주21), S. 485ff; *Klaus Stern*, Das Staatsrecht der Bundesrepublik Deutschland 1, 21984, S. 80f, 103ff 참조.

32) 이것이 분명하게 나타나는 것은 *Alexander Hamilton*, Federalist Papers(1788), Nr. 78: *Emanuel Joseph Sieyès*, Qu'estce que le Tiers État?(1789), Ausgabe Genf 1970, S. 180; *Böckenförde*, in: Isensee/Kirchhof(Hg.), HStR Bd. I, §22 Rn. 5ff.

33) Marbury v. Madison. 1 Cranch 137. 177 = 2 Law Ed. U. S. 60. 73(1803).

한다. “헌법은 국가권력이 행사하는 형식이나 조건을 제한한다.”[34)]

헌법 제정 권력의 이념에서 나오는 이 같은 헌법의 우위는 앞에서 서술한 바와 같이 권력의 분립과 불가분의 관계이며,[35)] 권력의 분립은 효과적인 헌법의 우위를 위해 포기할 수 없는 전제다. 역으로 권력의 분립은 헌법의 우위를 요청한다. 그렇지 않으면 권력분립은 사실상 가장 강한 국가기관이 처분할 것이기 때문이다. 나아가 헌법의 우위는 헌법의 규범이 충분히 명확하며 신뢰할 수 있고, 공동이 기본적으로 헌법을 이해해야 한다는 것을 전제로 한다.[36)]

헌법규범을 담은 문구들을 마음대로 해석할 수 있고, 그 결과 국가기관이 헌법의 의미에 대해 의사를 소통할 수 없게 된다면, 효과적인 헌법의 우위를 위한 조건(condicio sine qua non)에 문제가 생긴다. 법원이 다른 국가기관의 헌법 준수를 결정할 권한을 가지면 헌법의 우위는 법원에 의해 더 효과적으로 보장될 수 있다. 이러한 사상은 헌법의 발전에서 일찍 대두되었다.

1788년 알렉산더 해밀턴은 다음과 같이 서술했다. “법원의 본래 과제는 법률을 해석하는 것이다. 헌법은 본질상 근본법(fundamental law)인데 법관들이 그러한 것으로 보아야 한다. 따라서 법관들은 — 입법부가 제정한 모든 법률의 의미를 확인해야 하는 것처럼 — 헌법의 의미를 확인해야 할 의무가 있다. 양자 사이에 모순이 생길 때는 더 포괄적인 구속성과 타당성이 있는 법률을 우

34) *Raymond Carré de Malberg*, Contribution à la théorie générale de l'État, Bd. 1, Paris, 1920, S. 232.
35) 앞 참조.
36) *Christian Starck*, Die Bindung des Richters an Gesetz und Verfassung, in: VVDStRL 34(1976), S. 43(61) 참조.

선해야 한다. 달리 표현하면 헌법은 법률의 위에 있어야 한다."[37]

얼마 후 시이예가 비슷한 생각을 기초로 헌법은 헌법재판소(jury constitutionnaire)가 보호하게 해야 한다고 요청했다. 헌법은 의무를 과하는 법률의 통일체이거나, 아니면 아무것도 아닌 것(nichts)이다. 헌법이 법률의 통일체라면 이를 지키는 사람이 어디 있겠는가? 여기에 대한 답을 우리는 찾아야 한다. 시민생활에서 이러한 종류의 태만은 이해하기 어렵고, 웃기는 일이다. 왜 당신들은 이들을 경제적 상황에서 참고 있는가? 어떤 것이 문제가 되든 법률은 헌법을 경시할 가능성이 있다. 그때문에 헌법을 준수하게 할 필요가 있다."[38]

법원, 특히 상응하는 권한이 있는 헌법재판소가 헌법을 보호[39]하는 것에 이론이 없는 것은 아니다. 이에 대한 의구심은 하나의 국가 기능이 다른 국가 기능 위에 자리하는 것을 금지하는 권력분립에 근거를 둔다. 모든 국가의 기능은 헌법과 직접 관계가 있고, 이를 독자적인 관점에서 해석하고 고찰할 수 있는 것은 권력의 분립이다.[40]

헌법의 우위를 보장하기 위한 헌법재판의 도입은 헌법의 법률적

---

37) *Hamilton*(각주32).

38) *Emanuel Josephe Sieyès*, Opinion sur les attributions et l'organisationn du jury constitutionnaire, proposée le 2 thermidor, prononcée à la Convention Nationale le 18 du même mois, l'an 3 de la République(1795), imprimée par l'ordre de la Convention Nationale, Paris, S. 3.

39) 이러한 의미의 새로운 견해로는 예컨대 *Gerhard Leibholz*, Strukturprobleme der modern Demokratie, 1967, S. 168ff, 173f; *Ernst Friesenhahn*, Verfassungsgerichtsbarkeit in der Bundesrepublik Deutschland, 1963, S. 7: *Gerd Roellecke*, Polilik und Verfassungsgerichtsbarkeit, 1961, S. 144; *Klaus Stern*, Das Staatsrecht der Bundesrepublik Deutschland II, 1980, S. 951ff.

40) 이러한 것으로는 예컨대 *Geoffry Marsshall*, Constitutional Theory, Oxford 1980, S. 103ff, 109; 또한 1791년의 헌법에서도 그러한 표현이 나타난 프랑스의 실무(Titel III Kap. V Art. 3)도 참조.

명확성이라는 관점에서, 헌법이 실현해야 한다는 관점에서, 헌법의 구조에 대해 특별한 요청을 한다. 헌법의 선언적·프로그램적 표현들은 이러한 요청과 합치되지 않는다.[41] 법률을 포함한 국가활동을 헌법의 기준으로 검토할 수 있는 사법적 권한이 있을 때 비로소 헌법의 모든 문구를 법적인 것으로 이해하고, 시간이 지나면서 헌법재판이 입법의 정치적 행동 여지를 계속 좁혀나가는 것을 기대할 수 있다.

따라서 헌법재판이 이미 존재할 때 엄격하게 법적으로 이해한 헌법의 우위는 헌법의 내용 제한을 요청한다. 헌법의 법률적 해석은 그 결과가 궁극적으로 헌법재판소와 입법 간의 권한을 한정한다는 것을 고려해야 한다.[42] 즉 헌법 해석은 과제를 잘못 처리하지 않기 위해서 기능법적으로 정향되어야 한다.

이미 서술한 국가기관의 정치적 활동 범위로써 헌법이라는 관념은 범위의 법률적 규정에 집중해야 한다. 따라서 흔히 제안하는 개별 헌법규범에서 도출할 수 있는 통제와 행위 규범의 구별[43]은 올바른 방법이 아니다.[44] 우선 이러한 이원화가 어떤 결과를 가져올지가 문제이고, 나아가 우리는 이렇게 분류한 근거를 묻게 된다. '행위 규범'으로 표현한 것은 기능법적 기초에서 볼 때 정치적으로 활동하는 국가기관이

---

41) 이러한 것은 이미 *Hans Kelsen*, Wesen und Entwicklung der Siaatsgerichtsbarkeit, in: VVDStRL 5(1929), S. 30(68ff); 나아가 *Böckenförde*(각주1), S. 2099; *Starck*(각주36), S. 75f; *Wahl*(각주21), S. 499.

42) *Starck*(각주36), S. 75, 83; *ders.*(각주31), S. 35ff; *Schlaich*(각주31), S. 224; *Gunnar Folke Schuppert*, Funklionellrechtliche Grenzen der Verfassungsinterpretation, 1980, S. 4ff.

43) 무엇보다 *Konrad Hesse*, Funktionelle Grenzen der Verfassungsgerichsbarkeit, in: FS für Hans Huber, Bern 1981, S. 261(269f), 평등조항과 관련해; *Hans Heinrich Rupp*, Vom Wandel der Grundrechte, in: AöR 101(1976), S. 161(175); *Schlaich*(각주31), S. 224f.

44) 이를 거부하는 것으로는 또한 *Wahl*(각주21). S. 501 f.

해야 할 것을 포함하는 규범은 아니다. 이러한 '행위 규범'을 형성의 자유라고 표현하는 것은 옳지만, 그렇다면 그것은 규범이 아니다.

이러한 형성의 여지는 오히려 최상의 경우 슬기로움으로, 의회에서 다수의 지지를 얻은 계획안으로, 혹은 타협으로 채우게 된다. 이러한 요소들은 그 자체가 헌법적 지위를 갖지 않는다. 헌법의 범위에서 법률을 올바르게 형성하기 위한 정치적 투쟁은 행위 규범이라는 형태를 거쳐, 다시 헌법의 문제라는 형식으로 나타나는 것이다. 이것은 행위 규범의 차원에서 헌법 해석이 필요하다는 결론을 가져올 수도 있었을 것이다. 정치적 슬기로움이나 정당의 정책적 계획안이라는 논거가 헌법적 논거의 옷을 입게 되는 것이다.

그렇게 되면 이른바 헌법위임이라는 것을 도처에서 볼 수 있게 된다. 정당의 프로그램은 헌법적 행위 규범의 해석이라고 스스로를 강화시켜서 이해할 것이다. 시간이 지남에 따라 이러한 것은 상이한 정당 프로그램의 헌법들을 서로 병립하게 만들 것이며, 이들이 본래의 헌법을 축출하게 될 것이다. 헌법의 내용과 지위는 아주 불분명해질 것이다. 끝으로 민주공화국이 의지하는 — 법률적 문외한들이 대부분인 — 선거인들이 어떻게 이런 모든 것을 이해할 수 있겠는가? 헌법재판소와 입법과의 미묘한 관계에 비추어볼 때 불필요한 골칫거리들처럼 헌법 해석에 해가 되는 것은 없다. 그러므로 우리는 이런 것을 던져버린다.

통제 규범과 행위 규범의 구별을 통해서 헌법의 개념 팽창을 헌법재판소에 의한 통제활동이라는 관점에서 다시 축소시키려는 시도가 행한 것과 비슷하게 사법적 자제(judicial self-restraint)의 요청도 헌법재판소의 통제활동의 감소를 위해 노력한다. 여기서는 재판소가 본래 존재하는 심사권한을 사용하지 않거나, 혹은 제한한 범위에서만 사용해야 한다는 것인지, 아니면 헌법 해석의 기능법적 한계를 의미하는 것인지가 불분명하다.

연방헌법재판소가 이 원칙을 언급했을 때도 이러한 불명확성을 확인해주었다.[45] "연방헌법재판소가 — 이 대목! — 받아들이는 사법적 자제의 원칙은 앞에서 말한 연방헌법재판소의 권한 축소나 약화를 의미하는 것이 아니라 정치를 하는 것의 포기, 즉 헌법으로 형성·제한하는 자유로운 정치적 형성의 범위에 개입하는 것을 포기함을 의미한다. 즉 이 원칙은 헌법으로 — 이 대목! — 다른 헌법기관에 보장한 자유로운 정치적 형성의 범위를 개방함을 의도한다." 한편으로는 헌법으로 주어진 정치적 기관들의 형성의 여지를 정확하게 지적했고, 다른 한편으로는 연방헌법재판소가 이 원칙을 받아들인다[46]고 함으로써 그에 관한 처분권을 시사했다. 이러한 언급들은 서로 모순된다. 여기서는 분명 조정될 수 없는 2가지 관념이 다투게 된다.

2. 기본법의 해석

1) 일반적인 문제

우리가 특정 사건에 접하여 헌법이 국가활동을 어떻게 정하는가를 확인하려면 해당 헌법규범의 의미를 밝혀야 한다. 법규범의 의미를 밝히는 데는 전통적으로 다음의 해석 규준들, 이른바 해석규칙들

45) BVerfGE 36, 1(14f).
46) 비판적인 것은 *Wahl*(각주21), S. 505; *Stern*(각주31), S. 135.

(Auslegungscanones)을 사용했다.[47)] 문구의 의미, 법률의 의미 관련, 역사적 입법자의 규정 의도, 객관적·목적론적 관점, 나아가 특정한 사태에 관련해 규범의 의미를 밝히는 데 이러한 규준들을 적용하는 것은 그 사태가 무한한 현상 중에서 그 법률적 중요성으로 특별히 문제된다는 것, 즉 구성한다(konstituiert wird)는 것을 전제로 한다.

해석과 사태의 구성은 순차적으로 발생하는 것이 아니라 함께 얽혀 있다. 규범들은 현실에 비추어 언어로 정리·표현·제정한다. 규범 속에서 이루어지는 현실의 구성 요건적·개념적 정리와 표현은 입법자의 선택과 가치평가를 요구한다. 이렇게 얻은 현실 개념은 그 언어적 표현에서 어느 정도 일반적인 것이며, 현실에서 그 합치는 보통 반복된다. 앞에서 설명한 바와 같은 규범의 형성 때문에 규범의 의미는 현실에 대한 고려 없이 확인될 수 없다.[48)] 따라서 규범 정립에 대해서 설명한 과정이 규범의 적용에는 역으로 되어야 한다. 법률적 사태를 구성하기 위해서는 규범 구성 요건에서 언어적으로 정리·표현한 일반적인 것들의 합치를 현실에서 찾아야 한다.

여기서 규범 적용자는 규범 정립자의 경험과 연결된다. 규범 적용자는 물론 새로운 유형의 현상과도 접하게 되며, 이들이 규범에 으

---

47) 종합적인 설명은 *Karl Larenz*, Methodenlehre der Rechtswissenschaft, 1991, S. 320ff; *Robert Alexy*, Theorie der juristischen Argumentation, 1978, S. 19ff, 288ff, 299ff; 그 유래에 대한 간략한 설명은 *Helmut Coing*, Die juristischen Auslegungsmethoden und die Lehren der allgemeinen Hermeneutik, in: Arbeitsgemeinschaft für Forschung des Landes Nordrhein-Westfalen, Geisteswisscnschaflen, Heft 84(1959), S. 6ff; BVerfGE 11, 126(130).

48) *Emilio Betti*, Allgemeine Auslegungslehre als Methodik der Geisteswissenschaften, 1967, S. 620; *Kurt Eichenberger*, Die richterliche Unabhängigkeit als staatsrechtliches Problem, Bern 1960, S. 100f; *Friedrich Müller*, Normativität und Normstruktur, 1966, S. 147ff; *Starck*(각주36), S. 59ff.

로 포섭될 수 있는지를 검토·평가해야 한다. 해석으로 하는 주된 일은 여기에 있다. 모든 해석은 어느 정도 창조가 내포되어 있고, 그것은 규범의 관점에서 현실을 고찰하는 데 있다. 그러나 이러한 창조는 규범으로 주어진 관점들의 구속에서 자유로운 것은 아니다.

독일에서 헌법 해석의 문제는 이미 20세기 초부터 법률 해석의 특수한 문제로 다루었고, 몇몇 저자가 법률 해석에서 완전히 구분해서 논했다. 근래에는 헌법의 특수 지위의 근거를 자신의 법률 해석의 이론을 사법에만 적용시키려고 했던[49] 사비니에서 찾으려고 한다. 따라서 사비니가 법 전통에서 받아들였던[50] — 그동안에 목적론적 요소 하나가 더 발전한 — 해석규칙, 즉 해석의 문법적·논리적·역사적·체계적 요소들[51]은 사법 해석에만 적용한다는 것이다.[52]

이런 관점에 대해서는 사비니를 증인으로 세울 수 있을 것이다. 그가 사법에 한정시켰던 것은 "로마인들의 사법만의 전체적으로 우리의 법 상태의 일부가 되었다"[53]는 데서 나온다. 그 밖에도 사비니는 그가 사법에 한정시킨 것과 관련해 사법이 "국가에서 사법의 주장으로 생명과 현실을 얻는다"[54]고 언급했다. 사비니가 1838~1839년에 이 글을 쓸 당시 공법은 이에 상응하는, 사법으로 주장하는 현실을 나타내 보이지 못했다. 헌법의 준수에 대해서는 — 헌법이 이

---

49) *Friedrich Carl von Savigny*, System des heutigen Römischen Rechts, Bd. I, 1840, S. 2, 23, 39, 69.
50) *Coing*(각주47), S. 7ff.
51) *Savigny*(각주49), S. 213f.
52) *Friedrich Müller*, Arbeitsmethoden des Verfassungsrechts, in: Enzyklopädie der geisteswissenschaftlichen Arbeitsmethoden, hg. von Manfred Thiel, 11. Lieferung, Methoden der Rechtswissenschaft, Teil 1, 1972, S. 123, 38; *Böckenförde*(각주1), S. 2091.
53) *Savigny*(각주49), S. 2, S. 69.
54) *Savigny*(각주49), S. 23.

미 존재한 경우 — 법관의 결정을 요청할 수 없었다. 즉 사비니는 공법을 고찰의 대상 밖으로 놓을 이유가 많았던 것이다. 이러한 이유는 공법에 대해 — 사비니의 말에 따르면 — '생명과 현실'을 부여하는 행정재판소와 헌법재판소를 설치한 이래 더는 존재하지 않는다.

따라서 공법에서도 사법과 마찬가지로 원칙적으로 명확성과 법률적 집행 가능성의 전제가 요청된다. 나아가 공법의 적용에서는 권력분립의 문제, 즉 권한문제를 다루기 때문에 공법의 법률적 집행 가능성은 오히려 더 강하게 요청된다. 이것은 특히 헌법에 해당한다. 헌법은 처음부터 끝까지 다른 법보다 모호하게 정리·표현한 것은 아니다. 따라서 방법론적 관점에서는 어떤 특수한 지위도 갖지 못한다.[55)]

2) 전통적 해석규칙의 의의와 헌법 해석에서 이 규칙들의 발전

헌법의 방법 논쟁은 흔히 헌법에 관한 특별한 방법이 따로 있다는 잘못된 생각을 갖게 만든다.[56)] 설사 우리가 헌법에서 해석의 특별한 관점들을 끌어들인다 해도 전통규칙들을 포기할 수는 없다.[57)] 왜냐하면 전통규칙들은 문구로 그 경계가 정해지는 활동 여지의 가능한 의미 변형들(Sinnvarianten)을 정확하게 하는 것을 도와주기 때문이다. 법조문 해석은 우리가 문법과 논리성·체계성 및 역사적 규정의 의도를 포함한 문구의 의미를 고려할 것을 절대적으로 전제

55) 특수 지위에 대한 반대는 또한 *Martin Kriele*, Theorie der Rechtsgewinnung, 1976, S. 338ff.
56) *Friedrich Müller*(각주52)의 'Arbeitsmethoden des Verfassungsrechts'라는 표제 참조.
57) *Coing*(각주47), S. 13ff; 이러한 것으로는 또한 *Hesse*(각주20), Rn. 68, 이하 본문 중의 설명은 여기서 인용되었다; *Frirdrich Miiller*, Juristische Methodik, 1990, S. 199ff, 213f; *Stern*(각주31), S. 125f는 이러한 규칙들의 목록을 확대한다. BVerfGE 11, 126(130); 60, 319(325); BayVerfGHE 29 II S. 244(264).

한다.[58] 이러한 관점에서 받아들이지 않는, 문제가 되는 법적 결정의 논거는 충분하지 못한 것이 될 것이고,[59] 헌법의 특수한 해석론을 주장하는 이들에게도 — 자의적인 것이 아니면 — 불충분한 것으로 받아들여질 것이다.

'헌법의 통일성',[60] '실제적 조화'와 '기능법적 정당성'[61] 등과 같이 헌법을 해석하기 위해 요청되는 보충적 관점들[62]은 체계적 해석의 규칙에 들어간다. 왜냐하면 이들은 개별 헌법규범들을 고립적으로 고찰하는 것을 금지하고, 오히려 헌법의 규범 해석에서 전래의 헌법국가적 기능의 관점에서 헌법의 그 밖의 부분들을 고려할 것을 요청하기 때문이다.[63] 이와 같이 기능법적 정당성의 관점은 실질적 헌법규범을 헌법으로 정해진 — 변형되어서는 안 될 — 기능의 분배를 고려해 해석할 것을 요청한다.[64] 혹은 평등 조항은 지방 입법권의 범위에서 초지방적으로 동일한 법이 적용되어야 한다는 식으로 해석해서는 안 된다는 것이 연방국가적 권한분배에서 나온다.[65] 헌법

58) 그렇게 분명하게 표현한 것은 BVerfGE 60, 319(325); 62, 1(36ff, 44); 67, 100(128ff): *Stern*(각주31), S. 123, 125f, 127.

59) 법적 결정을 근거짓는 데 길잡이로서 규칙의 기능에 대해서는 *Starck*(각주36), S. 71f; *Alexy*(각주47), S. 300ff.

60) 판례 중에서 BVerfGE 1, 14(32); 28, 243(261); 34. 165(183); 39, 334(368); 55, 274(300) 참조; 이에 대해서는 *Stern*(각주31), S. 131f.

61) *Hesse*(각주20), Rn. 71~73; *F. Müller*(각주57), S. 214f, 216ff, 221f 참조; 판결 중에서는 BVerfGE 1, 97(100); 2, 219(224f); 4, 31(40); 4, 219(233f); 10, 20(40); 57, 295(321) 참조.

62) *Hesse*(각주20), Rn. 59는 이들을 전통적 규칙들과 고립된 것으로 본다.

63) *Böckenförde*(각주1), S. 2097, 2098은 그런 관점에서 방법과 바탕에 깔려 있는 헌법 개념과의 철저한 서로 관련을 이야기 한다; *Kriele*(각주55), S. 338f는 헌법적 제도들이 역사에 정향된 해석과 그 안에서 작용하는 이성의 원칙과 정의의 원칙을 이야기한다.

64) 그렇게 매우 분명하게는 이미 *Horst Ehmke*, Prinzipien der Verfassungsinterpretation, in: VVDStRL 20(1963), S. 53(74ff); *Hesse*(각주43), S. 267ff.

65) BVerfGE 10, 354(371); 27, 175(179); 51, 43(58f): *Christian Starck*, in: v. Mangoldt/Klein/Starck, GG I3, Art. 3 Rn. 165 m.w.N.; *Stern*(각주31), S. 661f. m.w.N.

의 통일성이라는 관점에서는, 예를 들어 헌법의 특별 규범이 일반적 헌법규범에 우선한다는 결론이 나온다.[66] 언급한 3가지 관점은 체계적 해석의 헌법과 관련된 특수한 표현이다.

따라서 재판소가 "입법권과 사법권 간의 과제 분배나 헌법의 통일성 원칙을 … 해석에서 기준으로 보았다"고 해서 그것으로 재판소가 전통적 해석의 토대를 벗어난 것은 아니다.[67] 그러나 헌법의 통일성으로 헌법이 사회적·국가적 생활의 모든 것을 포괄하는 질서라는 것[68]이 표현되어야 한다면, 헌법의 통일성의 원칙은 완전히 다른 성질을 갖게 된다. 그럴 경우 논리적으로 모든 사건에 헌법적 연역이 생겨 모든 규율 대상은 헌법의 영향을 받거나, 헌법의 방사 효과 내에 있는 것으로 생각하게 된다. 이런 경우 국가 사무를 처리한다는 것은 헌법을 구체화하는 것을 의미하게 된다.

연방헌법재판소가 "예를 들어 직접적인 규범의 성립사 대신 더 이전의 발전을 원용함으로써" 해석의 규칙들을 넘어섰다는 헷세의 견해는 따를 수 없다. 왜냐하면 역사적 해석에 속하는 것으로는 입법에서 분명한 의도(성립사)[69] 외에 규정의 전통도 — 특히 상황에 비추어 이러한 전통에 연결되어 있음이 분명한 때 — 있기 때문이

66) *Christian Starck*, Der Gesetzesbegriff des Grundgesetzes, 1970, S. 274, 282ff; *Bryde*(각주2), S. 282.

67) So aber *Hesse*(각주20), Rn. 58.

68) 그런 경향을 보이는 것은 BVerfGE 19, 206(220); 이에 대해 비판적인 것으로 *Gerd Roellecke*, Prinzipien der Verfassungsinterpretation in der Rechtsprechung des Bundesverfassungsgerichts, in: FG-BVerfG II, S. 23(33).

69) BVerfGE 1, 117(127) 참조; 총괄적이고 많은 입증 자료를 포함하는 것으로 *Michael Sachs*, Die Entstehungsgeschichte des Grundgesetzes als Mittel der Verfassungsauslegung in der Rechtsprechung des Bundesverfassungsgerichts, in: DVBl. 1984, S. 73(75ff).

다.[70] 헌법에서 문제가 되는 것은 헌법국가적 전통이다. 그러나 이것은 헌법재판과 그 권한 등의 새로운 헌법적 제도의 체계적 관점에서 이해하고 해석해야 한다.

해석에 객관적·목적론적 관점을 추가하는 것은 헌법에만 국한되지 않으며, 특히 헌법에서 나타나는 규정의 부정확성에 소급시킬 수도 없다. 해석의 규칙으로서 목적론은 문구·체계와 인식 가능한 규범 정립의 주관적 규정 의도를 넘어선다. 왜냐하면 입법자가 인식하지 못해 앞에서 언급한 3가지 규칙에서 믿을 만한 어떤 결론도 이끌어낼 수 없는 사건 유형에 대한 결정이 문제되기 때문이다.

따라서 규범은 그것이 어떻게 새로운 사건 유형에 '합리적으로' 작용할 수 있는지를 검토해서 그 논리의 일관성을 철저히 숙고해야 한다.[71] 헌법적 해석 문제에 적용되는 목적론은 헌법이 입법자의 기초이며 범위임을 유의해야 한다. 입법에 대해 헌법적으로 미리 정한 바가 없을 때는 일차적으로 입법이 자유롭다는 것을 의미한다. 물론 이러한 인식과 통찰에 이르기 위해서는 헌법이 모든 것을 일반적인 방법으로 미리 정하며, 입법자는 이러한 예비 결정에 기초해 '구체화시키고', '실현시킨다'는 생각에서 벗어나야 한다. 입법은 헌법의 구체화가 아니라 헌법적 권한의 기초 위에서 헌법의 절차와 내용적 규정에 따라 이루어지는 정치적인 형성 활동이다.

해석의 규칙에서는 어떤 확정된 순서가 없다. 이들은 구체적 사건에 따라 맞춰지는 동등한[72] 관점이며, 이 관점들은 논거로서 서로

---

70) 다음 참조.

71) *Larenz*(각주47), S. 332; *Coing*(각주47), S. 21.

72) *Coing*(각주47), S. 17.

관련이 있다. 이들은 결정해야 할 사건에 비추어 규범의 의미 내용을 밝힐 때 서로 보충한다.[73] 개별적인 법적 결정들의 합리성과 통제 가능성은 이 규칙들을 사용하고 이들을 논거로 하는 데 기초한다. 이 규칙들이 상이한 결론들을 도출시킬 경우, 개별적인 관점들 간의 결정은 선결례나 가설적인 비교 사례로 도출할 수 있다. 법의 일반성에 비추어 모든 개별적인 사건의 결정은 선결례나 가설적인 미래의 사건에 대해 스스로 주장할 수 있어야 한다.[74] 즉 해석의 결과는 일반화될 수 있어야 한다. 여기에 해석의 한계와 결정의 예측 가능성에 대한 보증이 있다.

체계적 해석의 관점에서 볼 때 논거에서 자의나 우연성은 체계 — 헌법의 통일성 — 와의 관련으로 피할 수 있다. 그 하위 관점으로 특별법, 즉 원칙과 예외의 관계가 존재하는지, 서로 긴장관계에 있는 규범들 간의 조정이 가능한지를 검토해야 한다. 이러한 결정을 위한 규준은 다른 규칙에서, 특히 헌법국가적 전승(verfassungsstaatliche Überlieferung)에서 나올 수 있다.

실증주의적인 포섭의 이상에 대한 비판과 의사주의 이론에 대한 비판[75]이 — 비판되는 관념들이 그에서 그 안에 있는 것 이상을 끌어낼 수 있다고 믿었던 — 해석규칙들을 과소평가하게 해서는 안 된다. 결정의 설득력에서 문제되는 것은 우리가 이 규칙들을 어떻게 사용하느냐, 특히 우리가 이 규칙들의 도움으로 결정의 근거를 어떻

73) BVerfGE 11, 126(130).
74) 이러한 정당한 주장은 *Kriele*(각주55), S. 326; *Alexy*(각주47), S. 28, 339ff; *ders.*, Theorie der Grundrechte. 1985, S. 504ff.
75) 무엇보다도 *Hesse*(각주20), Rn. 53ff과 최근 것으로는 *Werner Heun*, Original lntent und Wille des historischen Verfassungsgebers. in: AöR 116(1991). S. 185ff 참조.

게 제시하는가다.[76] 종래의 해석규칙은 절대적으로 해석해야 할 규범에 지향되어 법률의 문구, 체계 혹은 성립사를 조사했다. 목적론은 규정이 불완전할 때 법률의 객관적 목적을 묻는 것이기는 하지만, 그것은 확고한 논거 관점(Argumentationsgesichtspunkte)의 범위에서 이루어진다. 이 논거의 관점은 다른 규칙에서, 법률의 바탕에 깔려 있는 생활 영역과의 관련에서 얻는다.

3) 헌법 해석의 새로운 방향

해석해야 할 규범에서 엄격하게 지향하는 규칙과 대조적으로 규범을 해석하는 그외의 관점을 유용하게 만들려는 시도들이 있었다. 이른바 문제변증론(Topik)[77]은 그러한 관점을 추구하며 이들을 정돈했다. 문제변증론의 — 법률을 다른 것처럼 하나의 관점으로 보는 — 극단적 형태는 헌법의 규범성과 맞지 않는다. 따라서 여기서 논하는 헌법 해석의 문제에는 도움이 되지 않는다.[78] 해석규칙에 따른 과정도 어느 정도 문제변증론적인 것을 갖고 있기 때문에 문제변증론의 인식을 해석에 사용하려는 시도가 있었다.

---

76) *Starck*(각주66), S. 260; *Alexy*(각주47), S. 306.

77) 이에 대해서는 *Theodor Viehweg*, Topik und Jurisprudenz, ¹1953, ³1974; *Gerhard Struck*, Topische Jurisprudenz, 1971; *Franz Wieacker*, Zur praktischen Leistung der Rechtsdogmatik, in: FS für Hans-Georg Gadamer, 1970, S. 311(326ff); *Ehmke*(각주64), S. 53ff 참조.

78) 비판적인 것은 특히 *Uwe Diederichsen*, Topisches und systematisches Denken in der Jurisprudenz, in: NJW 1966, S. 697(702); *Claus-Wilhelm Canaris*, Systemdenken und Systembegriff in der Jurisprudenz, 1983, S. 142ff; *Gerhard Otte*, Zwanzig Jahre Topik-Diskussion, in: Rechtstheorie 1(1970), S. 183ff; *Franz Wieacker*, Zur Topik-Diskussion in der zeitgenössischen deutschen Rechtswissenschaft, in: FS für Johannou Zepos, 1973, S. 391(402); *Hans-Martin Pawlowski*, Methodenlehre für Juristen, 1981, S. 43ff, 47f.

특히 헷세는[79] 문제변증론과 다리를 놓으려고 했다. 즉 문제변증론의 관점은 "실질적으로 적합하고 생산적인 전제를" 포함하므로 해석의 문제를 해결하거나 해결에 기여한다는 것이다. 그러나 가능한 수많은 관점 가운데서 어떤 것을 끌어내는지는 해석자에게 맡겨져 있는 것은 아니라고 한다. 해석자는 "한편으로는 문제와 관련된 관점들만을 구체화에 사용할 수 있으며", 따라서 사안과 무관한 관점들은 배제된다고 한다. 다른 한편 해석자는 헌법규범이 제공하는 구체화의 요소, 또 헌법이 문제 해결에서 이러한 요소들을 어떻게 사용하고 정서하고 평가하는지에 관해 내포하는 명령을 어떻게 파악했는가에 의존한다고 한다. 그럼으로써 규범적으로 조정·제한한 문제변증론이 주장되었으며, 여기서는 전통적인 규칙도 다른 것과 마찬가지로 하나의 관점으로 나타나게 된다. 헌법조문이 해석의 외적 한계로 작용해야 한다는 것은 헌법의 규범성을 위한 충분한 보장이 아니다. 왜냐하면 많은 경우 조문의 규범적 내용 — 이것만이 구속력이 있다 — 을 해석해야 하기 때문이다.[80]

해석의 규준은 문구의 해석과 관계있는 다른 해석의 규칙에서 나온다.[81] 'inventio(발명, 발견)의 방법으로' 행해지는 관점의 확대는 엄격히 문제에 정향되어 있는 문제변증론에 한정되어야 한다. 예를 들어 선례에 기속되거나 거기서 벗어나는 것, 비교법적 관점, 비례원칙, 사법상 지게 되거나 공법상 부과된 의무와 부담의 엄격한 해석

79) 그렇게는 *Hesse*(각주20), Rn. 67.

80) *Böckenförde*(각주1), S. 2096 참조; 모든 해석에 일반적으로 이같이 이야기 하는 것은 BVerfGE 35, 263(279).

81) 이에 대해 분명하게 이야기 하는 *Alexy*(각주74), S. 502f: '문구에 반하여 해석하게 되는 경우의 논거의 부담' 참조.

을 요구하는 자유의 원칙[82]이다. 무엇보다도 선례에서 볼 수 있는 해석 경험이 매우 유용하다.[83] 이 점에서 문제변증론은 사용할 수 있는 해석규칙의 확대를 의미한다.

헌법해석자들의 개방사회(해벌레)라는 관념이 선포되는 경우,[84] 법 해석학과 선결례들은 완전히 사라진다. 여기서는 문제변증론이 완전히 한계를 벗어나게 된다. 해벌레는 "헌법을 해석하기까지의 과정을 실제적으로 연구하는 것"이 문제된다고 일차적으로 언급함으로써 자신의 항의적인 성격을 완화시켰다. 그에 따르면 공공성 속에서 활동하는 집단들은 '예비 해석자'로 기능하고, 그 책임은 최종적으로 해석하는 헌법재판에 있다고 한다. 같은 맥락에서 '헌법 해석의 민주화'가 요청되며,[85] 그것은 다음과 같은 결과를 가져온다.[86] 법률적 해석의 상대화, 더 많은 사실적 참여와 더 적은 헌법적 통제, 헌법소송법의 개정, 특히 '다원적 공적 잠재 세력들의 참여'의 새로운 형식들의 개발이다.

해벌레는 — 규범을 생활화하는 모든 사람이 이 규범을 (함께) 해석한다는 — 넓은 의미의 해석 개념을 바탕에 깔고 있기 때문에 헌법의 범위 성격이 희미하게 된다. 이에 따르면 전체 국가 생활, 나아가 — 기본권의 관점에서 — 사회적 생활도 헌법 해석이다. 의견을

---

82) *Starck*(각주66), S. 261 참조.

83) 그렇게는 또한 *Alexy*(각주47), S. 41.

84) 그렇게는 *Peter Häberle*, Die offene Gcsellschafl der Verfassungsinterpreten, in: JZ 1975, S. 297ff.

85) *Peter Häberle*, Verfassung und Zeit(1974), in: Ralf Dreier/Friedrich Sehwegmann(Hg.), Probleme der Verfassungsinterpretation. Dokumentation einer Kontroverse, 1976, S. 293에서는 이것을 '공동체적 해석(republikanische Auslegung)'이라 했다.

86) *Häberle*(각주84), S. 302~304.

표현하는 사람, 재산을 이용하는 사람, 사생활을 향유하는 사람, 계약을 체결하는 사람 모두 기본법을 해석하는 것이다! 연방의회와 참사원, 그 위원회의 절차와 산물, 사법절차도 기본법을 해석하는 것이다! 이와 같이 외연을 확대함에 따라 헌법의 해석 개념은 파악할 수 없을 정도로 모호해진다. 따라서 학문의 대상으로서 헌법 해석은 상실된다. 왜냐하면 우리는 모든 사적 삶의 영위와 국가기관의 활동을 방법론의 대상으로 할 수는 없기 때문이다. 따라서 여기서 설명한 바와 같은 토대는 실제로 따를 수 없다. — 나아가 그것은 헌법의 범위로서의 성격과 부합되지 않는다. 헌법의 우위는 규범적 예정과 — 형성의 — 자유 사이의 분명한 구별을 요청한다.

해벌레가 관철한 민주국가적 동인은 그 해석 관념을 의심받을 수 밖에 없다. 민주주의의 본질적 요소는 법적인 평등이다. 이것이 어떻게 녹아없어지는 헌법의 전제 조건에서 보장될 수 있는가? 또한 시간의 차원에서도 어느 정도 보장되어야 하는 평등은 규범성과 그의 일정한 집행을 전제한다. 헌법이 영구적인, 법창조적인 헌법의 변천 하에 있기 때문에 헌법이 '개방되어' 있어야 한다면,[87] 법적 평등을 위한 기본 조건이 결여된다. 여기서 또 우려되는 것은 헌법이 시대의 조류에 계속 적응하는 것이 보통 다수의 의사에 기초하지 않고, 매스미디어를 통해 시대정신에 — 특히 암시적으로 — 작용하는 이들의 의견에 좌우된다는 것이다.

현실과학적 헌법 해석은 부분적으로는 문제변증론이나 해벌레의 구상과 일치한다.[88] 그러나 일차적으로 이들은 이미 다룬 모든 해

87) *Böckenförde*(각주1), S. 2092f는 해벌레의 생각을 이같이 성격지웠다.

88) *Häberle*(각주85), S. 309.

석의 현실과의 관련[89]이라는 것과는 다음과 같은 관점에서, 즉 규범은 현실적 사건 진행의 사태에 적용되며, 규범이 현실을 각인하고, 현실과 싸우며 또 현실을 창조해야 한다는 점에서 구별된다. 그러나 현실을 분석하려면 항상 규범적 관점이 중요하다.[90] 현실과학적 헌법 해석에서는 의견이 다르다.[91] 헌법의 사회적 기능, — 체계 이론 용어를 따르면 헌법의 체계 기능성 — 시민의 의식 상태, 사회적 변천이나 이와 유사한 것들의 규범 외적 요소들이 헌법 해석을 결정짓는다고 하는 것이다.

해석자가 이해하는 바와 같은 시대의 조류는 해석의 결정적인 관련점이 되며, 이를 통해 규범적 요소들이 축출된다. 여기서도 또 탄력성을 보장하기 위해 헌법을 현실에 적응시키려는 노력이 있다. 이러한 탄력성을 위한 노력은 부분적으로는 헌법이 모든 것을 포괄하는 것으로 보고(의미의 전체성, Sinntotalität), 그런 범위에서 유동적이야 한다고 보는 헌법의 개념에 기초했다.

우리가 헌법의 범위로서의 성격(Rahmencharakter der Verfassung)에서 출발한다면, 헌법의 변천 능력은 필요 없거나 매우 제한적으로만 필요할 것이다.[92] 왜냐하면 — 일어나려고 하거나 이미 일어난 변천이 헌법 변천이 아닌 헌법 위반이 아닌 한[93] — 필요한 것으로 원용되는 변천의 효과를 정치적으로 가져오게 하거나, 현

---

89) 앞 참조.

90) 이것은 또 BVerfGE 2, 380(401); 3, 407(422); 7, 342(351)의 해당 가설의 타당에 깔려 있다.

91) 이는 *Böckenförde*(각주1), S. 2094f 참조.

92) 여기서는 다룰 수 없는 헌법변천의 문제에 관해서는 *Bryde*(각주2), S. 21f, 254ff. m.w.N.; *Badura*, in: Isensee/Kirchhof(Hg.), HStR Bd. VII, §160.

93) BVerfGE 62, 1(45).

실의 변천에 정치적으로 대응하기 위한 충분한 활동의 여지가 있기 때문이다.[94] — 나아가 우리는 현실과학적으로 정향된 헌법 해석에 대해 규범적으로 정해놓은 것 밖에서는 '현실'과 '요청'이 어떻게 정해지는지에 대한 척도를 인식할 수 없다는 것을 주장해야 할 것이다. 현실은 조건 없이, 즉 순수하게 경험적·귀납적으로 파악되는 것이 아니다. 항상 하나의 관점에서, 즉 외부에서 주어진 문제 제기와 고찰의 습관이나 가설에서 파악된다.[95]

규범에서 오는 것이 아니라면 이러한 문제 제기는 어디서 오겠는가? 사회철학에서? 혹은 세계관에서? 이른바 사회과학적 헌법 해석은 규범으로서의 헌법을 사회철학·세계관·정치적 의사와 바꿔놓는다. 그럼으로써 헌법의 규범성은 땅 밑에 묻히고 결국은 해체된다. 범위로서의 헌법이라는 관념은 다수의 정치와 사회철학에 — 이들에게 철학적으로도 법률적으로도 받아들일 만한 현실과학적 헌법 해석의 수단을 개방해주지 않고 — 활동의 여지를 준다.

끝으로 통합적 기능이 헌법 해석의 관점으로 등장한다.[96] 좋은 헌법은 의심할 필요 없이 국민에게 통합적 작용을 한다. 헌법은 그 조문 형태와 일치하는 것이 아니고, 항상 다시 해석해야 하므로 헌법이 통합적 기능을 했다는 확인은 헌법을 다룰 때는 그 통합적 기능을 고려해야 한다는 것을 포함한다. 여기서 2가지 문제 권역이 등장하며, 이미 다룬 문제들을 새롭게 조명한다.

우선 헌법과 헌법 해석에 너무 많은 것을 요청하는 모든 주장에

---

94) 그렇게는 BVerfGE 45, 1(33)에서의 판단 참조.

95) *Christian Starck*, Empirie in der Rechtsdogmatik, in: JZ 1972, S. 609(613).

96) *Hesse*(각주20), Rn. 75.

경고해야 하고, 또 개별적인 국가 기능들, 특히 의회의 입법은 헌법의 범위에서 통합의 과제가 있다는 것 — 이 과제는 특히 헌법의 범위적 성격이라는 기초 위에서 잘 수행되고 충족될 수 있다 — 을 고려해야 한다. 헌법에 대해 명백하게 너무 많은 것을 요청하는 것은 헌법의 구체화 사고와 광의의 해석 개념에 내재되어 있다. 그리고 이러한 생각들은 의회입법자와 다른 정치기관이 갖는 통합의 과제를 눈에 안 띄게 헌법으로, 즉 헌법 해석으로 밀어보내고, 그럼으로써 헌법재판으로 밀어보낸다. 헌법을 기초와 범위로 생각할 때 입법에게 통합을 위한 형성의 여지가 — 물론 주기적으로 행하는 선거의 통제로 — 주어지는 반면, 구체화의 사고와 광의의 헌법 해석 개념에서는 항상 헌법이 문제되며, 이 헌법은 '통합 정책적으로' 옳거나 잘못 해석하는 것이다. 여기서도 또 헌법을 — 권한의 — 근거와 범위로 보는 생각만이 지탱할 수 있음이 나타난다.

지금까지 이야기한 실무적인 설명을 하기 위해 대학입학 정원제한 판결(Numerus-clausus-Urteil)을 예로 들어보겠다. "의학부 입학을 거절당한 학생이 신청자의 반을 훨씬 넘는다면 헌법으로 보호하는 허가 요청은 공동화될 우려가 있다. 이러한 영향 때문에 절대적인 정원 제한이 헌법적으로 받아들일 수 있는 한계 선상에 있다는 것에는 이론의 여지가 없다. 이러한 영향은 수용 능력을 지속적으로 확충해야만 대응할 수 있으므로 다양한 전공 분야에서 충분한 교육 수용 능력의 확보를 위한 객관적인 사회국가적 헌법위임을 기본권적 가치결정과 교육독점의 요청에서 도출할 수 있는지가 문제된다. 그러나 이것이 긍정될 수 있는지, 일정한 전제 하에 이러한 헌법위임에서 학업 장소(Studienplätze) 설치에 대한 국민의 제소청구권이 도출될 수 있는지는 여기서 결정할 필요가 없다."[97] 학업의 모든 희망을 충족시켜야 하는지는 헌법이 답하지 않는 문제다. 교육장소의 자유로운 선택(기본법 12조 1항 1문)은 주어진 조건과 평등원칙을 존중해야만 존재한다.[98] 또한 사회국가 원칙에서도 국가적 급부에 관한 직접적 청구원을 도출할 수 없다. 헌법의 통합적 활동은 12조를 3조 1항과의 관련 속에서 보장하는 것에 한정된다.

더 나아가 통합적 활동은 책임 있는 국가기관이 수행해야 하는데, 이때 상이한 상황을 고려하며 결정해야 하고, 이 결정에 정치적 책임을 진다. 그때그때 학업 장소의 수요에 따라 대학을 확충하는 것 외에 — 의학의 경우 가능한 바와 같이 — 거의 예측할 수 있는 학과 졸업생들 수요에 비추어 정원을 감축하는 것도 장기적으로는 통합에 기여할 수 있다. 국가는 그 결정에서, 예를 들어 나중에 취업할 기회 없이 고도의 전문 교육을 받는 것은 — 사회 갈등의 원인이 될 수 있는 — 좌절을 낳게 된다는 것을 고려해야 한다.[99]

이러한 관점에서는 그 졸업생이 넓은 복합 기술적 적용 가능성을 갖고, 상응하는 좋은 취업 기회를 갖는 학업과 교육의 장소를 확충하도록 결정할 수 있다. 이러한 결정 가능성들을 연방헌법재판소가 행사하거나, 그때그때의 현실적인 요청에 따른 헌법 해석으로 축소하면 안 된다. 여기서 인용한 대학입학 정원제한 판결에서는 이러한

97) BVerfGE 33, 303(333).

98) 다음 참조.

99) *Christian Starck*, Staatliche Organisation und staatliche Finanzierung als Hilfen zu Grundrechtsverwirklichungen, in: FG-BVerfG II, S. 480(523f) 참조.

일이 생기지는 않았지만 인용되는 고려들로 볼 때 가능한 것으로 제시되고 있다.[100] 입법자는 이러한 고려를 연방헌법재판소가 장래에는 거기에 기초해 결정할 것이라고 이해할 수밖에 없다. 그럼으로써 입법자는 헌법의 범위에서 통합적 작용을 전개하기 위해 필요로 하는 형성과 결정의 자유를 빼앗겼다. 이것은 지나치게 견고한 헌법의 개념에서 야기되었던 것이다.

통합적 헌법 해석이라는 이름은 또 다른 것을 의미하기도 한다. 루돌프 스멘트는 1928년에[101] "헌법을 개별적인 것이 아니라 국가의 전체성이나 통합과정의 전체성을 지향하도록 하는 것은 헌법의 의미 그 자체다. 이 전체성이 그외의 모든 법 해석과 상당히 다른 탄력적이고 보충적인 헌법 해석을 허용할 뿐만 아니라 심지어 촉구한다"고 서술했다. 이러한 해석 관념은 헌법재판제도를 가진 헌법의 기초가 될 수는 없다.[102]

오늘날 이것을 원용하는 이는 헌법 해석으로 정치적 타협을 도출하려는 사람이다. 이를 위한 척도는 헌법이 아니며, 문제가 되는 것은 오히려 정치적 당사자들이 정한 입장이다.[103] 일방이 교묘하게 자신의 입장을 정하고 이를 이용하면 할수록 그는 그러한 통합적 헌법 해석으로 이익을 볼 수 있다. 멀리 볼 때 국민의 통합은 이런 방식으로 도달할 수 없다. 이것은 가장 지속적인 통합의 요소인 헌

100) 다시 한번 BVerfGE 43, 291(315) 참조.

101) *Rudolf Smend*, Verfassung und Verfassungsrecht(1928), in: *ders.*, Staatsrechtliche Abhandlungen. 21968, S. 119(190).

102) 앞 참조.

103) *Kriele*, in: Isensee/Kirchhof(Hg.), HStR Bd. V, §110 Rn. 15ff; *Isensee*, in: Isensee/Kirchhof(Hg.), HStR Bd. VII, §162 Rn. 34f.

법의 규범성을 짓밟는 것이다.

중간 결론을 내린다면 다음과 같은 것을 확정지을 수 있다. 지금까지 다룬 헌법 해석의 견해들이 헌법 해석의 실제 작업을 지도하는 데 모두 적합한 것은 아니다. 그것은 방법론을 자유롭게 선택할 수 없다는 것을 나타낸다.[104] 지금까지 다룬 기초들을 우리는 두 집단으로 나눌 수 있다. 하나의 집단은 해석해야 할 헌법조문이 다소 고립적으로 고찰되며, 또 개별적 규범 조문의 어의론적 가능성이 — 그 역사나 기본법의 전체 체계에서 정돈에 대한 고려 없이 — 풍부한 창의를 통해 해석된다는 것을 특징으로 한다.

개별 규범을 정돈한다면 이것은 해석자가 확인해야 한다고 믿는 법률 외적 상황이나 요청과 관련있다는 의미로만 행한다. 예를 들면 해석의 기준을 사회적 상황에서 추출하거나 헌법 해석을 충돌하는 세력들의 통합이라는 목표로 놓는 헌법해석자들에게 해당한다. 두 번째 집단은 전통적 방법론적 기준에 연결되어 있고, 이를 계속 발전시킨다. 여기서는 항상 입법과 헌법재판 사이의 기능 분배에 주목하며, 해석이 예측할 수 있는 규준에 따라 행해지도록 주의했다.

4) 헌법합치적 해석

헌법의 효력을 완전히 관철하거나 일단 공포한 법률을 보호하려면, 기본법과 합치 혹은 위배로 해석할 수 있는 법률들을 헌법합치

104) 그러한 것으로는 또한 *Ernst-Wolfgang Böckenförde*, Grundrechtstheorie und Grundrechtsinterpretation, in: NJW 1974, 1529ff; *ders.*(각주1), S. 2097f; 모든 신뢰할 만한 해석의 준거가 없다는 의미의 부정적인 입장으로는 *Ralf Dreier*, Zur Problematik und Situation der Verfnssungsinterpretation, in: *ders.*/Friedrich Sehwegmann(Hg.), Probleme der Verfassungsinterpretation. Dokumentation einer Kontroverse, 1976, S. 13(42f).

적으로 해석해야 한다.[105] 이러한 소위 헌법합치적 해석은 헌법 해석이 아니라 법률 해석이다. 이러한 헌법에 정향된 법률 해석은 헌법이 해석하는 것을 전제로 하므로 헌법합치적 해석은 이미 이러한 관점에서 주제에 포함된다.[106] 또 하나의 관점은 다음의 고려에서 나온다. 법률 해석의 규칙에 헌법합치성의 규칙이 추가된다. 물론 이러한 규칙은 해석이 전통규칙에 부합되게 해석할 수 있을 때만 관철될 수 있다.[107] 그렇지 않으면 법률은 위헌이 될 수밖에 없다.

여기서 분명해지는 것은 헌법합치적 해석이 입법과 헌법재판의 기능이라는 관점에서 우리의 주제와 관련이 있다는 것이다. 모든 헌법합치적 법률 해석에서는 재판소가 해석으로 — 입법이 재판소의 해석 결정으로 교정될 정도로 — 법률을 변경하지 않는다는 것, 즉 다른 법률 정책적인 결정을 법관이 직접 기본법에서 도출해 해석해야 할 법률에 끌어들여서는 안 된다는 것을 주의해야 한다.[108] 재판소가 지나치게 나가면 헌법합치적 해석으로 보장해야 할 입법자의 존중이 의외로 해석하는 재판소가 입법자를 미성년으로 취급하는 것으로 바뀔 수 있다.

헌법합치적 해석은 연방헌법재판소만이 관여하는 것이 아니다.

---

105) 확립된 판례, 예컨대 BVerfGE 2, 266(282); 32, 372(382f) m.w.N.; 74, 297(346, 355): *Harald Bogs*, Die verfassungskonforme Auslegung von Gesetzen, 1966; *Helmut Simon*, Die verfssungskonforme Gesetzesauslegung, in: EuGRZ 1974, S. 85ff; *Reinhold Zippelius*, Verfassungskonforme Auslegung von Gesetzen, in: FG-BVerfG Bd. II, S. 108ff. m.w.N.; *Stern*(각주31), S. 135ff. m.w.N.

106) *Roellecke*(각주68), S. 22f.

107) 이같이 일반적으로 올바로 확립된 판례: BVerfGE 49, 148(157): 69, l(55); 헌법합치적 해석의 한계로 문구를 주장하는 것은 BVerfGE 18, 97(111).

108) BVerfGE 8, 28(41); 11, 77(84f); 33, 52(69); 54, 277(299f) 및 BVerfGE 70, 59(64)에서 *Helmut Steinberger* 재판관의 소수의견.

모든 심급법원이 의심스러운 경우 — 그들이 절차를 중지하고 위헌으로 생각하는 법률을 연방헌법재판소에 회부하기 전에 — 헌법합치적 해석이 가능한지를 고려해야 한다. 해석규칙으로 지탱할 수 없는 지나친 헌법합치적 해석은 입법을 심급법원에서 다루게 만든다. 심급법원은 헌법합치적 해석에서 불가피하게 연방헌법재판소의 판결에 정향되어 있으므로 연방헌법재판소는 이러한 점에서 고도의 책임을 진다.[109)]

제청에 따라 헌법을 준수하는지를 감시하는 연방헌법재판소의 기능에서 보면 연방헌법재판소가 제청법원의 해석을 받아들이고, 법률을 기본법에 비추어 판정하는 것으로 충분할 수도 있다. 그러나 연방 최고법원만이 제청할 수 있는 것이 아니므로 상소법원을 거친 통일된 해석은 없다.

따라서 연방헌법재판소가 검토할 규정의 의미 내용을 독자적으로 조사하려고 주장하는 것도 이해할 수 있다. 왜냐하면 어떤 규정이 기본법과 합치되는지는 그 규정의 올바른 — 이 대목! — 의미를 기본법에 비추어 보아야만 판정할 수 있기 때문이다.[110)] 이로써 연방헌법재판소는 구속적인 헌법 해석의 권한을 넘어 일반 법률의 합헌성을 검토하기 전에 해석하는 권한을 갖게 되었다.

---

109) *Starck*(각주65), Art 1 Rn. 208. 이러한 책임은 예컨대 BVerfGE 9, 194(197); 70, 35(55)에서 인식되지 않는다. 이에 대한 정당한 비판은 BVerfGE 70, 59(63f)에서의 *Steinberger*의 소수의견.

110) BVerfGE 10, 340(345); 22, 28(33); 35, 263(277); 비판적인 것으로는 *Karl August Bettermann*, Die verfassungskonforme Auslegung, 1986, S. 33ff.

2. 각 론

1. 기본권 해석의 문제

1) 일반적인 문제

기본권의 조문은 기본법의 효력이 생긴 이후 거의 불변으로 남아 있다.[111] 이러한 안정성 때문에 기본권이 해석과 적용으로 비로소 그 형태를 발견한다는 것에 착오를 일으키면 안 된다. 이것은 국가 권력은 기본권에 직접 구속되며(1조 3항), 연방헌법재판소의 활동은 항상 특정한 국가 행위가 기본권과 합치되는가에 대한 답을 요청한 결과다. 연방헌법재판소의 결정들은 기본권을 법률적·해석학적으로 완성시키는 강한 동인이 되었고, 기본권은 그 구조의 부분 에서 오늘날 상대적으로 안정된 규범적 척도로 나타나게 되었다.[112] 그리고 기본적인 대립은 서로 다른 기본권 이론으로 정리되었다.

기본권 이론에서는 "기본권의 일반적인 성격, 규범적인 목표 설정, 내용적인 효력 범위에 관한" 체계적으로 정향된 견해들이 문제된다.[113] 이는 일반적으로 자유주의적, 제도적, 민주주의적·기능적, 사회국가적 이론과 가치 이론으로 구분한다. 기본권 해석은 어떤 이론을 따르느냐에 따라 좌우된다. 그러나 이 이론은 해석자가 마음대로 선택할 수 없다. 만일 기본권을 해석하기 전에 마음대로 선택한다면 전통적인 해석규칙을 완전히 넘어서게 되며, 기본권을 헌법 밖

111) 개정과 보완은 방위헌법(1956)과 긴급헌법(1968)을 도입할 때만 했다.
112) 이와 아래의 설명은 무엇보다 *Starck*(각주65), Art. 1 Rn. 103~208.
113) *Böckenförde*(각주104), S. 1529와 이하 참조; 나아가서는 *Alexy*(각주74), S. 508ff 참조.

에 놓이게 할 것이다.

기본권은 아주 불확정적이고 '일반 조항적'[114]이므로 해석의 여지가 넓다는 견해가 널리 펴져 있다. 특히 상이한 기본권 이론 중에서 하나를 선택해야 한다는 명제는 이러한 견해에 기초했다. 최근 알렉시는 '추상적이고 개방적이며 이데올로기가 내재된 기본권 규정'을 언급했다.[115] 상대적으로 약한 구속은 기본권 규정의 개방성과 많은 경우 그 성립사에서 그 어떤 것도 분명히 밝혀낼 수 없을 때 나온다고 한다. 여기서 중요한 것은 기본권은 일반적으로 생각하는 것보다 분명하다는 것이다. 이것은 — 기본권을 규범의 통제 척도로 사용하는 — 헌법재판을 — 기능법적으로 — 고려해 기본권의 보호 영역과 한계를 구별할 때,[116] 비례원칙을 기본권의 한계에 적용할 때,[117] 기본권의 자유주의 국가 기능 이외의 것을 예외로만 인정하고 이를 위한 명확한 해석의 준거점이 나타날 때 그러하다.[118]

기본권을 해석하려면 해석규칙을 소급해야 한다. 최초의 기본권 선언 이후 기본권의 발달사, 특히 독일의 기본권사를 끌어들일 수 있다. 이때 주목할 것은 기본권의 효력은 기본법으로 강화되었다는 것이다.[119] 연방헌법재판소는 기본권 해석에서 기본권의 법률적 효력을 가장 강하게 발하는 해석을 우선한다고 했다.[120] 이 같은 최대한의 기본

114) 많은 글 중에 특히 *Peter Häberle*, Die Wesensgehaltgarantie des Art. 19 Abs. 2 GG, 31983, S. 102; 비판적인 것은 *Starck*(각주65), Art. 1 Rn. 127.

115) *Alexy*(각주74), S. 501f: 또한 *Dreier*(각주104), S. 42ff도 참조.

116) 다음 참조.

117) 다음 참조.

118) 다음 참조.

119) *Starck*(각주65), Art. l Rn. 103f.

120) BVerfGE 6, 55(72); 32, 54(71); 39, l(38).

권 효율성이라는 원칙은 고립적으로 고찰하면 안 된다. 왜냐하면 기본법은 보호 가치가 있는 공동체의 이익을 인식하며 — 다수의 기본권 한계에서 표현하는 — 자유의 공동체 조화성의 원칙에 기초하기 때문이다. 따라서 개인은 "자신의 행동의 자유를 입법자가 사회적 공동생활의 배려와 촉진을 위해 주어진 상황에서 일반적으로 인용할 수 있는 한계에서 — 여기서 개인의 독자성이 보존된다는 전제에서 — 설정하는 제한을 받아들여야 한다."[121] 이러한 기본권 해석에 관한 일반적인 언급으로 개별 사례를 위해 결정한 것은 별로 없다. 결정적으로 문제가 되는 것은 개별 기본권 해석과 한계의 관념이다.

2) 기본권의 보호 영역과 한계의 해석론적 구별

기본권을 해석하며 적용할 때 헌법적 기본권 구성 요건 — 보호 영역 — 과 기본권의 한계를 구별해야 함은 원칙적으로 인정한다.[122] 이러한 논증 방식은 자유에서 불가피한 공익 관련을 이미 기본권 구성 요건으로 옮겨놓는 것을 회피한다. 기본권은 아주 드물게만 공익을 해치는 특정한 변형이 본래부터 보호 영역의 밖이라고 규정되어 있다.[123] 그런 경우 보장의 한계가 있다.

1960년 연방헌법재판소의 초기 판결에서 신앙 자유의 보장 한계로 '기본법의 일반적 가치질서'라는 표현을 하면서 "기본법은 신앙의 어떤 형태든 상관없이 자유로운 활동을 보장하려는 것이 아니라, 오늘날의 문화민족이 역사적 발전 과정에서 특정한 기본관

121) BVerfGE 4, 7(15f); 비슷한 것은 E 27, 344(351); 30, 1(20); 32, 373(379).

122) *Lerche*, in: Isensee/Kirchhof(Hg.), HStR Bd. V, §§121, 122.

123) 예컨대 기본법 8조 '평화적으로 그리고 비무장으로'.

(Grundanschauungen)에 기초해 형성된 것만을 보장하려고 한다"[124] 고 덧붙였다. 이러한 기본권 구성 요건의 내재적인 제한은 분명 4조에 명문의 한계가 없다는 것과 바이마르 헌법 136조 1항과 연결된 기본법 140조의 한계로 환원하는 것에 대한 두려움과 관련이 있다.[125]

이에 대해 기본권의 구성 요건과 한계를 해석학적으로 나누는 것은 자유의 자의적 제한의 위험을 이를 위한 기본권의 축소적 정의로 감소시키며, 한계 설정 작업에 더 날카로운 논거를 제시해야 한다는 주장이 있었다.[126] 기본법 13조에 관한 1971년의 연방헌법재판소의 한 결정에서 다음과 같이 이 문제를 인식하고 분명하게 서술했다.

즉 주거 개념(Wohnungsbegriff)을 좁게 해석한 것은 그렇게 하지 않으면 경제·노동·조세 감독과 관련한 행정 관청의 많은 전통적인 주거 출입과 검사권들을 견지할 수 없을 것이라는 우려에서 결정한 것이 분명하다고 한다. 왜냐하면 기본법 13조 3항의 한계 규정으로 보호할 수 없을 것이기 때문이라는 것이다. 기본권의 작용 범위를 한계 유보에서 결정하고 — 광의의 해석이 실제 어려움을 낳는다고 — 협의의 해석을 선택하는 것은 우려스럽다고 한다. 연방헌법재판소는 그의 숙고를 다음과 같이 끝맺었다. "오히려 일차적으로 기

---

124) BVerfGE 12, 1(4).

125) 이에 반대하는 것으로는 *Starck*(각주65), Art. 4 Rn. 48 m.w.N.: 나중에 연방헌법재판소가 택한 입장에 대해서는 E 32, 98(107).

126) *Michael Kloepfer*, Grundrechtstatbestand und Grundrechtsschranken in der Rechtsprechung des Bundesverfassungsgerichts, in: FG-BVerfG Bd. II, S. 405(407); *Starck*(각주65), Art. 1 Rn. 170ff; *Alexy*(각주74), S. 290ff는 예컨대 살인과 절도가 기본권의 보호 영역에 들어오는 것을 회피하려는 몇 안 되는 구성 요건적 축소와 관련해 슈타르크와 논쟁을 벌였다. *Wilhelm Henke*, Juristische Systematik der Grundrechte. in: DöV 1984, S. 1(3ff)는 위에서와 같이 기본권의 내용과 수인의무를 구별한다.

본권의 실질적 실체를 조사해야 한다. 그래야만 비로소 원칙적인 자유의 추정, 비례성, 기대 가능성이라는 헌법의 원칙을 존중하며 법치국가적으로 주장할 수 있는 기본권 행사의 한계를 확정할 수 있다."[127]

개별 기본권의 보호 영역은 해석으로 밝혀야 한다. 상이하게 규정한 기본권의 한계를 고려해[128] 개별적 생활 사태를 상이한 기본권 구성 요건으로 한정하는 정서가 필요하다. 판례와 학설은 보호 영역을 — 예를 들어 직업,[129] 주거,[130] 신문,[131] 사실 전달,[132] 선전[133]을 포함하는 의사표현과 재산[134]의 개념에 대해 — 넓게 해석하는 경향을 보인다. 기본권의 보호 영역을 어떻게든 축소하는 모든 규정은 2조 1항으로 소급한다는 결과를 가져온다.[135]

3) 기본권의 제한, 특히 비례원칙

기본권의 제한에는 기본권의 효력 우위를 위한 중심적 의의가 부여된다. 기본권의 구속성을 현실화하는 데 어려운 것은 입법이 기본

---

127) BVerfGE 32, 54(72).

128) *Starck*(각주65), Art. 1 Rn. 173f 참조.

129) BVerfGE 7, 377(397); 78, 179(193).

130) BVerfGE 32, 54(72).

131) 출판 개념의 범위에 대해서는 BVerfGE 10, 118(121); 25, 296(304); 64, 108(114); 66, 116(134); 77, 346(354); 비정기적 출판뿐만 아니라 [BVerfGE 34, 269(283)] 광고 부분도 포함한다(BVerfGE 21, 271(278ff); 64, 108(114); 74, 297(341).

132) BVerfGE 61, 1(7); 65, 1(41); 71, 162(179).

133) 그러한 경향을 보이는 것은 BVerfGE 30, 336(352); 53, 96(99); 최근의 명백한 것으로는 E 71, 162(175).

134) 예컨대 BVerfGE 14, 288(293); 16, 94(100); 45, 142(179); 53, 257(289); 53, 336(348); 65, 196(209); 71, 137(143); 77, 370(377).

135) 기본권에 따라 상세하게 분류하고 있는 것으로 *Starck*(각주65), Art. 2 Rn. 34~60 참조.

권에 구속되어 있으면서(기본법 1조 3항) 기본권을 제한하는 권한이 있기 때문이다. 이러한 기본권을 제한하는 형식적 전제는 실질적 전제로 보완하나, 이 실질적 전제는 부분적으로만 기본권으로 분명히 드러난다.[136)]

기본권은 보호할 가치가 있는 법익을 위해서는 제한할 수 있다. 이때 사용하는 수단은 적합하고 필요하며 비례해야 한다. 우리가 총체적으로 비례원칙이나 과잉금지라고 하는 이러한 규준으로 연방헌법재판소는 실효적인 통제수단을 사용하며, 헌법적으로 정당화되는 기본권 제한인지, 기본권의 침해인지를 이들의 도움을 받아 확인한다. 이러한 통제수단은 헌법 해석의 방법으로 발견된다.

비례원칙은 흔히 — 연방헌법재판소에 의해서도 — 법치국가의 원리에서 도출한다.[137)] 그러나 1965년의 한 판결[138)]에 따르면 정당하게도 비례원칙은 기본적으로 "국가에 대한 시민의 자유권 표현으로서 그때그때 공익을 보호하기 위해 불가피할 때만 공권력으로 제한하는 기본권 자체의 본질에서" 나온다. '기본권의 본질'이라는 말로 표현되는 것은 — 기본권의 본질을 결정적으로 특징짓는 — 기본법 1조 3항의 구속력 조항에서 나온다.

기본권이 법률유보로 오로지 입법자의 처분에만 맡겼을 때 기본권의 본질은 달라질 것이다. 기본권 영역에서 입법자의 규율권한과 — 사법으로 통제할 수 있는 — 기본권으로 구속되게 매개시키는 것

136) 상이한 유형의 기본권 제한에 관해서는 *Starck*(각주65), Art. 1 Rn. 173f 참조.

137) BVerfGE 23, 127(133) m.w.N.; E 75, 1(16); *Eberhard Grabitz*, Der Grundsatz der Verhtiltnismäβigkeit in der Rechtsprechung des Bundesverfassungsgerichts, in: AöR 98(1973), S. 568, 582ff.

138) BVerfGE 19, 342(348f); E 35, 382(401)도 참조.

은, 기본권 영역에서 입법자가 보호법익의 선택과 수단 사용에서 헌법적으로 구속되어 있다고 볼 때만 논리적으로 가능하다. 필요성이라는 규준은 법률로 취한 유형의 형성(Gattungsbildung)에도 영향을 미친다. 개별적 상황에 별로 적절하지 않은 조잡한 유형의 형성들과 유형화들(Typisierungen)을 배제하고, 불확정적 법 개념과 재량규정의 전환점에 관한 개별 사건의 결정을 행정이나 법관에게 위임하는 경향은 기본법이 인간의 인격에 대해 인정하는 상위의 차원에서 정당화된다. 그러나 기본권은 법의 신뢰성과 예측 가능성을 포기하거나, 점차 기초에서부터 공동화되는 것을 요구하지는 않는다.[139)]

연방헌법재판소의 법률통제 측면에서 보면 이것이 의미하는 바는, 법원이 비례원칙이라는 지렛대로 기능법적으로 보장한 법률의 유형화적이고 일반적인 성격을 해체시키고, 또 그럼으로써 법질서를 원자화시켜서는 안 된다는 것이다. 사법이 기본권 제한에 관해 그 밖의 해석학적 형태들, 예를 들어 단계 이론(Stufentheorien)[140)] 혹은 어떤 활동이 완전히 금지되는지, 그 방식의 규율 여부에 따른 구별 등을 사용할 때는 비례원칙의 적용을 쉽게 해주고 항구화하는 침해 강도의 추상적 계층화가 있다. 이러한 '이론'들을 적용할 때는 그들이 경직되거나 독자적이면 안 된다는 것을 주의해야 한다.

법익을 보호하려고 기본권을 제한하는 검토에 비례원칙을 적용하는 것은 사실확인과 예측을 전제로 한다. 이들을 입법자가 완전히 자유롭게 행하지는 못한다. 그렇지 않으면 구속력 조항(기본법 1

139) *Peter Lerche*, Überma*β* und Verfassungsrecht, 1961, S. 54; *Starck*(각주36), S. 43, 58ff.
140) 기본법 12조에 대한 것으로는 BVerfGE 7, 377(405ff); 33, 125(160). 기본법 5조 3항에 대한 것으로는 E 30, 173(189ff); 이에 대해서는 *Starck*(각주65), Art. 5 Rn. 187ff, 207f 참조.

조 3항)이 침해될 것이다. 법률의 합헌성 심사는 사실확인과 예측통제를 요구한다.[141] 입법자에게는 평가에서 우선권이 인정되지만 그것은 규율되는 사항 영역의 특성, 충분히 확실한 판단을 내릴 수 있는 가능성, 문제되는 법익의 의의에 따라 단계를 나눈다.[142]

여기서 통제강도의 세분화된 기준이 나온다. 특히 경제정책의 영역에서 자유로운 경제활동의 기본권이 지엽적으로만 문제될 때는 단순한 명확성 통제제(Evidenzkontrolle),[143] 경제적 기본권의 영역에서 예측 가능성이 더 확실한 경우에는 주장 가능성의 통제(Vertretbarkeitskontrolle),[144] 인간의 생명과 자유[145] 혹은 그외 기본권이 관련되고, 광범한 제한이 문제될 때는 강화된 내용 통제가 동원된다.[146] 이러한 통제 단계를 한정짓는 것은 — 특히 명확성의 통제와 주장 가능성의 통제 — 항상 쉽지만은 않다. 정서 규준들이 아직도 불명확하기 때문이다.[147] 그래도 이러한 단계화는 유용하다. 왜냐하면 이들은 논증을 걸러주며, 계속 집적되는 선결례와 관련해 점점 더 예측할 수 있게 되기 때문이다.

입법자에게 인정된 판단과 예측 여지는 기본권의 효율성,[148] 의심

141) 그러한 확립된 판례는 BVerfGE 7, 377(412); 25, 1(13); 30, 250(263f); 50, 290(332f). *Fritz Ossenbiihl*, Die Kontrolle von Tatsachenfeststellungen und Prognoseentscheidungen durch das Bundesverfassungsgericht. in: FG-BVerfG 1, S. 458ff; *Klaus-Jiirgen Philippi*, Zur Tatsachenfeststellung des Bundesverfassungsgerichts, 1971, passim. 참조.

142) BVerfGE 50, 290(333); 57, 139(160).

143) BVerfGE 37, 1(20); 40 196(223).

144) BVerfGE 25, 1(12f); 39, 210(225): 57, 139(157); 77, 84(107, 122).

145) BVerfGE 39, 1(46, 51ff); 45, 187(238).

146) BVerfGE 7, 377(415); 11, 30(45); 17, 269(276ff).

147) 특히 BVerfGE 57, 139(157) 참조.

148) BVerfGE 6, 55(72); 32, 54(71).

스러운 경우 자유에 유리하게[149)] 등[150)] 일반적 효력이 없는[151)] 다른 해석규칙과 긴장관계에 있다. 왜냐하면 예측 불확실성은 항상 자유에 유리하게만 되는 것은 아니기 때문이다. 통제강도의 단계화는 개별 기본권의 가치(Wertigkeit)와 그 저촉 범위와 관련되어 자유 우위의 원칙(preferred-freedom-Doktrin)이라는 방향으로 나가는 경향을 보인다. 물론 이 원칙은 기본권들과 그들의 아주 상이한 한계에 따라 개별적으로 논거를 제시해야 한다.[152)]

4) 기본권의 객관적·법적 기능

헌법제정회의(Parlamentarischer Rat)에서 기본권은 제소할 수 있는 시민의 주관적 권리라고 표현했다.[153)] 그런 점에서 기본권의 단순한 프로그램적 성격이나 객관적·법적 성격은 부인했다. 이것은 독일의 기본권사에 비추어 보면 중대한 결정이었으며, 기본법에 여러 번 나타난다. 이리하여 기본법은 이에 상응하는 사법적 보호(기본법 19조 4항, 나중에는 93조 1항 4호)를 정했다.

기본권의 객관적·법적 성격과 제도적 보장은 법률적 논증에서 — 일부에서는 민주주의나 사회국가의 원리를 원용해 — 흔히 주관적 권리를 반대하는 것으로 주장했다. 이러한 논증은 특히 의사소통에 관한 기본권(Kommunikationsgrundrechte) 영역에서 나타난다. 방송의 보도 자유(기본법 5조 1항 2문)와 관련해 입법자에게는

---

149) 자유의 추정: BVerfGE 6, 32(42).

150) BVerfGE 15, 275(282): 해석은 가능한 한 시민에게 법적청구권을 부여해야 한다.

151) 이에 대해 비판적인 것으로는 또한 *Roellecke*(각주68), S. 42ff; *Stern*(각주31), S. 133f.

152) *Starck*(각주36), S. 75, 139; *Kriele*, in: Isensee/Kirchhof(Hg.), HStR Bd. V, §110, Rn. 14.

153) 예컨대 국회의원 Dr. *Schmid*(SPD) in: JöR NF 1, S. 43.

누가 방송의 자유라는 주관적 권리를 갖는지를 결정할 권한이 부여되었다. 나아가 이 권리가 오직 공법적 방송 기구와 그 종사자에게만 인정될 수 있다고 보았다.[154)]

이에 따라 입법자는 규율할 때 주관적인 기본권이 아니라 객관적인 헌법의 원리를 고려해야 한다. 기본권의 탈주관화는 기본법과 합치하지 않는다. 객관적인 헌법의 원리를 표현하는 공공의 법익은 기본권에 대한 입법자의 조직법상의 전체 장악(Gesamtzugriff)에 의해서가 아니라, 기본법이 명문으로 정한 기본권의 한계로 보호한다.[155)] 기본권의 객관적·법적 — 제도적 — 측면은 다른 보호 가치가 있는 공동의 이익과 마찬가지로 기본권의 주관적 권리 측면으로 보장하는 활동의 자유를 항상 한정적으로 제한할 수 있을 뿐이다. 여기서 나오는 기본권의 주관적 권리의 측면의 우위는 기본권이 정하는 자유의 특수한 한계에서 나타난다. 자유가 정해진 규준으로만 보장하고 행사할 수 있는 것이라면 이러한 것은 필요 없었을 것이다.

판결로 기본권의 객관적·법적·제도적 측면을 여러 번 다룬 연방헌법재판소는 기본권의 주관적 권리 측면과의 관계를 다음과 같이 기술했다.[156)] "그것들은 — 즉 개별 기본권은 — 그 역사와 현재의 내용에 따라 일차적으로 — 인간의 자유가 특별히 위협받는 영역을 대상

154) 특히 *Wolfgang Hoffman-Riem*, in: GG-AK Bd. I, 1984, S. 489ff, 549ff; 비슷하게는 또한 ebd., ^{2}1989, S. 496f 참조.

155) 무엇보다 *Hans Hugo Klein*, Die Grundrechte im demokratischen Staat, 1972, passim; *Walter Schmitt Glaeser*, Planung und Grundrechte, in: DöV 1980, S. 1(6); *Günter Dürig*, in: Maunz/Dürig, Komm. zum. GG, Art. 1 Abs. 1 Rn. 98; *Eberhard Grabitz*, Freiheit und Verfassungsrecht. 1976, S. 252ff 참조.

156) BVerfGE 50, 290(337); *Ossenbühl*(각주26), S. 2104도 참조; 연방헌법재판소는 공법상의 법인의 기본권 주체성에 대한 판결에서도 기본권의 개별법적 성격을 강조했다. BVerfGE 59, 231(255); 68, 193(205); 75, 192(195) 참조.

으로 하는 — 개인적 권리, 인간과 시민의 권리다. 객관적 원리로서 기본권의 기능은 효력을 강화하는 데 있으나(BVerfGE 7, 198, 205-Lüth) 뿌리는 일차적인 의의에 있다(예를 들어 재산권에 관한 BVerfGE 24, 367, 389-Hamburgisches Deichordnungsgesetz 참조). 따라서 그것은 본래의 핵심에서 떨어져 나와 — 본래의 기본권과 지금까지 남아 있는 의미가 감퇴되는 — 객관적 규범의 형태로 독자화될 수는 없다.

기본권의 객관적·법적 성격과의 관련 속에서 가치 이론적 기본권관의 주장이 있었다. 이에 따르면 가치적인 자유 활동만을 우선 보호한다는 것이다. 자유보장을 정치적 목표와 목적에 국한시키거나, 그러한 자유로운 활동을 우대하는 기능적·민주주의적 기본권관도 이에 속한다. 이러한 견해들은 — 보장하는 자유를 가치 있는 활동에 국한시키지 않고 필요한 법익을 기본권 제한으로 보장하는 — 기본법과 모순된다.[157] 헌법적으로 보호하는 법익이 기본권을 제한하는 근거가 된다면, 기본권의 가치 이론과 2가지 차이를 보이게 된다. 헌법적으로 보호하는 법익은 자유의 한계이며, 법적으로 의무짓는 자유 활동의 적극적인 지침이 아니다. 그 밖에 보호 가치가 있는 법익은 개별적·헌법적으로 입증되어야 하며,[158] 기본법으로 끌어들인 가치 이론에서 도출할 수 없다. 그러나 헌법으로 특별히 보호하는 법익은 아무런 피해 없이 '가치'라는 표현을 사용할 수 있다. 이것은 판례의 비판에서 항상 분명하게 나타나지는 않는다.[159]

---

157) *Isensee*, in: Isensee/Kirchhof(Hg.), HStR Bd. V, §115 Rn. 163ff, 181ff.

158) 대표적인 것은 BVerfGE 39, 1(36f).

159) 예컨대 *Erhard Denninger*, Freiheitsordnung–Wertordnung–Pflichtordnung, in: JZ 1975, S. 545ff; 이는 *Christian Starck*, Zur Notwendigkeit einer Wertbegründung des Rechts, in: Ralf Dreier(Hg.), Rechtspositivismus und Wertbezug des Rechts, 1990, S. 47(57ff) 참조.

5) 사회국가적 기본권 해석

사회국가적 기본권을 해석하는 바탕에는 자유를 행사하기 위한 실질적인 전제들이 기본권에 함께 보장되어 있다는 생각,[160] 즉 기본권은 국가에 대한 방어권만이 아니라 급부청구권도 내용으로 했다는 생각이 깔려 있다. 이러한 기본권의 확장은 허용된 해석의 범위를 넘어섰다. 왜냐하면 기본법은 그에 의해 정해진 조직적·기능법적 범위에서 — 사회국가적 기본권 해석에서 나오는 바와 같은 — 그렇게 중요한 재정적 결정을 헌법 해석의 대상으로 삼고, 연방헌법재판소의 결정권한에 둘 수 없는 것이다.

자유를 전제하는 다수와 피할 수 없는 불확정성 때문에 기본권 해석은 풀기 힘든 어려움에 직면하게 된다. 사회적 조정은 기본권 해석으로 이루어질 수 없는, 오직 의회에게 부과된 — 헌법의 한계에서 수행해야 하는 — 정치적 과제다.[161] 청구 객체의 불확정성과 극복하기 힘든 재정적인 한계 때문에 헌법은 사회적 권리를 방어권과 같은 정도의 엄격한 구속성을 보장할 수 없다.[162] 기본법의 기본권 보장은 프로그램 규정의 전통에서 의식적으로 벗어남으로써 기본법

---

160) *Isensee*, in: Isensee/Kirchhof(Hg.), HStR Bd. V, §115 Rn. 9, 25, 158ff; *Müller*, in: Isensee/Kirchhof(Hg.), HStR Bd. V, §115 Rn. 9, 25, 158ff.

161) Vgl. *Starck*(각주65), Art. 1 Rn. 114, 119: *ders.*(각주99), S. 516ff; *Bockenförde*(각주104), S. 1537; *Ossenbühl*,(각주26), S. 2104; *Horst Sendler*, Teilhaberechte in der Rechtsprechung des Bundesverfassungsgerichts, in: DöV 1978, S. 581ff; *Georg Brunner*, Die Problematik der sozialen Grundrechte, 1971, S. 16ff; *Ernst Friesenhahn*, Der Wandel des Grundrechtsverständnisses, in: Verhandl. des 50. DJT, 1974, Bd. II, Teil G, passim; *Hesse*(각주20), Rn. 289; *Hans D. Jarass*, Grundrechte als Wertentscheidungen bzw. objektiv·rechtliche Prinzipien in der Rechtsprechung des Bundesverfassungsgerichts, in: AöR 110(1985), S. 363(389f).

162) 다르게는 *Alexy*(각주74), S. 467. 그는 사법적 적용 문제가 전통적 기본권에서 문제되는 것과 원칙적으로 다르지 않다고 주장했다.

1조 3항에 규정한 기본권의 직접적 구속에 기초했다. 그럼으로써 헌법 해석의 분명한 한계를 제시했는데, 이것은 국가에 대한 다른[163] 사회적 청구에도 해당한다. 예외는 기본법에 충분히 명확하게 규정되어 있어야 하며, 특히 기능 분배와 모순되어서는 안 된다.[164]

6) 평등 조항의 해석과 적용

'법 앞에 평등'(기본법 3조 1항)이라는 평등 조항의 행정법적·사법적 정의는 법률을 — 평등하게, 즉 합법률적으로 적용해야 할 — 척도로 했다. 입법자가 평등 조항에 구속됨으로써(기본법 1조 3항) 무엇을 평등 혹은 불평등하게 규율해야 하는지, 혹은 될 수 있는지의 척도 문제가 제기되었으나 이것은 3조 1항으로 답할 수 없다. 연방헌법재판소는 상이하게 설명되는 여러 정의로 평등 조항을 더 상세히 규정하려고 했다.

이에 따르면 입법자는 "본질적으로 평등한 것을 자의적으로 불평등하게, 본질적으로 불평등한 것을 자의적으로 평등하게 취급해서는 안 된다."[165] 재판소는 자의를 객관적 의미의 자의, 즉 규율해야 할 입법 대상과 관련해 규정의 사실적이고 명백한 부적합성으로 이해했다.[166] 이러한 혹은 유사한[167] 정의들은 평등 조항을 쉽게 적용

163) *Christian Starck*, Informationsfreiheit und Nachrichtensperre, in: AfP 1978, S. 171ff 참조.

164) 예외에 대해서는 *Starck*(각주99), S. 521, 524, 525; *Alexy*(각주74), S. 465ff는 특정한 상황하에서 반대되는 원칙이 관철되지 않는 경우 사회적 기본권의 추정에서 출발함으로써 역방향으로 나아간다. 행위규범과 통제규범의 구별에 대해서는 여기서도 더 검토하지 않는다.

165) BVerfGE 4, 144(155); 50, 177(186); 51, 295(300); 60, 16(42).

166) BVerfGE 4, 144(155); 2, 266(281); 71, 202(205); 80, 48(51).

167) BVerfGE 9, 124(129); 12, 341(348); 15, 167(201); 23, 12(24f); 42, 374(388); 47, 168(178); 48, 227(235); 51, 1(23).

하게 할 수는 있지만 내용을 채울 수는 없다.

누가 이러한 정의만으로 평등 조항을 규범을 통제하는 척도로 삼고자 한다면 우려할 만한 '헌법 해석' 현상이 나타날 것이다. 특별한 헌법적 평등 보장이 어떤 관점에서 법적인 평등이 적용되는지를 규정하지 않는 한,[168] 지도적 관점은 다른 원천에서 취해져야 한다. 우리가 이들을 사회에서 지배적인 정의관념이나 가치관념에서 추출하는 것에 국한시킨다면 평등 조항을 척도로 삼는 사법적 규범 통제는 아주 잘못된 것이다. 왜냐하면 그러한 가치관념이 분명한 형태로 체현된 것이 있다면 그것은 자유롭게 선출한 — 법률을 제정하는 — 의회이기 때문이다.

그러나 일반적인 평등 조항은 기본법의 구조 속에 있고, 이 기본법에서 그것을 적용하는 데 필요한 평가들이 나온다. 기본법의 기본권과 조직 부분에서 많은 조항은 해석과정에서 평등 조항과 관련을 맺게 되고, 평등 조항의 내용을 채우게 된다. 헌법은 여러 가지 차별 금지,[169] 차별 명령,[170] 차별 허가[171]를 포함한다. 헌법에서 어떤 지도적 관점을 이끌어낼 수 없으면 척도는 일관성이라는 면에서 법률 규정 자체에서 나올 수 있다.[172] 평등 조항의 방법론적 구성에 관한 여러 관점을 여기서 다 다룰 수는 없다.[173]

---

168) 예를 들면 기본법 3조 2항, 3항; 33조 1항에서 3항까지; 38조 1항 1문; 28조 1항 2문; 12조 2항; 101조 1항 1문.

169) 예컨대 누구나/모든 독일인에게 보장되어 있는 기본권.

170) 기본권 영역에서는 비례원칙에서 유형의 형성을, 예컨대 적합성이나 필요성의 관점에서 하도록 하는 의무가 나온다. 나아가 기본법 6조 1항과 4항, 33조 5항.

171) 특히 사회국가원칙.

172) BVerfGE 9, 20(28); 24, 75(100); 59, 287(297); 60, 16(40).

173) *Starck*(각주65), Art. 3 Rn. 10ff.

7) 기본권의 제3자효

다양한 제3자효 이론들은 사법 주체의 기본권에 다소 강한 구속을 근거지으려고 시도했다. 기본권이 사법관계에서도 적용되는지, 어디까지 적용되는지는 — 모든 기본권에 일괄적으로 답할 수는 없는 — 헌법을 해석하는 문제다.[174] 법에서 자유의 문제는 다차원적이며, 시민과 국가 사이에, 시민들 사이에 존재한다. 기본법에 있는 기본권 목록의 바탕에 깔려 있는 기본권 개념은 공권력에 대한 것이다. 그것은 기본권 규정 방식에서만이 아니라 구속력 조항(1조 3항)으로도 표현되었다. 그 밖에 시민들 간의 기본권 효력은 시민들의 사적 자치를 박탈한다. 왜냐하면 시민들에게 기본권으로 보장하는 자유는 원칙적으로 기본권에 구속되지 않는 데 있기 때문이다. 사법에 대한 기본권의 직접적인 영향은 헌법에서 충분한 근거를 찾을 수도 없고, 일관성을 견지할 수도 없다.

제3자효의 문제는 해석론적으로 이론의 여지가 없는 다음의 원칙들에서 풀이할 수 있다. 기본권이 국가에 대해 보호의무[175] 와 보장의무[176]를 부여하거나 동등 취급을 위임[177]한 경우, 이들은 보통 직접 사법에 작용한다. 9조 3항에서는 결사의 자유를 위한 제3자효를 지시했다. 나아가 간접적인 제3자효 이론과 연계할 수 있는데, 이

174) 상세하게는 *Starck*(각주65), Art. 1 Rn. 199ff; *Volkmar Götz*, Die Verwirklichung der Grundrechte durch die Gerichte im Zivilrecht, in: Wolfgang Heyde/Christian Starck(Hg.), Vierzig Jahre Grundrechte in ihrer Verwirklichung durch die Gerichte, 1990, S. 35ff 참조.

175) 기본법 1조 1항 2문, 6조 1항과 4항.

176) 기본법 14조 1항.

177) 기본법 117조 1항과 6조 5항과 관련해 3조 2항.

이론은 헌법과 사법이 무관하게 병렬로 존재하는 것이 아님을 적절하게 표현했다.[178] 비록 법동료들의 관계에서 생명·명예·재산이 존중되어야 하지만 그것은 — 법률로 구체화한 — 모든 시민의 상응하는 기본권 구속에서 나오는 것이 아니라, 인간의 공동생활의 전통규칙에서 나오는 것이며, 기본권도 이에 기초했다.

기본권의 객관적 측면에서 기본권이 사법에 미치는 영향을 근거지으려는 시도는 지나치며, 그 결과는 아주 부정확한 것이다.[179] 즉 기본권의 객관적·법적 측면으로도 다른 방법으로도 기본권을 사법관계에 유추해서 적용하는 것은 정당화시킬 수 없다. 오직 인간상에 관한 가치평가만이 — 이는 우리의 법을 지배하며, 기본권에서도 그 표현이 나타난다 — 사법입법이나 일반 조항을 적용하는 사법재판관에게 영향을 미칠 수 있다.

2. 헌법의 구조 원리와 해석의 문제

한 국가의 헌법적 구조 원리는 해석에 특수한 요청을 한다. 민주주의·연방국가·법치국가·사회국가라는 구조 원리는 여러 헌법규범으로 더 상세하게 규정했으며, 모든 고립적인 해석을 금하는 서로 관련 속에 있다. 이 같은 설명은 20조 — "민주적이고 사회적인 연방국가" — 와 28조 — "공화적이고 민주적이며 사회적인 법치국가"의 원칙 — 에서 국가의 다양한 구성 요소들을 상호관련 속에 놓음으로써 서로

---

178) *Dürig*(각주155), Art. 1 Rn. 127ff: BVerfGE 7, 198(206); 25, 256(263); 42, 143(148); 73, 261(269).

179) 그렇게는 *Rupp*(각주43), S. 170.

조화되는 해석을 명백히 요구하는 기본법 자체에서 나온다.[180)]

이에 따라 어떤 하나의 국가 구성적 요소가 다른 요소의 고려 없이 다른 요소의 희생으로 확대될 수는 없다. 개별적인 헌법적 구조 원리의 해석은 이들이 헌법적 조직·권한·절차 규범과 기본권에서 개별적으로 어떻게 형성되는지를 고려해야 한다. 이러한 체계적 관점 외에 구조 원리의 전통적 이해도 어의론적 내용을 탐구하는 데 의미가 있을 수 있다. 개별적인 구조 원리는 해석에서 아주 다양한 문제를 제기한다. 이 문제들을 간단하게 개관해보겠다.

연방국가성은 개별적인 것까지 연방의 지방에 대한, 지방의 연방에 대한 권한 획정, 재정 분배, 서로 영향을 미칠 수 있는 권리를 확정하는 기본법의 규범 속에 각인되어 나타난다. 예를 들어 연방과 지방 간의 권한 획정이나 재정적 요청이 문제가 될 때는, 보통 연방국가성의 구조 원칙이 논거가 되는 것이 아니라 해당하는 특별 규범이 문제가 된다. 연방국가성의 원칙으로 돌아가는 것은 매우 제한적인 경우에만 한정된다. 적어도 이러한 일반 원칙은 개별 규범으로 내용을 채워나갈 수 있다.

특히 연방국가성에 내재하는[181)] 연방 충성 — 연방 우호적 태도 — 의 사고로써 헌법으로 확정된 권한질서의 기초를 공동화시키면 안 된다.[182)] 지방의 권한이 존속하는 한 이것은 연방헌법과 각 지방헌법의 범위 안에서 — 지방끼리 협정이 없어도 — 독자적으로 행사할 수 있

180) *Hesse*(각주20), Rn. 271~276; *Christian Starck*, Der Rechtsstaat in der politischen Kontroverse, in: JZ 1978, S. 746(747f).

181) BVerfGE 1, 299(315); 8, 122(138); *Stern*(각주31), S. 700f.

182) 그렇게 적절하게는 BVerfGE 4, 115(141); 45, 400(421); 61, 149(205).

다. 모든 지방은 권한을 주장할 때 다른 지방이나 연방의 이익을 고려해야 한다.[183] 이에 상응하는 의무는 연방에도 해당한다. 연방의 충성 명령은 남용의 금지다.[184] 남용은 특히 설득력 있는 논거를 요구한다. 지방은 지방의 국가 조직의 근저에 딸려 있고, 연방이 보장하는(기본법 28조 1항 1문) 민주주의 원리를 고려해 그들의 권한을 이용하고, 그들의 견해에 따라 필요한 결정을 내릴 수 있다.[185] 그러나 민주주의 원리라는 논거는 연방 차원에서는 통용되지 않는다.

민주주의 원리를 해석할 때는 주로 기본법에 각인되어 나타나는 형태에 의존하게 된다.[186] 그러므로 유동적인 민주주의 이해를 바탕으로 기본법을 해석할 수 없다. 왜냐하면 각 국가의 정치 이론과 실무에는 상이한 민주주의 관념이 있기 때문이다. 민주주의라는 용어의 다양한 의의의 폭을 기본법 해석에 그대로 끌어들이려 하는 것은 기본법의 핵심적 언명을 명백히 간과하는, 방법론적으로 말하면 체계적인 해석을 소홀히 하는 결과가 된다.[187]

민주주의의 헌법적 개념은 역으로 선거권(기본법 38조 1항 1문), 의원의 지위(기본법 38조 1항 2문), 정당의 권한(기본법 21조), 다수결 원리, 권력분립(기본법 20조 2항, 3항), 정부의 의회에 대한 책임, 법적 평등을 포함한 방어권으로서 기본권(기본법 3조, 33조 1항, 2항, 3항, 101조 1항 1문, 28조 1항 2문), 행정재판과 헌법재판을 포함

183) BVerfGE 34, 216(232).
184) BVerfGE 4, 115(140); 14, 197(215); 61, 149(205).
185) BVerfGE 45, 40(421).
186) *Böckenförde*, in: Isensee/Kirchhof(Hg.), HStR Bd. I, §22.
187) *Dreier*(각주104), S. 40ff(42)는 그런 점에서-이해할 수 없게-법률적 권한을 부인한다.

한 법치국가 등에 관한 민주국가적 개별 규정에서 나온다.[188]

기본법은 국가와 지방자치 행정의 민주적 구성에서 출발한다. 사회적 제도는 — 정당(기본법 21조 1항 3문)이 그 국가와의 근접성 및 국민의 정치적 의사형성에서 기능 때문에 그런 것처럼 — 예외적으로만 민주적 기본 원칙에 따를 의무가 있다. 민주주의 원리가 기본법에서 차지하는 이러한 분명한 체계적 지위가 의미하는 것은 기본권으로 보호하는 생활 영역을 '민주화'하려는 요청을 기본법에서 도출할 수 없다는 것이다. 상응하는 입법적 조치로 개별적 생활 영역에서 그러한 '민주화'가 취해진다면 이에 대해 우리가 헌법의 위임을 원용할 수는 없다. 왜냐하면 그러한 헌법 해석은 해석 수단으로 기본법에서 추출될 수 없기 때문이다.[189]

예를 들어 입법자가 경제·학문·문화·학교 영역에서 그러한 조치를 결정한다면, 그는 해당 기본권과 기타의 헌법적 규범을 주장할 수 있는 정치적 결정을 내린 것이다. 이러한 행동은 연방헌법재판소의 공동결정 판결[190]에서 다음과 같이 모범적으로 서술했다. "헌법적 심사의 척도는 확대된 공동결정의 도입에서 헌법적인 대강의 조건과 입법자의 형성의 자유 한계를 표시하는 개별 기본권이다."

법치국가는 평화와 안전을 보장하는 국가를 법적으로 제어하는 것을 의미한다. 따라서 법치국가는 항상 권력을 독점하는 국가일 수

---

188) *Stern*(각주31), S. 606ff; *Starck*(각주66), S. 153f.

189) BVerfGE 35, 79(120ff); 47, 327(386ff, 404ff) 참조. 연방헌법재판소는 대학법의 공동결정에 관한 판결에서 민주화라는 생각은 전혀 언급조차 없었다. 마찬가지의 것으로 BVerfGE 50, 290(336ff).

190) BVerfGE 50, 290(336).

밖에 없다.[191] 따라서 권력의 독점 폐지는 결코 법치국가성의 원칙으로 요청될 수 없으며, 그것은 법치국가와 모순된다. 법치국가는 그 과제를 수행할 때 법에 구속되는 국가다. 이러한 법에는 자유와 법적 평등을 보장하는 기본권이 있다. 그 밖에[192] 법치국가 원칙에 포함된 법의 형식적·절차적 측면은 개별 규범들, 특히 19조 4항, 20조 3항, 34조, 80조 1항 2문, 103조에 나타난다.[193] 이들은 시민의 권리와 의무를 정하는 법률이 충분히 규정된다는 것을 전제한다. 국가의 행동은 예측할 수 있고 측정할 수 있어야 한다. 또 하나 중요한 측면은 1조 3항으로 국가기관이 헌법에 구속되는 것을 보장하는 것과 연방헌법재판소의 권한이다. 이러한 실질적·형식적인 법치국가의 한계는 민주적 정당성이 있는 국가권력에도 해당한다.

사회국가성은 법치국가성(기본법 28조 1항 1문)과 연방국가성(기본법 20조 1항)에 부가되어 있다. 사회국가성의 개별적인 투수한 표현은 기본법에 나타나 있지 않다. 특히 일반적인 평등 조항은 그런 것으로 표현할 수 없다. 그것은 헌법적 평가의 척도에 따라 법적 평등을 보증하는 것이기 때문이다(2장 2. 1. 6 참조).[194] 사회를 조정하고 사회의 안정을 보장하라는 국가 입법에 대한 요청으로서 사회국가 원리[195]는 3조 1항과의 관련에서 차별 허가를 의미하며, 그러한 범위에서 헌법적 중요성이 있다.[196]

---

191) *Christian Starck*, Frieden als Staatsziel, in: FS für Karl Carstens, 1984, S. 867(871).
192) 양자는 BVerfGE 57, 250(275)에서 강조했다.
193) BVerfGE 2, 380(403); 45, 187(246); 81, 347(356): *Starck*(각주65), Art. 1 Rn. 130ff(Lit.).
194) *Starck*(각주65), Art. 3 Rn. 15ff.
195) *Zacher*, in: Isensee/Kirchhof(Hg.), HStR Bd. I, §25 Rn. 25ff.
196) *P. Kirchhof*, in: Isensee/Kirchhof(Hg.), HStR Bd. V, §124 Rn. 45, 151, 228ff.

그러나 사회 보장 체계의 형성과 사회 조정 유형과 방식에 관해서는 — 입법자의 재정 책임 측면에서 — 입법자에게 형성의 자유가 있다. 법치국가 원리에서와 달리 사회 보장의 체계나 누진소득세 같은 사회국가의 역사적 표현[197)]은 헌법적으로 특별히 보장하지 않는다. 이것은 사회보장의 개별 분야 보장으로 충분히 생각할 수 있었을 것이다. 그 대신 입법에는 더 넓은 활동이 부여되었다. 연방헌법재판소는 판결에서 이것을 계속 강조했다.

사회국가 원리는 "정의로운 사회질서를 위해 배려해야 할 국가의 의무를 근거짓는다[예를 들어 BVerfGE 5, 85(198); 22, 180(204); 27, 253(283); 35, 202(235f)]. 이러한 의무 수행에서 입법자에게는 더 넓은 형성의 자유가 인정된다[(BVerfGE 18, 257(273); 29, 221(235)]. 즉 사회국가의 원리는 국가에 과제를 부여하지만, 이 과제를 개별적으로 어떻게 실현해야 하는지는 말하지 않는다 — 그렇지 않았다면 이 원리는 민주주의 원리와 모순에 직면했을 것이다."[198)] 입법의 광대하고 깊숙이 미치는 사회국가적 형성은[199)] — 우리가 보는 바와 같이 — 해당 헌법 규정에 종속되어 있지 않다.

선거에서 거대 국민 정당(Volkspar Teien)들의 경쟁만으로도 사회국가를 재정적으로 최대한 형성하기에 충분했다. 입법이 특정한 경제적·재정적 상황에서 사회적 급부를 정한 것은 바꿀 수 있다. 왜냐하면 사회국가 원리에서 일반적인 후퇴금지는 도출할 수 없기 때문이다. 그러

197) 그러나 바이마르 헌법 134조 참조.

198) BVerfGE 59, 231(263); 사회국가 원리의 실현은 우선은 입법자의 의무다. 그렇게 확립된 판결은 BVerfGE 1, 97(105); 65, 182(193); 71, 66(80); 75, 348(359f).

199) 개관은 *Stern*(각주31), S. 891~914 참조.

나 사회 법률의 개정은 법치국가적 법률 형성의 원칙을 존중해야 한다.

국가의 구조에 관한 헌법 원리는 그 체계적 관련에서 법률적 해석으로 접근할 수 있다. 이 원리를 기본권과의 관계에 놓으면 내용은 더욱 분명해진다. 아래에서는 조직·권한·절차 규범을 해석하려고 끌어들인 관점이 구조 원리 해석에 대한 이해의 가능성에 — 특히 그 규범이 구조 원리를 형성할 때 — 긍정적인 영향을 미친다는 것이 드러날 것이다.

3. 헌법상의 조직·권한·절차 규범 해석의 문제

또한 그러한 범위에서는 해석의 규칙이 통용되며, 물론 그 적용은 특별한 중점을 인식할 수 있도록 한다. 문구 이해와 언어 사용은 일차적인 준거점이다.[200] 물론 연방국가적 과제 분배에 관한 모든 개별적 권한 부여는 연방국가성 원칙의 특별 규정이다. 민주주의 원칙을 원용해 — 예를 들어 연방의회의 다수 — 연방국가적 권한분배가 문제될 수는 없다. 이렇게 자명한 것은 언급할 필요가 없다.

권한 규정의 해석 대부분은[201] 헌법규범의 성립사가 결정적인 의의가 있다. 이는 선거권은 국민, 즉 독일 국적자에게 속한다는 최근의 판결에서 다시 한번 나타났다.[202] 연방헌법재판소는 법률과 헌법해석에 관해 법률 자료들은 "보충적인 것이고 전체적으로 그것들에서 '객관적 법률 내용이 도출할 수' 있을 때만 인용될 수 있다"고 강

200) 예컨대 BVerfGE 12, 205(226).

201) *Rengeling*, in: Isensee/Kirchhof(Hg.), HStR Bd. IV, §100 Rn. 27ff.

202) BVerfGE 83, 37(51).

조하기는 한다.[203] 이 자료들은 특히 입법기관의 주관적 생각을 객관적 법률 내용과 동일시하는 것으로 오도되어서는 안 된다고 한다. 보통 이들에게 결정적인 의의는 부여되지 않는다는 것이다.

그러나 성립사는 과거 헌법들의 매개체로 큰 의의가 있다. 헌법제정회의가 연방국가적 권한분배에서 바이마르 헌법이나 심지어 1871년의 제국헌법의 상응하는 규정의 문구를 받아들이거나, 그 문구를 특정한 방식으로 수정했을 때 우리는 여기서 해당 기본법 규정을 해석하기 위한 중요한 결론을 도출할 수 있다.[204]

연방국가적 권한분배에 관해서는 바이마르 헌법의 국가 실무에서 상응하는 권한 배정의 이해에 소급하는 것이 2가지 이유에서 설득력이 있다. 첫째로 헌법제정자들은 바이마르의 국가 실무를 알았다. 그래서 기본법의 입법 목록은 바이마르 헌법을 계속 돌아보면서 규정한 것이다.[205] 다른 한편 연방국가적 권한 획정에서는 주로 — 그 가치 내용이 적은 — 분명하고 엄격한 규칙이 문제된다. 가치는 무엇보다 분명한 권한질서의 안정화 작용에 놓여 있는 것이다.[206]

권한 목록의 많은 판례에서는 바이마르 헌법의 입법 목록과 달리 규정한 것에서,[207] 혹은 권한 배정을 — 문구 그대로 — 받아들인 것에서[208] — 일부는 1871년의 제국헌법[209]이나 1867년의 북독 연

203) BVerfGE 62, 1(45); E 1, 299(312)와 연결해; 6, 55(75); 6, 389(431); 10, 234(244); 36, 342(367); 41, 291(309); 45, 187(227).

204) 조사위원회(Untersuchungsausschüsse)의 법은 BVerfGE 77, 1(45, 49f).

205) BVerfGE 3, 407(414f); 33, 52(61).

206) 이러한 적절한 지적은 *Roellecke*(각주68), S. 46; BVerfGE 61, 149(175f).

207) BVerfGE 3, 407(415f).

208) BVerfGE 12, 205(226f, 230ff); 26, 338(373ff); 27, 18(32f); 33, 52(64); 42, 20(31f); 61, 149(190ff); 67, 299(319f); 68, 319(328f).

209) BVerfGE 42, 20(29f); 61, 149(177f)

합 헌법에까지 소급된다[210] — 결론이 도출되었다. 대부분 권한 규정은 — 이것이 헌법적으로 다투지 않는 범위에서는[211] — 당시의 국가 실무와 조화 속에서 해석했다.[212]

또한 기본법 시행 이전의 법률로 이미 각인되어 있는 개념 규정들도 기본법을 해석하는 바탕에 깔려 있다. 이것은 특히 1919년과 1931년의 공과규칙(Abgabenordnung)의 조세 개념[213]과 개별 조세 유형의 개념[214]에 대해 의의를 가졌다. 물론 그러한 일반적인 이어받음이 기본법이 일반 법률의 전승된 개념들에 대해 어느 정도 변경을 가하는가를 개별적으로 조사하는 것을 불필요하게 만드는 것은 아니다.[215]

연방헌법재판소가 기본법의 직접적인 성립사로서 그 이전의 발전에 소급할 때도 해석규칙과 결별하는 것은 아니다.[216] 왜냐하면 그 이전의 헌법에서 권한규범을 이어받은 경우 — 새로운 헌법의 상황에서 다른 내용을 가질 수도 있는 가치적인 개념이 문제되는 것이 아니기 때문에 — 헌법제정자가 무엇을 의도했는지를 분명하게 밝힐 수 있기 때문이다. 권한규범 해석에서는 다음과 같은 질문이 적절

210) BVerfGE 12, 205(226).

211) BVerfGE 26, 281(299); 26, 338(373ff); 27, 18(32f); 36, 193(206ff); 61, 149(177f).

212) BVerfGE 12, 205(235).

213) BVerfGE 7, 244(251); 55, 274(299); *Vogel*, in: Isensee/Kirchhof(Hg.), HStR Bd. IV, §87 Rn. 43ff; *P. Kirchhof*, in: Isensee/Kirchhof(Hg.), HStR Bd. IV, §88 Rn. 50; *Wendt*, in: Isensee/Kirchhof(Hg.), HStR Bd. IV, §104 Rn. 28.

214) BVerfGE 14, 76(91).

215) 조세의 개념은 *Christian Starck*, Überlegungen zum verfassungsrechtlichen Steuerbegriff, in: FS für Gerhard Wacke, 1972, S. 193(196ff); *Wolfgang Knies*, Steuerzweck und Steuerbegriff, 1976, S. 42ff, 73ff; *Dieter G. Bodenheim*, Der Zweck der Steuer, 1979, S. 36ff.

216) 그러나 *Hesse*(각주20), Rn. 58.

하다. 바이마르 헌법의 규정은 어떠했는가? 기본법 제정자는 어떠한 변경을 의도했는가?

연방기관의 조직에 관한 헌법규범 해석은 보통 바이마르 헌법에 소급할 수 없다. 왜냐하면 여러 면에서 (바이마르)공화국 정부와 위치가 다르기 때문이다.[217] 연방참사원은 (바이마르)공화국 참사원보다 훨씬 강력한 위치에 있다. 그러나 몇몇 경우에서는 권한이 비교할 만하므로 해석을 위해 바이마르 헌법에 소급할 수 있다. 이렇게 우리는 기본법 59조 2항 1문에 따른 동의의 필요가 조약체결의 다른 행위에 대해 어느 정도 존재하는지의 문제에 답변하기 위해 '조약'이라는 문구에만 소급하지는 않게 된다.

그런 점에서 바이마르 헌법의 같은 문구와 — 일방적인 국세법적 행위는 공화국 의회의 동의를 필요치 않는 것으로 간주했던 — 당시의 집행에서 문구 해석이 옳다고 확인되는 것으로 볼 수 있다.[218] 이러한 논거는 바이마르 헌법 45조 3항과의 관련에서 동의의 필요를 내용적으로 확장한 헌법제정회의가 법률 형식의 측면에서는 과거의 헌법들에 연결되어 있기 때문에 특히 강력하다. 또한 조사위원회의 권한 확인에서도 바이마르 헌법 시대의 국가 실무에 소급하게 된다.[219]

앞에서 설명한 것들을 확인하고자 기본권 해석에서는 보통 바이마르 헌법에 소급되지 않는다는 것을 다시 한번 지적하겠다. 왜냐하면 기본법상의 기본권은 직접적인 구속력을 통해 그 기초에서부터 바이마르 헌법과는 다른 기능이 있기 때문이다. 해당 기본권이 판결

217) BVerfGE 26, 338(398); 62, 1(36ff).
218) 그러한 것으로는 BVerfGE 68, 1(84).
219) BVerfGE 67, 100(131); 77, 1(45, 49f).

에서 의의가 있고, 기본권의 고양된 의의에 상응하는 해석이 발견되었을 때만 예외적으로 기본권 해석에서도 바이마르 헌법 시대에 지배적이었던 견해에 소급한다.[220]

220) BVerfGE 7, 198(209f)—기본법 5조 2항과 바이마르 헌법 118조 1항 1문의 '일반적 법률'; E 25, 269(287)—소멸시효 규정 개정은 기본법 103조 2항이나 바이마르 헌법 11조의 소급금지에 해당하지 않는다; E 33, 52(73)—검열은 기본법 5조 1항 3문과 바이마르 헌법 118조 2항 1문에 따라 사전 검열을 의미한다.

3장.
헌법질서와 정치과정에서 연방헌법재판소

1. 헌법질서에서 연방헌법재판소

1. 헌법의 우위

기본법이 확립하는 바와 같은 헌법질서는 국가의 지배권을 창설·조직·조종·제약한다. 국가권력의 정당성과 근거는 기본권적·민주적 자유 이념이라고 하는 2가지 근원에서 나온다.[1] 다시 말해 국가의 모든 권력은 국민에게서 나온다(기본법 20조 1항 1문). "독일 국민은 불가침·불가양인 인권을 모든 인간공동체와 세계의 평화와 정의의 기초로써 인정한다"(기본법 1조 2항). 그렇게 정당화된 국가권력은 권력분립과 연방국가성이라는 기본 원칙에 따라 조직되고(기본법 20조 1항, 2항 2문, 3항), 국가권력을 제약하는 기본권에 기속된다(기본법 1조 3항). 헌법적 근거로 수립한 국가의 지배권 제한은

1) 상세한 것은 *Ch. Starck*, Grundrechtliche und demokratische Freiheitsidee, in: HStR Bd. Ⅱ(1987), §29.

예측 가능성을 지향하는데, 이는 보호의무(예를 들어 기본법 1조 1항 2문), 개별적인 헌법위임(예를 들어 기본법 6조 1항 4항 5항) 그리고 헌법상의 일반적 목표 규정(예를 들어 기본법 20조 1항, 28조 1항 1문에 따른 사회국가성)으로 보완한다.

지배권의 근거가 되면서 한계가 되는 헌법은 모든 법이 구속성 – 규범력 – 을 목표로 하는 바와 같이 — 민주적으로 정당화된 경우라도 — 그때그때 단순 다수가 조작할 수 있으면 안 된다. 이와 같은 방향 설정은 기본법의 민주적 정당성과 모순되지 않는다. 왜냐하면 기본법 79조의 절차와 한계에서 헌법을 개정하지 않는 한, 1949년에 대표가 행사한[2] 국민의 헌법제정권력(pouvoir constituant)의 산물로서 기본법은 자신에 의해 수립된 국가권력(Pouvoir constitué)을 기속하기 때문이다. 이러한 국가권력의 헌법 기속은 입헌주의(Konstitutionalismus), 독일어로는 헌법국가성(Verfassungsstaatlichkeit)이라고 한다. 이는 개념상 법률에 대한 헌법의 우위를 내용으로 한다.

헌법의 우위는 미국 연방대법원의 유명한 매버리 대 메디슨(1803) 판결에서 최초로 실무상 인정되었고, 고전적 근거는 대법원장 존 마샬이 연방주의자 논고(Federalist)[3]에서 한 알렉산더 해밀턴의 말을 인용하면서 다음과 같이 말한 데서 찾을 수 있다.[4]

"헌법이 헌법에 반하는 어떤 입법 행위를 통제하거나, 입법부가 어

2) *Ch. Starck*, in: H. von Mongoldt/F. Klein/Ch. Starck, Bonner Grundgesetz, Bd. I, 4. Aufl. 1999, Präambel Rdnr. 17ff. m.w.N.

3) The Federalist Nr. 78(1788).

4) Marbury v. Madison 2 Law Ed. U.S. 60, 73(1803).

떤 일반 입법으로 헌법을 변경할 수 있게 하는 것은 너무나 명백해 다툴 수 없는 전제다. 이 선택지들 가운데 중간 입장은 존재하지 않는다. 헌법은 통상적인 수단으로는 바꿀 수 없는 우월한 최고의 법이거나, 일반 입법 행위의 수준이어서 다른 행위처럼 입법부가 그것을 기꺼이 개정하려고 할 때 개정할 수 있다. 만일 이 선택지 중 전자가 맞는다면 헌법에 반하는 입법 행위는 법이 아니고, 만일 후자가 맞는다면 성문헌법이 국민의 입장에서 무제한적인 것을 본질로 하는 권력을 제한하려는 것은 잘못된 시도다."

여기서 다시 제시한 이 인용문이 특별한 의미를 갖는 것은 사법부의 규범 통제로 헌법의 우위를 실질적으로 관철하는 논증의 기초를 의미하기 때문이다.[5)] 기본법은 의회입법이 문제되는 한 연방헌법재판소가 독점하는[6)] 규범 통제(기본법 93조 1항 2호, 100조 1항)를 도입함으로써 이러한 전통[7)]에 합류했다. 따라서 실제에서 의회입법은 그 민주적 정당성을 근거로 해서 자동으로 효력이 있고, 기본권을 보호하는 기능을 인정받는다거나 의회입법자가 기본권에 대한 고유한 해석자로 취급된다고 하는 관념은 모두 낡은 것이다.[8)]

헌법의 우위는 효과적인 기본권 보호를 위한 기초로 기능할 뿐만

---

5) *J. Gough*, Fundamental Law in Englich Constitutional Historz, Oxford 1955, S. 2; *W. Brugger*, Einführung in das öffentliche Recht der USA, 1993, S. 9 참조.

6) 주 법률은 관련 주헌법재판소의 관할이 존재하지 않는 경우에 그러하다.

7) *Ch. Starck*, Vorrang der Verfassung und Verfassungsgerichtsbarkeit(1986), in: *ders.*, Der demokratische Verfassungsstaat, 1995, S. 33ff; *P. Badura*, Verfassungsänderung Verfassungswandel, Verfassungsgewohnheitsrecht, in: HStR Bd. Ⅶ(1992), §160 Rdnr. 3ff.

8) 바이마르 시대의 지배적인 견해는 *C. Schmitt*, Inhalt und Bedeutung des zweiten Hauptteils der Verfassung, in: *G. Anschütz/R. Thoma*, HDStR, Bd. Ⅱ, 1932, S. 572, 586f, 598; *G. Anschütz*, Die Verfassung des Deutschen Reiches, Kommentar, 14. Aufl. 1933, S. 514ff.

아니라, 헌법으로 확립한 연방국가의 권한배분을 확보하기 위한 전제이기도 하다. 연방국가는 헌법의 우위라는 이념의 중요한 촉진 요소로 입증되었다. 왜냐하면 연방입법자의 단순 다수로 개정할 수 없는 우월적 법에 의해 연방국가의 권한배분을 규율한다고 하는 것이, 특히 주에서 국가 기능을 담당하는 자에게는 직접적으로 명백하기 때문이다.[9] 기본법은 연방국가의 권한배분을 규범 통제(93조 1항 2호)의 가능성을 통해서 뿐만 아니라, 연방과 주 간의 다양한 쟁송절차(기본법 93조 1항 2a호, 3호, 4호와 84조 4항)를 연방헌법재판소에 제기함으로써 확보했다.

연방헌법재판소에 의한 헌법의 우위 보호[10]는 주로 기본권과 연방국가의 권한배분과 관련해 분명하게 되어 있다. 거기에 기관 쟁의(기본법 93조 1항 1호)에서 기관의 권한 보장을 추가했고, 모든 주요 정당이나 적어도 다수집단이 일치단결해 정당과 관련된 헌법을 무시할 때 나타나는 바의, '정당국가'에서 간과할 수 없는 헌법에 대한 위협에 대응하기 위해서 앞에서 언급한 소송들을 활용할 수 있다. 정당법의 헌법적 기초는 연방헌법재판소가 다수의 소송절차에서 정당과 정당 재정에 대한 규정이 결여되어 있거나 잘못되어 있는

9) 그렇게는 *C. J. Friedrich*, Der Verfassungsstaat der Neuzeit, 1953, S. 258; *K. Loewenstein*, Verfassungslehre, 3. Aufl. 1975, S. 249f; *M. Bothe*, Die Kompetenzstruktur des modernen Bundesstaates in rechtsvergleichender Sicht, 1977, S. 133ff; *Th. Öhlinger*, in: FS für Melichar, 1983, S. 125.; *R. Lhotta*, Imperiale Verfassungsgerichtsbarkeit und Föderalismus, Das Judicial Committee of the Privy Council und der BNA Act, 1995, S. 13 u.ö.

10) *H. Bethge*, in: Th. Maunz/B. Schmidt-Bleibtreu/F. Klein/G. Ulsamer(Hg.), Bundesverfassungsgerichtsgesetz, Loseblattsammlung(1998), Vor. Rdnr. 3ff. m.w.N.; *E.-W. Böckenförde*, Verfassungsgerichtsbarkeit: Strukturfragen. Organisation, Legitimation, NJW 1999, S. 9, 10f.

것을 다툴 수 있는 기회가 전혀 없을 때는 위헌적 현실이라는 야생 식물로 뒤덮일 것이다(3장 2. 4. 1)의 예 참조).

이를 요약하면 연방헌법재판소 설립 25주년(1976) 기념 서문의 문언이 강령으로서 오늘날에도 여전히 타당하다. "헌법재판은 특히 기본권의 효력을 확고히 하고, 정당국가의 법적 내용을 발전시키고, 연방주의의 중심이 공동화하는 것을 저지할 수 있었다."

2. 헌법적 기능질서

연방에서 기관의 권한배분과 연방국가의 권한배분은 설명한 바와 같이 헌법의 우위를 전제로 했다. 기능배분은 한편으로는 이 절에서 구체적으로 설명한 바와 같이 헌법의 우위를 보장한다. 따라서 헌법의 우위에는 그 확보도 체계 내재적으로 함께 주어져 있다. 헌법과 권력분립의 내재적 연관성은 1789년의 인간과 시민의 권리선언 16조에 명백히 표현되어 있는데, 여기서는 추상적·교훈적으로 다음과 같이 되어 있다. "권리보장이 확보되어 있지 않고, 권력분립이 확정되어 있지 않은 사회는 헌법이 있는 것이 아니다."

국가권력의 구성에서 재판의 독립성이 큰 의미가 있다는 것을 고려하면, 재판에는 헌법의 우위를 확보하는 제도적 잠재력이 깃들어 있는 것처럼 입법도 마찬가지라는 것이 나타난다. 따라서 미국에서 사실상 시작되었다는 것은 특히 연방헌법(1787) 3조 2항에는 "사법권은 이 헌법과 연방의 법률 … 아래에서 발생하는 모든 법과 형평 사건에 적용한다"고 규정되어 있다는 것으로 소급할 수 있다. — '하나의 대법원에 귀속된'(3조 1항) — 사법권은 입법권(1조)과 집행권(2조)에 이어 세 번째 조문에 이것들과 동등하게 규정되어 있다. 유럽적 전통[11]에 비해 미국에서는 간결한 헌법규범을 근거로 출발한 것이 1949년에 기본법에서 개별적으로 규정한 관할권을 가진 연방헌법재판소의 창설로 수용·발전했다.

아래에서는 우선 헌법질서에서 연방헌법재판소의 지위를 확인하고(1), 입법과 집행에 대한 연방헌법재판소의 관계(2)와 재판소원에서 연방헌법재판소와 일반 법원 간의 임무배분을 논의한다(3).

1) 헌법기관

헌법의 우위 확보라는 연방헌법재판소의 임무는 연방헌법재판소를 다른 법원과 구분하는 제도적 장치를 요구한다. 권리를 보호하는 기관으로서 법원은 헌법기관(최고 국가기관)에 속하지 않는다. 왜냐하면 법원은 분쟁 해결에서 법률 적용 기관으로 기능하고, 따라서 국가경영 차원의 결정을 내려야 하는 것은 아니기 때문이다. 최고 연방법원조차도 기본법에 언급되어 있고(95조 1항), 소송절차에서는 그것에 법률 형성 과제가 부여되어 있다고 해도 헌법기관으로 기능하는 것은 아니다.[12]

왜냐하면 법원은, 특히 법률을 위헌으로 폐지하거나 쟁송판결에서 법률이 위헌일 때 법률을 적용하지 않을 권한이 없기 때문이다. 법률의 합헌성에 대해 그리고 연방헌법관 간의 헌법 분쟁과 연방과

11) *Starck*(각주6), S. 49ff.

12) *Ch. Starck*, Verfassungsgerichtsbarkeit und Fachgerichte, JZ 1996, S. 1033, 1034 m.w.N.

주 간의 헌법 분쟁에서 결정을 내려야 하는 연방헌법재판소의 임무에서 필연적으로 헌법기관 차원의 연방헌법재판소의 기능이 나타나고, 따라서 연방헌법재판소는 헌법에 따라 헌법기관으로서의 성격을 갖게 된다.[13] 헌법에서 나타나는 바의 그것은 연방헌법재판소법 1조 1항에서 확고하게 표현되는데, 거기에는 "연방헌법재판소는 다른 모든 헌법기관에 대해 독자적이고 독립된 법원"이라고 되어 있다.

19세기로까지 소급되는 바의 최고 국가기관의 특별한 성격에 대한 이론은 최고 국가기관을 헌법에서 직접적으로 구성되고 다른 기관[14]에서 독립한 것으로 개념을 정의하는데, 물론 그것은 헌법 규정에 따라 어떤 기관이 다른 기관에 의해 구성되거나 해체되는 것을 배제하지 않는다고 한다.[15] 직접적인 헌법기관의 구성을 위해서는 단순히 헌법에 언급하는 것만으로는 부족하다.

오히려 기관의 존재와 지위, 중요한 권한이 헌법에 나타나 있어야 한다.[16] 다른 헌법기관에 대한 관계도 마찬가지다. 이는 그대로 연방헌법재판소에도 적용한다. 왜냐하면 재판관의 선출(기본법 94조 1항)과 다른 헌법기관의 행위와 관련되는 중요한 소송 종류들이 기본법에 규정되어 있기 때문이다(무엇보다도 기본법 93조 1항).

---

13) 무엇보다도 *G. Leibholz*, Der Status des Bundesverfassungsgerichts(1959), in: Das Bundesverfassungsgericht 1951~1971, 1971; E. *Benda/E. Klein*, Lehrbuch des Verfassungsprozeßrechts, 1991, S. 25ff; *Bethge*(각주10), §1 Rdnr. 16ff.

14) *C. F. v. Gerber*, Grundzüge des deutschen Staatsrechtgs, 3. Aufl. 1880, S. 76f; *G. Jellinek*, Allgemeine Staatslehre, 3. Aufl. 1913, S. 544ff는 직접적으로 헌법 자체로 설치하는 국가기관과 기관의 지위가 직접적으로 헌법에 근거하지 않는 간접적인 국가기관을 구분한다.

15) *O. v. Gierke*, Labands Staatsrecht und die deutsche Rechtswissenschaft(1883), Separatdruck, 1961, S. 46, Anm. 2.

16) *K. Stern*, Staatsrecht, Bd. Ⅱ, 1980, S. 344.

헌법기관은 국가경영(Staatsleitung) 차원에서 활동한다. 연방헌법재판소는 정치적 재량으로 결정하는 것이 아니라, 오히려 연방헌법재판소에 제기된 행위가 헌법을 침해하는지만을 심사한다. 그럼에도 그러한 결정은 발전한 헌법국가에서는 국가활동의 기초이고 골격인 헌법의 수호(상세한 것은 3장 1. 4 참조)도 포함하는 국가경영 차원에 속한다.[17] 이를 통해 다음에 다룰 국민의 평화와 통합이 일어난다.

국가경영이 헌법에 기속되게 하려고 원용되는 헌법기관으로 연방헌법재판소를 개념상 분류한다고 하여 연방헌법재판소에 아무런 추가적인 권한을 제공하지는 않지만, 연방헌법재판소의 법적 지위에 관한 중요한 결론들을 요구하는데, 물론 이는 개념법학적으로 연역하는 의미는 아니다.[18] 오히려 결론은 연방헌법재판소가 위치하는 헌법의 규율 문맥(Regelungszusammmenhang)[19]에서 도출할 수 있다.

다른 헌법기관들의 행위의 합헌성을 심사하는 연방헌법재판소의 독립성은 ①연방헌법재판소법과 다른 공직 내용에 관한 법률에서 규정되어 있는 연방헌법재판관의 특별한 지위 ②연방 회계상 고유한 개별 계획과 독자적인 재정 자금 관리 ③연구 종사자를 포함한 모든 법원 구성원에 대한 자기 책임에 입각한 고용 ④연방헌법재판

---

17) *Leibholz*(각주13), S. 34f; *Ch. Starck*, Der verfassungsrechtliche Status der Landesverfassungsgerichte, in: *ders.*, *K. Stern*(Hg.), Landesverfassungsgerichtsbarkeit TeilbandⅠ, 1983, S. 156; *A. Weber*, Generalbericht, in: Ch. Starck/A. Weber(Hg.), Verfassungsgerichtsbarkeit in Westeuropa, TeilbandⅠ, 1986, S. 118; *H. H. Klein*, Verfassungsgerichtsbarkeit und Verfassungsstruktur, in: FS für Franz Klein, 1994, S. 511, 524.

18) 그러는 한 *R. Thoma*, Rechtsgutachten betreffend die Stellung des Bundesverfassungsgerichts, in: JöR 6(1953), S. 161, 166에서 제기한 의심은 적절하지 않다.

19) *Bethge*(각주10), Rdnr. 42.

소에 근무하는 공무원의 상급 관청으로서 소장의 신분 ⑤연방과 주의 그외 다른 헌법기관과 법원, 연방헌법재판소의 직접적 소통으로 보장한다.[20]

중요한 점에서 연방헌법재판소는 다른 헌법기관과 구분한다. 보통 헌법기관의 설립·조직·관할·절차는 헌법에 규정되어 있다. 그외의 필요한 보충적 규정들에 대해서는 헌법에 자율적 직무 규정이 예정되어 있다.[21] 즉 헌법기관은 자기의 중요한 기능을 입법자의 중간 개입 없이 헌법과 스스로 제정한 법을 근거로 해서만 행사한다. 그에 대해서는 기본법 94조 2항에서 연방법이 연방헌법재판소의 조직과 절차를 규율한다고 정했다.

이러한 법률유보는 유감스러운 헌법의 모순으로 보면 안 되고, 오히려 전체가 완전히 헌법에 규정될 수 없지만 재판소의 자율적 규율로 위임될 수도 없다고 하는 사법절차에 필요한 형식(Förmlichkeit)과 관련이 있다. 상대방이 없는 절차인 규범 통제[22]에서 연방헌법재판소의 절차와 판결이라고 하는 사법적 모습(Justizförmigkeit) 자체는 그 기관성에서 도외시할 수 없는 특별한 기능적 특성이다. 연방헌법재판소법을 보충해 전체 회의의 직무 규정이 적용된다(연방헌법재판소법 1조 3항).[23]

---

20) 요약 설명으로는 *Bethge*(각주10), Rdnr. 38f.

21) 연방하원은 기본법 40조 1항 1문, 연방참사원은 기본법 52조 3항 2문, 연방정부는 기본법 65조 4문.

22) 연방에서는 연방하원과 연방참사원, 주에서는 주의회라는 의회입법자는 기본법 93조 1항 2호, 4a호, 4b호와 100조 1항에 따른 다양한 규범 통제 절차에서 결코 피청구인이 아니다.

23) 1986년 8월 15일(BGBl. I, S. 2529). 최근에는 1995년 12월 18일 개정(BGBl. 1996 I, S. 474); 이에 대해서는 *Bethge*(각주10), Rdnr. 60ff.

2) 연방헌법재판소와 입법·집행의 관계

(1) 대강질서(Rahmenordnung)로서 헌법

헌법의 우위를 확보하려고 규범 통제의 권한을 가진 연방헌법재판소제도는 의회입법에 대해서도 민주적으로 정당화된 의회의 다수와 통제적인 사법기관 간에 중대한 긴장관계를 만든다.[24] 헌법재판소의 규범 통제는 사법과 정치 영역 간의 긴장관계에서 일어난다고 한다.[25]

이에 대해서는 무엇보다도 코리네크를 인용해 다음과 같이 말할 수 있다.[26] 즉, 민주주의와 사법의 대립은 이러한 일반성에 부합하지 않는다. 왜냐하면 "입법자에 의해 헌법률적 규범이 유지되는지를 감독하는 임무는 … 헌법재판소의 민주적 기능, 즉 더 약한 민주적 정당성을 갖는 행위가 더 강한 민주적 정당성을 갖는 행위에 부합하는지를 감독하는 기능이기 때문이다." 긴장관계는 더 정확히는 민주적으로 정당화된 단순 다수 입법자의 정치적 형성 의지와, 헌법의 우위를 확보하는 방식인 민주적으로 더 강하게 정당화된 헌법에 관한 헌법재판관의 해석 간에 긴장관계가 있다는 것으로 특정될 수 있다.

따라서 연방헌법재판소에 의한 헌법 해석은 헌법의 우위를 유지

---

24) *O. Massing*, Recht als Korrelat der Macht?, in: *P.* Häberle(Hg.), Verfassungsgerichtsbarkeit, 1976, S. 411ff는 이 긴장관계를 의회 다수에게 유리하게 해결하려고 한다. 이 논문은 특히 중요하게 헤겔의 다음과 같은 모토를 들고 나온다: "그러나 사법은 국가 권력이 그 객체가 되어야 할 때는 전적으로 그 성격에서 나온다. 왜냐하면 그렇게 함으로써 본질적으로 국가의 한 부분일 뿐인 그것이 전체를 설정할 것이기 때문이다." 이것은 사실상 Marbury v. Madison의 반대 입장이다.

25) *P. Badura*, Die Verfassung im Ganzen der Rechtsordnung, in: HStR Bd.Ⅶ(1992), § 163 Rdnr. 35는 입법과 (헌법)재판 사이의 불안정한 균형을 이야기한다.

26) *K. Korinek*, Verfassungsgerichtsbarkeit im Gefüge der Staatsfunktionen, in: VVDStRL 39(1981), S. 7, 46.

하는데 의회입법자의 정치적 형성 여지를 판단함에서 결정적인 역할을 한다.[27] 헌법 해석은 모든 방법론적 숙고에 앞서 기술하는 바와 같이 규범성을 본질적 징표로 내포하는 헌법의 개념과 관련이 있다. 헌법의 규범성은 특정한 요소들을 전제로 한다. 우선 그것은 권력분립으로 보장해야 한다.[28] 나아가 규범성은 정치적으로 책임 있는 기관, 특히 입법의 행위 여지(Bewegungsspielraum)를 보장하는 헌법 구조를 요구한다.[29] 왜냐하면 사회적 사실관계를 평가하고 규율하는 헌법기관의 임무이기 때문이다. 여기서 정치적 형성의 자유는 헌법재판소의 규범 통제로 파괴해서는 안 된다.

왜냐하면 법적 인식의 확실성이 결여되어 연방헌법재판소는 다양한 헌법 원리들 — 기본권 포함 — 과 국가 목표를 최적화하거나, 거기서 규율 문제에 대해 사전에 주어진 헌법의 구체화를 주장해서는 안 되기 때문이다.[30] 연방헌법재판소는 오히려 정치적 헌법기관이 헌법의 테두리 안에 머물러 있는지만을 심사할 뿐이다.[31] 연방헌법재판소의 이러한 한계에서 헌법의 테두리 안에 있는 정치 형성적 헌

---

27) 누구보다도 *Badura*(각주25), Rdnr. 7ff; *M. Brenner*, Die neuartige Technizität des Verfassungsrechts, in: AöR 120(1995), S. 248, 254f.

28) *Ch. Starck*, Die Verfassungsauslegung, in: HStR Bd. Ⅶ(1992), §164 Rdnr. 2.

29) *Starck*, Verfassungsstaat(각주6), S. 53ff; R. Wahl, Der Vorrang der Verfassung und Selbständigkeit des Gesetzesrechts, NVwZ 1984, S. 401, 403; *ders*, Der Vorrang der Verfassung, in: Der Staat 20(1981), S. 485, 486f; *Brenner*(각주27), S. 265ff.

30) 이에 대해 타당하게는 *P. Lerche*, Die Verfassung als Quelle von Optimierungsgeboten?, in: FS für *Stern*, 1997, S. 197ff. m.w.N.; 기본권과 관련해서는 *M. Peters*, Grundrechte als Regeln als Prinzipien, in: ZöR(1996), S. 159, 177ff.

31) 적합의무에 반하는 이러한 말은 다양한 형태의 변화로 많은 결정에서 볼 수 있다. BVerfGE 35, 202(225); 51, 324(346); 비판적으로는 *K. E. Hain*, Die Grundsätze des Grundgesetzes, 1999, S. 114ff; 기본적인 것으로는 *E.-W. Böckenförde*, Die Methoden der Verfassungsinterpretation, NJW 1976, S. 2089, 2091.

법기관과 해석을 수단으로 그 테두리를 정하는 바의 사법 통제적 헌법기관(기본법 92조) 간의 기능배분이 나타난다(3장 1. 4 참조).[32]

(2) 장래로 확장되는 복잡한 사실관계

법률 규정의 합헌성은 법적 결과를 가져오는 사실관계가 심사와 관계 있을 때만 검토할 수 있다.[33] 그렇게 하여 입법자가 규율하는 사실관계는 그것이 완결되어 있지 않아 인정된 증거로는 확정될 수 없고, 오히려 장래에 대해 열려 있다는 점에서 보통 법관이 결정하는 사실관계와는 다르다.

더 정확히 표현하면 행정의 계획 결정과 비슷하게 그 자체로 파악해야만 하는 사실 영역 – 복잡한 사실관계 – 은 법률 규정의 기초가 되고, 이는 종종 평가할 사실확정과 예견을 전제로 한다. 사실확정과 예견의 불확실성 때문에 연방헌법재판소는 입법자에게 "인식과 경험을 축적할 적절한 시간"을 허용하는 한편, 그동안 입법자는 "더 크게 유형화하고 일반화해서" 규율함으로써 만족할 수 있다.[34] 입법자는 특히 사실관계를 고려하고, 지식과 경험을 축적하며, 때에 따라서는 법률을 개정해야 한다.[35] 입법자에게 인정된 평가 특권은

---

32) *J. Isensee*, Verfassungsrecht als 'politisches Recht', in: HStR Bd. Ⅶ(1992), S §162 Rdnr. 43ff; *Klein*, FS für F. Klein(각주17), S. 519; *K. Stern*, Verfassungsgerichtsbarkeit und Gesetzgeber(Nord-Rhein-Westf. Akedemie d. Wissenschaften, Vorträge G 350), 1997, S. 14f.

33) BVerfGE 7, 377(412); 50, 299(332f); 77, 170(214). 이는 *F. Ossenbühl*, Die Kontrolle vn Tatsachenfeststellungen und Prognoseentscheidungen durch das Bundesverfassungsgericht, in: Ch. Starck(Hg.), Bundesverfassungsgericht und Grundgesetz, Bd. I, 1976, S. 458, 478ff; *Badura*(각주25), Rdnr. 25ff 참조.

34) BVefGE 100, 59(101), 초기 판결과 확립된 판결을 인용한 것은 BVerGE 75, 108(162).

35) BVerfGE 74, 297(339).

규율되는 사실 영역, 충분히 더 확실한 판단을 할 가능성, 문제가 되는 법익의 의미에 따라 단계별로 구분한다.[36)]

단계는 특히 경제정책 영역에서 단순한 명백성 통제에서[37)] 타당성 통제를 넘어 인간의 생명[38)]이나 인신의 자유 혹은 다른 기본권이 관련되고 광범위한 제약이 문제될 때는 강화된 내용적 통제에까지 이른다. 통제의 단계 구분은 개별적인 경우에 종종 쉽지 않다. 그러나 통제 단계의 유형화는 논쟁에 일정한 단서를 제공한다. 실험적 입법을 포함해 법률들은 현실을 변화시키는 영향을 미치기 때문에, 새로운 규율을 함에서는 그러한 변화를 고려해야 하고, 그러한 변화는 연방헌법재판소가 2차 인공 임신 중절 판결에서 확인한 바와 같이 새로운 규율을 하도록 의무를 부과할 수 있다.[39)]

(3) 정치문제와 사법자제

미국 연방대법원의 판결에서 알려진 바의 법원이 결정하지 않는다고 하는 정치문제(political question)와 사법자제(judicial self restraint)라는 관점은 입법권과 헌법재판권의 구별에서는 적합하지 않다.[40)] 두 논증 개념은 독일 헌법에는 적합하지 않다. '자제'는 법원이 스스로 소극적으로 행동한다는 의미다. 그것은 그럴 수 있고 비

36) BVerfGE 50, 290(333)과 그 아래 판결.
37) BVerfGE 40, 196(223).
38) BVerfGE 39, 1(51ff); 88, 203(262f).
39) BVerfGE 88, 203(310ff).
40) 이에 찬성하는 견해는 *R. Dolzer*, Verfassungskonkretisierung durch das Bundesverfassungsgericht und politische Verfassungsorgane, 1982, S. 19ff 반대하는 견해는 특히 Stern(각주16), S. 961f; W. Heun, Funktionell-re3chtliche Schranken der Verfassungsgerichtsbarkeit, 1992, S. 11f(Lit.); *K. Schlaich*, Das Bundesverfassungsgericht, 4. Aufl., 1997, S. 341f; *Brenner*(각주27), S. 257f 참고문헌 참조.

교법적 판결 분석에서 나올 수는 있지만, 판결을 헌법적으로 평가할 때는 불필요한 관점이다. 나아가 헌법은 정치적 결정을 위한 골격을 규율하는 것이라는 점을 생각한다면 정치문제가 있다고 해서 헌법재판소의 결정이 금지되는 것으로 귀결될 수는 없다. 오히려 정치적 결정이 헌법의 테두리 안에 머물러 있는지를 심사하고 결정해야 한다. 정치문제 이론이 헌법재판소가 스스로 정치문제를 결정하지 않고 오히려 입법자가 결정한 정치문제가 헌법의 테두리 안에 머물러 있는지만을 심사한다는 것으로 개념 할 경우에만 이 이론은 독일 헌법제도 속으로 들어올 수 있지만, 그러나 오해를 일으키지 않기 위해서 명백히 미국의 실무와는 분리되어야 한다.

(4) 연방헌밥재판소의 통제와 입법의 기능적 관련성

법률에 대한 헌법재판소의 통제는 기능상 입법과 상당히 관계가 있다. 헌법재판소가 법률을 무효 혹은 기본법에 합치하지 않음[41]을 선언할 때는[42] 헌법재판소의 통제는 소극적 입법을 의미한다. 그러나 연방헌법재판소가 입법자의 부작위를 위헌이라고 선언하거나, 예를 들어 혼인 외의 자의 신체적·정신적 발전과 사회적 지위를 위해 입법을 통해 혼인 중의 자와 동일한 조건을 형성하도록 하는 것과 같이(기본법 6조 5항) 입법자에게 어떤 특정한 헌법적 위임을 따를 것을 요구할 때도 마찬가지로 결코 적극적 형성이 일어나는 것은 아

41) *P.E. Heun*, Die Unvereinbarung verfassungswidriger Gesetze durch das Bundesverfassungsgericht, 1988, S. 123ff.

42) *Ch. Starck*, Die Bindung des Richters an Gesetze und Verfassung, in: VVDStRL 34(1976), S. 74f; *A. v. Brünneck*, Verfassungsgerichtsbarkeit in den westlichen Demokratien, 1992, S. 157ff.

니다.[43)]

기본법을 시행한 지 20년이 지나 연방헌법재판소는 비로소 "기본법 6조 5항의 헌법위임은 입법자가 적절한 기간에 이행하지 않으면 법원이 직접 실현할 수 있고, 또 실현해야 한다"고 확인했다.[44)] 매우 구체적으로 파악되는 기본법 6조 5항의 헌법위임을 진지하게 받아들이면 — 그에 대해서는 엄격한 규범적 헌법의 테두리 안에서 모두 찬성하는데[45)] — 20년간의 입법부작위는 여기서는 우선 일반 법원에 의해, 최종적으로는 헌법소원을 근거로 연방헌법재판소에 의해 사법적으로 보상되어야 한다. 권력분립의 관점에서 법관이 개별 사건의 판결을 통해 유용하게 헌법적 입법위임을 이행할 때는 문제가 되지 않는다. 왜냐하면 입법자는 언제나 자신의 위임을 따를 수 있고, 그렇게 함으로써 사법적 형성을 능가할 수 있기 때문이다.

입법자에게 법익보호의 헌법적 의무가 부과되어 있고, 입법자가 이 의무를 충분히 이행하지 않는 사건에서 연방헌법재판소는 그 판결 이유에서 왜 충분히 보호하지 않았는지를 설명해야 하는데, 그것은 통상 어떻게 하면 충분히 보호할 것인가에 대한 설명을 요구한다.[46)] 단순한 부인을 넘은 이 설명은 입법자를 구속하지는 않는다. 입법자는 이것이 필요한 최소한을 달성하는 것일 뿐일 때는 다른 보

---

43) 이에 대해서는 BVerfGE 8, 210(216ff)(1958); 17, 148(154f, 1963); 25, 167(173ff, 1969) 등의 결정 참조.

44) BVerfGE 25, 167(188). 이 기간은 5회 선거기간의 말(1969년 가을)로 결정되었다.

45) 최근에는 *U. Fischer*, Rechtliche Qualifikationen von Verfassungsaufträgen, Göttingejur. Diss. 2000, S. 105ff와 그에 인용한 문헌 참조.

46) 판결은 각주47 외에 *Ch. Starck*, Grundrechtliche Schutzpflichten, in: ders., Praxis der Verfassungsauslegung, 1994, S. 46, 68ff.

호 개념을 선택할 수 있다.[47] 다시 위헌적으로 행위할 위험을 피하기 위해 입법자는 물론 포괄적으로는 연방헌법재판소의 설명을 따르게 될 것이다.

연방헌법재판소가 무효선언을 할 때 법적 공백을 회피하거나[48] 입법적 개념(gesetzgeberisches Konzept)을 깨는 것을 최소화하기 위해,[49] 연방헌법재판소법 35조에 따라 과도기적으로 헌법적 규율을 할 때 연방헌법재판소는 적극적으로 규제적으로 기능하게 될 것이다. 그러한 경과 규정들은 즉시 활동할 수 있는 입법자가 새로운 규율을 할 때까지만 효력이 있다. 그것은 결코 입법자가 어떻게 규율해야 하는가에 대한 재판소의 권고도 아니다.[50] 새로 규율되는 내용은 그것이 헌법의 테두리 안에 있을 때는 전적으로 자유롭게 다른 종류의 새로운 입법적 구상을 할 수 있다. 결정 이유에서 종종 발견되는 합헌적 규율로 볼 수 있는 예시적인 제안들도 마찬가지다.

앞에서 언급했듯이 임시로 규율할 때는 연방헌법재판소 판결이 입법기능에 대해 시간적으로 제약된 효력을 갖는 것 외에 판결의 일반적 사전효(Vorwirkung)를 확인할 수 있다.[51] 따라서 제안 단계에

---

47) 판결로는 BVerfGE 56, 54(81); 77, 170(214ff); 77, 381(405); 79, 174(202); 88, 203(252ff).

48) BVerfGE 73, 40(101f).

49) BVerfGE 88, 203(336f).

50) 그렇게 적절하게는 *P. Lerche*, Das Bundesverfassungsgericht als Notgesetzgeber, in: FS für Gitter, 1995, S. 509ff; *K. Hesse*, Verfassungsrechtsprechung im geschichtlichen Wandel, JZ 1995, S. 265, 267. 반면 과도규정을 강하게 부인하는 것은 *H. P. Schneider*, Die Vollstreckungskompetenz nach §35 BVerfGG. Ein Notverordnungsrecht des Bundesverfassungsrechts, NJW 1994, S. 2590ff.

51) *Ch. Starck*, Das Bundesverfassungsgericht im politischen Prozeβ der Bundesrepublik, 1976, S. 16f.

있거나 의회 심사 중인 모든 법률은 연방헌법재판소의 판결과 합치하는지 심사한다. 이러한 사전효는 헌법으로 설정한 입법의 범위와 관련해 법리적으로 논증해야 하므로 입법의 합리성을 촉진한다.

나아가 일반 법원도 권한과 의무를 부담하는 합헌적 법률 해석이라는 주제가 입법과 헌법재판의 기능을 구별하는 데 속한다. 법률 해석의 헌법합치 명령은 승인한 규범이 그에 따른 해석을 할 수 있을 때만 실현할 수 있다.[52] 이것을 준수할 때만 합헌적 해석이 입법으로 포섭되지 않는 새로운 법률 정책적인 결정이 되어 법관이 그것으로 법률을 압도하고, 스스로 입법적인 행동을 피하게 된다. 재판소가 너무 많이 나아가면 합헌적 해석으로 보장해야 하는 입법자에 대한 존중이 불시에 해석 재판소에 의해 입법자에 대한 후견으로 돌변하게 된다. 그럴 때는 심판 대상 법률은 무효가 되어야 한다.[53]

(5) 연방헌법재판소의 통제 권능과 집행부의 관계

연방헌법재판소의 통제 권능과 집행부의 관계는 테러리스트의 협박에 직면하거나, 외국에 대해 혹은 기술의 위험과 관련해 인간생명의 효과적인 보호를 논의한 몇몇의 이목을 끄는 사건에서 현실화되었다. 테러리스트의 생명 위협 협박에 대응할 때 국가의 보호의무의 효과적인 이행은 관할 국가기관이 그때그때의 개별적 상황에 적절히 대응할 수 있음을 전제로 했다. 테러리스트에 대한 국가의 대응은 예상할 수 없기 때문에, 여기서 요구되는 전술적 재량은 법률상 특정한

52) 그렇게 일반적으로 적절하게 확립된 판결, BVerfGE 49, 148(157); 51, 304(323); 54, 277(293ff); 69, 1(55); 합헌적 법률 해석의 한계 문언에 대한 것은 BVerfGE 18, 97(111) 참조.
53) 재판관 *Steinberger*의 소수의견 참조, BVerfGE 70, 59(63~66) 대 BVerfGE 70, 35(55).

수단을 확정하거나 헌법에서 그것을 도출하는 것은 배제했다.[54)]

헤쓰(Hess) 사건에서는 뉘른베르크 국제전범재판소가 종신형을 선고한 국가사회주의독일노동자당(NSDAP) 총통의 직무대리로서 판결 당시인 1980년에는 86세나 되어 건강이 나빴던 무임소 제국장관 루돌프 헤스(Rudolf Hess)를 제3국, 여기서는 전승국들[55)]에게서 보호하기 위한 연방정부의 정치 재량이 문제가 되었다. 연방헌법재판소는 연방정부에게 특정한 해명이나 행위를 하도록 의무를 부과하거나, 연방정부가 일정한 지불을 하는 것을 금지하는 그러한 권한을 부인했다.

'고속증식로' 방식의 원자력발전소가 문제된 칼카(Kalkar) 결정에서[56)] 연방헌법재판소는 특히 그 권한과 관계있는 입법자와 정부의 정치적 책임을 확인하고, 그 범위에서는 법적 기준이 결여되어 있기 때문에 자신의 평가로 정치기관의 지위를 대신하는 것은 법원의 임무가 아닌 것으로 보았다.

3) 연방헌법재판소와 일반 법원(Fachgerichte)의 관계

이것은 고전적 권력분립 문제와 아무 관련이 없다. 오히려 헌법기관의 지위(3장 1. 2. 1 참조)가 있음에도 연방헌법재판소가 당연히 속하는 사법권 내의 권한 구분이 문제된다.[57)] 법원의 재판에 대한

54) BVerfGE 46, 160(165)(Schleyer).
55) BVerfGE 55, 349(364ff).
56) BVerfGE 49, 89(145ff).
57) 적절하게는 *F. Ossenbühl*, Verfassungsgerichtsbarkeit und Fachgerichtsbarkeit(1977), 현재는 같은 사람, Freiheit, Verantwortung, Kompetenz, 1994, S. 201; *G. Roellecke*, Aufgabe und Stellung des Bundesverfassungsgerichts in der Gerichtsbarkeit, in: HStR Bd. Ⅱ(1987), S. 683, 684.

헌법소원을 통한 기본권 보호는 헌법과 법률로 규율되는 사법권의 체계 전체(Gesamtsystem)에서 일어난다.

합헌적 법률 적용의 합헌성을 심사하는 순수한 재판소원은 청구인에게 소송절차 규정과 법원 조직의 심급을 넘어 추가적인 비상적 권리의 보호 가능성을 부여하는 것이다. 연방헌법재판소는 헌법소원이 개인의 권리를 보호하는 데 기여함에도 적절하게 권리의 구제 수단(Rechtsweg)에 포함시키지 않았다.[58] 왜냐하면 헌법소원은 헌법에 한정된 독자적인 통제로 재판에도 확대되어 적용되기 때문이다.

연방의 최고법원을 설치하고(기본법 95조 1항) "판결의 통일성을 유지하기 위해" 이 최고법원들의 공동위원회(ein Gemeinsamer Senat)를 만든 것(기본법 95조 3항)은 각 개별 영역에서 연방법의 통일된 적용을 보장한다고 하는 상고법원의 기능도 포함하는 것이다. 기본법 1조 3항 때문에 관련 개별 분야 법률을 해석하고 적용함에서 기본권을 존중하는 것도 그에 속한다. 일반 법원의 재판에 관한 기본법 95조의 헌법적 결단은 일반 법률 교육 외에 개별 법관의 경력상 고도의 개별 법률에 대한 지식과 그것이 지배하는 생활관계를 얻게 되는 법관공동체(Richterschaft)를 초래했다. 이러한 제도적 기초 위에 통상 법원의 기본권에의 기속이 보장된다.

연방헌법재판소는 판결 초기부터 재판소원에서 다양한 형식으로 심판 대상이 되는 판결이 "개별 헌법(spezifisches Verfassungsrecht)을 침해"했는지,[59] "일반 법원이 민법 영역에서 기본권의 적용 범위

58) BVerfGE 79, 365(367).
59) BVerfGE 1, 418(420); 18, 85(92); 21, 209(216).

와 효력을 정당하게 판단했는지",[60] 법률 적용이 "원칙적으로 기본권의 의미와 적용 영역, 특히 그 보호 영역 범위에 대한 부당한 관점에 근거한" 잘못을 포함했는지[61]의 심사에 한정했다. 연방헌법재판소는 자신의 임무를 초상고심(Superrevision)을 제공하는 데 있는 것으로 보지 않았다.[62]

앞에 인용한 질문들은 내용적으로 열려 있고, 부분적으로는 불명확하고, 보는 바와 같이 일반 법원의 재판에 대한 연방헌법재판소의 심사를 제약할 수 없다.[63] 기본권에서 어떤 기준들을 도출할 수 있는가는 기본권의 해석 문제다. 기본권 해석 문제는 주지하는 바와 같이 많이 변형되었고, 여전히 법적 환상을 자극하고, 헌법적으로 드물지 않게 확인하는 놀라움을 발굴해낸다. 기본권 내용은 산호초처럼 자란다. 최적화 사상에서 나오는 기본권의 법률에 의한 구체화는 헌법적 표준으로 발전하는 경향이 있다.[64] 그렇게 하여 헌법은 점점 더 자신의 성격을 잃어버릴지도 모른다.

그외에 연방헌법재판소의 과중한 부담이 되는 재판 심사는 두 가지를 준수하면 기본법에 부합하는 선에서 끝날 수 있다.[65] 우선 연

---

60) BVerfGE 7, 198(207).

61) BVerfGE 100, 214(222); 18, 85(92); 95, 96(128); 96, 288(311); 96, 375(399); 97, 12(27).

62) 판결은 *E. Haas*, Bundesverfassungsgericht und Fachgerichte, in: FS zum 50jährigen Bestehen des Bayer. Verfassungsgericthshofs, 1997, S. 27ff; *M. Düwel*, Kontrollbefungnisse des Bundesverfassungsgerichts bei Verfassungsbeschwerden gegen gerichtliche Entscheidungen, 1999 참조.

63) 상세한 설명은 *Ch. Starck*, JZ 1996, S. 1033, 1035~1038; *W. Roth*, Die Überprüfung fachgerichtlicher Urteile durch das Bundesverfassungsgericht und die Entscheidung über die Annahme einer Verfassungsbeschwerde, in: AöR 121(1996), S. 544ff 참조.

64) 타당한 경고는 *E.-W. Böckenförde*, Grundrechte als Grundsatznorm, in: Der Staat 29(1990), S. 1, 13ff; *Hesse*(각주63), S. 268.

65) 상세한 설명은 *Starck*(각주63), S. 1038f.

방헌법재판소는 기본권의 최적화라는 생각을 모두 포기해야 하고, 기본권을 대강(Rahmen)으로, 즉 방어권은 입법의 한계로 — 과잉금지 — 그리고 기본권에서 도출되는 입법의 보호의무는 과소보호금지로 이해해야 한다. 나아가 통제 밀도는 제한해야 하는데, 확산되어 마땅한 1960년대의 제안으로 돌아갈 수 있다.[66)]

그에 따르면 순수한 재판소원 절차에서 일반 법원의 법률 적용에 대한 헌법재판소의 통제는 단지 ①심사 대상 판결의 근거가 되는 사실관계 판단이 자의적인지, 즉 관련 기본권의 관점에서 볼 때 전적으로 잘못된 사실관계가 인정된 것인지 ②자의성 없이 확정된 사실관계에 대한 법률 적용 결과가 — 규범으로 일반화되어 — 위헌인지(준규범 통제) ③법관이 법률 형성의 한계를 벗어났는지만을 심사할 수 있다.

첫 번째 문제가 인정되면 연방헌법재판소가 사실관계를 스스로 확정할 수 있을 때만 — 가령 간단한 선택 — 두 번째 문제를 심사할 수 있다. 두 번째 문제가 인정되면 세 번째 문제는 어떤 경우에도 심사하면 안 된다.[67)] 두 번째 문제는 규범 통제 영역에 대한 연방헌법재판소의 경험을 활용할 수 있게 하고, 재량적 결정과 개별 사건 재판(Billigkeits- und Einzelfalljudikatur)을 회피할 수 있게 한다.[68)] 재판소원이 규범 통제일 때만 연방헌법재판소의 판결은 개별 사건을 넘어 연

---

66) *E. Schumann*, Verfassungs- und Menschenrechtsbeschwerde gegen richterliche Entscheidungen, 1963, S. 206ff.

67) 예컨대 5개 연방헌법재판소 판결을 도표화한 심사는 *Starck*(각주63), S. 1040.

68) 덧붙여서 *R. Herzog*, *Th. Maunz/G. Dürig*, GG, Art. 5 Rdnr. 260, 그리고 *H, Sendler*, Die neue Rechtsprechung des Bundesverfassungsgerichts zu den Anforderungen an die verwaltungsgerichtliche Kontrolle, DVBl. 1994, 1089, 1100도 마찬가지지만 연방헌법재판소의 판례 변경과 관련해 회의적이다.

방헌법재판소법 31조 1항에서 규정한 구속력을 발휘할 수 있다.

3. 연방국가성(Bundesstaatlichkeit)

연방국가라는 이름에 걸맞는 국가에서는 연방과 주의 권한이 나뉘어 있고, 임무 분할에 상응하는 재정 분할이 확보되어 있다. 이 두 가지는 연방국가적 질서를 연방의 법률제정자가 자유롭게 처분할 수 없게 연방헌법에 규정되어 있다.[69] 연방헌법에 규정되어 있는 것은 헌법재판소가 보호한다. 그에 따라 기본법은 93조 1항 2a호, 3호, 4호와 84조 4항에 개별적 절차를 규정했다.

1) 주의 자치(Eigenstaatlichkeit der Länder)

연방헌법재판소는 재판 초기부터 주 자치[70]와 거기서 유래하는 주의 조직 고권,[71] 연방과 주 사이의 '헌법 영역(Verfassungsräume)'의 분리[72]를 강조했다. 바로 이러한 의미에서 연방헌법재판소는 주 법률에 의한 선거의 일반성원칙과 평등원칙의 침해를 더는 심사하지 않고,[73] 그로부터 그 범위에서 주헌법재판소의 전속적 관할이 나타난다. 주 법률에 대해 연방헌법재판소에 제기하는 지방자치단체의 헌법소원은 기본법 93조 1항 4b호를 통해 주헌법재판소에 소원

69) 일반적 근거로는 예컨대 *Ch. McIlwain*, The high Court of Parliament and its Supremacy, 1910, S. 3ff; *C. J. Friedrich*(각주9), S. 258; *K. Loewenstein*(각주9), S. 249; *G. Burdeau*, Traité de Science politique, Bd. IV, 3. Aufl. 1984, S. 373f; *R. Lhotta*(각주9), S. 97ff, passim.

70) BVerfGE 3, 58(158); 6, 309(346); 22, 267(270); 36, 342(360).

71) BVerfGE 34, 9(21, 44f); 38, 281(309).

72) BVerfGE 99, 1(7ff). 여기서는 지난 변경 전 판례를 인용했다.

73) BVerfGE 99, 1(17).

을 제기할 수 없을 때만 허용하는 것으로 명시적으로 선언했다.

새로운 판례와 헌법의 보충성 조항의 양 규율은 기본법 28조 1항 2문과 2항의 동질성 보장(Homogenitätsgarantien)과 모순되지는 않는다. 왜냐하면 이것들은 열거된 연방헌법재판소의 권한 외에 연방헌법재판소의 어떤 통제권한을 당연히 포함하는 것은 아니기 때문이다. 기본권과 관계있는 보장 조항(기본법 28조 3항)과 충돌하지 않고도 직접 주 법률에 대해 연방헌법재판소에 제기하는 헌법소원은 주헌법재판소에 헌법소원을 제기할 수 없을 때만 허용하는 것으로, 기본법 93조 1항 4a호가 제한할 수 있다.

2) 주의 권한 보호

연방헌법재판소는 주입법권과 연방법의 집행권을 보호해왔는데, 이는 개별 판결에서 찾아볼 수 있다. 그래서 연방헌법재판소는 사물의 본성에 따라 개념 필수적으로[74] 주 규율에서 벗어난 사안이 문제될 때만 연방의 불문의 배타적 입법권을 인정했다.[75] 사실관계(Gesetzgebungskompetenz kraft Sachzusammenhangs)에 입각한 입법권한을 연방헌법재판소는 열거된 권한과 엄격하게 연결 지었다.[76] 연방헌법재판소는 확립된 판결에서 사실관계에서 나오는 입법권을 매우 좁게 "명시적으로 연방에 귀속되지 않은 분야가 동시에 규율되지 않으면 연방에게 명시적으로 귀속된 분야가 사려 깊게 규율될

74) BVerfGE 11, 89(99); 84, 133(148); 85, 360(374).

75) *J. Rozek*, in: H. v. Mangoldt/F. Klein/Ch. Starck(Hg.), Das Bonner Grundgesetz, Bd. Ⅱ, 4. Aufl. 2000, Art. 70 Rdnr. 38 m.w.N.

76) 이에 대해서는 *Ch. Starck*, Neues zur Gesetzgebungskompetenz des Bundes kraft Sachzusammenhangs, in: FS für Maurer, 2001, 281, 283ff.

수 없는 경우, 말하자면 명시적으로 귀속되지 않은 분야의 규율이 연방입법에 귀속된 분야의 규율을 위해 불가피한 전제인 경우"에만 허용했다.[77] 사실관계에 따른 입법권은 체계적 헌법 해석으로 얻는다.[78]

연방헌법재판소는 특히 입법권에 관한 규정 해석과 관련해 연방국가성의 유지라는 중요한 과제를 안고 있다. 이 과제는 최근에 바이에른 주 임산부 지원 보완법(Schwangerenhilfeergänzungsgesetz)[79] 판결에서 정당하게 평가되지 않았다. 이 판결에서 연방헌법재판소는 사실관계에 따른 연방의 입법권한이라는 것을 연방에 의한 규율 부작위에서 주입법자의 차단을 이끌어내려고 사용했다. 그 배경에는 연방이 자신의 권한을 넓힐 수 있는 새로운 유형의 보호개념을 연방입법자가 발전시킬 수 있도록 바이에른 판결(Bayern-Urteil)에서 보완된 바 있는 연방헌법재판소의 보호의무 판결이 있다. 그렇게 함으로써 연방은 보호 개념에 대한 자신의 정치적 판단으로 권한의 권한(eine Kompetenz-Kompetenz)을 얻는다.

주의 정치제도는 연방의 그것과 마찬가지로 민주적으로 정당화되기 때문에 더 높은 차원의 어떤 정당화할 권한이 연방에게 있는 것은 아니다. 이러한 확인이 얼마나 중요한가는 각 주에서 다양한 정치적 다수가 의회에 존재한다는 것과 연방과 개별 주들의 관계에서도 마찬가지라는 상황이 잘 나타낸다. 민주적 기초를 갖는 연방국가성에 대해 연방입법과 주입법 간의 권한 구분은 대체로 그것 없이

77) BVerfGE 3, 407,(421); 최근 것으로는 BVerfGE 88, 203(331); 97, 332(342).

78) 그렇게 적절하게는 *M. Bullinger*, Ungeschriebene Kompetenzen im Bundesstaat, in: AöR 96(1971), S. 237, 243.

79) BVerfGE 98, 265(298ff); 비판적으로는 *Starck*(각주76), S 289ff, 292ff; 자세한 것은 각주124 참조.

는 주의회주의(Landesparlamentarismus)와 주에서 민주적 생활이 존재할 수 없는 그런 '골격'이라 할 수 있다.

따라서 기본권 보호의무(grundrechtliche Schutzpflicht)는 그때그때 권한 있는 입법자에 의해 충족된다는 것이 견지되어야 한다.[80] 내용에 따라 각각 연방입법자와 주입법자의 동일한 보호의무가 충족되어야 한다. 헌법적으로 볼 때 보호의무를 이행할 때는 과소보호금지(Untermaβverbot)를 준수하는 모든 해결책이 허용된다. 특히 합헌적인 최소 보호 외에 다른 주에서는 주의회의 정치 상황에 따라 더 높은 보호를 실행할 수 있다.

3) 통합의 계기(Unitarisierungshebel)로서 기본권

연방헌법재판소가 보호하는 기본법의 기본권은 그에 대한 연방헌법재판소의 해석에 따라 주입법에 중요한 영향을 미칠 수 있다. 특히 기본권에서 절차법적·조직법적인 것을 도출하는 것은 본래의 권한 영역으로 주입법을 미리 축소할 수 있고, 연방적 구조에서 현저한 통합의 압력을 만들 수 있다. 그것은 2가지 예에서 명확하게 될 수 있다. 즉 연방이 1976년 1월 26일 고등교육 기본법(Hochschulrahmengesetz)을 통과시킴으로써[81] 고등교육제도의 일반 원칙(기본법 75조 1항 1문 1a호)을 위한 골격 입법권[82]을 행사하기 전에도 연방헌법재판소는 1972년 7월 18일의 입학정원(Numerus-clausus) 판결에서 "교육 장소를 자유롭게 선정할" 기본권(기본법 12조 1항)에서 — 가령 국가 계약체결로

80) *Ch. Starck*, Praxis der Verfassungsauslegung, 1994, S. 46.

81) BGBl. I 1976, S. 185.

82) 1969년 5월 12일의 22차 기본법 개정법으로 삽입했다.

— 모든 자유로운 학습 장소가 통일된 선정 기준을 적용해 초지역적 기관으로 분배되게 함으로써[83] 기본권 보호의 협력적 실현을 위해 공동책임을 부담하는 주 전체의 보충적 의무를 도출했다.

1961년 이래 방송법에서 공법상의 방송국의 조직·임무·재정에 대한, 특히 방송국의 '기초 부양 임무(Grundversorgungsauftrag)', 복수 방송 시스템, 사경제적으로 활동하는 방송 시설 제공자의 공법적 감독에 대한 연방헌법재판소의 역동적 판결[84]은 골격 법률에 부합하는 밀도(Dichte)가 있다.[85] 방송법 영역에서 연방의 입법권은 결코 없는데도 연방헌법재판소는 방송 보도 자유는 보장한다(기본법 5조 1항 2문)는 단순한 문언에서 연방(헌)법상의 방송제도를 일종의 골격법 식으로 도출했고, 이것을 반복해 — 입법자처럼 — 조금씩 급변하는 기술 조건에 적응시키려고 노력했다.

기본권이 얼마나 급속하게 통합하는 계기가 될 수 있는가는 주의 경찰질서법에 대한 연방헌법재판소의 정보보호 판결 효력에서 나타난다. 연방헌법재판소의 인구 조사 판결(Volkszählungsurteil)이[86] 주 경찰법을 통합하는 2단계 시작이다.[87] 기타 사례는 고등교육 조

83) BVerfGE 33, 303(357f).

84) BVerfGE 12, 205(259ff); 57, 295(319ff); 73, 118(152ff); 74, 297(325); 83, 238(295); 87, 181(196ff); 90, 60(87ff).

85) 비판적으로는 *Ch. Starck*, 'Grundversorgung' und Rundfunkfreiheit, NJW 1992, S. 3257ff.=in: 같은 사람, Praxis der Verfassungsauslegung, 1994, S. 157ff. ff; ders., 'Grundversorgung' und Programmauftrag der öffentlich-rechtlichen Rundfunkanstalten, in: FS Stern, 1997, S. 777ff; *K.-E Hain*, Rundfunkgreiheit und Rundfunkordnung, 1993, S. 156ff.

86) BVerfGE 65, 1(41ff).

87) 그렇게는 *Götz*, Allgemeines Polizei-und Ordnungsrecht, 12. Aufl. 1995, S. 33. 1기는 1976년 연방과 주의 통일경찰법 초안과 함께 시작했다.

직의 영역에서,[88] 십자가상 결정을 생각하면[89] 최근에는 교육법 영역에서 발견된다. 더 많은 사례를 찾아볼 수 있다.[90] 연방국가적 헌법질서에서 연방헌법재판소의 지위는 그러는 사이에 지속적으로 주를 고려할 것을 요구하는데, 심지어는 주 권한이 주된 문제가 아니라 부수적으로만 관련될 때조차도 그러하다.

4. 헌법의 해석과 발전(Fortbildung)

1) 헌법의 해석

헌법질서에서 연방헌법재판소의 지위는 헌법 해석관에서 도출한다. 헌법 우위 확보를 임무로 하는 기관으로서 연방헌법재판소는 헌법 해석에 큰 책임이 있다. 연방헌법재판소는 헌법 해석에서 최종 선언을 한다. 즉 헌법이 정치과정에 대해 설정하는 바의 골격을 결정한다. 그래서 루돌프 스멘트로 하여금 1962년 연방헌법재판소 10주년 기념에서 기본법은 이제부터 실무적으로 연방헌법재판소가 해석하는 바에 따라 효력을 갖는다고 말하게 했다.[91]

물론 이 말은 연방헌법재판소가 헌법 해석에서 자유로움을 의미할 수는 없다. 이로써 헌법의 우위는 무력한 것이 되고, 헌법재판소

---

88) BVerfGE 35, 79(112ff).

89) BVerfGE 93, 1(15ff).

90) *Ch. Starck*, Unitarisierung des Rechts im Bundesstaat, in: FS zum 50-jäjrigen Bestehen des Bayer. Verfassungsgerichtshof, 1997, S. 229, 235ff 참조; 이전 판결로는 *Ch. Starck*, Staatliche Organisation und staatliche Finanzierung als Hilfen zu Grundrechtsverwirklichungen?, in: ders.(Hg.), Bundesverfassungsgericht und Grundgesetz, Bd. Ⅱ, 1976, S. 480, 488ff, 499ff, 511ff, 522f, 524, 525 참조.

91) *R. Smend*, Festvortrag, in: Das Bundesverfassungsgericht 1951~1971, S. 16.

결정의 우위가 효력을 발휘하게 될지도 모른다.[92] 이것은 기본법의 최고 규범성 규정(기본법 1조 3항, 20조 3항)으로 기본법의 효력상 우위를 의미하지만, 헌법재판소 결단의 우위를 의미하지 않는 기본법에 모순될 수 있다. 따라서 연방헌법재판소는 승인한 법률 해석의 원칙에 복종한다. 헌법재판은 선재하는 척도에 따른 통제다.[93]

헌법규범의 의미는 언어적 의미, 문법적 해석, 전체 규정에서 규범의 체계적 지위, 역사적 입법자의 규율 의도에 근거하고, 이러한 기준들과 밀접한 관계 속에서 시대정신의 대리자로 독립되어서는 안 되는 객관적·목적론적 관점[94]으로 찾을 수 있다. 헌법에서 방법론 논쟁은 헌법에는 특별한 방법론이 있다는 것,[95] 그것도 적어도 추가적 해석 수단이 있다는 것을 인정했다.[96] 헌법 해석에서 특별한 관점을 도입한다고 해도 고전적인 규칙들(canones)을 포기할 수는 없다.[97] 왜냐하면 그것은 우선 문언에 숨은 여유 공간에서 가능한 한 다양한 의미를 엄밀히 하는데 도움을 주기 때문이다.[98] 규범력을

---

92) 이에 회의적인 것은 *G. Roellecke*, Prinzip der Verfassungsinterpretation, in: Ch. Starck(Hg.), Bundesverfassungsgericht und Grundgesetz, Bd. Ⅱ, 1976, S. 22, 49.

93) *F. Ossenbühl*, in: Verfassungsgerichtsbarkeit und Gesetzgebung. Symposium aus Anlaβ des 70. Geburtstags von Peter Lerche, 1998, S. 91, 비슷하게는 *P. Badura* und *E.G. Mahrenholz*, ebda, S. 47.

94) 상세하게는 *Ch. Starck*, HStR Bd. Ⅶ(1992), §164 Rdnr. 16ff(Lit.); 비슷하게는 *K. Stern*, Staatsrecht, Bd. Ⅰ, 2. Aufl., S. 125f.

95) M. Thiel(Hg.), Enzyklopädie der geisteswissenschaftlichen Arbeitsmethoden, 11. Lieferung, Methoden der Rechtswissenschaft, Teil Ⅰ, 1972에서 *F. Müller*의 'Arbeitsmethoden des Verfassungsrechts'라는 제목의 글 참조.

96) *P. Häberle*, Die offene Gesellschaft der Verfassungsinterpretation, JZ 1975, S. 297ff.

97) *H. Coing*, Die juristischen Auslegungsmethoden und die Lehren der allgemeinen Hermeneutik, in: Arbeitsgemeinschaft für Forschug des Landes Nordrhein-Westfalen, Geisteswissenschaften, Heft 84(1959), S. 13ff.

98) *K. Hesse*, Grundzüge des Verfassungsrechts, 20. Aufl. 1995, S. 26.

갖는 법전으로서 헌법의 해석은 문법과 논리를 포함한 언어의 의미, 체계적 위치, 역사적 규율 의도를 고려하는 것을 전제로 한다.[99] 이러한 관점으로 들어가지 않은 채 내린, 문제가 되는 법적 판단의 근거는 불충분할 뿐만 아니라 자의적인 결단으로 느껴질 수 있다.

'헌법의 통일', '실제적 조화', '기능적 정당성' 같은 헌법 해석을 위해 요구되는 추가적인 관점[100]은 명백히 체계적 해석의 규칙(canon)에 해당한다. 그것들은 개별적 헌법규범을 고립적으로[101] 고찰하는 것을 금지하고, 전래적 헌법국가적 기능 속에서[102] 그외의 헌법을 고려할 것을 요구한다. 슈나이더는 역사적 해석은 문언의 의미에 대한 관점만이 아니라 헌법규범이 속해 있으며, 무엇보다도 헌법규범의 구체적인 규범 목적과 보호 목적을 명백히 하는 의미 관련성(Sinnzusammenhang)에 대한 관점도 날카롭게 하는 바의 포기할 수 없는 인식 근거이자 판단에 도움을 주는 것이라고 다시 한번[103] 적절히 지적했다.[104]

각각의 개별적 헌법 해석의 문제는 기본권, 구조 원리, 조직 권한, 절차 규범과 관련해 나타난다. 여기서 발전한 지도 지침들(Leitlinien)[105]은 앞의 설명에 근거했다. 이 특수한 지도 지침들은 바로 기본권의 직접적 기속성 때문에(기본법 1조 3항), 선의의 예외에서만

99) 그렇게 명백히는 BVerfGE 60, 319(325); 62, 1(36ff, 44); 67, 100(128ff); 99, 1(11, 13ff).

100) 계속적인 기준들에 대해서는 *Hesse*(각주98), S. 24, 27, 28.

101) 예컨대 *Ch. Starck*, HStR Bd. Ⅶ(1992), §164 Rdnr. 19.

102) *M. Kriele*, Theorie der Rechtsgewinnung, 2. Aufl. 1976, S. 338f; E.W. *Böckenförde*, Die Methoden der Verfassungsinterpretation, NJW 1976, S. 2089, 2097f.

103) 기본법 28조 2항 1문의 해석과 관련한 이왕의 BVerfGE 79, 127(143ff) 참조.

104) *H. P. Schneider*, Der Wille des Verfassungsgebers, in: FS Stern, 1997, S. 903, 922.

105) *Ch. Starck*, HStR Bd. Ⅶ(1992), §164 Rdnr. 33~60(Lit.).

급부권으로 해석할 수 있도록 하는 기본권의 의미가 존속되도록 보장한다.[106] 헌법의 구조적 원리로서 민주주의 원리는 그것이 기본법에 기술되어 있는 구체화되어 있는 것들과 기본법 79조 3항에 언급되는 다른 구조적 원리를 언제나 고려하면서 해석해야 한다.[107] 기본법의 조직·권한·절차 규범의 해석과 관련해 역사적 해석은 기본법 이전의 개념 수용 때문에도 큰 기능을 했다.[108]

2) 헌법 형성의 발전(Fortbildung)

승인된 원칙에 따른 헌법 해석을 초월해 헌법 변천으로 영향을 미치는 의식적인 헌법 형성의 발전이 존재한다.[109] 폭넓은 의미 내용을 가지는 헌법규범에 대한 해석의 변경이나, 성문헌법에서[110] 불문헌법을 개발하는 것은 아직 헌법 형성의 발전을 의미하지는 않는다.[111] 새로운 사실 발생이나 관념의 발전은 헌법 형성의 발전에 대한 충분한 근거가 아니다. 그러한 변화가 헌법의 정서와 한계 설정 기능(ordnende und begrenzende Funktion)을 유지하기 위해서 새로운 규칙을 요구하는 것이 확인되고 긍정적으로 논증할 때 비로소 기본법의 헌법국가적 기능에 비추어 그 기준을 찾게 되는 바의

---

106) *Starck*(각주2), Art. 1 Rdnr. 152ff, 157.

107) *Ch. Starck*, HStR Bd. Ⅶ(1992), §164 Rdnr. 53. 79조 3항의 기준으로 헌법 개정을 판단할 때는 두 번째 관점만이 기능한다. 그렇게 적절히 설명한 것은 *Hain*(각주31), S. 331f.

108) 예컨대 BVerfGE 3, 407(414f); 33, 52(61); 77, 1(45, 49ff).

109) *P. Lerche*, Stiller Verfassungswandel als aktuelles Politikum, in: FS für Maunz, 1971, S. 285ff; *B.-O. Bryde*, Verfassungsentwicklug, 1982, S. 254ff. 헌법의 해석과 변천 구별에 대해서는 *E.W. Böckenförde*, Anmerkungen zum Begriff des Verfassungswandels, in: FS für Lerche, 1993, S. 3, 11ff. *Häberle*(JZ 1975, S. 297ff)의 '헌법해석자들의 열린 사회'에서 헌법 해석과 헌법 형성의 발전을 구별할 가능성을 잃어버렸다.

110) 주된 예로는 사실관계에 따른 연방입법권.

111) 다른 견해는 *Bryde*(각주109), S. 265f.

헌법 형성의 발전 상황이 존재하게 된다.[112] 최근 판례에서 찾을 수 있는 그에 대한 2가지 예는 다음과 같다.

군사제도의 기본 원리에서 연방헌법재판소는 유엔이 결성하는 평화유지군에 독일 전투력을 투입하려고 의회유보를 도출했다.[113] 그 결과를 헌법 해석으로 얻을 수 있는지는 매우 의심스럽다. 법률 형성의 발전을 인정한다고 해도 그에 필요한 전제가 있는지에 대해서는 의문이 제기된다. 연방헌법재판소는 이전에는 예상할 수 없었던 전투력 투입이라는 결과를 초래한 '세계 정치 상황의 변화'[114]를 논거로 제시했다.

헌법 형성의 발전에 대한 또 다른 예로는 주 재정 균형에 대한 1999년 11월 11일의 연방헌법재판소의 판결을 들 수 있다. 재판소는 기본법 106조 3항 4문에 따른 거래세 수입의 분배, 기본법 107조 2항 1문과 2문에 따른 수평적 재정 균형, 기본법 107조 2항 3문에 따른 연방의 보완 지시에 대한 헌법 원칙이 구체화되고 보완되는 기준법(Maβstäbegesetz)을 제정할 입법자의 의무를 끌어들였다.[115]

이유 판시에서는 기본법이 연례적인 배분을 함에서 입법자를 기속하는 헌법적 기준을 구체화하고 보완할 것을 입법자에게 위임함을 언급했다.[116] 또한 입법자는 "연방국가적 헌법의 원리를 형성하고 발전시킬 때는 적기의 기준에 맞게 재정헌법을 명확히 하고, 배분과 형평의 결과를 그때그때 현실에 맞게 평가하며 주기적으로 검

---

112) 그렇게는 *P. Badura*, HStR Bd. VII(1992), §160 Rdnr. 15.

113) BVerfGE 90, 286(382f); 긍정적 평가는 *Ch. Walter*, Hüter oder Wandler der Verfassung, AöR 125(2000), S. 517, 547.

114) BVerfGE 90, 286(381ff).

115) BVerfGE 101, 158(219~236).

116) BVerfGE 101, 158(214f).

증할 수 있도록 해야 한다는 것"도 의미한다.[117] 현실에서는 기본법에 대한 것과 마찬가지로 입법자가 복종한 연방헌법재판소의 헌법 형성의 발전 행위가 문제된다.

장래에 연방헌법재판소는 헌법 형성의 발전 행위 자체를 입증해야 할 것이며, 그 필요성을 이미 언급한 기준을 원용해 논증할 수 있어야 한다. 헌법 형성의 발전의 예외적 성격이 명백히 될 것이며, 형성 발전을 쉽게 행하지 않도록 재판소를 민감하게 만들 것이다. 특히 기본법 79조의 절차에 따른 헌법 개정 가능성은 언제나 있다.

헌법의 변천이 정치세력, 입법, 정부에서 나올 때는 연방헌법재판소가 결정적인 역할을 한다. 헌법의 변천은 연방헌법재판소의 헌법 형성의 발전으로 비로소 인정된다.[118] 여기서 79조에서 기본법은 형식적 절차로 그 개정을 규율하고, 그에 필요한 가중 다수에 의하여 자신의 우위를 확보함을 고려해야 한다. 3분의 2 이상이 되지 않아 관련 헌법이 개정되지 않았음이 명백할 때는 헌법의 변천은 수용될 수 없다.[119] 헌법 형성의 발전에 관한 앞에서 언급한 두 사건에서 기본법 79조는 나에게는 아무런 반대 근거가 되지 못하는 것으로 보인다.

5. 헌법소송법의 절차·결정·결정 이유

기본법은 연방헌법재판소(3장 1. 2. 1 참조)가 헌법 유지에 관한

117) BVerfGE 101, 158(218).

118) 그렇게는 또한 *Badura*(각주112), Rdnr. 15.

119) 예컨대 국가 질서에 의한 혼인의 특별한 보호(기본법 6조 1항)와 관련해 그렇다. 이에 대해서는 *M. Burgi*, Schützt das Grundgesetz die Ehe vor der Konkurrenz anderer Lebensgemeinschaften?, in: Der Staat 39(2000), S. 487ff.

특별한 요청에 입각해 결정하는 절차, 즉 헌법의 우위를 확보하는(기본법 93조, 100조) 절차를 규정했다. 기본법은 헌법재판관의 독립성(기본법 97조)과 연방헌법재판소의 재판을 받을 권리(기본법 103조 1항)를 보장했다. 그외 헌법소송법은 연방의 법률이 규율하는데(기본법 94조 2항), 이 연방 법률은 헌법질서에서 연방헌법재판소의 지위에 관한 논문의 대상은 아니다. 연방헌법재판소의 소송절차가 재판 형태를 띠는 것(Greichtsförmigkeit)은 이미 헌법에 나타나는데, 그것은 특히 전적으로 관련 규정이 '재판(Die Rechtsprechung)'이라는 표제의 기본법 9절에서 발견되기 때문이다.

특히 입증법과 판결 이유를 제시할 의무가 바로 그런 재판의 형태를 띠는 것에 속한다. "연방헌법재판소는 진실을 탐지하려고 필요한 증거를 조사한다(연방헌법재판소법 26조 1항 1문). 연방헌법재판소는 자유로운 비공개 회의에서 심리 내용과 증거 조사 결과에서 나타나는 확신에 따라 판결한다. 판결은 문서로 작성하고, 이유를 제시해야 하며, 판결에 참여한 재판관들이 서명해야 한다"(연방헌법재판소법 30조 1항 1문과 2문).

헌법의 해석과 형성 발전에 관한 언급과 관련해 특히 중요한 것은 이유제시 의무인데, 여기서 연방헌법재판소의 소송절차가 헌법적 근거를 가지는 사법 형식을 유일하게 가능한 방식으로 구체화되어 있는 것을 볼 수 있다.[120] 따라서 이유제시 의무 자체가 연방헌법재판소가 속해 있는 헌법질서의 요소다.

증거 조사와 헌법 해석과 관련해 연방헌법재판소 판결의 이유 제

120) *Ch. Starck*, VVDStRL 34(1976), S. 71f.

시 목적과 기능은 무엇보다도 다음과 같다.[121] 회신, 해명,[122] 재판소의 자기 통제, (법적) 개방성을 통한 외부 통제 가능성,[123] 평화 조성, 공감 확보다. 판결은 판결에 적용된 법을 될 수 있으면 수용하도록 만드는 관련 이유 제시와 정당화에 근거해야 한다.[124] 해석규칙은 이유 제시의 목적을 이루기 위한 길이다. — 연방헌법재판소가 헌법 변천을 헌법 형성의 발전으로 인정하거나, 어떤 그러한 형성 발전 자체를 시작할 때는 판결의 이유 제시에 다른 요청들을 적시해야 한다. 특히 헌법이 해석하는 것이 아니라 오히려 형성 발전되는 사안들에서는 이는 명백히 되어야 하고,[125] 그에 상응하는 이유를 제시해야 한다.

2. 정치과정에서 연방헌법재판소

1. 정치과정과 헌법질서

연방과 주의 정치적인 헌법기관들, 즉 입법기관과 정부의 활동은

121) 일반적으로 재판소 결정의 이유 제시에 대해서는 *J. Brüggemann*, Die richterliche Begründungspflicht, 1971, S. 109ff; *Starck*(각주20), 71ff; *J. Lücke*, Befründugszwang und Verfassung, 1987, S. 37ff.

122) 이것은 연방헌법재판소가 가부동수인 판결에서 실무적으로 이유를 제시해도 얻을 수 없다. 이에 대한 비판은 *Ch. Starck*, Gedächtnisschrift für Geck, 1989, S. 789ff.

123) *Ossenbühl*, Lerche-Symposion(각주93), S. 95, 96은 판결의 이유 제시를 한편으로는 연방헌법재판소와 다른 한편으로는 법학과 개방성 간의 성과 있는 합리적 대화를 위한 실존적 전제라고 적절히 강조했다.

124) 예컨대 경합적 입법권을 연방이 행사할 때 차단 효과를 부과하는 인용을 하면서 사실관계에 따른 연방의 입법권과 관련해 연방헌법재판소가 비규율(Nichtregelung)로 자신이 새로 도입한 차단 효과를 논증한다면 그 논증은 받아들일 수 없다[BVerfGE 98, 265(301)].

125) BVerfGE 101, 158(218) 참조; 3장 1. 4. 2 참조.

정치과정 아래에 있다. 그러나 정치에 영향을 미치는 단체 – 교회 포함 – 와 개인의 활동, 사회와 헌법기관을 중개하는 정당의 활동도 정치과정에 속한다. 독일에서 정치과정은 국가적 과정만은 아니다. 우선 독일의 정치과정에 대한 '국외' 정치 활동에서 국내 정치과정에 함께 영향을 주는 독일의 대외 및 유럽 정치 활동 등 많은 국외적 및 유럽 정치적 영향이 있다.

논문의 첫 장에 이어 우선 요약하면 헌법은 정치과정을 위한 골격적 질서를 의미한다는 것을 확인할 수 있다.[126] 여기서 예외적으로 정치과정에서 헌법을 형성 발전할 욕구가 나타날 수 있다(전제조건은 3장 1. 4. 2 참조). 필요한 개념적 범주들을 없애지 않기 위해, 헌법의 우위(3장 1. 1 참조)와 이를 확보하는 연방헌법재판소의 활동을 파악할 수 있도록 하기 위해, 헌법질서 속으로 어떤 역동성을 끌어들이는 헌법 해석의 변경과 그것을 넘어선 헌법 형성의 발전은 여기서 정치과정에 속하지 않는다.[127]

그럼에도 — 지금까지 언급한 것을 넘어 — 연방헌법재판소의 판결 초기부터 국외 정치적 강제와 관련해 확인할 수 있는 기본법 해석에 대한 정치과정의 영향을 확인할 수 있다. 자르 규정(Saarstatut)에 대한 1955년의 판결 이래 연방헌법재판소는 국외 정치문제에서, 특히 3가지 상이한 서로 보완적인 관점에서 정치과정을 고려해왔다. 연방의 정치 관계를 규율하는 국제법 조약을 해석할 때 조약의 정치

---

126) 이것은 유럽의 정치(기본법 23조 1항)와 외교 정책(기본법 24조 이하, 32조)에서도 타당하다. *Ch. Tomuschat*, Der Verfassungsstaat im Geflecht der internationalen Bezeihungen, in: VVDStRL 36(1978), S. 42ff 참조.

127) 다른 견해는 *Bryde*(각주109), S. 111ff.

적 출발 상황에는 특별한 의미가 있다는 것,[128] 국제법 조약은 그것이 이전에 존재하던 상황보다 기본법에 좀더 근접한 상황을 만들 때는 위헌일 수 없다는 것,[129] 국제조약의 근거가 되는 정치적 평가와 예견은 헌법재판소가 판단할 대상이 아니라는 것이다.[130]

이 원칙은 오늘날에도 판결에서 계속 존중하고,[131] 헌법학설에서 압도적으로 인정하고 있다.[132] — 재통일 과정에서 연방헌법재판소는 옛 소련 점령지역의 1945~1949년의 수용 처분을 함에서 배상을 제외한 것에 대해, 동독과 소련연방이 이러한 규정에 근거했을 것이고, 독일의 통일을 달성하기 위해서 연방정부는 이 조건을 의무에 합당하게 평가했음에 틀림없다고 함으로써 정당화했다.[133]

유럽통합의 정치과정은 우선 헌법적으로 단지 일반적인 변화 속에서 주문했지만(기본법 24조 1항), 내용적으로 주도한 것은 아니다. 연방헌법재판소는 통합과정이 공동체의 고권 범위에 속할 때도 통합과정을 기본법의 기본권 보호 속에 둠으로써 이러한 정치과정에 개입해왔다.[134] 뒤에 연방헌법재판소는 유럽법원(EuGH)의 기본

---

128) BVerfGE 4, 157(168).

129) BVerfGE 4, 157(170).

130) BVerfGE 4, 157(174f).

131) BVerfGE 40, 141(164f)(Ostvertäge); 77, 170(215)(Lagerung chemischer Waffen).

132) 일련의 참고문헌 중에서도 *F. Schuppert*, Die verfassungsgerichtliche Kontrolle der Auswärtigen Gewalt, 1973, S. 88ff, 115ff, 167ff, 187ff; *R. Bernhardt*, Bundesverfassungsgericht und völkerrechtliche Verträge, in: *Ch. Starck*(Hg.), Bundesverfasungsgericht und Grundgesetz, Bd. Ⅱ, 1976, S. 154ff; *W. Grewe*, Auswärtige Gewalt, in: VVDStRL 56(1997), S. 7, 14ff.

133) BVerfGE 84, 90(127); BVerfGE 94, 12(43ff)는 소련 측 심리 참가자의 사후적 언급에 의하여 의무에 합당한 평가에 대해 문제를 제기된 것으로 보지 않는다.

134) BVerfGE 37, 271(285)(Solange Ⅰ).

권 보호를 신뢰했다.[135)]

1992년 12월 21일의 기본법 개정 법률로 기본법 23조를 삽입했다. 이 규정은 더 넓은 통합과정을 헌법적으로 감독하고,[136)] 유럽법원의 판결이 절대적으로 요구되는 기본권 보호를 보장하는지에 대한 – 통제 유보 의미에서 – 통제 권능을 연방헌법재판소에 부여했다.[137)] 연방헌법재판소의 판결은 유럽인권법원에서 다툴 수 있기 때문에(유럽인권협약 32조 이하) 연방헌법재판소가 사실상 유럽인권협약에 기속된다고 해도 유럽인권협약은 독일에서는 법률로서만 효력이 있다. 그 범위에서 특히 독일 기본권들이 협약 기준에 미치지 못하면 안 된다는 점에서 유럽인권법원의 판결은 독일의 기본권 해석에 영향을 준다.

2. 연방헌법재판소 판결을 통한 공동체의 기본 합의(Grundkonsens)

국가로 조직된 사회는 존립하기 위해 기본 합의를 전제로 한다. 기본 합의 사항은 일반 합의보다는 적다. 그것은 기본 문제들의 합의가 문제될 뿐이고, 그 이상은 민주주의에서는 있을 수 없다. 왜냐하면 다원주의, 토론 그리고 매우 드물게만 합의에 이르게 되는 바의 다수결이 민주주의에 속하기 때문이다. 기본 합의는 최소한의 일치를 의미한다. 기본 합의는 민주주의가 기능하기 위한 전제이고, 유지하려면 항상 관리해야 한다. 새롭게 등장하는 사회문제와 관

135) BVerfGE 73, 339(377f)(Solange Ⅱ).
136) 특히 기본법 23조 1항으로 감독; 이는 BVerfGE 89, 155(179, 212)(Maastricht) 참조.
137) BVerfGE 102, 147, 162ff(Bananenmarktordnung).

련해 기본 합의가 종종 발견되고 도출되어야 하는데, 통합의 이행(Integrationsleistung)은 그것을 전제로 한다. 통합을 위한 국가법적 도구는 의회의 토론, 연방대통령과 책임 있는 정부 요원의 발언, 특히 관할기관, 무엇보다도 입법,[138] 정부, 법원의 판단이다. 그러한 판단들은 영향 면에서 기본 합의를 확고하게 할 수 있다. 물론 그것은 실패할 수도 있다.

특히 판결[139]을 통한 연방헌법재판소의 통합 효과만을 보면, 여기에는 연방헌법재판소 자체가 정치과정의 요소라는 전제가 깔려 있다. 이는 법적 개방성에 대해서 그럴 뿐만 아니라, 오히려 전체 개방성(die gesamte Öffentlichkeit)이 포함되어 있다. 바로 연방헌법재판소의 통합 효과와 관련해 볼 때 법률가 간의 기본 합의는 국민을 감동시키는 효과가 있을 수도 있다. 따라서 문제는 연방헌법재판소의 판결이 공동체의 기본 합의를 어느 정도 유지하고 촉진하느냐다.

연방헌법재판소에 의한 기본 합의의 유지와 성립, 즉 정치과정에서 연방헌법재판소의 통합 효과는 연방헌법재판소의 판결이 광범위하게 전체적으로 수용된다는 것을 전제로 한다. 그것은 비판을 — 개별 판결이나 전체 판결의 성향에 대한 근본적이고 맹렬한 비판도 — 배제하지 않는다. 헌법재판소 판결에 대한 비판적 담론은 법조계

138) 입법의 통합 과제에 대해서는 Numerus-clausus-판결(BVerfGE 33, 303)의 예에 대해 비판적인 *Ch. Starck*, HStR Bd. VII(1992), §164, Rdnr. 28 참조.

139) *H. Kuriki*, Die Verfassungsgerichtsbarkeit als Erhalter des Grundkonsens des Volkes, in: R. Weiler/A. Mizunami(Hg.), Gerechtigkeit in der sozialen Ordnung, 1999, S. 121, 125ff; *Ch. Bumke*, Der gesellschaftliche Grundkonsens im Spiegel der Rechtsprechung des Bundesverfassungsgerichts, in: G.F. Schuppert/Ch. Bumke(Hg.), Bundesverfassungsgericht und gesellschaftlicher Grundkonsens, 2000, S. 197ff.

에서 나오는 한 대개는 판결의 이유, 말하자면 헌법의 해석 종류와 방법에 연결되어 있다. 법학과 연방헌법재판소 간의 대화는 전체적으로 보면 헌법재판소 판결의 합리성을 촉진하는 일이며, 그 자체가 기본 합의를 계속 유지하는 기본 조건이 된다.[140)]

연방헌법재판소는 한편으로는 기본법을 통합하는 데 동참하고,[141)] 다른 한편으로는 기본법 해석과 적용으로 이를 살아 있게 유지하나 종종 실패하기도 한다. 의사표현의 자유에 대해 헌법상 명백히 보호하는 명예(기본법 5조 2항)를 과소평가하는 것,[142)] 적극적인 종교 자유에 대해 소극적인 종교 자유를 우월적으로 취급하는 것,[143)] 연좌농성에 대한 자유형 부과,[144)] 마약금지 심사에서 비례원칙 적용의 혼란[145)]이 그 예다. 전체적으로 의심스러운 논거가 제시한 결정들은 재판소의 언론 해명으로 부분적으로 명백해졌으나 적어도 통상적이지는 않다.

연방헌법재판소의 통합 역할[146)]은 루돌프 스멘트가 1928년에 발전시킨 통합 관념[147)]과 혼동하면 안 된다. 이에 따르면 "스멘트의 통합

140) 비슷한 것은 *Össenbühl*, Lerche-Symposion(각주93), S. 75, 96; *Ch. Starck*, Das Grundgesetz nach fünfzig Jahren: bewährt und herausgefordert, JZ 1999, S. 473, 484f.
141) *H. Vorländer*, Konsens und Verfassung, 1981, S. 32, 40f, 196, 246, 272f.
142) 개별적인 판결에 대한 비판으로는 *Starck*(각주63), S. 1036f.=S. 340f의 여러 인용 참조.
143) 재판소의 확립된 판결에 반하는 BVerfGE 93, 1(13). 비판적인 것은 이 판결 S. 25ff의 반대 의견 참조; *Starck*(각주2), Art. 4 Rdnr. 26ff의 여러 인용 참조.
144) BVerfGE 92, 1(14); 반대 의견의 비판은 이 판결 S. 20ff.
145) BVerfGE 90, 145(173ff); 반대 의견에서 Graβhof 재판관의 적절한 평가는 S. 209ff.
146) *E. Hufen*, Die Bewertung gesellschaftlicher Werte durch das Bundesverfassungsgerichts, in: Schuppert/Bumke(각주139), S. 61ff; *I. Ebsen*, Der Beitrag des Bundesverfassungsgerichts zum politischen Grundkonsensl, ebda., S. 83ff.
147) *R. Smend*, Verfassung und Verfassungsrecht(1928), in: ders., Staatsrechtliche Abhandlungen, 2. Aufl. 1968, S. 119, 190.

관념의 의도가 개인이 아닌 국가 전체 그리고 국가 통합과정의 전체를 지향하도록 하는 것은 헌법 자체의 의미이고, 탄력적이고 보완적이며 다른 모든 법 해석과는 상당히 다른 헌법 해석을 허용할 뿐만 아니라 오히려 요구한다." 이러한 해석 개념은 헌법재판제도를 가진 헌법의 기초가 될 수 없다.[148] 오늘날 그것에 의지하려는 사람은 헌법 해석으로 정치적 협상을 하려고 한다. 그 기준은 기본법이 아니다. 오히려 정적(政敵)으로 확인한 입장이 중요하다. 일방이 자신의 입장을 능숙하게 확립하며 끌어들일수록 그를 위해 그러한 유형의 통합적 헌법 해석을 할 때 결과는 더 좋다. 가장 영속적인 통합 요소인 헌법의 규범성은 그로써 더는 법적 해석규칙에 기속되지 않는 정치화된 헌법재판의 바퀴 아래 놓이게 된다. 그래서 결국 헌법의 우위는 헌법재판소의 결단 우위로 바뀐다(3장 1. 4. 1 참조).

반면, 연방헌법재판소의 통합작용은 의회와 집행부가 결정할 때 그 정치과정에서 발생한 것을 사법 형식의 절차에서, 그것이 기본법의 테두리 안에서 유지될 수 있는지를 심사하는 바로 거기에 존재한다. 사법절차는 특히 정치적 성격을 갖는 다수의 결정이 기본법과 부합하는지를 심사하는 데 적합하다. 그것은 자연히 권한과 절차, 즉 민주적 게임 규칙이 준수된 것인지를 통제하는 것과 관계가 있다.[149] 그러나 대개는 정치적 결정의 내용적 합헌성 논쟁이 문제가 된다. 기본법이 그 실체법적 규범에서도 기본 합의를 표현했다면, 기본 합의를 위해 법원으로 하여금 그 실체법적 규범을 보호하게 하

148) 적절하게는 *Hesse*, Grundzüge(각주98), S. 29의 비판 참조.
149) *v. Brünneck*(각주42), S. 144.

는 것은 일반적으로 유용하고 더 강하게 만드는 것이다.[150] 그것은 3장 1에서 기술한 바와 같이 정치과정에서 기본 합의를 확고히 하는 데 중요한 역할을 하고, 그렇게 함으로써 통합을 수행하는 연방헌법재판소의 법적 기능(Rechtsfunktion)이다.

3. 외국에 대한 영향

오늘날 정치과정은 더는 순수하게 단일 민족 국가적으로만 파악할 수는 없다. 3장 2. 1의 설명은 이미 독일의 정치과정, 특히 연방헌법재판소에 대해서도 작용하는 정치과정에 대한 독일과 외국의 외교정책과 유럽통합의 영향을 나타낸다. 여기서는 외국과 외국의 정치과정에 대한 연방헌법재판소와 연방헌법재판소의 판결 효력을 다루겠다.

2차세계대전 이후 헌법재판은 헌법의 우위를 확보하기 위한 제도로 모든 서구 국가가 채용했다.[151] 그동안 헌법재판은 세계적으로 광범위하게 중·동유럽에서,[152] 몇몇 아시아 국가에서,[153] 옛 전통으로 회귀하는 남·중 아메리카[154]와 남아프리카[155]에서 성공을 거두었다.

---

150) *Starck*(각주51), S. 30.

151) 중간 평가는 *Ch. Starck/A. Weber*(Hg.), Verfassungsgerichtsbarkeit in Westeuropa, Teilbände I/II, 1986 참조.

152) *J. Frowein/T. Marauhn*(Hg.), Grundfragen der Verfassungsgerichtsbarkeit in Mittel- und Osteuropa, 1998.

153) 예를 들면 *Young-Huh*, Sechs Jahre Verfassungsgerichtsbarkeit in der Republik Korea, JöR 45(1997), S. 535ff; *Chien-Liang Lee*, Die Verfassungsgerichtsbarkeit und Grundrechtsentwicklung in Taiwan(1949~1999) im Vergleich mit Deutschland, in: Ch. Starck(Hg.), Staat und Individuum im Kultur-und Rechtsvergleich, 2000, S. 135ff.

154) *N. Lösing*, Die Verfassungsgerichtsbarkeit in Lateinamerika, 2001.

155) *L. Holle*, Das Verfassungsgerichts der Republik Südafrika, 1997.

남아프리카 헌법재판소는 보통법 전통과 의회 주권의 전통에 반하는 것으로, 헌법의 우위를 확보하기 위한 시스템을 바꾼 다음에 설립했는데, 특히 독일의 특수한 헌법재판 경험의 긍정적 평가에 근거했다. 남아프리카 헌법재판소는 그동안 헌법재판의 공감과 유지에 빛나는 모범이 되었다. 남아프리카에서 시스템 변화는 소수 백인이 만든 정부와 다수 흑인이 34가지 헌법 원칙에 합의함으로써 체결되었다. 이 원칙들은 헌법 제정에서 준수되었다. 준수 의무가 제재 없는 위임으로 격하되지 않게 하려고, 의회가 통과시킨 헌법 초안이 이 원칙들과 부합하는지의 심사를 헌법재판소에 위임했다.[156] 이러한 특이하고 역사적으로도 유일한 헌법 제정의 절차를 성공적으로 이행했고, 국민을 통합하기 위한 헌법재판소의 중요한 의미를 입증했다.

1920년에 설립한 오스트리아 헌법법원과 몇몇 주헌법재판소를 제외하면 연방헌법재판소는 가장 오래된 특수한 헌법재판소다. 거기에다 연방헌법재판소는 폭넓은 권한과 많은 판결례로 50년 이상 계속되는 재판 실무로 최고의 경험을 만들었다. 연방헌법재판소가 종종 새로운 헌법재판소를 설립할 때 모델이 되었고, 그 판결이 다른 헌법재판소에 주목할 만한 영향을 미쳤고, 여전히 영향을 미친다는 것은 이러한 상황에 덧붙일 수 있다. 여기서는 그에 대해 개별적으로 들어갈 수는 없지만[157] 그럼에도 해당 국가에서 정치과정에 큰

156) *Holle*(각주155), S. 166f, 1996년 9월 6일과 12월 4일의 헌법재판소 판결 참조.

157) *Ch. Starck*(Hg.), Grundgesetz und deutsche Verfassungsrechtsprechung im Spiegel ausländischer Verfassungsentwicklung, 1990. 여기서는 Ch.Starck의 전체 보고와 *Schäffer*(Österreich), *Lombardi*(Italien), *M. Fromont*(Frankreich), *P.-M. Efstratiou*(Griechenland), *J.M. Cardoso da Costa*(Protugal) und *J. Cruz Villalón*(Spanien)의 국가별 보고가 있다.

영향을 미쳤다고 하는 중요한 발전 방향은 언급되어 마땅하다.

오스트리아 헌법법원은 1945년에 다시 설치한 후에도 헌법의 권한 규정과 절차 규정에 비춘 법률 심사에 한정했다. 왜냐하면 — 여전히 켈젠의 입장에 머물러 있으면서 — 기본권의 법률유보를 임의로 기본권을 제한할 수 있도록 위임한 것으로 보았고, 필요할 때는 그 핵심을 보호했기 때문이다. 즉 — 철저히 대부분의 유럽 국가의 당시 견해에 따라서 — 입법자를 유일하고 통제받지 않는 기본권 해석자로 인정했기 때문이다.[158] 1980년 초반 비로소 비례원칙 적용이 기본권을 기준으로 한 법률에 대한 실질적 통제를 실현했다.

하인쯔 쉐퍼는 판결이 결정적으로 바뀌는 원인을 유럽의 헌법재판소 간의 사상적 교류, 특히 독일의 판결과 기본권 이론의 영향에서 찾았다.[159] 포르투갈과 스페인 헌법재판소는 재판 초기부터 기본권 제한을 비례성 기준으로 심사했다.[160] 그렇게 하면 헌법에서 보장한 자유권이 입법에 큰 영향을 미치고 — 여기서 다룬 주제의 의미에서 일반적으로 말하면 — 헌법질서는 정치과정에 강력한 영향을 미친다.

4. 정 당

'정치과정에서 연방헌법재판소'라는 주제에서는 정당에 대한 언급

---

158) 비판적인 것은 *K. Korinek*, VVDStRL 39(1981), S. 7, 43f. 거기에 인용한 참고문헌 참조.

159) *H. Schäffer*, Landesbericht Österreich, In: Starck(Hg.), Grundgesetz(각주157), S. 63ff, 같은 사람, in: FS für Koja, 1998, S. 121.

160) *J.M. Cardoso da Costa*, in: Starck(Hg.), Grundgesetz(각주157), S. 181; *I. de Otto y Pardo*, Die Regelung der Ausübung der Grundrechte, in: A. López Pina(Hg.), Spanisches Verfassungsrecht, 1993, S. 309, 315ff; 일반적으로는 *v. Brünneck*(각주42), S. 128.

이 빠질 수 없다. 연방헌법재판소는 판결과정에서 기본법 21조에 근거해 정당국가의 법적 형상을 발전시켰고, 정치과정에서 정당의 헌법적 지위를 설정했다. 반대로 의회단체인 정당은 연방헌법재판소법의 제정과 개정(기본법 94조 2항), 재판관 선출로(기본법 94조 1항) 연방헌법재판소에 영향을 미친다.

1) 정당의 재정에 관한 기본법 21조의 해석

정당에 관한 기본법 규정 대부분은 연방헌법재판소의 집중적인 판결 대상이 되었다. 입법은 기본법 21조 3항의 규율유보(Regelungsauftrag)를 1967년에 비로소, 다시 말해 기본법을 시행한 지 20여 년이 되었을 때 이행했다.[161] 정당법은 거의 연방헌법재판소가 정당 재정에 대한 판결을 변경할 때마다 여러 번 개정했다. 정당 재정에 대해서 기본법은 정당은 정당 수입의 재원과 사용과 그 재산을 공개해야 한다고 규정했을 뿐이다(기본법 21조 1항 4문).

정당의 재정과 관련해서 보면 정당을 배경으로 하고, 연방의회에서 대표성을 가진 원내교섭단체(Fraktionen)의 분명한 이해관계가 있다. 여당과 야당의 교섭단체는 대개 하나의 목적을 추구한다. 국가의 직접적인 정당 재정 지원과 조세입법의 간접적인 정당 재정 지원에서 원내교섭단체를 통한 국가 재정의 정당 간섭은, 정당 재정 보조를 상세히 검토한 연방헌법재판소가 만든 특수한 상황을 의미한다. 연방헌법재판소는 적절한 해결책을 찾으려고 국가의 정당 재정 지원 요구

161) BVerfGE 20, 56으로 이해되었다. 정당법의 성립 역사에 대해서는 *W. Henke*, BK, Art. 21 Rdnr. 381f.

를 변경했는데, 그 요구는 언제나 해석 변경이라고만 부를 수는 없다. 오히려 헌법 형성의 발전(3장 1. 4. 2)을 의미하는 것이기도 했다. 이 요구들은 나중에는 부적절하게 인식되어 새로운 것으로 바꾸었다. 그렇게 연방헌법재판소는 정치과정에 현저하고도 능동적인 형성적 영향을 미쳤고, 이 과정의 배우(俳優)로 입증되었다.

1958년 연방헌법재판소는 정당 기부에 대한 조세 우대를 누진과세 때문에 정당의 기회 균등에 반한다며 위헌으로 선언했고, "선거 자체를 위해서만이 아니라 선거를 수행하는 정당을 위해서도 재정 수단을 국가가 마음대로 처리하게 하는 것은, 말하자면 보상적인 것으로 적법한 것"으로 보았다.[162)]

반면 1966년 연방헌법재판소에서는 "정치적 의사형성 영역에서 정당활동 전반에 대해 정당에게 연방의 재정 자금에서 보조하는 것은" 국가기관에 대한 국민의 자유롭고 개방된 의사형성의 민주적 원칙에 '부합하지 않는 것'으로 드러났다.[163)] 기본법 21조 1항에서는 정당의 재정을 계속 보호해주는 것을 국가 임무로 하는 것을 금지했다. 이 금지는 정당의 자유와 기회 균등의 원칙을 준수하면서 정당에게 적절한 선거운동 비용을 보조할 때는 헌법적으로 정당화할 수 있다고 했다.

1992년 연방헌법재판소는 다음과 같이 결정했다.[164)] "지금까지 부(部, Senat)에서 주장한 견해에 반하여 *일반적으로*(원문의 강조) 기본법에 따라 의무가 된 활동의 재정을 보조하려고 국가가 정당에게 자금을 지원하는 것은 헌법적으로 방해받지 않는다. 그러

162) BVerfGE 8, 51(LS 1)(63).
163) BVerfGE 20, 56(LS 4)(97f).
164) BVerfGE 85, 264(LS 2).

나 국가에서 자유의 원칙(Der Grundsatz der Staatsfreiheit)은 정당의 일반적 활동에 대해 국가 재원의 부분적 지원만을 허용한다." 이에 대해 재판소는 상대적 그리고 심지어 — 상황에 따라(rebus sic stantibus) — 절대적 상한을 설정하는 것을 망설이지 않았다. 정당의 재정 지원에 대한 판결의 이러한 발전 방향은 연방헌법재판소가 헌법규범에서 끌어내는 결과가 구체적일수록, 헌법 형성의 발전이 구체적일수록, 연방헌법재판소는 정치과정에 더욱 능동적으로 참여해 그 결정이 잘못될 가능성이 크다. 여기에다 결정 결과(Folgeentscheidungen)의 예측불가성도 있다.

2) 정당이 연방헌법재판소에 미치는 영향

연방헌법재판소의 재판관을 선출하는 권한은 연방 의회와 참사원이 절반씩 갖고 있다(기본법 94조 1항 2문). 이는 앞의 1장 2. 2. 2에서 상세히 설명했다. 현실에서 재판관을 선출하는 일은 연방헌법재판소와 (정당)정치과정 간에 밀접한 관련이 있다. 그것은 몇몇 판결에서도 분명하게 나타난다. 헌법의 우위를 확보하는 연방헌법재판소의 임무는 특히 재판관의 재선출이 법률로 배제되어 있기 때문에 한 번 선출한 일부 재판관이 만들 수 있는 정당과의 거리를 전제로 했다. 그외에 부(部)에서는 끝까지 자리를 차지하려는 몇몇 재판관에게 법적으로 설득력 있는 논증을 요구하는 집단 움직임이 일었다. 정치과정에서 연방헌법재판소에 영향을 적게 미칠수록, 헌법 우위의 보증자로서 헌법질서에서 연방헌법재판소의 지위는 정치과정에 더욱 기능적으로 작용한다.

4장.
권력분립과 헌법재판

헌법재판은 권력의 분립과 기본권 보호에 기여하며, 헌법의 우위를 입법자에게도 보장한다. 입법자에게는 헌법의 범위에서 사회를 적절하게 형성·규율할 수 있도록 충분한 자유를 주어야 한다.

1. 권력의 분립과 헌법의 우위

권력의 분립은 권력의 남용을 막고 시민의 자유를 확보하는 국가권력 조직의 기본 원칙이다. 고대에 다양한 형태로 발전해 중세를 거쳐 현대에 이르기까지 논의해왔고, 실천적인 의미를 갖게 된 바의 혼합된 헌법의 개념 속에 권력분립의 중요한 뿌리가 존재한다.[1)]

지배권력의 분할이라는 생각은 서로 다른 2가지 형태로 나타난다. 국가권력의 분할과 분화는 다양한 지배권이 서로 권력 균형을

1) *Christian Starck*,. Der demokratische Verfassungsstaat, 1995, S. 11ff; *Werner Heun*, Das Konzept der Gewaltenteilung in seiner verfassungsgeschichtlichen Entwicklung, In: Starck(Hg.), Staat und Individuum im Kultur-und Rechtsvergleich, 1999, S. 95ff.

이루게 되는 바의 현실적·사회적·정치적인 힘을 기초로 이루어질 수 있다. 무엇보다 몽테스키외가 주장한 실질적 권력분립 개념과 통일적인 국가권력의 기능적 분화는 구별된다. 그것과 우리는 오늘날 통상 관련성을 갖는다. 국민의 주권에 근거한 통일적으로 생각되는 국가권력(기본법 20조 2항 1문, 미국과 일본 헌법의 전문, 대한민국 헌법 1조 2항)은 입법, 집행권, 사법(기본법 20조 2항 2문, 미국 헌법 1~3조, 일본 헌법 4~6장, 대한민국헌법 3장)이라는 고전적 기능으로 나누어 행사한다. 국가 기능의 구체적 분립은 각각의 헌법에 나타나 있다.

프랑스 인권선언 16조는 다음과 같이 되어 있다. "권리보장과 권력분립이 확립되지 않은 사회는 헌법이 있다고 할 수 없다." 권리보장으로 국가권력은 한계가 설정된다. 국민의 헌법제정권력에 근거하는 헌법은 기능 담당자를 기속하는 국가의 기본적인 조직 규정(Organisationstatut)이다. 즉 주권에 귀속하는 헌법제정권력은 국가권력을 창설·제한·조직하며, 국가권력에 권한을 부여하고, 국가권력을 행사하는 절차를 정한다.

헌법으로 창설된 국가권력은 헌법에 기속된다. 입법도 국가권력의 하나로 결코 예외가 아니며, 헌법 아래에 있다. 근본법으로서 헌법[2]은 이미 이전의 우월적 지위 사상을 수용하고, 국가의 전체 법적 기본 질서에 적용했다.[3] 이것은 "국가는 사전에 제시한 규칙의 기준으

---

2) 18세기에는 헌법이 무엇인가 하는 것을 근본법 개념으로 설명하고 있다. *Alexander Hamilton*, The Federalist(Nr. 78), 1788; *Emmanuel Sieyès*, Qu'est-ce que le Tiers Etat?, Ausgabe Zappesi, Genf, 1970, S. 180f 참조.

3) *Thomas Fleiner-Gerster*, Allgemeine Staatslehre, 1980, S. 338ff.

로만 국민에게 영향을 미칠 수 있다. 헌법은 국가권력 행사의 형식과 조건에 대해 일정한 한계를 설정한다. 헌법은 이러한 조건과 형식을 벗어나 행사하는 모든 권력을 배제한다"고 하는 것에서 나타난다.[4)]

권력분립은 헌법의 우위를 전제로 한다. 그렇지 않으면 권력분립은 사실상 가장 강력한 국가기관의 처분에 맡기게 될 것이다. 이 명칭을 누리는 – 권력분립 국가로 불리는 – 모든 연방국가에서는 연방과 주 간의 권한을 나누어야 하고, 그에 상응하는 재정분립도 확보해야 한다. 이 두 가지는 연방헌법으로 이루어진다. 연방국가적 질서를 연방입법자가 자유롭게 처분할 수 없는 곳에서는 이 수직적 권력분립은 상위법으로 확보해야 한다.[5)]

연방의 주들은 헌법 우위 사상의 중요한 기여자로 나타났다. 왜냐하면 주에서 국가 기능을 담당하는 자들은 연방입법자의 단순다수가 헌법에서 규정한 자신들의 권한을 빼앗을 수 없도록 하기 위해 연방헌법의 우위에 대해 기본적인 이해관계가 있기 때문이다.[6)] 문제는 헌법이 확립한 권력분립을 어떻게 확보할 수 있는가다. 헌법에서 규정한 국가기관 간의 협력을 통해 자동으로 확보할 것이라는 것에 대한 기대는 종종 현혹적인 것으로 드러난다.

따라서 1803년에 처음으로 미국에서는 헌법에 규정한 권력분립의 보장으로 사법심사가 이루어졌고, 거기서 최고법원은 법률에 대해 연

---

4) 그렇게는 *Raymond Carré de Malberg*, Contribution à la théorie générale de l'Etat, Bd. I, 1920, S. 232; 이와 관련해서는 *Georges Burdeau*, Traité de science politique Bd. IV, 3. Aufl. 1984, S. 179ff.

5) *Carl J. Friedrich*, Der Verfassungsstaat der Neuzeit, 1953, S. 258; *Karl Loewenstein*, Verfassungslehre, 3. Aufl. 1975, S. 249f.

6) 기타 참고문헌은 *Starck*(각주1), S. 41f 참조.

방과 주의 헌법상의 권한분배가 준수되었는지 심사했다.[7] 사법심사 자체는 권력분립의 요소라고 해도 특별한 절차를 통해 법적·합리적 근거를 제시함으로써 권력분립이 준수되는지를 감시함으로써 보장할 수 있다(2). 그러나 이 보장기능은 헌법 해석에서 최종적인 선언을 하는 사법심사가 헌법의 기본 원칙 성격을 오인함으로써 입법의 정치적 기능을 제약할 때는 권력분립을 위태롭게 할 수 있다(3).

2. 헌법재판소의 권력분립 확보

1. 재판소 권한의 역사적 발전의 차이

국가권력을 구분할 때 사법의 독자성은 큰 의미가 있다. 재판소의 권한과 관련해서는 중요한 차이가 나타난다. 프랑스에서는 사법권은 입법과 행정에 대해 엄격하게 한정되어 있다.[8] 따라서 헌법에 따른 법률의 사법통제는 발전할 수 없었다. 일반 의지의 표현으로서의 법률이라고 하는 프랑스의 논리[9]는 헌법의 우위 사상에 호의적이지 않았다. 왜냐하면 이 도그마에서는 모든 법률은 군주의 의지에서 나온다는 절대적 법률 개념이, 모든 법률은 국민회의의 다수의 의지에서 나온다는 의미로 이해되어 공화국에 적용되기 때문이다. 헌법 배심을 통한 준사법적 법률통제를 도입하려고 한 아베 시에예스의 시도도 좌절되었다.[10]

---

7) 특히 1819년의 McCulloch vs. Maryland et al., 4 Law Ed. U.S. 579, 601ff 참조.

8) 1791년 헌법 3부 5장 3조(Titel III Kapitel V Art. 3) 참조.

9) 1789년의 인간과 시민의 권리 선언 6조.

10) *Paul Bastide*, L'idée de Constitution, 1985, S. 167ff.

미국에서는 완전히 다르게 발전했다. 즉 연방헌법의 3조 2항은 다음과 같이 규정했다. "사법권은 이 헌법에서 생기는 법과 형평의 모든 사건에 적용한다." "하나의 대법원에 있는"(3조 1항) 사법권은 입법권(1조)과 집행권(2조) 다음으로 3조에서 이들과 동등하게 규정되어 있다. 여기서 입법에 대해서도 헌법의 우위를 확보하는 사법의 제도적 잠재력이 나타났다. 이 잠재력을 실현시킴으로써 19세기 유럽에서 수용하지 않은 모델을 정립한 것이 미국의 최고법원이었다. 프랑스는 법률 논리에 집착했고, 헌법과 단행 법률을 구별하지 않았다.

독일에서는 몇몇 주에서 국민 대표로 국왕의 '시원적 통치권'을 제약하는 헌법을 제정·협정했다.[11] 이 제도에서 의회는 자유를 보존하는 기관으로 기능했다. 왜냐하면 모든 법률은 제후들과 의회가 합의해서 결정해야 했기 때문이다. 헌법은 국왕과 시민계급의 합의였다. 이 합의는 이 두 세력이 균형을 이룰 때만 존속할 수 있었고, 이러한 균형은 몇 번의 위기[12]에도 100년간 유지되었다. 균형에 입각해 주권문제를 피하면서 세운 이 제도는 법률을 포함한 국가 행위의 헌법재판적 통제에 아무런 여지도 주지 않았다.[13] 그럼에도 독

---

11) *Ernst Rudolf Huber*, Deutsche Verfassungsgeschichte seit 1789, Bd. I, 2. Aufl. 1967, S. 318f.

12) 예컨대 1837년의 하노퍼 헌법 투쟁과 1862~1866년의 프로이센 예산 투쟁; 이것은 *E. R. Huber*(각주11), Bd. II, 2. Aufl. 1968, S. 92ff, Bd. III, 1963, S. 305ff 참조.

13) *E. R. Huber*(각주11), Bd. II, 2. Aufl. 1968, S. 910f; *Jörn Ipsen*, Rechtsfolgen der Verfassungswidrigkeit von Norm und Einzelakt, 1980, S. 28ff; *Franz Josef Peine*, Normenkontrolle und konstitutionelles System, in: Der Staat 22(1983), S. 521ff; *Ernst Wolfgang Böckenförde*, Geschichtliche Entwicklung und Bedeutungswandel der Verfassung, in: Festschrift für Gunür, 1983, S. 7, 10ff; *Rudolf Hoke*, Verfassungsgerichtsbarkeit in den deutschen Ländern in der Tradition der deutschen Staatsgerichtsbarkeit, In: Starck/*Stern*(Hg.), Landesverfassungsgerichtsbarkeit, Bd. I, 1983, S. 25, 70ff; *Rainer Wahl*, Der Vorrang der Verfassung, in: Der Staat 20(1981), S. 485, 494f.

일에서는 미합중국의 헌법재판 문제를 논의하게 되었다.

몰의 견해는 매우 흥미롭다. 그는 우선 주어진 상황을 확인한 후 헌법으로 규율하는 권력분립과 권리보장을 확보하기 위해 헌법재판의 필요성을 인정했다. 몰은 젊었던 1824년에 '북아메리카합중국의 연방헌법'에 대한 저서를 발간했다. 그는 국민의 주권에 근거한 헌법과 군주국에서 주어졌거나 협정한 헌법을 매우 엄밀하게 구분했다(138쪽 주1). 소위 이러한 대의적 세습군주제에서는 성문의 헌법전에도 불구하고 제후와 의회는 모두 전능하다고 했다. 독일의 주에서는 프랑스나 영국과 마찬가지로 의회는 법률의 합헌성을 수호한다는 것에서 출발했다. 법률에 복종하는 법관은 법률의 합헌성을 심사하는 데는 적합하지 않은 것으로 보았다.

몰은 위헌적 법률의 법적 의미에 관한 그후의 글에서[14] 헌법의 우위를 목표로 하면서 이전 견해와 달리 법률의 합헌성을 심사할 법관의 권한은 헌법전의 규정이 관습법보다 상위의 규범 유형이라는 명제에 전적으로 근거하며, 관습법은 명시적으로도 묵시적으로도 헌법을 바꿀 수 없다고 했다. 여기서 미국적 실무 인식을 볼 수 있다.

그러나 독일에서는 다른 유럽 국가와 마찬가지로 정부와 의회의 행위 합헌성을 심사하는 헌법재판을 만들 정도로 시기가 성숙하지 않았다. 1860년부터의 실증주의 시대에 '불확정적인' 헌법규범에 따라 법률을 심사하는 것은 적절하지 않았지만, 그럼에도 의회입법자는 타고난 헌법해석자 역할을 했다.

---

14) *Robert v. Mohl*, Staatsrecht, Völkerrecht und Politik, Bd. I, 1860, S. 66, 81ff.

2. 2차세계대전 이후의 헌법재판

2차세계대전 이후의 시대는 – 이미 서론에서 강조한 바와 같이 – 권력분립의 개념에서 결정적인 변화가 일어났고, 최고 국가기관이 헌법을 준수하는지 재판소가 감시하는 기능이 확립되었다. 이것은 특별한 체계 방식으로 1949년 후에 제정한 많은 헌법에 영향을 미친 기본법에 규정되었다.[15)]

연방헌법재판소의 감시기능은 특히[16)] ①기관쟁의절차(기본법 93조 1항 1호)에서 고유한 권리를 가진 최고 연방기관과 기관 조직 간의 권한분배 ②연방과 주 간의 쟁의절차(기본법 93조 1항 3호)와 다른 절차(기본법 93조 1항 2a호, 4호)의 권한분배 ③추상적 규범 통제(기본법 93조 1항 2호), 법원의 제청에 의한 구체적 규범 통제(기본법 100조 1항), 헌법소원(기본법 93조 1항 4a호, 4b호) 절차에서 법률의 기본법에 합치하는지를 보장한다.

기관의 쟁의로 수평적 권력분립이, 연방과 주 간의 쟁의로 수직적 권력분립이 보호된다. 연방법이나 지방법이 헌법적 권한질서를 침해했다거나 입법의 절차 규정이 준수되지 않았음을 다툴 때는, 규범 통제는 권력분립의 수호에도 영향을 줄 수 있다. 그외의 규범 통제

15) 알브레히트 베버(*Albrecht Weber*)의 일반적 검토에 대해서는 *Starck/Weber*(Hg.), Verfassungsgerichtsbarkeit in Westeuropa, Bd. I, 1986, S. 41, 62~92 참조; *Christian Starck*, Rechtsvergleichender Generalbericht, In: Starck(Hg.), Grundgesetz und deutsche Verfassungsrechtsprechung im Spiegel ausländischer Verfassungsentwicklung, 1990, S. 13, 22ff.

16) 이는 *Badura/Dreier*, Festschrift 50 Jahre Bundesverfassungsgericht, I. Bd., 2001, S. 563ff, 587ff, 615ff, 641ff에 실린 특히 핏첵커(Jost Pietzcker), 젤머(*Peter Selmer*), 호인(*Werner Heun*), 구지(*Christoph Gusy*)의 논문 참조.

는 주로 입법의 기본권과 제도 보장의 준수를 보장한다.

완전한 헌법재판제도가 마련되어 있지 않은 나라에서도, 예를 들어 프랑스 헌법에서도 기관쟁의절차는 일단 마련되어 있다. 프랑스 헌법 41조에 따르면 정부와 의회가 입법의 대상(34조)과 법규 명령 방식의 대상(37조)의 구별에 대해 의견이 대립할 때는 헌법위원회가 결정한다. 그외 1971년 프랑스 헌법위원회는 1789년 인권선언으로 보장하고, 공화국 법률에 규정한 기본권을 기준으로 한 일반적·예방적 규범 통제도 도입했다.[17)]

칸톤의 법률에 한정된 연방법원의 규범 통제만을 아는 스위스에서는 연방과 칸톤 간의 재정 균형과 임무 재형성을 위한 2001년 11월 14일의 연방상원의 위임에 근거해[18)] 헌법재판제도의 확대를 논의했다. 그에 따르면 연방법원은 칸톤의 소원이 있으면 연방입법자가 칸톤의 헌법상 권한을 침해했는지를 심사해야 한다. 이에 대해 뮐러[19)]는 다음과 말했다. "거기에 연방 차원의 헌법재판제도에 대한 논의의 반가운 재평가를 보게 된다. 그러한 한 제안은 긍정적으로 평가할 수 있다. 그러나 뜻밖에도 기본권은 헌법재판에서 배제되었다. 스위스 법질서에서 연방법에 대해서도 기본권 … 을 관철시키는 것은 본질적으로는 슈트라스부르 — 즉 유럽 이사회의 모든 지역에서 배출한 40명의 전임법관 — 에 유보되어 있다."

---

17) *François Luchaire*, La protection constitutionnelle des droits et des libertés, 1987; *Francis Hamon/Michel Troper/Georges Burdeau*, Droit constitutionnel, 27e éd. 2001, S. 734ff.

18) Bundesblatt 2002, S. 2291ff.

19) 이는 *Jörg Paul Müller*, Verfassungsgerichtsbarkeit in Bewegung, in: Neue Zürcher Zeitung vom 29. Mai 2002/Nr. 121, S. 27 der internationalen Ausgabe 참조.

이 인용문은 유럽에서 유럽인권법원에 의한 기본권 보호의 세계화가 어떻게 헌법재판적 규범 통제가 없는 국가에게 이를 설치하도록 압력을 넣는지를 잘 나타낸다. 왜냐하면 그렇게 해야만이 해당 국가가 법률에 의한 인권 침해를 이유로 유럽인권법원에서 재판을 받는 것을 피할 수 있기 때문이다.

네덜란드에서는 과거 프랑스의 이론에 따라 헌법 120조에 의하여 법관이 법률의 합헌성을 판단하는 것을 금지한다. 네덜란드 헌법의 기본권(1~23조)은 기본권을 신뢰성 있게 해석하는 법률에 대해 우월하지 않다. 그러나 네덜란드 법관은 법률이 유럽인권협약과 합치하는지를 심사한다. 법관이 합치하지 않는다고 보면 법률을 적용하지 않는다. 그동안 네덜란드도 헌법에서 보장한 기본권을 기준으로 한 사법통제를 도입하려고 노력했는데, 그것은 이미 의회가 주도하게 되었고, 상원이 자문한다.[20)]

3. 헌법의 합리화 증진

헌법재판제도가 없는 국가에서는 헌법재판의 실제와 논쟁에서 다음과 같은 것을 배울 수 있다. 국가 실무에서 법률 행위와 처분에 대한 헌법재판적 통제는 모든 국가기관이 재량에 따라 아무런 근거제시 의무를 지지 않고 헌법을 취급하는 것을 막을 수 있고, 충돌할 때는 언제나 더 강한 것이 관철되는 것을 막을 수 있다. 다시 말해 헌법

20) Twede Kamer der Staten à Generaal 2001~2002, Kamerstukken 28331, nr. 3 unter Gliederungsziffer 3; Kamerstukken 28355, nr. 2.

에서 보장한 권리가 문제될 때는 주보다는 연방이, 의회의 소수나 개별 의원보다는 의회의 다수 의사가 관철되는 것을 막을 수 있다.

헌법재판소는 자신의 결정에 근거를 제시하기 때문에 헌법재판소의 처리는 그렇게 하지 않고는 달성할 수 없는 합리성과 신뢰성을 얻는다.[21] 헌법재판소에 의한 제도적 통제는 피통제 기관에서는 합리화 강제로 나타나고, 더 나아가서는 헌법의 해석과 적용에서 통일성을 보장한다. 헌법재판소는 제출받은 분쟁 사안을 결정함에서 다른 법적 문제를 고려한 결과도 고려하고, 헌법의 전체 관점에 기초해서 결정하기 때문에 헌법의 통일성과 일관성 사고를 촉진한다.

시간이 지나면서 모든 국가기관에 반드시 있게 마련인 개별 헌법규범의 이해에 대한 발전과 헌법관의 발전은 어느 하나의 국가기관으로 이루어지는 것이 아니라, 보통은 논쟁 사안으로 헌법재판소에서 이루어졌다. 그렇게 헌법재판소의 결정 이유 제시로 지속적인 헌법의 형성은 어떤 합리적 요소를 내포하고, 입법자에게 사전 예방적으로 작용한다.[22]

4. 헌법재판과 국법학

헌법재판소를 통한 헌법의 실현은 헌법학 – 국법학 – 의 작업과

---

21) 그렇게는 *Christian Starck*, Das Bundesverfassungsgericht im politischen Prozeβ der Bundesrepublik, 1976, S. 11f도 참조.

22) *Christian Starck*, Das Bundesverfassungsgericht in der Verfassungsordnung und im politischen Prozeβ, in: Badura/Dreier(각주16), I. Band, 2001, S. 1, 20ff에서 제시한 2가지의 예: BVerfGE 90, 286, 381ff(평화유지군으로 전투부대에 투입한 경우 의회유보), BVerfGE 101, 158, 218ff(재정의 균형을 위한 기준 법률).

스타일에도 영향을 미친다.[23] 다시 말해 헌법재판은 헌법학의 논증 결과가 국가 실무에 영향을 미칠 수 있는 허브다. 재판절차는 법학적 사고를 사용하는 데 적합하다. 국가의 정치기관은 문제와 결정에 대한 압력과 다른 유형의 절차 때문에 대개 그렇게 할 수 없거나 그렇게 해도 어려움이 있다. 따라서 기본권 이론에 대한 학문적 작업은 입법자가 정치 재량에 따라 더는 자유롭게 기본권을 제약할 수 없을 때만 실천적 의미가 있다. 권력의 분립이 나타나는 헌법적 권한질서의 학문적 취급도 마찬가지다.

헌법재판으로 만든 헌법의 합리화는 학문으로 강화된다. 결코 허공에 성을 짓는 것이 아니라, 껍데기 개념과 혼란스러운 궤변을 억제하면 학문은 헌법재판에서 이익을 얻는다. 중요한 임무는 헌법재판소의 결정을 법이론으로 도출하고, 때에 따라서는 모순을 지적하는 것이다. 무엇이 구속력 있는 헌법인가를 학문적 논증을 거쳐 신인할 필요성은 결정이 많아질수록 더 커진다. 그에 필요한 결정의 검토와 평가는 입법자의 형성 자유와 정치적 책임을 고려해야 한다.

연방헌법재판소의 판결에 대한 법학의 의미는 연방헌법재판소법 3조 4항이 독일의 대학에서 법학교수의 직업활동을 연방헌법재판관의 직과 부합하는 유일한 직업활동으로 선언함으로써 제도적으로 나타났다. 현재 16명 중 8명, 각 부별 4명이 법학교수이고, 그중에는 소장과 부소장도 있다. 주요 절차에서 법학교수들이 소송대리인으

23) *Thomas Oppermann*, Das Bundesverfassungsgericht und die Staatsrechtslehre, in: Badura/Dreier(각주16), I. Bd., 2001, S. 421ff의 많은 참조문헌 참조; *Peter Lerche*, Rechtswissenschaft und Verfassungsgerichtsbarkeit, in: Bayerische Verwaltungsblätter 2002, S. 649ff.

로 나타나는 경우는 매우 흔하다.

일본에서는 그렇지 않다. 2001년 요이치 히구치의 저서 『일본사회의 입헌주의 50년』에서 쿠리키 교수는 "강한 노력과 다양한 시도에도 일본 헌법학의 사법(司法)을 포함한 국가 현실에 대한 영향은 독일의 헌법학에 비하면 매우 빈약하다. 이유는 국가 실무만이 아니라 국법학에도 있는 것으로 보인다"고 했다.

대한민국에서는 사법시험에 합격한 사람만이 헌법재판관이 될 수 있다. 법학교수가 되는 데는 사법시험이 필요하지 않다. 그러므로 대한민국에서는 교수인 헌법재판관이 없다.

3. 헌법재판소에 의한 권력분립의 위협

지금까지 검토한 것을 보면 헌법재판에서는 권력분립과 권리보장에 대한 규범이 국가 행위를 심사하는 기준이 됨으로써 헌법재판은 헌법의 우위를 보호하고, 비로소 헌법의 우위를 실현했음을 알 수 있다. 그러나 이 긍정적인 대차대조표는 일면적이다. 왜냐하면 헌법재판소에 의한 헌법 해석의 종류와 방식은 권력의 분립을 위협할 수 있기 때문이다. 특히 헌법재판소에 의한 규범 통제는 민주적으로 정당화된 의회의 다수와 통제적인 헌법재판소[24] 간에, 즉 정치적 영역과 사법적 영역 간에 중대한 긴장을 만든다. 더 정확히 말하면 민주적으로 정당화된 입법의 단순 다수의 정치적 형성 의사와 민주적으

24) *Fritz Ossenbühl*, Bundesverfassungsgericht und Gesetzgebung, in: Badura/Dreier(각주16), I. Bd., 2001, S. 33, 39ff.

로 더 고도로 정당화된 헌법에 대한 헌법재판적 해석 사이의 긴장관계를 볼 수 있다.

1. 헌법의 대강성(大綱性)

헌법재판소에 의한 헌법 해석은 헌법의 우위 유지와 의회입법자의 정치적 형성 여지를 측정하는 데 결정적인 역할을 한다.[25] 헌법 해석은 특히 방법론적 고려를 헌법의 개념과 연결짓는데, 헌법의 개념은 규범성을 본질적 징표로 한다.[26] 상위법으로서 헌법의 규범성은 특정한 요소를 전제로 한다. 우선 권력의 분립을 확보해야 한다.[27] 나아가 규범성은 정치적 책임이 있는 기관, 특히 입법의 행위 여지를 보장하는 헌법 구조를 요구한다.[28]

왜냐하면 사회적 사실관계를 평가·규율하는 것은 헌법기관(입법)의 임무이기 때문이다. 이때 필수적인 것은 헌법으로 허용한 정치적 형성 자유를 헌법재판적 규범 통제를 잘못 행사해 파괴하면 안 된다. 예를 들어 — 기본권을 포함해 — 상이한 헌법 원리들과 국가 목표를 최적화는 것과 거기서 규율 문제에 대해 미리 주어진 헌법의 어떤 구체화를 주장하는 것은 잘못된 것일 수 있다.[29] 헌법재

---

25) *Peter Badura*, Die Verfassung im Ganzen der Rechtordnung, HStR Bd. VII, 1992, S. 170ff.

26) Vgl. die Art. 1 Abs. 3 und 20 Abs. 3 GG, die die Bindung der Staatsorgane an die Verfassung vorschreiben.

27) *Christian Starck*, Die Verfassungsauslegung, HStR Bd. VII, 1992, S. 190f.

28) *Christian Starck*, Der demokratische Verfassungsstaat, 1995, S. 53ff의 많은 참고문헌 참조.

29) 이에 대한 비판은 *Peter Lerche*, Die Verfassung als Quelle von Optimierungsgeboten?, in: Festschrift für K. Stern, 1997, S. 197ff; *Karl-Eberhard Hain*, Die Grundsätze des Grundgesetzes, 1999, S. 114ff.

판소는 오히려 정치기관이 헌법의 테두리 안에 머물러 있는지를 심사할 뿐이다. 입법자의 최적화 의무와 반대되는 이 명제는 연방헌법재판소의 많은 결정에서 볼 수 있다.

독일 연방공화국의 영토에서 화학무기를 보관하는 것과 관계있는 1987년 10월 29일의 결정에서는 "입법자와 집행권에는 — 즉 기본법 2조 2항 1문에 나오는 생명과 신체 불훼손에 대한 — 이러한 보호의무를 이행할 때, 가령 경합하는 공익과 사익을 고려하는 것과 같은 여지도 허용하는 광범위한 평가·판단·형성 영역이 입법자와 집행권에게 부여된다. 이 광범위한 형성의 자유는 재판소가 문제되는 사항 영역의 특성, 충분히 더 확실하게 판단할 수 있는 가능성, 위험에 처한 법익의 의미에 따라 제한한 범위에서만 심사할 수 있다(『연방헌법재판소 판례집』 50권 290쪽, 특히 332쪽 이하)"고 했다.[30)]

직업 자유의 보장(기본법 12조 1항)에 나오는 보호의무가 문제된 다른 결정에서 연방헌법재판소는 "그러나 보호의 종류와 정도의 특정한 요구는 원칙적으로는 헌법에서 도출할 수 없다. 전체로서 기본법의 유지를 위임받은 국가기관은 보호의무를 이행할 때 광범위한 형성 여지가 있다. 대립하는 기본권 지위들을 형량하고, 각각에 대해 적절한 효력을 부여하는 것이 종종 문제가 된다. 이에 대해 기본법은 대강만 제시할 뿐 특정한 해법을 제시하는 것이 아니다"라고 설명했다.[31)]

일본에서는 규범 통제에서 최고법원이 매우 자제하는 것을 확인할

---

30) BVerfGE 77, 170, 214f.

31) BVerfGE 92, 26, 46.

수 있다. 50년 동안 겨우 5번만 법률 규정을 위헌이라고 선언했다.[32)] 이에 대해 카마타 교수는 "최고법원은 입법적 판단이 현저하게 불합리하지 않으면 입법 재량을 막는 것을 극도로 자제한다"고 했다.[33)] 즉 일본에서는 입법의 정치적 기능을 규범 통제로 제약하는 것은 기대할 수 없다. 그러나 헌법의 우위가 충실하지 않다는 우려도 있다.

2. 정치적 기능과 사법적 기능의 구별

입법자가 규율하는 사실관계는 종결적이지 않다. 따라서 승인된 입증 수단으로는 확정할 수 없다는 점에서 보통 재판관이 결정하는 사실관계와 구별된다. 달리 표현하면 다음과 같다. 법률은 행정의 계획 결정과 비슷하게 판단될 사실과 예측으로만 파악할 수 있는 복합적인 사실관계에 근거했다. 사실과 예측의 불확실성 때문에 연방헌법재판소는 입법자가 자신의 규율과 관련해 더 큰 유형화와 일반화에 만족할 수 있도록 하기 위해, 입법자에게 인식과 경험을 수집할 수 있는 적절한 시간을 허용한다.[34)]

그러나 입법자는 사실을 고려해야 하고, 지식과 경험을 수집해야 하며, 때에 따라서는 법률을 개정해야 한다.[35)] 입법자에게 허용되는 평가 특권은 규율될 사항 영역의 특성, 충분히 더 확실한 판단을

32) *Hidenori Tomatsu*, Judicial Review in Japan: An Overview of Efforts to Introduce U.S. Theories, in: Y. Higuchi(ed.), Five Decades of Constitutionalism in Japanese Society, 2001, S. 269; 최초의 3가지 사례는 *Tadakazu Fukase/Yoichi Higuchi*, Le constitutionalisme et les problèmes au Japon, Paris 1984, S. 308f에 자세히 기술했다.

33) Percy R. Luney Jr./Kazuyuki Takahashi(ed.), Japanese Constitutional Law, 1993, S. 168.

34) BVerfGE 100, 59, 101. 여기서는 이전의 결정들을 인용했다.

35) BVerfGE 74, 297, 339.

내릴 가능성, 위험에 처한 법익의 의미에 따라 각각 단계화되어 있다.[36] 단계화는 특히 경제정책 영역에서, 단순한 명백성 통제에서[37] 타당성 통제를 거쳐 강화된 내용 통제에까지 이른다. 강화된 내용 통제는 인간의 생명,[38] 인신의 자유, 폭넓은 제약이 문제되는 다른 기본권이 관련될 때 적용한다. 통제 단계를 구분하는 것은 입법자의 정치적 형성의 자유 정도 혹은 헌법이 입법자에게서 도출하는 한계의 범위에 대한 결정을 의미한다.

미국 대법원의 판결에서 알려진, 재판소가 판단하지 않는 정치문제라는 관점과 사법자제라는 관점은 독일에서 정치 영역과 사법 영역을 구별하는 데는 적합하지 않다. '사법자제'는 재판소가 독자적인 판단으로 자제하는 것을 말한다. 이것은 실무에서는 일어날 수 있지만 결정에서 헌법적 판단을 위해 헌법 이론상 결코 필요한 기준은 아니다. 헌법재판소가 정치적 결정의 한계를 제시한다면 정치문제가 존재하는 상황이라고 하여 헌법재판소가 결정을 내리는 데 방해가 될 수는 없다. 오히려 정치적 결정이 헌법의 범위에 있는지를 심사하고 결정해야 한다.[39] 헌법재판소가 스스로 정치문제에 결정을 내리지 않고, 입법자가 결정한 정치문제가 헌법의 범위에 있는지만을 심사하는 것으로 정치문제 이론을 이해할 때만 이 정치문제 이론은 독일의 헌법 체계와 부합할 수 있을 것이다.

---

36) BVerfGE 50, 290, 333.

37) BVerfGE 40, 196, 223.

38) BVerfGE 39, 1 51ff; 88, 203, 262f.

39) 비슷하게는 *Klaus Stern*, Staatsrecht, Bd. II, 1980, S. 961f; *Werner Heun*, Funktionell-rechtliche Grenzen der Verfassungsgerichtsbarkeit, 1992, S. 11f; *Klaus Schlaich*, Das Bundesverfassungsgericht, 4. Aufl. 1997, S. 341f.

법률에 대한 헌법적 통제는 기능적으로 볼 때 입법과 어느 정도 관련이 있다. 특히 헌법재판소가 법률을 위헌으로 선언할 때 소극적 입법이 된다.[40] 헌법재판소가 입법자의 부작위를 위헌으로 선언하거나,[41] 특정한 헌법위임을 이행할 것을 입법자에게 호소할 때는[42] 적극적 형성은 아니지만 단순한 소극적 입법도 아니다.

좋은 예가 기본법 6조 5항이다. 이 조항은 혼인 외의 사람이 육체적·정신적으로 성장하면서 공동체에서 어울릴 수 있도록 혼인 중의 사람과 동일한 조건을 만들어줄 것을 입법자에게 위임했다. 기본법을 시행한 지 20년이 지난 1969년에야 비로소 연방헌법재판소는 "기본법 6조 5항의 헌법위임은, 입법자가 이를 적절한 기한에 이행하지 않았을 때는 재판소가 직접 실현해야 한다"고 했다.[43] 매우 구체적인 이 조항의 헌법위임을 진지하게 받아들인다면[44] — 엄격히 규범적인 헌법이라는 면에서 모두 찬성한다 — 입법자의 20년간의 부작위는 재판관이 보상해야 한다. 권력분립의 관점에서 보아도 재판관이 개별 사건을 결정하면서 헌법의 입법위임을 대신 충족시켜 주는 것은 문제가 되지 않는다. 입법자는 언제나 자신에게 주어진 위임을 이행할 수 있고, 그럼으로써 장래에는 사법적 형성을 극복할 수 있다.

입법자가 법익을 보호할 헌법적 의무를 충분히 이행하지 않았을

---

40) *Alexander v. Brünneck*, Verfassungsgerichtsbarkeit in den westlichen Demokratien, 1992, S. 152ff.

41) *Klaus Schlaich/Stefan Korioth*, Das Bundesverfassungsgericht, 5. Aufl. 2001, S. 277ff.

42) *Ernst Benda/Eckart Klein*, Verfassungsprozeβrecht, 2. Aufl. 2001, S. 529ff.

43) BVerfGE 25, 167, 188.

44) 기본법 6조 5항은 다음과 같다. "혼인 외의 자는 입법에 의하여 육체적·정신적 발달과 공동체에서 지위와 관련해 혼인 중의 자와 같은 조건이 조성되어야 한다."

때, 연방헌법재판소는 결정 이유에서 왜 충분하다고 볼 수 없는지, 어떻게 하면 충분하다고 볼 수 있는지를 분명하게 논증해야 한다.[45)] 단순한 거부를 넘는 이러한 논증은 입법자를 구속하지는 않는다. 입법자는 다른 보호 개념으로 최소한의 정도만을 이룰 수 있을 때는 그 개념을 선택할 수도 있다. 입법자는 대개 다시 위헌이 될 위험을 피하려고 더 확실하며 간명한 방법을 택할 것이고, 연방헌법재판소의 제안을 따를 것이다.

이상에서 언급한 것처럼 헌법재판소가 입법기능에 미치는 영향 외에 헌법재판소가 내리는 결정에서 일반적 예선적(豫先的) 효과를 확인할 수 있다.[46)] 독일에서는 모든 법률은 발안 단계가 있고, 의회 담론 중에 법률안이 연방헌법재판소의 판결에 합치하는지 검토한다. 이 예선적 효과는 입법의 합리화를 촉진한다. 왜냐하면 헌법이 입법에 부과하는 한계와 관련해 법리적으로 논증해야만 하기 때문이다. 물론 연방헌법재판소의 판결 입법에 대한 예선적 효과는 전적으로 헌법의 범주에서 가능하다. 완전히 새로운 유형의 관점으로 사항을 규율하려는 입법자의 정치적 상상에는 불리하게 작용한다는 것을 간과해서는 안 된다.

마지막으로 일반 법원에게 권한과 의무가 부여되어 있는 바의 헌법합치적 법률 해석이라는 주제도 입법과 헌법재판의 기능을 구별하는 데 적합하다. 법률 해석의 헌법합치 원칙은 승인한 해석 원칙

---

45) BVerfGE 56, 54, 81; 77, 170, 214f; 77, 381, 405; 79, 174, 202; 88, 203, 252ff 참조. 문제는 *Christian Starck*, Praxis der Verfassungsauslegung, 1994, S. 46, 68ff 참조.

46) 이는 *Starck*(각주21), S. 16f.

— 법칙 — 이 해당 해석을 가능하게 할 때만 관철될 수 있다.[47] 이러한 것을 준수할 때만 헌법합치적 해석이 입법에 의해 충족되지 않는 새로운 유형의 법 정책적 결정이 되는 것을 피할 수 있고, 법관이 그것을 통해 법률을 제압하고 입법적으로 기능하게 되는 것을 피할 수 있다. 헌법재판소가 규범을 통제했을 때 연방헌법재판소는 무효선언을 피하려고 심사 대상 법률을 헌법합치적으로 해석할 수 있다.

3. 헌법의 해석

법률 해석 자체가 법률을 살리려고 임의로 헌법합치적으로 만들면 안 되는 것처럼, 헌법재판소가 헌법을 해석할 때는 해석규칙을 준수해야 한다. 임의 해석은 권력분립, 여기서는 정치와 사법의 기능을 구분하는 데 침해가 될 수 있다. 따라서 헌법 해석을 다소 언급할 필요가 있다.[48]

헌법의 우위를 보장해야 하는 헌법재판소는 헌법 해석에서 큰 책임이 있다. 즉 헌법재판소는 헌법 해석에서 최종 선언을 한다. 다시 말하면 헌법재판소는 헌법이 정치과정에 부과하는 한계를 결정한다. 그러나 헌법의 효력 우위는 헌법재판의 결정 우위를 의미하는 것은 아니다. 따라서 헌법재판소는 승인된 법률 해석 원칙에 복종한다. 그래야만 정해진 척도의 통제로 헌법재판을 보장할 수 있다.[49]

---

47) 이를 강조하는 것은 BVerfGE 49, 148, 157; 51, 304, 323; 54, 277, 293ff; 69, 1, 55.
48) 상세히는 *Christian Starck*, Die Verfassungsauslegung, HStR Bd. VII, 1992, S. 189ff 참조.
49) *Fritz Ossenbühl*, in: Verfassungsgerichtsbarkeit und Gesetzgebung. Symposion aus Anlaβ des 70. Geburtstags von *Peter Lerche*, 1998, S. 91; 비슷하게는 *Peter Badura* und *Ernst Gottfried Mahrenholz*, ebda, S. 47.

헌법규범의 의미는 그 문언적 의미, 문법적 구조, 규율하는 상황 속에서 규범이 갖는 체계적 지위, 역사적인 입법자의 동기를 근거로 그리고 이미 말한 기준들과의 관련성 속에서 객관적·목적론적 관점들로 탐구한다. 그러나 이 관점들은 시대정신의 대리인으로 독립되면 안 된다.

헌법의 방법론 논의에서 헌법에는 특별한 방법론이 있는 것으로,[50] 적어도 추가적인 해석 수단이 있다고 하는 것이 받아들여지는 경향이 있는 것은 비단 독일만은 아니다.[51] 특별한 헌법 해석의 관점을 끌어들인다고 해도 고전적인 법칙을 폐기할 수는 없다. 왜냐하면 고전적인 법칙은 무엇보다도 "문언에 나타난 여지에서 가능한 의미의 변수를 정밀하게 하는 데" 도움을 주기 때문이다.[52] 규범적 효력을 갖는 법전의 헌법 해석은 문법과 논리, 체계적인 위치, 역사적인 규율 의도를 포함해 낱말의 의미에 주의해야 함을 전제로 한다.[53] 언급한 관점들을 고려하지 않았을 때 문제가 되는 법적 결정의 논거는 불충분한 것이 되거나, 자의적이며 정치적 결단으로 느껴질지도 모른다.

'헌법의 통일성', '실천적 조화', '기능적 정당성' 같은 헌법 해석에서 추가로 도입한 관점들은[54] 체계적인 해석 원칙의 하위 개념들이다. 그것들은 각각의 헌법규범들을 고립된 것으로 취급하는 것을 금지하고,

---

50) *Friedrich Müller*는 '헌법의 연구 방법(Arbeitsmethoden des Verfassungsrechts)'이라고 한다; *M. Thiel*(Hg.), Enzyklopädie der geisteswissenschaftlichen Arbeitsmethoden, 1972에서 뮐러 같은 이름 항목 참조.

51) *Peter Häberle*, Die offene Gesellschaft der Verfassungsinterpreten, JZ 1975, S. 297ff.

52) *Konrad Hesse*, Gründzüge des Verfassungsrechts, 20. Aufl. 1995, S. 26.

53) BVerfGE 60, 319, 325; 62, 1, 36f, 44; 67, 100, 128ff; 99, 1, 11, 13.

54) 이렇게 부르는 사람은 *Hesse*(각주52), S. 24, 27, 28.

나머지 헌법을 전래적인 헌법국가의 기능 속에서 고려할 것을 요구했다.[55] 한스와 페터 슈나이더는 다시[56] 역사적 해석은 문언의 의미와 헌법규범이 차지하는 의미의 관계, 특히 그 헌법규범의 구체적 규범 목적을 명백히 하는 의미 관계에 대한 관점을 정교하게 하는 그러한 폐기할 수 없는 인식 근거이자 결정 보조자라고 지적했다.[57]

각기 특수한 헌법 해석의 문제들이 헌법상의 개별 규율 내용들, 예를 들면 기본권, 구조적 원리와 조직 규범, 권한규범, 절차 규범 등과 관련해 나타난다. 여기서 고전적인 법칙들과 관련해 발전한 특수한 지침들은[58] 기본권 의미의 존속을 보장하는데, 기본권들은 바로 기본권의 직접적인 기속성(기본법 1조 3항)으로 충분한 근거를 가진 예외적인 경우에만 급부권으로 해석할 수 있다. 헌법의 구조적 원리로서 민주주의 원리는 헌법상 구체화되어 있는 것과 다른 구조적 원리들 — 법치국가, 사회국가 — 을 항상 고려하면서 해석해야 한다. 헌법상의 조직·권한·절차 규범의 해석과 관련해서는 통상 이전 헌법에서 유래하는 개념의 수용으로 역사적 해석이 큰 역할을 한다.[59]

4. 결 론

헌법재판소에 의한 권력분립의 보장과 위협이라는 2가지 측면의

---

55) Dazu *Martin Kriele*, Theorie der Rechtsgewinnung, 2. Aufl. 1976, S. 338ff; *Ernst Wolfgang Böckenförde*, Die Methoden der Verfassungsinterpretation, NJW 1976, S. 2089, 2097f.

56) BVerfGE 79, 127, 143ff 참조.

57) *Hans-Peter Schneider*, Der Wille des Verfassungsgebers, in: FS für *Stern*, 1997, S. 903, 922.

58) *Starck*(각주48), S. 211~228.

59) 예를 들면 BVerfGE 3, 407, 414f; 33, 52, 61; 71, 1, 45, 49ff.

연관성은 긍정적인 대차대조표를 가능하게 한다. 왜냐하면 헌법재판소는 그 위협을 의식하기 때문이다. 헌법재판소와 헌법 이론은 그 위협에 대처할 기준을 발전시켜왔다. 각각의 결정에서 다수의 헌법재판소의 한계 일탈이 자유로운 입법 형성의 여지에서 일어나는 경우에도, 전체적으로 보아 헌법의 규범성과 그로 인한 헌법의 우위가 효력을 발생할 수 있게 하는 헌법재판제도의 장점이 압도적이다. 헌법에 규범화된 법률 형식과 원칙, 헌법에 자리잡은 법원리는 보호할 가치가 있는 고귀한 법문화적 재산이다.

5장.
국민적 기본 콘센서스와 헌법재판소
– 비교법적 고찰 –

1. 헌법과 기본 콘센서스

1. 주제와 연관된 개념들

국민적(national) 기본 콘센서스라는 말은 비교 대상이 되는 유럽 국가들의 사회적 기본 콘센서스를 의미한다. 즉 여기서 '국민적'이라 함은 민족문제와 이와 연결되는 언어적이며 — 종교적인 것을 포함하는 — 문화적인 문제를 나타내는 것은 아니다. '국민적'이라는 것은 다양한 국민국가에서 볼 수 있는 사회적 기본 콘센서스의 개별적 양식에 대한 문제다.

기본 콘센서스는 콘센서스보다는 좁은 개념이다. 기본적인 사안에서 콘센서스만이 문제가 된다. 그렇지 않다면 이 주제를 민주국가와 관련해 논할 수 없을 것이다. 민주주의에는 다원주의, 토론, 다수결이 포함되는데, 그 결과로 항상 합의가 도출되지는 않으며, 이는 오히려 매우 드문 경우다. 즉, 기본 콘센서스란 낮은 수준의 합일성을 의미한다.[1] 이후 간략하게 콘센서스라고 표현하는 것은 항상 이 기본 콘센서스를 의미한다.

기본 콘센서스는 보존의 대상으로만 이해되는, 항시 선재하는 것은 아니다. 새로이 등장하는 사회문제에 대해서 기본 콘센서스는 종종 새로이 발견되고 형성되어야 하는데, 이는 통합 능력을 전제로 한다. 통합의 헌법적 도구로는 의회에서 토론, 대통령이나 해당 정부 구성원의 연설, 특히 입법[2]과 재판 같은 권한 있는 기관의 결정을 들 수 있다. 이러한 결정의 결과로 기본 콘센서스가 공고해질 수 있지만, 실패하는 경우도 있다.

이제 주제와 연관된 세 번째 개념인 헌법재판소가 기본 콘센서스에 대해서 지니는 의미를 생각해보자. 이로써 제기한 문제가 단일한 헌법기관으로 좁아지는 결과가 되므로 헌법재판소는 콘센서스를 유지하거나 형성하는 기능을 담당하는 유일한 헌법기관은 아님을 다시 한번 지적해야만 한다. 헌법재판소는 오히려 자신에게 제출된 쟁점에 대해서 적용하는 헌법에서 콘센서스를 촉진하고 확립하는 힘을 얻게 됨을 여기서부터 강조할 필요가 있다. 헌법재판소와 함께 법적인 궤도에 올라서게 되지만 법률가의 기본 콘센서스만이 문제되는 것이 아니라 전체 국민이 연관되어야 함은 분명한 일이다. 법률가들 간의 기본 콘센서스는 일반 국민을 감동시키는 기능을 하기도

1) 이와는 달리 *Ulrich R. Haltern*, Integration als Mythos. Zur Überforderung des Bundesverfassungsgerichts, JöR 45(1997), S. 31, 86f에서는 다원화된 사회를 헌법과 헌법재판제도로 통합하는 것은 어렵다고 보았다.

2) 입법의 통합 역할은 *Christian Starck*, Die Verfassungsauslegung, HbStR VII, 1992, § 164 Rdnr. 28 참조.

하는데, 이는 특히 헌법재판소의 콘센서스와 관련된 기능에서 그러하다. 즉 헌법재판소의 결정이 사회의 기본 콘센서스를 보존하고 촉진하는 정도가 문제될 뿐이다.

헌법재판소에 의한 기본 콘센서스의 보존과 형성, 즉 헌법재판소의 통합작용은 그 결정이 대체로 받아들여지는 것을 전제로 한다. 이것이 개별 결정에 대한 — 근본적이고 격렬한 것을 포함해 — 비판을 배제하는 것은 아니다. 헌법재판소의 결정에 대한 비판적인 논의가 법률가 집단에서 나온 것이라면 이는 대부분 결정의 논거, 즉 헌법 해석의 방식과 관련이 있다. 학문과 헌법재판소 간의 이러한 대화는 헌법재판소 결정의 합리성을 확보하며, 이는 그 자체로 기본 콘센서스를 지속시키는 기본 조건이다.[3)]

2. 헌법의 우위

헌법의 개념에 명확한 입장을 확보하기 전에 헌법재판소에 대해서 말할 수는 없다. 늦어도 18세기 말 이래 적어도 이론으로는 헌법이 입법도 기속하는 고차원의 법이라는 데 논란의 여지가 없다.[4)] 시이예스는 1795년 국민공회(Convention nationale)에 제출한 보고서에서 다음과 같이 표현했다.[5)]

---

3) 비슷한 입장으로는 *Fritz Ossenbühl*, in: Verfassungsgerichtsbarkeit und Gesetzgebung. Symposion aus Anlaβ des 70. Geburtstages von Peter Lerche, 1998, S. 75, 96.

4) *Paul Bastid*, L'Idee de Constitution, 1985; *Christian Starck*, Der demokratische Verfassungsstaat, 1995, S. 33ff.

5) Opinion sur les attributions et l'organisation du jury constitutionnaire proposée le 2 thermidor, prononcée à la Convention nationale le 18 du même mois, l'an III de la République(1795), imprimée par l'ordre de la Convention nationale, Paris, S. 3, 20f.

"헌법은 의무를 지우는 법률들의 통일체이거나 아무것도 아닌 것이다. 헌법이 법률의 통일체라면 그 감시자는 어디 있는가, 이 법전에 대한 재판관은 어디 있는가라고 묻게 된다. 이 질문에 답하지 않으면 안 된다. 이 영역에서 태만하면 시민의 생활에서 이해받지 못하고 웃음거리가 될 것이다. 왜 너희는 그것을 정치생활에서 허용하는가라고. 그것이 어떤 문제를 다루든 법률은 헌법을 존중하지 않을 수 있다. 따라서 헌법을 준수하게 할 필요가 있는것이다."

이러한 배경에서 그는 일종의 헌법재판소(jury constitutionnaire)를 설치할 것을 요구했다. 이와 비슷한 내용은 알렉산더 해밀턴이 1788년에 쓴 『페더럴리스트』 78편에서도 볼 수 있다. 그는 헌법이 무엇인가, 그것은 기본법이라고 선언했다. 헌법의 우위에 대한 이러한 생각은 미국에서 이미 1803년에 연방대법원이 연방과 주의 권한 경계 문제를 헌법규범에 근거해 결정함으로써 실현되었다.[6)]

이 연구에서 하는 비교 고찰은 다양한 법질서에 적용되는 통일된 범주를 전제하며, 물론 이러한 범주는 이미 형성되어 주어진 견해가 아니라 실험과 오류라는 절차를 거쳐 변하거나 확대될 수도 있다. 근대적인 헌법의 개념에는 헌법의 우위가 포함되므로 헌법재판소의 활동에서 이의 확보가 문제된다. 헌법의 본질적인 내용에 주의를 기울일 때 헌법의 우위와 관련해 ①(연방제적) 권한관계 ②결정 절차의 규정 ③인권 ④명확하게 범위지워진 몇몇 형성의 임무에 주목하게 된다.

이러한 내용들에 비추어 볼 때 기본 콘센서스를 순수하게 권한적·절차적으로만 이해하려고 한다면 지나치게 좁게 보는 것이다. 이

---

6) Marbury v. Madison, 2 Law Ed. U.S. 60, 73(1803).

러한 최소주의적이고 순전히 절차적인 헌법 이해에 대해서는 모든 정치적 쟁점에 대해서 실정 헌법적인 대답을 찾지 말고, 모든 정치적 행위나 불행위를 헌법의 실현이나 침해로 공표하는 것을 하지 말도록 경고해야 할 것이다.[7] 오히려 정치가 헌법의 범위를 지켜야 마땅하다. 정당의 정강정책을 헌법의 구체화나 실현으로 선언한다면 헌법이 정당정치로 도구화된 것이다.[8] 이로써 정치적으로 형성하는 입법과 헌법을 보장하는 헌법재판제도 간의 공동작업이 경시된다. 이는 명백히 콘센서스를 위협하는 사고와 행위 방식이다.

3. 콘센서스의 문제

이후의 비교 서술에서는 우선 이탈리아·스페인·포르투갈 같은 남부 유럽 국가에서 헌법재판소의 실효성을 각각의 국민사회에서 기본 콘센서스라는 관점에 비추어 고찰할 것이다. 이 세 나라에서는 다른 시기에 — 이탈리아는 2차세계대전 후, 스페인과 포르투갈은 1970년대 초반에 — 권력분립과 인권을 경시하던 권위주의 정권이 붕괴했다. 새로운 헌법에 기초한 새 출발은 헌법재판소 설치로 확보되었다. 포르투갈과 스페인에서는 이탈리아와 독일의 긍정적인 경험을 따른 것이었다. 독일의 헌법재판제도는 대한민국에서도 모범이 되었다. 대한민국의 헌법재판소는 10년 전부터 헌법국가적 발전을 촉진하며 통합기능을 했다.

---

7) *Hans Vorländer*, Konsens und Verfassung, 1981, S. 28; *Starck*(각주2), §164 Rdnr. 14ff.
8) *Vorländer*(각주7), S. 104f.

오늘날 이와 매우 유사한 상황은 대부분의 옛 소비에트 블록의 국가들이 새로이 확보한 헌법국가성을 헌법재판소를 통해 보장하려고 노력하는 데서 볼 수 있다.[9] 이 국가들은 서유럽의 모범을 따를 수 있고, 사실로 나타난다. 헌법재판소가 장기적으로 콘센서스와 통합의 요소임이 증명될지는 아직 판단할 수 없다.

남부 유럽 국가들에 이어 오스트리아를 살펴볼 것인데, 오스트리아의 헌법재판소는 1·2차세계대전 사이에 형성되어 헌법 보호를 위한 법원제도로는 유럽에서 가장 오래된 것이다. 나아가 프랑스의 헌법위원회(Conseil constitutionnel)가 지니는 특별한 상황은 흥미로운 관점을 제시한다.

벨기에의 중재재판소(Cour d'Arbitrage)는 깊이 논하지는 않겠다. 그러나 지금까지 15년 동안의 활동으로 벨기에의 복잡한 연방제도[10]를 균형 있는 판결로 안정시키고, 통합적 요소로 콘센서스를 촉진하는 작용을 했다는 점에서[11] 간략하게나마 언급할 가치가 있다. 영국의 개혁안 속에서 헌법재판을 수행하는 최고법원의 역할을 몇 가지 언급한 후, 마지막으로 유럽 국가들의 헌법재판소를 본받아, 특

9) *Florin Vasilescu*, Le rôle des cours constitutionnelles en période de transition démocratique, in: Revue Européenne de droit public 10(1998), S. 27ff; *Georg Paul Hefty*, Die Konflikte des Systemswechsels bereinigt. Das Wirken des ungarischen Verfassungsgerichts, FAZ v. 25.8.1998/Nr. 196, S. 6; *Nicole Krone*, Die Verfassungsgerichtsbarkeit der russischen Föderation. Eine juristische Institution im Spannungsfeld von Verfassungsauftrag und politischer Wirklichkeit, in: Osteuropa 48(1998), S. 253, 266f; *Andrzej Zoll*, Polnische Verfassung und Verfassungsgerichtsbarkeit im Wandel(Schriftenreihe des Nieders. Landtages 38), 1997.

10) *Volker Schlette*, Das föderale System Belgiens, ZöR 54(1999), S. 295ff의 설명 참조.

11) *André Alen*, Belgien: Ein zweigliedriger und zentrifugaler Föderalismus, ZaöRV 50(1990), S. 501, 525f; *Francis Delpérée*, Droit constitutionnel: Belgique, in: Revue européenne de droit public 8(1996), S. 371, 380f.

히 헌법 제정의 업무와 활동에서 인상적이며 새로운 방식으로 콘센서스를 촉진시킨 남아프리카공화국의 헌법재판소를 다룰 것이다.

2. 개별 헌법재판소

① 1948년에 헌법에 규정하고,[12] 1956년에야 창설한 이탈리아 헌법재판소(Corte costituzionale)는 이탈리아의 전통과 달리 헌법을 직접 효력 있는 법으로 진지하게 받아들임으로써 초기에 다른 법원의 저항을 극복하고, 부분적으로는 파시스트적인 내용을 지니고 있던 전입헌주의적 법을 헌법에 상응하도록 변화시켰다. 이 과정에서 헌법재판소는 기성 권력의 '저항과 회의적인 소극성'에 맞서야 했다.[13]

파르마에서 열린 헌법학자대회에서 이탈리아 헌법재판소의 초기 20년 동안의 활동을 평등 조항, 지방자치 행정, 사경제활동의 자유와 한계, 헌법재판소와 기타 법원의 관계에 대한 판결이라는 관점에서 결산한 바 있다.[14] 이에 따르면 이탈리아 헌법재판소는 이미 초기 판결부터 사법적극주의로 평가되었다. 이는 헌법재판소가 민주적 통제에서 자유로운 제2의 입법자 역할을 한다는 비난을 받았다.

당시에 바로 헌법재판관으로 임명된 레오폴도 엘리아는 이 대회에서 헌법재판소가 "의견들의 혼돈과 다원성 속에서 가장 합리적

12) 이탈리아 헌법 134~137조.

13) *Theo Ritterspach*, Probleme der italienischen Verfassungsgerichtsbarkeit, AöR 104(1979), S. 137f; vgl. *Jörg Luther*, Die italienische Verfassungsgerichtsbarkeit, 1990, S. 156f; *Michael Dietrich*, Der italienische Verfassungsgerichtshof, 1995, S. 221ff 참조.

14) 학회 자료집인 *Nicola Occhiocupo*(Hg.), La Corte Costituzionale tra norma giuridica e realtà sociale. Bilancio di vent'anni di attivita, 1978 참조.

인 의견의 섬"이 되려고 하는 노력에 대해 말하면서, 헌법재판소는 실제로 도달할 수 있는 범위에 머무르고, 집합적 의식(kollektives Bewuβtsein) 깊은 곳에 뿌리내리고 있으면서 상당 부분 헌법전에도 표현되는 전래의 가치와 연계되어 있다고 했다.[15)]

엘리아는 여기서 헌법의 원리를 집합적 의식과 연결했다. 이에 의하면 헌법이 표현하는 기본 콘센서스는 집합 의식에서 나온다. 더 나은 생각은 있기 어렵다. 당시 새로운 헌법에 대해 법률가들이 일시적으로 지녔던 소원함을 생각한다면 이러한 생각이 지나치게 이상주의로 보일 수도 있다. 하지만 헌법재판소가 집단적 의식의 밝은 면을 강화해 그것이 이길 수 있도록 도왔을 수도 있다. 이러한 범위에서 헌법과 헌법재판소의 교육 기능을 말할 수도 있을 것이다.

헌법재판소가 기본권을 수호한 점은 일반적으로 인정되지만,[16)] 중앙정부와 지방의 분쟁에서 헌법재판소가 중앙집권주의적 성향을 보인 것은 단견이라는 비판이 있다.[17)] 전체적으로 보아 헌법재판소에 대한 칭송이 우세할 뿐만 아니라, 헌법재판소는 "헌법에 확립된 국가와 사회질서의 기본 원리의 수호자, 도전받지 않는 해석자"로 널리 인정받았다.[18)] 심지어는 헌법재판소의 권한을 확대하고, 헌법소원을 허용하려는 의도도 있었다. 이탈리아의 헌법재판소는 과도한 해석론을 쫓지 않고, 개별 헌법규범을 사안과의 연관 속에서 실천적

15) In: *Occhiocupo*(각주14), S. 168.

16) 요약한 것은 Dietrich(각주13), S. 227.

17) 토론 in: *Occhiocupo*(각주14), S. 171~273; *Gustavo Zagrebelsky*, La giustizia costituzionale, 2. Aufl. 1988, S. 337ff.

18) *Ritterspach*, in: Starck/Weber(Hg.), Verfassungsgerichtsbarkeit in Westeuropa, Bd. I, 1986, S. 239.

인 이성을 지니고 그 체계적인 맥락에서 해석했다.[19] 이로써 입법자에게 형성 영역이 남겨졌다.[20]

② 스페인 헌법재판소(Tribunal constitucional)는 1980년에 새로운 헌법[21]을 발효하면서 바로 설립하고 활성화되었다. 스페인 헌법재판소의 재판관과 부소장을 지낸 프란시스코 루비오 요렌테[22]의 평가에 의하면, 헌법재판소는 단순히 그것이 존재한다는 사실과 그 판결 방식로 정치적인 힘겨루기에 대한 스페인 사람들의 생각에 심대한 변화를 가져왔다. 헌법이 단순히 수사적 표현과 조직 규범의 합이 아니라 다양한 국가권력을 제한하는 법규범을 포함한다는 생각은 정치적 입장을 온건화하는 데 크게 기여했다는 것이다.

헌법재판소는 헌법에 도입한 다양한 이데올로기 사이에서, 중앙집권주의와 자치행정 사이에서 균형을 확보함으로써 권위를 얻었다.[23] 시민들은 헌법재판소를 시민 권리의 최후의 보루로, 헌법이 제시하는 국가권력의 한계 수호자로 인식하게 되었다. 하지만 루비오 요렌테는 헌법재판소의 결정이 정치적 절차에 지나치게 영향을 미쳐 정치를 점점 법화시키고, 의회에서 논쟁이 법적인 토론으로 번진다고 지적했다.

가르시아 데 엔테라는 판을 거듭해 출판한 『규범으로서의 헌법과 헌법재판소』에서 헌법재판소를 헌법재판소의 결정으로 항상 새로워지

19) *Zagrebelsky*(각주17), S. 52ff, 515ff.
20) 정치기관의 재량에 대해서는 *Zagrebelsky*(각주17), S. 63 참조.
21) 스페인 헌법 159~165조.
22) In: Starck/Weber(각주18), S. 273f.
23) *Francisco Rubio Llorente*, La forma del poder, 1993, S. 434f.

는 시초의 콘센서스를 보존하는 자라고 명시했다. 헌법재판소는 정치 세력들에 의한 정파적인 해석과 도구화에서 헌법을 보호했다는 것이다.[24] 헌법재판소는 헌법조문이 변하는 역사적 상황에 적응하면서 결국 진화해야 하는 해석을 결정한다는 것이다.[25] 이로써 헌법조문에서 허용하는 해석의 여지와 헌법의 윤곽으로서 특성을 암시한다.

③ 이러한 헌법에 대한 의지는 포르투갈 헌법재판소(Tribunal Constitucional)의 의미에 대한 저술에도 표현되었다.[26] 국가기관의 정치적 의사형성은 헌법에 의해 주어진 한계를 지키는 등 정치적 절차는 헌법에 충실하게 진행해야 한다.[27] 하지만 포르투갈 헌법재판소 소장인 카르도사 다 코스타는 기본권의 보장과 구체화만이 아니라, 소극적으로 해석되지만 헌법이 보장하는 사회적·문화적 기본권의 '계속적 발전'에 대해서도 언급했다.[28]

자치지구인 아소렌(Azoren)과 마데이라(Madeira)의 권한과 관련해서는 그 관할을 명확히 하는 것이 문제된다고 했다. 헌법재판소는 그 판결에서 소극적, 즉 한계를 정하는 방식으로 정치 절차의 합헌적 진행을 보장하는데, 여기서 헌법재판소는 주연으로서 국가를 지도하는 데 참여한다. 많은 글에서 헌법재판과 민주적 다수결의 정

24) *Eduardo García de Enterría*, La Constitucion como norma y el Tribunal Constitucional, 2. Aufl. 1982, S. 207.

25) *García de Enterría*(각주24), S. 141f; 헌법 해석은 *Rubio Llorente*(각주23), S. 605ff, 615ff 참조.

26) 포르투갈 헌법 223~226조, 278~283조 참조.

27) *Manuel J. M. Cardosa da Costa*, In: Starck/Weber(각주18), S. 305ff.

28) 포르투갈 헌법에 규정된 수많은 사회적 기본권의 해석에 대한 자세한 내용은 *Eva M. K. Häußling*, Soziale Grundrechte in der portugiesischen Verfassung von 1976, 1997, passim, bes. S. 117ff 참조.

당성 간에 존재하는 갈등의 잠재성에 대해 논의되는데[29] 이는 항상 헌법 해석의 문제로 귀결된다. 스페인처럼 포르투갈 헌법재판소 역시 정치과정을 경계짓는 데 중요한 역할을 한다. 포르투갈 헌법은 이미 두 번에 걸쳐(1982년과 1989년) 대폭 개정했으므로 헌법재판소는 콘센서스를 안정시키는 기능을 그 기반의 변화에 맞춰 수행해야만 했다. 이는 헌법재판소가 활동의 지향점을 바꿈으로써 그럴 수 있었다.

④ 지금까지 논한 헌법재판소들은 오스트리아 모델을 기초로 했다. 이는 1차세계대전 이후에 켈젠의 영향을 많이 받으며 오스트리아에 도입되었고, 독일의 헌법재판제도에도 영향을 미쳤다. 권한쟁의제도와 연방이나 주 정부가 제기하는 추상적 규범 통제제도에 의해서 오스트리아에서는 권력의 문제가 독자적인 헌법재판소에 의해서 결정되는 법적 문제로 전환되었다.[30] 1920년의 연방헌법으로 창설한 오스트리아 헌법재판소는 제1공화국의 민주시대(1920~1933)에는 헌법의 권한과 절차 규정을 척도로 한 위헌 법률 심사에 국한해 권한을 행사했다. 이는 — 켈젠[31]의 이론에 따라 — 기본권의 법률유보를 임의로 기본권을 제한하도록 위임한 것으로, 즉 — 당시 모든 유럽 국가에서 생각한 것처럼 — 입법자를 유일하고 통제받지 않는 기본권 해석자로 인정했기 때문이었다.

---

29) *J. C. Vieira de Andrade, F. Lucas Pires*, in: Legitimade e Legitimarção da Justiça Constitutional, Colóquio no 10. Aniversario do Tribunal Constitucional, Coimbra 1995, S. 75ff, 85ff, 167ff.

30) *Christian Starck*(각주4), S. 41f; *Heinz Schäffer*, Festschrift für Koja 1998, S. 105.

31) *Hans Kelsen*, Österreichisches Staatsrecht, 1923, S. 59.

2차세계대전 이후에도 기본권 척도의 성격과 관련해 우선은 큰 변화는 없었다.[32] 1984년쯤까지 법률은 기본권의 본질적인 부분을 공동화하거나, 그 효력이 기본권 폐지와 비슷할 때만 기본권을 침해한 것으로 판결했다.[33] 비례원칙을 적용함으로써 비로소 기본권을 척도로 하는 법률의 실질 심사가 이루어졌다.[34] 하인즈 쉐퍼의 판례가 변한 이유를 유럽의 다른 헌법재판소들과 교류, 특히 독일의 영향, 기본권의 일반 원리, 오스트리아에서 연방헌법과 동등한 지위를 지니는 유럽인권협약[35]의 실질적 법률유보를 심각하게 고려한 것 등에서 찾는 것은 적절하다고 하겠다.[36]

기본권에 대한 새로운 판결로 헌법재판소와 입법부 간에 긴장관계가 형성되었는데, 이는 다른 헌법국가에서도 다르지 않으며, 효율적인 기본권 보장의 일반적인 결과다. 모든 개별적인 비판에도 윤곽을 부여하는 헌법의 기능을 보장하면서, 기본권의 헌법적 의미를 강화할 능력을 지닌 오스트리아의 헌법재판소는 권력분립의 중요한 초석으로 인정받는다.

⑤ 프랑스 헌법위원회(Conseil constitutionnel)는 1958년에 제정한 제5공화국 헌법으로 창설했는데,[37] 그 목적은 정부를 의회에서 보

32) 이에 대한 비판적 견해는 *Karl Korinek*, Die Verfassungsgerichtsbarkeit im Gefüge der Staatsfunktionen, VVDStRL 39(1981), S. 7, 43f. m.w.N.

33) Österr. VerfGH, Slg. 8991(1981).

34) Österr. VerfGH, Slg. 12094(1989).

35) *Theo Öhlinger*, Verfassungsrecht, 3. Aufl. 1997, S. 78.

36) *Schäffer*(각주30), S. 121; *Schäffer*, Landesbericht, In: Starck(Hg.), Grundgesetz und deutsche Verfassungsrechtsprechung im Spiegel ausländischer Verfassungsentwicklung, 1990, S. 41, 63ff.

37) 프랑스 헌법 56~63조.

호하는 것, 특히 의회가 헌법 34조에 열거한 입법 사항을 넘어 법규명령의 영역으로 월권하는 것을 막기 위해서였다.[38] 헌법위원회는 1971년 7월에 유리한 상황을 이용해 법률을 위헌이라고 선언했는데, 그 척도는 1901년의 기본권에 관한 법률(Grundrechtsgesetz)이었고, 1958년과 1946년 헌법의 전문이 그 연계점으로 기능했다. 한 쪽 반 정도의 결정문에서 헌법위원회는 집회의 자유를 1958년 헌법이 엄숙하게 확인해 헌법적 지위에 이른 기본 원리의 하나라고 표현했다.[39]

이 결정에 대한 평석이 프랑스에 적지 않다. 쟝 리베로는 이 결정이 7월 16일에 발표된 것과 관련해 다음과 같이 기술했다. "바스티유 감옥 점거 이후 프랑스 국민은 7월에 혁명하기를 좋아한다."[40] 프랑수아 루쉐는 이 결정으로 프랑스의 전통적인 법률 개념이 철폐되었다고 결론지었다.[41] 그는 프랑스의 인간과 시민의 권리 선언 6조를 변형해 의회가 결의한 법률에 대해 "법률은 헌법을 존중하는 한에서 일반 의사를 표현했다"고 하는 1985년 8월 23일의 헌법위원회 결정[42]을 인용하기도 했다. 이로써 일반 법률에 대한 헌법의 우위가 프랑스에서도 확립되었고,[43] 헌법위원회는 헌법재판소의 지위를 지니게 되었다. 헌법

---

38) 프랑스 헌법 61조 2항 참조; 이것은 *Michel Fromont*, In: Starck/Weber(각주18), S. 313.

39) Recueil des décisions du Conseil constitutionnel, 1971, S. 29: "2. 공화국의 법률과 헌법전문이 엄숙하게 인정하는 기본 원칙을 모두 고려할 때 결사 협정에 관한 1901년 7월 1일 법률의 일반 규정에 기초한 결사의 자유 원칙을 정립할 필요가 있고" 이에 대한 평석으로는 *Louis Favoreu/Loïc Philip*, Les grandes décisions du Conseil constitutionnel, 7. Aufl. 1993, S. 245ff 참조

40) *Jean Rivero*, Le Conseil constitutionnel et les libertés, 2. Aufl. 1987, S. 182.

41) *François Luchaire*, La protection constitutionnelle des droits et des libertés, 1987, S. 76.

42) Recueil, S. 70, 76, considérant no. 27.

43) 전개 상황은 *Volker Schlette*, Die Konzeption des Gesetzes im französischen Verfassungsrecht, JöR 33(1984), S. 279ff, 특히 S. 288ff 참조.

위원회의 결정은 1974년 이래 국민의회와 상원의 소수 의원도 사전적 규범 통제를 제기할 수 있게 됨으로써 대폭 증가했다.[44)]

헌법위원회의 정당성에 대해 프랑스에서는 — 대부분이 정치학자인 — 소수이지만 여전히 강력한 비판을 제기한다.[45)] 그 논거로는 민주적 다수결의 원리와 모순되는 것, 특히 사전적 통제는 성격상 정치적 통제가 될 수 있다는 것, 헌법위원회 위원의 각 3분의 1을 공화국 대통령과 국민의회, 상원 의장이 임명하는 방식(프랑스 헌법 56조 1항) 등을 든다.[46)]

프랑스 법률가 대다수는 법률 개념과 헌법위원회의 동시적인 변화를 긍정적으로 평가했다. 비교헌법적인 관점에서도 기본권 보장을 위해 법관을 법률 위에 세우는 것이 불가피하다는 것이다.[47)] 이를 프랑스 헌법제도의 현대화를 위한 중요한 진보라고 보는 것도 타당하다. 이전에 헌법위원회와 그 위원들을 — '폐지해야 할 제도', '맹목적이고 순종적인 감시꾼들'이라고 — 비판하던 미테랑도 이후에 대통령으로서 심지어 1989년과 1993년에 헌법위원회의 권한을 확대할 것을 제안했으나[48)] 아직 실현되지는 않았다.

헌법위원회에 의한 법률의 사전적 통제는 오늘날 프랑스 제도의

44) 개정 프랑스 헌법 61조 2항.

45) 예를 들어 *Alain Werner*, Le Conseil constitutionnel et l'appropriation du pouvoir constituant, in: Pouvoirs 67(1993), S. 117ff; *Jean Foyer*, Pour la suppression du Conseil constitutionnel, Revue administrative, Jg. 1998, S. 94ff.

46) 이러한 논거는 *Pierre Bon*, La légitimité du Conseil constitutionnel français, in: Legitimade(각주29), S. 139~146 참조.

47) *Favoreu/Philip*(각주39), S. 640f(no. 12f).

48) Le Monde nr. 13830 v. 16. u. 17. Juli 1989, S. 7 참조; *Bon*(각주46), S. 152에서는 위의 인용문도 볼 수 있다.

일부다. 법률에 대한 사법적 관여로 입법의 합리성이 제고되고, 정치적 열정이 완화되며, 사회관계의 연속성이 확보된다.[49)]

⑥ 영국에는 대법원이 헌법재판도 수행해 헌법의 우위를 확보해야 한다고 하는 헌법 초안[50)]이 있다. 이 초안을 작성한 이들은 존 고흐의 관찰을 적절하게 따랐다. 그는 1955년에 발간한 『영국 헌정사 근본법』(Fundamental Law in English Constitutional History) 2쪽에서 "기본법의 개념은 일반적으로 사법심사 원칙과 관련된다. 이에 따르면 입법의 타당성이 문제될 때는 대법원이 최종 결정권을 갖는다"고 했다.

물론 이러한 개념은 의회입법에 대한 헌법재판소의 어떠한 통제도 거부하는 의회 주권의 종말을 요구한다. 이렇게 되면 의회가 다른 모든 헌법기관처럼 헌법의 하위에 서게 된다. 유럽 대륙의 관점에서 보면 이는 영국이 헌법국가적으로 정상적인 상태에 적응함으로써 고전적 의미에서 성문헌법의 합리성을 인정한다는 의미다.

성문헌법은 영국에서 군주제적 절대주의를 성공적으로 무찌른 지 약 100년 후에 북아메리카의 영향을 받아 유럽 대륙으로 점진적이며 매우 실험적으로 도입되었다. 군주의 절대주의에 대한 대륙에서 투쟁에 모범이 되었던 영국이 이제는 최근 대륙에서 일어나는 헌법국가의 전개 상황을 모범으로 삼게 되는 것이다. 영국에서 이러한 방향으로 콘센서스가 형성된다면 대법원이 헌법재판의 권한을 갖는 것은

49) *Luchaire*(각주41), S. 475f.

50) The Constitution of the United Kingdom, Institute for Public Policy Research, London, 1991; 이에 대해서는 *Christian Starck*, Eine Verfassung für das Vereinigte Königreich?, AöR 119(1994), S. 627, 638f 참조; 대법원에 대해서는 *Dawn Oliver,* The Government in the United Kingdom, 1991, S. 4ff, 187ff에서 영국 헌법 초안에 대한 언급 참조.

당연한 결과이며, 새로운 헌법 상황에서 규범 통제를 합리적으로 사용한다면 이는 콘센서스를 유지하고 강화하는 작용을 할 것이다.

⑦ 헌법재판소가 콘센서스를 유지하고 창설하는 기능을 하는 명백한 예는 남아프리카공화국이다. 그곳의 체제 변화는 — 백인이 구성한 정부와 다수인 흑인의 대표라는 — 협상 파트너가 34가지의 헌법 원칙에 합의한 타협의 결과였다.[51] 이러한 원리들은 헌법 제정에서 존중되어야 했다. 이의 준수 의무가 제재 방법이 없는 위임으로 퇴락하지 않도록 1994년 4월 27일의 임시헌법에 근거해 설립한 남아프리카공화국 헌법재판소(Constitutional Court)는 의회에서 결의한 헌법 초안이 합의한 원칙에 합치하는지를 심사하도록 했다.[52] 최초 심사에서 수많은 위반이 드러났고,[53] 이를 수정한 내용을 다시 심사해 비로소 헌법 원칙과 합치함을 확인했다.[54]이처럼 매우 독특한 헌법 제정 절차가 진행되고, 여기서 새로 설립한 헌법재판소가 이처럼 결정적인 역할을 할 수 있었던 것은 헌법의 기초 위에서 국민을 통합하는 데서 헌법재판소가 지니는 높은 지위를 일반적으로 보여준다.

3. 헌법보장으로 콘센서스 유지

주로 문헌에 나타난 입장에 기초한 지금까지의 고찰로 볼 때 주

---

51) *Christian Starck*, Der südafrikanische Verfassungsvertrag von 1993, in: Behrends/Starck(Hg.), Gesetz und Vertrag I(Abh. Der Akademie der Wissenschaften zu Göttingen. Philologisch-Historische Klasse, Bd. 265), 2004, S. 125ff.

52) *Levin Holle*, Das Verfassungsgericht der Republik Südafrika, 1997, S. 166f.

53) Entsch. v. 6. Sept. 1996, Case CCT 23/96.

54) Entsch. v. 4. Dez. 1996, Case CCT 37/96.

제에 담긴 질문에 긍정적으로 답하게 된다. 즉 헌법재판소는 사회적 기본 콘센서스를 보존·지지·장려할 수 있고, 그러는 한 통합적으로 작용할 수 있다는 것이다.

정치과정에서 의회와 행정부의 결정으로 나오는 것은 재판 형식의 절차를 통해 헌법의 척도에 따라 측정될 수 있다. 정치적인 성격을 지닌 다수결이 헌법에 합치하는가를 심사하는 데는 사법절차가 특히 적합하다. 권한과 절차, 즉 민주적 경기 규칙이 준수되었는가를 통제하는데 이는 자명한 일이다.[55] 하지만 절차에 맞게 형성된 정치적 결정이 내용적으로 합헌인가는 종종 논란이 된다. 헌법에 실체법적인 규범과 원리의 기본 콘센서스도 표현된다면 법원이 이를 제도적으로 보호하는 것이 기본 콘센서스에 도움이 되고, 강화하는 것이 된다.[56] 만약 표현되어 있지 않다면 이는 오히려 필수적일 것이다.

헌법재판소가 콘센서스를 유지하는 기능을 수행하는 기본적인 전제 조건은 정치적인 일상 논쟁에 말려들지 않고 정치적으로 중재하려고 하는 것, 즉 정치적 기능을 자임하지 않고 헌법규범의 최적화를 요구하지 않는 것이다. 그렇지 않으면 헌법재판소는 법적인 기능과 정치적인 기능 사이에서 우왕좌왕할 것이다. 헌법은 특히 실체법적인 규정에서 사회의 정치적 형성에 대한 윤곽만을 제시했다.

이로써 우리는 헌법 해석의 문제에 이르렀다. 모든 해석의 출발점은 조문 해석이다. 이를 통해서 합리적이고 신뢰할 수 있는 논증이

---

55) *Alexander v. Brünneck*, Verfassungsgerichtsbarkeit in den westlichen Demokratien, 1992, S. 144 참조.

56) 독일에 대해서는 *Christian Starck*, Das Bundesverfassungsgericht im politischen Prozeß der Bundesrepublik, 1976, S. 30 참조.

이루어진다. 이는 법관의 자기 통제와 콘센서스의 유지에 기여하며, 법원 판결을 납득시키는 논거의 시작이다.[57] 나아가 외국 재판소와 국제재판소의 판례에서 나타나는 해석 경험도 매우 유용하다. 이탈리아나 오스트리아 헌법재판소 판결의 전개 상황이 보여준 것처럼 기본권을 척도로 하는 규범 통제에서 비례원칙이 점차 결정적인 역할을 하는 경우가 그렇고,[58] 프랑스도 마찬가지다.[59]

헌법의 콘센서스에서 중요한 것은 특히 논거에 기초하는 판결 내용의 질이다.[60] 이 글에서 다룬 헌법재판소와 프랑스 헌법위원회는 원내 야당 등의 제소에 따라 법률의 위헌 여부를 결정했다.[61] 결정의 이유를 통해서 항상 법원이 헌법의 관철에 국한하고 있음이 명료해져야 한다. 그렇게 해야만 정당 간, 즉 의회 다수파와 소수파의 정치적 권력싸움에 말려들어 콘센서스를 안정시키는 힘을 잃는 위험을 피할 수 있다.

이를 알렉산더 폰 브뤼네크는 "오직 헌법재판소가 내용적으로 논란의 여지가 없는 서구 헌법의 구조 원리를 지향하는 이유에서만 그 판결이 다수결로 항상 위협받는 헌법의 콘센서스를 지키기 위한

---

57) *Starck*(각주4), S. 82; *Ossenbühl*(각주3), S. 75, 96.

58) 컨센서스 유지의 관점에서 본 개인적 자유의 보장에 대해서는 *Ingwer Ebsen*, Das Bundesverfassungsgericht als Element gesellschaftlicher Selbstregulierung, 1985, S. 321ff 참조.

59) Entscheidungen des Conseil constitutionnel vom 19./20. 1. 1981 und vom 17. 1. 1989(형법 관련); 이에 대해서는 *Favoreu/Philip*(각주39), S. 445, 457, 736f.

60) *v. Brünneck*(각주54), S. 147.

61) *A. Weber*, In: Starck/Weber(각주18), S. 67, 71f; *Luca Mezzetti*, Giustizia costituzionale e opposizione parlamentare. Modelli europei a confronto, 1992; *Klaus Stüwe*, Die Opposition im Bundestag und das Bundesverfassungsgericht, 1997, S. 285, 336, 342 참조.

구체적 권위를 지닌다. 헌법의 원리를 내용적으로 구체화해야만 헌법재판소가 정치제도에서 다수집단에 성공적으로 대항하거나, 소수집단이 패배와 화해할 수 있다"[62]라고 적절하게 요약했다.

해석규칙과 선결례는 '헌법해석자의 열린 사회'[63]나 '헌법 해석의 민주화'[64]와 같은 개념에서 사라진다. 법적 평등은 민주주의의 기초라고는 할 수 없을지언정 그 본질적인 요소에 속한다. 헌법이 녹아내리는 상황에서 어찌 법적 평등을 보장하겠는가? 평등은 시간의 차원에서도 어느 정도 확보해야 하므로 규범성과 규범의 동질적 취급을 전제로 한다. 이는 민주사회의 기본 콘센서스의 전제에 속한다고 할 것이다. 헌법이 지속적으로 법을 창조하는 헌법 변천을 겪는다면 이는 법적 평등을 보장하기 위한 기본 조건이 결여된 것이다. 또한 헌법이 시류에 적응하는 것은 항시 다수의 의견이 아니라 매스미디어, 특히 암시적으로 작용하는 매스미디어를 통해 시대정신을 규정하는 자들의 의견에 기인함을 고려해야 한다.

사회과학적 헌법 해석이 규범이 주도하는 사회관계의 발견에 국한되지 않는다면[65] 이는 규범으로서의 헌법을 사회철학이나 정치적 의지와 맞바꾸는 것이 된다. 철학적으로나 법적으로 인정할 수 없는 현실과학적인 헌법 해석 수단을 사용하지 않더라도, 윤곽으로서의 헌법의 개념으로 다수의 정책과 사회철학에 활동의 여지를 준다.

고전적인 범위를 벗어나지 않는 헌법 해석은 국가 행위의 합리성

---

62) *v. Brünneck*(각주54), S. 145.
63) *Peter Häberle*, Die offene Gesellschaft der Verfassungsinterpreten, JZ 1975, S. 297ff.
64) 이에 대한 자세한 내용과 그외의 관점은 *Starck*(각주2), §164 Rdnr. 24~29 참조.
65) *Starck*(각주4), S. 97ff.

을 진작시킨다. 해석에 대한 법관의 논증은 미래를 향해서도 작용하며 정치활동의 범위를 한계짓고, 정치적으로 행위하는 기관에서 다수결 원리를 문제 삼지 않는다. 법적인 기능에 국한된 헌법재판은 무엇보다도 그 예견 가능성으로 콘센서스를 유지하며 통합적으로 작용한다.[66)]

판결의 변화가 일어난다고 해서 헌법재판소의 법적 기능을 포기하는 것이 아니다. 이러한 변화는 논거를 그럴듯하게 만드는 것이다. 원리나 인접 국가의 헌법 발전이 준비가 잘 되어 있을수록 콘센서스와 통합할 가능성은 크다. 이전 공화국의 기본권 법률을 관련짓고, 궁극적으로는 인간과 시민의 권리 선언을 현재 입법의 척도로 삼은 프랑스 헌법위원회의 앞에서 언급한 판결은, 확실히 프랑스 정치사상이나 헌법 실천의 오랜 전통과 단절하는 것이었지만 용감한 혁신이었다.

이는 헌법 전문과 그것이 지시하는 곳에서 명백하게 텍스트상의 기초를 지녔고, 독일과 이탈리아 등 인접 국가에서 헌정국가적 전개와 일치했다. 3년 후에는 헌법 개정 입법자가 헌법 61조 2항의 제청권을 확대함으로써 확인했다. 이탈리아와 오스트리아에서 1980년대 중반에 입법의 실질적 한계를 기본권의 척도에 맞게 확립할 수 있도록 비례원칙을 활성화한 것도 비슷하게 평가할 수 있다.

---

66) *Ossenbühl*(각주3), S. 96.

6장.
헌법재판 규범 통제 결정의 주문작성과 효과

1. 합헌적 혹은 위헌적 법률

독일에서 법률의 헌법재판적 심사는 3가지 절차로 이루어진다. ①추상적 규범 통제(헌법 93조 1항 2와 2a호, 연방헌법재판소법 76조 이하) ②구체적 규범 통제(헌법 100조 1항, 연방헌법재판소법 80조 이하) ③헌법소원(헌법 93조 1항 4a호와 4b호, 연방헌법재판소법 90조 이하)이다.

연방헌법재판소가 침해적 규범이 합헌이라는 확신에 이르는 경우 — 때에 따라서는 침해적 법률의 합헌적 해석으로[1] — 이것은 추상적 혹은 구체적 규범 통제 절차에서 결정의 주문(판결의 주문)에 표현한다. 헌법재판소는 규범 통제 신청이나 법원의 위헌법률심판청구(Gerichtsvorlage)를 기각하는 것에 그치지 않고, 오히려 결정 주문

1) 예를 들면 BVerfGE 32, 373, 383; 69, 1, 55; 98, 1, 15ff; 99, 341, 358.

에서 침해적 법률 규정이 헌법에 합치한다고 명시적으로 선고한다. 헌법소원 결정은 단지 헌법소원이 기각되었다고만 선고한다.

헌법재판소는 침해적 법률이 위헌이라는 결론에 도달하면 그 법이 – 보통은 각각의 법률 규정이 – 하나 혹은 여러 가지의 헌법 조항과 불일치해서 무효라고 선언한다(연방헌법재판소법 78조). 무효가 소급효가 있다는 것[2]과 그 법이 결정을 통해서 그때부터 비로소 무효가 되는 것은 아니라는 것은 전통적인 독일적 사고에서 나오는 것이며, 무효로 선언한 규범에 근거한 형사확정판결에 대해 형사소송법에 따른 재심이 허용된다고 규정하는 연방헌법재판소법 79조에 근거한다. 그외에 무효인 규범에 근거한 취소할 수 없는 결정은 그 결정 이후에 공포된 특별한 법적 규율이 달리 규정하지 않는 한 영향을 받지 않는다.

스페인[3]과 포르투갈[4]에서도 적용되는 위헌인 규범은 무효라는 엄격한 법적 효과는 오스트리아와 이탈리아, 폴란드에서는 통용되지 않는다. 오스트리아 헌법 140조 5항에 따라 위헌적 법률은 폐지된다. 만약 헌법재판소가 18개월 범위에서 실효 기한을 따로 정하지 않는다면 그 폐지는 결정의 공고일에 발효한다. 헌법 140조 7항은 헌법재판소가 그 폐지 결정에서 달리 말하지 않는 한, 법의 폐지 이전에 실현된 구성 요건에는 당해사건을 제외하고 그 법을 여전히 적용한다고 명시적으로 명령했다. 이탈리아와 폴란드에도 그에 상응하는

---

2) 그 발전과정을 포괄하는 *Jörn Ipsen*, Rechtsfolgen der Verfassungswidrigkeit von Norm und Einzelakt, 1980, S. 21ff 참조.

3) Art. 39, 40, Ley orgánica del Tribunal Constitucional.

4) 포르투갈 헌법 282조.

규정이 적용된다.[5] 대한민국에서는 위헌으로 결정된 법률은 결정한 날부터 효력을 잃는다. 형벌에 관한 법률은 소급해서 효력을 상실한다.[6] 독일·스페인·포르투갈에서 무효선언은 소급해서 적용하고, 무효인 법률에 근거해 최종적으로 판결한 사건은 형사판결 외에는 존속하는 데 반해, 앞에서 언급한 나라들의 결정은 장래효를 가진다. 그러나 형사판결과 관련해서는 소급효가 있다. 결과는 대체로 같다.

2. 헌법에 불합치, 그러나 무효는 아님

헌법에 합치하지 않는 법률은 무효로 선언해야만 한다[7]는 연방헌법재판소법 78조의 엄격한 규율을 연방헌법재판소는 이미 매우 오래 전부터[8] 여러 사건에서 회피했고, 단지 불합치선언만을 했다. 입법자는 이미 1970년 연방헌법재판소법 79조 1항의 '무효로 선언한'이라는 문구에 택일적으로 '헌법불합치로 선언한'이라는 문구를 추가했다. 따라서 이미 오래전부터 사용한, 어떠한 법률이 불합치이지만 무효는 아니라고 선언하는 주문작성(Tenonierung)을 승인했다.

이미 1970년 이전부터 시작되었고, 그러는 사이에 법적으로 승인한 이러한 재판관의 법창조의 근거는 무엇일까?[9] 그것은 무효선언으

5) 이탈리아 헌법 136조; Art. 30 Legge 11 marzo no. 87/1953; 폴란드 헌법 190조 3항.

6) 대한민국 헌법재판소법 47조.

7) 연방헌법재판소법 82조 1항(구체적 규범 통제)과 95조 3항 3문(헌법소원)이 본 규정을 준용한다.

8) BVerfGE 7, 320(1958); 13, 248f(1961); 23, 1(1967); 26, 100f(1969).

9) 상세한 것은 *Peter E. Hein*, Die Unvereinbarerklärung verfassungswidriger Gesetze durch das Bundesverfassungsgericht, 1988; *Schlaich/Korioth*, Das Bundesverfassungsgericht, 8. Aufl. 2010, S. 250~266 참조.

로 극복할 수 없는 평등권 위반(1). 그외에 만약 헌법에 불합치하는 법률의 즉각 폐지가 그것의 임시적인 계속 적용보다 더 큰 피해를 야기할 때(2), 복잡한 법적 상황과 사실관계가 있을 때(3)는 무효선언은 피해야 한다는 것에 있다.

1. 평등권 위반

만약 입법자가 해당 집단을 명시적으로 배제해 평등권을 침해한다면, 그 배제 조항이나 제한하는 문구나 단어를 무효로 선언함으로써 법기술상 평등권 위반을 제거할 수 있다.[10] 당해 무효의 결과는 우선 명시적으로 배제된 집단에게 혜택을 주게 된다.

반대로 수혜적 규정이 불이익을 받는 집단을 언급하지 않고, 규정의 문구와 뜻에 따라 확장 해석과 그에 상응하는 적용을 허용하지 않아 입법자의 침묵 속에 헌법을 위반하는 것이라면 법기술상 그 흠결을 무효로 선언할 수 없다. 이러한 예로 공직자를 위한 나치 불법 행위 배상의 규율을 위한 법률이 있었다. 이 법에서는 검증에 성공한 후보자와 해직된 사법 실무 수습생에 대한 배상을 다르게 규율했다.[11] 불이익을 받는 집단 – 여기서는 검증에 성공한 후보자 – 을 포함시키는 것은 법률 규정을 무효로 선언하는 것으로는 달성할 수 없었다.

1967년 11월 28일의 연방헌법재판소 결정[12]은 다음과 같이 판시했다. "만약 헌법 위반이 존재하는 것으로 간주되고, 헌법소원 청구

10) BVerfGE 22, 349, 360. 여기서는 BVerfGE 6, 273, 274; 22, 163, 164를 인용했다.
11) BVerfGE 18, 288, 301.
12) BVerfGE 22, 349, 360f.

자의 요구에 응하려고 한다면, 연방헌법재판소는 판결문(=주문)에 현존하는 법적 규율이 당해 인적집단을 고려하지 않은 것은 헌법 3조 1항을 침해한다고 선고할 수 있다. 그 집단을 수혜적 규정에 포함시키는 것은 입법자의 몫이다."

그후에 노동자와 사원의 해고 고지기간의 불평등 대우가 문제된 유사한 사안의 결정이 있었다.[13] 연방헌법재판소는 언급한 불평등 대우가 평등권에 불합치함을 선언했다. 그 사건의 바탕이 된 판결들은 헌법 3조 1항에 위배된다는 이유로 파기되었고, 사건들은 원심법원으로 되돌아갔다. 그 법원들은 입법자가 새로운 규정을 제정할 때까지 절차를 중단해야만 했다.[14] 연방헌법재판소는 그 결정에서 유동적 상황을 다루었다. 헌법이 민법상의 분쟁[15]에서도 효과적인 권리보호를 보장한다는 것을 고려해 절차 중단은 오직 제한한 시간만 허용된다. 그리고 판례는 계속해서 판시하기를(155쪽) "만약 입법자가 적절한 기한에 헌법 위반을 제거하지 않는다면, 스스로 위헌적으로 행동하기를 원하지 않는 법원들은 자신에게 계류된 소송을 속행해야만 하고, 헌법합치로 판결해야만 한다."

만약 평등권 위반을 다양한 방법으로 고칠 수 있다면 법기술상으로는 가능할 수도 있는 무효선언은 실질적 이유에서 배제된다. 즉 입법자는 배제된 집단을 법적 수혜에 포함시킬 수 있고, 그 수혜를 완전히 제거하거나 수혜자의 범위를 평등권에 적합한 다른 특징으로 제한할 수 있다. 입법자가 어떤 해법을 선택하는가는 헌법재판소가

13) BVerfGE 82, 126, 154f.

14) BVerfGE 82, 126, 155.

15) 연방헌법재판소 결정 BVerfGE 74, 228, 234는 이것의 근거를 Art. 20 Abs. 3 GG.에 두었다.

침해해서는 안 되는 입법자의 형성의 자유에 속한다.[16] 그러나 오로지 강제적 헌법위임[17]을 고려해야 하거나, 각각의 사건[18]에 따라 오직 헌법 위반을 제거하는 것만 고려한다면 다른 결과에 이를 것이다.

2. 무효선언이 피해를 야기할 가능성

국가의 보호의무를 충족하지만 어떤 이유로 위헌인 법률은 단순히 위헌으로 선언할 수 없다. 왜냐하면 결함이 있고 평등권에 위배되는 보호는 완전히 폐지되고, 현존하는 결함 있는 법률 상태보다 합헌적인 질서에서 더 멀어질 수도 있기 때문이다.[19]

그에 관해서는 다음의 예들이 있다. 청소년 유해 출판물 유포에 관한 법률은 입법자가 헌법에 근거한 인격계발의 위해에서 청소년을 보호할 의무(헌법 5조 2항)에 부응하기 위한 규율이다. 만약 이 법에서 연방(유해 출판물)검사소(Bundesprüfstelle)의 위원 선정을 헌법적으로 불충분하게 규율하더라도, 그 법은 위헌이나 무효로 선언할 수 없다. 그렇지 않으면 헌법적으로 필수인 청소년 보호가 사라지게 된다. 그 때문에 연방헌법재판소[20]는 그 법률의 해당 규정을 헌법 5조 3항(예술의 자유)에 불합치한다고 선언하고, 동시에 그 규정은 법

16) 연방헌법재판소 결정 BVerfGE 22, 349, 361f의 고려가 그렇고, 이후 결정들도 같다.
17) BVerfGE 17, 148; 22, 163: 기본법 6조 5항의 헌법위임(법률유보).
18) 연방헌법재판소의 Legatenfonds 결정(BVerfGE 15, 46, 75)에서 연방헌법재판소는 공직의 어떤 특정한 지위가 종래에 공직에 복무하는 사람의 법률관계를 규율하는 법률에 포함되지 않은 것은 기본법 3조 1항을 침해한 것이라고 결정했다. 이 결정은 그 법규범이 법원이 아니라 입법으로 보완하는 결과를 낳았다(전게서, S. 75).
19) BVerfGE 33, 303, 347; 61, 319, 356; 111, 191, 224; 119, 331, 382f.
20) BVerfGE 83, 130, 154.

을 개정할 때까지 최장 4년 동안 계속 적용해도 좋다고 결정했다.

2008년 연방헌법재판소는 연방선거법 규정이 헌법 38조 1항 1문에 합치하지 않는다고 선언했다. 왜냐하면 그 규정은 제2투표(정당투표)에서 득표 증가가 오히려 의석의 손실을 가져오거나, 제2투표(정당투표)에서 득표 감소가 오히려 의석을 증가시킬 수 있었기 때문이다. 의석 할당 규정의 중요성에도 연방헌법재판소는 연방하원의 존립을 위태롭게 하지 않으려고 그 규정을 무효로 선언하지 않았다. 오히려 2011년 6월 30일까지 합헌적 규정을 제정하라고 했다.

2004년 연방헌법재판소는 특히 재범 위험이 있고, 위험성이 큰 범죄자의 수용에 관한 주의 법이 입법권의 흠결을 이유로 헌법에 위배된다[21]고 결정하고, 불합치선언을 했다. 그 결정은 이렇게 판시했다.[22] "만약 다투고 있는 규범의 즉각적인 실효가 공공복리의 더 우월한 가치보호 토대를 박탈하거나, 해당 기본권과의 비교형량으로 과도기 동안 그 침해를 수용할 수 있다는 결과가 나올 때는, 위헌인 규정의 한시적 계속 적용의 명령과 결부되어 단순한 불합치선언을 고려해야 된다."[23] 이러한 비교형량의 논증이 매우 철저하게 6쪽(236~241쪽)에 걸쳐 이루어졌다. 규범 통제 결정의 선고와 함께 위헌인 법률의 무효가 발생하는 — 법률의 폐지를 선고해야만 하는 — 오스트리아와 이탈리아에서는 헌법재판소가 미래의 시점에 무효 효력이 발생하도록 확정해, 독일의 판례에서 설명한 것과 같은 그런 유

21) BVerfGE 109, 190.

22) BVerfGE 109, 190, 235.

23) 판결에서는 특히 다음의 비슷한 결정을 언급했다: BVerfGE 33, 1, 13; 40, 276, 283; 51, 268, 290ff.

형의 사건을 만족스럽게 해결할 수 있게 되었다.

3. 복합적인 법적 상황과 사실관계

연방헌법재판소는 옛 동독의 추가적 혹은 특별연금 시스템에서 연금을 통일독일의 법적 연금보험으로 편입할 수 있는지에 대해 심사했다.[24] 법원의 위헌법률심판청구 대상으로 특정한 연금 시스템의 구성원과 국가기관에 특정한 직책을 가진 사람이 실질적으로 얻은 근로소득을 보험료 할당의 한계까지 연금보험의 의무보험료 기간의 기초로 삼지 않고, 줄어든 액수를 그 기초로 삼는 것이 헌법에 합치하는지가 문제가 되었다.

연방헌법재판소는 1993년 6월까지는 평등권이나 재산권 보장에 위배된다고 확정하지 않고 이전 연방헌법재판소 결정[25]을 언급하면서 다음과 같이 상세하게 설명했다. "복합적인 생활 상태에 관한 규정이 문제된다면 입법자에게는 지식과 경험을 수집할 적당한 시간을 허용할 수 있다. 이 시간에 입법자는 대략적인 표준화와 일반화에 만족해도 된다. 만약 입법자가 그동안 축적한 지식을 토대로 자신의 규정을 검토하지 않고 사실에 부합하는 해결 시도를 포기할 때, 비로소 그것과 관계있는 어려움과 부당함은 헌법적인 이의신청 계기를 마련해준다." 1999년 결정의 주문에서는 다음과 같이 판시했다. "침해적 규정은 1993년 이래 헌법 3조와 14조에 합치하지 않았다. 입법자는 2001년 6월 30일까지 합헌적인 규정을 입법할 의무가 있다."

---

24) BVerfGE 100, 59, 101ff.

25) BVerfGE 33, 171, 189f; 37, 104, 118; 71, 364, 393; 75, 108, 162.

만약 위헌적인 법적 상태가 여러 규정의 복합적인 작용에 기인하고, 이것이 하나 혹은 그외의 규정을 개정해 제거할 수 있다면 연방헌법재판소는 전체 규정의 헌법불합치를 확정하는 것에 그친다.[26] 그외에 합헌적인 새로운 입법을 위한 기한을 확정한다.

주와 기초자치단체 간에 재정 조정에 문제가 있을 때는 기초자치단체가 주의 법을 헌법소원으로 다툴 수 있다.[27] 대부분의 주헌법재판소는 그에 관해 판결해야 한다.[28] 니더작센 주헌법재판소는 1997년에 1995년의 재정조정법이 2가지 헌법 규정의 이해에서 근본적 결함 때문에 니더작센 주헌법에 불합치하다고 선언하고, 1998년이 경과하면 그 법은 실효한다. 즉 그 시점에 무효가 된다고 결정했다.[29] 그 증거로 연방헌법재판소 판례[30]를 대면서 무효선언은 복합적인 후속 문제를 일으킬 수 있는데, 특히 이미 마감한 예산회기의 재청산이 필요해질 수 있다. 신뢰할 수 있는 그리고 그것의 작용을 계산할 수 있는 재정관리, 세출관리, 예산관리의 관점은 소급효 있는 침해와는 대립된다.

연방과 주 간의 재정 조정에 관한 법은 조세수입의 분배를 규정하는 헌법 106조와 107조의 시행법이다. 1993년의 재정조정법은 몇몇 주정부가 신청해 추상적 규범 통제로 1999년에 연방헌법재판소가 심사했다.[31] 여기서 다툼이 된 규정의 복잡한 내용을 설명할 필

26) 예를 들면 BVerfGE 82, 60, 84f; 92, 53, 74; 102, 126, 145f.
27) 주헌법재판소에 헌법소원을 제기했을 때는 기본법 93조 1항 4b호를 보충 적용한다.
28) 개요는 *Christian Starck*, Praxis der Verfassungsauslegung II, 2006, S. 266, 269f 참조.
29) NdsStGHE 3, 299, 321.
30) BVerfGE 72, 330, 433; 86, 148, 279.
31) BVerfGE 101, 158, 160, 238.

요 없이 관심사인 결정 주문작성의 문제를 제기하려면 다음의 사항을 확정해야만 한다. 연방헌법재판소는 재정조정법이 재정헌법의 법적 형성을 위한 기준을 완전히 명확하게 규정하지 않는다는 점을 지적했다. 이 기준을 확정하는 임무는 연방헌법재판소가 아니라 입법자에게 있다. 왜냐하면 헌법적 분배규칙의 개방성(비확정성)이 재정조정의 계층적 규범 구조에서 복합적인 상호관련성을 요구하기 때문이다. 게다가 현재와 미래의 경제적·정치적 변화에 필요한 평가를 할 때 적지 않은 불안정성이 존재한다.

연방헌법재판소는 헌법에서 구체적인 기준 법률의 필요성을 도출해냈다. 헌법과 재정조정법 사이에 존재하는 기준 법률의 요구는 재판관의 헌법 창조를 통한, 헌법에는 규정되어 있지 않은 연방헌법재판소의 혁신이기 때문에 재정조정법을 무효로 선언할 수 없었다. 그 때문에 다투고 있고, 새로운 기준으로 보면 위헌인 재정조정법은 2004년 12월 31일까지 다음의 선행 조건이 충족되는 것을 전제로 적용한다고 결정했다. 즉, 입법자가 2002년 12월 31일까지 연방의 보충 지시를 포함해 거래세 세수분배와 재정 조정을 위해 필수적인 헌법구체화적·헌법보충적 기준법을 공포하라는 것이다.[32]

재정 조정 결정의 특별함은 이의가 제기된 재정조정법이 헌법 106조와 107조에 합치하지 않는다고 판단되고, 연방헌법재판소의 의견에 따르면 그 치유는 단순한 법률 개정으로 성취할 수 있는 것이 아니라 헌법과 재정조정법 사이에 기준법이 개입해야만 한다는 점에 있

32) 그 법률은 2001년 9월 9일 제정했고(BGBl. I, S. 2302), 그 직후 재정배분법(Finanzausgleichsgesetz)을 그에 맞춰 개정했다.

다. 기준법은 헌법이 명시적으로 요구하는 것이 아니다. 그것의 헌법적 필요성은 연방헌법재판소가 비로소 찾고 증명했다.[33] 기준법 마련은 시간을 요하고, 그때까지 구법의 규정을 계속 적용해야만 한다. 왜냐하면 연방국가적 재정 조정은 법적 규정을 전제로 하기 때문이다. 연방헌법재판소는 재정조정법은 기준법을 요구하지 않았어도 임시로 유지되었을 것이라고 한다. 소급적 무효는 정말로 불가능했을 것이다. 왜냐하면 이미 집행한 예산은 되돌릴 수 없기 때문이다.

4. 대한민국과 비교

법이 위헌결정을 장래효로 규정하는 대한민국의 헌법재판소는 불합치 결정을 혼란이나 법적 공백을 피하려고 헌법에 위배되는 법을 임시로 유지하려고 도입했다.[34]

3. 불합치선언의 법적 효과

1. 법적 규정들

무효선언과 달리 불합치선언은 구법이 다시 부활하지 않는다. 오히려 연방헌법재판소에 대해 오직 부분적으로만 규정한 과도기적 상태가 법에서 발생한다. 연방헌법재판소법 79조 1항은 헌법에 합치

33) BVerfGE 101, 156, 214~226.

34) Entscheidung(=E) vom 24. 9. 2009, in Decisions of the Constitutional Court(=DCC) 2009, S. 138; E. vom 29. 7. 2010, DCC 2010, S. 348; E v. 2. 9. 2010 DCC 2010, S. 164.

하지 않거나, 연방헌법재판소법 78조에 따라 무효라고 선언한 규범에 근거한 형사확정판결에 대해, 형사소송법 규정에 의한 재심절차가 허용된다고 규정했다.[35)]

연방헌법재판소법 79조 2항에 따라 그외의 경우에는 78조에 의하여 무효라고 선언한 규범에 근거해 취소할 수 없는 결정은 방해받지 않는다. 그러나 그러한 결정은 집행할 수 없다. 그 집행이 민사소송법의 규정으로 실행해야만 하는 것이라면 집행에 대한 이의의 소(Vollstreckungsgegenklage, §767 ZPO)를 제기해야만 한다. 이 규정들은 어떠한 규범이 헌법불합치로 선언된 경우에도 적용된다.[36)]

다른 나라에는 어떤 규정이 있을까? 폴란드에서는 헌법 190조 4항에 따라 헌법재판소의 결정이 형사판결을 넘어 모든 확정판결의 재심절차를 위한 근거를 의미한다. 오스트리아에서는 헌법 140조 7항이 헌법재판소가 달리 결정하지 않으면 법을 폐지한 후에도 폐지 전에 실현된 모든 구성 요건이 당해사건 외에는 그 폐지된 법에 따라 결정된다고 규정했다. 이탈리아에서는 위헌으로 선언한 규범은 헌법재판소의 결정을 공고한 후에 그 효력을 상실한다(이탈리아 헌법 136조). 이탈리아 헌법재판소법 30조는 위헌인 규범에 근거해 취소할 수 없는 형사판결은 계속 집행하면 안 되고, 모든 형벌 효과는 정지된다고 규정했다. 대한민국에서 헌법소송법은 위헌으로 선언한 규범에 근거해 형사판결을 소급해 그 효력을 상실한다고 규정했다(대한민국 헌법재판소법 47조 2항). 해당 판결이 전체나 부분적으로

35) 형사소송법 359조 이하.

36) BVerfGE 81, 363, 384; 99, 165, 184; *Benda/Klein*, Verfassungsprozessrecht, 3. Aufl. 2012, Rn. 1404.

위헌 규정에 근거하는지 여부를 정식으로 확정하는 재심절차는 대한민국 헌법재판소법 75조 7항과 8항에 규정되어 있다.

법적으로 규정한 법적 효과는 소급효 있는 무효와 장래효 및 미래효 있는 무효 간에 근본적인 차이가 있으나 비교한 나라들은 매우 비슷하다. 만약 장래효 있는 무효의 경우 이전의 형사판결이 규범에 근거해 더 유지될 수 없다면, 장래효 있는 무효는 입법자가 형사판결에 적용하기를 주저하는 실용적인 해결책임을 보여준다. 법학적·논리적으로 깔끔한 소급효 있는 무효의 해결은 과거에 결정한 사건들에서 언제나 관철될 수는 없다. 그러므로 형사판결은 예외로 하고, 최종적이며 이미 집행한 결정은 위헌인 법률에 근거해도 바뀌지 않는다.

헌법소원에 근거한 불합치 결정은 연방헌법재판소법 95조 3항이 규정하지 않는다. 그러나 연방헌법재판소는 오직 무효선언만을 규정하는 95조 3항을 불합치선언에도 적용한다.[37)]

2. 연방헌법재판소의 법률 창조

연방헌법재판소법 79조의 불합치선언은 오직 무효선언의 대체 수단으로 언급되어 있기 때문에 불합치의 결과에 관한 법적 규정이 빠져 있다. 그에 관해 판례법이 발전되어 있다. 불합치선언은 입법자를 위한 "헌법에 적합한 법적 상태의 창출을 위한 의무"의 근거가 된

---

37) *Schmidt-Bleibtreu*, in: Maunz/Schmidt-Bleibtreu/Klein/Bethge, Bundesverfassungsgeri-chtsgesetz. Kommentar, Stand 2005, §95 Rn. 35 mit Nachweisen aus der Rspr.

다.[38] 입법자는 지체하지 말고 법적 상태를 헌법에 일치시킬 의무가 있다.[39] 수많은 결정에서 그 시점까지 합헌적 규정이 공포되어야만 하는 기한이 언급되었다.[40] 대한민국 헌법재판소도 그에 상응하는 결정을 했다.[41] 따라서 헌법에 불합치한 규범의 한시적 계속 적용은 이것이 법적 안정성에 기여하고, 규범의 포기가 합헌적인 질서의 법적 상태를 더 요원하게 한다는 점에서 정당화할 수 있다.

이에 대한 납득할 만한 예가 있다. 소년행형은 법적으로 규율하지 않았다. 연방헌법재판소의 결정[42]에 따라 자유박탈을 능가하는 기본권 침해는 소년행형[43]에서도 법적 근거가 필요하다. 침해권 없는 소년행형의 유지와 수행은 불가능하기 때문에 지금까지처럼 소년행형의 행정규칙을 근거로 임시로 필요한 조치를 할 수 있게 해야만 한다. 위헌인 규범들은 합헌적인 새로운 입법을 하기까지는 여전히 적용한다.

따라서 헌법재판소가 무효를 미래효로 확정할 수 있는 오스트리아와 이탈리아 같은 결과가 생긴다. 포르투갈에는 법적 안정성과 정의, 특별한 공익을 이유로 헌법재판소가 위헌 효과를 헌법 282조 1항과 2항에 규정한 것보다 좀더 작은 범위로 확정할 수 있는 일반규정(헌법 282조 4항)이 있다. 포르투갈의 전 헌법재판소장 카르도조 다 코스타 "소급효 규정의 원하지 않거나 감내할 수 없는 결과들

---

38) BVerfGE 55, 100, 110.

39) BVerfGE 82, 126, 155; 90, 60, 105.

40) BVerfGE 33, 303, 305, 348; 100, 104, 136f; 121, 266, 267.

41) 각주34 참조.

42) BVerfGE 116, 69, 81, 93.

43) 일반적인 행형은 BVerfGE 33, 1, 9f 참조; 이는 *Christian Starck*, Gesetzesvorgehalt im Strafvollzug, In: Starck, Praxis der Verfassungsauslegung, 1994, S. 177ff 참조.

은 회피해야만 한다. 이 권한의 근거는 독일에서 무효를 회피해서 단순한 위헌 확인을 도출한 것과 같은 것"[44]이라고 선언했다.

연방헌법재판소는 위헌인 규범을 잠정적으로 — 때에 따라서는 정확한 기한까지 — 계속 적용할 수 있거나,[45] 계속 적용을 변경할 수 있는 명령의 근거를 연방헌법재판소법 35조[46]에서 찾는다. 연방헌법재판소는 2006년 3월 28일 결정에서 바이에른 주입법자에게 국가복권법을 결정 이유에 따라 2007년 12월 31일까지 개정할 의무를 지우고, 그때까지 적용을 허용하면서 결정 이유에 따라 계속 적용을 제한했다.[47] 2007년 4월에 연방헌법재판소[48]는 상속과 증여세법의 규정이 정당에 기부하는 것은 세금이 면제되지만 지방의 선거유권자협회에 기부하는 것은 세금이 부과되도록 규정하는 한 기회균등권(헌법 3조 1항)을 침해한다고 결정했다. 새로운 입법을 2009년 6월 30일까지 요구했다. 새로운 법을 만들 때까지 연방헌법재판소는 입법자로 행동했고, 세금 면제는 지방의 선거유권자협회로까지 확장해 적용하도록 했다.

연방헌법재판소는 2010년 2월 9일[49] 인간의 품위에 맞는 최저생계비 보장에 관한 결정에서 침해적 규정들이 헌법 20조 1항(사회국가 원칙)과 함께 헌법 1조 1항(인간의 존엄)에 불합치한다고 선언하

---

44) Verfassungsgerichtsbarkeit in Portugal, in: Starck/Weber(Hg.), Verfassungsgerichtsbarkeit in Westeuropa, 2. Aufl. 2007, Bd. I, S. 199, 220.

45) 연방헌법재판소법 35조: "연방헌법재판소는 누가 집행할 것인지를 판결에서 정할 수 있다. 연방헌법재판소는 또한 각각의 경우 집행 종류와 방법을 규율할 수 있다."

46) BVerfGE 99, 300, 331f; 102, 197, 223.

47) BVerfGE 115, 276, 277, 319.

48) BVerfGE 121, 108, 109, 133.

49) BVerfGE 125, 175, 177, 260.

고, 2010년 말까지 적용을 허용하며, 불가피하게 필요한 생활수요의 보장을 위한 급부청구권 규율 기준을 확정했다. 주문 마지막 원문에서 "입법자가 새로운 입법을 할 때까지 이 청구권은 직접 헌법 20조 1항과 1조 1항에서 나오는 결정 이유에 따라 연방의 부담으로 행사할 수 있다고 정한다"고 판시했다. 따라서 연방헌법재판소는 관할 법원에게 새로운 규범적 판결 근거를 제공했다.

3. 종합 판단과 비교

서술한 사건들은 연방헌법재판소의 법창조를 필요하게 만들었다. 합헌적 혹은 위헌적이라는 택일적 대안과 소급효 있는 무효로는 법적 현실을 처리할 수 없었다. 따라서 입법자가 그러한 결정의 효력을 규율함 없이 1970년에 연방헌법재판소에 관한 법에서 받아들이기 전에 단순한 헌법불합치가 사법적으로 발전했다. 이것 역시 계속 법창조를 필요하게 했다. 무효 회피는 계속 적용될 법의 과도기에 대한, 적용의 기한 설정으로 그것의 효력 지속에 대한, 때에 따라서는 과도기 동안 계속 적용될 법의 제한에 대한 입장 표명을 요구한다. 입법자가 불합치선언의 효과 규정을 스스로 둘 필요가 없다고 인식한 점에서도 알 수 있듯이, 연방헌법재판소는 시간이 지남에 따라 그런 문제들을 적절하게 해결했다.

이탈리아에서 위헌인 법률의 무효는 장래효를 가진다. 역시 여기서도 독일의 법에서 서술한 법의 즉각적 제거가 종종 불가능하다는 문제가 생긴다. 따라서 이탈리아 헌법재판소(Corte Costitutionale)는 어떤 규범이 어떤 것을 규율하지 않는 범위에서 그 규범을 위헌으로 선언해 그 문제를 해결했다.[50] 그러한 결정에서 판결문은 결과적으로 법원이 무엇인가를 보충하라고 요구하는 것으로 이어진다.[51]

따라서 이탈리아 헌법재판소는 보충적 결정(sentenze sostitutive)을 내리는 것으로까지 진전했다. 결국 다른 방법으로 규율해야만 하는 것이 그와는 다른 방법으로 규율하기 때문에 그 규정은 위헌이라는 주문이 작성되었다. 형법전에 규정한 법무부 장관의 구형권이 헌법재판소의 명예를 훼손한 경우 헌법기관으로서의 지위를 고려해 오직 헌법재판소에만 귀속된다는 것이 문제였다. 외형상으로 보면 헌법재판소가 그 법을 바꾼 것이다. 학술문헌 속에서는 헌법재판소가 어떤 것도 새로 고안한 것이 아니라 잠재적으로 존재해 온 것이고, 규범적 시스템에 속하는 것을 확장하고 상세히 논한 것이라는 논증이 발견된다.[52]

보충 결정을 주로 적용하는 영역은 특별한 차별금지의 평등권 규정이다. 침해적 규범들은 금지에 속하는 표지에만 확장해야 한다. 다시 말해 그것은 헌법이 유일한 가능성으로 규정한 형식상의 입법 행위다. 즉 확정된 운율 속에서 입법과[53] 논리적으로 필요한 확장이다.[54] 비용

50) 이러한 sentenze manipulative의 예는 *Giuseppe de Vergottini*, Diritto costituzionale, 8. Aufl. 2012, S. 721ff.

51) 추가·보충 결정은 *Leopoldo Elia*, Le sentenze additive e la piü recente giurisprudenzia della Corte costituzionale, in: Cinquent'anni di Corte costituzionale, Tomo II, 2006, S. 963ff.

52) *Vezio Crisafulli*, La Corte Costituzionale la vent'anni, in: N. *Occhiocupo*(Cura), La Corte costituzionale tra norma giuridica e relità soziale, 1978, S. 69, 84.

53) *Crisafulli*(Anm. 52), S. 84.

54) Corte costituzionale, Sentenza 109/1986.

상승을 초래하는 추가 결정은 문제가 된다. 왜냐하면 평등 위반은 비용과 상관없이 제거할 수 있기 때문이다. 만약 헌법재판소가 위에서 언급한 모든 결정(sentenza manipolativa)[55]을 할 의도가 없다면, 입법자의 형성 자유를 언급하며 그 심판청구를 허용되지 않는 것으로 각하한다. 따라서 심판을 청구한 헌법문제에 관한 결정은 회피하고, 헌법의 우위는 관철되지 않는다. 결국 법이나 재판관의 법창조를 통한 불합치 선언을 도입하는 것이 제안되었다.[56] 이러한 결정의 장점은 헌법의 우위만이 아니라, 입법자의 정치적 형성 자유가 존중된다는 점이다.

4. 촉구결정

촉구결정에는 2가지가 있다.[57] (1.) 연방헌법재판소가 심사한 규범이 여전히 합헌임이 입증되었지만, 그것이 가까운 미래에 사실관계의 변화로 위헌이 된다는 것을 알 수 있는 경우다. 예를 들면 미망인 연금에 비해 가중된 홀아비 연금의 전제 조건이다. 홀아비 연금은 연금보험에 가입한 죽은 부인이 가족의 생계비를 주로 도맡았을 때 지급된다. 미망인에게는 이러한 제한적 전제 조건이 없다.

1975년 연방헌법재판소는 이 규정이 헌법에 합치한다고 결정했다.[58] 왜냐하면 법을 공포할 당시 부인들은 아예 수입이 없거나, 매

55) 앞에 언급한 결정들의 전체 명칭.

56) 이탈리아 문헌을 소개한 *Jörg Luther*, Die italienische Verfassungsgerichtsbarkeit, 1990, S. 125f.

57) 포괄적인 것은 *Tzu-hiu Yang*, Die Appellentscheidungen des Bundesverfassungsgerichts, 2003 참조.

58) BVerfGE 39, 169, 191.

우 적은 근로소득이 있거나, 임시로 생업에 종사했기 때문이다. 연방헌법재판소는 이 차별이 미래에 위헌이 될 것이라는 발전 경향을 인식했다. 연방헌법재판소는 적지 않은 시간이 걸리는 사전 작업을 필요로 하는 많은 어려움과 연관된 다양한 규율 가능성을 고려했다. 그 결과는 결정문 이유에서 다음과 같이 언급했다.[59]

"연방헌법재판소는 차차기 입법기 종료 때까지 새로운 규정을 발효해야만 한다고 확신한다." 그 기한은 4년이었다. 왜냐하면 그 결정을 회기 말에 내렸기 때문이다. 역시 연금이 문제가 된 다른 결정[60]에서 연방헌법재판소는 침해 규정이 헌법에 불합치한다고 확인한 후 "입법자는 결정 이유의 취지에 따라 선의의 피해를 막기 위한 대체적 규정을 마련해야만 한다"고 판시했다. 위헌이 될 우려가 있지만 여전히 합헌적인 법률의 이러한 (1.) 범주에 대한 그외의 결정을 나는 여기서 열거하지 않고 (2.) 전형적인 것에 집중하려고 한다. 그것은 이미 위헌인 규범에 대한 촉구결정이다. 그 결과 불합치선언의 바탕이 되는 그에 부합하는 상황이 있다. 두 결정 형식의 개념상 명확한 구분은 알 수 없다. 그 차이는 대략 다음과 같이 기술할 수 있다. 불합치 결정의 결과 때문에 법을 헌법적 요구에 맞추는 촉구가 입법자에게 행해진다.

그와 함께 다음과 같은 상황이 문제가 된다. 입법자가 헌법위임[61]이나 기본권적 보호의무[62]를 충족하지 않았다. 의회는 위헌적 선거

59) BVerfGE 39, 169, 194f.
60) BVerfGE 53, 257, 258.
61) BVerfGE 25, 167.
62) BVerfGE 56, 54, 73.

법에 근거해 선출되었다. 그러나 의회는 새로운 선거법을 제정하기 위해 계속 존재해야만 한다.[63] 거래액(판매)세가 위헌이지만 그것을 없애는 것은 국가의 부도를 초래할지도 모른다.[64] 거래액(판매)세를 부가가치세로 바꾸는 일은 이미 작업 중이었으므로 연방헌법재판소는 그 거래액(판매)세 시스템의 계속 적용을 한시적이라고 결정 이유에서 설시하는 것으로 국한할 수 있었다(40쪽). 그외의 촉구결정의 발현 형태는 입법자가 지금 당장부터 주의해야만 하는 미래를 위해서 예고된 판례의 변경에 근거를 두었다.

헌법에는 국가의 재정과 관계있는 규범이 있다. 그에 따르면 오직 예산안에 규정한 투자의 최고액 내에서만 부채를 허용한다. 1989년에 시행되던 헌법 115조에서는 국가의 총경제 균형이 저해되는 것을 막는 예외가 규정되어 있었다. 1989년 4월 18일의 결정[65]에서 연방헌법재판소는 우선 국가 총경제의 균형에 장애가 있는지에 대한 평가와 판단 여지가 예산 입법자에게 귀속한다는 것을 강조했다. 연방헌법재판소는 입법자의 주장과 입증 책임 부담을 그 판단 여지에서 도출했다. 입법절차에서 국가 총경제의 균형이 중대하고 지속적으로 저해되었다는 예측을 설명해야만 한다. 나아가 늘어난 부채 차입으로 그 장애를 막을 수 있는지, 어떻게 막을 수 있는지의 예측을 설명해야만 한다. 이것은 장래를 위해 입법자에게 부과된다. 구체적 절차에서 부채 차입은 헌법에 합치되는 것으로 간주되었다.

그외의 촉구에 대한 예는 이미 언급한 기본권의 보호의무들이다.

---

63) BVerfGE 16, 130.
64) BVerfGE 21, 12, 38f.
65) BVerfGE 79, 311, 343ff.

각각의 경우 기본권 보호의무의 도출과 규모를 논할 필요 없이,[66] 기본권적 보호의무, 무엇보다 제3자의 침해에서 시민의 생명·건강·자유·재산을 지키는 것이 국가의 의무임을 이론의 여지없이 확인할 수 있다. 거기서 도출되는 연방과 주 입법자의 규율의무들은 연방헌법재판소의 촉구로 강조되는데, 대개 보호법을 제정하거나 불충분한 것을 개선하라고 촉구한다. 대개 촉구는 주문이 아니라 결정 이유에서 나오지만 주문 촉구도 있다.[67] 불합치 결정이 촉구결정으로 물 흐르듯이 자연스럽게 바뀌는 것을 생각하면 이 주문작성을 이해할 수 있을 것이다.

촉구결정을 위해 논증한 것과 같은 이유로 이탈리아 헌법재판소는 법적 근거 없이도 소위 sentenze di indirizzo(방향을 지시하는 판결)을 내리는 계기로 삼았다. 이 결정에서 재판소는 특정한 법률을 심사하고, 입법자가 목적과 헌법적 전제를 밝히든 밝히지 않든 그 법률을 개정하라고 요구한다.[68] sentenze di indirizzo(방향을 지시하는 판결)은 주문에서 식별되는 것이 아니라, 헌법재판소의 해당 진술은 오직 판결 이유에 있다.

그러한 판결의 효율성은 법관의 새로운 심판청구의 경우에 행해지는 판결을 내릴 가능성에서 나온다. 독일과 비슷하게 이탈리아 헌법재판소의 실무에서도 sentenza manipolativa(위에서 언급한 모든 결정들) 혹은 단순한 sentenze di indirizzo(방향을 지시하는 판결)

66) 요약은 *v. Mangoldt/Klein/Starck*, Kommentar zum Grundgesetz, 6. Aufl., 2010, Band I, Art. 1 Rdnr. 193ff.

67) BVerfGE 53, 257, 258(II); 78, 249, 251(2).

68) *Jörg Luther*, Die italienische Verfassungsgerichtsbarkeit, 1990, S. 127ff; *Michael Dietrich*, Der italienische Verfassungsgerichtshof, 1995, S. 111ff.

이 입법자를 보호하기 위해 행해졌는지는 법원의 재량에 놓여 있다는 것을 확인할 수 있다.

5. 종합 평가

앞에서 설명한 것은 다음의 결과를 가져온다.

첫째, 위헌인 법률이 소급적으로 무효인지, 장래효로 폐지되는지는 이론상 큰 차이가 있다. 2가지 모두 이전에 내린 형사판결이 효력을 잃음으로써 입법이 그 차이를 많이 해소한다. 위헌인 법률의 장래효 있는 폐지는 이전의 형사판결의 관점에서 폐지 이전에 이미 무효인 것으로 본다. 다른 모든 확정판결의 계속 적용은 당연하다. 소급효 있는 무효는 형사판결이 실효될 수 있고, 재심절차나 다른 방법으로 제거될 수 있음이 자명하다. 다른 모든 확정판결이 계속 효력을 가질 수 있다는 것은 법적 안정성의 요청으로 납득할 만하다.

둘째, 모든 나라의 헌법재판소는 위헌인 법률의 잠정적인 계속 적용이 필요한 사건과 관련되어 있다. 이유는 4가지로 볼 수 있다. 첫째는 위헌성은 불완전성 속에 존재하고, 결함은 오직 입법자가 제거할 수 있기 때문이다. 둘째는 위헌인 법률 제거는 잠정적인 계속 적용보다 법질서에 더 큰 손실을 가져올 수 있기 때문이다. 셋째는 법적 혼란을 일으키지 않고 많은 규범의 상호작용에서 하나만 떼어낼 수는 없기 때문이다. 넷째는 입법자는 헌법재판소의 판례에 대한 변경을 염두해야 하기 때문이다. 만약 법률이 오스트리아처럼 무효선언을 미래효로 규정하지 않는다면 법을 창조해 그러한 가능성을 만들어야만 한다. 그것은 법률 개정을 요구하는, 때에 따라서는 기한을 설정한 불합치선언으로 이루어질 수 있다.

셋째, 만약 어느 법률이 헌법에 위배되지만 불합치선언의 법적 효과 때문에 배제되고, 대신 입법자에게 — 때에 따라서는 기한을 설정해 — 그 법률을 헌법에 적합하게 하라고 요구하면 촉구결정을 선고한다. 그러한 범위에서 불합치 결정과 같은 상태가 촉구결정의 기초가 되고, 실질적으로 볼 때 그 둘은 대체할 수 있다. 그러나 촉구결정은 법률이 결정 당시에는 합헌이지만, 예를 들어 상황의 변화로 그 법률이 미래에 위헌이 될 조짐이 보일 때도 행한다.

Ⅱ부.

기본권

1장.
인간존엄성의 종교적·철학적 배경과 현대 헌법에서 그 좌표

1. 종교적·철학적 배경

1. 문제점

인간의 존엄성에 대한 헌법적 보장은 서구사회에서 법의 발전을 검토해야만 파악할 수 있는 중요한 법이론적인 문제를 제기한다. 인간존엄성의 보장은 독일의 기본법에서 중심적인 기둥의 하나다.[1] 독일의 기본법 1조 1항이 그것인데, 이는 독일 헌법에서 실정법적으로 표현한 최고의 법원(法源)이다. 이것은 공동체와 국가에서 인간이 갖는 위치를 결정한다. "인간의 존엄성은 침해할 수 없다. 모든 국가권력은 이를 존중하고 보호해야 한다."[2]

---

1) *Günter Dürig*, Der Grundrechtssatz von der Menschenwürde, Archiv des öffentlichen Rechts, vol. 81(1956), pp. 117; *Hans Carl Nipperdey*, Die Würde des Menschen, in: Neumann/Nipperdey/Scheuner(ed.), Die Grundrechte, vol. 2(1954), pp. 8.

2) 비슷하게는 다음의 서독지역 주헌법 참조: the Preamble to the Constitution of Baden-Württemberg(1953); the Preamble to and Art. 100 of the Constitution of Bavaria(1946); Art. 5 §1 of the Constitution of Bremen(1947); Art. 3 of the

인간의 존엄성에 대한 언급은 1937년의 아일랜드 헌법 전문에서 찾을 수 있다. 1947년의 이탈리아 헌법 47조는 인간의 존엄성이 사적 경제활동의 범위를 설정한다고 규정했다. 1948년의 유엔인권선언 1조에는 "고유한 존엄성은 … 모든 인류 구성원의 동등하고 양도할 수 없는 권리"라고 명시했다. 1975년 이후 서유럽 국가에서 제정한 4가지 헌법 — 스웨덴·포르투갈·스페인·그리스 — 과 스위스 헌법의 전면 개정을 위한 초안에는 인간의 존엄성을 정치질서의 기초로 서술하거나,[3] 인간존엄성의 보장을 기본권 목록의 첫머리에 올려놓았다.[4] 1992년의 이스라엘 헌법 "인간의 존엄성과 자유"에서도 비슷하게 인간의 존엄성을 언급했다. 그리하여 인간의 존엄성은 헌법사상에서 중요한 관심사가 되었다. 오늘날 유럽 국가들의 헌법 대부분이 인간의 존엄성을 포함하므로 그것의 뿌리를 살펴볼 충분한 이유가 있다.

문제는 역사적인 것이다. 직접적이든 인본주의와 계몽사상, 프랑스 혁명을 매개로 했든 기독교는 얼마나 성서와 고전에 뿌리를 두고 근대법의 형성에 영향을 미쳤는가? 인간의 존엄성은 근대 헌법사상에서 근본적인 중요성을 갖는다. 인간의 존엄성은 개인과 국가의 관계를 결정하므로 인간존엄성의 보장에서 국가 바로 그 자체의 기초에 관해 결론을 이끌어낼 수 있다. 마찬가지로 이것은 국가기관의 조직과 국가기관에 위임한 임무의 법적 의미를 함축한다. 나아가 시민의 자유를 행사하고, 그것을 이해하는 방식에 적지 않은 영향을 준다.

Constitution of Hesse(1946); the Preamble to the Constitution of Rhineland-Palatinate(1947); Art. 1 of the Constitution of the Saarland(1947).

3) 스웨덴 헌법 1장 2절, 포르투갈 헌법 1조, 스페인 헌법 10조 1항.

4) 그리스 헌법 2조, 스위스 헌법 초안 8조.

2. 인간존엄성의 종교적·철학적 근원

오늘날 각국의 헌법과 국제선언이 인간의 존엄성을 긍정하는 것은 비교적으로 판단하건대 세속화 시대의 산물이기 때문이다. 그러나 그 기초가 되는 이념이 — 인간은 무엇인가에 대한 이념이 — 발전한 것은 기독교 사상의 발전과 밀접한 관계가 있다. 신약과 구약성서는 인간의 존엄성 기초는 인간이 신의 모습으로 창조되었다는 사실에 있다고 서술했다(창세기 1장 27절; 에베소서 4장 24절).[5] 그러므로 모든 인간은 자신의 고유한 권리로 양도할 수 없는 가치가 있다. 그러므로 인간은 단순한 객체나 목적 달성을 위한 수단으로 취급되면 안 되는 것이다.

인간의 존엄성이라는 관념에 대한 또 다른 흐름은 고대 그리스·로마 시대에 형성되었다. 인간을 동물과 구별하는 자유의지와 합리적 사고의 능력을 출발점으로 해서, 고전시대의 사상가들은 시민에게 인간의 존엄성이 있음을 인정하기 시작했다. 후에 이들의 이론은 더 세계주의적인 맥락에서 모든 인간에게 확대되었다.[6]

인간존엄성의 이념으로 뒷받침하는 고대 그리스·로마와 기독교의 자유에 대한 사고방식은 사회적 성격을 강하게 띤다. 즉 인간은 항상 독립적이고 사회적인 피조물로 간주된다. 이 점은 폴리스, 신앙공동체, 보편적 우애, 연대 이념에서 명백하다. 인간의 자유는 신법

5) *Ernst Wolf*, Die Freiheit und Würde des Menschen, in: Recht, Staat, Wirtschaft, vol. 4(1953), pp. 27, 32; *Alfred Verdroß*, Die Würde des Menschen als Grundlage der Menschenrechte, in: Europäische Grundrechte-Zeitschrift 1977, pp. 207 참조.

6) *Felix Flückiger*, Geschichte des Naturrechts, vol. 1(1954), pp. 127, 163, 191, 215; *Has Welzel*, Naturrecht und materiale Gerechtigkeit, 4th ed. 1962, pp. 41.

과 자연법, 도덕법에 정초한다.

기독교적인 삶과 신앙 속에서 인간은 하느님과 중재자와 구원자로서의 예수 그리스도와 기독교 공동체에 의존하며, 그 삶과 신앙은 성령으로 인도된다. 이러한 기독교적인 삶과 신앙은 물질적인 세계를 초월한다. 이러한 맥락에서 형이상학을 언급하는 것은 자연스러운 일이다. 그리하여 인간은 자유와 평등, 우애의 기초를 제공하는 형이상학적인 기초를 갖게 된다. 즉 모든 인간은 같은 정도로 신의 모습과 닮았다. 인간의 존엄성은 무제한적인 자기결정을 의미하는 게 아니라 — 자기결정 권리를 주장하는 사람만이 아니라 — 모든 인간이 자신의 권리로 가치를 갖는다는 전제에서 행사되는 자기결정을 의미한다.

인간의 존엄성이 기독교에서 유래했다는 것에 대해서는 역사적인 반론이 제기될 수 있다. 사회를 신분계급으로 나눈 것은 기독교가 인정하고 장려한 것이며, 고대 그리스·로마 시대에서 비롯되어 중세 신학자들이 승인한 노예 이론, 교회가 이단자와 반대자를 박해하려고 세속적인 권력을 행사한 사실 등이 그것이다. 그러나 교회가 인간의 존엄성을 침해했다는 사실은 — 충분한 관용을 베풀지 못해서 생긴 침해를 포함해 — 인간존엄성의 관념이 기독교에 연원한다는 주장과 모순되지 않는다.

분명히 교회는 사회를 신분계급으로 나누는 일에 개입했다. 그러나 이는 인간공동체의 역사적인 형태이지, 반드시 인간의 존엄성 신념과 모순되는 것은 아니다. 노예제에 대한 교회의 태도, 관용의 결여와 이단자 박해는 어쨌든 인간존엄성의 관념이 역사적으로 발전하기 위해서는 일정한 역사적 사건과 지성의 진보가 필요했다는 점을 보여주는 것이다. 헤겔이 말한 바와 같이 인간존엄성의 관념이 오늘날 기독교의 발전으로 간주되어야 하는 것인지,[7)] 새로운 철학 운동을 대표하는 것인지는 생각할 필요가 없다. 왜냐하면 어떤 대안도 그 발생 근거가 기독교 사상과 고대 그리스·로마 시대에 있다는 사실을 뒤집지 못하기 때문이다.

3. 계몽의 정치철학

정치철학과 법은 각기 다른 방식으로 인간의 존엄성에 접근한다. 법은 일찍이 존엄성을 인정했다. 인간의 존엄성은 시민의 자유의 기초를 형성했다. 특히 초기에는 인신보호법(habeas corpus rule)에 효력을 부여하는 협정과 법령의 기초를 만들었다.[8)] 한편 정치철학자들은 인간의 존엄성이 기독교의 유산임을 뚜렷하게 지적하는 일반적 주장을 펼치는 경향이 있었다. 인간의 존엄성은 사무엘 푸펜도르프의 정치사상의 중심을 이룬다. 예를 들어 인간 본성의 사회적 성격에서 인간의 존엄성을 도출했는데, 그는 인간의 본성을 신이 결정했다고 믿었다.[9)] 푸펜도르프에 따르면 인간의 존엄성은 도덕에 근거한 자유[10)]와 평등[11)]의 기초가 된다.

---

7) *Georg Wilhelm Friedrich Hegel*, Philosophie der Weltgeschichte, l. Hälfte: Die Vernunft in der Geschichte, ed. by J. Hoffmeister, 1955, pp. 47; *Gerhard Ritter*, Ursprung und Wesen der Menschenrechte(1949), ed. by R. Schnur, Zur Geschichte der Erklärung der Menschenrechte, 1964, pp. 205.

8) *Ernst Woif*(각주5), pp. 27, 34; *Bertrand de Jouvenel*, über die Staatsgewalt, 1972, pp. 279.

9) *Samuel Pufendorf*, De iure naturae et gentium; lib. 1 cap. III §1; lib. 2 cap. III §20; lib. 3 cap. II §1; *Hans Welzel*, Die Naturrechtslehre *Samuel Pufendorf*s, 1958, pp. 47 참조.

10) *Pufendorf*(각주9), lib. 2 cap. I §2.

11) *Pufendorf*(각주9), lib. 3 cap. II §§1, 2.

대조적으로 칸트는 인간의 자유에 대한 개인적 성격을 강조했다. 칸트의 인간의 존엄성에 대한 이해는 도덕적 자율성의 이론에서 비롯되었다.[12] 그의 이론에 따르면 인간은 자유롭지만 도덕법 — 그 속에서 자연법의 전통을 볼 수 있다 — 으로 부과된 의무에 구속된다. 인간은 도덕의 나라 입법자다.

이러한 도덕의 나라를 가능하게 하는 것은 자유이며, 실천이성(praktische Vernunft)이 이를 대표한다. 인간은 도덕의 나라에 속하고, 그 안에서 입법의 권능을 누리지만 도덕의 나라를 지배하는 것이 아니라 그에 복종한다. 인간의 존엄성에 대한 칸트의 관념은 직접적인 근거를 도덕적 자율성에 두었으나, 그 뿌리는 기독교에 있음이 명백하다. 칸트의 이론으로 보면 창조된 피조물인 우리가 상위법에 복종해야 함을 거부하는 것은 배교행위다.[13]

르네상스 시대 이래 인간학의 영역은 신학적으로 정향된 형이상학적 전통에서 점진적으로 해방되었다. 그러나 인간학 영역에는 인간 본성(doctrina humanae naturae)에 대한 설명과 경험이 풍부하며, 거기에는 인간에 대한 기독교적 관념이 명백히 나타나 있다.[14] 물론 항상 그런 것은 아니다. 홉스만 보아도 그렇다. 그는 인간이 서로 파괴할 가능성이 있다는 사실에서 인간의 평등을 도출하고,[15] 인간의 존엄성은 시민으로서 개인이 지닌 가치와 같다고 생각했다.[16]

---

12) *Immanuel Kant*, Grundlegung zur Metaphysik der Sitten, ed. by K. *Vorländer*, 1920, pp. 56.

13) *Immanuel Kant*, Kritik der praktischen Vernunft, ed. by K. *Vorländer*, 1929, pp. 96.

14) *Udo Marquard*, Art. 'Anthropologie', in: Hist. Wörterbuch der Philosophie 1(1971), column 363ff.

15) *Thomas Hobbes*, Leviathan, cap. XIII; Vom Bürger, cap. 13.

16) *Hobbes*, Leviathan, cap. X.

4. 세속화

헤겔은[17] 기독교에서만 "독일 국민은 인간 자신이 자유롭다는 것을 깨닫게 되었다"고 했다. 처음에 이러한 승인은 신학적이었으나, 헤겔에 의하면 그후 고통스러운 '세속화' 과정이 뒤따랐다. 헤겔은 역사를 종교개혁에서[18] 계몽시대를 거쳐[19] 프랑스 혁명에 이르기까지[20] 자유를 자각하는 과정을 진보라고 이해했다. 근대는 근대법과 함께 기독교의 씨앗에서 개화했다. 헤겔은 기독교를 역사적 진보의 장애물이 아니라 근대의 원천으로 이해했다. 이러한 견해는 근대를 기독교에서 쟁취했다는 주장과 상치되는 것이며, 기독교 유산이 근대의 침공에서 보호해야 한다는 믿음[21]과도 상치되는 것이다. 세속화라는 말은 실제로는 현세에서 기독교의 씨앗이 싹트고 꽃피는 과정을 속기한 것이다.

기독교는 또 훗날의 철학적 개인주의와 실용적 개인주의의 씨앗을 뿌렸다. 개인주의는 — 그 신학적 기초는 개인이 신과 직접 관계 맺는다는 데 있다 — 모든 사회 영역에 침투했고, 인권선언에서 절정을 이루었다. 이러한 선언은 인간과 국가의 구별을 전제로 했다. 에른스트 볼프는 정확하게도 인권선언을 '기독교 서구의 산물'이라고 서술했다.[22] 이에 덧붙여 고전적인 의미에서 세속화 과정의 산물이

---

17) *Hegel*(각주7), p. 62.

18) *Hegel*, Philosophie der Weltgeschichte, 2nd half, ed. by Lasson, 2nd ed., original reprint 1976, pp. 877.

19) *Hegel*(각주7), pp. 915.

20) *Hegel*(각주7), pp. 920.

21) *Hermann Lübbe*, Säkularisierung, 2nd ed. 1975, p. 38 참조.

22) *Wolf*(각주5), p. 27.

라고 할 수도 있을 것이다. 신학적 관점에서는 개인주의가 아니라 우애정신이 뒤따랐어야 했음에도, 개인주의에 대한 유일한 신학적 전제는 인간과 신의 직접적인 관계에 근거함으로써 세속 영역에서 가져야 할 인간의 태도를 규정하기 시작했다. 인권목록은 개인이 국가에 대해 가질 수 있는 권리로 이해되었다. 물론 인간사회의 성격을 규정하는 사회관계들을 완벽하게 망라하는 것은 아니다. 개인의 활동 영역과 국가의 활동 영역을 구분한다는 것이 개인 사이의 관계를 확정하는 것은 아니다. 그럼에도 개인주의가 현재 민사법과 시민생활의 성격을 규정하는 정도는 간과할 수 없을 정도로 명백하다.

5. 자유주의와 실증주의

19세기 법학과 정치학의 주석자들이 여전히 인간의 존엄성을 인간의 자유의 기초로 전제하고 있었음이 분명하다. 그럼에도 그들은 인간의 존엄성을 명시적으로 언급하지는 않았다. 칼 폰 로테크[23]은 모든 인간은 감성과 이성 사이에서 자유롭게 선택할 수 있는 고유한 능력이 있다고 가정했다. 급진적 민주주의자인 구스타프 슈트루베는 『국가학사전(Staatslexikon)』[24]에서 모든 인간은 평등하다는 원칙에 근거를 둔 그리스도의 가르침 속에서 인권을 이해하는 최초의 씨앗을 찾았다. 이 가르침은 영속적이며 양도할 수 없는 인권을 인정하는 데 방해가 되는 장애물을 제거했고, 인권을 탐구하고 조사해

23) *V. Rotteck/Welcker*(editors), Staatslexikon, 2nd ed. 1847, vol. V, p. 180; similar for instance *Karl Salomo Zachariä*, Vierzig Bücher vom Staate, 1820, vol. I, pp. 33.
24) *V. Rotteck/Welcker*(editors), Staatslexikon, 2nd ed. 1847, vol. IX, p. 65.

야 할 강력한 명령을 담았다. 어려움과 장애가 있었음에도 씨앗은 뿌려져 있었다. 슈트루베에 따르면 기독교는 역사와 철학과 더불어 인간성을 한 단계 더 발전시켰다고 한다.

자유주의 시대에도 인간의 존엄성은 여전히 인권의 원천 중 하나로 간주되었다. 그러나 뒤를 이은 실증주의 운동에서는 완전히 사라졌다. 실증주의는 법의 철학적·도덕적 차원을 노골적으로 무시했다. 파울 라반트는 법의 적절한 임무는 법제도를 구성하고, 법령의 조항을 추적해 일반 원리를 찾아내며, 반대로 이러한 원리에서 결과를 연역해내는 것이라고 믿었다.

라반트에 따르면 역사적·정치적·철학적 고려는 구체적인 설정법을 법리적으로 적절하게 분석하는 데 전혀 필요하지 않다. 즉 일반적으로 이러한 고려들은 구성적인 작업이 결여되었음을 감추는 데 기여할 뿐이라는 것이다.[25] 이와 같은 진술은 자신감을 가진 세대가 법의 지적 토대에 무관심함을 보여주는 것이다. 그러나 토대에 관심은 없었지만 토대를 부인한 것도 아니었다.[26] 실증주의도 기본권의 보장, 법의 지배, 적당한 절차를 지지하고 근거를 부여했다는 사실을 기억해야 한다. 집행권을 구속하는 소위 기본권 조항이 그 예다. 프랑스와 유럽 국가에서 동일한 발전이 있었음을 볼 수 있다. 매우 유감스러운 점은 위와 같은 법적 보호를 완성하는 데 그 핵심이 완전히 잊혀졌다는 사실이다.[27] 더 나쁜 것은 권리는 국가가 부여하므로

25) *Paul Laband*(ed.), Das Staatsrecht des Deutschen Reiches, preface to the 2nd ed.(1887), quoted from 5th ed., vol. 1, p. IX.

26) *Franz Wieacker*, Privatrechtsgeschichte der Neuzeit, 2nd ed. 1967, p. 441.

27) *Luis Legaz y Lacambra*, Das Recht aus religiöser Perspektive, in: Festschrift für E. Voegelin, 1962, pp. 343, 354.

국가가 마음대로 할 수 있다는 일반적인 믿음이 형성된 것이다.

6. 인간의 형이상학적 차원의 거부

인간존엄성의 어떠한 종교적·형이상학적 차원도 철저하게 거부한 것은 특히 칼 마르크스의 저작에서 뚜렷하게 나타난다. 그의 종교에 대한 분석은 인간이 인간에게 최고의 존재라는 확신에 중심을 두었다.[28] 이는 — 적어도 이론으로는 — 인간의 자기소외의 총체적 거부이며, 인간은 오로지 사회적 관계로만 규정한다는 중대한 결과를 가져왔다.[29] 마르크스에 따르면 사회적 관계는 경제적 질서에서 도출되며, 경제적 질서는 그 자체만으로 분석·설명할 수 있다. 이러한 전제가 가져오는 결과를 평가절하해서는 안 된다. 도덕적·형이상학적인 차원 — 덧붙일 필요도 없지만 인간의 존엄성도 — 을 벗겨냄으로써 개인은 과학적 해법이 필요한 과학의 문제로 축소된다.[30] 마르크스의 시각에서는 인권은 인간의 이기주의를 보호할 뿐인 기독교의 산물로 간주되고 거부된다.

이러한 철학은 행태주의 과학자들에게 계승되었다. 스킨너의 책 – 재미있게도 제목이 『자유와 존엄을 넘어서(Beyond Freedom and Dignity)』다 – 은 '행동의 기술(technology of behavior)'에 대한 저

---

28) *Karl Marx*, Zur Kritik der Hegelschen Rechtsphilosophie(1844), in: *Karl Marx*, Frühschrifte, ed. by v. Landshut, 1964, p. 216; *Adam Schaff*, Marxismus und das menschliche Individuum, 1970, pp. 28; *Karel Kosik*, Die Dialektik des Konkreten , 1967, pp. 23, 215, 231.

29) *Schaff*(각주28), p. 24.

30) 비판적으로는 *Martin Kriele*, Befreiung und politische Aufklärung, 1980, pp. 53, 250.

자의 희망을 표현했다. 이는 자유, 가치, 존엄성 같은 불필요한 개념을 포기하려는 것이었다.[31] 스킨너에 따르면 자유와 존엄은 실제로 작동하는 개념이 아니라 형이상학적·유상종교적인 관념이다. 그는 자유와 존엄을 불완전하게 설명할 뿐인 인간의 개개인의 상황을 과학은 설명하고 바꿀(!) 수 있을 정도로 과학이 진보했다고 믿었다. 1973년 스킨너는 처음에는 소련에 희망을 걸었고 그후에는 공산주의 중국에 미래를 걸었다고 말함으로써,[32] 인간존엄성의 헌법적 보장에 대한 자신의 견해가 가져올 결과를 시인했다.

그러나 모든 견해를 이처럼 명확하게 표현하는 것은 아니다. 모든 학자가 스킨너처럼 기꺼이 애완동물 이론(a pet theory, 역자 주: 인간도 길들여진다는 이론)에 따라 같은 논리적 결론에 도달하는 것은 아니다. 그러나 인간을 과학적으로 설명할 수 있다면 인간의 존엄성은 붕괴된다. 왜 자극에 예측할 수 있게 반응하는 – 혹은예측할 수 있게 반응하도록 훈련시킬 수 있는 – 신경들의 집합에 인간의 존엄성이 내재하겠는가? 그러한 철학은 사람들로 하여금 각자 원하는 대로 인간의 존엄성을 승인하거나 부인하게 할 수는 있지만, 승인을 선택했을 때 존엄성을 정당화하는 것을 불가능하게 한다. 필자는 심리학이나 의학, 행태주의 과학의 가치를 공격하려는 것은 아니지만, 이를 지지하는 사람이 속한 철학적 학과와 법질서에 미치는 결과는 진정으로 비판한다.[33]

메를로 퐁티는 무신론적 인본주의(atheist humanism)는 인간 존재

31) Gennan edition: Jenseits von Freiheit und Würde, 1973, p. 28 참조.

32) *Burhuss Frederic Skinner*, Futurum II, 1972, p. 16.

33) 또한 비판적으로 *Ralf Dahrendorf*, Homo Sociologicus, 15thed. 1977, pp. 83, 85, 88, 92.

의 형이상학적 차원을 거부하고, "유물론과 관념론, 염세주의와 낙관주의의 완전히 새로운 결합"인 독창적인 것이라고 주장했다. 이것이 무엇을 의미하든 신과 자연을 인간성의 부정으로 범주화하는 이러한 종류의 인본주의 사상에서는 인간의 특유한 것을 어떻게 평가해야 할지 알 수 없다. 이러한 이론들이 인간존엄성의 보장에 대한 이해에 도움이 되지 않는 것은 분명하다. 왜 이를 존중하고 보호해야 하는지를 완전히 해명하지 않는다면, 인간존엄성의 보장은 어떤 정치적 이데올로기에 대해서도 모두 알리바이를 제공하는 공허한 말에 불과하다.

7. 인간의 형이상학적 차원의 정서

세속화 과정과 이에 수반하는 현세적인 것을 강조하는 것을 보면 사회의 적지 않은 부분과 법도 기독교에서 해방되었음을 알 수 있다. 이러한 '해방의 과정'이 기독교가 오늘날 우리 사회나 법에서 중요하지 않다는 것은 아니다. 오히려 기독교의 재검토와 적응과 발전이 필요하다.[34] 그러므로 기독교는 근대법에서 여전히 중요한 의미가 있다. 존엄성 보장을 위한 인본주의적 근거는 기독교 전통에서 유래하는 존엄성 기준보다 뒤떨어져서는 안 되는 것이다.[35]

법과 사회를 세속적으로 정당화하려는 시도를 양자의 기독교적 기초와 정반대되는 것을 찾으려는 것으로 보아서는 안 된다. 그러한 탐색을 기독교의 마수에서 법이나 사회를 해방시키는 위대한 투쟁

34) *Lübbe*(각주21), pp. 34, 109.

35) 스킨너에 대한 비판으로는 *Dahrendorf*(각주33), p. 95 참조.

으로 보는 것은 옳지 않다. 그러한 근본적인 갈등이 있다는 증거는 없다. 인본주의자들이 기독교가 인간의 존엄성을 보장하는 데 충분한 일을 하지 않았다는 이유로, 기독교를 비난하면서 인본주의를 존엄과 자유의 발전, 심지어 그 완성이라고 주장했다는 말은 중요하지 않다. 그리고 교회의 세속적인 활동을 제한하고, 교회와 국가의 분리를 지지한 사실도 중요하지 않다. 여하튼 자유에 대한 형이상학적·종교적 근거가 인본주의가 뿌리내릴 수 있는 토대를 제공했다는 점[36]은 위와 같은 비판이 있음에도 분명한 사실이다.

인간존엄성의 기독교적 기초는 세속적·현세적 정당화를 추구할 때조차도 매우 명백하다.[37] 왜냐하면 인간의 존엄성은 모든 인간이 갖는 속성이기 때문이다. 이러한 관념을 승인한다면 인본주의는 집산주의적 혹은 기술주의적 공동체의 목적을 이루기 위한 수단으로 인간을 축소하는 어떠한 이데올로기도 받아들여서는 안 된다. 인간을 전적으로 경험적으로 설명하는 것을 거부하면서도 인간의 존엄성을 비형이상학적인 차원에서 근거를 부여하려는 시도가 있었다. 인간의 존엄성에 대한 비형이상학적인 근거 부여는 "왜 인간의 자유와 존엄성과 양심과 책임이 존재해야 하고, 우리는 이러한 것들이 실재한다는 것을 어떻게 증명할 수 있는가?"라는 물음에 대한 답에서 찾을 수 있다고 기대하지만, 이는 가치판단을 감추고 있을 뿐이다.

하트는『자연법 비판』에서 "정말로 몇 가지 자연법 이론을 계속 주장하는 것은 그 주안점이 신의 권위와 인간의 권위 양자가 독립적이

36) *Jacques Maritain*, Gesellschaftsordnung und Freiheit, 1936, p. 64.
37) *Werner Maihofer*, Rechtsstaat und menschliche Würde, 1968, pp. 26.

라는 사실에서, 그 용어와 형이상학을 오늘날 받아들일 수 있는 사람은 거의 없지만 도덕과 법의 이해에 중요한 기본적인 특정한 용어들을 내포했다는 사실에서, 부분적으로 정당하다. 우리는 이를 형이상학적인 틀에서 끊어내려고 노력할 것이고, 이 책에서 더 단순한 말로 다시 설명할 것"[38)]이라고 했다.

이는 언어라는 무기로 형이상학을 축출하려는 시도다. 분석적 법이론은 단지 몇몇 학자가 자연법을 지지한다는 이유로, 다시 말하면 '담론'이 우리를 그러한 방향으로 이끌기 때문에 자연법을 사실(fact)로 취급한다. 그러나 그러한 결론에 이르지 않으면 — 인간의 평등과 자유가 부인되지 않아도 — 어떻게 될 것인가? 자연법이 감춘 진실을 먼저 이해하지 않으면 안 된다. 이는 명백히 유대와 기독교 전통에서 유래한 인간의 이해에서 비롯되는 것이다.

2. 독일의 기본법에서 인간의 존엄성

인간의 존엄성 조항은 독일 기본법의 첫머리에 있는데, 나치정권의 잔혹 행위에 대한 반작용으로 제정했다. 인간의 존엄성 조항은 유럽의 법이 역사적으로 인간을 존중했음을 알게 해준다. 이러한 사실은 1789년의 프랑스 인권선언과 같은 시대 미국의 여러 인권장전만 보아도 명백하다. 인간의 존엄성은 우리 문명이 토대로 삼는 근본적인 축 가운데 하나다.

---

38) *H. L. A. Hart*, Law and Morals, Oxford, Clarendon Press, 1961, p. 184.

1. 향유 주체

인간의 존엄성 조항에는 모든 인간 — 더 구체적으로 말하면 인간이 수태시킨 모든 존재 — 을 포함한다.[39] 존엄성 조항은 사망 후에도 일정하게 보호한다.[40] 이는 할 수 있는 가장 포괄적인 정의다. 즉 정의로 어느 누구도 배제되지 않도록 인간의 존엄성을 설정해야 한다. DNA의 생물학적 지식에 의하면 인간이 가진 유전적으로 결정된 모든 형질은 수정된 난자에 완전하게 존재한다. 수정에서 각각의 삶이 점진적인 발전이라는 과정이 시작된다. 그 이후의 전환점은 명확하지 않다. 특히 – 인간의 존엄성 – 향유 주체가 될 수 있는가는 정신적·육체적 경험을 할 수 있는 능력이 있는가에 달려 있지 않다. 존엄성은 인간이 수태한 기형적 산물에까지, 정신장애자와 정신병자에까지 확대된다. 1975년과 1993년의 임신기간에 관한 연방헌법재판소의 판결에서 확인했듯이 태아도 인간의 존엄성을 지니고 있다.[41]

2. 보장의 효력·성질·지위

인간의 존엄성 조항의 특성을 다루기 전에 헌법적 맥락과 그것이 작동하는 구조를 간단하게 살펴보아야 한다. 존엄성 조항에서 기본법은 시작된다. 다시 말해 인간의 존엄성은 기본권 목록 첫머리에

39) *Starck*, in: v. Mangoldt/Klein/Starck, Das Bonner Grundgesetz, 4th ed., vol. I, 1999, Art. 1 marg. no. 17ff.

40) BVerfGE 30, 173, 194(=Decisions of the Federal Constitutional Court, vol. 30, pp. 173, 194).

41) BVerfGE 39, 1, 41; 88, 203, 251.

있다. 1조 3항은 "아래의 기본권들은 직접 적용되는 법으로 입법·행정·사법을 구속한다"고 규정했다. 존엄성 조항이 1조 1항에 포함되어 있으므로 3항에서 언급한 '아래의' 기본권에 포함될 수 없다.

초기에 몇몇 주석자는 존엄성 조항은 직접 적용되는 법이 아니라고 주장하며, 이는 단지 아래의 기본권 목록을 해석하기 위한 지침일 뿐이라고 했다. 그러나 오늘날에는 '침해할 수 없는(inviolable)'이라는 단어와 '존중하고 보호할 의무'가 존엄성 조항이 직접 적용되는 법임을 가리킨다는 것은 연방헌법재판소[42]와 헌법학자들이 일반적으로 인정하는 바이다. 나아가 79조 3항은 기본법 개정이 1조와 20조의 핵심을 바꿀 수 없다고 규정했다. 만약 존엄성 조항이 의회가 헌법을 개정할 수 있는 범위를 넘어서는 것이라면 이는 통상의 입법범위 밖에 있다.

마지막으로 존엄성 조항이 헌법소원으로 실현할 수 있는 개인의 권리인지를 검토해야 한다. 존엄성 조항이 인간을 개인으로 보호하기 때문에 기본법의 맥락을 전체로 검토하고, 1조를 목적적으로 해석한다면 존엄성 조항은 권리를 실정법적으로 표현했다는 움직일 수 없는 결론에 이른다. 그리하여 개인은 인간의 존엄성을 존중하지 않는 헌법 개정에 헌법소원을 제기할 수 있다.

3. 보장의 불가침성

기본법 1조 1항은 "인간의 존엄성은 침해할 수 없다"고 규정했다. 독

42) BVerfGE 6, 32, 36; 45, 187, 227; 61, 126, 137.

일어 'unantastbar'는 매우 강력한 말로, '난공불락의(unassailable)' 혹은 신성불가침(sacrosanct)'으로 번역할 수 있다. 인간의 존엄성이 '불가침'이라는 고칠 수 없는 헌법 조항은 매우 강력한 것이다. 즉 존엄성은 결코 침해되어서는 안 된다는 것을 의미한다. 이는 1조 1항의 위반이 다른 기본권의 침해와 마찬가지로 어떠한 공익(common good)에 의거해서도 정당화될 수 없음을 의미한다.

이는 적어도 최고법원의 법리로 볼 때 이스라엘 기본법의 인간존엄성의 관념과 큰 차이가 있다. 그러나 독일 헌법은 인간의 존엄성을 인간을 구성하는 요소 가운데 궁극적인 정수로, 매우 좁게 정의했다는 점을 첨언해야 한다. 인간은 목적을 이루기 위한 수단이나 단순한 객체로 취급되면 안 된다. 이러한 좁은 의미의 정의는 독일 기본법상 기본권 목록이 포괄적이며 망라적이라는 점에 부합하는 것이다. 특히 기본법은 "모든 사람은 타인의 권리를 침해하거나 헌법질서나 도덕을 위반하지 않는 한 자유로운 인격 형성의 권리가 있다"고 규정한 일반적 자유 조항이 있다. 이 조항은 통상적인 방식으로 2조 아래에서 다루는데, 타인의 권리·공익과 형량·조화될 수 있는 모든 새로운 기본권 — 예를 들면 정보보호 — 의 문제를 내포한다.

4. 존중하고 보호해야 하는 의무

누가 인간의 존엄성을 존중하고 보호할 의무를 지는가? 국가의 모든 작용, 즉 입법·행정·사법과 그외의 모든 공법기관(지방정부·대학·공법상 기관)이다. 국가가 인간의 존엄성을 존중할 의무는 인간의 존엄성을 침해하는 조치를 하지 않아야 할 의무를 국가에게 부과한다. 공법은 인간의 존엄성을 침해하지 않도록 구성해야 한다. 존엄성 조항은 법률안 작성에 지침을 제공한다. 나아가 인간의 존엄성이 침해되지 않도록 법규범을 해석해야 한다.

국가가 인간의 존엄성을 보호해야 한다는 요청은 2가지 측면에서 의무를 부과한다. 첫째, 국가는 때로는 재정적인 안전판을 제공해서 인간의 존엄성을 보장하기 위해 적극적인 행동을 취해야 한다. 연방헌법재판소가 두 번 확인한 바와 같이 국가는 육체적이나 정신적으로 장애가 있는 사람과 스스로 부양할 능력이 없는 사람이 존엄한 생활을 유지하는 데 필요한 최소한의 필수품을 보장해야 한다.[43]

둘째, 국가는 개인이 타인의 존엄성을 침해하는 것을 막아야 한다. 보호는 잠재적인 침해의 유형·범위·강도에 대응하기에 충분해야 한다. 이는 3가지 영역에 주의를 기울이면 달성할 수 있다. ①실체법, 특히 형법과 사법 ②소송법, 특히 형사·민사 소송 ③판결의 강제집행이다. 인간의 생명을 보호하는 것은 인간의 존엄성을 보장하는 기초이므로 형법으로 보호해야 한다. 다른 조치들 — 예를 들면 존엄성에 해당하는 정도의 명예훼손 보호 — 은 민법으로 이룰 수 있다.

여기서 보호의 최종적인 면을 언급할 필요가 있다. 연방헌법재판소는 보호에는 정보가 필요하다고 했다. 국가가 인간의 존엄성을 효과적으로 보호하려면 늦지 않게 대응하기 위해 존엄성을 위태롭게 하는 요소의 정보를 수집해야 한다는 것이다.[44] 이러한 새로운 정보수집의

43) BVerfGE 40, 121, 133; 45, 187, 228f.
44) BVerfGE 49, 89, 132; 56, 54, 78; 88, 203, 309f.

의무는 기술의 발전 관점에서, 특히 원자력 영역에서 매우 중요하다.

인간의 존엄성 조항에 대한 이러한 체계적인 해석은 1조 1항의 문언에서 도출할 수 있는데, 연방헌법재판소의 여러 판례에서 근거했다. 인간의 존엄성에 관한 판례를 검토해보면 특히 다음의 두 영역에서 강조했음을 알 수 있다. 첫 번째는 인간의 존엄성을 존중하고, 이를 침해하지 않아야 할 국가의 의무다(Ⅱ부 1장 1. 5의 1~7 참조). 두 번째는 제3자의 침해에서 인간의 존엄성을 보호해야 할 국가의 의무다(Ⅱ부 1장 1. 5. 8 참조). 두 번째 의무는 주로 민사 영역에서 이행하는 것으로, 연방헌법재판소가 민사법 해석과 적용에 영향을 미치는 방식 중 하나다.

5. 판 례

1) 형 법

기본법 102조는 사형을 폐지해 존엄성 조항에 직접적인 효력을 부여했다. 인간의 생명은 인간존엄성의 기초이므로 국가는 이를 처분할 권리가 없다. 사형은 다른 사람의 생명보호와 직접적인 관계가 없기 때문에 인간의 존엄성 조항을 위반한다.[45] 인간의 존엄성은 인간의 존엄성이 문제될 때만 침해될 수 있다. 예를 들면 경찰은 X의 생명을 구하기 위해 Y에게 강제력 — 최악의 상황에서는 사망할 수도 있는 강제력 — 을 사용할 수 있다. 마지막으로 인간존엄성의 보장은 사형 위협이 있는 곳으로 범죄자를 인도하는 것을 금지한다.

무기징역의 합헌성이 연방헌법재판소에서 문제가 된 적이 있었다.

45) BVerfGE 18, 112, 117; 60, 348, 354.

이 재판소의 견해에 따르면 인간의 존엄성은 유죄판결을 받은 사람이 결국에는 자신의 자유를 회복할 전망을 보유할 것을 요구한다. 필자는 이 판례가 옳다고 믿지만 그것은 사면제도로 실현된다. 그러나 연방헌법재판소는 한걸음 더 나아가 무기징역형의 감형 조건과 절차에 법적 규율을 요구한다.[46)]

잔혹하며 비례원칙에 반하는 형벌은 존엄성 보장에 반한다.[47)] 고문과 비인간적인 형벌은 유럽인권협정 3조에도 위반된다. 범죄예방이라는 일반 원칙에 의거해 징역형 기간을 정당화하는 자체가 존엄성 조항에 반하는 것은 아니다. 수형자가 단순히 국가의 의무인 질서유지의 책임을 이루기 위한 도구가 되는 게 아니라 공동체의 구성원으로 인정되며, 해당 공동체에서 일반적인 범죄예방은 정당한 목적이다.[48)]

연방헌법재판소는 형법의 일반적인 맥락에서 특별한 문제에 관해 판단할 것을 요구받은 적이 있다. 사고현장을 떠나는 행위를 처벌하는 것이 인간존엄성의 보장에 반한다는 주장이 제기되었다. 이 재판소는 이러한 주장을 거부했다. 다시 말해 법질서는 개인이 자신의 행동에 책임을 질 것을 요구하고, 적어도 사고 원인 조사를 방해하지 않을 것을 요구한다.[49)]

2) 형사절차

형사절차에서 문제가 되는 사건은 대부분 인간의 존엄성 조항이

46) BVerfGE 45, 187, 238; 50, 5, 9; 54, 100, 108f, 114f; 86, 288, 312.
47) BVerfGE 28, 386, 391; 72, 105, 116; 75, 1, 16.
48) BVerfGE 50, 166, 175f.
49) BVerfGE 16, 191, 194.

아니라 앞의 2와 3에서 언급한 기본법 2조 1항과 관련해서 다룬다. 연방헌법재판소는 2조 1항에서 일반 자유권을 발전시켰는데, 이는 형사소송에서 의료기록·일기·테이프 녹음을 증거로 사용하는 것을 규율하는 기초로 이용한다.[50] 다른 사안은 신체완전성의 권리에 관한 것으로, 기본법 2조 2항으로 보장한다.[51] 인간의 존엄성과 관련된 사안은 드물다. 법서에서는 가상 사안을 논의하는데, 대부분 심문방법과 최면술로 소위 '자백약(truth drugs)'의 금지에 관한 것이다.

3) 미결구금과 형집행구금

독일의 법원에서 단시농성을 하는 수형자에게 강제로 음식을 먹일 수 있는지가 문제된 적이 있었다. 수형자가 음식을 먹지 않기로 결정했을 때 존엄성 조항이 강제 급식을 요구하는 것은 아니라고 생각한다.[52] 수형자의 방 문에 있는 관찰구멍은 오로지 수형자의 생명과 신체의 안전을 위해서만 사용할 수 있다. 수형자의 성격을 파악하려고 계속 관찰하는 것은 인간의 존엄성에 반한다.[53]

4) 일반 소송법

기본법 103조 1항이 보장하는 법적 청문의 권리는 1조의 인간존엄성을 보장한 직접적인 결과다.[54] 누구도 단순히 절차의 객체가 되지 않도록 소송법을 구성해야 한다. 누군가의 권리에 영향을 미치는 결

---

50) *Starck*(각주39), Art. 2 marg. no. 88ff, 160ff 참조.
51) *Starck*(각주39), Art. 2 marg. no. 201ff.
52) *Starck*(각주39), Art. 1 marg. no. 60.
53) *Starck*(각주39), Art. 1 marg. no. 61.
54) BVerfGE 7, 275, 279; 57, 250, 275; 63, 322, 337.

정을 내리기 전에 그 사람에게 법정에서 진술할 기회를주어야 한다.

5) 병역의 의무

병역의 의무는 인간존엄성의 보장을 침해하지 않는다.[55] 기본법 26조는 공격하기 위한 전쟁은 헌법에 반한다고 선언했는데, 국가는 방어하기 위해 시민을 소집할 수 있다. 방어하기 위한 전쟁에서 목숨을 걸어야 할 의무는 동료 시민의 존엄과 자유를 보호하기 위해 자신의 목숨을 걸어야 할 의무를 반영하는 것이다.

기본법 4조 3항은 무기 사용과 관련해 병역을 거부할 수 있는 권리를 명시했지만, 존엄성 조항에서 자동으로 도출되는 것은 아니다. 이러한 예에서 알 수 있듯이 인간의 존엄성 조항의 범위는 다른 기본권의 보호 범위보다 좁다.

6) 경찰의 작용

경찰은 공격이나 도망을 막을 때만 무기를 사용할 수 있다. 총격으로 공격자가 사망할 것이 확실할 때는, 생명에 대한 명백하게 현존하는 위험이나 신체의 완전성에 대한 중대한 위해를 막기 위해서만 총기를 발사할 수 있다. 공격자의 생명보다 희생자의 생명에 더 높은 가치를 두는 것은 존엄성 조항과 합치한다.

7) 정보의 보호

정보의 보호는 기본법 2조 1항의 일반적 자유 조항의 범위에 속

55) BVerfGE 12, 45, 50.

한다. 그럼에도 존엄성 조항은 개인 정보를 수집하고 사용하려는 국가의 노력을 제한한다. 예를 들어 개인적 사항의 총체를 등록해서 개인을 물적 대상과 같이 취급하려는 시도는 모두 인간존엄성의 보장에 반한다.[56] 또 인간의 생활에서 가장 사적인 면이나 개인의 소신 영역의 정보를 수집하는 것은 존엄성 조항에 반한다.

8) 금지하고 제재할 의무

공법과 마찬가지로 사법도 존엄성 조항의 영향을 받는다. 인간의 존엄성이 제3자의 침해에서 보호받도록 사법을 구성하고 해석해야 한다. 전통적으로 다른 기본권은 국가에 대해 어떤 행위를 하지 말 것을 요구하는 데 반해, 존엄성 조항은 국가에게 인간의 존엄성이 보호되도록 적극적 조치를 취할 것을 명령한다. 이에 따라 연방헌법재판소는 민사법과 연방통상법원의 판례에 일정한 영향을 미쳤다.

여기서는 국가의 보호의무라는 관념이 문언상 이를 개별적으로 규정하지 않는 다른 기본권에까지 확대됨으로써 연방헌법재판소의 영향력이 증대된다는 점은 논의하지 않겠다.[57] 또한 지적해야 할 것은 헌법재판소의 민사법에 대한 영향력이라는 문제는 미국과 같은 법체계 — 연방대법원은 민사·형사·행정 사건의 최고법원이며, 법령을 심사할 수 있고 그 효력을 잃게 할 수 있는 헌법재판소이기도 하다 — 에서는 문제가 되지 않는 점이다. 연방대법원이 법률을 해석하고 적용할 때 헌법을 고려하지만 그외의 헌법재판소에 의한 통

56) BVerfGE 27, 1, 6; 65, 1, 41ff.

57) *Christian Starck*, Praxis der Verfassungsauslegung , 1994, pp. 46 참조.

제는 없다.

법률 해석만으로 존엄성 조항의 요청을 실효성 있게 충족하는 데 부족할 때는 그 법률을 적용하면 안 되고, 무효가 되어야 한다. 그러나 법원이 위헌성 때문에 무효로 선언해야 할 조항과 마주치는 경우가 자주 있는 것은 아니다. 오히려 기본법상 보호의무가 있음에도 의회가 입법을 하지 않는 경우가 빈번했다. 명시적으로 법률에 포섭되지 않는 사안에 대해 법령의 규정을 유추 적용하는 대륙법의 방법론에 의하든, 헌법 규정에 기초해 진정한 의미의 판례법을 형성하든, 법관은 해석으로 법률을 보충할 수 있다. 이것이 불가능하다면 무효확인 판결을 내린다.

연방헌법재판소는 주어진 상황에서 인간존엄성의 보호를 위해 형법의 개입이 필요한지, 사법 규정으로 사안이 규율될 수 있는지를 논의할 때가 많다. 생명과 신체의 완전성, 재산권이나 여타의 권리가 침해되었을 때 손해배상을 받을 수 있는 일반적인 권리는 『민법전(BGB)』에 있다. 동 재판소는 인간의 생명은 지고의 가치가 있고, 인간존엄성의 기초가 되므로 형법으로 보호해야 한다고 판시했다.[58] 재판소에 따르면 인간의 존엄성은 경찰력이 인간생명의 위험에 대처할 것을 요구한다. 연방헌법재판소의 2가지 판례는, 형법이 태어나지 않은 생명에까지 원칙적으로 보호 범위를 확대해야 한다고 판시했다.[59] 최소한 낙태는 진지한 정당화가 이루어지지 않았으면 불법으로 보아야 하고, 소위 사회적 적응은 배제된다.

---

58) BVerfGE 45, 187, 254; 46, 160, 164.

59) BVerfGE 39, 1, 42; 88, 203, 251f.

생의학적 연구를 위해 여자의 몸 밖에서 인공적으로 수정란을 만드는 것은 존엄성 보장에 반한다. 왜냐하면 인간의 생명을 목적 그 자체가 아니라 목적을 이루기 위한 수단으로 취급하기 때문이다. 인간의 생식체를 우생학적으로 변형하는 것은 언젠가는 의사에게 – 혹은 그의 고객에게 – 인간 개개인의 특성에 대한 모든 권력을 줄지도 모른다. 이는 형법으로 금지해야 할 인간의 존엄성 침해다.[60)]

기본법 5조 2항이 표현의 자유 한계로서 규정하는, 개인적 명예를 존중받을 권리는 오로지 인간의 존엄성에서 도출되는 것은 아니다. 그러나 존엄성 조항은 이 권리의 근본적인 핵심을 보호한다.[61)] 어떤 집단에 폭력과 자의적인 행동을 선동했을 때는 그것이 말로 표현되었든 글로 표현되었든 인간의 존엄성에 반한다. 이러한 맥락에서 특수한 다른 범죄가 없더라도 모욕죄 처벌로 인간의 존엄성을 보호할 수 있다. 도청장치든 정보수집이든 프라이버시권의 핵심 부분에 제3자가 간섭하는 행위는 법령으로 금지해야 한다.

마지막으로 기본법 6조 2항은 "자녀의 양육과 보호는 부모의 자연적인 권리이면서 일차적으로 부모에게 부여된 의무"라고 규정했다. 부모가 양육 권리를 남용해 자녀의 존엄성을 침해하면 국가는 개입할 의무가 있다. 이러한 의무는 가족법을 다루는『민법전』4장으로 규율한다.[62)]

---

60) *Starck*(각주39), Art. 1 marg. no. 89, 90 참조.
61) BVerfGE 30, 173, 194; 75, 369, 380.
62) *Starck*(각주39), Art. 1 marg. no. 98.

2장.
헌법으로 보장하는 인간의 존엄성

1. 기본법의 인간존엄성 보장

1. 문제점

헌법으로 보장한 인간존엄성 보장이라는 테마는 '기독교, 세속화, 근대법'이라는 문제 설정과 관련해 중심적인 법교의적 문제(ein zentrales rechtsdogmatisches Problem)를 제시한다. 국가와 공동체에서 인간의 지위에 관한 최고의 실정화된 법원(法源)으로 기본법 1조 1항의 기본적인 언명은 중요하다.[1] 즉 "인간의 존엄성은 불가침이다. 이를 존중하고 보호하는 것은 국가권력의 의무다"[2]

---

1) *Günter Dürig*, Der Grundrechtssatz von der Menschenwürde, AöR 81(1956), S. 117ff, *ders.*, Die Menschenauffassung des Grundgesetzes, JR 1952, S. 259ff; *Hans Carl Nipperdey*, Die Würde des Menschen, in: Die Grundrechte Bd. 2(1954), S. 8ff.

2) 비슷한 규정은 다음의 서독 주헌법에 있다. 바덴·뷔르템베르크(1953) 전문, 바이에른(1946) 전문과 100조, 브레멘(1947) 5조 1항, 헤센(1946) 3조, 라인란트·팔츠(1947) 전문, 자알란트(1947) 1조, 노르트라인·베스트팔렌(1950) 7조 1항 교육의 목표 등.

인간의 존엄성 원용은 이미 1937년의 아일랜드 헌법 전문에서 볼 수 있다. 1947년의 이탈리아 헌법은 47조에서 인간의 존엄성을 사적 경제적 창의를 한계짓는 것으로 규정했다. 1948년의 세계인권선언 1조는 모든 인간은 "태어나면서부터 자유롭고, 존엄과 권리에서 평등하다"고 규정했다. 1975년 이래 새로 발포한 서유럽 4개국 — 스웨덴·포르투갈·스페인·그리스 — 의 헌법과 스위스 헌법 전면 개정 초안은 인간의 존엄성을 정치질서의 기초로 위치짓거나,[3] 인간존엄성의 보장을 기본권 카탈로그의 시초에 열거했다.[4]

유럽 국가들의 최근 헌법 제정에서 이 같은 인간존엄성의 현상에 비추어 기독교, 세속화, 근대법을 둘러싼 심포지엄의 범위에서 존엄 보장을 검토할 동기는 충분하다. 이 심포지엄에서는 한편으로는 기독교가 어디까지 근대법 형성에 영향을 미쳤는가, 더구나 휴머니즘과 계몽주의, 혁명을 통해 직접 혹은 간접적으로 어디까지 근대법의 형성에 영향을 미쳤는가 하는 역사적인 문제를 다루었다. 그리고 현실적이며 장래적인 문제도 심포지엄의 테마였다.

즉 근대법이 도덕적·정신적 근원을 기독교에 두고 있다면 법이나 법제도가 손상되거나 근본적으로 변화되지 않고 법이라는 것이 기독교적 근원에서 — 망각에 의해서도 — 어디까지 분리될 수 있는가? — 그때 여기서 검토할 수 있는 인간의 존엄성이 중심 역할을 한다. 왜냐하면 인간의 존엄성은 국가에 대한 인간의 관계 열쇠 개념으로[5] 국가의 근본과 관련되며, 국가 조직이나 임무의 수행과 아울러 자

3) 스웨덴 헌법 3장 21조, 포르투갈 헌법 1조, 스페인 헌법 101조.

4) 그리스 헌법 2조, 스위스 헌법 8조.

5) 예컨대 Roman Herzog, Evangelisches Staatslexikon, 1966, S. XXX.

유의 보장에 법적인 작용을 전개하기 때문이다.

2. 기본법에서 인간존엄성 보장의 성립

기본법을 둘러싼 자료는 '헌법제정자들이 인간의 존엄성을 어떻게 생각했는가 하는 점에 일정한 실마리를 제공한다. 이 문제에 어느 정도 일치를 보인 기본법 1조의 문언 아래 자연법과 결부될 수 있는가, 불확실성 때문에 자연법을 도외시할 것인가 하는 논의에서 중요한 역할을 했다. 사회민주당 국회의원 슈미트 박사는 다음과 같은 말로 '역사적인 자연법의 개념'을 변호했다. "역사적 발전의 이러한 영역에서 우리 독일인은 국가에 의해 침해되지 않는 것으로 이런 저런 자유를 인간에게 보장하는 자유의 기준 아래 준비되어 있지 않는다."[6] 인간의 존엄성은 자유민주당 국회의원 호이쓰 박사가 '해석되지 않는 테제'라고 불렀다.[7]

인간의 존엄성을 어떻게 생각하는가는 헌법제정회 전문위원회[8]에서 독일당 국회의원 제봄 박사, 호이쓰 박사, 슈미트 박사, 기독교민주동맹 쥐스터헨 박사 사이에 행한 논의에서 명백해진다. 인간존엄성의 보장과 밀접한 관계에 있는 '불가침 불가양의 자유권과 인권'의 보장 아래 '신이 부여한(von Gott gegeben)'이라는 문언을 넣어야 한다는 제봄 박사의 제안이 문제가 되었다. 제안자는 다음의 것

6) 기본 법조문의 성립사(포괄적인 작업)는 *v. Doemming/Fußlein/Matz*, JöR 1(1951), S. 48f.

7) JöR 1(1951), S. 49.

8) Parlamentarischer Rat, Verhandlungen des Hauptausschusses Bonn 1948/49, 42. Sitzung v. 18. 1. 1949, S. 529~531.

이 필요하다고 생각했다.

"자유권과 인권의 이러한 유래를 기본법에 명확하게 표현해 둔다는 것이다. 실로 인간은 인간에게 복종하는 것이 아니라 오히려 인간이 신에 의해서 주어진, 인간 자신 속에 가지는(Gesetz), 즉 자신의 양심이라는 형태로 인간에게 주어진 것에 복종할 때만 참으로 자유롭게 된다. 자신의 양심으로 규정한 자유에서 책임감이 발전하고, 그 책임감이 인간과 단지 사회적으로만 활동하는 능력이 주어질 때, 신에 의해서 주어진 양심에서 자유권이나 인권을 찾는 인간의 요구(Anspruch)도 발전한다. 이러한 발전은 자유권이나 인권은 신이 인간에게 부여하는 것이므로, 신이 인간에게 부과한 의무의 범위에서 자유권이나 인권이 보장되어야 한다는 것을 인간이 끊임없이 자각할 것을 전제로 한다. 이러한 진리를 명확하게 표현하려고 우리는 세 단어, 즉 'von Gott gegeben(신이 부여한)'을 넣기 바라는 것이다."

호이스 박사는 신학과 관계없는 헌법 제정의 세속적 성격을 지적하며, "제봄 박사가 표현하는 기본적 태도를 승인함에서 신의 원용을 여기에 넣는 것을 찬성할 수 없다"고 했다. 슈미트 박사는 갈레선(船)에 묶인 노예도 소유한 기독교 교도의 자유와 헌법이 부여할 수 있는 자유권의 차이를 지적했다.

이에 대해 쥐스터헨 박사는 "우리는 결코 이 제안으로 신학을 하려는 것이 아니다. 기독교 교도의 자유문제도 헌법으로 끌어들이려는 것이 아니다. 다만 이 제안으로 이러한 자유권은 신에게 받은 것이므로, 먼저 국가에게 받은 것이 아니라는 것을 말함으로써 이러한 자유권의 전(前) 국가적 성격을 지금까지 존재한 문언보다도 더 명확하게 강조했으면 하고 생각한 것뿐이다. '불가침이며 불가양'이라는 문언으로 이러한 관념이 조금이나마 상기된다고 말할 수 있을 것이다. 그러나 우리에게 중요한 것은 우리가 '신에게 받은'이라는 문언을 넣음으로써 이 관념을 더 명확하고 의미 깊은 것으로 표현하는 것이다. 그럼으로써 이 권리의 불가침성을 표현하는 것이다. 따라서 우리는 신학적인 의도를 이 제안에 결부시키는 것이 아니다"라고 했다.

호이스 박사는 나아가 그 의도에서 찬성이라고 서술했다. 그러나 국가의 기본법을 제정할 때는 그 개념이 전 국가성에 기여하는 것이 아니라는 의견이었다. 제봄 박사는 '신이 부여한'이라는 문언을 삽입할 것을 제안함으로써 "우리 국민과 이후 기본법을 읽는 모든 독자에게 이 자유권이 어디서 유래했는지와 모든 독일인에 대한 매우 중대한 책임이 자유권 보장과 결부되어 있다는 것"을 주의시키려고 한 것이다. 사회민주당 국회의원 그레브 박사는 개인적으로는 자유권이나 인권은 신이 부여했다는 견해는 아니므로 제봄 박사의 견해는 "적어도 객관적인 성격이 있는 것은 아니다"라고 서술했다. 슈미트 박사는 독일 공산당 렌너 의원의 의견 표명에 기본권 선언의 성립에 대한 영국의 청교주의의 의의를 지적했다. 제봄 박사의 제안은 표결에서 11대 10으로 부결되었다.

이상의 논의는 의원들이 철학적·역사적 근거에서 인간의 존엄성과 여기서 필연적으로 생기는 인권을 국가가 헌법으로 승인한 높은 지위를 인정한 것을 보여주었다. 의심할 여지없이 헌법제정자는 인간의 존엄성을 보장함으로써 우선 국가 사회주의정체 – 나치 – 의 인간 경시에 대응한 것이며,[9] 서양의 전통인 국가에 대한 인간의 우월성에 결부시킨 것이다.[10]

3. 인간존엄성 보장의 해석 보조

① 기본법 인간존엄성 보장의 내용을 명확하게 하기 위한 실정법상 해석의 실마리가 되는 것은 인간의 존엄성과 인과관계에 – '그 주위에' – 있는 인권(1조 2항)과 이에 근거해 규정한 기본권(1조 3항)이다. 즉 타인의 권리나 도덕률 안에서 인정되는 인권의 발전을 구하는 권리, 인간존엄성의 물리적인 기초로서 생명권·평등·학교나 교육에 대한 강한 보장을 포함한 신앙의 자유를 구하는 권리, 부모의 권리, 명예 보호와 청소년 보호의 한계에서 자유로운 정신적 커뮤니케이션을 구하는 권리, 혼인과 가족의 보호, 소유권의 보장과 소유권자의 의무, 사형폐지와 법적 청문 등이다.

② 나아가 전문에 명시한 신에 대한 책임의 원용은 인간존엄성의 개념을 명확하게 하는 데 중요하다. 신의 원용[11]은 다른 현행 헌법에서도 볼 수 있고,[12] 최근에는 1977년 스위스 헌법 초안에 다시 규정했

9) 국회의원 망골트(v. Mangoldt) 박사의 보고는 이것을 명확하게 서술했다. Parl. Rat(각주 8), S. 306. 나아가 입안된 전문이 단락의 본문은 S. 310 즉 "… 자의와 폭력의 시대 뒤에 구래의 자유권이나 모독된 인간의 존엄성을 보호하고 지킬 결의에서."

10) 기본법 전문; 프랑스 인권선언(1789년) 2조; 『버지니아 권리장전』(1776년) 1절 참조.

11) 교육 목적의 신에 대한 외경은 다음의 서독 주헌법들에 있다. 바덴-뷔르템베르크 12조 1항, 바이에른 131조 2항, 노르트라인-베스트팔렌 7조 1항, 라인란트-팔츠 33조, 자알란트 30조.

12) 1874년의 스위스 헌법 전문, 1937년의 아일랜드 헌법 전문, 1975년의 그리스 헌법 전문 참조.

다.[13] 확실히 규정가치를 얻었음이 틀림없다. 물론 이 규정가치는 일반적인 초월관계(allgemeine Transzensbezug), 인간의 형이상학적 지위, 모든 국가권력의 상대성이라는 신조의 의미에서 — 소극적으로도 — 신앙의 자유 보호와 모순되는 것은 아니다. 인간존엄성의 형이상학적 기초는 그 법적 핵심에서 국가적·사회적 세력에 의한 전체적인 처분(totale Verfügung)에서 인간의 궁극적인 보장을 의미한다.

③ 기본법 1조 2항에서 평화와 정의의 결합은 정의 없이는 평화는 있을 수 없으며, 평화를 희생으로 한 정의 – 이상 – 도 있을 수 없음을 의미한다. 이러한 언명의 기초가 된 것은 인간존엄성 보장의 정밀화(Präzisierung)를 승인하는 인간상이다. '지상에 신의 나라'나 완전한 정의를 실현하려는 국가권력은 인간의 존엄성을 그르치는 것이다.

4. 독일의 법실천에서 인간존엄성의 보장

인간존엄성의 보장에서 재판으로 도출한 일정한 금지나 명령(Verbote und Gebote)은 법실천 – 입법과 강화된 사법 – 에서 존

13) 이 점은 전문위원회의 보고, 1977, S. 18 참조. 신의 원용에서 "명백한 것은 스위스 국민은 자신의 국가를 최고로 간주한다는 것이 아니라, 인간의 존엄성에 가치 있는 공동생활의 질서의 실현을 위해 신의 위탁을 승인한다는 것이다. 모든 인간적인 것을 능가하는 의무 범위의 암호로써 형식은 무신론자조차 받아들일 수 있는 것이다. … 이와 같은 방법에 의한 헌법의 전문은 특정한 세계관으로 의무지움을 수반해서는 안 된다. 오히려 단지 인간이나 국가를 그 자체에 기초짓지 않는다는 기본 자세를 서술한 것에 불과하다. 그러므로 입구(der Ingreβ)는 전문의 문언 – 이것은 서양의 윤리학이 세속화된 형식에 반사하는 것을 시도한 것이다 – 으로 보충하지 않으면 안 된다."

엄 보장의 법적 내실을 어떻게 이해하고 있는가를 찾을 수 있는 유익한 기초자료다.[14] 각각의 보장이 인간의 존엄성에서 어떻게 도출되었는가, 그와 함께 인간의 존엄성에 대해 무엇을 이해했는가 하는 시사는 재판소의 판결 이유에서 명확해진다. 인간의 존엄성은 국가에게만 의무지우는 것이 아니라 인간 동포에 대해서 인간에게도 의무지우기 때문에, 다음에 문제가 되는 것은 국가에 의한 존엄의 존중만이 아니라(①), 인간존엄성의 보호도 문제가 된다(②).

① 기본법 102조에 의한 사형폐지에 대해 연방헌법재판소는 "인간 생명의 원칙적 가치에 대한 신조이며, 개인의 생명을 전혀 중요하게 여기지 않고 시민의 생사에 권리를 남용하는 정치관에 강력하게 반대하는 국가관에 대한 신조"라고 했다.[15]

연방헌법재판소는 인간다운 종신형의 집행 요건에 대해 "다시 자유를 공유하게 될 기회"가 유죄선고에는 남아 있다고 판시했다.[16] 법치국가 원칙에서 현저한 요청이 있었음에도 종신구류형을 받은 사람에게 자유를 회복할 기대를 주는 은사제도는 인간존엄성의 보장에서 결론으로 나오는 것이다.[17] 연방헌법재판소는 그 이유를 "범행자는 헌법으로 보호하는 자신의 사회적인 가치 요청이나 존중 요

14) 각주1과 *Günter Dürig*, in: Maunz/Dürig, Kommentar zum Grundgesetz, Art. 1(1958); *Reinhold Zippelius*, Bonner Kommentar, Art. 1 Rdnr. 7ff; *Philippe A. Mastronardi*, Der Verfassungsgrundsatz der Menschenwürde in der Schweiz, 1978 passimff; ders., Die Menschenwürde als Verfassungsgrundsatz in der Schweiz, JöR 28(1979), S. 469, 479ff.

15) BVerfGE 18, 112(117).

16) BVerfGE 45, 187, 243ff.

17) BVerfGE 45, 187, 245는 자유박탈의 파기에 관한 법적 결정을 요청했다.

청이 침해되고, 범죄 방지의 단순한 객체가 되어서는 안 된다"고 했다.[18] 인간의 개인적이며 사회적인 기초 전제들은 보호해야 한다. 국가는 우선 인간다운 생활 일반을 형성하는 인간의 최저한의 존재를 항상 보장해야 한다. 자유를 회복할 기회도 없이 국가가 강제로 인간의 자유를 침해하는 것을 당연한 것처럼 요구할 때는 이와 같이 이해한 인간의 존엄성과 양립할 수 없다. 잔인하고 현저하게 가혹한 형벌에 대한 독일 재판소들의 판결은 인간의 존엄성에 반한다.[19]

바이에른 헌법재판소는 "인격(Person)으로서 인간은 최고의 정신적·도덕적 가치의 담당자다. 상실하지 않는 공동체의 모든 요구, 특히 국가나 사회의 모든 정치적이며 법적인 간섭에 대해 독립적이며, 불가침인 도덕적인 독자적 가치를 체현하는 것"[20]이라고 이유를 설명했다. 성범죄자의 거세나 고문도 잔인한 형벌에 속한다.[21] 형사절차상의 심문은 인간의 존엄성을 존중하지 않으면 안 된다. 따라서 심문수단으로 마취 분석·거짓말 탐지기·자백제·최면술·고문 등은 인간존엄성의 관점에서 금지한다.[22]

독방기결수는 장기간 외계나 다른 기결수와 완전히 고립시켜 수용하면 안 된다. 왜냐하면 인간이 다른 인간과 접촉하는 것은 인간의 존엄성에 속하기 때문이다.[23]

법적 심문의 보장(기본법 103조 1항)은 인간존엄성의 직접적인 귀

---

18) BVerfGE 45, 187, 228f.
19) 예컨대 BGHSt. 3, 110, 119; BVerfGE 1, 332, 348; 6, 389, 439; 45, 187, 228.
20) BayVfGH 8, 52, 57.
21) 유럽인권협약 3조, "누구든 고문이나 비인간적·굴욕적 형벌이나 취급에 복종하지 않는다."
22) §136f. StPO i. d. F. v. 7. 1. 1975(BGBl. I S. 129).
23) BVerfGE 49, 24, 64.

결로 본다.[24] 연방헌법재판소 판결에 의하면 "인격의 존엄은 당국의 지시로(von Obrigkeits wegen) 쉽게 그의 권리를 자유롭게 처분할 수 없다." 다시 말해 "개인은 재판관이 판결하는 단순한 객체가 아니라, 자신의 권리와 관련된 판결 전에 절차와 결과에 영향을 줄 수 있도록 발언할 기회가 있다."[25]

국가가 강제로 인격 전부를 기록·분류하거나, 모든 관점에서 인간을 재고 조사하는 물건처럼 취급하는 것은 인간의 존엄성을 침해한다.[26] 무릇 정보수집과 관련해 조사하거나 저장하면 안 되는 것은 생물학적, 정신적 인간 배양(Menschenzüchtung)을 통해서도 얻으려고 해서는 안 된다. 다수의 인간이 일정하게 행동하며 생각하도록 정신적으로 폐쇄하는 것은 인간의 존엄성과 부합하지 않는다.

② 인간의 존엄성에서 매우 중요한 생명은 최고 가치와 관계가 있으므로, 국가는 제3자의 침해에서도 실효성 있게 보호할 의무가 있다.[27] 억지효과를 가져오는 형법의 발동이나, 생명의 침해를 예방하는 효과가 있는 경찰법이나, 실제로 활동하는 경찰을 유지하는 것은 이러한 목적을 위해서다. 나아가 인간의 존엄성은 다른 인간의 존엄성을 침해하는 언론이나 기술을 금지하고, 형법으로 제재할 것을 요청한다. 인간의 존엄성은, 예를 들어 일부 주민의 증오 — 예를 들어 인종적 증오나 계급적 증오 — 를 자극하거나, 주민 일부나 개인에 대한 폭력적인 조치나

24) BVerfGE 7, 275, 279; 26, 66, 71.
25) BVerfGE 9, 89, 95.
26) BVerfGE 27, 1, 6.
27) BVerfGE 45, 187, 254. 생성 중인 생명에 대해서는 BVerfGE 39, 1, 42f, 49f.

자의적인 조치를 부르는 말기적인 인간의 말살이라는 지능적인 준비에 의해 침해된다.[28] 형법상·민법상의 명예보호도 존엄의 핵심이다.[29]

③ 판결에 의하면 국가의 침해금지(①)나 — 제3자에 의한 존엄성 침해와 관련해 — 금지·제재(②)·행위 명령을 구하는 것도 인간의 존엄성을 지키는 가치 있는 생존의 일부다. 그러므로 국가는 육체적·정신적 결함 때문에 자신의 인격적·사회적 발전을 방해받거나, 자신을 유지할 수 없는 시민에게 "인간의 존엄성에 가치 있는 생존을 확보하기 위한 최저한의 조건을 보장"하지 않으면 안 된다.[30] 연방헌법재판소는 복잡하고 위험한 과학기술의 발전에 비추어 금지명령이나 제재명령의 전면에 정보명령(Informationsgebot)을 전개한다.[31] 정보명령은 인간의 존엄성에서 일어날 수 있는 위험을 조기에 인식하기 위해 권한 있는 국가기관에게 모든 노력을 구할 수 있으며, 나아가 필요한 수단으로 이러한 위험을 예방할 수 있기 때문이다.

2. 인간존엄성의 정신적 기초

1. 고대와 기독교

인간존엄성의 보장에 나타난 인간상(Menschenbild)은, 인간존엄성 선언이나 보장이 역사적으로는 인간이 종교적 에너지로 살 수 없

28) 형법(StGB) 130조, 130a조, 131조.
29) BGHSt 11, 67(71); BVerfGE 30, 173(194).
30) BVerfGE 40, 121, 133.
31) BVerfGE 49, 89(132).

게 된 것이 아주 최근에 나타난 현상이라 해도 발전사적으로는 기독교와 가장 밀접하게 연결되어 있다. 인간은 신의 형상(Ebenbild)으로 창조되었다 — 예를 들면 창세기 1:27와 에베소서 4:24 — 는 구약과 신약 성서의 기록이 모든 인간의 특별한 존엄의 기초다.[32)]

여기서 인간에게는 이 세상에서 뜻대로 되지 않는 독자적인 가치가 생긴다. 왜냐하면 인간은 결코 단순한 객체나 수단으로 취급되면 안 되기 때문이다. 고대 철학도 인간의 존엄성이 발전하는 데 기여했다. 처음에는 시민의 존엄 발전에, 후에는 세계주의적 의미에서 모든 인간의 존엄성 발전에 기여했다.[33)]

인간의 특별한 존엄은 다른 모든 생물과 구별되는 이성과 의사의 자유에서 볼 수 있다. 존엄과 결합된 고대 기독교적인 자유 이념은 상당한 정도로 공동체에 구속되었다. 인간은 항상 동포에게 의존하는 것으로 보았다. 이 동포성은 도시국가(폴리스), 신자공동체, 일반적인 박애, 연대관계에서 나타난다. 인간의 자유는 신의 법과 자연법, 도덕률과 결부되어 있다.

기독교 신앙이나 기독교적 생활태도 — 창조주, 중보자, 구세주인 예수 그리스도와 성령에 의해 인도되는 신자공동체(교회)와 인간의 결합(종교) — 는 세속계나 자연계를 초월한다. 이러한 의미에서 초월 혹은 형이상학을 말한다. 이와 같은 형이상학에서 인간의 기초 지움

---

32) *Ernst Wolf*, Die Freiheit und Würde des Menschen, in: Recht, Staat, Wirtschaft, Bd. IV(1953), S. 27, 32ff; *Alfred Verdroß*, Die Würde des Menschen als Grundlage der Menschenrechte, EuGRZ 1977, S. 207f.

33) *Felix Flückiger*, Geschichte des Naturrechts, 1. Bd. 1954, S. 127ff, 163ff, 191ff, 215ff; *Hans Welzel*, Naturrecht und materiale Gerechtigkeit, 4. Aufl. 1962, S. 41ff(박은정 역, 『자연법과 실질적 정의』, 삼영사, 2002).

은 인간의 자유·평등·박애의 기초다. 왜냐하면 모든 인간은 똑같이 인간의 모습을 하기 때문이다. 따라서 인간의 존엄성은 단순히 인간의 자기결정(Selbstbestimmung)을 의미하는 것이 아니라 모든 인간, 즉 다른 인간의 독자적인 자치를 기초로 한 자기결정을 의미한다.

기독교에서 인간의 존엄성을 이끌어내는 것에 반대해 역사적 사건들, 특히 교회가 용인하고 조성한 신분제적인 사회 구성, 중세 신학자들에게 이어받은 노예 이론, 이단자나 불신자를 박해하려고 교회가 이용한 세속권력 등을 제시할 수 있을지도 모르겠다. 인간의 존엄성에 대한 기독교 교회의 과오 — 관용이 없었던 것에 대해서도 — 는 기독교에서 인간의 존엄성을 도출하는 것과 모순되지는 않는다.[34] 사회의 신분제적인 구성 — 교회도 그중에 포함되어 있었다 — 은 존속한 공동체의 역사적인 형태로 본래 인간의 존엄성과 모순되는 것은 아니다.

노예 이론과 불관용, 불신자의 박해에 관해서는 오히려 다음의 것이 더 명백하다. 즉 인간의 존엄성을 완성하려면 역사의 경과에서 그 외의 과정이나 정신적인 발전을 다시 첨가되지 않으면 안 되었다는 것이다. 이것과 관련해 기독교의 발전이 문제인지(헤겔), 새로운 사조가 문제인지는 논하지 않겠다. 왜냐하면 그것을 문제로 삼은 곳에서는 변함없이 인간존엄성의 이념을 고대 성서에서 찾았기 때문이다.

---

34) *Georg Wih. Fried. Hegel*, Philosophie der Weltgeschichte, 1. Hälfte: Die Vernunft in der Geschichte, hg. v. J. Hoffmeister, 1955, S. 47ff; *Gerhard Ritter*, Ursprung und Wesen der Menschenrechte(1949), in: R. Schnur(Hg.), Zur Geschichte der Erklärung der Menschenrechte, 1964, S. 205ff.

2. 정치철학

법실천에서 인간의 존엄성과 정치철학에서 인간의 존엄성은 별개의 것이다. 법실천에서는 먼저 존중해온 존엄이 자유권의 기초이며, 특히 인신보호협정(Habeas-Corpus-Pakten)에서 확약된 것이었다.[35] 이에 대해 정치철학에서는 인간의 존엄성은 어떤 경우에 기독교적인 유래를 명확하게 보여주는가를 일반적으로 논했다. 예를 들어 사무엘 푸펜도르프는 그의 정치적 사유의 중심이 되는 인간존엄성의 개념을 신이 창조한 사회적인 인간의 본성에서 도출했다.[36] 인간의 존엄성은 도덕적으로 구속되는 인간의 자유[37]와 평등[38]의 기초라고.

칸트의 존엄 개념은 인간의 도덕적 자율성에서 결론으로 나왔다.[39] 칸트는 푸펜도르프와 달리 자유나 존엄의 사회성(Sozialität)보다 인간의 개성(Individualität)을 강조했다. 그러나 이 때도 인간은 여전히 도덕률 — 이 도덕률에는 자연법적인 전통이 포함되어 있다 — 에 구속된다. 칸트는 도덕적 법칙의 책무에 대해 과연 인간은 자유에 의해서 가능한, 실천이성으로 제시한 도덕 왕국에서 입법자의 일원이다. 그러나 인간은 그 왕국의 신민이지 군주는 아니라고 했다. 도덕적 자율성에 가로놓여 있는 존엄의 기독교 기초는 칸트가 다음과 같이 서술할 때 다양한 곳에서 나타난다. "피조물로서의 우

---

35) *Ernst Wolf*(각주32), S. 27, 34f; *Bertrand de Jouvenel*, über die Staatgewalt, 1972, S. 279f.

36) *Samuel Pufendorf*, De iure naturae et gentium, lib. 1, cap. III §20; lib. 3, cap. II §1: *Hans Welzel*, Die Naturlehre Samuel Pufendorfs, 1958, S. 47ff.

37) *Pufendorf*, aaO. lib. 2, cap. I §5.

38) *Pufendorf*, aaO. lib. 3, cap. II §§1, 2.

39) *Immanuel Kant*, Grundlegung zur Metaphysik der Sitten, hg. v. K. *Vorländer*, 1920, S. 56ff.

리의 낮은 단계를 오인하고, 신성한 법칙의 존엄(Ansehen)에 대한 자만을 거부하는 것은 이미 배반인 것이다."[40]

르네상스 시대 이후 신학적으로 흘러온 형이상학적인 전통에서 서서히 개방된 인류학도 인간성 이론(doctrina humanae naturae)으로 박물학이나 인생체험을 포함하며, 기독교적 인간상을 생생하게 남겼다.[41] 물론 예외가 없는 것은 아니다. 우리가 홉스를 생각하면 알 수 있듯이, 인간이 투쟁상태에서 인간의 평등을 기초지우며 관찰하거나,[42] 인간의 존엄성을 갖고 인간을 시민이라고 볼 때는 예외가 될 것이다.[43]

3. 세속화

헤겔은[44] "먼저 게르만 민족이 … 기독교 중에서 인간은 인간으로서 자유라는 의식을 갖기에 이르렀다"고 생각했다. 이러한 의식은 먼저 종교의 일부가 되고, 고통스런 과정을 겪으며 비로소 '세속적인 것'에 적용되었음에 틀림 없다. 헤겔은 종교개혁,[45] 계몽주의,[46] 혁명[47] 등의 자유 의식에서 진보적인 세계사를 보았다. 헤겔에 의하면

---

40) *Immanuel Kant*, Kritik der praktischen Vernunft, hg. v. K. *Vorländer*, 1929, S. 96f(최재희 역,『실천이성 비판』, 박영사, 1975).

41) *Udo Marquard*, Art. 'Anthropologie', in: Hist. Wb. Philos. I(1971), Sp. 363ff.

42) *Thomas Hobbes*, Leviathan, cap. XIIIff; ders., Vom Bürger, cap. I 3.

43) *Hobbes*, Leviathan, cap. X.

44) *Hegel*(각주34), S. 62.

45) *Hegel*, Philosophie der Weltgeschichte, zweite Hälfte, hg. v. Lasson, 2. Aufl., unveränderter Nachdruck 1976, S. 877ff.

46) *Hegel*(각주45), S. 915ff.

47) *Hegel*(각주45), S. 920ff.

근대의 세계와 법은 기독교의 싹에서 발전했다. 기독교는 근대세계의 장해물이 아니라 원천으로 2가지 관념을 배제한다. 하나는 근대세계는 기독교에서 억지로 얻어냈다는 관념과, 다른 하나는 근대세계에서 기독교의 유산은 지켜져야 한다는 관념이다.[48)]

세속화는 현세에서 싹의 발전과 현실화를 의미한다. 이러한 의미에서 나중에 발전한 개인주의 — 개인주의는 신과 인간의 직접적인 관계에서 결국은 신학적으로 기초지워진다. 그러나 이를 초월해 광범위하게 사회생활에서 그 효과가 나타나며, 개인을 국가와 대립시키는 인권선언에서 절정에 이른다 — 의 싹도 기독교에 있다.

그러한 전제에서 에른스트 볼프는 적절하게도 인권선언을 "기독교적 서양 국가의 종교 소산"[49)]이라고 평가했다. 이러한 소산은 고전적인 세속화 과정에 근거한다. 사회생활에서는 개인주의가 신학적으로 기초지워진 것이 아니라, 동포나 박애로 일관했을지라도 신과 인간의 관계에서 순수하게 신학적으로 기초지워진 개인주의는 사회생활에 영향을 미친다.

물론 인권은 국가 — 국가는 사회적 관계의 조직과 동일시해서는 안 된다 — 에 대한 인간의 권리로 정식화되었다. 인권으로서 개인주의가 실생활과 민법에서 강화·관철되었다는 것은 간과해서는 안 될지라도 시민과 국가 간의 개인적 권리의 범위의 한정(individualrechtliche Spärenabgrenzung)이 기계적으로 인간의 관계를 지배해야 하는 것은 아니다.

---

48) *Hermann Lübbe*, Säkularisierung, 2. Aufl. 1975, S. 38.
49) *Wolf*(각주32), S. 27.

4. 자유주의와 실증주의

19세기 정치와 법률 저술가들은 더욱더 명확하게 인간의 존엄성 — 물론 이 개념을 사용하지는 않았지만 — 에 기초를 둔 내면적인 인간의 자유에서 출발했다.

칼 폰 로텍[50]은 인간의 능력을 "두 가지 충동 사이의 선택, 즉 감성과 이성 사이의 자립적 결정과 자의적 결정을 할 수 있는 능력이다. 이때 감성적으로 하느냐 이성적으로 하느냐는 자유다. 그러한 능력 — 여기서는 단지 형이상학적 자유의 본질, 즉 절대적으로 내면적인 자유의 본질만이 있다 — 을 승인하는 것은 바로 한계가 없는 것과 불가해한 것인데도 도덕적 책임에는 필요한 조건"이라고 전제했다.

급진적 민주주의자인 구스타프 폰 슈트루베[51]는 『국가학사전』의 인권에 관한 논설에서 "모든 인간의 권리는 평등하다는 원칙에 근거한 기독교의 교의"에서 인권사상의 최초의 싹을 보았다. "이 교의는 한편으로는 인권을 영원하며 양도할 수 없는 것으로 승인하는 데 걸림돌이던 장해를 제거하고, 이 권리들을 연구하는 데 강한 자극을 주었다." 장해가 많았음에도 결실을 맺었다. 한편으로는 기독교가, 다른 한편으로는 역사와 철학이 인간성을 한 단계 높였다고 했다.

그리하여 자유주의에서는 인간의 존엄성은 인간의 권리를 위한 명확한 원천이 되었다. 그러나 뒤이어 나온 실증주의에서는 권리의

50) *V. Rotteck/Welcker*(Hg.), Staatslexikon, 2. Aufl. 1847, Bd. V, S. 180. 마찬가지로 예를 들면 *Karl Salomo Zachariä*, Vierzig Bücher vom Staate, 1820, 1. Bd., S. 33ff.
51) *V. Rotteck/Welcker*(Hg.), Staatslexikon, 2. Aufl. 1847, Bd. IX, S. 65.

정신적·도덕적인 기초가 약화되었다. 파울 라반트는 "법제도의 구축, 즉 각각의 법 명제의 일반적 법 개념에의 환원과 다른 한편으로는 이러한 개념에서 생기는 결론을 도출하는 중에" 법학의 임무를 보았다. 이것에 의하면 "모든 역사적·정치적·철학적 고찰은 … 구체적인 법 소재의 도그마틱에 대해 중요한 것이 아니다. 단지 구축작업의 결함을 은폐하는 데 빈번히 봉사할 뿐이다."[52)]

이러한 언명은 권리의 정신적 기초에 대한 자신 있는 세대의 무관심을 표명한 것이다. 물론 이것으로 기초를 명확하게 부정한 것은 아니다.[53)] 적어도 실증주의는 인간의 존엄성 준수의 본질적이며 실제적인 요소인 법률에 의한 기본권 보장, 법치국가, 재판소에 의한 권리보호, 법률적합성의 원리(Gesetzmäβigkeitsprinzip)를 촉진하거나 기초짓는다. 그러나 법적인 보장의 완전함과 함께 보장의 목적은 잊어버린다.

쇼펜하우어는 인간존엄성의 개념 사용을 예리하게 비판했다.[54)] 그는 가치 개념의 상대화를 목표로 삼았으므로 칸트의 존엄 개념 사용을 다음과 같이 논박했다. "가치라는 것은 다른 물(物)과의 비교에서 물의 평가다. 따라서 존엄이라는 것은 결코 절대적이며, 비유 없는 가치는 있을 수 없다." 쇼펜하우어가 인간은 어떻게 다른 인간의 공감과 애정(Sympathie und Liebe)을 얻는가 하는 규칙을 정립하려고 한 것만 보아도, 19세기에 왜 인간존엄성의 개념을 사용할

52) *Paul Laband*, Das Staatsrecht des Deutschen Reichs, Vorwort zur 2. Auflage(1887), 5. Aufl., Bd. 1, S. IX에서 인용.

53) *Franz Wieacker*, Privatrechtsgeschichte der Neuzeit, 2. Aufl. 1967, S. 441.

54) *Arthur Schopenhauer*, Sämtliche Werke, hg. v. v. Löhneysen, Bd. 3, S. 695, 726; Bd. 5, S. 239f.

수 없었는지, 얼마나 강하게 권리가 일반적으로 그 윤리적 기초를 상실했는지는 다시 명확해질 것이다.[55]

3. 인간존엄성 근원의 존속과 소멸

1. 인간의 형이상학적 차원의 부정

인간의 존엄성에 대해 종교적·철학적으로 근거를 제시하려는 것을 근본적으로 부정하는 것은 칼 마르크스에게서 잘 나타난다. 그는 다음과 같이 말했다. "종교 비판은 인간에 대한 최고의 본질은 인간이라는 이론으로 끝난다." "인간의 근원은 바로 인간 자신이다."[56] 마르크스는 인간의 본질은 과학적으로 해명할 수 있는 경제질서에서 생기는 사회 전체의 관계에서 나타난다[57]는 중요한 귀결로, 적어도 이론적으로는 인간의 모든 자기소외를 지양했다. 인간을 과학적으로 해명할 수 있는 문제로 보면 인간의 도덕적·형이상학적 측면이 침탈되며, 인간의 존엄성이 희생당하게 된다. — 그것은 마르크스 경우만이 아니다.[58] 단순히 인간적인 이기주의를 보호하는 것에 불과한 인권을 기독교의 소산으로 보며, 인간의 이기적인 인권을

55) *Luiz Legaz y Lacambra*, Das Recht aus religiöser Perspektive, in Festschrift für E. Voegelin, 1962, S. 343, 354.

56) *Karl Marx*, Zur Kritik der Hegelschen Rechtsphilosophie(1844), in: ders., Frühschriften, hg. v. Landshut, 1964, S. 216. '반과학적', '형이상학적 고물(Trödel)'은 또한 *Adam Achaff*, Marxismus und das menschliche Individuum, 1970, S. 28f; *Karel Kosik*, Die Dialektik des Konkreten, 1967, S. 23ff. 정치의 결과는 S. 215ff. 더 높은 위탁의 파괴는 S. 231ff.

57) *Schaff*(각주56), S. 24.

58) 이 점에 대해서 적절한 것은 *Martin Kriele*, Befreiung und politische Aufklärung, 1980, S. 53ff, 250(홍성방 옮김, 해방과 정치 계몽주의, 가톨릭출판사, 1988).

거부했다.[59)]

이러한 문제를 파악하는 방법은 현대의 행동과학에서 분명히 테마로 제기한다. 스킨너는 『자유와 존엄을 넘어서(Beyond Freedom and Dignity)』에서 "행동과학은 '자율적인 인간'이 영위하는 통제에 의문을 갖고 환경이 영위하는 통제를 입증하려고 하므로 가치의 관념이나 인간존엄성의 관념에 대해서도 의문을 품는다"[60)]고 했다.

스킨너는 '행동의 기술'을 신뢰했는데, 이것은 자유와 가치, 존엄이라는 개념을 필요로 하지 않는다고 한다. 자유나 존엄이라는 것은 조작적 개념(operationale Begriffe)이 아니라 준 종교적·형이상학적 관념이다. 과학은 자유나 존엄과 같은 개념으로는 정확하게 드러낼 수 없는 인간의 상황을 조작적인 방법으로 설명하고 변경(!)할 수 있는 데까지 진보했다고 한다. 스킨너는 스스로 (헌)법상의 인간존엄성을 보호하기 위해 이러한 인간상의 결론을 도출하면서 먼저 소연방에 기대를 걸었고, 미래는 공산 중국에 기대를 걸었다.[61)]

어떠한 입장도 아주 명백하지는 않고 명확하게 결론이 정립된 것도 아니다. 인간이 과학적으로 해명할 수 있는 것이라면 개인의 존엄은 성립할 수 없다. 특정 혹은 불특정한 방식으로 자극에 반응하거나, 지각을 통해 일정한 방식으로 적응하는 신경 섬유 다발에 불과한 인간이 왜 존엄한가? 이것은 설명할 수 있는 것이 아니다. 사람은 신경에 존엄을 부여할 수도 있고, 논박할 수도 있다. 그와 함께 심리학·의학·행동과학 분야의 노력에 대해서는 이론이 없다. 다만

59) *Karl Marx*, Zur Judenfrage(1843), in: ders., Die Frühschriften, 1964, S. 191ff.

60) 독일어판 Jenseits von Freiheit und Würde, 1973, S. 28에서 인용.

61) *Burhuss Frederic Skinner*, Futurum II, 1972, S. 16.

그 철학적 주장이나 법질서를 내려다보는 주장에 대해서만은 반론이 나온다.[62)]

무신론적 휴머니즘은 형이상학적 차원의 인간을 부정하며, 무언가 전혀 새로운 것, '유물론과 유심론, 비관론과 낙관론의 새로운 전체적인 결합' – 메를로 퐁티의 주장 – 이라고 주장한다. 비록 그것이 무엇을 의미하든 이 휴머니즘의 휴마눔(Humanum) 기준이 명확하지 않다. 명백하게 신적인 것(Gottliche)은 비인간적인 것으로, 자연(Natur)과 마찬가지로 인간성을 부정하는 것으로 본다. 인간이 임의로 의미를 부여할 수 있지만 그것은 결과적으로는 자유로 말미암아 항상 위험에 처하게 된다고 보는 실존주의적 사유는 내용이 유동적이고 역사적 평가는 개방되어 있다.

따라서 스킨너 명제의 실천은 극단적 이기주의처럼 정당하다. 이와 같은 단서도 (헌)법상의 존엄 보장을 이해하는 해석에 아무런 도움이 되지 못한다. 왜냐하면 보장이 공허한 것이 되어서는 안 된다거나, 인간을 위해 정책을 설계할 때 변명으로 사용할 것이 아니라면 보호해야 할 것(das zu Schutzende)과 존중해야 할 것(das zu Achütende)은 분명히 해야 하기 때문이다.

2. 잠재해 있는 형이상학적 차원

현세화(Verdiesseitigung), 환속(Verweltlichung), 세속

62) 이 점에 대해서는 적절하게도 *Ralf Dahrendorf*, Homo Sociologicus, 15. Aufl. 1977, S. 83ff, 인간 전체를 파악하는 방법에 관한 사회학의 뻔뻔스러움은 S. 85, 부자유와 비인간성 수단의 사회학은 S. 88, 92.

(Säkularisierung)이라는 말은 일반적으로 기독교에서 문화 해방을 의미하고, 문화의 중요한 일부로 법이 기독교에서 해방되는 것도 의미한다. 물론 이 해방과정은 오늘날의 문화나 법에서 기독교가 중요하지 않다는 것을 의미하는 것은 아니다. 오히려 대결(Auseinandersetzung), 새로운 기초지움(Neubegründung), 끊임없는 발전(Fortentwicklung)을 의미한다.[63] 그러한 전제에서 기독교는 근대법에서 중요한 존재다. 인간의 휴머니스틱한 기초지움은 전통적인 '존엄의 표준(Würdestandard)'에 도달해야 한다. 스킨너의 의미에서 '과학적 휴머니즘'은 명백히 거부되었다.[64]

우리에게 필요한 시도는 문화나 법을 이쪽에서 기초짓는 것이다. 투쟁적으로 관철해야 하는 기독교적 기초와 대립하면서 고찰할 필요는 없다. 휴머니스트들은 기독교는 인간의 존엄성을 위해서 충분하게 진력하지 않는다고 비판한다. 자유와 존엄 관념의 일층의 발전이나 완성을 휴머니즘에서 보는 경우, 교회의 권한을 반박하며 국가와 교회의 분리를 지목한 경우조차 이와 같은 기본적인 대립이 문제가 되는 것은 아니다. 왜냐하면 자유의 형이상학적·종교적 기초지움 — 여기서 비로소 휴머니즘 일반이 자랄 수 있었다.[65] — 은 이러한 비판의 영향을 받은 것은 아니기 때문이다.

하이덱거에 의하면[66] 모든 휴머니즘은 형이상학에 기초를 두었거나, 휴머니즘 자체가 형이상학의 기초가 되었다. 사르트르는 『실존주의는

63) *Lübbe*(각주48), S. 34ff, 109ff.
64) 이것을 명확하게 지적한 것은 *Dahrendorf*(각주62), S. 95.
65) *Jacque Maritain*, Gesellschaftsordnung und Freiheit, 1936, S. 64.
66) Platons Lehre von der Wahrheit mit einem Brief über den Humanismus, 1947, S. 63f.

휴머니즘인가』에서[67] 이것을 인정했다. 가령 인간존엄성의 기초가 세상에서 세속적으로 구해지더라도 인간의 존엄성이 구체적인 각각의 인간에게 귀속된다는 점에서 기독교적 견해와의 관계가 명백해졌다.[68]

이렇게 이해한 휴머니즘은 각각의 인간이 집산주의적(kollektivistisch)이나 과학기술적으로 조직된 공동체의 목적에 대해 단순한 수단에 불과하다고 하는 모든 관념을 배제한다. 형이상학적으로 자유롭게 인간존엄성의 근거를 제시하려는 시도는 인간은 경험적으로 완전하게 파악할 수 있는 것이 아님을 전제로 한다. 감각적으로 파악할 수 있는 성격으로 모두 설명할 수 없는 인간의 성격을 '내재적 초월(immanente Transzendenz)'에 귀속시킨다.[69] 이때 확실히 형이상학적으로 자유롭게, 그러나 과학적인 탐구에 가까이 하기 어려운 초월을 표상하지 않으면 안 된다.

그렇다면 탐구할 수 없는 성격과 '역할의 초월성(Rollen-transzendenz)'과 인간의 개방성은 어디서 이끌어낼 것인가? 공리주의적인 기반에서 이것들의 기초를 마련해야 하는 것은 아니다. 만약 다른 인간에게 실력을 행사할 때 공리주의적인 기반에 근거해 이것들을 부정할 위험이 있다. 그 배후에 있는 것은 다음과 같이 명확하게 표현하는 평가다. "원칙으로서 이 개방성 없이 원래 인간의 자유, 양심적 결정의 존엄, 책임 일반이 어떻게 존재할 수 있는가?" 평가는 내재적인 것(immanent)으로 보는데, 형이상학적인 차원을 배

67) *Jean Paul Sartre*, Ist der Existentialismus ein Humanismus?, 1947, S. 65f.

68) *Werner Maihofer*, Rechtsstaat und menschliche Würde, 1968, S. 26ff(심재우 역, 『법치국가와 인간의 존엄』, 삼영사, 1994).

69) *Christian Graf v. Krockow*, Glaube, Demokratie und Politische Erziehung, in: Aus Politik und Zeitgeschichte, B 33~34(1980), S. 25는 Dahrendorf(각주62)에 의거한다.

제하는 것은 아니다.[70] 왜냐하면 언어라는 매체로 형이상학을 내재(Immanenz)로 하는 것은 될 수 없기 때문이다.

하트는 자연법과 논쟁에서 "사실은 자연법 이론이 이런저런 형식으로 몇 번씩 제시한다는 것이다. 그리고 그 의의는 신의 권위에도 인간의 권위에도 의존하지 않는다는 것이다. 나아가 자연법 이론은 오늘날에도 받아들일 수 없는 그 용어와 그 형이상학적 반립(metaphysische Implikationen)에도 도덕과 법을 이해하려고 중요한 진리를 포함한다. 우리는 이 기본적인 진리를 형이상학적 매몰(Einbettung)에서 풀어주고, 단순한 표현으로 새롭게 정식화하려고 한다"[71]고 했다.

여기서도 형이상학을 언어로 배제하려고 했다. 자연법 이론은 분석적 법이론의 의미에서 사실로 받아들인다. 왜냐하면 그것을 주장하기 때문이다. 자연법 이론에 포함된 진리는 미리 알아야 하는데, 그 진리는 명백히 전통적인 인간상에서 나온다.

인간의 존엄성이 — 그 형이상학적 뿌리와 단절해 — 인간이 경험할 수 있는 것인지, 헌법적 보호가 결여되거나[72] 더 쉬운 해석의 변경으로 잊혀지는 경우에도[73] 확신과 요구가 존재하는지는 심리학적인 문제다. 형이상학적으로 근거를 상실한 인간의 존엄성이 해석 변경으

---

70) 이 점에 대해서는 *Helmut Steinberger*, Konzeption und Grenzen freiheitlicher Demokratie, 1974, S. 213ff에서의 Theodor Geiger와 논쟁 참조. 내재의 신화에 대해서는 *Jacque Maritain*(각주65), S. 65ff 참조.

71) *H. L. A. Hart*, Der Begriff des Rechts, 1973, S. 259f(오병선 역, 『법의 개념』, 아르케, 2001). 강조는 필자가 한 것임.

72) 이것은 *Peter Häberle*, Verfassungstheorie ohne Naturrecht, AöR 99(1974), S. 437ff에 대한 질문으로 정당한 것은 S. 455. 규범들은 활동하는 인간의 도움을 필요로 한다. 이와 같이 지적한 것은 *Wilhelm Weischedel*, Skeptische Ethik, 1980, S. 147.

73) 이러한 경향을 우려한 것은 *Roman Herzog*(각주5), S. XXX.

로 헌법상의 인간존엄성의 보호를 이리저리 돌아다니는 모래 언덕과 같은 것으로 취급하는 것은 정치생활에서 인간의 존엄성이라는 용어를 사용하는 방법에서 읽을 수 있다. 예컨대 "인간의 존엄성에서 결론으로 나오는 여성의 자결권(Selbstbestimmungsrecht)"은 태아의 생명권(Lebensrecht)보다 우월한 것이 되었다.[74] 그 결과 책임 없는 해방, 즉 점차 강화되는 '행복을 가져오는' 국가에 의한 인간의 후견이나 관리 요청이 인간존엄성의 보호에서 도출된다. 또 그렇게 해석된 복지국가가 인간존엄성의 귀결로 보이는 것도 결코 드물지는 않다.[75]

존엄의 사회학적 해석 — 이것은 분명히 기본법에서 존엄의 보호와 관련된 것인데 — 에 의하면 존엄은 인간에게 본래 부여된 것이 아니라 인간이 스스로 확립해야 한다는 것이다.[76] 인간이 자신의 존엄 부여(Würdeleistung) — 누가 결정하는가 — 에 의존하거나, 자신의 행위에 대한 책임감이 줄어들거나, 다른 인간 — 아직 태어나지 않은 인간이더라도 — 의 생명을 임의로 처분할 때는 헌법상의 존엄 보호는 공동화되어 버린다.

3. 인간존엄성의 형이상학적 기초

인간존엄성의 보장은 인간이 자신을 의식하는 것 이상이라는 것

74) Deutscher Bundestag, 7. Wahlperiode, 96, Sitzung, Sten. Bericht, S. 6492. 비판적인 것은 BVerfGE 39, 1, 43f 참조.

75) 인간의 존엄성에 포함된 사회국가적인 최저 보장에 대해서는 *Christian Starck*, Staatliche Organisation und staatliche Finanzierung als Hilfen zu Grundrechtsverwirklichungen, In: Starck(Hg.), Bundesverfassungsgericht und Grundgesetz Bd. II, 1976, S. 480, 522.

76) *Niklas Luhmann*, Grundrechte als Institution, 1965, S. 68.

에서 출발한다.[77] 인간은 합리적인 과학으로 완전하게 파악할 수 있는 것이 아니다.[78] 인간은 형이상학적으로 열려 있다.[79] 인간의 과학적인 파악 가능성의 한계에서 결론적으로 나오는 것은 — 모두 기본적이라고 생각하는 것인데 — 인간에 대한 법적 처분 가능성의 한계다. 이 상호관계는 과학적으로 파악할 수 있는 인간의 측면만을 법적 규제로 복종시킴을 의미하는 것은 아니다. 과학적으로 해명할 수 없는 타인의 침해도 제재할 필요가 있다. 법은 불변적이며 일반적으로 조화하는 행동을 확보해야 하며, 타인의 권리를 보호해야 한다. 이것은 인간의 존엄성이 모든 인간에게 귀속된다는 사정에서 나온 결론이다. 그 결과 여기서 나오는 것은 대부분 권리의 일반성(Allgemeinheit des Rechts)이다. 그러나 법적 제재는 인간의 궁극적 영역을 항상 처분할 수 없는 것으로 만들지 않으면 안 된다. 이것에 대한 예는 앞의 1. 4 아래에 있다.

물론 법적으로 보장한 인간의 존엄성은 각각의 인간이 스스로의 존엄 부여에 의존하는 것은 아니다. 그러나 인간의 존엄성이 망각되거나 존엄보호가 공동화되어야 할 것이 아니라면 인간의 존엄성에 대한 계속적인 신념이 필요하다.[80] 오늘날 인류학이나 철학이 거의 형이상학적 경향을 띠지 않는다는 사정, 즉 인간의 본질은 탐구하

---

77) 이것은 야스퍼스의 정식이다. *Karl Jaspers*, Die geistige Situation der Zeit, 1932, Nachdruck 1979, S. 135.

78) 토마스 아퀴나스와 칸트의 예는 *Christian Starck*, Das Sittengesetz als Schranke der freien Entfaltung der Persönlichkeit, in: Festschrift für W. Geiger, 1974, S. 264ff.

79) *Hans Jonas*, Organismus und Freiheit, 1973, S. 69ff; *Walter Schulz*, Philosophie in der veränderten Welt, 1972, S. 642 참조.

80) 마찬가지로 *Häberle*(각주72), S. 445; *Kriele*(각주58), S. 54ff.

지 않고 — 확실히 충분한 이유는 있으나 — 인간의 행동을 조사하고,[81] 개념을 분석하고,[82] 개별화하고, 형이상학을 비판[83]하는 것이 직접적으로 법질서에 결정적인 영향을 미치는 것은 아니다.

즉 법질서는 그때그때의 법철학 조류의 단순한 기능이 아니라, 인간의 존엄성과 자유를 지키면서 인간의 공동생활을 규율한다는 독자적인 임무가 있다.[84] 이러한 문화적인 문제를 숙고하는 것이 법학자와 철학의 공동임무다. 그와 함께 과학으로 해결할 수 없는 것이 인간세계에는 아직 있다. 여기저기서 인간과 관련된 법은 인간의 불가해적인 것을 고려해야 하므로 형이상학에 창을 개방해두지 않으면 안 된다.[85] 야만스런 결과를 확실하게 저지하지는 못했지만, 잔인한 행위를 인식하고 그것과 투쟁할 기준을 마련한 서양 법문화의 위대한 업적은 결국 이 점에 있다.

4. 국가와 형이상학

지금까지 서술한 논구는 다음과 같은 것을 보여준다. 근대 국가는 자신의 법과 평행해 국가가 보장할 수 없다는 전제에서 성립했다

81) 형이상학적 경향에 반해 이것을 요구하는 것은 *Arnold Gehlen*, Anthropologische Forschung, 1961, S. 141ff.

82) *Rudolf Carnap*, Überwindung der Metaphysik durch logische Analyse der Sprache(1931), in: Janoska/Kauz(Hg.), Metaphysik, 1977, S. 50ff.

83) *M. Merleau-Ponty*, Das Metaphysische im Menschen, in: Metaphysik(각주 82), S. 273ff; *Günter Patzig*, Ethik ohne Metaphysik, 1971, S. 32ff. 회의주의는 *Weischedel*(각주72), S. 36ff 참조.

84) 이 점에 대해서 철학 측에서는 *Schulz*(각주79), S. 629ff 참조.

85) 마찬가지로 *Kriele*(각주58), S. 91ff, 98f.

는 것이다.[86] 세속화는 분명히 그 단서가 형이상학적인 원천으로 단절하지 않는다는 전제에서 실현할 수 있는 하나의 과정이다.[87] 이것은 독일 국법상 기본법의 전문에서 신을 원용함으로써, 인간이 믿기 때문에 보장하는 신앙의 자유에 의해서, 공립학교에서 종교 교육의 보장과 주헌법상 학교 교육의 목적으로 승인되었다.[88]

1945년 이후 독일의 주들과 연방공화국의 새로운 국가 기본 질서의 창설에서 우리는 분명 다음의 것을 경험했다. 형이상학적으로 기초지운 인간의 존엄성 없이는 인간은 완전히 우월하는 국가권력의 증대가 되어버릴 것이다. 인간의 존엄성이나 자유의 형이상학적인 기초를 망각한다면 기본법의 문언은 자의적인 해석으로 열릴 것이다.[89] 아마도 기본법은 구세주의 대용(Heilsersatz)으로 신성한 텍스트의 의의를 가질지도 모른다.[90] 세속화된 성경 혹은 비적(Sakrament)으로 헌법은 방랑하고, 이들의 근원에서 해방된 개념으로 국가적인 기능 담당자에게 측량하기 어려운 권력의 증대를 가져올 것이다. 기본법의 정신적 기초에서 해방되고, 그 자체가 신성화된 기본법 문언

86) *Ernst-Wolfgang Böckenförde*, Die Entstehung des Staates als Vorgang der Säkularisation, in: Festschrift für Forsthoff, 1967, S. 75, 93(김효전 역, 「세속화 과정으로서 국가의 성립」, 『헌법학연구』 10권 4호, 2004); *Christian Starck*, Vom Grund des Grundgesetz, 1979, S. 7, 21, 24ff, 39f.

87) 바로 이러한 의미에서 뵈켄회르데는 논문 끝(aaO. S. 94)에서 세속화된 비종교적 국가도 결국은 그 시민의 종교적 신앙이 결부된 내면적인 동인이나 결합력에서 존속해야 하는 것이 아니냐고 물었다.

88) 따라서 세속화 과정은 무신론으로 결과하게 되리라는 것은 기본법에서 도출할 수 없는 것처럼 역사의 법칙에서도 도출할 수 없다.

89) *Welzel*(각주33), S. 238f; *Steinberger*(각주70), S. 217; *Häberle*(각주72), S. 445; *Kriele*(각주58), S. 55ff, 248f. u. o.; *Arno Baruzzi*, Europäisches Menschenbild und das Grundgesetz für die Bundesrepublik Deutschland, 1979, S. 27ff.

90) *Häberle*(각주72), S. 446은 정당하게도 '헌법신학(Verfassungstheologie)'을 거부했다.

은 오늘날 복지국가적 징후 아래에서, 내일은 덕성국가적 징후(das tugendstaatliche Vorzeichen) 아래에서 임의적인 해석, 마침내는 모든 사이비 종교적 개혁정책의 열린 그대로 있게 될 것이다.

형이상학적으로 기초지운 인간의 존엄성은 국가에 대한 인간관계의 열쇠 개념이다. 형이상학에 대한 국가의 관계는 상반된다. 국가는 형이상학 차원의 인간을 법질서로 존중하고 보호하지 않으면 안 된다. 그것을 초월해 국가는 형이상학과 관련을 가져서는 안 된다. 특히 신앙도 형이상학도 의무로는 안 된다. 국가 스스로 직접적으로 형이상학에 기초하지 않으면 안 된다.

3장.
기본권의 해석과 효과

1. 기본권의 해석

1. 총 설

기본권의 규정은 기본법을 시행한 후 거의 변하지 않았다.[1] 이러한 조문상의 안정성은 기본권이 해석과 적용으로 비로소 그 형태를 드러냈다는 사실에는 변함이 없다. 그렇게 된 것은 기본권이 국가권력을 직접 구속하고(기본법 1조 3항), 재판소 특히 연방헌법재판소가 활동하고, 국가의 행위가 기본권을 침해하지 않는가를 반복해서 물었기 때문이다. — 헌법재판소 이외의 — 각 재판권도 기본권을 보호하는 데 중요한 기능을 한다. 왜냐하면 기본권 적용 문제는 대개 재판관의 면전에 제출하기 때문에 그 문제에 각 재판권이 가장

1) 기본권 규정의 개정과 보충은 방위체제(1956년)와 비상사태제도(1968년) 도입에 불과하다. 1993년 6월 28일의 기본법 16a조 비호권 개정(BGBl. I S. 1002)은 아래에 기술한 2에서는 고려하지 않았다.

먼저 손을 대게 된다. 그리고 기본권 문제를 연방헌법재판소가 판단하면 그 판단은 오랫동안 각 재판권을 규정한다.

여기서는 논점이 많으므로 연방헌법재판소의 판단에 고찰을 한정하지 않을 수 없다. 그럼으로써 기본권에는 철저한 법 해석 이론적 구성이 주어지고, 기본권은 그 구조를 이루는 각 영역에서 비교적 안정성을 가진 규범적 기준을 만들기에 이른다. 그렇지만 기본권 이론의 다양한 국면으로 모습을 나타내는 근본적인 논쟁이 있다. 그것은 "기본권의 일반적 성격, 규범적 목표, 내용 사정거리"[2)]의 체계적 파악이다. 이에 대해서는 자유주의적 기본권 이론, 제도적 기본권 이론, 민주적·기능적 기본권 이론, 사회국가적 기본권 이론, 기본권의 가치 이론 등이 제창되었다. 어떤 기본권의 이론으로 해석에 차이가 생기는 것은 쉽게 이해할 수 있다. 그렇지만 이러한 이론을 해석자가 자유롭게 선택할 수는 없다. 왜냐하면 이 이론의 선택이 기본권 해석 자체에 선행하면 기본권 해석은 전통적인 해석 원리를 초월한 것이 되며, 기본권은 실제 헌법 전체의 밖으로 나오며, 기본권은 재판소에서 판단의 기준으로 진지하게 받아들일 가치가 없는 법철학적 사변 대상이 되고 말 것이기 때문이다.

기본권은 매우 불명확하게 '일반 조항적'[3)]이며, 그 해석에는 광범위한 여지가 있다는 견해가 널리 퍼져 있다. 이 견해에 입각해 특히

2) *Ernst-Wolfgang Böckenförde*, Grundrechtstheorie und Grundrechtsinterpretation, in: NJW 1974, S. 1529(김효전·정태호 역, 『헌법과 민주주의』, 법문사, 2003, 70면), 또한 다음의 나아가 *Robert Alexy*, Theorie der Grundrechte, 1985, S. 508ff 참조.

3) 많은 것 대신에 *Peter Häberle*, Die Wesensgehaltgarantie des Art. 19 Abs. 2 GG, 2. Aufl. 1972, S. 102. 이에 대한 비판은 *Starck*, in: v. Mangoldt/Klein/Starck, Das Bonner Grundgesetz, 3. Aufl. 1985, Bd. I, Art. 1 Rdnr. 127.

다양한 기본권 이론 가운데 선택하지 않으면 안 된다고 하는 명제가 힘을 얻고 있으며, "추상적·개방적·이데올로기적 기본권 규정"[4] 이라고 하는 사람도 있다. 그것에 의하면 기본권 해석이 비교적 구속되지 않는 것은 규정 방법이 개방적이며, 많은 경우 제정사에서는 아무것도 말하지 않거나, 일의적인 것은 아무도 말하지 않기 때문이라고 한다.

헌법 해석의 문제는 독일에서는 금세기 초부터 법률 해석의 특별한 문제로 다루며, 개중에는 일반 법률 해석에서 완전히 단절해 논하는 사람도 있다. 근래에 이르러 이 헌법과 기본권이 차지하는 특별한 지위를 기초지으려고 사비니를 원용하는 이도 있다. 사비니는 자신의 법률 해석 이론을 사법에만 타당하게 하려고 한 것이다.[5] 즉 지금까지의 법 전통에서 이어받고,[6] 목적론적 요소를 첨가한 해석 원리, 즉 해석의 문법적 요소, 논리적 요소, 역사적 요소, 체계적 요소를[7] 사법 해석에만 적용한 것이다.[8]

그럼에도 헌법 해석에 사비니를 원용하는 것은 사비니 자신에 의해 근거지워지는 것이다. 사비니가 의론을 사법에 한정한 것은 사법이 "국가에서 재판관직을 설치함으로써 생명과 현실성을" 획득한다

---

4) *Alexy*(각주2), S. 501f. 또한 *Ralf Dreier*, in: *Dreier*/Schwegmann(Hg.), Probleme der Verfassungsinterpretation, 1976, S. 42ff 참조.

5) *Friedrich Carl von Savigny*, System des heutigen Römischen Rechts, 1. Bd. 1840, S. 2, 23, 39, 69.

6) *Helmut Coing*, Die juristischen Auslegungsmethoden und die Lehren der allgemeinen Hermeneutik, in: Arbeitsgemeinschaft für Forschung des Landes Nordrhein-Westfalen, eisteswisenschaften, Heft 84, 1959, S. 7ff.

7) *Savigny*(각주5), S. 213f.

8) *Friedrich Müller*, Arbeitsmethode des Verfassungsrechts, in: Enzyklopädie der Geisteswissenschaftlichen Arbeitsmethoden, 1972, S. 123, 138.

고 보았기 때문이다.[9] 사비니가 이것을 적은 1838~1939년에는 공법은 사법과 달리 재판관에 의해 그 실현이 보장되지 않았다. 헌법이 기본권을 보장한다고 해도 그 준수를 구하여 재판관의 판단을 바랄 수는 없었다. 즉 사비니는 공법을 고찰 범위에서 제외한 정당한 이유가 있었다. 그렇지만 오늘날에는 공법에 — 사비니가 말하는 '생명과 현실성'을 부여하는 — 행정재판소와 헌법재판소를 두고 있으므로 이러한 이유는 존재하지 않는다.

그러나 기본권은 일반적으로 고찰하는 것보다 명확하다. 그것은 기본권을 법령심사 기준으로 사용하는 재판소가 — 수행하는 법적 기능 — 염두하면서 기본권의 보호 영역과 제약을 구별하고, 기본권의 제약에는 비례원칙을 적용하고, 기본권의 자유국가적 기능 외의 기능은 예외적으로만 승인하고, 이들에 대해서 충분하게 명확한 해석의 계기를 얻음으로써 보여준다.

2. 기본권의 보호 영역과 제약의 해석 이론상의 구별

전후 수십 년 동안의 판례에서 전면에 나타난 것은 국가에 한계를 긋는 기본권의 소극적 기능과 자유적 지위의 고전적·방어적 기능이었다. 여기서는 학설과 담론을 거쳐 관념상으로 실감할 수 있고 예측할 수 있는 재판소 판례를 만들어내는 기본권 해석 이론이 형성될 수 있다. 기본적으로 승인되는 것은 기본권의 해석과 적용에서 헌법이 정하는 기본권의 요건 — 즉 보호 영역 — 과 제약을 구별해

9) *Savigny*(각주5), S. 23.

야 한다는 것이다. 이러한 2단계 논증 방식으로 자유에 필연적으로 나타나는 공공복리 관련성을 이론적으로 사전에 기본권 구성 요건에 들여놓는 것을 피할 수 있다. 기본권이 공공복리를 침해하는 행사 형태를 미리 보호 영역에서 제외하도록 규정하며,[10] 보장의 한계가 그어지는 것은[11] 매우 드물다. 기본권의 요건과 제약의 해석 이론상의 준별은 기본권을 특별히 좁게 정의함으로써 자유를 자의적으로 제한하는 위험을 감소시키고, 한계를 긋는 작업을 더 엄밀한 논증 절차에 복종하게 하는 것이다.[12]

각각의 기본권 보호 영역은 해석으로 명백해져야 한다. 기본권의 제약은 여러 가지 정식으로 규정되어 있으므로,[13] 각각의 생활 사실을 그러한 다양한 기본권의 요건에 서로 한계를 그으면서 할당하는 작업이 필요하다. 판례와 학설은 보호 영역을 넓게 해석하는 경향이 있다. 예를 들어 직업,[14] 주거,[15] 신문,[16] 사실조사,[17] 광고[18]도 포함한 사상 표현과 소유권[19] 등의 개념을 지적할 수 있다. 그리고 비록 기본권의 보호 영역을 좁게 규정하려고 해도 기본법 2조 1항의

---

10) 예컨대 기본법 8조의 '평화적이며 무기를 갖지 않은' 규정.

11) BVerfGE 12, 1. 4.

12) *Michael Kloepfer*, Grundrechtstatbestand und Grundrechtsschranken in der Rechtsprechung des Bundesverfassungsgerichts, In: Starck(Hg.), Bundesverfassungsgericht und Grundgesetz, Bd. II, 1976, S. 407; *Starck*, in: v. Mangoldt/Klein/Starck(각주3), Art. 1 Rdnr. 170ff; *Alexy*(각주2), S. 290ff는 예컨대 살인이나 절도가 기본권의 보호 영역에 포함되는 것을 막기 위한 약간의 요건 한정은 내 견해와 다르다.

13) *Starck*, in: v. Mangoldt/Klein/Starck(각주3), Art. 1 Rdnr. 173f 참조.

14) BVerfGE 7, 377, 397.

15) BVerfGE 32, 54, 72.

16) 이것은 진정한 출판물에는 한정하지 않는다. BVerfGE 34, 269, 283.

17) BVerfGE 61, 1, 7.

18) 이러한 경향의 판례는 BVerfGE 30, 336, 352; 53, 96, 99.

19) 예컨대 BVerfGE 14, 288, 293; 16, 94, 100; 53, 257, 289; 53, 336, 348.

일반적 행위의 자유 기본권을 결정적으로 원용하게 된다.[20]

1971년의 기본법 13조에 관한 연방헌법재판소의 어떤 결정에서는[21] 보호 영역이나 기본권의 구성 요건을 어떻게 규정하는가 하는 문제가 제기되어 명확한 표현을 하게 되었다. 즉 주거(Wohnung)의 개념을 좁게 해석하는 시도는 명백히 만약 그렇지 않으면 경제·노동·조세 등에 관한 사찰의 틀 안에서 지금까지 인정되어온 행정청의 다양한 관여권·사찰권을 유지할 수 없게 되고, 기본법 13조 3항의 제약 사유에 의해서도 더는 정당화되지 않을 수 있다는 의구심에서 제출된 것이다.

그렇지만 넓은 해석이 실제 어려움을 가져온다고 하여 기본권이 미치는 범위를 제약의 유보 측에서 규정하고, 좁은 해석을 선택하는 것에는 의문이 있는, 그리하여 연방헌법재판소는 고찰을 다음과 같이 끝맺었다. "우선 먼저 기본권의 실체적 내실을 명확히 하지 않으면 안 된다. 그런 다음 비로소 자유추정의 원칙, 헌법상의 비례원칙, 기대 가능성(Zumutbarkeit)의 원칙을 고려하면서 법치국가적으로 지지할 수 있는 기본권 행사의 제약을 확정해야 할 것이다."

기본권의 요건과 제약의 구별은 제약을 명시적으로 열거하지 않은 기본권에도 상당히 이전부터 적용되었다. 그러한 기본권 — 예술·학문·양심의 발로인 행위·직업선택·비호권(Asylrecht) 등 — 에도 동일한 제약은 불가결하다. 그것을 연방헌법재판소는 이른바 헌법 내재적 혹은 직접적 제약, 즉 헌법이 보호하는 다른 법익, 특히 기

20) 기본권마다 분류해 상론하는 것은 *Starck*, in: v. Mangoldt/Klein/Starck(각주1), Art. 2 Rdnr. 34~60 참조.

21) BVerfGE 32, 54, 72.

본권으로 승인되는 다른 사람의 권리에서 생기는 제약[22]으로 정당화했다. 그렇지만 일차적으로는 기본권의 요건에서 생기는 권리보장의 제약을 고려하지 않으면 안 된다. 그러므로 비호권은 모국이나 체류국에서 정치적으로 박해를 받고 자유·생명·신체의 안전을 찾아 도망한 자에게는 인정된다. 그러나 도망 후에 안전이 확보된 토지에서 어쩔 수 없는 사유도 없는데 박해를 초래한 자에게는 인정되지 않는다. 연방헌법재판소는 이것을 기본법 16조 2항의 역사적이며 체계적인 해석에서 적절하게 도출했다.[23]

그러므로 비호의 기본권은 행정과 사법에 현저하게 많은 실무적 과제를 부과했다. 난민으로 받아들임을 신청하는 자의 압도적 다수는 경제적 이유에서 그러한 것이며, 비호의 기본권을 오해한 것이다. 그럼에도 신청이 법적 효력을 수반해 배척하기까지는 체류권이 있으며, 자주 신청각하 후에도 계속 체류할 수 있다. 이것이 기본권 보장과 아무 관련도 없는 사회적·재정적 결과를 산출한다.

연방헌법재판소는 이미 1981년에 비호권 남용을 막는 입법 가능성을 시사했다. 망명 신청인에게 될 수 있으면 신속히 비호 자격의 유무를 분명히 해주는 것은 비호권의 인도적 목적에 합치한다고 한다. 그러므로 명백히 가망 없는 특정한 유형의 신청에 대해 법률로써 심사권·결정권을 외국인 관리청에 맡기고, 그러한 신청이 각하되었을 때는 바로 체류기간을 종료하는 명령을 발하는 권한을 부여하는 것은 기본적으로 기본법 16조 2항에 부합한다고 했다.[24] 그렇지

22) BVerfGE 30, 173, 193ff(예술); 47, 327, 367ff(학문); 32, 98, 107(신앙).
23) BVerfGE 74, 51, 64.
24) BVerfGE 56, 261, 236.

만 의회에는 지금까지 그러한 종류 혹은 유효한 규정을 만들 힘이 없다. 독일 연방공화국은 수천 번의 비호권 남용자에 의해 사실상 난민 유입국으로 변한 느낌이다.

3. 기본권의 제약, 특히 비례원칙(Verhältnismäßigkeitsprinzip)

기본권의 제약은 우선 기본권의 타당함을 논하는 데 중심 문제다. 기본권의 구속을 현실화하는 데 참으로 곤란하게 만드는 것은 입법자는 한편으로는 기본권에 구속되면서(기본법 1조 3항), 다른 한편으로는 기본권의 제약을 확정하는 권한을 부여한다는 것이다. 이와 같은 기본권 발동의 형식적 전제에 더하여 실질적 전제가 있다. 그것은 기본권 자체에서는 부분적으로만 명시했다는 점이다.[25] 기본권은 보호할 가치가 있는 법익을 위해서만 제한하는 것이 허용된다.

보호에 적용하는 수단은 적합(geeignet)하고, 불가결(erforderlich)하며, 적절한(proportional) 것이어야 한다. 비례원칙이나 과잉금지(Übermaβverbot) 등으로 총칭되는 이러한 기준들은 연방헌법재판소가 기본권에 대한 제한이 헌법상 정당한 것인가, 기본권 침해에 해당하는가를 판단할 때 유효한 통제수단이 된다. 이러한 통제수단은 헌법 해석에서 발견한 것이다. 비례원칙은 자주 — 연방헌법재판소에 의해서도 — 법치국가의 원리에서 도출된다.[26]

---

25) 기본권을 제약하는 각종 원리는 *Starck*, in: v. Mangoldt/Klein/Starck(각주3), Art. 2 Rdnr. 173f.

26) BVerfGE 23, 127, 133 m.w.N.; *Eberhard Grabitz*, Der Grundsatz der verhältnismäβigkeit in der Rechtsprechung des Bundesverfassungsgerichts, AöR 98(1973), S. 568ff, 582ff.

이에 대한 1965년의 판결[27)]에 의하면 비례원칙은 "기본적으로 시민의 국가에 대한 일반적인 자유청구권의 표현이므로 공권력에 의해서는 공공의 이익에서 불가결할 때만 제한된다고 하는 기본권의 본질에서 이미" 도출되는 것이라고 했는데 적절하다고 본다. 무엇을 '기본권의 본질'로 특징짓는가는 기본권의 본질을 기본적으로 각인짓는 기본법 1조 3항의 기본권의 구속력 규정에서 보여준다. 이에 대해서 법률유보로 기본권이 오로지 입법자의 손에 달려 있을 때는 기본권의 본질도 완전히 다른 것이 된다. 기본권 영역에서는 입법자가 규제 권한을 갖는다는 것, 그 입법자가 기본권에 — 재판소에 의해서 통제되는 형태로 — 구속된다는 것은 기본권 영역에서 규제를 행하는 입법자가 보호법익을 선택할 때도, 수단을 투입할 때도 헌법에 구속되는 것에 의해서만 논리적으로 양립할 수 있다.

판례는 기본권 제약을 판단함에 해석 이론상의 장치, 예를 들어 단계 이론(Stufentheorie)[28)]이나, 활동이 전부 금지되거나, 단지 기본권 행사가 규제될 뿐인가 하는 구별 등을 사용한다. 이러한 침해의 중대성을 추상적으로 단계화함으로써 비례원칙의 적용을 쉽고 확실하게 되도록 배려했다. 그러나 그러한 '이론'을 적용할 때는 그것들이 경직되거나 자기 목적화하지 않도록 주의해야 한다.

법익을 보호하기 위해 부과된 기본권 제약을 비례원칙을 적용해 음미할 때는 사실확정과 예측이 전제가 된다. 입법자는 사실확정과

---

27) BVerfGE 19, 342, 348f. BVerfGE 35, 382, 401도 참조.

28) BVerfGE 7, 377, 405ff; 33, 125, 160(zu Art. 12); BVerfGE 30, 173, 189ff(zu Art. 5 Abs. 3). 이에 대해서는 *Starck*, in: v. Mangoldt/Klein/Starck(각주3), Art. 5 Rdnr. 187ff, 207f.

예칙의 조화를 완전히 자유롭게 하지 않으면 안 된다. 그렇지 않으면 구속력 조항(기본법 1조 3항)의 의미가 몰각되므로 법률의 합헌성 심사는 사실확정과 예측통제도 요구한다.[29] 물론 입법자에게는 평가 권능이 주어지는데, 그것은 규제되는 영역에 의해서, 혹은 충분하게 확실한 판단을 내릴 가능성의 대소에 의해서, 문제가 된 법익의 중요성에 따라 다양한 단계로 나뉜다.[30]

그리고 거기서 통제 정도의 세분화된 기준이 나온다. 특히 자유로운 경제활동의 기본권의 주변 부분만을 침해하는 경제정책 영역에서는 단순한 명증성(Evidenz)에 의한 심사,[31] 예측 가능성이 더 확실하게 된 경우의 경제적 기본권의 영역에서 상당성(Vertretbarkeit)에 의한 심사,[32] 이에 대해서 생명이나 인신의 자유가 문제되는 경우,[33] 다른 기본권에서도 침해가 중대한 경우[34]에는 더 강화된 내용적 심사가 이루어진다. 이 심사 기준들의 구별 — 특히 명증성 심사와 상당성 심사의 구별 — 은 반드시 쉽지는 않다. 왜냐하면 병렬하는 기준이 여전히 불명확하기 때문이다.[35] 그럼에도 이러한 단계 구별은 의론의 좌표를 제공하고, 선례가 축적되면서 적용

29) 이것은 확정 판례다. BVerfGE 7, 377, 412; 25, 1, 13; 30, 250, 263f, 50, 290, 332f; *Fritz Ossenbühl*, Die Kontrolle von Tatsachenfeststellungen und Prognoseentscheidungen durch das Bundesverfassungsgericht, In: Starck(Hg.), Bundesverfassungsgericht und Grundgesetz, Bd. 1(1976), S. 458ff; *Klaus Jürgen Philippi*, Zur Tatsachenfeststellungen des Bundesverfassungsgerichts, 1971, passim. 참조.

30) BVerfGE 50, 290, 333; 57, 139, 160.

31) BVerfGE 37, 1, 20; 40, 196, 223.

32) BVerfGE 25, 1, 12f; 39, 210, 225; 57, 139, 157.

33) BVerfGE 39, 1, 46, 51ff; 45, 187, 238.

34) BVerfGE 7, 377, 415; 11, 30, 45; 17, 269, 276ff.

35) 특히 BVerfGE 57, 139, 157 참조.

예측을 점차 가능하게 한다는 의미에서 유익하다.

지금까지 서술한 것은 고전적 기본권의 학술적 해석 이론이며, 법률가들에게는 잘 알려진 것이다. 그럼에도 재판소에 의한 기본권의 실현을 평가한다면 이 이론에도 언급하지 않을 수 없다. 여기서 개관한 것은 법률에 우선하는 직접 효력이 있는 기본권 선언의 귀결이다. 이러한 것은 프랑스처럼 입법자 전능의 도그마와 결별한 국가[36]에서는 잘 알려져 음미하는 것으로, 부분적으로는 적용하고 있다.

4. 특별한 지위관계(Sonderstatusverhältnis)에서 기본권

기본권이 재판소에 의해 실현됨으로써 일찍이 특별권력관계라고 부르는 관계에 대해서도 법화(Verrechtlichung)를 초래하게 되었다. 특별권력관계라는 법형상의 중요한 기능은 개입에 대해 법률유보가 타당한 것을 피할 수 없게 되었다. 그러나 1972년 연방헌법재판소가 형사집행을 결정[37]한 후 법률유보는 특별권력관계에서 제한할 때도 확대 적용하게 되었다. 이미 늦었다고 해도 좋은 1972년의 판례 변경은 기본권에 따르는 법률의 유보와 재판을 받을 권리의 헌법적 보장을 규정하는 기본법 19조 4항의 당연한 귀결이다. 이것들은 재판소가 행정의 행위를 판정하는 기준인 법률의 존재를 전제로 한다. 이전에는 '특별권력관계'로 분류되던 학교의 관계도 판례로 법률의 유보에 복종하게 되었다. 그것도 단지 '개입'에 대해서만이 아니

---

36) *Christian Starck*, Der Schutz der Grundrechte durch den Verfassungsrat in Frankreich, AöR 113(1988), S. 632ff.

37) BVerfGE 33, 1, 9f. 이는 후술 S. 177, 179f 참조.

라, 국가의 급부로서 학교 편성에 관한 중요한 결정에도 법률의 유보가 미쳤다.[38)]

이 특별한 지위관계에 대해서도 기본권이 타당한 것은 판례가 명백히 했다. 물론 특별한 지위관계는 기본법에 그 뒷받침을 발견해야 하는 각각의 목적 — 예를 들어 기본법 33조 4항과 5항이 규정하는 관리관계, 기본법 17a조가 규정하는 군인관계 — 에 대응해 다양한 기본권의 제한을 요구하는데, 적절하고 불가결하며 적절한(verhältnismäβig) 것이어야 한다.[39)] 판례는 특별한 지위관계도 기본권을 제한하는 근거와 한계를 얻기 위한 논증 도구를 제공하는 기본권 해석 이론으로 포섭한다.

5. 기본권의 객관법적 기능

연방헌법재판소에 의하면 기본권은 국가의 침해를 방어하고, 청구권을 행사하며, 민주적 결정에 참가하기 위한 개인권일 뿐만 아니라, 가치를 표현하는 객관적 규범이나 원리도 포함한다. 그래서 간결하게 객관적 가치의 기본권이라고 하는 것이다. 이에 대해서는 문헌상의 비판이 있다. 특히 연방헌법재판소에 대해서는 불합리한 철학적 가치론에 들어간다고 비난하기도 하는데, 법학적 가치론에도 그 나름대로 법학상의 의미는 있으니[40)] 여기서는 그대로 두기로 한다.

---

38) BVerfGE 47, 46, 78f; *Christian Starck*, Staatliche Schulhoheit, Pädagogische Freiheit und Elternrecht, DöV 1979, S. 269, 270ff.

39) BVerfGE 28, 55, 63ff(군인관계); 41, 251, 264f(학교관계).

40) 이는 *Christian Starck*, Zur Notwendigkeit einer Wertgründung des Rechts, in: FS für Willi Geiger, 1989, S. 40, 44f.

기본법과 기본권 배후에는 특정한 가치들이 가로놓여 있다. 가치 중립적 법질서 등은 존재하지 않는다. 그러한 가치들은 연방헌법재판소에 의해 사회의 공동체에서 자유롭게 전개하는 인간의 인격과 존엄을 중심으로 하는 가치체계로 특징지워진다.[41] 사회주의국가당 판결에서 기본법이 내린 헌법정책적 결단에 의하면, "인간은 세계질서에서 독자적으로 독립한 가치를 가지며, 자유와 평등이 국가 통일의 불변 기본 가치"[42]라고 하여 전체주의 국가가 의거하는 가치관은 바로 그것과 대립하는 것이라고 했다. 그리고 독일 공산당 판결에서는 이러한 헌법정책적 판단은 "자유주의적 법치국가의 민주제의 헌법사적 발전의 연속선상에 자리잡고 있다"[43]고 했다.

연방헌법재판소는 이와 같은 고려에서 단순히 국가에 대한 방어에 그치지 않는 기본권의 효력을 도출한다. 객관적 헌법으로서 기본권은 명시적인 제약이 포함되지 않은 기본권에 대해 헌법 내재적 제약을 기초짓고,[44] 내용이 열린 형태로 정식화되는 기본권의 제약을 더 상세히 구체화하고, 그것을 제한하기 위해 사용한다.[45] 여기서는 기본권의 객관법적 측면은 가치에 구속된 질서에 완전히 무제약한 권리 등은 존재할 수 없음을 기초짓는 역할을 수행하는 것이다.[46]

이러한 결론 자체에는 의문의 여지가 없으므로 이러한 헌법상의 가치질서 이론에 의한 기초지움 등은 지나치게 생각될런지도 모른

41) BVerfGE 7, 198, 205.
42) BVerfGE 2, 1, 12.
43) BVerfGE 5, 85, 134.
44) BVerfGE 28, 243, 261; 30, 173, 193.
45) BVerfGE 35, 202, 225.
46) BVerfGE 49, 24, 56. 이 판결은 BVerwGE 49, 202, 209에 언급했다.

다. 그렇지만 이러한 이론이 다른 기본권의 제약, 예를 들어 기본법 2조 1항의 3가지 제약에서 우연적인 어떠한 유추보다도 실질적으로 더 강한 헌법에 준거함을 고려한다면 기본권의 객관적 성격이 체계적 헌법 해석에서 하나의 중요한 시점이 된다는 것은 다툼이 없을 것이다. 기본권의 객관법적 성격에서는 — 예를 들어 인간의 생명에 대한 — 헌법상의 보호의무가 나온다. 그때 입법자에게는 이 보호의무를 이행함에서 광범위한 평가와 형성의 여지가 인정된다.[47)]

기본권의 객관법적 성격은 법적 의론에서 자주 민주제의 원리나 사회국가 원리의 원용 아래 주관적 권리에 대한 대항원리로 사용한다. 이와 같은 의론은 특히 통신의 기본권에서 볼 수 있다. 방송보도의 자유(기본법 5조 1항)에 관해 입법자에게는 누가 방송의 자유 권리를 가질 것인가를 결정하는 권한이 인정된다. 그 권리를 오로지 공법상의 방송기관과 그 직원에게만 귀속시킬 수도 있다고 한다.[48)] 그런 경우 입법자가 고려해야 할 것은 주관적인 기본권이 아니라 객관적인 헌법의 원리다.

기본권의 탈주관화는 기본법과 합치하지 않는다. 객관적인 헌법 원리가 표현하는 공공복리재는 입법자가 기본권에 조직적으로 개입해서가 아니라, 기본법이 명시한 기본권의 제약으로 보호하는 것이다. 왜냐하면 기본법에서 기본권으로 열거된 자유는 객관법적 보장으로만

---

47) BVerfGE 39, 1, 41f; 46, 160, 164; 49, 89, 141; 77, 170, 214. 이에 대해 상세하고 비판적인 것은 다음의 두 장 참조.

48) 특히 *Wolfgang Hoffmann-Riem,* (Alternativ-) Kommentar zum Grundgesetz für die Bundesrepublik Deutschland, Bd. I, 1984, S. 480ff, 549ff. 이 문제는 후술 S. 157, 162ff에서 상세히 논했다.

보호하는 것이 아니기 때문이다.[49] 기본권의 객관법적 측면은 다른 보호할 가치가 있는 공공재와 마찬가지로, 기본권의 권리 측면에서 보장한 활동의 자유를 한정적으로만 제약할 수 있다. 여기서 생기는 기본권의 주관적·법적 측면의 우위는 기본권이 특히 자유를 제약하는 규정하는 것에서도 나타난다. 그러한 것은 자유를 주어진 기준에 따라서만 보장·행사할 수 있다면 불필요한 것이 될 것이다.

그 판단을 내리는 과정에서 여러 번 기본권의 객관법적 면에 몰두한 연방헌법재판소는 기본권의 객관법적 측면과 권리적 측면의 관계를 다음과 같이 일반화하여 서술하고,[50] 판지(判旨)의 오해를 막으려고 했다. "그것들 — 즉 개별 기본권 — 은 역사적으로 보거나 현대적 내용으로 보아도 일차적으로는 개인적 권리와 인권과 시민권이며, 특히 위험에 처한 구체적인 인간의 자유 영역의 보호를 대상으로 한다.

기본권의 객관적 원리의 기능은 원칙적으로 기본권의 효력을 강화하는 데 있는데(연방헌법재판소 판례집 7권 198쪽 이하, 특히 205쪽 뤼트 판결), 그 근본은 상술한 일차적인 의의에 있다(예를 들어 소유권은 연방헌법재판소 판례집 24권 367쪽 이하, 특히 398쪽 함부르크 제방유지법). 기본권의 객관법적 기능을 기본권 본래의 핵심에서 단절시키고, 기본권의 원초적이며 불변한 의미를 후퇴시키는 객관적 규범의 구성체로 독립시키는 것은 허용되지 않는다."

49) 특히 *Hans Hugo Klein*, Die Grundrechte im demokratischen Staat, 1972, passim; *Walter Schmitt Glaeser*, Planung und Grundrechte, DöV 1980, S. 1, 6; *Günter Dürig*, in: Maunz/Dürig, GG, Art. 1 Abs. I Rdnr. 98; Eberhard Grabitz, Freiheit und Verfassungsrecht, 1976, S. 252ff 참조.

50) BVerfGE 50, 290, 337. 또한 *Fritz Ossenbühl*, Die Interpretation der Grundrechte in der Rechtsprechung des Bundesverfassungsgerichts, NJW 1976, S. 2100, 2104도 참조.

그러나 이것은 곤란한 문제이므로 여기서 개별적으로 논할 수는 없고, 다음의 것만을 적어두기로 한다. 그것은 가치에 관련지우는 것은 결코 헌법의 실정성을 손상하는 것이 되지는 않는다는 것이다. 헌법의 배후에 있는 가치는 헌법 그 자체로 구체화된다. 이 구체화는 결코 논리적 연역의 산물이 아니라, 헌법을 해석할 때 고려해야 할 형량과 가치판단에 입각하는 의미내용[51]을 시사하는 것이다.

6. 기본권에서 나오는 급부청구권

국가에게 부작위를 요구하는 소극적 지위의 권리와 구별·대립되는 적극적 지위는, 권리보호를 위한 권리나 절차에 대한 권리도 포함하는 국가의 활동과 급부에 대한 법적 청구권을 부여한다. 재판을 받을 권리의 보장(기본법 19조 4항), 법률에 의한 재판관의 보장(기본법 101조 1항), 법적 청문의 보장(기본법 103조 1항)은 그것들을 충족하는 소송법과 재판소 조직을 요구하는데, 역사적으로 보면 헌법이 보장하기 이전부터 있었다.

기본법 104조는 — 자유의 박탈 — 명시적으로 특별한 법률로 규제한 절차를 요청한다. 집단적 결정을 보장하는 기본권은 집단적 기본권을 행사할 수 있는 조직적·절차적 규제를 요구한다. 예를 들어 결사의 자유(기본법 9조 1항)는 결사가 구성원을 될 수 있으면 보호하면서도, 법적으로 구속력을 가진 의사결정을 할 수 있도록 하는 결사법이 필요하다. 기본권의 조직화가 문제가 되는 것은 대학법, 방

51) 상세한 것은 *Starck*(각주40), S. 55f.

송법, 부모의 감호권법, 기업의 공동결정법 등인데, 연방헌법재판소의 관련 판례에서 이미 대강이 규정되었다.

기본권과 관련된 조직법과 절차법은 비록 그것이 부분적으로는 개입을 규정했어도 개입이나 제약으로 볼 수는 없다. 절차·조직·급부에 내재하는 개입 요소를 그것으로 인식하는 것이 그 개입의 필요성을 심사하기 위해 그처럼 중요할지라도[52] 절차·조직·급부를 개입 사상에서 독립시켜 기본권과 관련된 규제로 인식하지 않을 수 없다. 개입의 성격이 없는 절차법과 조직법 — 예를 들어 원자력발전소 인가에 선행하여 청문절차의 규제 — 에 대한 헌법재판소의 심사에서는 기본권이라는 기준이 특히 판단의 뒷받침이 된다.

중요한 것은 조직과 절차에 의해 기본권이 적절하게 보장되는가이지[53] — 예를 들어 개입을 최소화하는 경우와는 달리 — 조직과 절차가 최선인가를 묻는 것은 아니다. 그렇지 않으면 연방헌법재판소의 통제가 조직법과 절차법의 영역에서 기본법이 규정한 기능분담에 반하여 입법자를 단속하는 것이 되기 때문이다.

적극적 지위의 권리 중에서 특별한 범주를 이루는 것은 사회권이나 사회적 기본권인데, 본 기본법에서는 다른 헌법과 달리 특별한 권리로 규정하지 않는다. 그러나 실질적 평등과 평등화를 구하는 오늘날의 일반적·지배적 감각은 기본권에서 도출한 사회적 청구권에서 그 표현을 볼 수 있다.

기본권의 사회국가적 해석은 자유를 행사하기 위한 실질적 전제

---

52) *Peter Lerche*, in: ders./Schmitt Glaeser/Schmidt-Aβmann, Verfahren als staats- und verwaltungsrechtliche Kategorie, 1984, S. 106ff.

53) BVerfGE 53, 30, 64f; 56, 54, 71, 80ff; 77, 170, 214f; 77, 381, 405.

들을 기본권이 동시에 보장한다는 생각을 기초로 했다. 따라서 기본권은 국가에 대한 방어권일 뿐만 아니라, 국가에 대한 급부청구권도 그 내용으로 한다는 생각이다. 그러나 기본권을 이렇게 확대하면 해석의 허용 범위를 벗어나게 된다. 왜냐하면 기본법은 조직적이며 법기능적인 틀만을 설정했으므로 기본권의 사회국가적 해석에서 도출되는 중요한 국가 재정적 결단을 헌법의 해석 대상으로 삼지 않고, 연방헌법재판소의 결정권에 복종시킨다고 생각하지 않기 때문이다.

자유의 전제들이라고 해도 그 수가 많아 불확정해지는 것은 피할 수 없어 기본권 해석 이론은 해결할 수 없는 어려움에 부딪히게 것이다. 사회적인 조정은 기본권 해석으로 실현해야 할 것이 아니라 헌법의 한계 속으로 채워 넣어야 하는, 오로지 의회가 수행해야 할 정치적 과제다.[54] 사회권은 대상이 불명확하며, 재원도 감당할 수 없는 한계가 있으므로, 헌법은 사회권 보장을 방어권만큼 엄격하게 의무지울 수는 없다.[55]

기본법의 기본권 보장은 프로그램 규정을 제시한 전통에서 의식

---

54) *Starck*, in: v. Mangoldt/Klein/Starck(각주3), Art. Rdnr. 114~119; *Christian Starck*, Staatliche Organisation und staatliche Finanzierung als Hilfen zu Grundrechtsverwirklichung?, in: ders(Hg.), Bundesverfassungsgericht und Grundgesetz, Bd. II(1976), S. 516ff; *Böckenförde*(각주2), S. 1537; *Ossenbühl*(각주50), S. 2100, 2104; *Horst Sendler*, Teilhaberechte in der Rechtsprechung des Bundesverfassungsgerichts, DöV 1978, S. 581ff; *Georg Brunner*, Die Problematik der sozialen Grundrechte, 1981, S. 16ff; *Ernst Friesenhahn*, Der Wandel des Grundrechtsverständnisses, 50. DJT Bd. II, 1974, S. 61 passim; *Konrad Hesse*, Grundzüge des Verfassungsrechts der Bundesrepublik Deutschland, 16. Aufl. 1988, Rdnr. 289; *Hans D. Jarass*, Grundrechte als Wertentscheidungen bzw. objektivrechtliche Prinzipien in der Rechtsprechung des Bundesverfassungsgerichts, AöR 110(1985), S. 363, 389f 참조.

55) 이에 대해 *Alexy*(각주2), S. 467에서 사회권의 사법 판단 가능성 문제는 전통적 기본권의 사법 판단 가능성 문제와 구별할 수 없다고 주장했다.

적으로 결별하고, 1조 3항에서 규정한 기본권의 직접적 구속력을 기본으로 했다. 그러므로 헌법 해석에는 명확한 한계가 있으니 그것은 국가에 대한 사회적 청구권 외의 것[56]에서도 타당하다. 이러한 — 헌법 해석으로 기본권의 존재를 광범하게 도출할 수 없다는 원칙 — 예외는 기본법에서 충분히 명확하게 밝혀야 한다. 특히 기본법이 규정한 기능분담에 반해서는 안 된다.[57]

연방헌법재판소가 1972년에 내린 최초의 대학입학정원제 판결[58]은 이런 점에서 매우 의욕적이며, "기본권의 가치판단과 국가의 교육독점에서 다양한 학과를 충분히 수용할 능력을 준비한다는 객관적·사회국가적 헌법 위탁이 도출된다"는 문제를 던졌다. 그러한 헌법 위탁이 있는지, 거기서 "특정한 요건에서 취학의 장을 설정하기를 구하는 국민의 소구할 수 있는 개인권을 이끌어낼 수 있는지"는 오늘날까지 재판소가 판단을 내리지 않았다.

그러나 그후의 대학입학정원제 판결은 이 기본적 문제에 대한 부정적인 답을 추측하게 한다. 왜냐하면 재판소는 다른 기본권에 대해서도 예상할 수 없는 영향을 미치는 것을 분명히 인식했기 때문이다. 여하튼 연방헌법재판소의 기본법 12조의 해석은 대학에게 학생수용권을 모두 주고, 학생수 통계가 위상을 정하고 예산을 배분하는 데 가장 중요한 자료로 활용된다.

---

56) *Christian Starck*, Informationsfreiheit und Nachrichtensperre, AfP 1978, S. 171ff 참조.

57) 예외는 *Starck*(각주54), S. 521, 524, 525 참조. 이와는 반대로 *Alexy*(주2), S. 465ff는 특정한 요건에서는 반대의 원칙이 타당하지 않는 한 사회적 기본권의 존재를 추정한다는 입장이다.

58) BVerfGE 33, 303, 333; 43, 291, 313ff.

7. 평등원칙(Gleichheitssatz)의 해석과 적용

'법률 앞의 평등'(기본법 3조 1항)이라는 행정과 사법에 향한 평등원칙의 법적 정식화는 평등에, 즉 법률에 적합하게 적용해야 할 기준으로 법률 자체를 열거한다. 입법자도 평등원칙에 구속되므로(기본법 1조 3항) 무엇이 평등이며, 무엇이 불평등인가를 규제하거나, 혹은 규제할 기준이 문제가 된다. 그러나 기본법 3조 1항에서 대답하지 않았다. 연방헌법재판소는 다양한 설명 방식으로 평등원칙을 더 상세하게 규정하려고 노력한다. 그에 따라 입법자는 "본질적으로 같은 것을 자의적으로 같지 않게 취급하거나, 본질적으로 같지 않은 것을 자의적으로 같게 취급해서는 안 된다."[59]

여기서 재판소는 자의라는 것을 객관적인 의미로, 즉 규제가 법률의 규제 대상과 실제로 명백하게 적응하지 않는 것이라고 이해한다.[60] 이 정식이나 이것과 유사한 정식[61]이 여하튼 평등원칙을 쉽게 적용하게는 하지만 그 내용을 채울 수는 없다. 그래서 이와 같은 정식만으로 평등원칙을 법령심사 기준으로 삼으려는 것은 '헌법 해석'의 방법으로는 의문이 많다.

헌법이, 특히 평등을 보장할 때 어떤 관점에서 법적으로 평등이라고 하는가를 규정하지 않는 한[62] 지도적 관점은 다른 원천에서 얻어

---

59) BVerfGE 4, 144, 155; 50, 177, 186; 51, 295, 300; 60, 16, 42.

60) BVerfGE 4, 144, 155; 2, 266, 281.

61) BVerfGE 9, 124, 129; 12, 341, 348; 15, 167, 201; 23, 12, 24f; 42, 374, 388; 47, 168, 178; 48, 227, 235; 51, 1, 23.

62) 예컨대 기본법 3조 2항과 3항, 33조 1항이나 3항, 38조 1항 1문, 28조 1항 2문, 12조 2항, 101조 1항 1문 등.

야 한다. 그것을 오직 사회에서, 지배적인 정의관념과 가치관념에서 얻으려고 한다면 평등원칙을 기준으로 한 재판소의 법령심사는 극도로 의심스러워질 것이다. 왜냐하면 이러한 가치관념을 어디서도 파악할 수 없다면 그것은 자유롭게 선거한 법률제정자인 의회이기 때문이다.

일반적 평등원칙은 기본법 구조에 자리잡고 있으니 필요한 가치관은 기본법에서 얻어야 한다. 기본법에는 기본권 부분에도 조직법 부분에도 해석에 즈음해 평등원칙과 관련지어 그 내용을 충족하는 규정이 많다. 헌법에는 차별금지,[63] 구별의 의무지움,[64] 구별의 허용[65]이 많이 포함되어 있다. 그리고 헌법에서 지도적인 관점을 얻지 못한다면 이론적 귀결의 기준은 법률의 규정 그 자체에서 얻어야 한다.[66] 그러나 여기서는 평등원칙을 구조화하는 방법적 시점에 대해서는 언급하지 않겠다.[67]

8. 기본권의 제3자효(Drittwirkung)

여러 가지 제3자효 이론은 사법 주체가 기본권에 많든 적든 구속되는 것을 근거지우려고 시도한다. 기본권이 사법관계에서 타당한 것인지, 어느 정도 타당한 것인지는 헌법 해석의 문제인데,[68] 모든 기본권에 일괄적으로 답할 수는 없다. 법적인 자유란 무엇인가 하는 것은

---

63) 예컨대 누구든지 혹은 모든 독일인에게 보장된 기본권.

64) 기본권 영역에서는 비례원칙 때문에, 예컨대 적성이나 필요성 관점에서 유형화를 형성할 의무가 생긴다. 나아가 기본법 6조 1항과 4항, 33조 5항 참조.

65) 특히 사회국가의 원리.

66) BVerfGE 9, 20, 28; 24, 75, 100; 59, 287, 297; 60, 16, 40.

67) *Starck*, in: v. Mangoldt/Klein/Starck(각주3), Art. 3 Rdnr. 42~149.

68) 상세한 것은 *Starck*, in: v. Mangoldt/Klein/Starck(각주3), Art. 1 Rdnr. 191ff 참조.

다차원적인, 즉 시민과 국가 간에도, 시민과 시민 간에도 존재하는 문제다. 기본권 목록이나, 기본법에서도 기본이 되는 기본권 개념은 공권력을 향한 것이다. 그것은 기본권을 규정하는 방법만이 아니라, 구속력 조항(기본법 1조 3항)에도 나타나 있다. 만약 기본권이 사인 간에 통용하게 되면 사인에게서 사적 자치를 빼앗는 일이 될 것이다. 기본권의 효력을 직접 사법에 미치게 하는 설은 헌법으로도 충분한 근거가 마련되지 않고, 그 귀결에서도 유지할 수 없다.

뤼트 판결에서는 기본법의 기본권 장에는 객관적 가치질서가 수립되어 있고, 그것으로 기본권 효력이 강화된다고 했다. 이러한 사회의 공동체에서 자유롭게 전개하는 인간의 인격과 존엄을 중심으로 하는 가치질서는 헌법상의 근본적인 결단으로 법의 모든 영역에 타당하다. 따라서 당연한 것이지만 사법에도 영향을 미치며, 민법의 어떠한 조문도 그것에 반하면 안 된다. 모두 그 정신에 비추어 해석해야 한다.[69]

근래에 기본권의 사법 효력에 대한 문헌이 많이 나왔는데,[70] 관련 판례가 늘어난 것을 보면 1958년의 연방헌법재판소 언명이 얼마나 생산적으로 시야가 넓었는지를 알 수 있다. 그것은 역사적으로도 정당한 지적이다. 이미 프랑스 인권선언 4조는 자유란 타인을 해롭지 않게 하는 힘이라고 정의했다. 칸트가 사법에서는 모든 사람의 자유와 타인의 자유가 일치하는 것이 긴요하다고 강조한 것도 같은 의미다.

69) BVerfGE 7, 198, 205; 34, 269, 279ff; 52, 141, 165f.

70) 최신 것은 예컨대 *Wolfgang Rüfner*, Drittwirkung der Grundrechte, Gedächtnisschrift für Martens, 1987, S. 215ff; *Konrad Hesse*, Verfassungsrecht und Privatrecht, 1988; *Claus-Wilhelm Canaris*, Grundrechtswirkungen und Verhältnismäßigkeitsprinzip in der richterlichen Anwendung und Fortbildung des Privatrechts, JuS 1989, S. 161ff. m.w.N.

1789년에 장엄하게 선언한 인권선언의 실현은 프랑스 민법전[71]과 함께 시작되었다. 이어서 형사소송[72]에서 실현되고, 마침내 거의 1세기 후에 콩세이유 데타가 전개한 기본권과 비슷한_일반적인 법원리로 행정법에서도 실현되었다.[73] 근대 사법전은 자유주의적 기본권 선언과 내재적으로 합치할 뿐만 아니라 그것들에 선행하기도 한 것으로, 대등자 간의 자유문제는 기본권 보장의 문제로는 고찰할 수 없었다.

그리고 그러한 것으로 인식된 경우, 예를 들어 기본법의 단결의 자유 등에서는 명시적인 보장으로 채택했다. 이에 대해 기본권 목록은 시민을 국가권력에서 보호하는 대상으로 편성했다. 그것은 그 문언에 이르기까지 국가권력의 한계를 기록하는 데 초점을 맞추었다. 이에 대해 어떤 사람의 자유와 다른 사람의 자유 일치에 관해서는 법동료의 기본권에 의한 구속은 이미 문제가 되지 않는다.

최근 연방헌법재판소의 가족법에 관한 판결[74]에서는 자신의 출신을 알 권리를 국가에게 주장하는지, 부모에게 주장하는지에 따라 완전히 다른 가치판단이 적용된다는 것을 명백하게 보여주었다. 연방헌법재판소는 기본법 1조 1항과 결부된 기본법 2조 1항에서 도출한 권리는 국가에 대한 기본권이라고 하여, 국가는 부성확정 절차로 판단을 내리고 신분확정에 기여하는 정보를 수집할 수 있는 방도를 마련해야 한다고 판시했다. 여기서 연방헌법재판소는 민법입법자는

---

71) *Franz Wieacker*, Privatrechtsgeschichte der Neuzeit, 2. Aufl. 1967, S. 339ff.
72) *Robert v. Hippel*, Der deutsche Strafprozeβ, 1941, S. 42f.
73) *Jean Rivero*, Droit administratif, 12. Aufl. 1987, S. 167f.
74) BVerfGE 79, 256, 267f. 이는 후술 S. 153ff 참조.

혼인과 가족을 보호하기 위해 기본권을 제한할 것, 그 제한은 적절하고 불가결하며 적합해야 할 것, 쟁점이 된 제한은 이 점에서 지지하면 안 될 것 등을 판시했다.

이 고찰에서 중요한 것은 자신의 출신을 알 자식의 권리는 어머니에 대한 제3자효를 포함하지 않는다고 재판소가 명확하게 제시한 것이다. 만약 이 권리에 제3자효가 있다면 그것은 어머니의 친밀한 영역에 저촉되므로, 완전히 다른 내용으로 완전히 다른 의무를 설정하고, 완전히 다른 가치관을 배후에 갖는 것은 쉽게 이해할 수 있다.

여기서 기본권 제3자효 문제에 더 깊이 들어갈 수는 없고, 다음의 것만은 확인해 두겠다. 기본권이 국가에게 보호의무[75]나 보장의무,[76] 평등처우위탁[77]을 부여할 때는 통상 사법에도 직접 미치며, 사법입법자에게 의무를 지운다는 것이다. 기본법 9조 3항에는 단결의 자유에 유리하도록 제3자효를 명시했다. 나아가 그 이상으로 헌법과 사법은 무관하게 병존하는 것이 아니라는[78] 간접적 제3자효설의 주장은 정당하다. 법동료 간에 생명·명예·소유권이 존중되어야 한다고 해도, 그것은 시민의 기본권 구속이 법률로 구체화되는 데서 유래하는 것이 아니라, 기본권도 그것에 입각하는 인간의 공동생활의 전통규칙에서 유래하는 것이다.

기본권의 객관법적 면에서 기본권이 사법에 미치는 영향을 도출한다는 것은[79] 상당히 지나치며, 결과적으로 보아도 매우 부정확한

75) 기본법 1조 1항 2문, 6조 1항과 4항.

76) 기본법 14조 1항.

77) 기본법 117조 1항과6조 5항과 결부된 3조 2항.

78) *Dürig*, in: Maunz/Dürig, Art. 1 Rdnr. 127ff.

79) 예컨대 *Hans Heinrich Rupp*, Vom Wandel der Grundrechte, AöR 101(1976), S. 161, 170.

시도다. 이와 같이 기본권의 객관법적 면에서도, 그외의 방법으로도 기본권의 사법 거래의 준용은 정당화되지 않는다. 우리의 법을 지배하면서 기본권에도 표현되어 있는 인간상을 둘러싼 가치관만이 사법의 입법과 일반 조항을 적용하는 재판관에게 영향을 줄 수 있다.

2. 기본권의 효력

1. 시민과 국가의 관계

지금까지 서술한 기본권 해석 이론의 발전은 시민의 실제 자유의 지위를 지금까지 없었던 것처럼 확실한 것으로 했다. 직업선택의 자유와 관련된 자격심사는 폐지되고, 납득할 수 없는 직업활동 규제는 무효라고 선언하는데, 모두 비례원칙을 엄격하게 심사한 결과다. 기본법 2조 3항에서는 직업자유의 보완으로 경제활동의 자유와 계약의 자유를 헌법의 원리에서 이끌어냈다.

이 기본권은 1950년대부터 시장경제와 자유사회의 경제질서에서 매우 유효한 뒷받침이 되었다. 왜냐하면 인적 자유는 경제적 자유 없이 결코 유효하게 보장할 수 없기 때문이다. 반대로 경제적 자유는 장기적으로는 인적 자유를 요구한다는 것을 공산주의 국가의 개혁자들은 즉시 깨달았다. 공법상의 직업 단체는 기본권에 구속되며, 그 자치는 현저하게 제한된다.[80] 약간의 조세법률은 기본권을 기준으로 심사해서 무효가 되었다.

물론 연방헌법재판소는 지금까지의 모든 요구를 충족해주지는

80) 특히 BVerfGE 33, 125, 155ff 참조.

못했지만, 발전한 조세법에 대해 그때까지는 생각하지 못했던 개입을, 특히 기본법 6조 1항과 3조의 관점에서 행했다.[81] 소유권 조항은 보호 영역에 관한 한 점차 확대되는데,[82] 소유자에 대한 공동체의 이른바 사회적 구속의 요구 확대는 연방헌법재판소가 근년에 연방통상재판소나 연방행정재판소보다 신중하게 확장했다.[83]

정신적·육체적 완전성이나 정신적 자유보호로 눈을 돌려보면, 역시 비례원칙을 엄격하게 적용한 덕에 수준 높은 자유를 실현하게 되었다. 이와 관련해 생각나는 것은 형사소송상의 수사권한의 제한,[84] 일반적 인격권의 헌법상 승인과 발전,[85] 출판 자유의 확대와 보장,[86] 집회 자유의 확대 해석 등이다.

그런데 여기서 다소 비판적인 비평을 하겠다. 브로크도르프(Brokdorf) 판결[87]에서 연방헌법재판소는 집회를 — 이 재판소의 한 재판관 저서를 인용하면서 — "시원적이며 무제약한 직접민주제의 한 조각이며, 정치 운영을 일상적 직무의 경직화에서 지키는 것"으로 특징지었다. 이 집회의 목적을 특징짓는 것은 적절할지 모르나 전반 부분은 정당하지 않다.[88]

---

81) 기본법 3조에 대해서는 *Starck*, in: v. Mangoldt/Klein/Starck(각주3), Art. 3 Rdnr. 58ff. 6조에 대해서는 비판적인데 *Paul Kirchhof*, Ehe und Familie im staatlichen und kirchlichen Steurrecht, in: Essener Gespräche 21(1986), S. 117, 121ff.

82) 특히 BVerfGE 70, 191, 199; 53, 257, 291f; 69, 272, 300; 72, 175, 195 참조.

83) BVerfGE 52, 1, 27f; 72, 66, 76에서만 보인다.

84) BVerfGE 16, 194, 202; 17, 108, 117f, 120; 27, 211, 218f.

85) 특히 BVerfGE 54, 148, 153ff; 54, 208, 217.

86) *Starck*, in: v. Mangoldt/Klein/Starck(각주3), Art. 5 Rdnr. 38ff, 137ff 참조.

87) BVerfGE 69, 315, 346f.

88) *Volkmar Götz*, Versammlungsfreiheit und Versammlungsrecht im Brokdorf-Beschluβ des Bundesverfassungsgerichts, DVBl. 1985, S. 1347, 1348도 참조.

왜냐하면 어떤 집단의 정치 목적 집회는 '직접민주제'라는 표현이 연상시키는 것과 달리 국가권력의 행사 그 자체가 아니다. 민주적으로 정당화되었으나 비판에 복종하는 국가권력의 움직임 때문이다. 나아가 집회는 기본법 8조 2항으로 그 제정을 명시적으로 수권받은 집회법으로 제약한다. 즉 집회는 직접민주제도 아니고 무제약적이지도 않다. 판결 대상이 된 브로크도르프의 내란적인 사태를 생각하면 무제약한 직접민주제라는 헌법적으로 부적절한 표현은 곤혹스럽다.

여기서 같은 법정에서 거의 같은 인원으로 1년 반 뒤에 내린 1986년 11월 11일의 강요죄 판결 — 각지의 군사시설로 물자가 들어가는 것을 좌석 바리케이트(Sitzblockade)로 방해하려고 한 행위를 강요죄로 물은 사건[89] — 에 대해 한마디 하겠다. 이 판결에 대한 상세한 비판은 7장에 있으니[90] 여기서는 시민불복종은 개념적으로 볼 때 위험에 상응하는 제재가 동반되는 법위반을 포함하는 것이므로, 좌석 바리케이트는 시민불복종을 실행하는 것이라고는 할 수 있어도 공민권의 정당한 행사라고 평가할 수는 없다고 재판부가 전원일치로 판결했다는 점만을 언급하기로 한다.[91] 그럼에도 소수이지만 재판관 4명은 좌석 바리케이트 참가자의 처벌은 "상술한 시민적 불복종의 엄격한 요건이 지켜지는 한" 허용되지 않는다고 했다.[92] 이 입장으로 보면 시민적 불복종을 행사하려는 자는 더 강력한 강요 형식을 선택하지 않으면 안 된다는 것이 된다.

---

89) BVerfGE 73, 206.
90) *Christian Starck*, Praxis der Verfassungsauslegung, Baden-Baden 1994, S. 143ff.
91) BVerfGE 73, 206, 252.
92) BVerfGE 73, 206, 259.

그러나 다른 재판소의 교사로서 연방헌법재판소의 임무는 — 평화라는 국가의 목적을 염두하면서 — 평화적인 것만 기본권으로 보장하는(기본법 8조 1항) 집회의 법치국가적 한계를 강조하고, 호프만-리임이 기본법 주석서[93]에서 서술한 다음과 같은 발전에 제동을 거는 것이다. "데모는 자주 문턱을 넘어 대중매체의 주목을 받는데 성공했다고 본다. 종종 특이한 것이 대중매체의 주목을 받는다. 그러나 결과적으로 집회법이 규정한 법치국가적 한계를 지킨 집회는 결코 큰 주목을 받지 못한다. 흔히 폭력행사에 이르는 의도적인 법위반과 관련되는 데모만이 비로소 당해 사항을 결정권자가 명시적으로 검토하는 결과를 가져왔다." 기본권 해석 효과를 논할 때 이러한 현상들에 대해 침묵해서는 안된다.

2. 연방제

재판소에 의한 기본권 실현은 중앙집권화와 법을 통일화하는 경향이 있다. 무엇보다 현저한 것은 주법의 고유한 영역에 대한 연방행정재판소의 심사활동에서 기본권이 가지는 의의인데, 그것은 동시에 주행정법에 관한 주상급행정재판소 판례의 독자적인 발전을 억제한다. 기본권에서 구체적인 귀결이 많이 도출될수록 연방법의 직조는 방송법·학교법·지방자치법 등과 같이 연방의 입법권한이 없는 영역에서도 점차 상세해진다.

연방이 학교제도의 기본 원칙에 대강 입법권한을 행사하기 전부터

---

93) *Hoffmann-Riem*(각주48), Art. 8 Rdnr. 8.

연방헌법재판소는 기본권 보호의 공동책임을 지려고— 예를 들면 주끼리의 조약체결로 — 협력했고, 모든 것을 하는 주의부차적 의무를 기본법 12조의 기본권에서 도출했다.[94] — 방송과 관련해서는 기능적인 방송시스템은 각 주법률상의 규율의 협력, 따라서 각 주의 협력에 달려 있다고 하는 것이 확인된다.[95] 주끼리의 협력 강제는 연방헌법재판소에 의해서 친연방적 행동의 원칙에서 도출되는데, 그 원칙은 분명히 재판소가 방송의 자유에 부여한 의의로 중앙집권화되며, 평준화 요구는 연방주의의 틀에서만 인정된다는 원칙에서 벗어난다.[96]

3. 연방헌법재판소와 그외의 국가 기능의 관계

연방헌법재판소의 기본권 해석과 적용은 입법권·통치권·각 재판권의 활동에 큰 영향을 미친다. 연방헌법재판소는 각각의 절차에서 내리는 판결을 통해 다른 국가 기능을 담당하는 기관들의 결정을 취소하게 하고, 위헌이나 무효를 선언하게 하며, 확인하거나 헌법 적합적인 해석을 확정하게 함으로써 직접적이며 사후적인 작용을 미친다. 연방헌법재판소의 판결은 연방과 주의 헌법기관과 모든 재판소와 관청을 구속하는데(연방헌법재판소법 31조 1항), 특히 입법과정에 강력한 사전적 작용을 미친다.[97]

---

94) BVerfGE 33, 303, 357.

95) BVerfGE 73, 118, 197.

96) 예컨대 *Jost Pietzcker*, Deutscher Landesbericht, in: Starck(Hg.), Zusammenarbeit der Gliedstaaten im Bundesstaat, 1988, S. 66에서 이 점을 적절하게 평가했다.

97) 이에 대해서는 이미 *Christian Starck*, Das Bundesverfassungsgericht im politischen Proze*β* der Bundesrepublik, 1976, S. 16ff에서 지적했다.

이는 다음과 같이 나타난다. 즉 법률은 발안 단계나 의회 심의의 성립과정에서 연방헌법재판소의 판례와 합치되는지 여부를 검토한다. 가장 넓은 의미에서라도 헌법문제가 나타나는 한 개별 재판소의 판결에 대해서도 마찬가지라고 할 수 있는데, 이는 기본권 효력 확장으로 점점 더 빈번하게 발생한다.

연방헌법재판소가 항상 여기 저기 영향을 미치며, 관련된 판례가 많으면 많을수록 그 영향력도 긴밀해진다. 연방 법무부에도 주와 동일한 관청에도 연방헌법재판소 판례의 전문가이며 자신의 초안을 연방헌법재판소의 판례에 가장 엄밀하게 적합하게 하거나 낯선 초안을 거기에 비추어 음미하는 능력을 갖춘 입법관들이 활동한다. 법률을 '헌법재판소에서 확정'하기 위해서는 마치 델포이 신전 무녀들이 신탁을 해석하듯이, 헌법재판소의 판결에 포함된 단순한 시사나 방론의 해석이 자주 시도되며 미리 복종하기도 한다. 그와 동시에 헌법문제 외의 중요한 입법정책적 판단을 빠뜨리는 것이다.

특히 법률규제의 특정한 목적에 대한 적합성·불가결성·기대 가능성이 문제되는 비례원칙의 적용이나, 그때 자주 필요하게 되는 인과가설의 판단,[98] 정치적으로 책임지는 입법자만이 해야 할 재량판단을 반드시 쉽게 구별할 수 없다. 연방헌법재판소는 이 문제를 인식하며 몇몇 판결에서 그것에 대해 서술한다.[99] 불가결성이라는 기준은 법률이 채택하는 유형의 형성에도 영향을 미친다. 기본법이 인간의 인격에 부여한 높은 서열[100]을 고려한다면 개별적인 사정에 적합하

98) BVerfGE 7, 377, 412.

99) 특히 BVerfGE 50, 290, 331ff 참조.

100) *Starck*, in: v. Mangoldt/Klein/Starck(각주3), Art. 1 Rdnr. 19ff.

지 않은 유형화는 피할 수 없지만, 그것은 특히 국가가 수행하는 과제가 끊임없이 늘어나 시민을 규제하는 그물망이 점점 세밀해지며, 그럼으로써 매우 친밀한 생활행동에도 영향이 미치기 때문이다.

이와 같이 규제되는 유형은 점차 상세해지고, 입법자는 점차 자세한 것에도 관련되게 된다. 그렇지 않으면 입법자는 일반 조항을 규정할 뿐이며, 자신으로는 미리 거의 프로그램화하지 않은 개별 사례에 대한 판단을 행정이나 재판소에 넘겨준다. 그렇지만 — 비례원칙의 핵심인 — 개별 관계의 배려는 법의 신뢰와 계산 가능성을 위협할 정도로 나가지는 않는다. 그러므로 연방헌법재판소는 기본권을 적용함에서 법률에 불가결한 유형화와 일반화의 성질을 비례원칙이나 평등원칙으로 해소시키고, 결국 법질서를 분자화시키는 것이다.[101)]

기본권 해석이 시민의 관계와 국가가 수행하는 기능에 어떤 작용을 미치는가 하는 것에 대한 이상의 간단한 서술에서도 헌법문제가 어떻게 뒤얽혀 있으며, 기본권 해석이 어떻게 많은 것을 고려해야 하는가를 보여준다. 이것은 기본권을 법적으로 다룸에서 곤란하며, 전문적인 헌법 해석에서는 그것을 의식하지 않으면 안 되는 것이다.

3. 전 망

감히 전망해본다면 기본권은 동적인 발전을 계속한다고 생각한

101) 이는 *Peter Lerche*, Übermaβ und Verfassungsrecht, 1961, S. 54; *Christian Starck*, Die Bindung des Richters an Gesetz und Verfassung, VVDStRL 34(1976), S. 43, 64ff, 67ff; *Helmut Steinberger*, Konzeptionen und Grenzen freiheitlicher Demokratie, 1974, S. 320에서 미국 연방대법원 판례와 같은 문제를 언급했다.

다. 일찍이 연방헌법재판소의 두 법정을 하나로 정리하려고 생각한 때는 연방헌법재판소의 광범위한 재판활동으로 언젠가는 기본권 해석 문제가 종결될 것이라고 생각한 적이 있지만 결코 그러한 일은 있을 수 없다. 우리는 이제 재판소가 판결을 내리면 내릴수록 많은 판결이 구해진다는 것을 알았다. 나아가 재판소는 사회발전과 시대정신에 경의를 표해야 한다. 시대정신의 경향을 규정하는 자는 재판소가 대결할 문제를 규정할 수 있다. 여기서는 다음의 3가지 문제를 예언해보기로 한다.

① 사회적 기본권은 확실히 세계적으로 중요한 논의 대상인데, 가장 열심히 논의하는 곳이 사회의 관계 조정이 가장 뒤떨어진 곳이다. 사회권 선언의 아름다운 문언은 사회입법의 부족함을 채워준다.[102] 독일 연방공화국에서는 사회적 기본권의 법적 구성과 고전적 기본권의 급부권적 해석의 법적 구성의 문제를 널리 인식했다. 그러나 무엇보다 중요한 것은 거대한 배분기구에 근거한 법률이 청구권을 보장하고, 소에 의한 이행을 행정재판소나 사회재판소가 감시하는 완성된 사회시스템이 있다는 것이다. 사람들에게는 헌법에서 사회적 선언보다도 견실한 재정정책에 근거한 좋은 사회입법의 법이 중대한 것이므로 '사회적 기본권'이라는 주제가 조용해진 일시적인 상황은 앞으로도 계속될 것이다.

② 평등 영역은 이와는 다르다. 법적 평등이 실현되면 될수록 남아

102) 개괄적인 것은 *Georg Brunner*(각주54), passim; *Eibe H. Riedel*, Theorie des Menschenrechtsstandards, 1986, S. 170ff.

있는 차별에 대해서는 더 민감해지고, 예전에는 승인되었거나 오늘날 승인된 차별의 근거는 평등이라는 산(酸)에 점차 침해될 것이다. 사실적 평등 실현은 정당한 견해에 의하면 기본법 3조 1항의 일반적인 평등원칙이 보장하는 것이 아니라, 입법자가 사회를 조정하는 형태로 실현해야 할 사회국가 조항의 요청이다. 특히 남녀의 평등(기본법 3조 2항)에 대해서는 모든 법적 평등이 아직 실현되지 않았음을 먼저 말하지 않을 수 없다. 입법자가 제거해야 할 법적 불평등 행위가 점점 발견된다.

이것들은 때에 따라서는 연방헌법재판소의 판결이 선행하면 해결될 것이다. 그러나 근래의 할당제 논의는 기본법 3조 2항에서 개인권으로 구상되던 평등원칙을 집단 간의 평등으로 옮긴 것이다.[103] 이것은 아욱스부르크 종교화 이후 종파의 동등한 처우나, 오늘날 서독에서 사실상 행해지는 큰 정당의 정부 관직 외의 모든 상급 관직의 배분에서 선행 예로 했다. 할당제 지지론자가 보기에는 그것이 그때까지 압도적으로 남성이 차지해온 관직을 차지하는 여성의 수를 비약적으로 늘릴 수 있는 장치라는 것이다. 만약 이러한 할당제가 사법적(私法的)으로 조직된 정당을 넘어 관직의 인사에 미친다면 헌법은 어느 정도의 혼란을 각오하지 않으면 안 된다.

③ 그러나 장래에 가장 중요하다고 보이는 것은 필자의 설명을 끝맺으려는 세 번째 시각이다. 근래의 자연과학·의학·기술의 발전 — 그

103) *Vera Slupik*, Die Entscheidung des Grundgesetzes für Parität im Geschlechterverh?ltnis, 1988 참조.

것은 모두 자유로운 연구와 경제활동의 산물인데 — 은 모든 분야에서 예상하지 못할 만큼 자유를 확대했다. 이러한 활동 가능성의 증대는 동시에 이 새로운 가능성을 이용할 수 있는 것의 권력을 증대시켰으므로, 사회생활의 많은 영역에서 위협받는 개인의 권리와 인간의 공유재산과 그리고 이것들에서 점차 미래의 세대를 보호하기 위해 법률에 의한 기본권의 제약을 새로 편성하지 않으면 안 될 것이다.

앞으로 헌법학자는 이러한 분야에서도 익숙한 기본권 해석 이론의 사고 형식으로 계속 작업을 해야 하는데, 이것들은 입법자가 어떤 행위를 제약하는 의무가 있는가를 판단하는 것이 점차 많아진다고 생각한다. 즉 이미 법률에 의한 기본권 제한의 합헌제만이 문제는 아니다. 개인적·집단적 법익이나 생존의 기반을 위협에서 지키는 입법자의 의무를 헌법에서 도출됨을 심사해야 한다.

이에 대해서는 이미 연방헌법재판소의 판례에서 몇몇의 예를 볼 수 있다.[104) 나아가 나는, 예를 들어 유전자 연구나 인공수정법을 인간에게 적용할 때는 인간존엄성의 개념이 정밀화되지 않으면 안 된다고 생각한다.[105)]우리가 이 세기가 끝나기 직전의 10년 안에 기본법의 기본권 발효 50년에 즈음해 기본권을 다시 한번 확인하면 이 모든 것이 더 명백해질 것이다.

---

104) BVerfGE 39, 1, 36ff; 46, 160, 164; 49, 89, 114ff; 54, 30, 57; 56, 54, 73, 78, 80; 77, 170, 214; 77, 381, 405 참조.

105) *Christian Starck*, Verfassungsrechtliche Grenzen der Wissenschaftsfreiheit am Beispiel der Genom-Analyse, Gentherapie und In-vitro-Fertilisation beim Menschen, in: Hans-Günther Schlegel(Hg.), Gentechnologie und In-vitro-Fertilisation(Nachrichten der Akademie der Wissenschaften in Göttingen, math.-phys. Klasse Nr. 2), 1988, S. 22ff.

4장.
기본권은 어떻게 사법으로 들어와 효력을 발휘하는가

"기본권과 사법(私法)"이라는 주제는 새로운 것이 아니고, 그것은 바로 어떻게 해볼 수 있는 것처럼 보인다. '자연권'이라는 이전 18세기 말의 설명들은 국가와 시민의 관계에만 관련되는 것이 아니고, 오히려 우선은 무엇보다도 시민 간의 관계에 관한 것이라는 점을 말하고자 한다(1). 법적으로 구속력이 없는 자연권 목록은 국내의 평화를 확보하고 자유를 보장한다는 2가지 국가 목적의 표현이었다(2).

그것은 우선 『민법전』과 보통법, 소위 기본권 법률에 법적으로 구속력 있게 표현했다(3). 기본법과 다른 현대 헌법의 기본권에는 헌법 자체에 의해서 직접적인 법적 효력이 부여되었고, 이는 민법에는 물론 예외적으로만 적용되었다. 시간이 지나면서 헌법재판소들은 연방헌법재판소를 선도로 기본권에서 객관적·법적으로 효력 있는 보호의무를 도출했고, 그것은 민법에서 입법과 재판의 기준이 되었다(4). 거기서 재판소원을 헌법재판소들에 제기할 권한이 있는 각 주(Länder)에서 제도적·절차법적 문제들이 나타났고, 독일이 바로 그런 경우다(5).

1. 자연권

우리 기본권의 전신은 18세기 말에 미국의 권리장전들 — 1776년 이후 — 과 프랑스의 인간과 시민의 권리 선언에서 규정한 '자연권'이다. 1776년의 『버지니아 권리장전』 1절(Section 1)에는 "모든 사람은 날 때부터 차별 없이 자유롭고 독립적이며, 일정한 생래적 권리들 … 이 있다. 즉 생명과 자유의 향유, 재산을 획득하고 소유하는 수단을 가지며, 행복과 인권을 추구하고 획득하는 것"이라고 되어 있다.

그러나 프랑스 인권선언에는 다소 덜 강하게 다음과 같이 기술해 놓았다. 1조에는 "인간은 자유롭고 평등한 권리를 갖고 태어났으며 이를 향유한다." 2조에는 "모든 정치적 결사의 최종 목적은 생래적이고 불가결한 인권을 유지하는 데 있다. 이 권리들은 자유와 재산과 안전, 압제에 대한 저항이다." 그 아래의 조문에서는 자유란 다른 사람을 해치지 않는 모든 것을 할 수 있는데 있다는 것과 따라서 인간의 자연권 행사는 다른 공동체 구성원에게 동일한 권리를 향유할 수 있도록 보장하는 한계를 가질 뿐이라고 하는 것이 나타나 있다(4조). — 이러한 의미에서 프로이센 일반 국법(1794)도 타인의 권리를 위협하지 않으면서 자신의 행복을 확보하고 촉진할 수 있는 인간의 자연권을 보호했다(프로이센 일반 국법 §83 Einl.).

미국의 장전들이 보통법(Common Law)의 효력을 전제로 한 반면, 프랑스 선언은 권리의 한계를 확정할 것을 입법자에게 요구했다(5조). 이 경우 사법(私法)에서는 입법도 문제가 된다. 칸트 역시 같은 시기에 일방의 자유와 타방의 자유 사이의 균형원리에 입각해 사법(私法)을 바라보며[1] "법이란 일방의 자유가 자유의 일반 법칙에 따라 타방의 자의와 결합될 수 있는 조건의 총체"[2]라고 했다.

프랑스의 인간과 시민의 권리 선언은 매우 보편적으로(allgemein) 이해되었고, 법전이라기보다 여타 세계에 충고하는 법철학적 선언으로 생각되었다.[3] 12조에서는 권리보장에서 유래하는 필연적 결과로 공권력, 즉 국가권력은 그것을 위탁받은 사람의 이익을 위해서가 아니라 모든 사람의 이익을 위해 설계할 것을 요구했다.

프랑스 혁명의 혼란 뒤에 잠깐 효력이 있었던 4개의 헌법(1791, 1793, 1795, 1799) 제정 이후 1804년에 인권선언의 법원칙을 상세하게 규정한 민법전이 시행되었다. 여기서는 특히 사람들에게 기여한 1권(im ersten Buch)에서는 법률 앞의 평등과 인신의 자유를 규정했다. 2권에서는 1793년 헌법 16조와 인권선언 5조 2문과 긴밀하게 관련해 재산권과 그 이용을 다음과 같이 보장했다. 물건이 법률에 의하여 금지되는 방법으로 사용되지 않는 한 재산권은 가장 절대적인 방법으로 물건을 향유하고 처분하는 권리다. 3권에서는 계약의 자유(1101조 이하, 한계 6조)가 경제활동의 자유를 포함해서 보장되고,[4] 불법 행위법이 규정되어 있다.[5]

---

1) *Immanuel Kant*, Metaphysik der Sitten, Rechtslehre(1797) §§5, 10, 18.

2) *Kant*,(각주1), Einleitung §B.

3) *Emile Boutmy*, Die Erklärung der Menschen-und Bärgerrechte und *Georg Jellinek*, in: Schnur(Hg.), Geschichte der Erklärung der Menschenrechte, 1964, S. 78, 88f.

4) *Franz Wieacker*, Privatrechtsgeschichte der Neuzeit, 2. Aufl. 1967, S. 339ff; *Konrad Zweigert/Hein Kötz*, Einführung in die Rechtsvergleichung, 3. Aufl. 1996, S. 92ff.

5) 1382조: "타인에게 손해를 야기하는 행위는 자신의 과책으로 그 손해를 입은 사람에게 배상할 의무가 있다." 1383조: "모든 사람은 자신의 행위만이 아니라 자신의 과실이나 부주의로 야기한 손해에 책임을 진다."

민법전은 혁명의 동력이 되었고, 4명의 초안 작성자가 나온 시민계급의 법전이다.[6] 인권선언이 남녀의 평등을 선언하지 않은 것과 마찬가지로 민법전도 전통적인 역할관에서 출발했다. 심지어 가족집단에 대한 간섭에 대해 국가는 명백히 소극적으로 기능했다. 19~20세기를 지나면서 민법전은 비로소 가족법과 노동법에서 현대적 이해에 순응하게 되었다. 우리와 관계에서 보면 민법이 사법의 영역에서 인권선언의 자유와 평등 선언을 당시에 이미 법원에 제소할 수 있는 효력 있는 법으로 바꾸었다는 것이 중요하다.

프랑스 혁명의 사상세계에서 칼 로텍크는 『국가학사전』[7]에서 일관되게 "인간의 모든 활동 영역에서 이미 전적으로 인간(Personen)으로서 국가구성원에게 속하는 바의 그들의 자유를 승인하고 보호할" 과제를 법제도로서 국가에게 부여했다. 계속해서 다음과 같이 말했다. "국가가 그 구성원의 자유권에 스스로 간섭하지 않는 경우에도, 그 구성원 자체의 상호작용 속에서 위협이 되는 바로 그러한 제약에 대해 자신의 구성원을 보호하는 것은 여전히 국가에게 존재한다." 로텍크는 이에 필요한 형법 조치 외에도 사법(私法)으로 야기되는 자유에 대한 위협(Freiheitsgefährdungen)을 언급했다. 그는 민법에 관한 논문[8]에서 "민법이 기존에 적절한 것으로 인정된 헌법의 원리와 일치"할 것을 요구했다.

40년 후에 "개인의 자유를 보장한다"는 프로이센 헌법 5조에 대

6) Jean Etienne Marie Portalis(1745~1806), François Denis Tronchet(1726~1806), Jacques de Maleville(1741~1824), Felix Julien Jean Bigot de Préameneu(1747~1825).
7) Staatslexikon,' hg. von v. Rotteck/Welcker, 2. Aufl., Bd. V(1847), S. 184, 186. 원문에서 강조.
8) Staatslexikon(각주7), Bd. III(1846), S. 262f.

한 폰 뢴네의 저서에서는 다음과 같은 것을 읽을 수 있다.[9] "이것으로 보장되는 개인의 보호는 다른 국가구성원의 위법적인 제약만이 아니라 국가 스스로의 제약과도 관련이 있다." "다른 국가구성원 측에서 국민 개인에 대한 위법적 제약에 대항해 국민에게 마땅히 주어지는 개인적 자유의 보호와 관련해보면, 헌법 문서 5조에는 모든 유형의 그러한 제약에 대한 보장이 포함되어 있다." 폰 뢴네는 재산권과 관련해서도 국가의 보호의무(staatliche Schutzpflichten)를 분명히 밝혔다.[10] 그리고 법률 앞에 평등(die Gleichheit vor dem Gesetz, 14조)은 사법(私法)에서도 직접 적용된다고 했다.[11]

2. 국가의 목적, 평화와 자유

헌법으로 보장하는 권리인 자유와 평등은 국가에 대해 이중으로 의무를 부과했다. 국가는 그것들을 존중해야 하고, 시민 간의 관계를 보호해야 한다. 이것은 18세기 말 초기의 헌법적 권리선언과 19세기의 권리목록 해석에서 명백히 드러난다. 엄밀히 보면 권리선언에 포함된 국가의 보호의무는 시민 간의 평화 확보는 언제나 중요한 국가의 목적이었고, 현재도 그러하므로 결코 새로운 것이 아니다. 다시 말해 초기 국가의 목적이면서 모든 국가성의 시원적 정당성이다.[12] 권리목록에는 목록에서 언급한 시민의 권리를 존중할 국가의

9) *Ludwig von Rönne*, Das Staatsrecht der Preuβischen Monarchie, 4. Aufl. 1882, Bd. II, S. 38.

10) 프로이센 일반 국법 §76 Einl.과 관련한 *v. Rönne*(각주9), S. 97.

11) *v. Rönne*(각주9), S. 262f.

12) *Christian Starck*, Der demokratische Verfassungsstaat, 1995, S. 231, 235ff. m.w.N.

의무가 부가되어 있다. 그것은 '자유보장(Freiheitsgewährleistung)'이라는 국가의 목표(Staatsziel)다.[13] 자연권 선언에는 평화와 자유라고 하는 국가의 목적이 결부되어 수용되어 있다.

여기서 법률 위반을 처벌하는 형법은 관심사가 아니니 무시하면 민법이 눈에 들어온다. 민법은 평화를 보장하기 위해 시민 간의 자유 영역을 구분짓고, 계약 위반과 허용되지 않는 행위에 제재를 가한다. 민법은 성문화되었거나 공동체법의 체제가 효력이 있으므로 국가의 보호의무를 헌법상 언급하는 것은 특별한 의미가 없었다.[14] 시민 간의 권리 구분은 민법에 규정되어 있었다. 그것도 법동료에게 적용하는 기준(Maβstäbe)과 소송할 때 법원에 적용하는 기준까지 상세하게 규정되어 있었다. 그에 반하여 직접적으로 원용할 수 없었고, 오히려 법률적 구체화를 기다렸어야 했음에도 권리보장(Rechtegarantien)은 국가권력을 제약(Beschränkung)하는 데 좋은 것으로 인정·평가되었다.

3. 성문화된 민법과 기본권법(Grundrechtsgesetze)

19세기 후반 시민권(Bürgerrechte)을 규정하지 않은 헌법들을 제정했다. 대표적인 예로 프랑스에서는 1852년의 헌법과 1875년의 헌법 법률을 제정했고, 독일에서는 1871년의 제국헌법과 그 전

---

13) *Georges Burdeau*, Traité de science politique, vol. I/2, 3. éd., 1980, S. 299: "Dire que le Pouvoir a pour fin la liberté, cela signifie, qu'il existe un domaine oü il ne peut pénétrer." 참조.

14) 그렇게 분명히는 *Konrad Hesse*, Verfassungsrecht und Privatrecht, 1988, S. 10 m.w.N.

신인 1867년의 북독일 연방헌법을 제정했다. 시민권은 소위 기본권 법률에서 부여되었는데[15] 정의·제한·보호된 것이다. 민법에서 다소 견고하게 규정한 자유 영역에 대한 구분(Abgrenzung der Freiheitssphären)이 국가와 시민의 관계에서는 영업의 자유, 서신의 비밀, 출판의 자유, 결사의 자유에 대한 법률에서 자유와 재산 보호에 관한 형사절차 조항으로 규정되었다.

당시 유럽에는 헌법의 우위와 입법의 기본권 기속은 여전히 알려져 있지 않았다.[16] 기본권은 그때그때의 자유를 보장하는 하나의 좋은 보장(eine willkommene Sicherung)이었다. 그러나 기본권은 항상 관계있는 헌법상의 기본권과의 관련 속에서 고찰되었다. 민법은 그렇지 않았다. 헌법에 이르는 연결고리가 없었다. 소극적 지위(status negativus)의 자유권으로 이해한 기본권은 점점 순전히 국가관련적으로 여겨졌다. 그것은 이미 프랑크푸르트헌법에서 찾을 수 있고,[17] 바이마르 헌법의 기본권 목록에서도 나타난다. 지난 1900년의 『민법전』 편찬은 자유보호(Freiheitsschutz)와 자유 영역 구분(Abgrenzung von Freiheitssphären)이 자동으로 이루어져 규범화된 민법(Zivilrecht)을 탄생시켰다.

게어하르트 안쉬츠는 바이마르 헌법 주석서[18] 2장 '기본권과 기본 의무' 서론에서 타당하고 완전한 헌법은 국가의 조직을 규율할

---

15) *Christian Starck*, Grundrechte und Gesetz, in: Festschrift für *Stern*, 2012, S. 197, 204ff. m.w.N.

16) 미국과 다르다. *Christian Starck*, Der demokratische Verfassungsstaat, 1995, S. 48ff 참조.

17) *Jörg-Detlev Kühne*, Die Reichsverfassung der Paulskirche, 1985, S. 231, 285, 529f의 평가 참조. 그러나 퀸네(각주 9~11 참조)는 민법의 헌법적 관련성을 유지했다.

18) *Gerhard Anschütz*, Die Verfassung des Deutschen Reiches, 14. Aufl. 1933, S. 506.

뿐만 아니라 '국가와 개인 간의 한계'도 정하고, 개인의 자유에 대한 국가권력의 기준과 목적(Maβ und Ziel)을 설정하고, 이러한 위임을 이행할 때는 "상응하는 주관적 권리 — 인권·시민권·자유권·기본권 — 를 보장해 그 자유의 가장 중요한 실행 가능성이 국가적으로 문서화되고 보장될" 독자적인 절(節)을 포함해야 한다고 했다.

안쉬츠는 기본권의 이런 순수한 국사재판(國事裁判, (Staatsgerichtsbarkeit)을 사법적(私法的)인 노동과 고용 관계에서도 의사표현의 자유를 적용한다고 하는 바이마르 헌법 118조 1항 2문에서 확인한 것으로 본다. 이에 대해 안쉬츠[19]는 이 문언은 "기본권은 사인에 대해서가 아니라 단지 공권력에 대해서만 개인의 자유를 보호한다고 하는 원칙의 분명한 예외"에 해당한다고 했다. 안쉬츠는노동과 경제 조건의 유지와 촉진을 위한 결사의 자유에 대해 바이마르 헌법 159조가 포함하는 또 다른 예외에 대해서 비슷한 방식으로 주석을 달았다.[20]

필자는 좁게 이해하는 두 규정의 예외적 성격의 증거로 서신과 통신의 비밀 보장(바이마르 헌법 117조)에 대한 안쉬츠의 언급을 지적하고자 한다.[21] 안쉬츠는 형법과 민법에 내포된 사인에 의한 서신 비밀 침해의 보호규범이 기본권에서 도출된 결과로 보지 않았다. "기본권은 전체 구조로 보면 개인의 자유 영역을 일반적으로 공권력의 간섭에서만 보호하려고 하는 것이지 제3자(私人)의 권한 없는 행위를 보호하려는 것이 아니라는 것 … 그리고 지금까지 효력 있는

19) *Anschütz*(각주18), S. 556.
20) *Anschütz*(각주18), S. 731.
21) *Anschütz*(각주18), S. 549.

우편과 전신의 비밀에 대한 규정은 … 적어도 이러한 좁은 의미로 해석해야 한다는 것"은 바로 그런 부인을 의미하는 것이라고 한다.

바이마르 시대 말부터 나치의 독재가 시작되기 전에 사람들은 이 두 예외를 제외하면 기본권이 보통 직접 효력 있는 '적용의무를 부과하는' 법률인 한 기본권은 시민과 국가의 관계에서만 효력이 있는 것으로 보았다.[22)]

4. 민법에서 기본권의 효력

1. 직접 효력

기본법은 고전적인 기본권을 규정한다. 기본권을 제정할 때 헌법제정회의의 의도를 폰 헤르만 망골트 의원은 서면보고[23)]에서 "기본권은 1조 3항에서도 표현하는 바와 같이 입법·행정·사법, 더 정확히 말하면 연방만이 아니라 주의 입법·행정·사법도 동일하게 기속되는 직접 적용하는 법[24)]으로 볼 수 있다"고 특징지었다. 기본법상의 기본권 효력은 통상 완전히 확실하지 않을 때는 바이마르 헌법의 기본권보다 강화된 효력이 있다. 이 효력은 기본법 1조 3항에 명시했으며 실현할 수 있다. 왜냐하면 기본권 목록은 사회적 기본권처럼 이행하기 어렵거나 이행할 수 없는 약속을 결코 포함하지 않았을 뿐만 아니라 국가에 대한 시민의 방어권에 한정되어 있기 때문이다.

---

22) 이에 대해서는 *Anschütz*(각주18), S. 515f.

23) Parl. Rat, Drucks. 850, 854, S. 5f, Anlage zum stenographischen Bericht der 9. Sitzung des Parl. Rates am 6. Mai 1949.

24) 원본에서 강조한 것임.

2. 민법의 효력

바이마르 헌법을 따르는 기본법은 9조 3항 2문에서 사법(私法) 관계에까지 효력을 미치는 노동과 경제 조건을 촉진하는 결사의 자유 보장을 승계했다. 그외에 기본권 목록은 인간존엄성의 보장(1조 1항)과 혼인과 가족(6조 1항과 4항)에 대해서는 명시적인 국가의 보호의무(Schutzpflichten)를 포함했고, 방해받지 않는 종교행사(4조 2항)와 재산권(14조 1항)에 대해서는 보장의무(Gewährleistungspflichten)를 포함했다. 이것들은 사법(私法)에서도 효력을 발휘한다. 기본법은 남녀동권(117조 1항과 관계있는 3조 2항)으로 바이마르 헌법이나 당시에 적용된 혼인이나 가족법과는 달리, 민법 특히 혼인에서 남녀 간의 관계가 규율되는 한 민법에 영향을 미치는 분명한 결단을 했다. 보호와 동등한 권리의 위임은 민법에 직접 효력을 미친다.[25)]

이 기본권들은 평등권과 명시적인 보호의무가 중요하고, 그것을 실현하기 위해서는 그에 따른 민법 형성(Gestaltung)이 필요하다. 그것은 부모의 양육권(6조 2항) 보장에도 적용된다. 앞에서 언급한 헌법적 보장과 민법이 정하는 혼인·가족·재산·상속권 제도를 고려하면 헌법적 지위를 갖는 사법(私法, Privatrecht)[26)]과 관련이 있다. 민

---

25) *Volkmar Götz*, Die Verwirklichung der Grundrechte im Zivilrecht, in: Heyde/Starck(Hg.), Vierzig Jahre Grundrechte in ihrer Verwirklichung durch die Gerichte, München 1990, S. 46ff의 설명 참조.

26) *Peter A. Windel*, über Privatrecht mit Verfassungsrang und Grundrechtswirkungen auf der Ebene des einfachen Privatrechts, in: Der Staat 37(1998), S. 385, 393ff 참조; 비슷하게는 *Matthias Ruffert*, Vorrang der Verfassung und Eigenständigkeit des Privatrechts, 2001, S. 287ff(사법에서 헌법상의 법익).

법입법자는 이 사법을 더 상세히 규정하고 — 통상 민법에서처럼 — 법률 영역(Rechtssphären)을 구분해야 한다. 여기서 말하는 보호 의무는 주관적인 헌법적 권리가 그 이행과 관계있으면 적극적 지위(status positivus)에 속한다. 어떤 특정 정도에 이르기까지 입법자의 재량에 속하는 보호의 '방법' 기준이 어려움을 야기한다.

3. 기타 기본권의 보호의무

법동료 관계에서도 생명·건강·자유·명예·재산을 존중해야 한다면, 이것은 모든 국민의 기본권 기속에서 나오는 것이 아니라[27] 기본권의 기초가 되기도 하는 민법적으로 정착된 전래적인 인간의 공동생활의 규칙(Regeln)에서 나온다. 기본법 2조 2항이 그렇게 표현했는데, 그에 따르면 인권은 세상의 모든 인간공동체와 평화와 정의의 기초이며, 기초여야 한다. 인간공동체(menschliche Gemeinschaft)는 서로 아무런 공권력을 행사하지 않는 시민 간의 관계이기도 하다.

이러한 관점에서 인권적 토대인 기본권은 민법에 영향을 미친다는 논리가 성립될 수 있다.[28] 헌법과 사법(私法)은 아무 관계없이 병립하는 것이 아니다. 법동료는 다른 법동료에게 직접적으로 기본권에 기속되지 않지만 국가는 기본권에 표현한 인간상(Menschenbild)을 지향하는 법질서를 만들 의무가 있다.

연방헌법재판소는 1958년의 소위 뤼트 판결에서 처음으로 이러

27) *Claus-Wilhelm Canaris*, Grundrechte und Privatrecht, 1999, S. 93.

28) *v. Mangoldt/Klein/Starck*, Grundgesetz Kommentar, 6. Aufl. 2010, Bd. I, Art. 1, Rn. 138 m.w.N.

한 생각에 효력을 부여했다.[29] 영화감독 페이트 할란에 대한 보이콧 호소는 선량한 도덕에 어떠한 침해도 하지 않았고, 오히려 자유로운 의사표현의 기본권을 행사했으므로 민법 826조에 따른 손해배상으로 귀결되지는 않았다.

연방헌법재판소는 기본법의 기본권에는 기본권의 효력을 강화하는 '객관적 가치질서'가 확립되어 있음을 내세웠다. 규정이 선량한 도덕 같은 법 외적인 기준을 언급할 때는 기본권은 이러한 개념의 해석에 영향을 미친다고 한다. 판사는 행동양식이 선량한 도덕에 합치하는지를 판단할 때 헌법의 기본권 절에 있는 기본법상의 가치결정과 사회적 질서 원리(sozialen Ordnungsprinzipien)를 준수해야 한다고 한다. 민사재판관은 개방적인 법률 개념을 적절히 충전할 권한이 있다고 한다.[30] 여기서 민사재판관은 기본권의 객관법적 효력을 준수해야 한다.

11년 후 블링크퓌어 판결[31]에서 민법 823조 1항과 관련해 다음과 같이 말했다. "기본법이 기본권 절에서 확립한 객관적 가치질서는 이 규정을 해석하는 데 영향을 미친다." "민법 823조 1항과 관련해 헌법은 침해 위법성 확정에 중요하다. 여기서는 한편으로는 의사표현의 자유권이 보이콧을 얼마나 보호하는지를 심사해야 하고, 다른 한편으로는 헌법소원 청구인이 출판의 자유라는 기본권을 얼마나 주장할 수 있는지도 심사해야 한다." 형량은 주간지 『블링크퓌어』에게 유리하게 끝났다.

두 판결은 관련 기본권이 단지 객관법적 의미로만 기능했음에도

29) BVerfGE 7, 198ff.
30) BVerfGE 7, 198ff; 35, 202ff; Götz(각주23), S. 58ff.
31) BVerfGE 25, 256, 263.

연방헌법재판소가 인용한 헌법소원을 기초로 선고했다. 객관법적 근거가 있는 안전과 국내 평화 보호라는 국가 과제에 대해 연방헌법재판소가 행한 재평가는 일련의 주관적인 헌법상의 권리로 폭넓은 개선을 의미하고, 특히 보호 '방법'이 문제가 될 때는 전체 권력분립의 헌법 체계에 큰 영향을 미쳤다.[32] 보호청구는 기본권에서 직접 나오는 것이 아니라 입법자의 정치적 재량을 전제로 하는 국가의 급부에 관한 것이다.[33] 그동안 보호를 위한 주관적 권리와 관련해 확립된 판결에서 모든 기본권에서 도출한 기본권적 보호권(grundrechtliche Schutzrechte)[34]은 학설에 광범위하게 수용되었고, 유럽법원과 인권법원의 판결에 영향을 미치며,[35] 연방헌법재판소를 통한 헌법의 계속적 형성(Fortbildung der Verfassung)이라고 해야 할 것이다.

뤼트와 블링크퓌어는 민사법원에 의한 민법상 일반 조항의 해석과 적용에 관한 것이었다. 일반 조항은 유연성이 있어 법률이 아닌 법관에 의한 법률 적용은 헌법적으로 심사되었고, 논란이 된 것이었다. 그러나 민법상 기본권의 효력 문제는 민사 관련 입법에 포함되어 있다. 위의 두 판결이 헌법에서, 여기서는 직업의 자유(기본법 12조 1항)에서 연방헌법재판소가 도출한 가치평가가 얼마나 강하게 민법 형성에 영향을 미쳤는지에 대해서는 다음 절에서 해명할 것이다.

---

32) *Christian Starck*, Praxis der Verfassungsauslegung,1994, S. 46, 64ff, 70ff; *Werner Heun*, Funktionell-rechtliche Schranken der Verfassungsgerichtsbarkeit, 1992, S. 68ff.

33) 특히 *Josef Isensee*, Das Grundrecht als Abwehrrecht und staatliche Schutzpflicht, in: Isensee/Kirchhof(Hg.), HStR Bd. V, 1992, S. 151ff.

34) 그렇게 용어를 사용한 것은 *Martin Borowski*, Grundrechte als Prinzipien, 1998, S. 237.

35) *Rengeling/Szczekalla*, Grundrechte in der Europäischen Union, 2004, S. 222ff; *Heike Krieger*, Funktionenen von Grund-und Menschenrechten, in: Grote/Marauhn(Hg.), EMRK/GG, 2006, S. 278ff.

4. 계약법상의 사례

① 독일 상법 90a조에 따르면 사업주는 계약관계가 종료된 후 최소 2년 동안은 영업활동을 하지 않을 것을 대리상과 계약으로 합의할 수 있다. 이와 같은 경업금지 합의는 이전 대리상과 경쟁에서 사업주를 보호하고, 대리상은 일정한 보상을 받게 된다. 그러나 옛상법 90a조에 따르면 대리상의 유책행위에 근거한 중요한 이유를 근거로 계약을 해지할 때는 — 예외적 해지 — 사업주는 보상할 필요가 없다.

이 규정을 연방헌법재판소는 직업의 자유(기본법 12조 1항)에 합치하지 않는다고 선언했다.[36] 입법자는 한편으로는 사업주가 이익을 볼 수 있도록 충분한 여지를 주어야만 하고, 다른 한편으로는 대리상 입장에서 행위의 제약이 형량될 수 있도록 계약이 종료된 후 경업금지에 대해 규정해야 한다고 했다. 입법자의 규율 재량은 사업주를 위해서도 대리상을 위해서도 '기본권적으로 보호하는 지위'와 관련이 있기 때문에 두 측면에서 제한한다고 한다. 자유의 제약과 보호도 그러한 관계에서 비례적이지 않으면 안 된다.

이러한 논증은 매우 분명하게 기본권이 민법 속으로 어느 정도 깊이 들어갈 수 있는지를 나타낸다. 필요한 이익형량과 계약체결에서 허용되는 자유 영역의 정도는 연방헌법재판소가 해석하는 기본권으로 규율한다. 연방헌법재판소는 계약의 자유를 지나치게 제약하지 않고 상충하는 이해관계를 형량해 경업금지 기간에 대해 보상하는 것을 적절한 것으로 보았다. 대리상을 위해서는 자신의 경제

36) BVerfGE 81, 242, 260ff.

존립을 위해 자신의 직업 자유를 주장할 수 있고, 직업이 제약될 때는 재정적 보상이 필요하다는 것이 고려된다. 사업주에게는 그가 경업을 수인할 것인지 보상할 것인지를 결정할 자유가 있다고 한다.

예외 해지에 해당하는 모든 사실관계에서 최장 2년간 아무 구별 없이 보상을 완전히 거부할 수 있는 것은, 조기에 계약을 종료하거나 계약 종료에 책임이 있는 때처럼 특수한 경우에는 아무런 합리적인 근거가 없다는 이유로 연방헌법재판소는 이 법률 규정을 위헌이라고 선언했다. 계약을 해지하는 사업주의 경쟁법상의 불이익을 보전하기 위해 그러한 제약은 필요 없다고 한다. 대리상에게 그러한 제약은 중요한 결과를 낳기 때문에 종종 수인 가능성이 없다고 한다. 따라서 이러한 상황에서 그것은 비례적이지 못한 효과를 낳는다고 한다.

② 해고보호법 규정에 따르면 고용주의 고용관계 해지는 사회적으로 정당할 때만 허용한다. 법률 1조 2항에 의하면 노동자 개인의 신상이나 행동상의 이유, 혹은 그 사업에서 노동자가 계속 근무할 수 없는 사업상의 긴급한 필요가 있을 때가 그러한 경우다.

그외의 해고보호법상 고용주의 해지권은 다른 제약이 따른다. 해고보호법 23조 1항 2문은 이러한 제약을 통상 5명 이하의 노동자가 근무하는 소규모 사업장에는 적용하지 않는다. 연방헌법재판소는 헌법소원에서 소규모 사업장 규정의 합헌성을 심사했는데, 직업의 자유(기본법 12조 1항)를 준거로 삼았다.[37] 이 기본권은 작업장을 제공하라고 요구할 수 있는 권리도 아니고, 한번 선택한 작업장

37) BVerfGE 97, 169, 175ff.

의 존속을 요구할 수 있는 권리도 아니라고 한다. 그러나 이 기본권에서 고용주의 해고에서 노동자를 보호할 의무를 국가에게 부과했다고 한다.

소규모 사업장의 규정, 즉 사적 계약법을 형성하는 규범의 합헌성 심사에서 작업장 유지에 대해 기본법 12조 1항으로 보호하는 노동자의 이익뿐만 아니라, 자신의 생각과 같은 사람만 자신의 사업장에 종사하게 하고, 노동자 수를 자신이 정한 기준 내로 할 수 있는 — 마찬가지로 기본법 12조 1항으로 보호하는 — 고용주의 이익도 고려해야 한다고 한다.

따라서 입법자에게는 실천적 조화의 문제가 제기된다. 무엇보다 소규모 사업장의 노동자는 높은 수준으로 보호하므로 이 실천적 조화가 소규모 사업장 조항을 적절하게 해결할 수 있다고 한다. 왜냐하면 소규모 사업장에서는 고용주와 노동자 사이에 신뢰가 높기 때문이다. 특히 소규모 사업장의 노동자는 도덕과 신뢰를 저버리는 해고를 민법의 일반 조항으로 보호하기 때문에 오히려 직장 상실이라는 더 큰 법적인 위험이 따를 수 있다고 한다.

5. 사법에서 기본권 효력의 제도적 문제

1. 헌법재판소와 상고법원

법률에 대한 통제 때문이 아니라 법원재판의 통제가 문제되면 추가적인 제도의 문제가 나타난다. 왜냐하면 기본권의 사법에 대한 법적 효력은 실체법적 문제일 뿐만 아니라 분명한 제도적·절차법적 결과를 동반하기 때문이다. 특별한 헌법재판소가 존재하지 않으면 상황은 매우 단순해질 것이다. 헌법에서 보장한 기본권은 상고법원이면서 헌법재판도 하는 최후의 심급으로 최고법원이 보호할 것이다.

거기서는 법률을 해석할 때 사법에 대한 헌법상의 기본권 우위가 효력을 발휘할 수 있다. 헌법재판이 법원 특히 상고법원의 활동으로 포섭되면 — 미국과 스위스가 그러한 예다 — 상고법원과 특별한 헌법재판소 간의 갈등은 일어나지 않을 수 있다. 기본권을 효과적으로 보호하려면 최고법원이 기본권을 직접적으로 효력 있는 법규범으로 인정하고, 사법(私法)의 이론 구조가 순수한 형평재판(Billigkeitsrechtsprechung)에서 해체되지 않으면서도 기본권에 내포된 객관적 원리가 사법 해석에 영향을 미칠 수 있는 입증 가능한 방법을 학설과 판례가 발전시키는 것이 중요하다.

오스트리아·이탈리아·포르투갈과 약한 형태이지만 프랑스 헌법재판소처럼 특별한 헌법재판소가 있지만 재판소원이 없는 다른 나라에서는 헌법재판소와 상고법원 사이에 갈등이 생기지 않을 수 있다. 헌법재판소(Conseil constitutionnel)에 의한 예방적 규범 통제(präventive Normenkontrolle)는 파기원(Cour de Cassation)과 국참사원(Conseil d'Etat)의 상고심 활동을 직접 건드리는 것은 아니다. 헌법재판소가 1789년의 인권선언에서, 1946년과 1958년의 헌법전문에서 법률에 우선하는 기본권을 발견했다는 사실에서[38]단지

38) 1971년 7월 18일의 판결, in: *L. Favoreu/L. Philip*, Les grandes décisions du Conseils constitutionnel, 11. Aufl. 2001, S. 238ff. mit Oberservations, S. 242~256; 이는 *Christian Starck*, Praxis der Verfassungsauslegung II, 2006, S. 110ff. m.w.N. 참조.

간접 효력만이 나타날 뿐이다.

그로써 헌법재판소(Conseil constitutionnel)는 프랑스에서도 사법을 해석할 때 기본권을 고려할 길을 열어놓았다.[39] 재판부(Kammer)의 입법에 대한 예방적 규범 통제가 사법 영역에서 일어날 때는 헌법재판소가 사법에 직접 간섭할 수는 없다. 효력 있는 사법이 문제가 되는 것이 아니라 재판부가 의도한 사법개혁(Privatrechtsreform)이 문제가 된다. 재판과 관계없이 프랑스 입법자는 가족법을 헌법[40]과 평등의 일반 원칙에 부합하도록 했다.[41]

프랑스와 달리 오스트리아·이탈리아·포르투갈에서 구체적 규범 통제는 사법을 적용할 때 사법이 헌법에 합치하는지를 심사한다. 따라서 헌법재판소는 효력 있는 사법에 영향을 줄 수 있고, 사법을 기본권에 비추어 심사할 수 있다. 헌법재판소는 언제나 일반 법원의 신청으로만 규범을 통제하므로 헌법재판소와 일반 법원은 경합하지 않는다.

헌법재판소와 일반 법원, 특히 상고법원 간의 경합관계는 헌법이 (최종심급)법원의 재판에 대한 헌법소원도 심판하는 국가에서 벌어

39) 그에 대해서는 *Louis Favoreu*, L'influence de la jurisprudence du Conseil constitutionnel sur les diverses branches du droit, in: Mélange Hamon, Paris 1982, S. 33ff; *François Luchaire*, Les fondements constitutionnels du droit civil, in: Rev. trimestrielle de droit civil 1982, S. 249ff; *M. Frangi*, L'apport du droit constitutionnel aux droits des personnes et aux droits économiques individuels. Contribution à l'étude de la constitutionalisation du droit privé, Thése juridique, Aix-en-Provence 1990; Yves Guyon, Le droit de propriété devant la Cour de Cassation et le Conseil constitutionnel, in: Groupe d'Etudes et de recherches sur la justice constitutionnelle(dir.), La Cour de Cassation et la Constitution de la République, 1995, S. 173ff; *Roger Beauvois*, La liberté d'opinion et d'expression, loc. cit., S. 183ff; *Louis Favoreu* et alii, Droit des libertés fondamentales, 2e éd. 2001, S. 131ff, 182ff 참조.

40) 1958년의 헌법 전문은 가족과 관련된 어떤 목적을 가진 1946년의 헌법 전문을 언급했다.

41) *Frangi*(각주39), S. 74.

진다. 독일 외에 스페인[42]과 남아프리카[43]가 재판소원을 인정했는데, 해마다 헌법재판소의 부담이 늘었고, 헌법재판소와 일반 법원의 관계에 문제가 제기되었다.[44] 재판소원은 제2의 상고법원이 될 위험에 처해 있다. 이를 피하려면 헌법재판소는 헌법·법률·법률 적용의 관계를 분명히 해야 한다.[45] 이것은 무엇을 의미하는가?

2. 틀로서 헌법의 성격

헌법은 법률의 어떤 틀(Rahmen)을 의미한다. 헌법은 완전히 확정된 법률 규정을 요구하는 것이 아니라 입법의 한계(Grenzen)만을 설정한다.[46] 헌법이 잘 정서(整序)되어 있다는 것은 많은 것을 헌법으로 규정하지 않고, 관할 국가기관의 행위 여지(Handlungsspielräume)가 있다는 뜻이다. 민주적 헌법국가에서 정치과정은 중요한 문제가 다수의 결정에 열려 있을 것과 모든 것이 헌법 해석으로 결정되지 않을 것을 요구한다. 특히 이것은 사인 간의 법적 관계에서도 적용된다.

사법을 개별 사건에 적용하는 일반 법원이 합당하게 기능하려면 법률이 실체적 내용에 따라 다양하게 부여할 수 있는 여지(Spielräume)가 있어야 한다. 사법절차의 상고심에서 장래의 사건을 판단할 일반적

42) 스페인 헌법 161조 1b항, 헌법재판소 조직법 44조.

43) 남아프리카 헌법 167조 6항.

44) *Christian Starck*, Verfassungsgerichtsbarkeit und Fachgerichte, JZ 1996, S. 1033, 1039f.=*Starck*, Feiheit und Institutionen, S. 333, 349ff; *Enrique Álvarez Conde*, Curso de Derecho constitucional, vol. II, 3e ed., 2000, S. 333f.

45) *Canaris*(각주27), S. 71ff.

46) *Ernst-Wolfgang Böckenförde*, Methoden der Verfassungsinterpretation, in: NJW 1976, S. 2089, 2091; *Christian Starck*, Die Verfassungsinterpretation, in: *J. Isensee/P. Kirchhof*(Hg.), HStR Bd. VII, 1992, §164 Rn. 5ff.

기준이 도출되고, 이는 법률에서도 규정할 수 있다. 상고법원의 이러한 활동은 법률은 개별 사건과 관련해서만 어느 정도 불확정적인 것이 아니라, 일반적인 규정으로도 흠결이 있을 수 있는 상황(Umstand)에 근거한다. 입법자가 알 수 없었던 법률 사건이 많다는 인식을 근거로, 상고심 법관은 법률을 개선하며 더 엄밀하게 다듬고 차별화할 수 있다. 간단하게 말하면 판례법을 만들어 법을 형성할 수 있다.[47)]

상고법원의 개별 판결을 헌법을 근거로 심사하는 헌법재판소는 헌법, 즉 다양한 방법으로 충족될 수 있는 틀의 관점에서 생각해야 한다.[48)] 합헌 법률이 더 확정적일수록 규정에 적합하게 이루어진 법률 적용은 헌법과 덜 모순될 수 있다. 그러한 법률을 잘못 적용한다고 해도 법률 내용으로 생각한 잘못된 법률 해석이 헌법에 반할 때만 헌법을 침해하는 것이 된다.

그렇지 않으면 모든 법률 침해는 헌법 침해, 적어도 헌법상의 평등원칙을 침해하는 것이 될지도 모른다. 헌법재판은 결코 초상고심이 아니므로 타당하지 않다.[49)] 비교적 덜 확정된 법률을 적용할 때 법관은 구체적인 사건과 관련해 최종 결정을 할 자유가 더 많다. 여기서 적용하는 법관은 헌법의 틀에서 결정하는 입법자의 자유에 참여하게 된다.

사법과 관련해 요약하면 다음과 같이 나타난다. 개별적 보호, 평등 취급의 위임, 기본권의 객관법적 효력을 통한 기본권의 사법질서

47) 이 상고법원의 임무는 소송법을 확정하는 것이다. §132 Abs.4 GVG, §11 Abs. 4 VwGO, §11 Abs. 4 FGO, §32 SGG, §45 Abs. 4 ArbGG 참조.

48) 모범적으로 심급법원의 상반된 판결들을 합헌적으로 유지하는 BVerfGE 94, 1, 7, 10.

49) 상세한 것은 *Starck*(각주44), S. 1033, 1039ff; *v. Mangoldt/Klein/Starck*, Grundgesetz Kommentar, 6. Aufl., Bd. I, 2010, Art. 3 Rdnr. 284f 참조.

에 대한 영향은 우선 입법자가 입법 방법으로 실현해야 한다.[50] 개방적 법률 개념을 충전하는 것은 일반 법관의 권한이다.[51] 일반 법관은 개별 사건을 판단하고, 재판에 위임한 개별 사건과 관련된 정의(Einzelfallgerechtigkeit)를 법률 내에서 실현한다. 연방헌법재판소는 ①일반 법원의 사실관계 조정이 자의적인지 ②일반 법원의 판결이 — 규범으로 일반화하면 — 관련 기본권에 합치하는지, 법률 형성의 헌법적 한계가 유지되는지만을 심사한다.[52]

3. 헌법상 근거가 있는 법적 지위

필요한 법적 지위의 형량에 대해 여기서는 일반적으로 법적 지위에 대한 그때그때의 침해의 진지성을 더 깊게 분석해야 하고,[53] 서로 대립하는 지위를 유지하면서 형량이 이루어져야 한다고만 말할 수 있다.[54] 그 예는 ①계약의 자유와 차별금지(기본법 3조 3항)[55] ②

50) 예컨대 BVerfGE 14, 263ff; 39, 1ff; 73, 261, 270; *Konrad Hesse*, Verfassungsrecht und Privatrecht, 1998; *Götz*(각주25), S. 46ff; *Peter Badura*, Kodifikatorische und rechtsgestaltende Wirkung von Grundrechten, in: Festschrift für Walter Odersky 1996, S. 159, 172f.

51) 예컨대 BVerfGE 7, 198ff; 35, 202ff; *Götz*(각주25), S. 58ff.

52) *Starck*(각주44), S. 1033, 1039f=*Ekkehard Schumann*, Verfassungs-und Menschenrechtsbeschwerde gegen richterliche Entscheidungen, 1963, S. 206ff과 관련된 S. 349ff 참조.

53) *Wolfgang Rüfner*, Grundrechtskonflikte, in: C. *Starck*, Bundesverfassungsgericht und Grundgesetz, Bd. II, 1976, S. 465ff; ähnlich *Herbert Bethge*, Zur Problematik der Grundrechtskollisionen, 1977, S. 323; *Jürgen Schwabe*, Probleme der Grundrechtsdogmatik, 1977, S. 317f.

54) *Konrad Hesse*, Grundzüge des Verfassungsrechts, 20. Aufl. 1995, Rn. 354f; *Friedrich Müller*, Normativität und Normstruktur, 1966, S. 213 m.w.N.; 판결로는 BVerfGE 35, 202, 219~244.

55) EuGH v. 1. 3. 2011-C 269/07, in: EuR 2011, S. 683ff; vgl. dazu *Kai P. Purnhagen*, ebda., S. 690ff; *Dirk Loscheelders*, Diskriminierung und Schutz vor Diskriminierung im Privatrecht, JZ 2012, S. 105, 109f m.w.N.

계약의 자유와 계약 상대방의 구조적인 열악성[56] ③의사표현의 자유와 가해금지[57] ④보도의 자유와 인격권[58] ⑤예술의 자유와 인간의 존엄성[59] ⑥소주주의 재산권과 대주주의 재산권[60]이다.

이러한 예는 민법도 형량규칙을 만들 수 있음을 뜻한다. 헌법재판으로 심사하는 형량에 필요한 분석만이 아니라 세분화도 모든 판례법을 주목한다. 판결한 사건은 서로 대립하는 법적 지위가 기본권상 근거가 있는 경향을 분명히 나타낸다. 그동안 채권법의 많은 영역에서는 기본권이 관철되었다. 그렇게 함으로써 헌법재판소의 결정권한을 허용하는 헌법상의 형량 지위(verfassungsrechtliche Abwägungspositionen)를 얻는다. 특히 임차인이 임대인에게 재산권을 주장할 수 있는 특기할 만한 수용이 일어났다.[61] 되도록 최선의 형량을 찾는 것은 헌법재판소의 임무가 아니다. 헌법재판소는 입법자나 법률을 적용한 법관이 찾은 형량이 헌법의 범위에 있는지를 심사할 뿐이다.

---

56) BVerfGE 89, 214, 232f(Bürgschaft); vgl. dazu Gerhard Spieβ, Inhaltskontrolle von Verträgen, DVBl. 1994, S. 1222ff; *Joachim Gernhuber*, Ruinöse Bürgschaften als Folge familiärer Verbundenheit, JZ 1995, S. 1086; *Reinhard Singer*, Vertragsfreiheit, Grundrechte und Schutz des Menschen vor sich selbst, JZ 1995, S. 1133, 1136; *Peter Derleder*, Unterlegenenschutz im Vertragsrecht, KritJ 1995, S. 320, 325f; BVerfGE 97, 169, 175(Vertragsfreiheit und Kündigungsschutz), 앞의 4장 4. 4 참조.

57) BVerfGE 7, 198, 203f; 62, 230, 243ff; 문제에 대해서는 *Rolf Stürner*, Die verlorene Ehre des Bundesbürgers. Bessere Spielregeln für öffentliche Meinungsbildung?, in: JZ 1994, S. 865, 874.

58) BVerfGE 35, 202, 219; 101, 361, 395ff; 120, 180, 196ff; *Christian Starck*, Das Caroline-Urteil des Europäischen Gerichtshofs für Menschenrechte und seine rechtlichen Konsequenzen, in: JZ 2006, S. 76ff; Urteil JZ 2004, S. 1015 m. Anm. von *Rolf Stürmer*, ebda., S. 1018.

59) BVerfGE 30, 173, 195ff.

60) BVerfGE 14, 263, 282ff.

61) BVerfGE 89, 1, 5ff; 비판은 *Otto Depenheuer*, in: v. Mangoldt/Klein/Starck, Grundgesetz Kommentar, Bd. I, 6. Aufl. 2010, Art. 14 Rdnr. 54. 참조.

결론적으로 결사의 권리에서 종교 자유(기본법 4조 1항)의 의미에 관한 사례는 어떻게 연방헌법재판소가 기본권의 도움을 받아 적절한 판결을 하는지를 말한다. 독일의 결사의 권리에 따르면 결사가 민법 21조 이하에서 열거하는 조건을 충족하고, 그 정관이 결사의 독립성이나 자치행정원칙 — 결사의 자율성 — 과 합치할 때, 결사는 결사등록부에 등록함으로써 권리능력을 얻는다.

바하이(Bahá'i)라는 종교공동체는 독일에서는 국가영성위원회에 의해 대표되고 있고, 국가 차원의 구성 조직으로서 지역영성위원회를 선정했다. 그중 한 위원회의 결사등록부 등록신청이 회원, 정관변경, 해산, 그외 결사 관련 사항 결정권을 국가영성위원회에 위임하는 규정을 정관이 가지고 있다는 이유로 관할 법원이 거부했다. 결사조직에 대한 그런 종류의 포괄적인 외부 영향은 허용되지 않고, 결사의 자치 원칙과도 부합하지 않는다고 한다.

결사의 헌법소원이 인용된 적이 있다. 연방헌법재판소는 법원의 판결이 바이마르 헌법 140조와 137조 2항과 4항에 연관되어 있는 기본법 4조 1항과 2항에서 보장한 종교적 결사의 자유라는 기본권의 의미를 『민법전』의 결사의 권리를 해석하고 취급함에 정당하게 평가하지 않았고, 그로 인하여 헌법소원 심판청구인의 기본권이 침해되었다는 결론에 이르렀다.[62] 종교적 결사의 자유는 종교단체의 자기 형상(Selbstverständnis der Religionsgesellschaft)을 기본법 4조 1항과 2항으로 보호하는 한, 관련 결사의 권리를 형성·취급할 때는 특히 그것을 고려해야 한다. 관련 규범을 해석할 때 종교단체의 이

62) BVerfGE 83, 341, 353ff.

익을 위해 필요하다면 판단 여지(Spielräume)를 활용할 수 있다고 한다. 그래서 종교단체는 자신의 조직을 고려하면서 일반 법률관계에 참여하는 것이 완전히 배제되어서는 안 된다고 한다. 결사의 자치행정권의 정관에 의한 제한에서도 결사 자치의 행사를 고려할 수 있어야 한다고 한다. 거기에다 많은 종교단체가 신앙에 기속된 단계조직이 있다고 한다. 특히 종교단체의 지역적 소속 단체들을 그들의 공통된 신앙 속에서 바로 구성원의 종교적 자결의 표현을 의미한다고 하는 상부 종교단체의 조직으로 편입하는 것을 전적으로 결사의 자결을 포기하는 것으로 평가하면 안 된다고 한다.

이에 따르면 결사의 권리는 자율적인 해산권한·제명권한·활동권한의 제약이 현재의 종교법상 관련 범위에서 더 큰 종교단체로 편입을 보장하는 데 기여하고 거기에 한정되는 한, 종교단체의 부분조직으로 만든 종교결사에서 그러한 제약을 결사의 자치와 합치하지 않는 외부의 타율적 결정(Fremdbestimmung)으로 보지 않는다고 한다. 조직상 상부 심급의 개입권한에 대한 그러한 제한의 경우에 결사의 자결과 독립의 충분한 존속이 여전히 유지되었다고 한다. 그에 따르면 결사등록부 등록을 거부하는 것은 소원 청구인의 종교적 결사의 자유라는 기본권을 침해한다고 한다.

6. 요 약

기본권의 역사를 보면 다음과 같은 과정이 나타났다. 18세기 말 인간의 자연권을 포괄적 의미로 목록화해서 선언했다. 여기에 민법을 제정해 비로소 특별한 기본권 법률이 되어 법적 효력이 부가되었다. 기본권과 민법의 결합은 19세기 후반에 끝이 났고, 기본권은 특정한 헌법상의 명령(besondere verfassungsrechtliche Anordnung)으로 예외적으로만 민법에서 효력을 발휘했다. 1950년대 말 이후부터 비로소 판결은 포괄적이지만 — 그러나 원래 규범적으로 보장하지 않은 — 기본권의 의미를 다시 인정했고, 기본권 보호의무론의 출발점이 되었다. 그래서 사법(私法)인 법률은 기본권을 기준으로 심사했고, 기본권적으로 보장한 양측의 지위를 균형적으로 형량하지 않은 것은 무효라고 선언했다. 법원의 법률 해석이 문제되는 한 특별한 헌법재판소에 재판소원을 갖고 있는 국가에서는 상고법원과 헌법재판소 간의 분명한 관할 구분이 법이론적으로 여전히 필요하다.

5장.
기본권의 보호의무

1. 헌법국가에서 국가의 보호의무

1. 보호의무의 개념

기본권의 보호의무란 판례와 학설에 의하면 시민의 생명·건강·자유·재산과 기타의 법익과 헌법에서 승인한 제도를 보호해야 할 국가의 의무를 말한다. 보호의무는 연방과 주 입법자의 규율임무, 행정권의 — 재량 행사를 포함해 — 보호적 법률의 집행의무, 입법·행정의 작위·부작위에 대한 (헌법)재판적 통제의 규준,[1] 민사사건에서 재판소 판결의 규준이라는 모습으로 등장한다.

'기본권적(grundrechtlich)'이라는 말이 첨가됨으로써 보호의무는

---

1) *Robert Alexy*, Theorie der Grundrechte, 1985, S. 410ff; *Gerhard Robbers*, Sicherheit als Menschenrecht, 1987, S. 125; *Klaus Stern*, Das Staatsrecht der Bundesrepublik Deutschland Bd. III/1, 1988, S. 950. 상세한 것은 *Johannes Dietlein*, Die Lehre von den grundrechtlichen Schutzpflicht, 1992, S. 70ff.

기본권과 — 나아가서는 상세히 검토해야 할 — 관련이 있다. 기본권이 국가에 대한 존중만이 아니라 명문으로 보호도 요구할 때는 보호청구권, 즉 헌법 레벨의 주관적 권리가 기본법의 문언에서 성립한다. 반대로 그외의 기본권의 객관법적 측면이 헌법상의 보호의무를 얻기 위해 원용될 때는 본래대로 라면 — 명문으로 규정한 기본권적 청구권과의 차이를 견지하기 위해서도 — 시민의 권리가 대응하지 않는 단순한 국가의 임무로 만족해야 할 것이다.

그러나 기본권의 일차적 의미가 주관적 권리인 것[2]에 충실한 나머지 '기본권적'이라는 부가어는 객관법상의 의무에 주관적 권리를 보충하기 위한 기반이라고 이해한다. 이러한 취지로 연방헌법재판소 제2법정은 인간의 생명 보호가 문제가 된 사례에서 "이 보호의무를 위반한 것은 기본법 2조 2항 1문에서 생기는 기본권을 위반하는 것이며, 당사자는 헌법소원으로 대항할 수 있다"고 설시했고, 제1법정도 답습했다.[3]

국가의 보호의무가 기본권과 결부되어 기본권에 자리를 잡은 이유는, 독일 헌법이 시간이 지나면서 기본권을 독자적인 인력(引力)의 중심으로 삼았기 때문이라고 설명했다. 기본권의 다양한 작용은 헌법의 그외의 구성 부분이나 모든 법 소재를 흡인하고, 이들에 조사(照射)하며 형성한다. 독일에서 기본권은 다른 국가에서는 전례가 없는 역할을 하며, 독일의 법 이론과 실무는 기본권 중심주의라고 할 수 있다.

---

2) BVerfGE 50, 290, 337.

3) BVerfGE 77, 170, 214(제2법정) = 화학병기 비축; 79, 174, 201(제1법정) = 교통소음.

2. 헌법국가의 역사

연방헌법재판소 재판에 건설적인 비판을 할 수 있는 척도를 얻으려면 근대 헌법국가의 기반과 이와 결부된 헌법의 기술을 간결하게 회고할 필요가 있다. 앞으로 기본권 이론이 발전하려면 유럽 국가와 그 근대사에 눈을 돌리지 않으면 안 된다.

1) 프랑스

프랑스의 인간과 시민의 권리 선언에서는 모든 정치적 결합의 목표, 즉 국가의 목적으로 인간의 자연적이고 불가양의 권리들의 보전을 구가하고 있다. 이러한 권리란 자유·재산·안전·압제에 대한 저항(2조)[4]인데, 이것은 매우 전통적인 것이다. 몽테스키외[5]에 의하면 시민의 정치적 자유란 개개인이 자신의 안전에 대한 신뢰에서 생기는 평온한 심정이다. 이러한 자유를 누리기 위해서는 시민이 다른 시민을 두렵게 하지 않는 정부를 설립해야 한다. 즉 현실적 자유의 전제로서의 안전이다.[6] 이런 의미에서 1793년의 프랑스 헌법은 안전이란 국가의 위협에 대항하는 권리일 뿐만 아니라, 아주 일반적으로 제3

4) 인권선언과 그후 헌법들의 안전의 의미는 *Josef Isensee*, Das Grundrecht auf Sicherheit, 1983, S. 14ff. 현재 프랑스 헌법에서의 의미는 *François Luchaire*, le protection constitutionnelle des droits et des libertés, 1987, S. 32f, 341ff 참조.

5) *Charles Montesquieu*, De l'esprit des lois(1748), Buch XI, Kapitel 6, zitiert nach der Ausgabe Gonzague Truc(Classique Garnier), Paris o. J.: "시민에게 정치적 자유란 개개인이 안전하게 의견을 표명할 수 있다는 데서 유래한 평온한 정신이다. 이 자유를 유지하려면 정부는 한 시민이 다른 시민을 두렵게 하지 못하도록 해야 한다."

6) 이와 같은 취지로 *Isensee*(각주4), S. 7에서 "로크의 자유철학은 홉스의 안전철학 대신 취한 것이 아니다. 자유철학은 안전철학 위에 존립하는 것이며, 안전철학을 다시 전진시킨 것"이라고 지적했다.

자와의 관계에서도 국가(=la société)가 구성원 개개인에게 인신과 권리, 재산 보존을 위해 보호를 부여하는 것이라고 했다(8조).[7] 1789년의 선언 마지막에서 권리보장을 다시 열거하고, 권력의 분립과 관련해 헌법국가의 전제 조건을 이루는 것이라고 했다(16조).

주지하듯이 인권선언과 이후 프랑스 헌법[8]에서 인권선언의 편입에는 현대에 이르기까지 프로그램적 성격을 부여하는 것에 불과했다. 1971년에야 비로소 헌법위원회는 — 1958년과 1946년 헌법 전문으로 중개한 — 인권선언에서 기본권을 도출하고, 이것을 헌법위원회에 부여한 예방적 규범 통제의 규준으로 사용했다.[9] 그러나 이 절차에서는 기본권에 주관적 권리의 성격이 프랑스 공법의 전통에 반하여 인정될지 여부를 명백하게 할 필요는 없었다. 인신과 재산 보호는 헌법위원회가 헌법의 원리로 승인했다.

최근의 프랑스 문헌에서는 제3자와의 관계에서 안전은 국가의 의무로 간주했으며,[10] 헌법위원회의 재판에서 다음과 같이 평가했다. 헌법위원회는 법률이 안전과 자유 간의 필요한 조정을 적절하게 했는지만을 심사하는 것이 아니라, 입법자가 지나치게 자유를 제한하

---

7) 이러한 의미에서 나중의 1848년의 2공화국 헌법 8장 전문은 "공화국은 시민의 인격, 가족, 종교, 재산, 노동을 보호할 의무가 있다"고 규정했다.

8) 안전에 관련해 1793년 헌법 8조, 1795년 헌법 4조, 1848년 헌법 8장 전문 참조.

9) 나아가 다른 입증 자료도 포함해 *Christian Starck*, Der Schutz der Grundrechte durch den Verfassungsrat in Frankreich, AöR 113(1988), S. 632, 633f 참조. 주의해야 할 것은 헌법위원회는 법률의 의결이 제시되었을 때만 재판할 수 있다는 것이다. 고작해야 헌법위원회는 어떤 규정이 법률에 의해 폐지되고, 이를 폐지하는 법률이 통제하기 위해 제시되는 경우에는 부작위를 인정할 수 있다.

10) *Luchaire*(각주4), S. 341f, 367ff. 상술과 후술에 대해서도 자유와 안전의 형량에 즈음해 1789년의 인권선언을 명시적으로 참조한 헌법위원회의 1982년 7월 27일 판결과 1986년 9월 3일 판결을 인용한 Recueil des Décisions 1986, S. 135, 138(13. considérant) 참조.

는지도 심사한다고 한다. 왜냐하면 공공질서를 유지하기 위해 헌법이 입법자에게 제정을 허락한 규율은 자유행사의 보장에 필요한 한도를 넘으면 안 되기 때문이라는 것이다. 여기서 뚜렷하게 알 수 있는 것은 안전을 첫 번째로 언급했다는 것이다. 그다음에 비로소 과연 당해 규율에 의한 자유의 침해가 불가결한 것인가 — 독일의 술어에서는 침해가 비례원칙을 충족하는가 — 라는 새로운 문제를 제기했다. 공권을 객관법으로만 이해한다는 프랑스의 전통은 안전보장이라는 국가 임무와 함께 바로 거침없는 교제를 허용하는 것이다.[11)]

2) 독 일

독일에서 국가의 목표인 자유와 안전은 19세기 중엽까지 이성법을 지향하는 법 철학과 이론의 대상이었다. 칸트는 국가는 법률(Rechtsgesetz)을 제정해 안전을 보장해야 한다고 했다. 칸트는 또 도덕형이상학에서[12)] "평화 상태란 다수의 이웃 인간으로 내것과 네것이 법칙의 지배로 보증되고, 그들이 어떤 국제(die Verfassung) 아래에서 하나가 된 상태에 불과하다. 그러나 이 국제 규칙은 지금까지 최선의 상태에 있던 자의 경험에서 타자에 대한 규범으로 얻는 것이 아니라, 이성에 의해서 아프리오리하게, 즉 일반적인 공적 법칙 아래에서 인간의 법적 결합의 이상에서 얻어야 하는 것"이라고 했다.

---

11) *Claus Dieter Classen*, Die Ableitung von Schutzpflichten des Gesetzgebers aus Freiheitsrechten-ein Vergleich von deutschem und französischem Verfassungsrecht sowie der Europäischen Menschenrechtskonvention, in: JöR 36(1987), S. 29ff; *Volker Schlette*, Die verwaltungsgerichtliche Kontrolle von Ermessensakten in Frankreich, 1991, S. 61 참조.

12) Metaphisik der Sitten, Rechtslehre(1797), hg. von Vorländer, 4. Aufl. 1922, S. 186.

1794년의 프로이센 일반 국법(Allgemeines Landrecht)에 의하면 "국가에서 거주하는 모든 사람은 … 자신의 인신과 소유에 대해국가에게 보호하라고 청구할 권리가 있다(서론 76조)". 이 법은 "타인의 권리를 해치지 않고 자신의 복지를 지키며 촉진할 수 있다"는 인간의 자연적 자유를 보호한다(서론 83조). 또 1818년의 바이에른 왕국 헌법전 4장(일반적 권리와 의무) 8조 1항에는 "국가는 모든 거주자의 인신·소유·권리의 안전을 보장한다"[13]고 규정했다.

19세기 독일의 자유주의적 국법 이론은 이 칸트의 사상과 프로이센 일반 국법의 기본 명제를 근거로 했다. 특히 그것은 칼 폰 로텍이 1847년의 『국가학사전』 2판에서 집필한 '자유'라는 항목[14]에 명백하게 나타나 있다. 그것에 의하면 법률은 타자에게도 인정하는 자유만을 나에게 부여한다. 법(Recht)이란 "이성적으로 규율하는, 즉 그 자체로 모순이 없는 외적 자유" 외에 아무것도 아니며, "자유는 — 이성적 혹은 진정한 — 법과 불가분의 관계다."

여기서 다음과 같은 국가의 목적이 나온다. "법적 장치(Rechtsanstalt)로서의 국가는 국가의 자격에서 그 구성원의 자유를 인간활동의 모든 공간에서 인격으로 당연하게 귀속하는 권리로 승인하며, 비호하지 않으면 안 된다. 즉 국가가 먼저 자유를 부여해야 하는 것은 아니다." 국가는 "그 구성원의 자유권을 스스로 침해하는 것을 포기할 뿐만 아니라, 그 자유를 다른 구성원에 대항해서도 비호하지 않으면 안 된다. 왜냐하면 자유는 구성원 간의 작용에서도 위협을 받

13) 이와 유사한 조항은 바덴 헌법(1818년) 13조, 뷔르템베르크 헌법(1819년) 24조, 브라운슈바이크 헌법(1832년) 32조에서도 볼 수 있다.

14) Hg. von *Carl v. Rotteck* und *Carl Welcker*, Bd. V, S. 183f.

을 수 있기 때문이다(S. 186)."

특히 폰 로텍은 이에 대해 국가는 "현명한 법률과 주의 깊은 운용으로 그것이 어디서 유래하는 것이든 시민을 계속 위협하는 자유의 억압을 막지 않으면 안 된다. 특히 가정·가족·지역·교회 등에서 사적 권력이나 사회적 세력의 남용을 막지 않으면 안 된다. 마찬가지로 유괴나 납치, 권한이 없는 감금, 대체로 간계나 모든 종류의 폭력으로 자유를 위협하는 범죄를 막지 않으면 안 된다"고 했다. 이러한 임무를 폰 로텍은 "국가구성원의 개인 권리, 즉 자유와의 관계에서 국가 혹은 입법과 행정의 의무"라고 불렀다(S. 185). 이 의무는 민사법과 형사법, 소송법의 정립과 적용으로 이행된다. 이 국가의 의무에 대응하는 것이 소송법으로 상세하게 규정한 시민의 재판을 받을 청구권(Justizgewährungsanspruch)이다.

신체·생명·자유·재산의 보호를 통한 안전보장을 독일에서는 19세기에 일반적으로 국가의 목적으로 파악했다.[15] 여기에 주관적 권리가 대응하는 것은 재판소에 나올 수 있는 상응한 권리를 입법자가 만든 경우로 한정했다. 몇몇 논자가 이 국가의 임무를 기본권에서 도출했는데, 국가의 단순한 의무라는 국가 임무의 성격을 바꾸는 것은 아니다. 이것이 특히 명료하게 나타난 것이 폰 뢴네와 쪼른의 프로이센 국법의 표준적 핸드북이다.[16] 이 책에서는 법률에 대한

---

15) *Heinrich Albert Zachariä*, Deutsches Staats-und Bundesrecht, 1. Band, 3. Aufl., 1865, S. 46f. 이에 따르면 "따라서 '법률의 지배나 제재', '법적 평화 상태 유지', '법질서 확보', '모든 불법 방지', '생래의 권리 보장'이 국가의 유일하고 배타적인 주요 목적이거나 일차적인 주요 목적이다." 그외의 전거는 *Georg Hermes*, Das Grundrecht auf Schutz von Leben und Gesundheit, 1987, S. 159~165; *Robbers*(각주1), S. 97ff 참조.

16) Das Staatsrecht der Preuβischen Monarchie, Bd. 2, 4. Aufl., 1982, S. 37, 38f.

기본권의 우위를 부정하고, '이른바 기본권'이라 하면서 여기서 농노제 폐지나 시민을 다른 국가구성원에 의한 위법한 침해에서 보호해야 할 국가의 의무 등을 도출했다. 즉 국가의 목적이라는 이전부터의 사고는 보존되고, 몇몇의 논자에게서 그것이 프로그램적으로 이해한 – '이른바' – 기본권에 들어간 것이다.

3) 영 국

영국에서[17] 안전보장은 국왕의 의무였다. 국왕이 이를 이행하지 않으면 자연권으로서 저항권이 성립했다. 여기서는 국왕의 임무에 대응해 국왕이 급부의 의무를 지는 것을 구하는 청구권을 부여하는 주관적 권리가 없다. 저항권은 진정한 대체 권리(Ersatzrecht)이며, 자연법으로만 기초지울 수 있는 것이었다. 주권이 '의회에서 국왕(King in Parliament)'에게로 가자(1660년) 안전을 보장하는 임무도 의회로 갔다. 영국에서는 의회에 대한 시민의 자유가 없기 때문에 법률을 통해 안전을 구하는 권리는 완전히 의회의 재량에 따라 법원의 재판으로 이행한다. 결국 독일이나 프랑스의 법적 상태에 상응한 상황을 인정할 수 있다. 원래 법원의 강한 지위가 이에 따른다. 사이비 자연법적으로 기초지워진 법원의 권한에서 재판을 받을 권리와 법의 지배의 틀 안에서 법률 적용의 보장이 생긴다.[18] 입법에 대한 주관적 권리로 관철할 수 있는 시민의 안전청구권은 프랑스와 마찬가지로 영국에도 없다.

---

17) *Robbers*(각주1), S. 36~50 참조.

18) *A. V. Dicey*, Introduction to the study of the Law of the Constitution, 10. Aufl., 1959, S. 183ff(안경환 · 김종철 공역, 『헌법학 입문』, 경세원, 1993, 106쪽 이하).

3. 헌법국가의 이론

역사적인 개관은 국가마다 발전의 차이가 있음에도 헌법국가의 기초에는 그 현상에 공통되는 하나의 이론이 있다. 헌법국가가 군주제적 절대주의와 투쟁 속에서 성립한 것에서 권리보장과 권력분립에 의한 자유의 보호가 강한 우위로 귀결되었고, 이것은 1789년의 프랑스 인권선언 16조에서 모든 헌법의 전제 조건으로 불린다. 헌법국가에서는 온건한 지배(gemäßigte Herrschaft)[19]나 제한적 통치권(imperium limitatum)[20]의 경험을 기초로 이에 대해 다음과 같은 법학적 규제 기술이 형성되었다.

1) 권력의 분립

권력의 분립은 최상급 국가기관의 설치·권한·절차가 헌법적으로 규범화되는 것을 전제로 한다. 헌법국가의 이론에 의하면 이 규범화는 억제와 균형을 가능하게 하며, 독립 법원을 전제로 자유를 실효적으로 보장하는 것이어야 한다. 그러나 국가권력의 조직화·억제·통제는 대내외적 평화의 보장이나 사회적 조정의 임무를 실효적으로 이행하지 못할 만큼 국가의 힘을 약화시키면 안 된다. 헌법국가의 이론에 의하면 국가의 조직에서 중요한 것은 평화의 확보와 자유의 보호를 위해 권력의 분립과 결합이 적정하게 균형을 이루는 것이다.[21]

---

19) *Christoph Link*, Herrschaftsordnung und bürgerliche Freiheit, 1979, S. 36ff, 89ff; *Michael Stolleis*, Geschichte des öffentlichen Rechts in Deutschland, Bd. I, 1988, S. 90ff.

20) *Christian Wolff*, Jus Naturae methodo scientifica partractatum, Bd. I, 1764, §§72ff.

21) *Werner Kägi*, Von der klassischen Dreiteilung zur umfassenden Gewaltenteilung, in: Festschrift f. Hans Huber, 1961, S. 151ff.

2) 권리의 보장

우선 최초로 나타난 것은 고전적인 기본권이었다. 국가에 대항하는 인간과 시민의 방어권이며, 국가의 특정한 침해를 받지 않을 것을 요구하는 권리를 보장하는 기본권이다. 이러한 권리는 성문 목록으로 정리되거나 판례법으로 전개되었다. 방어권은 자유의 공존(Gemeinverträglichkeit)과 국가 안에서 평화를 보장하기 위해 제한할 수 있으며, 제한할 것을 요구한다. 이 제한은 보통 국가의 입법으로 행해지는데, 이에 대한 입법은 헌법에 규정한 기본권의 특별한 제한이나 몇몇 기본권 목록에서는 안전권으로 규정한 안전보장이라는 시원적 국가 목적에 의거할 수 있다.

입법 그 자체가 권리의 유일한 비호자라고 간주[22]될 때는 — 프랑스에서는 금세기의 거의 반까지 계속되었다.[23] — 행정이 법률을 정당하게, 특히 평등하게 적용했는지를 독립 법원에게 심사하게 하면 된다. 그러나 헌법이 보장하는 권리를 보호하는 데는 하나의 내재적 논리가 있는데, 이 논리는 권리가 입법자에 대항해서도 보호하기에 이르렀다. 미국에서는 연방대법원이 1803년에 내린 한 판결을 기초로 헌법의 우위에서 이를 도출했다.[24] 유럽에서는 100년 이

---

22) 19세기 독일에서는 지배적이었다. *Christian Starck*, Vorrang der Verfassung und Verfassungsgerichtsbarkeit, In: Starck/Weber(Hg.), Verfassungsgerichtsbarkeit in Westeuropa, Bd. I, 1986, S. 11, 32f 참조.

23) 여전히 *Maurice Duverger/Lucien Sfez*, Die staatsbürgerlichen Rechts in Frankreich, in: Bettermann/Nipperdey/Scheuner(Hg.), Die Grundrechte, Bd. I/2, 1967, S. 543ff, 636에서 그렇게 이해했다. 즉 고유 법률은 논의 대상이 되지 않았다. 이것은 실무에서는 결코 중대한 결함이 아니다. 적어도 국민의 자유권과의 관계에서는. 왜냐하면 국민의 대표인 국민의회가 자유에 적대적인 법률을 제정하는 일은 매우 드물기 때문이다.

24) Marbury v. Madison, 2 Law Ed. U.S. 60, 73(1803).

상 늦게 몇몇 국가에서 주관적 권리를 보호하기 위해서 개개인이 출소할 수 있는 규범 통제권한을 갖는 특별한 헌법재판소를 도입했다. 이에 대해서는 곧 서술할 것이다.

3) 국가의 목적

권력분립과 권리보호는 헌법국가에서 주요한 2가지 메르크말이며, 시민의 자유를 정당하지 않은 국가의 침해에서 직간접으로 확보하기 위해 헌법국가가 만든 도구다. 그러나 자유의 보장은 그외의 국가 목적과 결부하여 고찰하지 않으면 안 된다. 왜냐하면 자유의보장은 그외의 국가 목적에서도 의의와 척도가 있기 때문이다.[25)]

그러한 국가 목적이란, 특히 내적 안전(평화)의 보호와 사회적 조정의 보장이다.[26)] 헌법국가에서는 자유를 확보하려고 권력분립이나 권리보장에 대해 다수의 개별 규정을 완성했는데, 그와 같은 헌법 차원에서 특별한 법학적 규제 기술은 그외의 국가 목적에서는 존재하지 않는다. 국가의 정당화의 중요한 요소로서[27)] 그러한 국가 목적은 헌법의 기초에 놓여 있으며, 비록 조문으로 언급한다 해도 부수적이며 비체계적인 언급이다. 그것은 전문, 헌법 원칙의 조항, 전통적으로 기본권과 결부되는 일이 적지 않은 프로그램 규정, 기본권의 명시적인 제한, 헌법의 조직편에서다.[28)] 이것은 특히 안전과 국내적인 평화를

25) *Isensee*(각주4), S. 19. 안전 속에서 기초를 발견할 수 없다면 기본권적 자유는 가치가 없어질 것이다. S. 21ff 참조.

26) *Christian Starck*, Frieden als Staatsziel, in: Festschrift f. Cartens, 1984, S. 867, 868ff.

27) *Isensee*(각주4), S. 17.

28) 예컨대 기본법 35조 2항과 73조, 74조의 일부 규정 참조.

보장하는 것과 같은 근원적인 국가의 목적에 타당하다.[29] 이 점에 국가의 형벌권 주장이나 국가에 의한 민사재판의 부여의 근거가 있고, 이것들로 인간의 신체나 생명, 재산이나 명예를 보호하는 것이다.

4) 헌법재판권

적어도 유럽에서 뒤늦게 등장한 입헌주의의 성과가 법률의 헌법적합성에 대한 헌법재판소에 의한 통제이며,[30] 본고와 관련해서는 기본권과의 적합성 통제다. 이러한 법률통제의 도입은 기본권이 국가권력의 제한이라는 개념과 역사적 연관이 있다. 특히 1791년의 미국 헌법 수정 조항에 명료하게 나타나 있다. "연방의회는 … 언론의 자유 …를 제한하는 법률을 제정해서는 안 된다"(수정 1조) 등의 조문이다. 유럽에서는 법원에 의한 법률통제의 도입이 일차적으로 방어권을 보장하는 기본권 목록의 작성과 손을 잡고 행하거나,[31] 헌법재판소에 의한 규범 통제가 명문의 헌법규범에 의해 고전적 방어권을 척도로 한 것에 한정되기도 했다.[32]

과연 법률이 고전적인 주관적 자유권을 침해하며 헌법을 위반하는지, 합헌적 방법으로 제한하는지 여부는 통제 법원이 법학적 방법

29) *Isensee*(각주4), S. 16; *Starck*(각주26), S. 867ff; *Volkmar Götz*, Innere Sicherheit, in: Isensee/Kirchhof(Hg.), HbStR Bd, III, 1988, S. 1008f. 전거에 대해서는 *Hermes*(각주 15), S. 171ff; *Michael Sachs*, in: Stern(각주1), S. 733; *Eckart Klein*, Grundrechtliche Schutzpflichten des Staates, NJW 1989, S. 1633, 1636 참조.

30) *Starck*(각주22), S. 33.

31) 1949년과 1951년의 서독에서 그러했다.

32) 포르투갈 헌법 18조 1항, 스페인 헌법 53조 1항과 2항이 이와 같이 규정했다. 이는 *Christian Starck*, Europas Grundrechte im neuesten Gewand, in: Festschrift f. Hans Huber, 1981, S. 467, 480 참조.

으로 재판할 수 있다. 즉 그 법률이 공공복리의 이익을 적합하고 필요하며 기대할 수 있는 수단으로 보호하는지, — 미연방대법원의 표현을 빌리면 — 명백하게 현존하는 위험에 대항하는지를 심사하면 좋다. 그때 일정한 판단 여지를 허용하는 가운데 입법자의 사실 인정과 예측에 대해서도 심사한다.[33)]

이 점에 국가의 힘을 제한하는 방어권으로서 고전적 기본권의 구조가 헌법재판소에 의한 규범 통제에 적합한 것이 나타나 있다. 왜냐하면 헌법재판소에 의한 규범 통제는 헌법에 의한 정치적 형성의 틀의 활용을 제한하는 것인데, 자기 직무를 정치와 혼동해서는 안 되며, 권력의 분립을 존중하지 않으면 안 된다. 자세히 말하면 조직법·절차법으로 뒷받침하는 헌법재판소와 의회 간의 기능 분별을 존중해야 하기 때문이다.[34)]

2. 기본법의 보호의무와 연방헌법재판소의 보호의무

여기서 살펴볼 기본권의 보호의무는 앞에서 언급한 기본권의 구조에 적합한 것은 아니다. 왜냐하면 기본권의 보호의무는 국가의 부작위가 아니라 국가의 행위를 요구하기 때문이다. 먼저 어떻게 기본법이 보호의무를 명문으로 규정했는가를 설명하고(2. 1), 연방헌

---

33) 이 문제의 기본적인 것은 *Fritz Ossenbühl*, Die Kontrolle von Tatsachenfeststellungen und Prognoseentscheidungen durch das Bundesverfassungsgericht, In: Starck(Hg.), Bundesverfassungsgericht und Grundgesetz, Bd. I, 1976, S. 458ff 참조.

34) *Christian Starck*, Die Bindung des Richters an Gesetz und Verfassung, VVDStRL 34(1976), S. 43, 65ff; Ernst-Wolfgang Böckenförde, Grundrechte als Grundsatznormen, in: Der Staat 29(1990), S. 24ff 참조.

법재판소가 지금까지 기본법에서 찾아낸 보호의무를 열거하겠다(2. 2). 특히 흥미로운 것은 연방헌법재판소의 보호의무 기초지움과(2. 3), 보호방법에 관한 헌법재판소의 통제다(2. 4).

1. 기본법의 조문

1) 보 호

명문이나 의미의 내용상 다음의 기본권을 보호한다.

① 인간의 존엄성을 보호해야 하며, 모든 국가권력의 의무는 1조 2항의 기본권으로 규정되어 있다.

② 청소년 보호는 5조의 커뮤니케이션 자유의 한계로 2항에 규정되어 있다. 이전의 자유는 청소년을 비행에서 보호하기 위해 제한할 수 있다(11조 2항). 주거의 불가침에 대한 침해가 요보호 소년을 보호하기 위해 허용된다(13조 3항).

③ 명예보호란 의미에서 개인의 명예권은 5조 2항에서 청소년 보호와 함께 규정되어 있다. 커뮤니케이션 자유의 한계로서 명예권은 제3자에 의한 명예침해에 대한 국가의 보호와 결부되어 있다.

④ 국내 안전의 보호가 8조 1항은 "평온하며 무기를 휴대하지 않고" 집회의 권리를 보장하는 점에 표현되어 있다. 결사의 자유 제한(9조 2항), 이전의 자유 제한(11조 2항), 주거불가침의 제한(13조 3항)은 바로 이러한 보호에 관한 규정이다.

⑤ 6조 1항에 의하면 혼인과 가족은 국가 법질서의 특별한 보호 아래 둔다.

⑥ 양친의 교육권에 대한 국가의 감시는 자녀를 교육권의 남용에서 보호하기 위한 것이다(6조 2항).

⑦ 6조 4항은 모친이 공동체의 보호와 부조를 요구하는 청구권을 가진다고 구가한다.

2) 보 장

기본법이 방해를 받지 않는 종교활동(4조 2항), 언론의 자유 (5조 1항 2문), 소유권과 상속권의 '보장(14조 1항)', "예술과 학문은 … 자유다"라고 할 때, 이러한 문언 선택은 전 방향적인, 즉 제3자의 침해에도 대항하는 보장임을 시사하며, 그 보장(Gewährleistung)에는 보호의무도 포함되어 있다. 그러나 이것은 주의를 요하는 것이며, 기본법의 조문을 과도하게 확장해서 해석하면 안 된다. 왜냐하면 사립학교의 자유(7조 4항)에 대해서도 보장이라는 말을 사용하기 때문이다. 즉 보장이라는 말은 기본권에 대해 일반적으로 사용하는 표현이며, 아직 내재적인 보호의무가 있다고는 말하지 않는 것이다.[35)]

3) 불가침

인신의 자유(2조 2항), 신앙과 양심의 자유(4조 1항), 서신의 비밀(10조 1항), 주거(13조 1항)는 '불가침'이라고 선언했다. 기본권 보장에 관한 이러한 고전적인 정식화 역시 그것만으로는 아직 보호의무를 발생시키는 것은 아니다.

---

35) 하지만 4조 2항에 대해서는 다음의 것이 타당하다. 이 규정은 보호의무를 명시적으로 언급하고, 바이마르 헌법 135조 2문을 이어받았다. "해롭지 않은 종교활동은 헌법으로 보장하고, 국가의 보호를 받는다." *v. Mangoldt/Klein/Starck*, Das Bonner Grundgesetz, 3. Aufl., Bd. I, 1985, Art. 4 Rdnr. 11, 77 참조. 마찬가지로 바이마르 헌법 142조에 의하면 국가는 예술과 학문을 보호해야 한다.

4) 결 론

기본법 조문을 보면 헌법에서 보호의무는 드물게 명문의 보호청구권과 대응함을 확인할 수 있다. 기본권의 한계로 보호의무를 언급할 때는 당해 법익을 보호하려고 기본권 제한을 국가에 위임하는 것을 의미한다. 이러한 언급은 오히려 부차적이며 비체계적이고 전통적인 표현법에 의거한 것이다. 그러므로 국가의 보호의무는 — 위의 명문에 의한 예외를 제외한다면 — 통상은 국가의 전제라고 하는 국가 임무의 범주에 속하는 문제임을 확인하지 않으면 안 된다.

2. 연방헌법재판소가 승인한 보호의무

지금까지 연방헌법재판소는 국가의 보호의무를 다음의 기본권이 보장하는 영역에서 승인했다. 주로 사인의 침해에 대한 것인데, 그것에 한정되는 것은 아니다.

① 미출생 생명을 포함한 인간의 생명과 건강(2조 2항 1문)
② 인신의 자유(2조 2항 2문)
③ 학문·연구·교수의 자유(5조 3항)
④ 혼인과 가족(6조 1항)
⑤ 자녀(6조 2항 2문)
⑥ 모친(6조 4항)
⑦ 직업의 자유(12조 1항)
⑧ 소유권(14조 1항)

1) 인간의 생명과 건강의 보호

연방헌법재판소는 인간의 생명을 보호해야 할 국가의 임무를 2조 2항 1문에서 직접 도출했고, 1조 1항 2문의 존엄성 보장에서도 도출했다.[36] 종신자유형에 관한 판결에서는 국가의 보호임무와 형법 규범에서 생기는 일반 예방의 관련을 강조했다. 살인이라는 형벌 구성 요건과 형벌에 의한 위하(威嚇)는 기본권적으로 기초지워진, 생명을 보호해야 할 국가의 의무와 직접 결부되어 있다.[37] 생명의 보호로 특히 위험한 기결수의 접촉차단이 정당화되었다.[38]

테러리스트의 공격에 대해 연방헌법재판소는 보호의무가 개인만이 아니라 전체에 대해서도 성립한다고 강조했다.[39] 2차 접촉차단 결정에서는 국가의 자기 보존의 이익을 사용해 논증했다. 제도화된 평화력·질서력으로 국가의 안전과 국가가 보장하는 국민의 안전은 헌법의 가치라고 했다.[40]

국가는 인간의 생명과 건강 보호를 의사책임법,[41] 집행법,[42] 야간노동 제한[43]의 내용으로 형성했다. 신체와 생명은 연방헌법재판소가 원자력발전소,[44] 항공소음의 건강에 유해한 작용,[45] 화학병기의 저장,[46]

36) BVerfGE 45, 187, 254f.

37) BVerfGE 45, 187, 256. 나아가 BVerfGE 64, 261, 275(Hafturlaub).

38) BVerfGE 46, 1, 13; 49, 24, 53.

39) BVerfGE 46, 160, 164.

40) BVerfGE 49, 24, 53, 56.

41) BVerfGE 52, 131, 167.

42) 이는 주거의 강제퇴거에 관한 BVerfGE 52, 214, 220; 84, 345ff; BVerfG(Kammerbeschluß v. 21. 8. 1991), NJW 1991, S. 3207 참조.

43) BVerfGE 85, 191, 212f; 87, 363, 386f.

44) BVerfGE 49, 89, 140 – 칼커; 53, 30, 56f. – 뮐하임·게를리히; 77, 381, 402f. – 고어레벤.

45) BVerfGE 56, 54, 78; 79, 174, 201f.

46) BVerfGE 77, 170, 214f.

대기오염[47] 등 몇몇 판결에서 확인했듯이 새로운 기술의 위험에서도 보호한다. 연방헌법재판소의 두 번의 낙태 판결에 의하면 국가는 인간의 미출생 생명(2조 2항 2문, 1조 1항 2문)을 모친의 공격을 포함한 위험에서 보호할 것을 의무지웠다.[48] 생명의 보호와 관련해 연방헌법재판소는 기본법의 가치질서에서 고차의 법익이 문제가 되면 될수록 국가의 보호의무는 더 진지하게 다루어야 한다고 설시했다.[49]

2) 인신 자유의 보호

인신의 자유(2조 2항 2문)를 제3자의 공격에서 보호해야 할 국가의 임무는 어떤 책임법의 사건에서 원용했다. 이 사건은 헌법적으로는 법관의 법률(민법 823조)에 대한 구속 위반을 이유로 20조 3항과 결부된 2조 1항을 경유한 쪽이 원활하게 결정된 사례다.[50] 판결 이유가 4대 4로 나뉜 이 판결에서 법관 4명은 자유를 보호해야 할 국가의 의무에 직접 의거했고, 그것이 헌법에 근거한 책임법상 발생한다고 했다.[51]

3) 인격권의 보호

레바하 판결에서 연방헌법재판소는 사회로 복귀하는 범죄자의 인격권을 보호해야 할 국가의 임무에 도달했다.[52] 1983년의 데이터 보호 판결에서 사인의 데이터 처리에 대한 국가의 보호의무가 처음으

---

47) BVerfG v. 14. 9. 1983.－1 BvR 920/83, BayVBl. 1984, S. 14; 대기오염은 재산침해적이기도 하다.

48) BVerfGE 39, 1, 36, 41; 88, 203, 252f.

49) BVerfGE 39, 1, 42; 46, 160, 164; 49, 24, 53; 86, 390, 395.

50) BVerfGE 49, 304, 324(4 Richter). 이는 *Chr. Starck*, Praxis der Verfassungsauslegung, 1994, Zweiter Teil, 4. Kapitel, S. 218ff 참조.

51) BVerfGE 49, 304, 323(4 Richter); *Jürgen Schwabe*, DVBl. 1979, S. 667f.

52) BVerfGE 35, 202, 221, 233.

로 등장했다. 연방헌법재판소는 "자기에 대해서 누가, 무엇을, 왜, 언제 알 것인가를 시민이 알 수 없는 사회질서와 이것을 가능하게 하는 법질서는 정보의 자기결정권과 합치하지 않는다"[53]고 설시했다. 이외에도 이른바 사인 간의 효력 사례에서 국가의 인격권 보호의무에 관한 판결이 많이 있다.[54]

4) 학문·연구·교수 자유의 보호

기본법 5조 3항의 가치결정에서 연방헌법재판소는 이 기본권의 각 주체에 대해 "그럼으로써 자유로운 학문활동을 할 수 있는 기본권으로 보장한 자유 영역을 보호하기 위해 불가결한 조직적 성격의 국가적 조치를 요구하는 권리"를 도출했다. 국가는 자유로운 학문의 이념에 뜻을 사용해야 하며, 거기서 "보호와 촉진으로 자유공동화를 방지"해야 할 국가의 의무가 생긴다고 했다.[55] 예를 들어 강의를 방해할 목적만으로 출석하는 청강자나 제3자의 적극적인 보이콧에서 각각의 강의를 보호할 수 있는 것이다.[56]

5) 혼인과 가족의 보호

기본법 6조 1항은 국가의 질서에 의한 혼인과 가족의 특별한 보호를 명했다. 이것은 2가지 내용을 포함한다. "혼인과 가족을 다른

---

53) BVerfGE 65, 1, 43.

54) 그 예에 대해서 *v. Mangoldt/Kelin/Starck*(각주35), Art. 1 Rdnr. 77~82, Art. 2 Rdnr. 116~126; *Volkmar Götz*, Die Verwirklichung der Grundrechte durch die Gerichte im Zivilrecht, in: Heydte/Starck(Hg.), Vierzig Jahre Grundrechte in ihrer Verwirklichung durch die Gerichte, 1990, S. 35, 58ff 참조.

55) BVerfGE 35, 79, 114, 116; 43, 242, 267f; 47, 327, 386; 51, 369, 378; 55, 37, 58f; 66, 155, 177; 67, 202, 207.

56) BVerfGE 55, 37, 68.

세력의 침해에서 방호할 뿐만 아니라 적절한 조치로 이를 촉진한다는 국가의 적극적 임무와 국가가 혼인에 손해나 그외의 장해를 가해서는 안 된다는 국가에 대한 소극적 금지다."[57]

6) 자녀의 보호

"양친의 책임과 이와 결부된 권리의 승인은 … 자녀는 사회공동체에서 자기 책임적으로 인격을 발전시키기 위해 보호와 원조를 필요로 하는 것에 의해 정당화된다. … 국가는 이것을 감독하고, 필요하다면 아직 자기 자신을 보호할 수 없는 자녀의 발전이 친권 남용이나 태만으로 침해되지 않도록 방호하지 않으면 안 된다."[58] 이 경우 연방헌법재판소가 강조했듯이[59] 최종적으로는 존엄보호가 문제된다.

7) 모성의 보호

모친이 공동체의 보호와 촉진을 청구할 권리(6조 4항)는 "사법과 공법의 모든 영역에서 타당해야 할 헌법의 가치결정"이라고 했다.[60]

8) 직업 자유의 보호

연방헌법재판소는 12조 1항에서 계약에 의한 제한에서 자유를 보호하기 위해 민사법에서 예방조치를 강구해야 한다는 입법자의 의무를 도출했다. 힘의 균형이 부족할 때는 기본권의 보호를 확보하기 위해

---

57) BVerfGE 6, 55, 76; 24, 104, 109; 55, 114, 126f; 87, 1, 35ff.

58) BVerfGE 24, 119, 144.

59) BVerfGE 24, 119, 144; 72, 155, 170ff, 174. 이는 *v. Mangoldt/Klein/Starck*(각주35), Art. 1 Rdnr. 76 참조.

60) BVerfGE 32, 273, 277; 52, 357, 265; 55, 154, 157; 84, 133, 156; 85, 167, 175.

국가가 규율을 통해 조정적으로 개입하지 않으면 안 된다고 했다.[61)]

9) 소유권의 보호

보호는 1962년의 펠트뮐레 판결에서 보듯이[62)] 소유권에도 일정한 역할을 했다. 이 판결에서는 절차법으로 소수 주주의 자산(Vermögenssubstanz) 지분을 남용적인 다수파 변경에서 보호해야 한다고 했다. 비교적 최근의 연방헌법재판소 판결[63)]에서는 임대차로 성립된 임차인의 점유권이 14조 1항의 의미의 소유권으로 취급되고, 입법자에게는 보호할 가치가 있는 쌍방의 이익을 고려함으로써 충돌하는 임대인과 임차인의 소유권적 지위를 적절하게 인도하는 것이 부과되었다.

10) 외국에 대한 독일 국민의 보호

연방공화국의 기관들은 특히 연방정부는 헌법에 근거해 독일 국적을 가진 사람과 그 이익을 외국과의 관계에서 보호할 의무를 진다.[64)] 판례에서는 소유권,[65)] 생명과 건강,[66)] 가족,[67)] 국적보유[68)]의 권리에서 보호할 대상을 검토했다.

---

61) BVerfGE 81, 242, 254f. 나아가 BVerfGE 84, 212, 226 참조.

62) BVerfGE 14, 263, 279.

63) BVerfGE 89, 1, 5. 주거 소유자의 소유권 고려가 불충분하다는 것은 BVerfGE 37, 132, 140ff; 53, 352, 356ff; 68, 361, 367ff; 79, 283, 289ff도 참조. 나아가 BVerfGE 7, 230, 234; 71, 230, 246ff도 참조.

64) BVerfGE 55, 349, 364. 명문에 의한 헌법상의 요청을 1871년 라이히 헌법 3조 6항과 바이마르 헌법 112조 2항에 규정했다.

65) BVerfGE 6, 290, 299; 40, 141, 166; 41, 126, 150, 157ff, 182.

66) BVerfGE 66, 39, 57ff; 77, 170, 214ff.

67) BVerfGE 40, 141, 175.

68) BVerfGE 40, 141, 170.

3. 연방헌법재판소의 보호의무 근거

1) 위탁으로서 보호의무

연방헌법재판소는 인간의 생명을 보호해야 할 국가의 의무를 1차 낙태 판결에서 처음으로 문제를 삼았고, 이를 미출생 생명에게도 결부시켰다. 기본법 제정사에서[69] 생명의 권리에 태아의 생명도 포함하는 것이 귀결되었다.[70]

이 판결에 의하면 기본법 2조 2항 1문은 국가 개입의 한계를 규정하고 인간의 생명을 존중해야 한다는 단순한 방어권이 아니라, 제3자의 공격에서 인간의 생명을 보호할 것을 국가에 위탁하는 것으로 이해된다. 연방헌법재판소는 다음과 설시했다.[71] "모든 인간의 생명을 보호해야 할 국가의 의무는 기본법 2조 2항 1문에서 이미 직접 도출할 수 있다.' 이것은 그후의 판례에서도 계속 인용했다.[72]

이미 1차 낙태 판결로 국가의 보호의무는 시민의 기본권에 관한 논제가 되었다. 예를 들어 일반적인 병역의무는 국가가 시민의 기본권을 보호해야 한다는 것을 이유로 정당화되었다.[73] 같은 주제인 군사력에 의한 국토방위의 문제 판결[74]에서는 인간의 존엄·생명·자유·재산은 국가가 승인하고 보호하는 기본권이라고 열거했다. 이

69) *Hermann v. Mangoldt*, Schriftlicher Bericht, I. Die Grundrechte, in: Parlamentarischer Rat, Anlage zum stenographischen Bericht der 9. Sitzung, S. 7에서는 "생명권의 보장으로 싹이 트는 생명도 보호해야 한다"고 서술했다.

70) BVerfGE 39, 1, 38f.

71) BVerfGE 39, 1, 41.

72) BVerfGE 46, 160, 164; 53, 30, 57; 56, 54, 73, 80; 77, 170, 214.

73) BVerfGE 38, 154, 167. 이것을 반복한 것은 BVerfGE 57, 250, 284 참조.

74) BVerfGE 48, 127, 161; 69, 1, 22.

사례에서는 일차적으로는 외부의, 즉 외국에서의 기본권의 위협을 염두에 두고 있는데, 보호의무는 예외적 사태에서는 국방군을 국내로도 투입할 수 있다는 기본법 84a조 4항의 규정을 원용할 것도 없이 국내의 제3자의 공격에 대해서도 작용할 수 있을 정도로 일반적인 형태로 정식화했다.

생명의 보호에 관해 1차 낙태 판결에서는 여전히 두 번째 논증의 궤적이 명백하다. 그것은 인간의 존엄성을 경유하는 궤적이다.[75] 모든 인간의 생명을 보호해야 할 국가의 의무는 "그뿐만이 아니라 기본법 1조 1항 2문의 명문의(!) 규정에서도" 생긴다.[76] "인간의 생명이 있는 곳에 인간의 존엄성이 인정된다." 나중 판례에서도 이 복선적 이유지움은 일부에서 유지되었는데, 해석론적으로는 상당히 명료하다고는 말하기 어려운 새로운 표현법도 사용했다. 그것은 "기본법 1조 1항 2문과 결부된 2조 2항 1문은 국가에게 모든 인간의 생명 보호를 의무지운다"[77]는 것이다.

이유지움의 다양한 묘사 방법은 법원 속에 기본권 보호 의무의 증명에 대해서 엄격한 견해와 완만한 견해가 있음을 보여준다. 엄격한 견해는 국가의 보호 의무를 명문으로 말한 1조 1항 2문을 경유한다. 이것에 따르면 기본권이 존엄보호를 내포하는 한 국가의 기본권 보호 의무가 성립한다. 이것은 생명권에 대해서는 간단하게 인정할 수 있다. 왜냐하면 생명은 인간의 존엄성 기반이기 때문이다.

한편 완만한 견해는 1차 낙태 판결에서 제시했듯이 연결하는 다

75) BVerfGE 39, 1, 41.
76) BVerfGE 45, 187, 254f도 똑같이 말했다.
77) BVerfGE 46, 160, 164f; 49, 24, 53.

리 역할의 인간존엄성 보호를 필요로 하지 않는다. 특히 눈에 띄는 것은 병역의무에 관한 판결인데, 인간의 존엄·생명·자유·재산을 국가가 보호해야 할 기본권으로 병렬했다. 이와 같은 광의의 설에 근거하면 모든 기본권에 기본권 보호의무를 도출할 수 있다. 예를 들면 대리상의 경업금지에 관한 판결에 나타나 있다. 이 판결에서는 "기본법 12조 1항은 입법자가 민사법에서 직업의 자유를 계약에 근거한 제약에 대항해 보호하기 위한 예방을 채택할 것을 요청하는 일이다. 특히 그것은 대체로 힘의 균형이 결여된 때"[78]라고 설시했다. 연방헌법재판소는 기본법의 객관적 가치결정, "이 때문에 동시에 기본법의 사회국가 원리"를 상응의 법률로 실현하는 것이 불가결하다고 한다.

2) 보호의무에 대응하는 주관적 권리

보호의무의 도출과 근거에 밀접한 것은 다음의 문제다. 즉 보호의무는 순수하게 객관법적인 국가 임무인가, 아니면 객관법적 보호의무의 범위보다는 좁지만 주관적 권리가 대응하는가다.[79] 기본권이나 기본권과 동등한 권리 보호를 기본권 조문에 명시했을 때는 주관적인 보호청구권이 성립한다. 이것은 특히 인간의 존엄성과 개별 기본권에 내포된 존엄의 중핵, 아울러 6조에 규정한 특별한 보호의무에 타당하다.

그것을 넘어 주관적 보호청구권이 인정되는 것이라면 그 유래를 물어야 한다. 연방헌법재판소는 이것을 기본권에 내재하며, 법의 모

78) BVerfGE 81, 242, 254f.

79) 그리하여 *Isensee*(각주4), S. 50; *Götz*(각주29), S. 1007, 1016 참조.

든 영역에 타당한 객관법적 가치결정에서 도출했다. 연방헌법재판소는 이 객관법적으로 기초지운 국가의 보호의무에 주관적 권리가 대응하는 것을 주장하지만[80] 쉽게 납득할 수 있는 이유는 제시하지 않았다. 법원은 기본권의 일차적 의미를 지적하지만 충분하지 않다. 왜냐하면 일차적 의미는 바로 국가의 침해 방어에 관한 것이기 때문이다.[81] 연방헌법재판소가 행한 객관법적인 국가 임무인 안전과 국내 평화의 보호를 헌법 차원의 일련의 주관적 권리로 평가를 전환하는 것은 권력의 분립 체계 전체에 영향을 미치며 광범위한 혁신이다.

이와 같은 개혁을 재발견[82]이라고 성격지으려고 하나 정당하지 않다. 국가의 평화와 안전 기능은 재발견되는 것이 아니다. 이 기능은 민사법·형법·행정법에 항상 존재하며, 국가의 목적으로 항상 자각되었다. 또한 예외적으로 — 예를 들어 바이마르 기본권 — 프로그램 규정이나 기본권 제한 조항에서 견지되었다. 다만 이것들은 — 예외로 한다면 — 정당하게도 그 자체는 기본권의 성격이 있는 것은 아니었다. 그러나 반대로 보호의무에 대응한 재판적으로 관철할 수 있는 입법에서 주관적 기본권이 문제된다면 그것은 하나의 혁신이다.

기본법이 완전히 기도하지 않은 이러한 혁신이 생긴 것은 앞에서

80) 예컨대 BVerfGE 49, 89, 141f.–Kalkar; 53, 30, 57–Mülheim-Kärlich; 77, 180, 214; 77, 381, 402f; 79, 174, 201f. 또한 이미 BVerfGE 48, 127, 161; 60, 1, 22에서는 다음과 같이 설시했다. "기본법의 민주적 헌법질서에서는 개인의 기본권상의 보호청구권과 이 헌법질서의 유지에 공헌해야 할 시민의 공동체에 구속된 의무와는 서로 일치된다."

81) *Dietrich Rauschning*은 DVBl. 1980, S. 831ff에 게재된 칼카르 판결의 평석에서 객관적 보호의무에서 주관적 기본권으로 향상시키는 것(Rückwandlung)을 비판했다. 나아가 *Böckenförde*(각주34), S. 18f 역시 비판적이다.

82) *Isensee*(각주4), S. 33; ders., Das Grundrecht als Abwehrrecht und als staatliche Schutzpflicht, in: ders./Kirchhof(Hg.), HbStR Bd. V, 1992, S. 148, S. 201ff, 211ff; Hermes(각주15), S. S. 147f; *Stern*(각주1), S. 946.

언급한 우리의 헌법적 사고의 기본권 중심주의와 관계가 있다. 그 이유는 다양한데, 특히 헌법재판권의 설치와 헌법소원 신청 도입에서 이를 찾아볼 수 있다. 다른 법 영역의 혁신들도 개별 사례를 일반적인 법원칙에 따라 재판하며, 법원칙의 내용을 다듬고 새로운 것을 창조하는 재판제도에 힘입었다. 확실히 입법자와 이론적으로는 헌법 개정 입법자는 법원을 철퇴시킬 수 있다. 그러나 이 가능성은 재판권이 입법자의 의무와 시민의 권리를 확정할 때는 실제 정치에서 거의 불가능하다. 특히 개인권과 개인권의 보호를 자신의 이해 중심으로 삼는 사회에서는 불가능하다.

앞에서 제시한 혁신은 원자력기술과 교통소음에 대한 신체·생명의 보호가 문제된 최근의 판결(Ⅱ부 5장 2. 2. 1 참조)에서 시작한 것은 아니다. 1973년 연방헌법재판소는 사회로 복귀 중인 범죄자의 인격권을 텔레비전 보도 자유의 권리에서 보호하지 않으면 안 된다(Ⅱ부 5장 2. 2 참조)고 했는데, 이것도 혁신의 시작은 아니다.

초창기 것을 보려면 1956년의 뤼트 판결까지 거슬러 올라가야 한다. 확실히 이 판결에서는 입법자의 보호의무가 아니라 법관의 법률 해석이 문제가 된 것에 불과하다. 그러나 실체는 제3자의 공격을 방어하는 국가의 보호의무였다. 그리고 자주 잊어버리는데 이미 당시에 이 보호의무에 이의신청인이 주관적 보호청구권으로 대응했다.[83] 정당하게도 뵈켄회르데는 "기본권의 객관적인 가치적 성격 발견의 2단계를 이미 뤼트 판결 자체가" 인도한 것을 확인했다.[84]

83) BVerfGE 7, 198, 206f. 이에 관해서는 *Rüfner*(각주90), S. 226f.
84) *Böckenförde*(각주34), S. 6.

왜냐하면 이미 본건에 상세한 이유지움이 없는 객관법에서 주관적 권리로 바뀌는 돌연변이를 인정할 수 있기 때문이다. 미국이나 스위스처럼 헌법재판소의 기능을 동시에 수행하는 최고법원이 있다면 이 돌연변이는 필요하지 않았다. 왜냐하면 민사소송법이 허용하는 소에서 객관적 헌법으로서 기본권의 평가를 민사법의 법 발견에 최종 구속력을 갖고 주입하기 때문이다. 그런데 연방헌법재판소에 출소하려면 헌법 차원의 주관적 권리 침해를 적법하게 주장해야 한다.[85)]

3) 기본권의 보호의무와 사인 간의 효력

주관적인 권리로서 기본권 보호의무와 기본권의 사인의 효력 사이에는 어떤 의미에서는 비밀스런 관계가 있는데, 이를 논해보겠다. 기본권의 직접적 제3자효에서 제3자는 헌법에 근거해 구속한다. 예를 들어 기본법 9조 3항 2문으로 개입하지 않더라도 노동이나 경제 조건을 유지하며 촉진하기 위해 단결할 권리를 제한하거나 저해하려는 사인 간의 합의는 무효다.[86)] 그러한 한 입법자에게는 무엇을 보호해야 할 어떠한 의무도 성립하지 않는다. 이것은 헌법이 배려하는 것이다. 입법자는 고작해야 헌법의 규율을 반복할 수 있을 뿐이다.

---

85) BVerfGE 7, 198, 206f에서는 다음과 같이 설시했다. "법관은 적용하는 실체적 민사법 규정이 상술과 같이, 기본권의 영향을 받는가의 심사를 헌법으로 명한다. … 만약 법관이 이 규준을 잘못 보거나 민사법 규범에 대한 헌법의 영향을 무시하고 판결한다면(객관 규범으로서), 기본권 규범을 간과한 것이므로 객관적 헌법에 위반할 뿐만 아니라, 공권력의 담당자로서 판결로 기본권도 위반한 것이 된다. 시민은 재판권에 의한 기본권의 존중을 구하는 헌법상의 청구권이 있다. 즉 그와 같은 판결에 대해서는 — 민사재판의 심급에서 법률 해석의 잘못을 바로 잡는 것과는 별도로 — 헌법소원으로 연방헌법재판소에 출소할 수 있다."

86) *Rupert Scholz*, Koalitionsfreiheit, in: Isensee/Kirchhof(Hg.), HbStR VI, 1989, S. 1160.

이와는 달리 기본법이 노동이나 경제 조건을 유지하고 촉진하기위해 단결할 권리를 모든 사람과 직업에서 보장한다고 규정했다면 이것은 입법자가 등장하기를 바라는 보호의무의 사례일 것이다. 입법자는 국가의 보호의무를 이행하기 위해 그러한 합의의 무효나, 때에 따라서는 다른 민사법상의 귀결을 구성적으로 규율하지 않으면 안 된다.

기본권의 간접적인 제3자효는 일반적으로 규정한 민사법이 해석의 범위에서 규준이 되는 기본권적 평가가 유입할 수 있도록 적용해야 한다는 것을 의미한다. 이것은 국가에게 이에 상응하는 보호의무를 부과한다.[87] 입법자는 법률의 일반적 정식화를 통해 법관이 기본권에 적합하도록 법률을 해석해서 적용할 때까지 이러한 의무를 이행했다는 이유에서 생긴다. 즉 기본권의 간접적 제3자효는 보호의무론을 적용한 사례이며, 보호의무에 부합하는 법관의 법률 해석이 문제가 된다. 따라서 기본권의 간접적 제3자효가 말하는 것은 입법자가 일반적인 민사법 규범의 제정으로 보호의무의 길을 열고, 국가에게 부과된 보호의무를 고려해 당해 법률을 적용하는 것은 법관의 임무가 된 경우다.

이러한 관련은 1990년에 연방헌법재판소가 대리상 결정에서 명료하게 제시했다.[88] "비록 입법자가 특정한 생활 영역이나 계약 형식(Vertragsform)에 대해 특단의 강행적 계약법을 제정하지 않았어도 계약의 실무가 여러 세력의 자유로운 투쟁에 무한정 노출되어 있

87) 이것에 대해서 이른 시기에 *Günter Dürig*, Der Grundrechtssatz von der Menschenwürde, AöR 81(1956), S. 117, 118f; ders., in: Maunz/Dürig, Grundgesetz, Art. 1(1958), Rdnr. 131에서 주의를 환기시켰다.

88) BVerfGE 81, 242, 256.

다는 의미는 아니다. 이 경우에는 특히 민법 138조, 242조, 315조와 같이 과잉금지로 작용하는 민사법의 일반 조항이 보충적으로 개입한다. 바로 이 일반 조항을 구체화하고 적용할 때 기본권을 존중하지 않으면 안 된다(기초적인 것은 BVerfGE 7, 198, 206). 이에 대응한 헌법의 보호위탁은 계약 대등성이 저해될 때는 민법으로 기본권의 객관적인 가치결정을 확보하고, 이 임무를 다양한 방법으로 실현해야 할 법관에게 부과한다."

학설은 이러한 보호의무 이론과 기본권의 간접적 제3자효 이론의 내재적 관련을 이전부터 지적했다.[89] 즉 기본권의 보호의무는 일차적으로는 입법자에게 효력이 있다. 이어서 이차적으로는 법관이 법률을 해석하고 적용할 때 보호의무를 고려하지 않으면 안 된다.[90]

기본권의 보호의무와 제3자효의 이 내재적인 관련을 이젠제[91]는 간과했다. 왜냐하면 그는 제3자효를 글자 그대로 사인 간에서 기본권의 타당으로 이해했기 때문이다. 그러나 — 정확하게 이해하면 — 기본권의 간접적 제3자효 이론은 사인 간의 관계를 규율하는 민사법이 기본권에 체현된 가치들을 고려해야 한다고 했을 뿐이다.[92]

---

89) *Christian Starck*, Die Grundrechte des Grundgesetzes, JuS 1981, S. 237, 245. 동일하게 *v. Mangoldt/Klein/Starck*(각주35), Art. 1 Rdnr. 198, 200. 유사한 견해로 *Peter Badura*, Persönlichkeitsrechtliche Schutzpflichten des Staates im Arbeitsrecht, in: Festschrift f. Molitor, 1988, S. 2ff; Klein(각주29), S. 1640.

90) 명확하게 나타낸 것은 *Konrad Hesse*, Grundzüge des Verfassungsrechts der Bundesrepublik Deutschland, 18. Aufl. 1991, Rdnr. 355(계희열 역, 『통일 독일헌법원론』, 박영사, 2001, 228면); *Wolfgang Rüfner*, Drittwirkung der Grundrechte, in: Gedächtnisschrift für W. Martens, 1987, S. 215, 219 m.w.N.; *Georg Hermes*, Grundrechtsschutz durch Privatrecht aud neuer Grundlage?, NJW 1990, S. 1764, 1767.

91) *Isensee*(각주4), S. 35f. 이를 적절하게 반대한 것은 *Böckenförde*(각주34), S. 3ff 참조.

92) *v. Mangoldt/Klein/Starck*(각주35), Art. 1 Rdnr. 199 m.w.N. 참조.

법공동체(Rechtsgenossen) 간의 교류에서 신체와 생명, 자유와 명예, 재산을 존중해야 한다고 해도 그것은 그들이 기본권에 구속되어 있어서가 아니다. 그렇지만 상술한 법익보호에 관한 민사법 규정 — 예를 들어 민법 823조 이하, 1004조 — 은 공통의 평가[93]에 의거했다. 여기서 명백해지는 인간상은 인간과 국가의 관계에서 기본권의 기초일 뿐만 아니라, 민사법과 형법의 형성에도 기반이 된다. 간접적 제3자효는 기본권에서도 발로한 근본적 가치결정이 법률에 매개되어 사법으로 작용하는 것을 의미한다. 바로 이 가치결정은 특별한 보호의무의 기초이기도 하다.

4. 보호방법에 관한 헌법재판적 통제

연방헌법재판소는 입법자의 보호의무 이행이 문제가 된 많은 판결에서 입법자에게 재량의 여지를 넓게 주어야 한다고 강조했다. 왜냐하면 "기본권에 구현된 근본 결단에서 헌법 해석을 통해 비로소 도출되는 적극적인 국가의 보호의무와 행위의무가 적극적 입법 조치에 의해서 어떻게 이행될 것인가는 대개 매우 복잡한 문제"[94]이기 때문이다. 설시에 의하면 입법자가 해결하기 전에 현실의 사정들을 평가했어야 하며, 목표와 우선 순위를 정하고, 생각할 수단과 방법을 음미하지 않으면 안 된다.

결단은 타협해야 일이 많은데, 권력분립의 원칙과 민주제의 원리

93) 민사법에서 입법의 임무와 관련해 *Rüfner*(각주90), S. 224에 서술.

94) 다음의 것을 포함해 BVerfGE 56, 54, 80f; 유사한 것은 이미 BVerfGE 39, 1, 44, 51에 있다. 나아가 BVerfGE(Kammerbeschluβ vom 28. 7. 1987) EuGRZ 1987, S. 353f도 참조.

에 따르면 국민에 의해서 직접적으로 정당화된 입법자의 책임에 속하는 것이며, 최고차의 법익이 위험에 처하지 않는 한 연방헌법재판소는 원칙적으로 한정된 범위에서만 사후에 심사할 뿐이다. 연방헌법재판소는 특별한 위험을 막는 일이 문제가 될 때, 위험의 성질·절박성·정도·특이성을 결정하는 것은 입법자 — 혹은 권한 있는 집행기관[95]— 의 자유임을 강조했다.[96]

뮐하임·게를리히 원자력발전소에 관한 재판[97]에서 연방헌법재판소는 이와는 전혀 다른 방법을 택했다. 에너지 공급이라는 공공복리를 위해 인가를 받은 원자력발전소의 특별한 잠재적 위험과 관련해 국가가 공동으로 책임을 져야 한다고 한 후, 다음과 같이 설시했다. "이것에서 원자력발전소의 인가에 관한 실체적·절차적 규정의 헌법적 평가에 사용하는 규준은 국가의 침해 법률을 심사할 때의 규준보다도 완화되지 않게 해야 한다고 생각한다."

2차 낙태 판결은 특히 고차의 법익보호가 문제가 된 판결인데, 거기서는 다음과 같이 설시했다.[98] "헌법은 보호를 목표로 규정하므로 상세한 내용 형성은 규정하지 않는다. … 하지만 입법자는 과소보호금지를 고려하지 않으면 안 된다. … 그러한 한 입법자는 헌법재판소의 통제에 복종하는 것이다."

1988년 도로의 소음 결정에서는 입법자가 완전하게 보호조치를 하지 않았거나, 명백하게 비적합적 혹은 불충분 했을 때는 보호의무

95) BVerfGE 46, 160, 164.
96) BVerfGE 49, 89, 141f.-Kalkar.
97) BVerfGE 53, 30, 58. 비슷한 것은 이미 BVerfGE 49, 89, 143에 있다.
98) BVerfGE 88, 203, 254.

를 위반하는 것이라고 설시했다.[99] 사후심사의 심도(深度)에는 일정한 가변성이 있는데, 법원은 이를 현존하는 사정과 문제가 된 법익의 중요성에 의존하게 했다.[100] 사정으로는 충분하게 확실한 판단을 형성할 수 있는가가 특히 중요하다.[101]

연방헌법재판소는 이러한 명제로 말미암아 각각의 통제 사안을 엄격하거나 완만하게 심사할 수 있게 되었다. 판결을 구하는 각 사안에서는 사후통제의 심도에 새로운 시각이 생길 수 있고, 그것은 재판에서 큰 동요를 일으킬 수 있다. 그러나 기본권의 보호의무에 관한 지금까지의 재판에 비추어보면, 연방헌법재판소가 논증에서 입법자에게 여지를 남기며 입법자의 보호구상을 받아들이려고 노력한 것은 인정해야 한다. 특히 연방헌법재판소는 헌법이 요청하는 보호를 형법·책임법·행정법 중에서 어느 것으로 마련할 것인지 아무런 규준도 설정하지 않은 것이 보통이다.[102]

그러나 여기에는 2가지 예외가 있다. 1차 낙태 판결에서는 다른 수단으로 생명을 효과적으로 보호할 수 없다면 마지막 수단으로 형법을 투입해야 한다고 했다.[103] 법원이 임명한 전문가의 감정에 과실이 있어 생긴 자유의 박탈에 대해 — 이유지움에서는 — 4대 4로 나뉜 판결에서 한쪽 법관은 기본법 2조 2항 2문에서 바로 민사책임법

---

99) BVerfGE 79, 174, 201f.
100) BVerfGE 56, 54, 80f.
101) BVerfGE 77, 170, 214f.
102) *Götz*(각주54), S. 61f 참조.
103) BVerfGE 39, 1, 46ff. 이는 *Heinz Müller-Dietz*, Zur Problematik verfassungsrechtlicher Pönalisierungsgebote, in: Festschrift f. Eduard Dreher, 1977, S. 97, 108ff 참조.

을 투입해야 한다고 도출했다.[104)]

그러나 기본법 2조 2항 2문에 위반하는 것은 책임법에 의한 방호가 과실에 의한 자유의 침범에 대해서도 불가피하게 요구되는 것을 헌법에서 귀결할 수 있는 경우만이며, 그것은 매우 이유지움이 곤란할 것이다. 다른 쪽의 법관은 교묘하게 법관의 법률 구속으로 논증하면서 적절하게도 『민법전』 823조를 '자유법학적으로' 다루는 데 이의를 제기했다.

3. 재판에 대한 비판

1. 보호의무의 근거와 법적 성격

1) 보호의무를 기본권에서 도출하는 해석학적 수법

1조 1항 2문이나 6조와 같이 기본법이 기본권에서 명시적으로 '보호'를 구가하는 것이라면, 주관적 권리의 기본권 보호의무가 이미 기본법의 문언에서 생긴다. 그러나 이것은 동시에 보호가 명문으로는 명해지지 않았거나, 기본권 제한 조항에서 언급한 경우 기본법에서 기본권상의 보호청구권을 도출하기가 어렵다. 연방헌법재판소는 법적 청구권이 대응한 그외의 보호의무를 자주 존엄 개념으로 기초지우려고 하는데, 그것도 이것으로 설명할 수 있다. 이 시도는 인간의 존엄성 향수의 존재의 기초인 생명에 대해서는 잘 되지만 다른

104) BVerfGE 49, 304, 323. 비판은 *Starck*, Praxis der Verfassungsauslegung, 1994, Zweiter Teil, 4. Kapitel, S. 218, 220 참조.

기본권에 대해서는 곤란하다. 왜냐하면 다른 기본권은 주관적 보호청구권의 기본권을 수반하는 보호의무의 대상인 존엄적 중핵이 거기서 고립되지 않으면 안 되기 때문이다. 이것은 연방헌법재판소가 기본권 영역에서 헌법 개정이 1조의 원칙들, 예를 들어 인간존엄성의 보장에 합치하는지 여부 심사를 요구받는 것에서도 해결해야 할 과제다(기본법 79조 3항 참조).

여기에 더하여 다른 이유지움의 계통이 있다. 그것은 기본권에는 제3자의 침해에서 보호해야 할 국가의 임무도 함의되어 있다는 것이다. 이것은 많은 판결의 주된 이유로, 혹은 — 병역의무 판결과 같이 —방론(傍論)으로 표현되었다. 고전적 기본권에서 이러한 보호 시점을 국가의 임무로 도출하는 한 이론을 제기할 수는 없다. 바이마르의 기본권 목록[105]을 포함한 기본권 선언의 역사와 시민의 안전보장이라는 헌법국가의 불변의 임무를 일별한다면 그러한 해석은 오히려 충분히 이해할 수 있을 것이다. 그러나 그 표현은 위치와 내용에 대응해 구체적인 헌법 위탁이거나 단순한 프로그램적 명제였다. 이로써 인정되는 것은 객관법적으로 이해한 보호임무의 승인뿐이다.

이상에서 보호의무를 기본권에서 도출하는 데는 해석학적으로 원활한 2가지 수법이 있다. 하나는 기본법 1조 1항 2문에서 주관적 권리가 대응하는 보호의무를 좁은 의미의 존엄보호로만 도출하고, 또한 6조에서 이를 도출한다. 또 하나는 주관적 권리인 방어권에 더

105) 바이마르의 기본권 목록은 명문으로 다음의 보호의무를 포함했다. 가족과 모성의 기반으로서의 혼인(119조), 청소년(123조 1항), 방해받지 않는 종교행사(135조), 예술과 학문(142조), 예술·역사·자연의 기념물과 명승풍경(150조 1항), 노동력(157조), 정신적 작품 및 저작자, 발명자 및 예술가의 권리(158조), 건강·노동능력·모성(161조), 독립 중산계급(164조).

하여 당해 법익을 사인의 침해에서 보호해야 할 국가의 임무가 포함된 객관법적 성격이 있는 기본권 일반에서 도출한다. 그러나 주관적 보호청구권이 대응하는 것은 아니다.

2) 이를 초월한 연방헌법재판소의 재판 실무

그러나 앞의 2가지 수법은 그동안의 연방헌법재판소의 재판보다 못하다. 존엄의 보호를 경유하는 수법은 확장의 길을 걸었고, 최근에는 2차 낙태 판결이 생명의 보호를 재인식하게 한다. 이 판결에서는 다음과 같이 설시했다.[106] "보호의무의 근거는 국가에 명문으로 인간의 존엄성 존중과 보호를 의무지우는 기본법 1조 1항이다. 그 대상과 — 대상에서 정하는 — 정도는 기본법 2조 2항으로 상세하게 확정한다." 여기서 생명은 존엄의 전제가 아니다. 만약 그렇다면 인간존엄성의 보호를 해석학적으로 원활하게 해결할 수 있을 것이다. 그러나 이 명제는 오히려 기본법 2조 2항 대신 다른 기본권을 넣을 수 있는 형태로 표현되었다. 그러므로 인간의 존엄성은 기본권으로 보장한 다른 법익을 보호하기 위한 매개체(Vehikel)이며, 주관적 보호청구권을 발동시키는 것이다.[107]

인간존엄성의 보호에 의뢰하지 않고 양 법정은 생명의 보호에 관한 1987년과 1988년의 판례[108]에서 2조 2항에 내포된 객관법적 가

106) BVerfGE 88, 203, 251.

107) 매개체 콘셉트는 다음의 학설에 나타나 있다. *Isensee*(각주4), S. 83은 기본권을 적극적으로 보호할 의무를 1조 1항 2문에서 도출했다. *Albert Bleckmann*, Neue Aspekte der Drittwirkung der Grundrechte, DVBl. 1988, S. 938, 942; *Robbers*(각주1), S. 187f. 유사한 견해는 *Alexy*(각주1), S. 415ff; *Eckart Klein*(각주29), S. 1637.

108) BVerfGE 77, 170, 214f; 77, 382, 402f; 79, 174, 201f.

치결정에서 법질서의 모든 영역에 타당한 헌법상의 보호의무를 도출했다. 이어서 그 해태에 대해 당사자는 헌법소원으로 다투고, 자기의 기본법 2조 2항 1문의 기본권에 대한 위반을 비난할 때 깨끗이 주장했다. 즉 객관법적 가치결정에서 주관적 청구권으로 상세한 이유지움이 없는 돌연변이(Mutation)가 생긴 것이다.

위의 2가지 수법에는 약점이 있다. 먼저 매개체 콘셉트에서 시작하겠다. 왜 모든 보호의무의 근거가 기본법 1조 1항이며, 보호 대상이 그때그때의 기본권이라고 하는 것일까? 기본법 1조 1항에서는 보호에 언급하며 다른 대부분의 기본권 보장에서는 그렇지 않다면 무엇보다도 먼저 다음의 것을 분명히 하지 않으면 안 된다.

헌법을 개정할 때 준수하며(기본법 79조 3항) 최소한 이해해야 할 기본법 1조 1항의 보호 사고가 왜 그만큼 생산적일 수 있는가? 다음에 돌연변이 콘셉트는 주관적 권리로 일차적 의미와는 별도로 성립하는 객관법적 측면에서 왜 주관적 권리가 다시 생기는가에 대해 모두 증명할 책임이 있다. 그러나 이에 설득력이 없었던 것이야말로 1조 1항에 매개체를 구한 것이다. 그러나 만약 매개체 콘셉트에 설득력이 있었다면 돌연변이 콘셉트로 나아가는 일은 없었을 것이다. 나아가 2가지 나쁜 논거를 결합시킨다 해도 여전히 나쁜 논리에 지나지 않고, 오히려 논증의 약점을 드러낼 뿐이다.[109]

3) 방어권적 수법

이러한 난제에서 벗어나는 길을 제안한 것이 보호의무에 독자적

109) 근거의 흠결을 *Stern*(각주1), S. 945에서도 지적했다.

인 의의를 인정하지 않고 기본권의 주관적 권리를 방어권 작용의 일부분이라고 파악한 논자다. 앞에서 언급한 뮐러·케를리히 원자력발전소 판결은 그러한 방향을 보여주었다. 기본권을 제3자에게서 보호하지 않는 국가는 침해를 행하는 것이다. 국가가 제3자에게 금지하지 않는 것을 다른 자는 수인(受忍)하지 않으면 안 된다.

무어스비이크[110]는 그러한 입장을 가장 철저하게 기초지운 사람이다. 그는 방어권적 기본권과 제3자에게서 보호를 구하는 기본권적 청구권 간에 필연적인 관련이 있음을 다음과 같이 묘사했다. 즉 보장의무(Gewährleistungspflicht)로 이해한 보호의무는 방어권적 기본권을 보완하는 관계에 있다. "소극적 기본권이 국가의 침해에 대항해 보호하는 것과 같은 법익을 국가는 제3자와의 관계에서도 보장하지 않으면 안 된다."

기본권의 보호의무 문제의 방어권적 해결에 대해서는 많은 이의가 제기되었다.[111] 특히 중요한 것은 다음의 비판이다.

① 공법이 사인에게 특별한 침해금지를 명하지 않더라도 거기서는 제3자의 어떠한 수인의무도 생기지 않는다. 왜냐하면 민사법에는 일반적 비침해 의무가 타당하며, 제3자의 권리에 대한 사인의 침범을 막기 때문이다.[112] 민법 823조 1항에는 생명·신체·건강·자유·재산

---

110) *Dietrich Murswiek*, Die staatliche Verantwortung für die Risiken der Technik, 1985, S. 107ff. 간결하고 명확한 것은 *ders.*, Zur Bedeutung der grundrechtlichen Schutzpflichten für den Umweltschutz, in: WiVerw 1986, S. 179ff, 182f도 참조. 이는 이미 *Jürgen Schwabe*, Probleme der Grundrechtsdogmatik, 1977, S. 213에 서술.

111) *Alexy*(각주1), S. 415ff 참조.

112) 이는 Dietlein(각주1), S. 46f, 50 참조.

과 같이 기본권에서 보호한 법익도 볼 수 있다.

② 방어권적 해결은 방법이라는 관점에서도 논란의 여지가 있다. 기본권적으로 보호한 법익에 대한 사적 침범을 허용하고 방어를 부여하지 않는 것, 국가의 침해와 동일시는 입증을 요하는 사안을 전제로 한다.[113] 과연 국가는 사인의 행위를 기본권으로 방어할 수 있는 국가 자신에 의한 침해로 보지 않으면 안 되는가 하는 문제는 논리적으로는 국가의 적극적 작위의무에 더하여 사인의 행위의 피해자가 이 의무에 대응한 권리를 국가에 대해 갖는 것도 전제로 한다.

따라서 제3자의 침해에서 국가에 보호를 구하는 권리가 어떠한 범위에서 성립하는지를 제시하지 않으면 안 된다. 그러나 이것은 국가에 한계를 획정하는 것이기도 한 기본권에서 얻어지는 것은 아니다. 예외는 기본권이 국가에게 — 기본법 1조 1항 2문과 같이 — 주관적 보호청구권을 수반해 보호에 대해서도 의무를 지우는 경우다.[114]

4) 재판이 해석학적으로 원활한 수법에 한정되어야 하는 이유

우선 연방헌법재판소는 과연 장래에도 확장된 주관적 권리적 해결을 견지하는가, 그렇다면 — 기본법의 조문에 밀착해 — 주관적 보호청구권을 인간의 존엄성과 기본권의 존엄적 핵심에 대해서만 승인하고, 그외에는 헌법상의 주관적 권리가 대응하지 않는 객관법적 국가 임무로 만족하는가를 결정하지 않으면 안 된다. 그 해석은

113) *Stern*(각주1), S. 947 m.w.N.

114) 기본법 1조 1항의 기본권적 성격은 *v. Mangoldt/Klein/Starck*(각주35), Art. 1 Rdnr. 17f. m.w.N. 참조.

조문·체계·성립사에 대해 기본법에 엄격하게 구속될 것이다.

① 조문: 기본권은 상술한 예외를 제외한다면 (주관적) 보호청구권에 대해 말하지 않는다.

② 체계: 기본권은 '직접 구속하는 법'으로 입법권도 구속(기본법 1조 3항)하는 성질이 있다. 이 성질은 고전적 방어권의 간결한 목록과 (헌법)재판소의 규범 통제와, 특히 비례원칙 심사 같은 법률학적 논증할 수 있는 통제의 콘셉트를 전제로 한다. 기본권의 작용을 확장하는 것은 입법자의 정책 형성의 재량이 좁아지는 것을 의미한다. 이것이 특히 문제가 되는 것은 작용 확장에 결부된 헌법상의 규준이 명확성이나 예측 가능성이 결여된 경우로, 그것은 특히 보호하는 방법에 대해서 매우 타당하다. 이 불명확성은 구속 조항에 영향을 미친다. 방어권과 보호청구권이 동일한 관리 아래 복종한다면 구속 조항은 고전적 방어권과의 관계에서도 서서히 침식된다.

④ 성립사: 거듭 상기해야 할 것은 기본법 제정사의 의회평의회에서 고전적 기본권 목록을 제정해야 한다는 의견이 얼마나 강했는가다. 이에 대해 심의 마지막에 기본권의 보고자인 헤르만 폰 망골트는 다음과 같이 서술했다.[115]

"위원회는 … 바이마르의 광범위하고 법적으로 불확정하게 기술한 기본권을 채택하지 않고, 기본권을 더 강하게 구체화하려고 결정

115) 각주69, S. 5 und S. 6 참조.

했다. 직접 타당한 법으로서의 명제 부분과, 입법에 대한 단순한 프로그램을 규정한 것에 불과하다. 집행하기 위해서는 법률에 의한 상세한 규율이 필요한 명제의 부분을 혼합하거나 바이마르 헌법 2편과 같이 자유권에 더하여 특정한 제도체제나 법제도의 유지를 보장하는 것은 법적으로 큰 곤란을 가져왔다. 그런 종류의 곤란은 가능하면 제거해야 한다. 그러므로 의도된 것은 기본권을 다음과 같이 구성하는 것이다. 즉 1조 3항에서 표현했듯이, 기본권은 연방과 주 입법·행정·재판을 함께 구속하는 직접 타당한 법 – 원문에서 강조 – 이라고 볼 수 있도록 조문화하지 않으면 안 된다."

"이와 같은 일반적인 틀에서 부분적으로 벗어난 것이 혼인과 가족, 학교제도와 종교수업에 관한 2가지 조문이다(6조와 7조). 이 규정들은 직접적인 법적 효력이 없는 선언에 더하여 프로그램 조항이나 입법자에 대한 지시를 포함했으며, 그 일부는 먼저 법률로 상세하게 규율하지 않으면 실현될 수 없다. 기본권 장의 작성에서 그러한 하자가 발생한 것은 전적으로 성립사에서 유래한 것이다. 문제의 규정은 주요위원회(Hauptausschuβ)의 심의 단계에서 비로소 도입한 것인데, 주요위원회는 기본권의 장을 구축하기 위한 원칙들을 엄밀하게 의식하지 않았던 것이다."

이상의 것에서 기본법 6조에서 규정한 보호청구권이 기본권 장에서는 예외인 것이 확실해졌다. 이 권리에 대해서는 다루지 않겠다. 고전적인 해석의 카노네스의 적용이 국가의 보호임무 판정에 무엇을 가져왔는가는 기본권을 다양한 국가 목적의 체계로 편입하고, 체계적인 해석을 심화시키면 명백해질 것이다.

기본권에서 언급한 많은 법익을 제3자에게서 보호하는 것은 국가의 기본 작용이며, 넓은 의미의 평화 작용의 본질을 이룬다. 이것은 국가의 여러 가지 작용 중에서 단순한 한 가지가 아니라 국가의 존립이 힘을 받는 근원적 작용이다.[116)] 이 작용을 잃어버리면 국가는 이전의 경험도 잃고 무정부 상태나 내전이 벌어질 것이다. 내적인 안전보장이라는 국가 임무의 자명성은 이 임무를 주관적 권리를 내용으로 한 기본권 규범에서 규정하는 것의 반대 논거가 된다.[117)]

나아가 국가의 다른 목표는 내적 평화(=안전)를 조건으로 한 자유 확보다. 자유보장에 대해서는 국가의 성립과 결부된 특별한 역사적 사정에 근거해 주관적 권리의 기본권 보호라는 특별한 수법이 형성되었다.[118)] 이것은 통상 국가의 침해에서 보호하는 것이었다. 국가는 산발적으로만 시민을 제3자의 침해에서 보호하는 것을 기본권에서 명문으로 요구한 것에 불과하다. 자유 보호와 평화와 안전 보장의 결합은 특히 기본권에 부가된 제한 속에서 보호해야 할 법익을 열거함으로써 기본권 선언 자체에 표현되어 있다.

그러나 자유의 확보와 평화의 기능 사이의 깊은 내적 관련만으로는 시민이 평화와 안전을 요구하는 불문의 기본권을 갖는 것을 의미하는 것은 아니다.[119)] 그러한 귀결은 주관적 권리로서 기본권이 견

116) 다음을 포함해 Starck(각주26), S. 868ff 참조. 특히 *Josef Isensee*, Das Grundrecht als Abwehrrecht und als staatliche Schutzpflicht, in: ders./Kirchhof(Hg.), HbStR Bd. V, 1992, S. 148ff; *Götz*(각주29), S. 1026 참조.

117) *Sachs*, in: Stern(각주1), S. 732f.가 적절하게 지적했다.

118) *Christoph Link*, Staatszwecke im Verfassungsstaat, VVDStRL 48(1990), S. 7, 11에서 적절하게도 국가의 목표에서 유래한 것임을 지적했다. *Böckenförde*(각주34), S. 23도 참조.

119) 다른 견해는 *Isensee*(각주113), S. 187.

고한 헌법이며, 법원에서 행정에 관철되고, 나아가 헌법재판소에서 입법에도 관철시킬 수 있으므로 기본법에서 생길 수 있는 것이 아니다. 평화와 안전의 기본권은 사회적 급부청구권이 그렇듯이, 이미 그 구조에서 헌법 차원에서는 고전적 방어권과 마찬가지로 직접 보장될 수 없는 것이다. 고전적인 기본권 침해는 형식적으로는 법률의 유보에 복종하고, 내용적으로는 비례의 원칙에 복종한다. 자유는 제한하지 않는 범위에서 법적으로 타당하다.

이와는 반대로 보호는 통상 법률·행정·재판으로 비로소 보장·실현된다. 예외는 헌법이 특정한 법적 행위를 무효로 선언해서 직접 보장할 때뿐이다. 보호가 침해에서 생기는 것이라면 법률유보가 성립된다. 대응하는 법률이 결여되면 보호되지도 않는다. 그러한 한 보호를 구하는 기본권에는 통상 직접 효력은 생기지 않는다. 보호는 법률로 비로소 얻는 것이다.[120] 보호적으로 해석할 수 있는 법률 — 행정법의 보호규범이나 민사법에서 이른바 기본권의 제3자효 — 이 있을 때는 기본권은 그 법률을 매개로 영향을 줄 수 있다.

초기의 기본권 목록에 안전의 관점이 포함되어 있었다고 해도, 초기의 기본권 목록은 특히 1789년의 프랑스 인권선언이 법원에서 관철할 수 있는 주관적 권리를 포함한 것이 아님을 유의하지 않으면 안 된다. 프랑스 인권선언에 열거한 권리는 — 자유보장이든 안전보장이든 — 대부분 일반적인 국가의 목적을 위해 프로그램 명제라는 차원에서 전개되었다.[121] 고작해야 법률로 규정한 권리가 법원에서

---

120) *Isensee*(각주113), S. 189도 같은 견해다.

121) 적절한 견해는 *Böckenförde*(각주34), S. 23, 주 92.

행정에 대항해 관철시킬 수 있었다. 따라서 기본권이 고전적 방어권인 한 국가에 대항하는 주관적 권리이며, (헌법)재판소에서 법률을 평가하는 규준으로 사용한다는 것은 광범위한 혁신이었다.

5) 원활한 수법으로 재판 감축이 가져오는 결과

만약 연방헌법재판소가 주관적 보호청구권을 인간존엄성의 보장이라는 좁은 범위에서만 인정하고, 그외에는 단순한 국가의 보호임무라고 전제한다면 다음과 같이 귀결될 것이다. 헌법소원 신청은 존엄을 보호하지 않았거나 불충분하다고 주장한 경우에만 허용된다. 과연 이로써 보호를 구하는 헌법소원이 줄어들지는 결과를 봐야 알 것이다. 그것은 특히 존엄의 개념을 확장하려 하고, 연방헌법재판소는 헌법소원을 각하하기 위해 존엄의 보호가 이의신청인의 주장만큼 널리 미치는 것이 아니라는 근거를 서술하지 않으면 안되기 때문일 것이다. 아마 결국은 낙착될 것이다.

나아가 다른 것도 고려해야 할 것이다. 가령 연방헌법재판소가 존엄의 보호와 관계없는 입법을 요구하는 헌법소원 재판을 대부분 피할 수 있었다 해도, 규범 통제 절차[122]에서는 입법자의 객관법적 헌법규범 준수 심사를 피할 수는 없다. 기본권의 객관법적 측면에서 도출한 보호임무는 과연 헌법 차원에서 구체적인 위탁인지, 단순한 프

122) 권리가 대응하지 않는 국가의 보호의무는 원칙적으로 제시하는 법원이 입법자의 부작위를 위헌이라고 보면 법관 제시(Richtervorlage)라는 길도 닫아버리게 될 것이다. 왜냐하면 기본법 100조 1항은 법률이 있음을 전제로 했기 때문이다. 이것과 다르지만 제시법원이 있는 법률을 보호 관점에서 불충분하다고 하여 이 상대적 부작위를 위헌이라고 보는 경우다(*Ernst Benda/Eckart Klein*, Lehrbuch des Verfassungsprozeßrechts, 1991, Rdnr. 726f 참조).

로그램 명제인지 판정을 내려야 한다. 프로그램 명제는 헌법재판소가 입법자의 위헌 부작위를 인정할 수 있는 규준은 아니다.[123] 헌법상의 입법 위탁과 그 구체성의 정도는 개별적으로 증명해야 한다. 비교하기 위해 급부권을 열거하면 좋을 것이다. 급부권은 연방헌법재판소의 재판에서는 매우 억제적이며, 헌법상·사실상의 특별한 정황에서 — 마침내 — 도출할 뿐이다. 사학 조성 청구권이 그 예다.[124]

보호의무의 영역에서 재판이 상술하듯이 철수한다면 입법자에게는 정책적 형성의 여지가 넓게 마련될 것이다. 이로써 입법자는 고전적 권리의 조건에서 사회 형성의 책임을 다시 질 수 있게 된다. 그것이 어떻게 필요한 것인가를 기본법 14조 1항을 근거로 임대인에게 대항하는 보호청구권을 임차인에게 부여한 연방헌법재판소의 1993년 5월 26일 판결[125]이 보여준다. 이 판결에 의하면 입법자는 "기본법 14조 1항 1문에서 생기는 위탁을 이행하다 서로 충돌하는 소유권적 지위를 내용 형성하며, 서로 경계를 획정하고, 두 소유권적 지위를 적절하게 보유하도록 각각의 권한을 확정하지 않으면 안 된다."

연방헌법재판소는 1989년의 단계에서 사회국가에 근거한 임차권의 규율을 임대인의 소유권적 기본권과의 관계에서 정당화했다.[126] 1993년에는 임차권이 기본권 보호의무에 관한 판례를 따르면서 독자적인 기본권적 지위가 되었고, 임대인의 기본권적 지위와 조정해야 한다고 했다. 이로써 — 서서히 — 재차 도달한 임차인 보호 수

123) *Benda/Klein*(각주122), Rdnr. 428. 다음에 대해서는 Rdnr. 430ff.

124) BVerfGE 75, 40, 65. 문제점은 *v. Mangoldt/Klein/Starck*(각주35), Art. 1 Rdnr. 119.

125) BVerfGE 89, 1, 5.

126) BVerfGE 79, 292, 302f; 68, 361, 368.

준의 후퇴는 모두 기본권 침해가 되고, 헌법상의 정당화를 요구하게 되었다.[127] 실제로 임차인 보호는 사회적 조정이며, 기본법 14조 2항과 20조 1항에 근거한 입법의 임무이니, 소유권 보호 틀 안에서 의회가 자유롭게 결정하지 않으면 안 된다. 왜냐하면 의회야말로 공공복리를 형성하는 정치적 책임을 지고, 임대를 목적으로 한 사인의 주택 건설에 대해 법률에 의한 대강적 조건을 규정하는 책임도 지기 때문이다.

만약 연방헌법재판소가 주관적 보호청구권을 기본법 1조 1항의 좁은 범위로만 인정해, 단순한 프로그램 명제를 초월한 입법의 객관법적 보호위탁을 엄격하게 이유붙여, 그러한 위탁의 수와 강도가 현저하게 감소한다면 의회는 다시 그러한 지위를 찾을 것이다. 이와 동시에 법익을 보호하는 법률 해석과 적용에 관한 전문재판소의 최종 결정권이 늘어난다. 그것은 보호를 위해서도 유리하게 늘어날 것이다.

2. 보호방법의 통제

여기서는 보호하는 방법과 연방헌법재판소의 통제에 대해 고찰하겠다. 우선 2가지 의의가 있다.

① 제1 의의: 기본법 1조 1항이나 6조에서 보호를 요구하는 주관적 권리가 한정된 범위에서 성립하고, 또한 단순한 객관법적 성격의 구

127) 이것을 *Otto Depenheuer*, Der Mieter als Eigentümer?, NJW 1993, S. 2561, 2564에서 적절하게 지적했다. 이에 대한 일반적인 비판은 *Konrad Hesse*, Verfassungsrecht und Privatrecht, 1988, S. 23ff.

체적 보호위탁이 기본권에서 도출되기도 하니, 보호하는 방법에 대해 헌법상의 규준은 무엇인가 하는 물음에 답해야 한다. 국가가 보호의무를 지고 있다는 확인이나, 확인보호청구권이 성립한다는 확인은 문제의 절반에 불과하다. 나머지 절반은 그 방법(Wie)이다. 기본권의 보호의무에서 국가는 구체적으로 어떻게 보호할 것인지가 명백해지는 것은 아니다. 왜냐하면 보호의무는 최소한 필요한 이라는 의미에서 보호하는 방법에 규준을 포함하는가 하는 문제가 남기 때문이다. 방법에 아무런 기준도 포함하지 않는 보호를 구하는 권리는 공허한 일이며, 입법자에게는 보호했다고 떠드는 선전성 법률을 제정하기에 좋은 기회다.

② 제2 의의: 보호방법의 통제에 관한 헌법상의 규준을 발견하는 것의 어려움은, 현재의 연방헌법재판소 판례에 나타난 기본권 보호의무의 무한정한 승인에 대한 비판에 더욱 재료를 제공한다.

1) 보호방법의 기준

국가의 보호의무에 관한 판례에서 연방헌법재판소는 보호방법을 결정할 입법자의 형성 자유를 강조했다. 그렇지만 다양한 공식과 종래의 재판 실무(Ⅱ부 5장 2. 4 참조)는 연방헌법재판소가 억제하기 위해 지불한 모든 노력에도 어떤 범위의 불안정성을 보여준다. 이것은 반드시 사안 그 자체에서 기인하는 것이 아니라, 연방헌법재판소의 심사 기준이 아직 명백하게 마련되지 않았기 때문이다. 이것은 결국 기본권 보호의무에 관한 재판 방법의 범위가 아직 실험적으로 팽창하는 데도 관계가 있다. 보호방법에 대해서는 약간의 기준을 열거할 수 있다. 일부는 이미 앞에서 언급한 것에서 명백해지고, 일부는 다시 이유가 있어야 한다.

① 보호하는 것(Daβ des Schutzens)을 전체적으로 보아 환상으로 만들면 안 된다.[128)]

② 입법자는 최대한의 보호를 제공할 의무를 지지는 않는다. 최대한의 보호는 보호에 대한 요구를 항상 더 요구하며,[129)] 보호방법을 완전하게 헌법재판소의 인식에 복종시킬 것이다.

③ 보호는 법치국가의 규준을 준수하지 않으면 안 된다.[130)] 즉 보호의 의무를 이행하기 위해 생기는 제3자의 침해는 법률의 근거가 필요하다.[131)]

④ 기본권을 보호하는 입법자는 비례원칙에 구속된다. 왜냐하면 제3자의 공격에 대항하는 보호는 통상 제3자의 기본권을 제한하기 때문이다. 그러므로 제한할 때 고려해야 할 비례원칙은 보호를 해석할 때도 영향을 미친다.

2) 비례원칙의 의의

시민의 기본권에 대한 국가의 침해가 국가 침해의 합헌 여부 통제에 대해서는 적합성·필요성·좁은 의미의 비례성 원리로 이루어지는 비례원칙 혹은 과잉금지(Übermaβverbot)가 집행할 수 있는 재

---

128) 이에 대해 상세한 것은 *Starck*, Praxis der Verfassungsauslegung, S. 86ff.

129) 이것을 정당하게 비판하는 것은 *Böckenförde*(각주34), S. 13, 29.

130) 이것의 일반에 대해서는 *Michael Sachs*, in: Stern(각주1), S. 738.

131) 이는 특히 *Rainer Wahl/Johannes Masing*, Schutz durch Eingriff, JZ 1990, S. 553, 555ff 참조.

판으로 귀결되는 합리적인 심사 규준임이 입증되었다. 물론 연방헌법재판소가 예측이나 사실 판단을 심사할 때는 입법자의 형성 자유에 부담이 되는 불명확함이 있다는 것을 잊어서는 안 된다.[132)]

그러면 보호의무 방법에 관한 규준으로 과잉금지를 어떻게 활용할 것인가? 학설에는 법률에 의한 보호의무의 내용 형성을 제어하는 것으로 과소금지(Untermaβverbot)를 대치시키는 것이 있다.[133)] 이것은 연방헌법재판소도 호의적으로 채택했다.[134)] 얼핏보면 과소금지는 입법자의 형성 자유에 과잉금지와는 다른 측면에서 제약을 가하는 것이며, 그 결과 입법자가 이 두 가지의 금지 사이에 빠지는 것처럼 보인다. 침해의 상한인 과잉금지와 보호의 최소한인 과소금지의 관계를 상세하게 고찰하면 다음의 것이 명백해진다.[135)]

① 먼저 보호해야 할 법익에서 기본권의 모든 제한은 보호할 가치가 있는 법익의 존재를 요구한다. 보호의무의 사안에서 법익보호는 헌법의 요청이다.

② 입법자가 선택한 수단은 보호하는 데 적합해야 한다. 적합하지 않은 수단은 자유보장이라는 관점에서 볼 때 법익이 보호되지 않는다. 그러므로 자유를 제한한다는 이유에서 과잉금지에 위반

---

132) 특히 BVerfGE 50, 290, 333 m.w.N. 참조.

133) *Claus-Wilhelm Canaris*, Grundrechte und Privatrecht, AcP 184(1984), S. 201, 223ff; *ders.*, Grundrechtswirtkungen und Verhältnismaβigkeitsprinzip in der richterlichen Anwendung und Fortbildung des Privatrecht, JuS 1989, S. 161, 163f; *Götz*(각주29), S. 1925ff; *Isensee*(각주116), S. 191.

134) BVerfGE 88, 203, 254 참조.

135) 이는 *Starck*, Praxis der Vetrfassungsauslegung, S. 88f 참조. *Karl-Eberhard Hain*, Der Gesetzgeber in der Klemme zwischen Überma β-und Unterma β verbot? DVBl. 1993, S. 982ff도 참조.

될 뿐만 아니라, 법익이 보호되지 않기 때문에 국가의 보호의무를 충족하지도 못하고 과소금지에도 위반된다.

③ 기본권 침해는 필요적이어야 한다. 즉 입법자는 실효적이거나 가장 완화된 수단으로 만족해야 한다. 이것에서 자유가 희생되는 과잉조치를 포기해야 한다는 것으로 귀결된다.

④ 좁은 의미의 비례성이나 기본권 침해의 기대 가능성(Zumutbarkeit)은 이미 더는 기대할 수 없는 침해를 야기하는 곳에서, 즉 당해 법익의 보호가 자유 침해를 정당화할 수 없는 곳에서 보호가 한계에 이르렀음을 의미한다.

비례원칙을 뒷면에서 묘사한 이상의 논술은 대응하는 제3자의 기본권 제한에서 어떻게 강한 합리성이 보호의무의 방법에 생기는가를 보여준다.

기본권 제한에서 과잉금지와 보호방법에 대한 요청으로서 과소금지 사이에는 내재적 관련이 있다. 그렇다고 헌법의 통제력 정도나 이에 대응하는 입법자의 형성의 자유 정도는 자유를 제한하는 경우와 보호의무를 실현하는 경우에 같은 것일까? 어떤 법익보호에 적합하지 않은 것은 자유를 제한하는 것도 허용하지 않는다. 그러한 한 전제 조건은 같다. 필요성에서도 자유를 침해하는 정도가 더 적은 수단을 사용해 보호를 충족할 수 있는지를 심사하는 것이므로 법익이라는 시각에서 고찰하는 것이다.

어떤 수단이 비적합적이며 필요한가를 판단하는 일은 자주 어려움에 부딪힌다. 왜냐하면 사실을 평가하고 예측해야 하기 때문이다.

이에 따르는 불확실성은 보호 충족도를 심사할 때도, 침해 과잉을 심사할 때도 똑같이 생긴다. 어떤 침해가 필요하며 완만한가를 알고 싶으면 그 침해의 보호에 적합한지를 조사해야 한다. 사실 평가와 예측에서 생기는 불확실성은 입법자의 형성 자유에 유리하게 작용하며, 형성의 자유는 침해의 관점에서도 보호의 관점에서도 완전히 같은 곳까지 미친다.

입법자와 법률을 적용하는 법관에게 부과된 헌법상의 보호의무와 사회의 평화상태에 대한 그들의 책임을 고려하면 기본권의 한계에 더 주목하게 된다. 좁은 의미의 비례원칙에서는 보호 이익과 자유 제약의 관계가 나타난다. 여기서 자유 제약에서 오는 기대 가능성의 답을 찾을 수 있다. 그 결과 수인의 기대 가능성이 있는 제약이 없으면 법익의 보호를 단념해야 하는 일이 생길 수 있다. 그러나 이 심사 단계에서도 국가의 보호의무를 진지하게 받아들이지 않으면 안 된다.

3) 입법부작위

개인의 법익을 보호하기 위해 제3자의 권리를 제한하는 법률이 존재하는 것이라면, 충분히 보호했는가를 심사하는 데는 비례원칙의 기준에 의거하면 족하고, 보호방법에 대해 연방헌법재판소가 적극적으로 발언할 필요는 없다. 법률이 결여되었을 때는 보호방법을 심사할 수 없다. 입법자는 제한이나 그외의 조치로 보호할 것인지, 어떻게 보호할 것인지를 결정하지 않으면 안 된다. 헌법재판소는 내용의 구체화는 하지 않고, 보호의무나 대응하는 신청인의 청구권 성립을 확인할 뿐이다.

즉 보호청구권은 기본법의 기본권 전형에서 도출한 것으로 직접적으로는 타당하지 않은 기본권이다. 아직 법률로 규율하지 않은 영역에서는 연방헌법재판소가 연방헌법재판소법 35조의 집행 규정에 근거해 스스로 보호적 규율을 발하는 것으로 보호청구권의 직접 타당성을 얻을 수도 없다. 그렇다면 연방헌법재판소는 보호문제의 최초 규율발안자가 되며, 입법자의 정치적 형성 자유의 핵심으로 돌진할 것이다.

연방헌법재판소에 남은 일은 보호의무를 이행하라고 입법자에게 최고하는 것뿐이다. 보호방법에 대해서 재판소는 상술한 규준에 일반적인 설명을 할 수 있을 뿐이다. 입법자가 먼저 보호하려고 시도해야 보호청구권에 적합한가를 심사할 수 있다.

3. 결 론

보호청구권은 기본법 1조 3항과 달리 직접 타당한 법이 아니며, 입법을 전제로 한다. 법률로 보호하는 것이 제3자의 기본권을 침해한다면, 비례원칙을 심사 기준으로 삼아 효과적인 보호인가의 여부를 판단할 수 있다. 만일 침해 없이 보호할 수 있을 때는 다른 방법으로 그 효과를 확인해야 한다.

입법자가 모든 보호에 태만한 경우 헌법재판소는 그것을 지적하고 비난하는 데 그쳐야 한다. 헌법재판소가 보호 규정을 발하거나 특정한 규정을 제정하라고 의무지울 수는 없다. 일반적인 법률 규율이 타당하면 보호의무는 이른바 기본권의 간접적 제3자효로 실효적이 될 수 있다.

연방헌법재판소는 재판의 실무와 이유를 제시할 때 보호의 형성과 관계있는 입법자의 정치적 재량을 유지하고, 방어권의 직접적 효력이 침식당하는 것을 피하려면 견고한 방어권과 완만한 보호의무 사이의 구조 차이를 인식할 책임이 있다.

6장.
연구의 자유와 한계

1. 헌법으로 보장한 연구 자유

연구의 자유는 헌법상의 개념이다. 기본법 5조 3항에는 "학문과 연구, 교수는 자유다"라고 명시해놓았다. 1849년의 프랑크푸르트헌법 § 152[1)]에 이미 있는 이 기본권은 18세기 말의 최초 기본권 목록상의 고전적 기본권에 속하지는 않는다. 오히려 독일적인 발견으로 볼 수 있는 것으로[2)] 그동안 독일의 주헌법[3)]만이 아니라 최근에는 많은 유럽

1) 역자 주: §152는 "Die Wissenschaft und ihre Lehre sind frei(학문과 교수는 자유다)"라고 되어 있다. 프랑크푸르트 헌법(Frankfurter Reichsverfassung)은 Paulskirchenverfassung이라고도 하는데, 정식 명칭은 Verfassung des Deutschen Reiches이며 1849년 3월 28일에 제정했다.

2) 1867년 12월 21일의(오스트리아) Staatsgrundgesetz 17조와 1919년 8월 11일의 Weimarer Reichsverfassung 142조도 참조. 보장은 독일에서 교수를 공무원으로 임명하는 것과 관계가 있다. *Ernst Friesenhahn*, Staatsrechtslehrer und Verfassung, 1951, S. 10 참조.

3) 2 이하의 헌법 참조: Baden-Württemberg 주헌법 20조, Bayern 주헌법 108조, Berlin 주헌법 21조, Brandenburg 주헌법 31조, Bremen 주헌법 11조, Hessen 주헌법 10조, Mecklenburg-Vorpommern 주헌법 7조, Rheinland-Pfalz 주헌법 9조, Saarland 주헌법 5조 2항, Sachsen 주헌법 21조, Sachsen-Anhalt 주헌법 10조 3항, Thüringen 주헌법 27조.

국가의 헌법에서 표현을 찾아볼 수 있다.[4] 연구의 자유를 개별 주에서 헌법적으로 특별히 보호하지 않을 때는 의사표현과 언론의 자유(Meinungsäußerungs- und Redefreiheit)와 관련해 보장된다. 연구의 자유가 오늘날 유럽의 표준적 기본권에 속한다는 것은 그동안 승인한 유럽헌법조약[5]이 73조[6]에서 보장한다는 것에서도 나타난다.

연구 자유라는 개념은 법적 보장의 근거가 되는 어떤 윤리적 측면(eine ethische Dimension)이 있다. 학문의 과제는 진리를 추구하고,[7] 진리를 추구함에 이해할 수 있는 방법적 수단으로 자연과 사회의 실상(Sachverhalt)을 분석하고, 그 원인과 근거와 법칙성(Gesetzmäßigkeit)을 탐구하는 것이다. 이러한 절차는 정신적 자유를 요구한다. 새로운 지식에 대한 인간의 노력은 방법의 자유도 전제로 한다. 따라서 학문연구의 개념에는 자유를 내포한다. 학문의 자율성(Eigengesetzlichkeit)을 특징짓는 이 학문 내적인 윤리적 자유의 개념은 우선 승인한 원칙을 존중하는 가운데 '무엇으로의 자유'로 이해할 수 있다. 이 자유와 관련해 앞의 발표에서 게하르트 고트샬크와 게르트 하젠푸스가 자신의 전공과 관련해 인상 깊은 예

4) 예를 들면 다음의 헌법들: 핀란드 헌법 16조 3항, 그리스 헌법 16조 1항, 이탈리아 헌법 33조 1항, 오스트리아 헌법 149조와 관련한 Staatsgrundgesetz 17조 1항, 포르투갈 헌법 42조, 스위스 헌법 20조, 스페인 헌법 20조 1b항; 이에 대해서는 *Thomas Gross*, Die Autonomie der Wissenschaft im europäischen Rechtsvergleich, 1992.

5) 역자 주: 『유럽헌법』은 2004년 10월 29일 유럽연합 국가의 국가 및 정부 수반이 서명했다. 독일은 하원(Bundestag)이 2005년 5월 12일 동의하고, 상원(Bundesrat)이 2005년 5월 27일에 채택함으로써 비준되었다.

6) 역자 주: 유럽헌법조약 73조 예술과 학문의 자유: "예술과 연구는 자유다. 대학의 자유는 존중된다."(Artikel II-73 Freiheit der Kunst und der Wissenschaft: Kunst und Forschung sind frei. Die akademische Freiheit wird geachtet).

7) BVerfGE 90, 1, 12; BVerfG, Neue Zeitschrift für Strafrecht, 2000, S. 363f.

를 들면서 설명한 바와 같이 연구에는 윤리적 책임이 있다. 학문 내적인 윤리적 자유 개념은 헌법적 자유 개념으로 보호받는데, 그것은 주로 국가나 기타 침해에서의 자유를 말한다. 물론 국가는 그러한 윤리적 책임이 있는 연구를 재정적으로 특별히 장려할 수 있다.

2. 학문연구란 무엇인가

우리는 위에서 학문은 그 자율성으로 말미암아 법에 선재하는 어떤 것이라는 것을 보았다.[8)] 학문연구는 종결적인 것이 아니다. 따라서 어떤 단순한 차원(Definition)과 다른 것은 학문의 연구 개념에 속한다. 따라서 학문연구의 성격은 어떤 특정한 형식(Form)에 연결되는 것이 아니고, 형식적으로(formal) 정의할 수 있는 것도 아니다. 학문의 자유를 통해 헌법적으로 보장하는 연구의 자율성은 마찬가지로 형식적·내용적·가치 기속적인 구분(Abgrenzung) 같은 것들은 허용하지 않는다.

나아가 학문은 정신적 성과(geistige Produktivität)와 동일시할 수 없다. 왜냐하면 예술도 인간 정신의 산물이기 때문이다. 무엇이 학문인가 하는 것의 핵심은 지식(Wissen)이라는 말에 표현되어 있다. 학문에서는 자연과 사회 현상이 서로 관련을 맺는 논리적 연계와 관계의 인식을 통한 지식의 획득 및 인식론이 문제의 중심에 있다. 그러한 인식의 획득 노력은 다른 생활 영역과 개념적으로 분명히 구분되

8) *Hans-Heinrich Trute*, Die Forschung zwischen grundrechtlicher Freiheit und staatlicher Institutionalisierung, 1994, S. 54ff.

는 것은 아니다. 오히려 적용 방법을 매개로 가능한 내용(mögliche Inhalte)의 측면에서 현상학적으로(phänomenologisch)만 구분될 뿐이다. 그러나 학문의 자유를 이루는 것은 무엇인가 하는 문제와 관련해 내용과 방법의 문제는 다시 원칙적으로 열려 있다.

학문적 인식의 획득은 결국 완전히 합리적인 방법에 한정되지 않는다. 왜냐하면 많은 학문 인식을 우리는 직관(Intuition)[9]과 심지어는 비합리성(Irrationalität)[10]에 기인하는 것으로 보기 때문이다. 인식을 어떻게 획득했든 학문에서는 언제나 합리적 입증과 모든 새로운 인식에 즈음해 그 수용능력(Tragfähigkeit)을 검토하지 않으면 안 되며, 더 큰 전체로 편입이 문제다.

학문의 내용과 방법은 개방되어 있지만 학문의 특징적 징표는 합리적으로 설명하고 분류하려는 계획적 노력에서 찾아볼 수 있다.[11] (그러한) 노력의 성공 여부는 결정적인 것이 아니다. 학문은 기존의 인식에서 새로운 합리적 안전장치(Absicherung)를 획득하면서 존립할 수 있지만, 이전에 수립된 지식의 건물을 잘못된 것으로 입증하고 무너뜨릴 수도 있다.[12] 개별적인 경우 앞에서 언급한 의미의 학문이 존재하는가를 알아내려면 다른 학자들의 인정(Anerkennung)이 중요하다.[13] 그러나 학문을 추구한다는 단순한

---

9) BVerfGE 90, 1, 12.

10) *Rudolf Smend*, Das Recht der freien Meinungsäußerung, in: Veröffentlichungen der Vereinigungen der Deutschen Rechtslehrer, Heft 4, 1928, S. 44, 61ff.

11) BVerfGE 35, 79, 113; 90, 1, 12f.

12) *Thomas S. Kuhn*, Die Struktur wissenschaftlicher Revolutionen, 2. Aufl. 1976, S. 49ff, 76ff, 96ff, 155ff.

13) *Erhard Denninger*, Kommentar zum Grundgesetz für die Bundesrepublik Deutschland(Reihe Alternativkommentare), 3. Aufl. 2001, Art. 5 Abs. 3 I Rdnr. 18.

주장만으로는 충분하지 않다.[14)]

학문의 개념에는 신학과 법학도 속하는데, 이를 입증하려고 이 전공들의 역사적·이론적 분야를 거론할 필요는 없다. 왜냐하면 계획적으로 인식을 획득하려는 노력은 이미 존재[15)]하나, 성서와 교회의 교리 근거나 한계에서도 가능하기 때문이다.

물론 독일에서 기독교의 신앙고백에 기속되어 있는 신학대학 소속의 통상 기관(übliche Einrichtung)[16)]은 종교학이나 조건 없는 신학 연구를 배제하지 않는다. 개방된 다원적인 학문의 개념은 신학이 배제하는 것으로 보이는 권위적이며 불가지론적인 정의를 금지했다. 종교적으로 중립적인 국가는 신학에 세계적인 발전 가능성을 부여하면서도, 그것으로 신학을 세속화하거나 신학적 자율성을 소외시키지 않는다.[17)]

응용연구와 수탁연구(Zweck- und Auftragsforschung)도 학문적인 방법을 사용할 때는 언제나 학문이다.[18)] 위탁자의 문제 제기가 정해져 있을 때는 학문적 방법을 적용하면서 연구할 수 있다. 수탁연구의 공표가 무기한 금지되어 있다면 학문의 전제와 모순된다. 왜냐하면 학문연구는 그 방법과 결과를 비판적으로 논의할수 있도록 다른 연구자와 관심있는 일반 공중에게 알려져야 하기 때문이다.

---

14) BVerfGE 90, 1, 12.

15) *Paul Kirchhof*, Wissenschaft in verfaßter Freiheit, 1986, S. 23.

16) *Michael Brenner*, Die theologischen Fakultäten im weltlichen Verfassungsstaat, 1986, S. 19ff; *Axel v. Campenhausen*, in: v. Mangoldt/Klein/Starck, Das Bonner Grundgesetz, 4. Aufl. Bd. Ⅲ, 2001, Art. 140 GG, Art. 137 WRV, Rdnr. 119ff.

17) *Michael Brenner*, Organisationsstrukturen der Theologie in der Universität, 1987, S. 31.

18) *Fehling*, in: Bonner Kommentar(2004.3.), Art. 5 Abs. 3(학문의 자유), Rdnr. 81(여기에 있는 그외의 참고문헌 참조).

연구는 각각의 학자가 하는데, 이것은 예나 지금이나 마찬가지다. 물론 오늘날에는 종종 연구원과 근무시간이 정해진 연구자 집단이나 큰 연구기관에서 하기도 한다. 연구원은 연구보조자로 연구책임자의 지시를 따르게 할 수 있다. 학문적으로 교육받은 구성원(Personal)이 문제가 되는 한 책임자와 보조자 간의 의사소통 과정(Kommunikationsprozeß)은 학문적인 연구에 해당한다.

3. 학문연구의 내적 한계

연구의 자유가 학문의 개념에 속하는 것처럼 법익을 보호하기 위해 외부에서 주어지는 것이 아닌, 개념적으로 학문에 내재하면서 학문의 자율성으로 표현되는 학문의 자유 한계(Schranken)도 학문의 개념에서 나타난다.

연구 자유의 윤리적 개념과 관련되는 것은 선량한 학문연구의 원칙(die Regeln guter wissenschaftlicher Arbeit)이다. 이것은 독일학술협회(Deutsche Forschungsgemeinschaft)와 최근에는 유럽공동체위원회(Kommission der Europäischen Gemeinschaft)에서도 공포한 적이 있다. 이 원칙은 전래의 혹은 새로운 바의 선의에 기초한 방법으로 연구해야 한다는 것, 결과를 문서화하고 일관성 있게 검증해야 한다는 것, 다른 사람의 기여분과 관련해 연구집단 내부에서만이 아니라 제3자도 엄격한 신뢰성(Redlichkeit)이 유지되어야 한다는 것을 의미한다.[19] 나아가 학문적인 것을 발표하는 모든 저자는

19) *Deutsche Forschungsgemeinschaft*(Hg.), Sicherung guter wissenschaftlicher

내용을 공동으로 책임진다는 또 하나의 규칙이 요구된다.[20] 이러한 선량한 학문적 관행의 원칙에서 학문적 비위 행위[21] 기준이 나타나는데, 다음과 같이 정의할 수 있다.

① 데이터 조작과 위조
② 원하지 않는 결과의 선정 폐기
③ 설명이나 도안 조작
④ 표절과 아이디어 절취
⑤ 권한이나 근거 없이 학술이나 공동 저자로 등재하거나 등재를 수용
⑥ 내용 위조와 변조
⑦ 업적·지식·가설·연구 단서 등이 공표되지 않았음에도 권한 없이 제3자에게 공표
⑧ 훼손이나 조작 등으로 연구활동 방해
⑨ 주요 데이터의 폐기가 학문 분야와 관련해 승인된 학술연구 원칙들을 침해하는 경우

이것은 더 보완하고 세분할 수도 있지만 게르트 하젠푸스가 상세하게 보고했으니 더 논하지 않겠다. 위의 설명은 여기서 거론된 행위들은 학문 적대적인 것이고, 학문의 윤리를 심각하게 침해하는 것이며, 헌법으로 보호하는 학문 자유의 기초인 윤리적 개념에 해당하

Praxis. Denkschrift, 1998, S. 7(Empfehlung Ⅰ); Kommission der Europäischen Gemeinschaften. 최종적으로는 Die Europäische Charta für Forscher v. 11. 3. 2005, K(2005) 576과 그 이하 참조.

20) Empfehlung Ⅱ(앞의 각주 참조).

21) *Deutsche Forschungsgemeinschaft*, Verfahrensordnung zum Umgang mit wissenschaftlichem Fehlverhalten, DFG-Vordruck 80. 01-2/02-I 1.4.

지 않음을 분명히했다. 이외에 내적인 한계 중 어떤 것은 민법이나 형법으로 제재하기도 한다.

위에 열거한 잘못된 행위들은 항상 구체적인 사건에서 분명하게 인식되는 것이 아니므로 개인이나 전문학자들로 구성한 위원회가 적절하게 조사해야 한다. 연방행정재판소는 1996년 12월 11일의 판결[22]에서 "전공 분야나 전공 분야별로 구성한 위원회는 학자가 무책임하게 학문의 기본 원리를 위배했거나, 연구 자유를 남용했거나, 연구에 대해 학문적 성격을 인정할 수 없는 경우와 같이 학자들에게 구체적인 단서를 근거로 심각한 비난이 제기되었을 때만 구체적으로 한정된(gegenständlich begrenzt) 활동을 할 수 있다"고 했다.

개별적인 실수나 편파성이나 흠결 때문에 학문성에 의문을 제기할 수는 없을 것이다. 또 "업적이 개별적 혹은 특정 학파의 정의(定義)가 아닌 내용과 형식을 따를 때, 진정한 진리탐구의 시도라고 할 수 없을 정도로 체계상 학문성을 주장할 수 없으면 그 업적은 학문 영역에서 퇴출된다"고 했다.

학문적인 부정직(Unredlichkeiten)과 비위 행위에는 헌법으로 보호하는 학문연구의 자유가 문제되지 않는다. 헌법상 학문의 보호는 부정직이나 비위 행위 조사를 학문의 자유를 보호하는 절차로 해야 할 때만 일정한 기능을 한다. 관련 제약에 대해 연구자는 방어할 수 있다. 학문연구의 내적 한계는 강력한 독촉·경고·제재 — 예를 들어 해고 — 로 실현할 수 있다.

22) Deutsches Verwaltungsblatt 1997, S. 173, 1174f.

4. 연구 자유의 외적 한계

1. 법률 구성의 일반 문제점

지금까지 논한 학문의 개념적 한계, 즉 내적 한계는 학문의 개념에 내재되어 있다. 이제는 외부에서 학문으로 들어오는 한계가 문제다. 기본법과 다른 헌법들은 특정한 자유권 보장과 공공복리와 타인의 권리를 보호하기 위해 통상 자유권의 제한을 예정한다. 이러한 기본권 제한은 대부분 직접 효력을 미치지 않으므로 법률로 확정해야 한다. 예를 들면 기본법 2조 2항 3문은 "이 권리들은 법률을 근거로만 제한할 수 있다"고 규정했다.

반면 기본법 5조 3항은 학문과 연구의 자유에 대해 아무런 제한도 규정하지 않았다. 그러나 학문 자유의 보호 영역은 처음부터 타인의 권리와 관련이 없는 활동으로 한정하지 않았기 때문에 한계의 문제는 불가피하다.[23] 1949년 헌법제정자들은 연구 자유는 외부에서 제한하면 안 된다고 생각했다.

그것은 오늘날에도 다른 사람에게 해가 되지 않는 연구로 얻는 순수한 지식(reine Erkenntnis)에 대해서는 여전히 타당하다. 그러나 고유한 과정과 결과, 중간 결과의 실험적인 적용도 연구에 속함을 생각한다면 연구의 자유가 무제약으로 끝날 수는 없다.

---

23) 다른 기본권의 제한을 '준용'해서 해결하는 것은 인정하지 않는다. 왜냐하면 기본법에서 기본권의 제한은 각각의 기본권을 개별적으로 규정했기 때문이다. 이는 기타 참고문헌과 *Christian Starck*, in: von Mangoldt/Klein/Starck, Grundgesetz, 5. Aufl., Bd. I, 2005, Art. 5 Rdnr. 414 참고.

학문연구의 자유는 자유롭게 지식을 획득하며 전파하기 위해 보장하는 것이다. 연구와 전달의 절차와 결과가 문제되는 한 헌법적으로 보호하는 다른 법익의 보호에 기여할 때만 제한은 합헌이다. 연방헌법재판소는 "학문의 자유 보장과 헌법적으로 보장하는 다른 법익의 보호 충돌은 … 기본법상의 가치질서라고 하는 기준에 따라 이 가치체계의 통일성을 고려하면서 헌법을 해석함으로써 해결된다. 이러한 긴장관계에서 학문의 자유와 충돌하면서 동일하게 헌법으로 보호하는 가치보다 학문의 자유가 전적으로 우월하지는 않다"[24]고 판결했다. 충돌하는 법익으로 문제가 되는 것에는 인간의 존엄·생명·건강·자유·인격 영역·평화로운 사회생활·재산 등이 있다.

최근 독일의 두 지방헌법에서는 인간의 존엄성을 침해하거나 자연적 생활의 기초를 지속적으로 위협하는 연구는 법적으로 제한했다.[25] 1978년의 스페인 헌법, 1998년 스위스 헌법, 그동안 체결된 유럽헌법조약에 나타난 바와 같이 학문의 자유에 대한 최근의 보장은 일반 조항에서 학문의 자유도 제한을 예정한다.[26]

명시적으로 비례원칙을 언급하는 이러한 제한 가능성들은 연방헌법재판소의 판결에 근접하고, 오늘날 유럽 국가에서는 대부분 연구의 자유는 헌법적으로 보장하면서도 다른 법익을 보호하기 위해 비례원칙을 엄격히 준수하면서 제한할 수 있다.

---

24) BVerfGE 47, 327, 369.

25) 그렇게는 Brandenburg 주헌법 31조 2항, Mecklenburg-Vorpommern 주헌법 7조 2항.

26) 스페인 헌법 20조 1항과 4항, 스위스 헌법 20조와 36조, 유럽헌법조약 73조와 112조.

2. 보호법익

연구의 자유를 제한하는 것을 정당화시킬 수 있는 법익보호는 통상 연구 목적이나 결과가 아니라 수단(Mittel)이나 절차(Verfahren)와 관계가 있다. 원자핵 분열을 발견한 것은 나중에 사용상 위험할 수 있음에도 법적 근거로나 사실상으로나 결코 금지할 수는 없는 자유로운 연구의 덕임이 명백하다. 사용은 그 자체가 문제될 때만 법익을 보호하는 차원에서 한계를 설정할 수 있다. 다음은 4가지 법익으로 학문연구의 제한에 대한 예를 들 것이다. 이는 인격권, 환경보호, 인간의 신체와 생명의 보호, 인간의 존엄성이다.

1) 인격권(Persönlichkeitsrecht)

인격권은 인격과 관련된 정보를 연구의 목적에 사용할 때 연구의 자유와 충돌할 수 있다. 학문은 정보를 많이 갈구한다. 자연과학이나 의학에서만 그런 것이 아니라 인간의 행태에 대한 인식 획득을 추구하는 사회과학(사회학·사회심리학·경제학)에서도 마찬가지다. 연구의 자유와 인격권은 서로 형량되지 않으면 안 된다. 이러한 형량을 우리는 일반적으로 정보보호법에서 찾을 수 있다. 예를 들면 다음과 같다.

학자들은 일반적으로 국가가 법적으로 예정한 특정한 목적을 위해 수집하거나 처리하는 인격 관련 정보를 거부해야 한다. 학문을 연구하기 위한 일이라고 해도 개인 정보를 수집·이용할 때는 당사자가 동의해야만 허용하고, 당사자에게는 자신이 무엇에 동의하는지를 사전에 설명해야 한다. 인격권에는 연구 대상이 되지 않을 개인의 권리(das Recht der Person)가 내재되어 있다. 물론 정보는 익명으로 처리해서 학자에게 인도할 수 있다.[27] 개인의 의료 정보는 종종 개인의 전체 병력과 밀접한 관련이 있을 때만 학문적으로 사용할 가치가 있으므로 완전한 익명화는 연구의 목적과 상충할 수 있다. 그러한 정보의 이용과 처리는 당사자의 동의에서만 허용된다. 정보의 남용은 조직법이나 절차법으로 배제하지 않으면 안 되고, 이는 동의의 적극성을 강화시킬 수 있을 것이다.

2) 환경의 보호

기본권에서 자유를 보장하고 이를 효율적으로 확보하는 헌법들은 자유롭고도 책임 있는 인간상에서 출발한다. 책임은 자유와 상관 개념이다. 자유로운 행위에 대한 책임이 없는 자유는 결국은 자유의 기초를 파괴할 것이다. 그것은 동료와의 관계에서만이 아니라 환경과의 관계에서도 마찬가지다. 입법자가 기본권을 제한하는 형태로 이행하는 환경에 대한 책임을 부담하는 것과 같은 자연스러운 방식으로 환경은 인간과 밀접한 관계가 있다.

이것은 학문의 자유에서도 타당하다. 유럽의 헌법들은 환경보호를 명시적으로 국가의 목표로 수용한 예가 많다.[28] 기본법 20a조에는 "국가는 미래 세대에 대한 책임에서도 헌법질서의 범위에서 입

27) *Johann Bizer*, Forschungsfreiheit und informationelle Selbstbestimmung, 1992, S. 151ff.

28) 벨기에 헌법 23조 4호, 핀란드 헌법 20조, 그리스 헌법 24조, 네덜란드 헌법 21조, 포르투갈 헌법 66조, 스페인 헌법 45조.

법·법률·법의 기준에 따라 집행권과 사법으로 자연적 생활의 기초와 동물을 보호한다"라고 명시해놓았다.

1993년의 생명공학법(Gentechnikgesetz)[29)]은 특히 인간의 생명과 건강, 동물과 식물 및 그외의 환경의 작용 구조와 물적 재화를 생명공학적 절차와 생산물 — 예를 들면 생명공학적으로 변형된 생물체 — 로 야기될지도 모를 위험에서 보호하고, 그러한 위험을 예방하는 데 목적이 있다(§1 Nr. 1). 나아가 생명공학의 연구·개발·이용과 학문적·기술적·경제적 가능성을 창출하는 것을 목적으로 했다(§1 Nr. 3).

이러한 목적을 이루기 위해 모든 안전문제를 검토·평가하는(§5) 중앙생물학안전위원회(Zentrale Kommission für die Biologische Sicherheit)를 설치했다(§4). 생명공학 시설 설립과 작업 수행, 생명공학적으로 변형한 생물체를 방출하기 위해서는 특별한 주의의무(Sorgfaltspflichten)와 기록의무(Aufzeichnungspflichten)를 적용한다.

이 생명공학법은 생명공학 연구의 자유와 생명·건강·환경 보호는 서로 형량되어야 한다는 승인의 전제 조건과 절차(§§8~16)를 설명했다. 또 생명공학을 수행하는 과정에서 생기는 손해배상 규정(§§32ff)과 벌금·형벌 규정(§§38~39)도 마련했다. 최근 개정에서는 학문연구의 자유를 필요 이상으로 제한하는 규정도 도입했다. 이 점에서 게하르트 고트샬크의 발표와 니더작센 주정부가 연방헌법재판소에 생명공학 개정법의 규범 통제를 제기했음을 상기하고자 한다.

넓은 의미의 환경보호에는 동물의 보호도 포함된다. 1998년의 동

29) 1993년 12월 16일(BGBl. Ⅰ, S. 2066); 최종적으로는 2004년 12월 21일 Gesetz zur Neufassung des Gentechnikrechts(BGBl. 2005 Ⅰ, S. 186)으로 개정.

물보호법(Tierschutzgesetz)[30)]에서는 학문연구에서 행하는 동물실험을 제한(§§7ff)하고, 허용 범위는 관할청(§8)이나 윤리위원회의 결정에 따르게 했다. 이 윤리위원회는 동물실험을 하지 않거나 앞으로 하지 않을 전문학자 다수로 구성했다. 동물실험의 승인은 동물의 보호라는 법적 가치 — 구체적으로는 동물의 고통의 피 — 와 학문의 자유 — 구체적으로는 기초 연구의 의미에서도 기대되는 지식의 획득 — 간의 이익형량에 따라야 한다.

3) 신체와 생명의 보호

학문연구의 한계는 인간의 건강과 생명이다. 게하르트 고트샬크는 보고에서 인공 바이러스의 형성과 병인성 박테리아의 방출이 인간의 생명과 환경에 얼마나 큰 위험을 가져오는지를 보여주었다. 여기서 박테리아와 바이러스 관련된 연구의 자유 한계가 나타난다.

신체와 생명의 보호를 고려하면 심각한 인간실험은 그것이 진정 학문의 목적에 기여하더라도 허용되지 않는다. 그러나 임상연구에서는 그동안의 방법으로는 환자의 생명을 구할 수 없고 마지막 가능성이 있을 때, 학문적으로는 확실하지 않지만 중요한 지식을 획득하는 치료 목적의 실험(Heilversuch)이 이루어지는 상황을 상정할 수 있다. 이러한 가망이 없는 상황에서 치료적인 실험은 당연히 사전 설명과 환자나 대리인의 동의를 받아야 한다.

학자의 인간실험에 대해서는 다음과 같은 역사적 기억(Reminis-

30) 1998년 5월 25일(BGBl. Ⅰ, S. 1105), 최종적으로는 2002년 8월 6일의 법률(BGBl. Ⅰ, S. 3082)로 개정.

zenz)이 있다. 막스 플랑크 게젤샤프트(Max-Planck-Gesellschaft)의 전신인 카이저 빌헬름 게젤샤프트(Kaiser-Wilhelm-Gesellschaft)가 나치 정권에서 행한 역할에 대한 연구에서는 특히 과학자가 생물학 연구에서 '명백히 윤리적 한계를 일탈'했음을 드러냈다. 그들은 인간실험에 참여해 시설과 수용소에서 살육당한 사람들의 표본을 보내도록 했다. 조사를 해보니 정부는 카이저 빌헬름 게젤샤프트의 학자들에게 인간실험을 하라고 강요하지는 않았지만 그들의 학문적 야심의 한계를 제거해주고, 도덕규율을 무효로 만들었다고 한다.[31]

4) 인간의 존엄성

학문 자유의 또 다른 한계는 기본법 1조 1항만이 아니라, 최근에는 모든 유럽의 헌법[32]과 헌법조약[33]에서도 보장하는 인간의 존엄성이다. 생의학 영역에서 최근의 연구와 절차들은 인간존엄성의 보장이 생의학 연구를 어느 정도 제한할 것인지의 문제를 토론하는데 풍부한 고찰 소재를 제공했다.

이안 빌무트(Ian Wilmut)는 2005년 3월에 프랑크푸르트 바울 교회에서 파울 에어리히 상을 받았다. 빌무트는 돌리(Dolly) 복제의 시조다. 그는 이제부터는 인간의 배아로 실험을 할 것이며, 소위 연구복제를 계속 발전시키겠다고 했다. 여기서 무엇이 문제가 되는

---

31) *Mechthild Küppers*의 간략한 보고서인 Die Schuld der Wissenschaft, in: Frankfurter Allgemeine Zeitung 2005년 3월 16일자 Nr. 63, S. 3; 상세히는 *Arno Orzessek*, Süddeutsche Zeitung 2005년 3월 21일자 Nr. 66, S. 16.

32) 벨기에 헌법 23조 1항, 핀란드 헌법 1조 2항, 그리스 헌법 2조, 이탈리아 헌법 41조, 포르투갈 헌법 1조, 스웨덴 헌법 1장 2조 1항, 스페인 헌법 10조, 스위스 헌법 7조.

33) 유럽헌법조약 61조.

가? 복제는 유전학적으로 같은 세포를 인공으로 만드는 것을 말하하고(그리스어로는 klón=자손), 다양한 목적에 기여할 수 있는 방법(Methode)을 의미한다.

세포핵 치환이라고도 하는 소위 '치료 목적의 복제'(therapeutische Klonen)는 시술 환자의 체세포 세포핵을 핵을 제거한 수정되지 않은 난자로 이식한다. 이 난자는 될 수 있으면 젊은 여성에게서 수술로 채취한다. 2차감수분열의 중기에 수정될 수 있는 난자는 다음과 같이 무성으로 생식할 수 있는 상태에 도달한다. 즉, 기증자 세포와 수증자 난세포의 막이 충분히 맞닿으면 적절한 전기자극이나 화학반응으로 두 막이 국부적으로 혼합된다. 그러면 기증자 세포는 수증자 난세포의 세포질 속으로 들어간다.[34)]

여기서 새로운 전능세포(totipotente Zelle)가 생기는데, 이는 수정란 세포와 비슷하게 배반포(Blastozyste)가 될 수 있다. 즉 배가 형성(Embryonalentwicklung)되기 시작하는 것이다. 게르트 하젠푸스는 자신의 보고에서 배가 형성되기 시작된다는 것에 의문을 제기했다.

이러한 방법으로 우선 환자의 유전형질을 가진 배아줄기세포(embryonale Stammzelle)를 얻기를 바라는 것이다. 따라서 몸에서 저항작용을 일으키지 않으면서 환자의 고유한 특성을 가진 조직이나 기관을 얻을 수 있다. 확실하지 않은 것은 한번 이식되면 배아의 분화력(Potenz)이 계속 증폭하거나 종양(Tumore)이 생길 것인지의

---

34) 이 설명은 동물복제에 적용하는 기술과 기타의 발전을 근거로 한 배아보호법상 입법자의 행위 요구 문제에 관한 보고를 근거로 했다(Bundestag, Drucksache 13/11263, S. 8). 또한 '인간배아줄기세포' 문제에 대한 독일연구협회의 입장 설명도 참조, http://www.dfg.de/aktuell/stellungnahmen/lebenswissenschaften/eszell_d_99.html, S. 2.

여부다. 이식한 조직이 저절로 없어질 때까지 그러한 경로를 벗어난 힘을 억제하는 방법을 연구하고 있다. 복제는 체세포 기증자를 위한 이러한 기관 대체(Organersatz) 외에 두 번째로 배아줄기세포에 대한 기초 연구의 가능성도 연구하고 있다. 치료나 연구에 필요한 줄기세포를 뽑아내면서 배아가 소모되게 된다.

기술한 방법으로 일어나는 '반복적인 복제(reduplizierendes Klonen)'는 자궁에 착상되면 인간이 될 배아를 얻는 것을 목적으로 한다. 이 인간은 체세포 세포핵의 기증자와 유전적 특성이 같기 때문에 유전적으로 편친자(Einelternkind)다. 물론 사람의 체세포에서는 조심스럽다(cum grano salis). 고등생명에서 성공률은 1,000분의 1이다.[35] 돌리 복제에서 우리는 그것이 체세포를 기증한 사람의 나이에 달려 있음을 알 수 있다.

'진단 목적의 복제(Klonen zu diagnostischen Zwecken)'는 배반포 초기 연구 단계에서 딸세포(Tochterzelle)로 분리되는 것을 말한다. 이것은 인공적인 일란성 다생아의 형성에 해당한다. 복제된 개체는 진단 목적에 사용한다. 불리한 진단이 나오면 원래의 배아는 폐기한다.

모든 개별적인 경우에 인간존엄성의 보장으로 무엇을 보호하는가에 대해서는 본질적이지 않은 영역에서 여전히 논쟁이 따른다. 여기서 다루는 복제는 인간존엄성의 보장에 내포된 금지, 즉 인간을 다른 목적을 위해 단순한 수단으로 만들면 안 됨을 지적하는 것으로 족하다. 이것은 국가만이 아니라 개인도 마찬가지다.

---

35) *Pschyrembel*, Wörterbuch der Sexualität, 2003, S. 277.

연방헌법재판소는 1975년과 1993년 두 번에 걸친 낙태 판결에서 '태어나지 않은 인간의 생명'도 인간존엄성의 보장에 포함됨을 보여주었다.[36] 그것은 태어나기 전 다양한 단계의 생명과정에서 인간 존재의 불가결한 발전단계가 문제되기 때문이라고 했다. 인간의 생명이 있는 곳에는 인간의 존엄성이 있다고 한다.

인간존엄성의 보장이 보호하는 인간은 언제 시작되는가? 이중염색체와 무성으로 생식된 복제 배아를 가진 수정란세포는 인간으로 발전할 완전한 프로그램을 갖고 있고, 이것은 인간의 존엄성을 보호하는 근거다. 복제세포의 핵융합과 전능세포의 발생으로 결정적인 질적 휴지(休止) 없이 기관으로 분화해 생성시킬 수 있는 지속적이고 자기조정적인 발생과정이 시작된다.

인간의 존엄성이 인간에게 귀속되는 것은 인간이 단지 지능 있는 생물로 인간(Homo sapiens)에 속하기 때문이다. 인권은 누가 그러한 권리의 주체인지를 판단할 권한은 누구에게도 없음을 전제로 한다. 여기서 생물학적으로 축소해서 보거나, 인간의 존엄성을 보호하기 위해서 의사소통 능력이 있는 인간이라고 하는 사회적 승인을 요구하는 것은, 배아가 의사소통 능력이 있는 인간으로 예정되어 있음을 무시하는 것이다.

배아를 물질로 취급할 수 있는가? 인간의 존엄성이라는 헌법의 보장은 그 보장을 해석할 때 간과해서는 안 되는 바의 정신사적 지평에 서 있다. 인간의 존엄성 해석은 현실적인 필요에 따라 임의로 재단하면 안 된다.

---

36) BVerfGE 29, 1, 41; 88, 203, 252.

철학적 전통은 인격(Person)과 사물(Sache)을 구별한다. 칸트는 "왜냐하면 거기서 만든 것은 인격이고, 성장을 조작해 자유가 부여되는 존재를 만든다는 개념은 있을 수 없기 때문이다. 그래서 우리가 생식 행위를 개인의 허락 없이 태어나게 하고, 독단적으로 세상으로 데려온 그런 것으로 보는 것은 실천적 관점에서 전적으로 옳고 필요한 생각이다. … (부모는) 자녀를 자신의 작품(Gemächsel)처럼 취급하거나 — 왜냐하면 그러한 것은 결코 자유가 부여된 존재일 수 없기 때문이다 — 자신의 재산처럼 파괴할 수 없고, 그렇다고 되는 대로 내버려 둘 수만도 없다. 왜냐하면 부모는 자녀를 단순한 세상의 존재로서만이 아니라 세계시민으로, 이제는 법의 개념으로 볼 때도 마찬가지일 수 없는 어떤 상태로 끌어올렸기 때문"[37]이라고 했다.

수정된 난세포의 인격적 존엄(Personenwürde)을 부인하고 사물로 취급하면 사물이 언젠가는 인격이 될 수 있다는 것이 타당해야 하는데, 나에게는 철학적으로나 법적으로나 불가능한 것으로 보인다. 이렇게 정의함으로써 이러한 논증은 기본법의 효력 범위를 벗어나 계몽주의의 전통에 있는 모든 법질서로 확대된다. 배아에게 인간의 존엄성을 인정한다면 시험관 속에서 배아의 발생은 뒤이어 난세포가 만들어지는 여성에게 착상될 목적으로만 허용된다.

따라서 배아의 발생 능력(Entwicklungsfähigkeit)에 의문을 제기하고, 연구에 사용하려고 아직 착상되지 않은 배아의 '무정착성(Unbehaustheit)'을 주장할 수 없다. 체외수정은 치료 목적의 개별

---

37) *Immanuel Kant*, Metaphysik der Sitten(1797), hg. v. Vorländer, 4. Aufl. 1922, Rechtslehre §28.

적 조치에서만 정당화된다. 시험관에서 생성된 배아가 자궁에 착상되지 않고 연구나 타인의 치료에 사용하거나 진단 후에 폐기된다면, 배아는 다른 목적의 수단으로만 사용하고 자기 목적성(Selbstzweckhaftigkeit)이 경시되는 것이다.

여기서 인간의 존엄성에 대한 침해를 볼 수 있다. 따라서 배아의 생명권과 질병치료 및 다른 사람의 생명의 연장하기 위해 배아를 사용하는 연구에서 기대되는 장점들 간의 형량은 처음부터 허용되지 않는다. 단지 침해를 막기 위해 침해자에게 생명권의 제한을 허용할 뿐이다. 배아는 그 누구도 침해하지 않는다.

헌법의 보호를 받는 생명의 시작을 어느 정도 뒤의 시점으로 잡는 새로운 해석이 나오고 있다. 헌법상의 생명과 존엄의 보호는 적어도 — 영미의 용어 예에 따르면 — 전(前) 배아(Präembryonen)라고 부르는 초기 배아에 적용되는 것은 아니다. 배아의 생명권과 연구의 목적은 원칙적으로 동위의 형량관계에 있다. 그 근거를 찾으려고 영미 문헌들을 인용하는데, 여기서는 공인되지는 않았지만 생명의 시기에 대해 더 다양한 견해와 그에 적합한 견해가 지배적이었다.

이러한 주장의 배경에는 권리와 존엄은 주어지는 것, 즉 부여되거나 수여되는 것이라는 관념이 있다. 이 주장은 세포핵 융합은 계속성(Kontinuität)과 잠재성(Potentialität), 동일성(Identität)의 관점에서 개별적인 인간생명의 시작으로 의문을 제기하는 데 이르게 된다.[38] 이 주장은 배아는 연구 목적을 위해 시험관에서 만들 수 있고, 이

38) 이에 대해서는 *Christian Starck*, Verfassungsrechtliche Grenzen der Biowissenschaft und Fortpflanzungsmedizin, in: Juristenzeitung 2002, S. 1065, 1068f.

때 연구의 소재, 즉 사물임을 강조하게 된다. 그러나 배아는 어떤 것(Etwas)이 아니라 어떤 사람(Jemand)이고, 무엇(Was)이 아니라 누구(Wer)라는 것을 유지해야 한다.

3. 실용주의 도취에 대한 경고

학문적 공명심(wissenschaftlicher Ehrgeiz)은 도덕적이고 법적인 연구의 한계를 벗어날 위험이 있다. 그러한 일탈이 선량한 목적으로 정당화될 때는 특별히 주의해야 된다. 윤리는 기술적 가능성을 따르지 않으면 안 된다는 것은 비단 자연과학에서만 그러한 것은 아니다. 신학자 요하네스 피셔[39]는 재생산 기술과 복제 가능성으로 배아의 지위에 대한 사고의 전환이 필요해졌다고 했다.

여기서 최대 다수의 최대 행복이라는 공리주의적 윤리관을 근거로 하는 황홀경(Rauschzustand)이 등장하는 것처럼 보인다. 이 황홀경에서는 특히 개별 생명의 시작과 종말에서 인간의 존엄성이 떠내려가 버린다. 여기서 경종을 울린다면 철학적 실용주의를 발견한 제러미 벤덤은 프랑스의 '인간과 시민의 권리 선언'을 웅변적인 넌센스, 즉 과장된 넌센스로 취급했음을 상기할 수 있을 것이다.[40]

---

39) *Johannes Fischer*, Neue Zürcher Zeitung 2001년 9월 2일자/Nr. 211, S. 16; 특히 현재 인간배아의 지위를 인위적인 목적 설정과 처분에 종속시킬지도 모를 체외수정의 도입과 관련해 소극적인 입장으로는 *ders.*, Das christliche Lebensverständnis als Motiv und Kriterium für den Umgang mit Leben, in: E. Herms(Hg.), Leben, 2005, S. 135, 146f.

40) *Jeremy Bentham*, Anarchical Fallacies, Being an examination of the Declaration of Rights issued during the French Revolution, in: Jeremy Waldron(ed.), Nonsens upon Stilts, Bentham, Burke and Marx on the Rights of Man, 1987, S. 46, 53.

7장.
배아의 도덕적 지위

1. 생식의학과 배아의 보호

생식의학(Fortpflanzungsmedizin)은 얼마 전부터 난세포(Eizelle)와 정자(Samenzelle)를 시험관에서 결합시켜 여성의 체외에서 인간의 생식이 일어날 수 있게 했다. 이렇게 해서 생긴 배아(Embryo)는 난세포를 만드는 여성의 자궁에 착상된다. 이렇게 하는 목적은 나팔관 기능장애(Eileiterfehlfunktion) 같은 신체적 결함을 극복하기 위해서다.

체외수정(In-vitro-Fertilisation)은 생식 행위와 결과의 통제 가능성을 높였다. 이로써 생식 성분과 생식 후 수정된 난세포를 현미경으로 감별해서 선택할 수 있게 하는 새로운 의학의 장이 열리게 되었다. 독일 연방과학기술부 장관(Bundesforschungsministerin)인 불만은 착상 전 유전진단(Präimplantationsmedizin)[1)]에 찬성했고,

1) 역자 주: 난자와 정자의 수정란이 자궁에 착상되기 전에 수정란 상태에서 염색체 이상이나 유전질환을 진단해 정상 수정란만을 자궁에 이식하는 방법. 이로써 유전질환이 없고, 염색체가 정상인 건강한 자녀를 임신할 수 있게 된다.

연방의사협회(Bundesärztekammer) 의장은 착상 전 유전진단 지침의 논의 초안을 제시한 바 있다.[2)]

현재 생식의학은 3단계에 도달해 있다. 그러나 어떤 유전적 질병의 흔적을 찾아낼 — 소극적 우생학 — 목적의 연구 수단이나, 심지어 장래 '더 우수한 인간'으로 개량할 — 적극적 우생학 — 목적의 연구 수단으로 수정 난세포를 사용할 때는 그것을 넘어서게 된다. 이러한 연구에서 배아가 '소모되는(verbraucht)' 것이다. 소위 치료 목적의 복제에서는 시술 환자의 체세포 세포핵을 핵을 제거한 2차 감수분열 중기의 난세포로 옮긴다. 이러한 방법으로 환자의 특징적인 징표를 가진 조직과 기관을 아무런 거부작용 없이 얻게 된다. 이 과정에서 인간인 개체로 발전할 수 있는 전능세포(totipotente Zelle)가 생기면 치료 목적의 복제는 결국 배아를 소모하는 결과가 된다.

1991년 1월 1일부터 시행한 독일의 배아보호법(Embryonenschutzgesetz)[3)]은 생식기술의 불법 사용을 형사처벌한다. 예를 들면 난세포를 생산하는 여성에게 임신하게 하는 것 외의 목적으로 체외수정하는 것(1조 2항), 배아가 자궁에 착상되기 전에 여성의 몸에서 배아를 분리하는 것(1조 1항 6호), 생존자와 사망자, 태아나 배아의 유전 정보(클론)를 인공적으로 다른 배아로 이식하는 것(6조 1항)은 형사처벌의 구성 요건에 해당한다. 같은 법 8조는 핵융합의 시점에서부터 인간으로 발전할 수 있는 수정된 난세포를, 필요한 다른 전제 조건이 있을 때는 분열해 개체로 성장할 수 있으므로 배아에서

2) Zeitschrift für Lebensrecht 2000, S. 25f에 실렸다.

3) 1990년 12월 13일자 Bundesgesetzblatt I, S. 2747.

추출한 모든 전능세포를 배아로 명명했다.

형벌 규정이 있는 독일의 배아보호법은 체외에서 만든 배아는 연구나 기타 목적으로 쓰면 안 되고, 유전적 소질이 열등하더라도 선별하거나 포기하면 안 되며, 오히려 그 자연적인 목적에 맞게 인간으로 태어날 기회를 가져야만 한다는 분명한 가치판단에 근거했다.[4)]

최근 영국 의회가 난세포 수정 후 14일까지 줄기세포를 얻기 위해 유전적으로 복제된 배아의 생산을 허용하는 결정을 발표했다. 이에 고무된 독일에서는 새로운 치료 가능성을 연구하고, 이를 활용할 수 있도록, 생의학 연구의 발전이 방해받지 않도록 배아보호법을 개정할 것을 주장한다.[5)]

이러한 주장은 낙태, 즉 생긴 지 3개월 안에 태아를 죽이는 것은 사회적으로 용인되어 있다는 것, 그러므로 중병을 앓는 사람들과 최종적으로는 전체 인류에게 도움이 될 수 있는 새로운 치료 가능성을 연구하기 위해 배아를 사용할 수 없는 이유가 분명하게 납득되지 않는다는 것을 근거로 했다. 착상 전 유전진단과 배아의 선별 가능성을 찬성하는 논거는, 그것으로 임신 초기에 모체가 병에 걸려 태아에 문제가 생겨 낙태하는 것(embryopathische Abtreibung)을 피할 수 있다는 것이다. 배아를 '소모적으로' 취급하는 연구와 착상 전 유전진단 허용 여부는 어떤 기준으로 판단할 수 있을까?

---

4) 이는 *Keller/Günther/Kaiser*, Kommentar zum Embryonenschutzgesetz, 1992, vor § 1 Rdnr. 4; *Rainer Beckmann*, Zur Strafbarkeit der Präimplantationsdiagnostik nach dem Embryonenschutzgesetz, in:Zeitschrift für Lebensrecht 2001, S. 12ff. 여기서는 기타 참고문헌도 소개했다.

5) Empfehlungen der Deutschen Forschungsgemeinschaft zur Forschung mit embryonalen Stammzellen, in: Frankfurter Allgemeine Zeitung vom 11. Mai 2001, S. 53 참조.

2. 배아의 도덕적 지위

법률가라면 여기서 헌법 규정을 먼저 생각하게 된다. 그러한 헌법 규정은 연방헌법재판소와 다수 의견으로 해석하고, 그리스와 스위스에서도 비슷한 헌법 규정을 적용한다. 그러나 국제적인 의학 연구와 치료 방법으로 볼 때 배아의 도덕적 지위에 대한 철학적 판단과 국제법도 고려할 가치가 있다.

기본법 1조는 이렇게 시작한다. "인간의 존엄성은 불가침이다." 그러나 이것으로 아무런 정의도 내려져 있지 않다. 오히려 헌법의 처음에 전체 법질서에 대한 근본 규범으로 특별히 엄숙하게 표현했다는 헌법적 보장이 중요하다. 인간의 존엄성 규정의 규범성은 인간의 존엄성을 '존중하고 보호할' 의무[6]를 모든 국가권력에 부과하는 1조 2문[7]에 명백히 나타나 있다.

연방헌법재판소는 1975년과 1993년 두 번에 걸친 낙태 판결에서 태어나지 않은 인간의 생명도 인간존엄성 보장의 보호를 받는다고 판단한 바 있다.[8] 아직 태어나지 않았지만 존재하는 생명도 그 자체에 인간의 존엄성이 있다. 성장과 후에 인격을 발현하려면 생명이 실존적인 기초이므로 존엄성 보장은 기본법 2조 2항[9]과 스위스 헌법 10조[10]에서 특히 보장하는 생명의 보호를 포함한다. 연방헌법재

6) 그렇게는 그리스 헌법 2조 1항(역자 주: "인간의 존엄성을 존중하고 보호하는 것은 국가의 기본 의무다")과 스위스 헌법 7조(역자 주: "인간의 존엄성은 존중되고 보호되어야 한다"); 비슷하게는 스페인 헌법 10조와 포르투갈 헌법 1조.

7) 역자 주: 기본법 1조 2문: "인간의 존엄성을 존중하고 보호하는 것은 모든 국가권력의 의무다."

8) BVerfGE 39, 1, 41; 88, 203, 252.

9) 역자 주: 독일 기본법 2조 2항 1문: "모든 사람은 생명과 신체의 완전성에 대한 권리가 있다."

10) 역자 주: 스위스 헌법 10조 1항: "모든 사람은 생명에 대한 권리가 있다. 사형은 금지한다."

판소는 태어나지 않은 생명도 적어도 착상에서 인간존엄성 보장의 보호를 받는다고 했다. 이러한 낙태 판결에서는 여성의 체내에 있는 배아가 문제가 되었는데, 이는 착상 전에는 생명이 될 가능성이 확실하지 않고, 그 존재도 쉽게 입증할 수 없다는 문제가 있다.

그러나 체외수정은 문제가 다르다. 왜냐하면 앞에서 말한 어려움들이 상당 부분 빠져 있기 때문이다. 연방헌법재판소가 낙태 판결에서 고려한 인간으로서의 개체의 존재는 난세포 수정과 함께 — 자연적인 방법이든 시험관을 통해서든 — 이미 확정되어 있는 것이다.[11] 이로써 결정적인 질적 중간 휴지(Zäsuren) 없이 발전과정이 이루어져 기관이 분리되고, 이윽고 태어나는 것이다.[12]

1. 철학적 문제

인간의 수정된 난세포의 이러한 자연적 목적성은 법에 선재하는 것으로, 임의적인 평가에서 벗어나 있다. 그러므로 원칙적으로 배아는 인간의 존엄성과 생명의 보호를 향유하는 것이다. 이 경우 존재에서 당위를 도출하는 것이므로 그 자체가 잘못된 결론이라고 주장하는 사람은 그때그때의 발전단계에 맞춰 — 착상, 뇌기능의 시작, 생명력, 탄생, 자아의식의 시작, 정신적·영적 가치의 체험 능력 — 존엄성을 보호할 수 있는 경계를 설정하는 것은 모두 선별을 의미한다는 것을 인정해야 한다.

---

11) 스위스 연방법원 BGE 119, I. Teil, a) Verfassungsrecht, S. 460, 499ff(503)은 소모적인 연구와 배아 금지를 명시적으로 헌법에 합치하는 것으로 보았다.

12) *Wolfgang van den Daele*, Mensch nach Maβ?, 1985, S. 22ff.

선별 결정은 인간의 태아에 대해서는 완성된 인간이, 어린이에 대해서는 성인이, 정신질환자에 대해서는 건강한 사람이 내린다. 즉 언제나 강자가 내리게 된다. 인간은 많은 자연적·사회적 현상에 대해 — 전기 공급, 원자력 시설, 핵무기, 동성애, 인격 관련 데이터 취급 등 — 자신의 의견을 형성하고, 그에 따라 입법으로 어떤 식으로든 법에 영향을 미치는 가치판단을 하게 된다. 그러나 인간의 본질이 문제가 될 때는 자제해야 한다. 이것은 인간에 대한 최대한 넓은 의미의 정의만이 허용됨을 의미한다.[13]

이에 따르면 결코 정신적·영적인 가치체험을 형성할 수 없는 기형아나 정신질환자를 포함해, 어떤 발전 상태에 놓여 있는 인간의 배우자 생식세포(Gamet)에서 유래하는 모든 생명체가 인간 존엄성 성의 주체다. 물론 원칙적으로 한결같은 존엄성 및 생명의 보호와 각각의 인간생명의 발전 상태에 따른 차별은 모순되지 않는다. 즉 미출생과 출생, 정신질환과 건강, 나이 등 생명권이 침해되지 않는 한도에서는 가치평가를 할 수 있다. 이러한 가치평가는 각각의 법질서에서 전적으로 다를 수 있다.

2. 국제법에서 인간의 존엄성과 생명의 보호

이제 인권에 관한 국제 규약과 관련해서는 태어나지 않은 인간의 생명과 체외에서 만든 배아도 명시적으로 보호되지 않음을 확인할 수 있다. 그러나 이러한 보호는 별 어려움 없이 관련 조문에서 도출

13) *v. Mangoldt/Klein/Starck*, Das Bonner Grundgesetz, Bd. Ⅰ, 4. Aufl. 1999, Art 1 Rdnr. 17f.

할 수 있다.

1950년 11월 4일의 유럽인권협약(Europäische Konvention zum Schutze der Menschenrechte und Grundfreiheiten: EMRK) 2조[14)] 에는 모든 인간의 생명에 대한 권리가 포함되어 있다. 유럽인권법원(Europäische Gerichtshof für Menschenrechte)은 이러한 권리를 배아로 확대하는 것에 아직까지 결정하지 않았고, 그 전부터 있었던 유럽인권위원회(Europäische Kommission für Menschenrechte)는 낙태 사건에서 이 문제를 명시적으로 유보했다.[15)]

1997년 4월 4일의 인권과 생의학에 대한 유럽회의(Europarat)의 합의는 5개국 — 그리스도 포함된다 — 이 비준한 후 1999년 시행되었다. 이에 대해 독일은 보호가 충분하지 않다는 이유로[16)] 아직까지 서명하지 않았고, 스위스도 아직 비준하지 않았다. 이에 따르면 연구를 목적으로 하는 인간 배아의 생산을 명시적으로 금지하고(18조 2항), 시험관 배아의 연구를 허용할 때는 법질서에서 배아에 대한 어떤 적절한 보호를 요구했다(18조 1항). 1998년 1월 12일의 추가 협정(Zusatzprotokoll)으로 인간생명의 유전적 복제(클론)를 금지했다. 이로써 유럽 의회는 인권협약(Menschenrechts-konvention)에서 보장한 생명보호를 1950년에는 알려지지 않았던 의학기술과 관련해 명시

---

14) 역자 주: 유럽인권협약 2조:"① 모든 사람의 생명에 대한 권리는 법적으로 보호한다. 사형이 법적으로 규정한 어떤 범죄로 인하여 법원이 내린 사형판결의 집행 이외에 누구도 의도적으로 살해되지 않는다. ② 다음을 위해 반드시 요구되는 실력 행사로 살해되었을 때는 이 규정을 침해한 것으로 간주하지 않는다. a) 위법적 폭력에서 누구를 방어하기 위한 경우 b) 어떤 사람을 합법적으로 체포하거나, 합법적으로 자유가 박탈된 사람이 도주하는 것을 막는 경우 c) 소요나 폭동을 진압하기 위한 경우."

15) *Frowein/Peukert*, Europäische Menschenrechtskonvention, 2. Aufl. 1996, Art. 2 Rdnr. 3.

16) *Ekaterina Iliadou*, Forschungsfreiheit und Embryonenschutz, 1999, S. 218ff, 221f 참조.

적으로 배아에 대해서도 확대·적용하게 되었다.

1966년 12월 19일의 『시민적 정치적 권리에 관한 국제규약』(Internationales Pakt über bürgerliche und politische Rechte)의 서문은 개인에게 보장한 권리를 생명권도 인간에 내재하는 존엄성에서 도출했다. 이 점에서는 국제연합헌장(1945)과 인권에 관한 세계선언(1948) 서문의 존엄성 규정과 관련되어 있다. 인간에 내재하는 존엄성은 이미 배아 단계에서 형성되므로, 오늘날의 의학적 가능성의 관점에서 배아에게도 인간존엄성의 보호를 부여하는 것으로 이 국제규약을 해석하는 데 모두 찬성했다. 이러한 것을 명백히 하기 위해서 그것과 상응하는 유럽회의의 합의를 계속 추구해야 한다.

3. 판례에서 평가의 모순

최근 독일에서는 연방헌법재판소의 두 번째 낙태 판결을 원용해 배아보호는 모순이라는 주장이 제기되었다. 연방헌법재판소는 1975년과 1993년에 재확인하면서 의학적으로 필요하지 않은 임신중절은 임신기간 전체를 통틀어 불법으로 보고 금지하는 것으로 결정했다.[17] 아직 태어나지 않은 인간의 생명권은 한정된 기간이더라도 법적으로 구속되지 않는 자유로운 제3자의 결정이나 모의 결정에 맡기면 안 된다고 한다. 그럼에도 연방헌법재판소는 임신 3개월 안에 국가가 태어나지 않은 생명에 대한 형법적 보호를 폐지하고, 태아를 끝까지 떼지 않도록 임신한 여성의 의무적인 상담에 중점을 두는 것

17) BVerfGE 39, 1, 44; 88, 203, 255.

을 허용했다.[18)]

이러한 상담과 그에 대한 한정 조건, 즉 임산부를 법적으로 구속하는 최소한의 조건을 연방헌법재판소는 구체적으로 확정했다. 아쉽게도 이것을 독일 연방입법자들이 무력하게 만들었다.[19)] 바이에른 주입법자들이 성실하게 수용했지만 연방헌법재판소의 다른 재판부가 권한에 모순된다고 판단하면서 관련 법률 규정을 무효로 선언해버렸다.[20)] 그러나 여기서 연방헌법재판소의 판례가 배아보호를 중지하거나 폐지시킨 것으로 생각하는 것은 잘못이다.

태어나지 않은 생명의 보호가 입법과 연방헌법재판소 1재판부의 최근 판결로 더욱 약화된 것은 매우 유감스러운 일이다. 그러나 이것은 연방헌법재판소가 확인한 바 체외에서 만든 배아와 관련해 전적으로 타당한 존엄성 보호에는 아무런 변화가 없다. 왜냐하면 체외에서 만드는 한 임산부에 의한 임신의 수용이라는 문제가 존재하지 않기 때문이다.[21)]

낙태 판결과 체외에서 만든 배아의 법적 보호 사이에는 원칙적으로 아무런 평가의 모순이 없다. 모체 내의 태어나지 않은 생명을 보호함에서 입법의 태만과 그 보호의 사실상의 어려움으로 체외수정된 난세포의 보호에 의문을 제기할 수는 없다. 그것은 — 인간 개체의 모든

18) BVerfGE 88, 203, 270ff.

19) 이는 *Christian Starck*, Verfassungsrechtliche Probleme der deutschen Abtreibungsgesetzgebung, in: Festschrift für Hartmut Schiedermair, 2001, S. 377, 382ff.

20) BVerfGE 98, 265, 312ff; 이에 대한 비판은 *Christian Starck*, Neues zur Gesetzgebungskompetenz des Bundes kraft Sachzusammenhangs, in:Festschrift für Hartmut Maurer, 2001, S. 281, 289ff.

21) 역자 주: 본문의 판례는 체내에서 수정된 임신에 적용하는 것이라는 의미.

소질을 갖춘 — 인간의 배아로서 인간존엄성의 보호 속에 있다.

4. 연구 객체로서 배아

연구 목적으로 인간의 배아를 생산하는 것은 배아보호법으로도, 인권과 생의학에 관한 유럽회의의 합의로도 금지되어 있다. 이러한 금지로 존엄성 보호가 배아에게까지 확대되는 것은 필연적인 결과다.[22] 인간이 국가나 다른 인간에 의해 전적으로 다른 목적을 위해 사용하는 단순한 객체로 취급될 때는 언제나 인간의 존엄성 침해가 일어나게 된다. 연방헌법재판소가 결정[23]에서 사용하는 이러한 객체 공식(Objektformel)은 철학적 전통에서 유래한다.

칸트는『도덕 형이상학 원론』(1785)에서 "너 자신의 인격에서나 다른 모든 사람의 인격에서 인간을 언제나 목적으로 대하거나, 단지 수단으로 사용하지 않도록 행동하라"[24]고 했다. 태어난 것이 아닌 생산된 생명도 칸트에 의해 명시적으로 인격적 존재, 자유가 부여된 존재로 명명되었다.[25]

법이론 서문에서 한 사람은 자신의 행위에 책임을 질 수 있는 그러한 주체라고 한다면,[26] 이는 생산된 생명도 사람이라는 말과 모순되어서는 안 된다. 왜냐하면 이 입장은 생산된 생명에 사람이 될 잠재성을 인정한 것으로 이해하기 때문이다. 이 입장을 다른 의미로

22) 그렇게는 또한 *Iliadou*(각주11), S. 133; *Grote/Kraus*, Fälle zu den Grundrechten, 2. Aufl. 2001, S. 135ff, 148ff.

23) BVerfGE 27, 1, 6; 45, 187, 228; 87, 209, 228.

24) Ausgabe Vorländer, 1957, S. 52.

25) Metaphysik der Sitten(1797), Ausgabe Vorländer, 4. Aufl, 1922, S. 95(Rechtslehre §28).

26) Metaphysik der Sitten(각주19), S. 26.

이해하는 것은 유아나 미성년자의 잠재성을 문제 삼는 것과 같다.

배아를 이용한 소모적 연구는 이러한 인간의 배아를 전적으로 다른 목적에 제공하려는 것이다. 이러한 것은 선의의 목적이 문제가 될 때는 특히 강조되어야 한다. 선의의 목적이란, 예를 들면 유전질환을 새로운 방법으로 치료할 수 있게 하는 연구를 들 수 있다. 또 다른 선의의 목적은 줄기세포의 생산에서 찾을 수 있는데, 이 줄기세포로는 병든 기관을 대체할 수 있는 인간의 기관을 만든다.

이 두 가지는 인간의 고통을 덜어 줄 수 있는 것으로도 보인다. 인간의 안녕이 극대화될 것이므로 배아의 소모적 연구를 정당화하기 위해서 만이 아니라, 아마도 심지어는 이를 요구하는 데는 공리주의적인 동시대인들에게는 그것으로 충분한 것이다. 더욱이 공리주의적 사상에서는 배아의 선별을 위한 기초로 착상 전의 유전진단이 오늘은 유전질환을 앓을 자녀를 막고, 내일은 자녀에게 일정한 질적 수준을 보장하기 위해 정당화될 수 있다.

독일 연방수상사무처(Bundeskanzleramt)의 문화장관(Kulturstaatsminister)인 니다 뤼멜린 교수는 배아의 보호 가치성에 대한 도덕적 근거와 인간존엄성의 개념에 대한 글[27]에서 '사회의 공리주의적 전통과 칸트식 자율성'은 두드러진 국제적 도덕기풍과 결합되었다고 주장했다. 물론 배아의 보호 가치에 대한 문제에서는 그러한 식의 결합은 인정할 수 없다. 오히려 두 전통은 강하게 충돌하는 것이다. 공리주의자들은 인간의 안녕을 극대화하기 위해 배아의 소모적 연구를 허용하려고 하는 반면, 칸트학파 철학자들은 다른 인간

27) Süddeutsche Zeitung Nr. 28 v. 3./4. Februar 2001.

때문에 배아를 소모하는 것을 금했다.

이에 니다 뤼멜린 교수는 다음과 같이 기술하면서 밀리미터 기준으로 두 입장의 부조화를 독자적으로 어느 정도 해소했다. "그에 반하여 어떠한 감각 능력도 없는 몇 밀리 되지 않는 크기의 세포벽 — 자궁에 착상되기 전 최초 14일간의 배아 — 에 동일한 인간의 존엄성을 귀속시키는 것은 중요한 도덕적 기본 개념을 무가치하게 만든다."

세포벽으로 부르는 몇 밀리 크기의 배아라든가, 배아의 소모적인 연구에 대한 논의에서 단지 배아의 무사한 생존만이 문제되고, 또 문제될 수 있음에도 이러한 세포벽에 인간의 존엄성이 똑같이 귀속된다고 할 때는 어떤 도덕적인 기본 개념이 무가치하게 만들 위험이 있다는 등 참으로 언어 선택이 귀를 기울이게 했다. 위에서 인용한 문구에서 공리주의가 예리하고 정확하게 포착되는 것으로 보인다.

그러나 공리주의적 고려는 다음과 같은 것을 계산해야만 한다. 즉 유전질환을 앓을 자녀를 막기 위해 어떤 배아는 제거될 가능성이 존재하는 착상 전 유전진단은, 결국은 그러한 질병으로 고통받는 사람에게 그들은 원해서 태어난 것이 아니라는 것과 그들의 존재가 본래 회피될 수도 있었으며, 또 그렇게 되었어야만 했다는 것을 항상 분명히 보여주게 될 것이라는 점이다.

나아가서는 유전질환을 앓을 자녀를 막기 위한 착상 전 유전진단에서 어떤 특정한 질적 수준의 자녀 확보로 흘러가는 변화가 일어날 것이다. 아무튼 배아를 단지 다른 목적을 위해 생산하고, 단순한 객체로 활용하는 것에 대한 금지를 무시하는 것은 일종의 제방붕괴 같은 작용을 일으킬 수 있다. 인간을 위한 선의의 목적을 이루기 위해 배아를 연구 객체로 활용해야 한다면, 이것은 생존 능력이 있는 태아와 기형아의 관계에서 혹은 정신질환자와의 관계에서 결코 무시하지 못할 그외의 문제점이 나타날 것이다.

지금까지의 고찰은 배아의 착상에 대해 결정하기 전에 배아를 진단하고, 연구나 다른 사람을 치료할 목적으로 배아를 생산하는 것에 대한 국내법과 유럽법의 금지가 타당함을 입증했다. 한 생리주기에 감당할 수 있는 것보다 더 많은 난세포를 여성에게 수정하는 것을 금하는 헌법적 요청(배아보호법 1조 1항 5호)을 위반하면서 처음부터 불필요하게 생산한 배아는 위법으로 생긴 것이다. 따라서 연구 목적의 배아 생산의 금지를 우회하는 것이 될 것이다. 이 연구 목적으로 배아를 활용하는 것이 허용된다면 법 자체가 진지하게 받아들여지지 않게 될 지도 모른다. 착상 전에 유전진단을 '통과하지 못한' 배아도 마찬가지다.

체외수정과 난자를 만드는 여성의 자궁에 배아를 이식하는 것에 대해 헌법적으로 요구되는 '연관관계(Konnexitätsverhältnis)'는 배아가 남게 되는 문제를, 배아가 만들어지고 난 뒤 이식하기 전에 여성이 사망하거나 계획한 임신에 의학적 장애가 생기거나 알려지게 된 경우에만 발생하는 별것 아닌 것으로 취급할 것이다. 그러한 경우에 남은 배아를 자녀를 원하지만 자연적 방법으로 임신할 수 없는 여성에게 사용하는 것을 먼저 고려할 수 있다. 그렇게 하려면 적어도 배아보호법을 명백하게 개정해야 한다.

그런 다음에 남은 배아를 이용하는 연구가 문제가 될 수 있을 뿐이다. 이 배아들은 우선 착상과 강한 '연관성'에서 만들어졌다. 두 번째로는 이 배아들은 사후에 불가능한 것으로 증명되고, 세 번째로는 이 배아들이 자연적 목적에 맞게 자랄 수 있는 다른 자궁을 구하지 못하면 성장할 기회가 없게 되고, 사용하지 않아 생존 가능성이 없는 3개월 이후의 태아(Foeten)나 사람의 시체에 비견할 수 있다.

이러한 사실관계는 통상적인 경우의 시험관 배아와는 분명히 구별되고, 개별적인 경우에 명백해질 수 있어 어떠한 왜곡된 측면도 나타나지 않고 배아의 보호가 허사가 되지는 않는다. 추가 배양과 착상에서 법률상 확인할 수 있는 '연관성'과 관련해 그런 드물게 나타나는 경우에 배아를 인간의 존엄성을 훼손하지 않고 연구 목적으로 사용하는 것을 허용할 수 있을 것이다. 자기 목적의 충족이 불가능하게 되었기 때문에 배아는 다른 목적에 제공될 수 있다.

Ⅲ부.

선거 · 정부 · 입법

1장.
민주적 헌법국가의 선거

1. 선거의 목적, 대표·통합·정당성·통제

민주적 헌법국가에서 선거는 불가피한 전제 조건이다. 개별 민주국가에서 채택하는 선거제도는 많은 기술적 세부 사항과 함께 매우 다양하다. 즉 선거법은 상당히 기술적인 법이다. 여기서 기술이란 다른 법에서와 마찬가지로 목적을 이루기 위한 단순한 수단에 불과하다. 기술로써 그리고 도구로써 선거법의 활용을 조종하고 판단하려면 무엇보다 선거의 목적을 잘 알아야 한다. 선거제도는 민주주의 원리를 실현시켜야 한다. 선거제도는 유권자의 표를 의석으로 바꾸는 방법이다.[1)]

이러한 과정을 주도하는 사상은 무엇일까? 민주적 헌법국가에서 선거의 목적은 국민을 대표하고 통합시킬 뿐만 아니라, 국가권력을 정당화하고 통제하는 것이다. 이런 목적을 이루기 위해 어떤 수단을

1) *Vermon Bogdanor*, in: Bogdanor/Butler(Hg.), Democracy and Elections, 1983, S. 1.

사용하는가는 법학이나 정치학적 측면에서 볼 때 획일적으로 해결할 수 있는 문제는 아니다. 왜냐하면 거기에는 현존하는 사회적 관계, 특히 국민의 사회적·문화적 동질성 정도와 역사적 경험과 더 나아가서는 성향이나 기질이 중요하게 작용하기 때문이다.

실제 현실에서 작용하는 여러 선거제도의 이면에는 우선 대표관념이 내재되어 있다. 여기서 그것이 선거의 일반성과 평등성에 기초하고, 그래서 선거에서는 전체 국민의 평균적 대표가 나타난다는 점만이 우리의 관심사다. 따라서 신분이나 특정 여론조사에 구속되는 어떠한 대표도 제외된다.[2] 그러한 대표는 여기서 중요하게 여기는 민주적 헌법국가에 맞지 않으므로 관심의 대상이 아니다.

민주주의는 대표가 필요하다. 이것은 공통의 과제를 안고 많은 사람이 모여 사는 현대 국가에서는 단체적 조직의 자연적 형태다.[3] 대표가 되는 것은 항상 이해관계와 사상의 다원주의가 정의로운 질서를 지배하는 경험적 국민이다.[4] 그러므로 대표민주주의는 다수의 결정을 요구하는 것이다.

선거는 자연적으로나 경험적으로 항상 존재하는 다원주의의 범주에서 최소한의 통합작용을 해야 하는 대표의 총체적 행위다.[5] 이 통합은 여러 단계를 거친다. 19세기에 모든 계층의 국민에게 선거권을 확대한 것과 20세기 전반에 여자에게 선거권을 확대한 것은 개별 국가에서 정치적 체제의 통합작용에 기여했다. 오늘날은 상이한

---

2) *Peter Badura*, Bonner Kommentar, Zweitbearbeitung des Art. 38(1966), Rdnr. 2~12 참조.

3) *Hans Meyer*, Wahlsystem und Verfassungsordnung, 1973, S. 200.

4) *Christian Starck*, Der demokratische Verfassungsstaat, 1995, S. 163f.

5) *Karl Löwenstein*, Verfassungslehre, 3. Aufl. 1975, S. 277ff.

법적·사실적 요소의 복잡한 관계 속에서 작용하고, 나라마다 다른 선거제도의 통합 실행이 문제가 된다.[6] 선거제도가 선거인단의 통합과 의회와 행정부에서 정치적으로 활동 능력이 있는 공동 의사의 형성을 얼마나 촉진하는가 아니면 방해하는가 하는 문제는 모든 민주주의에서 제기되는 중요한 정치적 의문이다.

1928년 루돌프 스멘트[7]는 선거를 통합의 관점에서 다음과 같이 특징지웠다. 즉 선거는 먼저 정당을 만들고, 그다음에는 다수를 구성하는 방향으로 작용하며, 각각의 의원을 의회로 보내는 것만이 아니라는 점을 강조했다. 그에 따르면 의회적 변증 논리는 하나의 특정한 정치적 종합 입장을 끌어내야 하고, 선거와 조각은 그 속에서 국민이 항상 새롭게 정치적 현실로 존재하는 정치적 종합이라고 한다. 그는 또 선거가 유일한 통합 요소는 아니며, 오히려 다른 통합 요소를 전제로 한다는 점, 그러나 이러한 절차가 국민의 정치적 개별성이 정해지는 결정적 조건을 제시한다는 점을 적절히 지적했다.

이런 의미에서 대표와 통합은 선거의 정당화 작용을 위한 전제 조건이다. 모든 국가권력이 국가에서 나오는 — 예를 들면 기본법 20조 1항 1문 — 민주적 헌법국가에서는 국가권력의 정당성이 결정적으로 중요하다.[8] 국가권력은 국민에게서 비롯되며, 동시에 국민이 선거로 최고의 정치적 국가기관을 구성하는 기초를 마련함으로써 중개된다.[9] 그런데 선거는 국가적 통치 행사에 대한 합법화 원칙으

6) *Dieter Nohlen*, Wahlrecht und Parteiensystem, 1989, S. 45f.
7) Verfassung und Verfassungsrecht(1928), in: R. Smend, Staatsrechtliche Abhandlungen, 2. Aufl., 1968, S. 154f.
8) *Klaus Stern*, Das Staatsrecht der Bundesrepublik Deutschland, Bd. I, S. Aufl., 1984, S. 293f.
9) *Starck*(각주3), S. 165, 177.

로 지배를 받는 사람들이 인정해야만이 정당화된다.[10] 그것을 위해서는 선거법 구성이 본질적으로 중요하다.

대표와 통합의 전제로 알려진 선거의 일반성과 평등성 외에도, 유권자들이 진정한 선택을 할 수 있게 하는 다원적 정당제도와 거기에 맞는 후보들이 있어야 한다. 그외에도 개별적 투표는 비밀리에 행해야 하고, 사적이든 공적이든 누구에게라도 압력을 받아서는 안 되고, 누구도 자신의 결정의 자유가 침해되었다고 느끼지 않아야 한다. 마지막으로 민주적 정당성의 기초 행위인 선거는 — 더군다나 재직기간에 정치적 활동으로 여론이나 의사 형성에 강한 영향력을 행사하는 행정부는 — 선거기간에 선거의 목적을 위해 국가의 수단을 동원하는 것과 같은 활용을 고집하지 말 것을 요구한다.[11] 이런 전제 조건이 있어야만이 선거에서 나타나는 다수와 관련해 선거는 정당화 기능을 할 수 있다.[12]

선거에서 얻은 이 정당성은 시간이 지나더라도 사라지지 않게 주기적으로 고쳐야 한다. 선거의 통제기능은 바로 주기적으로 고쳐야 하는 정당성에 있다. 제임스 메디슨은 이것을 연방주의자(Nr. 51)에서 "국민에 대한 의존은 정부에 대한 최우선의 통제"라고 고전적으로 표현했다. 그런데 이 정당성은 주기적으로 행한다. 메디슨에 의하면 주기적 선거는 다른 예방 수단들로 보충해야 하는 권력분립의 한 요소가 된다는 것이다. "경험은 인간에게 보충적 예방 수단의 필요성

---

10) *Gerhard Leibholz*, Strukturprobleme der moderne Demokratie, 3. Aufl., 1967, S. 10; Meyer(각주3), S. 14.

11) 이 점은 기본적으로 BVerfGE 44, 125, 141.

12) 이는 *Löwenstein*(각주5), S. 274f 참조.

을 가르쳤다".[13] 무엇보다도 그것은 서로 독립된 기관으로 권력을 규정에 따라 분산하는 것이다. 이와 같은 메디슨의 언급은 민주적 선거는 국가권력의 유일한 정당성의 근거가 아니라, 여기에 권력분립으로 성취할 수 있는 자유의 보호가 추가된다[14]는 점을 분명히 했다.

여기서 언급한 선거의 목적들은 — 대표·통합·정당성·통제 — 각각의 국가에서 유효한 선거제도로 실현해야 한다. 여러 선거제도는 대부분 2~3가지의 기본 제도를 변형시키거나 결합한 것에 불과하다. 우리가 아는 2가지 기본 제도는 비례대표 선거제도와 다수대표 선거제도다. 다수대표제는 다시 단순 다수로 충분한가(plurality system), 절대 다수가 필요한가(majority system)에 따라 구별하므로 모두 합하면 3가지 기본 제도가 있는 셈이다.[15]

2. 다수대표제

순수한 다수대표제 형태에서는 전국을 거의 비슷한 크기로 나누고, 각 선거구에서는 표를 가장 많이 얻은 후보자를 뽑는다. 후보자의 수나 표의 분산 정도에 따라 유효표의 35%를 득표하는 것만으로도 상대적 다수에 이를 수 있다. 결국 그런 제도는 양당제도로 이어진다. 다른 나머지 정당들은 강한 지역적 기반이 있어야만 유지할 수 있다.

상대 다수가 대표성에서 충분하지 않게 여겨지면 절대 다수가 있어야 한다. 이 절대 다수제는 선거구별로, 첫 번째 표로는 어떤 후보

13) 이는 *Alexander Hamilton*, The Federalist Nr. 9.

14) *Starck*(각주4), S. 161ff.

15) 그렇게는 또한 *Bogdanor*(각주1), S. 1.

자도 절대 다수를 차지하지 못할 때 유권자가 두 번째 표로 후보자를 선택할 수 있게 하는 방법이다(선택적 투표제). 그렇지 않으면 1차선거의 상위 득표자 2명을 놓고 2차선거를 할 수도 있다.[16] 이런 선거제도는 2차선거에서 적어도 두 집단을 형성한다. 그러나 집단 형성의 유혹은 유효 투표수의 법정 기준에 이르고, 상대 다수를 충족하는 여러 후보자가 2차선거에 나올 때도 마찬가지다.[17] 왜냐하면 다른 후보자를 뽑자는 추천과 함께 2차선거에 나갈 후보자가 기권하면 다른 후보자가 성공할 가능성이 높아지기 때문이다.

모든 형태의 다수대표제에서는 지역적 대표성이 나타난다. 선거운동에서도 지역적 의사를 형성하는 활동이 중요한 문제가 된다. 결국 이런 선거제도는 지역적 다수 형성을 목표로 할 뿐이지, 광역적이나 국가 차원의 균형 같은 것은 안중에도 없다. 그러므로 당연히 선거구에 강하게 귀속되어 선거구의 이해관계와 정당의 이해관계가 충돌할 때는 지역선거구의 이해관계를 따르게 된다. 이처럼 강하고 종국적으로 지역적 뿌리를 둔 대표성은 유권자에게 친밀감이 생기게 한다. 즉 다수대표제에서는 지역적 다수의 지지를 받는 의회의원만이 선출될 뿐이다.

그러니까 다수대표제에서는 항상 (상대적)다수만이 대표성을 인정받는다. 다수대표제는 개별 선거구에서 전체가 대표되는 것으로 보려고 한다. 여기에 대해 글래드스톤은 "의회 대표의 원리는 각각

16) 그렇게는 1871년 독일제국의 제국의회를 위한 선거법 12조; 이는 *Ernst Rudolf Huber*, Deutsche Verfassungsgeschichte, Bd. 3, 1963, S. 868ff 참조.

17) 비슷한 것은 프랑스 선거법 126조와 162조를 들 수 있다. 여기에 따르면 1차선거에서 최소한 12.5%를 득표한 후보자는 모두 2차선거에 나올 수 있다; *Thierry S. Renoux/Michel de Villiers*, Code Constitutionnel 1994, S. 758f.

의 선거구 자체를 완전한 것으로 — 한 공동체를 그 자체로 — 인정해야 한다는 것이며, 이 의회에서 우리가 원하는 것은 공동체의 지배적 여론을 취하는 것이다. 우리는 그 사회에서 당시의 유력한 여론의 편린이 대표되기를 원하는 것이 아니라, 사회 전체를 대표하는 다수의 여론을 원한다. 왜냐하면 사회는 헌법의 의미와 정신 속에서 존재 자체가 완전체로 인식되기 때문"[18]이라고 했다.

선거구와 선거구에 결합된 유권자한테서 벗어나 민주주의를 생각하면 다수선거제는 국민을 통합하고 대표하는 데서나 국가권력을 정당화하는 데 적합한 제도다.[19] 독일에서는 1871년 이래 평균 십만 명의 선거구 단위로 다수선거제를 시행했고, 한 선거구에서 절대 다수 — 때에 따라서는 2차선거에서 — 로 의원 1명을 선출했다.[20] 영국에서는 1885년에 선거제도를 개혁하면서 한 지역구에서 상대적으로 다수를 득표한 의원을 1명 선출하는 1인 선거구를 도입해 오늘날까지 유지하고 있다.[21]

다수선거제는 또 극단주의자의 의회 진입을 막기도 한다. 물론 때에 따라서는, 북아일랜드에서 오랫동안 그랬던 것처럼 어느 선거구에서 극단주의자를 선출하면 지역적 문제가 극단주의자들의 진입을 초래할 수도 있다. 이때도 의회에서 극단주의자의 전국적 대표성은 어쩔 수 없는 지역적 다수성으로 그만큼 축소된다. 그러나 분야별 정치적 이해관계가 있는 정당이나 새로 설립한 정당에게도 의

18) *George Horwill*, Proportional Representation its Dangers and Defects, 1925, S. 113에서 인용.
19) *Bogdanor*(각주1), S. 3
20) *Paul Laband*, Das Staatsrecht des Deutschen Reiches, 1. Bd., 1876, S. 531, 545f.
21) *Julius Hatschek*, Englisches Staatsrecht, Bd. 1, 1905, S. 294ff.

석을 확보할 기회가 쉽게 주어지지 않는다.

문제는 이런 선거제도가 국민의 통합이나 국가권력의 정당화에 어떻게 효과를 나타낼 것인가다. 다수선거제가 전통적으로 확립된 나라에서는 다수가 작은 규모나 새롭게 등장하는 정치적 단체의 의회 대표성에 대해서는 관심을 갖지 않는 방식으로 국민 정서에 영향을 준다. 아마도 그런 단체에게는 일반성을 대표할 수 있는 능력을 조금도 인정하지 않을 것이다. 의회는 반드시 국민 사이에 존재하는 모든 차이를 반영해야 하는 것이 아니라, 부조화에서 합의를 창출하는 위치로 족하다.[22)]

다수선거제는 사회의 높은 합의를 전제로 하며, 이러한 합의를 항상 다시 강화하는 역할을 한다. 그리고 다수선거제가 소수 대표성을 갖지 못하는 것이 흠으로 인식되는 한, 이러한 흠은 보통 선거 후에 연정협상이 요구된다는 것이 아니라 어떤 경우에도 정부를 구성하기 위한 다수가 확정된다는 장점으로 보상된다. 누구나 목표로 할 수 있는 선거절차는 선거기간에 불가피하게 국가적 결정을 내릴 수 있는 다수를 직접 그 결과로 낳게 된다.

개별 선거구와 직결된 대표성에 반대해 현대 국가에서는 전국적 규모에 상응하는 대표 절차가 요구될 수밖에 없는 국가권력의 포괄적이고 중앙적인 과제 설정을 주장한다. 바로 이 점이 비례선거를 하게 했다. 헤르멘스는 이에 반대해 선거구에 집중하는 다수선거제가 정당의 중앙국가적 조직으로 전국을 포괄해 국민이 심판할 수 있다

22) 그렇게 정의한 견해는 *Ferdinand A. Hermens*, Demokratie oder Anarchie?, Untersuchung über die Verhältniswahl, 2. Aufl. 1968, S. 4.

는 점을 환기시켰다.[23)]

그래서 지역적 대표성이라고 해도 일반적으로는 지역구 후보가 소속된 정당의 정강정책이나 활동과 무관하게 실현되는 것은 아니다. 물론 이런 새로운 관점에서도 유권자가 선거구 대표성에 동의를 하는지, 대표성의 중앙국가적 관점에 더 무게를 두는지는 의문이다. 만약 이런 방향으로 계속 전개되면24) 다수선거제는 국가 통치권을 정당화하는 특성을 잃어버릴지도 모른다. 아마도 비례대표제의 도입으로 반드시 연결되지 않는 것은 바뀔 것 같다. 여기에 대해서는 4에서 다루겠다.

3. 비례대표제

1. 비례대표제의 순수한 형태

순수한 형태의 비례대표제는 유권자가 표를 던지는 정당에게 선거 후보의 명부를 제출하라고 요구한다. 그리고 의석은 명부제시를 통해 득표 비율로 분배한다. 그런 의미에서 의회는 선거에서 표현한 다수비례의 축소판이다. 한 정당은 하나의 의석을 위해 필요한 만큼 득표하면 곧 의회에서 대표가 된다. 그것은 유효 득표수와 의석수의 비율이다. 의석 분배가 전국적이지 못하고 광역이나 대선거구의 범

23) *Hermens*(각주22), S. 70.

24) Institute for Public Policy Research(London 1991)가 발간한 『The Constitution of the United Kingdom』 초안 참조; 이에 대해서는 *Christian Starck*, Eine Verfassung für das Vereinigte Königreich?, in: AöR 119(1994), S. 625, 635, 641.

위에서 이루어지면, 이런 분배체계는 군소정당이 의석을 차지할 수 있는 기회를 더 어렵게 만든다. 왜냐하면 군소정당들은 선거구 사이의 조정이 예상되지 않는 한 개별 선거구에서 적어도 하나의 의석을 위해 필요한 만큼의 득표를 해야 하기 때문이다. 그래서 독일은[25] 1920년의 선거법[26]에 따라 35개 선거구로 나누었다. 각 선거구 명부에는 6만표에 1명 단위로 계산한 수만큼의 의석을 배분했다. 나머지 표는 물론 선거구 연맹에서 계산하고, 그다음에 남는 부분은 제국 차원에서 계산한다. 이것이 바로 순수한 제국 비례선거제였다.

순수한 비례대표제는 심각한 정당 난립을 초래하고, 의회에서 다수 형성을 어렵게 한다. 그럼에도 많은 사람이 이 제도가 국민의 정치적 입장을 충실하게 반영하므로 탁월한 민주적 선거제도로 보았다. 그런 점에서 존 스튜어트 밀은 비례대표제를 국가의 이론과 실제에서 이룬 가장 괄목할 만한 진보 중의 하나라고 했다.[27] 순수 비례대표제의 추종자들은 선거를 제대로 기능할 수 있는 의회를 만든다는 선거의 목적에서 파악하지 않고, 투표를 통해서 계산상 밝혀진 다양한 정치적 입장을 될 수 있으면 정확하게 대표한다는 개별적 전망에서 선거를 파악한다. 선거 행위 자체는 통합을 하는 것이 아니라 다양한 입장과 반대 견해들을 작은 것까지 드러낸다. 통합의 실행은 무엇보다도 연정 구성이나 조각으로 의회 심의에서 이루어져야 한다.

비례대표제는 정당 구조에도 큰 영향을 미치며, 정당은 이 제도로

25) 바이마르 헌법 22조 1항 1문은 제국의회의 비례선거원칙을 규정했다. 여기에 맞춰 바이마르 헌법 17조 1항은 지방의회도 마찬가지라고 규정했다.

26) §§7, 30ff Reichswahlgesetz v. 27.4.1920, RGBl. S. 627.

27) *Carl J. Friedrich*, Der Verfassungsstaat der Neuzeit, 1953, S. 320에서 인용.

강화되었다.[28] 의사형성이 지역선거구에서 중앙으로 옮겨간 것은 지역적 통합을 더는 스스로 결정할 수 없도록 지역선거구민을 무력하게 만들었기 때문이다. 비례대표제는 그런 정도를 넘어 이 제도로 의석을 갖게 된 군소정당이나 급진정당의 부정적 영향을 부추긴다. 이런 정당들은 그들이 결정을 내리는 데 적극적으로 참여할 때, 즉 통합에 작용할 때 좋은 영향을 주지 못한다. 그러니까 비례대표제는 자신의 통합에 대한 취약점을 의정으로 확산시키는 것이다.

헤르멘스는 광범위한 연구로 금세기의 1920년대에서 순수 비례대표제가 정당을 과격화·급진화시키고, 민주주의를 공동화시켰다는 점을 매우 인상적으로 지적했다.[29] 즉 이탈리아에서 비례대표제는 파시즘이 승리하게 했고, 독일에서는 공산주의자들에게 길을 열어준 다음 민주적 정당들을 본질적으로 변화시켜, 정당들은 관료화되고 무기력하게 되었을 뿐만 아니라 교조적으로 마비되었다. 아마도 이러한 전제 조건 없이 히틀러 정당은 결코 성공하지 못했을 것이다. 여기서는 물론 비례대표제가 민족사회주의적 정당의 출현을 유리하게 이끈 전제 중의 하나에 불과하다는 점도 고려해야 한다.

2. 독일의 현행 혼합제도

2차세계대전 이후 이러한 역사적 교훈의 결론으로 서독의 비례대표제는 두 가지의 본질적 내용이 바뀌었다.[30]

28) *Smend*(각주7), S. 62, 65; Friedrich(각주27), S. 341.
29) *Hermens*(각주22), S. 13ff, 120ff, 161ff.
30) 1949~1956년의 연방선거법 발전은 *Stern*(각주8), S. 302 참조.

① 비례대표의 결과, 곧 연방의회(Bundestag)의 정당정치적 구성이 일반적으로 바뀌지 않으면서도 비례대표는 '이미 작동하는' 다수대표와 연계되어 있다. 이는 모든 유권자가 두 번 투표하는 것으로 실행된다. 연방선거법[31)]에 의하여 독일 연방공화국의 299개 선거구에서 연방의회 의원들의 절반이 다수대표제 원칙에 따라 첫 번째 투표로 직접 선출한다.

이에 따라서 가장 많은 표를 얻은 사람이 선거구에서 선출된다. 절대다수투표제는 요구되지 않는다. 연방의회 의원의 나머지 절반은 다음과 같이 확정된다. 정당이 제시하는 주별 국회의원 후보자 명부에 관한 두 번째 투표 결과는 그 명부에서 탈락하는 의원의 전체 숫자를 결정한다. 정당이 선거구에서 획득한 의석수는 이러한 명부에서 탈락한 의원수에서 공제된다. 이러한 명부에 열거된 후보자는 득표 순서에 따라 남은 의석을 받는다.

연방의회에서 정당에게 배분하는 의석은 이들 정당이 받은 두 번째 투표의 결과에 따른다. 여기에 각 정당에서 직접 선출되는 후보자들이 정산된다. 상대다수투표제가 절차 합치적으로 의원의 절반을 선거구에서 직접 선출하도록 함으로써 결과적으로 순수한 비례대표제로 존재한다. 이러한 시스템은 직접 선출한 의원이 선거구에 어느 정도 구속되도록 작용한다. 어떤 정당이 두 번째 투표의 결과에 따라 그 정당에게 귀속되는 것보다 직접 선출되는 의석을 많이 갖고 있는 한 이 정당은 소위 초과의석(Überhangmandat)을 갖게 되는데, 이 초과의석으로 비례대표 시스템이 다수대표제 원칙을 위

31) 연방선거법 4~7조.

해 결과적으로 다소 제한한다.[32)]

이 초과의석은 승자의 우위, 곧 여당의 우위를 확대시키고, 연립 정부에 참여하는 소수 정파에 대해 다수 정파를 유리하게 만든다. 이와 같은 효과는 통치를 안정시키고 행정부의 짐을 덜어준다. 특히 주권자로서 유권자가 4년 후에 다시 통제하고 정당화하도록 활동할 수 있기에 긍정적으로 평가할 수 있다.[33)]

② 두 번째 투표에서 5% 이상을 얻지 못하거나, 최소한 직접 선출하는 의원 3명을 갖지 못한 정당은 의석배분에 참여하지 못한다.[34)] 이를 통해 연방의회에 참여할 정당의 의석수가 비례배분적으로 높아진다. 소위 5% 조항은 독일 연방공화국의 정부 시스템의 안정에 결정적으로 기여했다.

연방헌법법원은 각각의 투표 결과의 가치 평등을 제한하는 5% 조항이 선거의 평등원칙(기본법 38조 1항 1절)과 모순되지 않는다고 했다. 왜냐하면 이 조항은 의회에서 안정적인 다수대표제의 성립과 활동할 수 있는 정부를 형성하는 데 도움을 주기 때문이다.[35)] 법원은 대표 이념에 근거해 "선거는 개인으로서 유권자의 정치적 의사를 관철하는 것으로 국민의 의사를 표현하는 국민 대표를 형성하는 목

32) 이는 *Christian Starck*, Die Vergrößerung der Mehrheit durch Überhangmandate, in: Frankfurter Allgemeine Zeitung v. 15.1 1.1994/Nr. 266, S. 15; *Hans Jürgen Papier*, Überhangmandate und Verfassungsrecht, in: Juristenzeitung 1996, S. 265ff; BVerfGE 95, 335, 349ff에 인용한 문헌 참조.

33) 1994년의 연방하원 선거에서는 기독민주당(CDU)이 12석, 사회민주당(SPD)이 4석 초과의석을 차지했고, 1998년 선거에서는 무려 13석의 초과의석이 사민당에게 돌아갔다.

34) 연방선거법 6조 6항.

35) BVerfGE 6, 84, 89ff; 51, 222, 234ff.

표를 가질 뿐만 아니라, 의회를 기능할 수 있는 국가기관으로 만들어야만 한다"고 논증했다.[36)]

비례대표 시스템에서 구성되는 초과의석 가능성과 5% 조항을 갖는 다수대표제 선거는 선거구 대표와 정당 난립의 배제라는 다수대표 시스템에 근접하는 작용을 한다. 그럼에도 비례대표제의 전형적인 작용들, 무엇보다도 연정의 형성 필요성과 정당 통치의 강화가 존재함을 확인할 수 있다. 선거구에서 획득하지 못한 직접 선거 후보자들에게 안전장치가 될 수 있는 주별 국회의원 후보자 명부가 있기 때문에 정당들은 의회의 인적 구성에 큰 영향력을 갖는다.

3. 민주적 사전선거(Vor-Auswahl)로 입후보자 추천

선거에서 필요한 후보자 추천은 정당과 부분적으로 유권자가 제안한다.[37)] 1차 투표(Erststimme)의 선거를 위해 보통 정당들만 지역구 후보자를 추천한다. 무소속 후보자는 아주 드물다. 지역선거구 입후보자의 선거에 관한 당원 집회나, 일반적이거나 특별한 대표자 집회에서 선출되는 자만이 지역선거구에서 정당 후보자로 지명될 수 있다.[38)] 무소속 후보자가 지역구에서 출마하려면 최소한 200명 이상의 유권자에게 지지를 받아야 한다.[39)] 이러한 규정은 정당 소속 후보자와 마찬가지로 민주적인 사전선거로 작용한다.

---

36) BVerfGE 6, 84, 92.
37) 연방선거법 18조 1항.
38) 연방선거법 21조 1항.
39) 연방선거법 20조 3항.

2차 투표(Zweitstimme)의 선거를 위한 명부는 처음부터 정당만 이 추천할 수 있다.[40] 유권자는 두 번째 투표를 할 때 하나의 명부에 표시하고, 이에 따라 그는 명부에서 명시한 것과 같은 후보자의 순서를 인정하게 된다.

독일 연방선거법에서 소위 이렇게 엄격한 명부는 유권자가 하나의 명부를 선택하면서도 각각의 후보자에게 투표할 수 있는 유동적인 명부와는 다르다. 유동적 명부는 선거 후에 후보자 순서를 후보자가 받은 표의 합계로 정한다. 만일 정당이 명부에 이 후보자를 더 유리한 순서에 넣지 않고 비판적인 후보자들이 상위 순서를 차지하면, 유권자는 그들을 뽑지 않음으로써 유동적 명부가 정당의 권력을 제한할 수 있다. 또한 유권자가 투표할 때 명부에 있는 후보자를 비판할 수 있다는 점은 일반적으로 알려져 있는 사실이다.

독일 연방선거법에 이러한 가능성이 없다고 하더라도 선거운동을 하는 과정에서 부적합하다고 비판을 받는 후보자가 드물게 있었다. 이것이 행해진다면 경쟁하는 정당을 통해서다. 후보자는 선거만이 아니라 선거운동 과정에서도 공적인 논의에 노출되어 있으므로 공적인 비판을 감수해야만 한다. 후보자가 부적절하면 그 자체로 지적할 수 있고, 경쟁하는 정당의 후보자가 지적할 수도 있다.

후보자를 비판하는 일은 특히 선거운동 과정에서 민주주의의 전제 조건인 의사표현의 자유(기본법 5조 1항)로 보호받는다. 비판의 한계는 형법상 명예훼손, 비방, 악의적 험담의 구성 요건이 기준이

40) 연방선거법 27조 1항.

된다.[41] 후보자를 비판하는 시민단체가 형성된다면 이들에게도 의사표현의 자유가 있다. 이 단체들은 후보자나 정당들의 기회에 영향을 미쳐도 되는 범위에서, 적절한 후보자의 선출이나 적절하지 않은 후보자의 선출에 반대하는 선전활동을 할 수 있다. 이는 통상적이며 민주국가의 관점에서 볼 때 바람직한 일이다. 이러한 비판은 정당이 후보자를 추천할 때 고려하고, 특히 투명하고 공정하게 처리하는 방향으로 유도하게 된다.

4. 선거법의 개혁

1. 개 관

한 나라에서 유효한 선거법은 각각 특별한 방식으로 국민과 의회를 연결해준다. 독일과 오스트리아의 헌법에 따르면 주권자인 국민은 보통 4년마다 연방의회를 구성하는 선거로 국가권력을 행사한다. 앞에서 설명한 선거의 다양한 목적은 국민의 의식 속에 자리잡고 있어야만 하고, 국민이 이를 믿어야만 한다. 나아가 이들 목적은 선거법의 지속성을 요구하고, 선거제도의 손쉬운 개정을 금한다. 그럼에도 선거법 개혁은 언제나 반복되고 재론하게 된다. 여기서 비례대표제의 경향을 어느 정도 관찰할 수 있는데, 사회의 개인주의적 경향이 반영되어 나타난다. 그런데 정부 시스템이 위기에 빠지거나, 국가의 질서가 근본적으로 바뀐다면 선거법은 자주 개정해야 할 것이다.

41) 독일 형법 185~188조.

필자가 개혁을 제안하기에는 대한민국의 선거법과 정치 상황에 대해 아는 것이 많이 부족하나, 구체적인 문제는 기꺼이 토론하려고 한다. 개혁 제안의 자세한 토론이 선거의 작용을 설명하는 데 적합하므로, 1960년대에 독일에서 진지하게 논의한 개혁의 제안과 그 당시 영국에서 이루어진 개혁의 논의를 다루고자 한다.

2. 독 일

독일의 선거 시스템 개정은 언제나 근본적인 변혁이나 새로운 시작과 연결된다. 독일제국에서는 1871년에, 북독 연방에서는 1867년에 다수대표제 시스템에 바탕을 둔, 당시로서는 가장 근대적인 선거법이 시작되었다.[42] 1919년 바이마르공화국으로 넘어오면서 오스트리아는 물론 독일에서 특히 민주적인 것으로 여겼던 순수한 비례대표 시스템이 여성에게도 선거권을 주면서 함께 도입했다.[43] 이 비례대표제는 당시 좋은 평가를 받았는데, 그 이유는 절차가 솔직하고 결과가 올바르며, 이 제도가 '설득력 있는 선거'로 유도한다는 것이었다.[44]

1949년에는 앞에서 설명한 변형된 2가지 비례대표제를 도입했다. 이 제도는 군소정당의 난립을 배제하거나, 심지어는 성립시키지 않고 오늘날까지 안정적인 다수정부(Regierungsmehrheit)를 가능하게 했다. 1960년대에는 독일을 양당제 시스템으로 이끌었는지도 모

42) 오스트리아·헝가리 왕국의 절반을 차지하는 오스트리아는 1907년의 벡 선거개혁으로 비로소 이러한 기준에 다다랐다.

43) 바이마르 헌법 22조 1항에 따르면 "의원은 비례선거의 원칙에 따라 선출한다." 이것은 주의 국민대표기관에도 적용한다(바이마르 헌법 17조 1항 2문).

44) *Ernst-Rudolf Huber*, Deutsche Verfassungsgeschichte, Bd. 7, 1990, S. 35 참조.

르는 선거법 개정도 진지하게 논의했으나 실현되지는 않았다. 무엇보다도 이는 돈트(d'Hondt)의 계산방식에 따라 한 선거구에서 3명의 후보자가 확정되는 3명 선거구 시스템(Dreierwahlkreissystem)에 관한 것이었다. 기본법이 비례대표제를 규정하지 않아 다수대표제 형태를 도입했는지도 모른다.[45)]

그럼에도 다수대표제 도입을 반대하는 헌법정책적 논거들이 있다. 즉 FDP나 녹색당 같은 군소정당들은 앞으로 연방의회에 진출하지 못할지도 모른다는 것이다. 독일인들은 연정에 익숙하며 이를 높이 평가한다. 독일인들은 이를 정부 차원의 정당정치적 권력분립의 한 종류로 본다. 그래서 통합은 선거구나 선거에서 아주 작은 정도로만 행해지고, 연정협상과 의회나 정부의 개별적인 결정에서 주로 행해져야만 한다는 것이다.[46)] 이와 같은 단계적 통합을 독일에서는 국가권력의 민주적 정당성의 결정적인 관점으로 본다.

3. 영 국

영국에서는 1884년 이후 하나의 선거구에서 상대적으로 다수표를 얻은 사람이 국회의원이 된다. 유효표의 4분의 1을 얻은 정당이 총 의석 중에서 4% 정도에 불과한[47)] 이러한 선거 시스템은 많은 국민에게

---

45) *Hermann v. Mangoldt*, Das Bonner Grundgesetz, 1953, S. 232; 그런 지배적 견해는 *Stern*(주8), S. 299f 참조; 다른 견해는 선거의 평등원칙 관점에서 본 Meyer(주3), S. 221 참조.

46) 비슷한 논거로는 *Günter Dürig*, Sondervotum, in: Zur Neugestaltung des Bundestagswahlrechts, Bericht des vom Bundesminister des Innern eingesetzten Beirats für Fragen der Wahlrechtsreform, 1968, S. 57ff.

47) 자유당과 사회민주당의 제휴 정당은 1983년에 합해서 유효표의 25.4%, 의석의 3.5%를 차지했다. 1987년에는 각각 22.4%와 3.4%를 차지했다[Nohlen(각주6), S. 160에서 인용].

큰 논란의 여지가 없고, 정당한 것으로 받아들여지는 것처럼 보인다. 이는 상대적 다수대표제가 성립된 선거구의 유권자들이 전체적으로 의회가 국민을 대표한다고 생각할 때만 이해할 수 있는 것이다.

의회정부를 위한 핸서드 소사이어티(Hansard Society for parliamentary Government)는 1976년 6월 보고서에서 지역선거구 국회의원 외에 비례대표제로 국회의원을 더 선출하는 선거 시스템을 제안했다.[48] 유럽 국가들처럼 성문헌법 제정을 주장하는 공공정책연구소(Institute for Public Policy Research)의 제안과 관련되어 최근에 또다시 선거 시스템의 개정을 제안했다.[49] 미래에 바뀔 가능성이 없는지를 묻게 된다. 보수당은 그들에게 유리한 다수대표제 시스템의 폐지를 반대했으나 노동당에서는 어떤 반대의 소리도 들리지 않았다.[50]

그럼에도 가까운 미래에 보수당도 노동당도 의석 절반을 차지하지 못하는 쪽으로 하원 선거의 결과가 나온다면, 다수결원칙으로 유지되는 영국적 민주주의의 이해와는 반대되는 일이 될 것이다. 선거 시스템이 한 정당의 다수를 만들지 못한다면 개혁할 때가 온 것이다. 이는 이론적인 것에 불과할 수도 있다.

그러나 이러한 선거과정으로 보면 소수 정당이 결정적인 작용을 하므로 상당한 득표수를 등에 업고 저울의 중심을 좌지우지할 수 있는 자유당이나 사회당 같은 제휴 대상의 소수 정당은 연정 조건으

48) *Bogdanor*(각주1), S. 13 참조.

49) 주 24에서 인용한 초안 참조.

50) 그러나 노동당에서도 이론이 분분한 Plant Report(1993) 참조; 이에 대한 새로운 것은 die Artikel in: representation, vol. 33, no. 2(1995) 참조.

로 선거 시스템을 개정할 것이다. 그렇다면 어떤 방법으로 선거 시스템을 개정할지 영국 국민은 결정해야만 한다. 그러나 노동당이 선거로 다수를 얻는다 하더라도 노동당이 지속적으로 소수 정당을 연정 파트너로 확실히 하고, 이에 따라서 계속해서 집권할 더 큰 가능성을 획득해야만 한다면 선거법을 개정할 이해관계가 성립할지도 모른다.

공공정책연구소(Institute for Public Policy Research)의 1991년 헌법 초안은 상하원의 선거를 위해 비례대표제 형태를 계획했다.[51] 여기에 따르면 하원 구성원의 절반만이 확대된 선거구에서 상대적 다수대표제로 선출하고(Schedule 3 Part 1 Art. 1), 의석의 나머지 절반은 5%를 넘으면 득표 비율에 따라 정당에게 분배해야만 한다(Schedule 3 Part 2 Art. 1). 이 초안 작성자들은 국회의원 후보자 명부에 반대하는 경향이 있다.[52] 그래서 정당에 소속되어 있으나 낙선한 지역선거구 후보자가 얻은 득표 순서에 따라 각각의 정당에게 나머지 절반 의석을 배분하는 안을 제시했다.

이 선거 시스템은 다수대표제와 비례대표제를 반반씩 합친 것으로, 의석의 나머지 절반을 비례로 결정할 때도 지역선거구 후보자를 우대했다. 현재 영국의 선거 시스템과 완전히 단절되는 것은 기피될지도 모르고, 영국 유권자의 대표는 확실히 다양해질 수도 있다. 선거 자체의 통합력은 현행 선거 시스템의 통합력보다 떨어지고, 부분적으로는 정당의 연립으로 만회해야만 할지도 모른다. 선거의 통제기능은 더 약해질 수도 있다.

---

51) *Starck*(각주24), S. 627, 635f 참조.

52) Entwurf(각주24), S. 60, 61 참조.

왜냐하면 앞으로 여당과 야당이 바뀌는 것이 간단하지 않을지도 모르기 때문이다. 선거 후에 연정협상을 할 때 '충돌하는' 정당이 다시 집권하는 상황이 벌어질 수도 있기 때문이다. 영국 국민들이 유럽연합 국가들의 선거법을 보면서 달라진 선거 시스템의 통합기능과 통제기능을 어떻게 평가하느냐에 따라 개혁한 선거 시스템의 정당성이 영향을 받을 것이다.

선거법 개혁의 또 다른 가능성은 선거구를 3분의 1이나 4분의 1로 축소하고, 이에 따라 선거구를 넓힌 다음에 한 선거구에서 3~4명의 의원을 선출하는 것일 수도 있다. 이는 그래도 결정의 장소성에 바탕을 두기에 다수대표제 형태일지도 모르나 어느 정도는 비율을 도입하고, 이에 따라서 소수 대표를 가능하게 하기는 하나[53] 앞에서 다룬 개혁 제안보다는 그 점에서 취약할 수도 있다.

이런저런 제안들은 선거의 목적이라는 관점에서 판단하며, 영국의 선거법 전통을 고려해야 한다.[54] 영국의 유권자가 하원을 대표하는 선거구를 계속 생각한다면, 선거구가 미래에 더 다원주의적으로 대표되어야만 하지 않을까를 묻게 된다. 비례배분 관점에 따라 모든 선거구에서 3명의 의원을 선출하는 방식으로 이러한 대표가 실현될 수 있을지도 모른다. 가장 많은 표를 얻은 3명의 후보자를 선출하는 것으로 비례배분을 실현할 수도 있을 것이다. 물론 비례대표 시스템에 따른 배분은 최소한 2명의 후보자가 있는 명부를 전제로 할 수도 있다.

---

53) *Bogdanor*(각주1), S. 7 참조.
54) *Bogdanor*(각주1), S. 7 참조.

왜냐하면 비례배분 관점에서 보면 가장 큰 정당이 의석 2개를 요구할 권리를 갖는 것을 배제할 수 없기 때문이다. 모든 선거구의 다원주의적 대표 사상은 그 어떤 매력이 있어야만 할지도 모른다. 왜냐하면 결정은 오로지 선거구에서 하기 때문에 여기서는 광역적 차원이나 국가를 위해 정당에서 제시하는 한눈에 파악하기 힘든 긴 명부를 필요로 하지 않는다.

공공정책연구소의 제안이 직접적으로 선출되지 않는 선거구 후보자에게 명부에 배당되는 의석을 주려고 하는 1~2가지 제안은 만나게 된다. 이미 본 것처럼 선거구와 관련된 영국의 선거 시스템을 존중하나, 동시에 더 공정한 대표를 가능하게 하는 개혁 제안이 있다. 영국이 선거 시스템을 개혁하는지, 경우에 따라 어떻게 되는지는 전적으로 영국 국민이 정당성을 어떻게 생각하느냐에 달려 있다. 당연하게도 정당의 행태는 국민의 생각에 영향을 미친다.

2장.
독일 의회정부의 안정성

1. 도 입

의원내각제 정부 형태의 핵심적인 요소는 일반적으로 3단계의 의존성이다. 정부는 적어도 의회에서 선출한다. 통치 기준이 되는 법규는 의회에서 제정하며, 재정 또한 의회의 승인을 받아야 한다. 정부는 불신임 투표로 의회의 신임을 잃지 않는 한 조직위원회를 유지할 수 있다. 정부가 의회에 의존하는 정도는 국민이 선출한 대통령이 정부에 끼치는 영향에 따라 약화될 수 있다. 오늘날 독일에서는 바이마르 헌법의 민주적 정당성의 이원성, 즉 현재의 프랑스와 폴란드 같은 준대통령제 정부제도를 채택하지 않는다.

의원내각제의 법적인 기틀은 헌법과 기타 공법을 기반으로 마련했다. 따라서 선거·감독·정부의 실각과 관계있는 헌법적 기본 원칙의 하나만을 고려하면 의원내각제를 이해하기 어려울 것이다. 의회정부제의 주요 특성으로는 민주주의의 원칙 이행, 국가적인 선거의 원칙과 규정, 복수정당제, 법치주의, 권한 분리와 절차 규정을 수반하는 권력분립과 기본권 보장 등이 있다.

2. 안정성의 주요 요소

독일은 기본법 제정으로 바이마르 헌법에 비해 의원내각제에 상당한 변화와 개선이 이루어졌다. 기본법에는 국민투표로 선출한 연방대통령의 필요성을 인정하지 않는 대신 정부를 강화했다. 정부의 수장인 연방수상은 연방대통령의 제안으로 하원에서 선출한다(기본법 63조 1항과 2항). 연방대통령은 사전에 협의해서 제안하며, 의회 구성원 분포를 고려해 행한다. 제안한 후보가 선출되지 못하면 하원의원 과반수 투표로 선출할 수 있다. 연방대통령은 연방수상 제안 권한이 더 이상 없으므로 연방대통령은 하원의 다수 투표로 선출될 만한 후보를 제안하는 데 가장 중점을 두게 된다.

다음의 헌법 규정은 정부가 안정성을 유지하는 데 기여한다.
① 연방장관은 연방수상의 제안으로 연방대통령이 임명한다(기본법 64조 1항). 연방장관 선출은 하원의 추천이 없어도 되며, 하원은 개별적으로 사임을 종용할 수 없다.

② 하원은 의원의 다수 표결로 후임을 선출한 후에만 연방수상에 대한 불신임을 표명할 수 있다(기본법 67조). 연방대통령은 연방수상을 면직한 후 선출된 자를 임명할 수 있다. 이는 소위 건설적 불신

임 투표제다. 연방수상이 장관을 임명하므로 연방수상의 실각은 정부의 실각으로 이어진다.

건설적 불신임 투표의 예는 다음과 같다. 의회의 다수당이나 연정인 경우 연방수상이 속한 정당은 정치적으로 수상과 거리를 두며 수상을 지지하지 않는다. 그러면 정부의 안정성이 떨어지고, 신임 수상을 뽑아야만 한다. 연정 내에 심각한 불화가 생겼을 때는 연합정부를 구성한 한 정당과 다른 야당이 공동으로 신임 수상을 선출할 수 있다. 1982년에 자민당이 사민당과 연정을 깨고 기민당·기사당과 연정을 구성한 일이 있었다. 새로운 연정은 헬무트 슈미트 연방총리를 건설적 불신임 투표로 실각시키고, 기민당의 헬무트 콜을 신임 연방총리로 선출해 입법기간에 정권을 교체했다. 연방수상은 기본법 67조에 의해 선출되더라도 선거 결과의 헌법합치로 완전한 민주주의적 정통성을 갖게 된다.[1)]

③ 민주주의 헌법국가에서 선거를 하는 목적은 국민을 대표하고 통합하며, 공권력을 정당화하고 감독하는 것이다.[2)] 독일 연방정부의 한 가지 요소로 간과해서는 안 되는 안정화 효과는 연방선거법에 다음과 같이 명시해놓았다. 하원의 의석 분배는 유효 2차투표의 5% 이상을 획득했거나, 1차표결 때 지역선거구에서 3석 이상의 당선자를 낸 정당만 받을 수 있다.[3)] 연방헌법재판소는 저지 조항을 발표했는데, 이에 따라 개별 표수의 '성공값'이 감소되어 선거의 공평성

---

1) BVerfGE 62, 1, 43.

2) *Christian Starck*, Freiheit und Institutionen, 2002, p. 285ff.

3) 1~2명의 후보만이 직접 선출된 경우 자동으로 의석을 확보한다.

원칙을 지킬 수 있게 되었다(기본법 28조 1항). 이렇게 한 이유는 의회 다수당의 안정과 영향력을 행사할 수 있는 정부를 구성하기 위함이었다.[4)]

연방헌법재판소는 대표성과 관련해 다음과 같이 주장했다.[5)] 선거는 유권자의 정치적 의지를 최대한 정확하게 파악해 국민의 정치적 견해를 반영하는 것 외에도, 의회를 국가기관으로 기능하도록 해서 통합적인 효과를 내는 목적도 있다. 이 저지 규정은 비례대표제의 가장 순수한 형태를 따르는 것으로, 정당 간의 분열에 대한 반응으로 이해하면 될 것이다. 어쨌든 5%의 저지 규정은 다수표결원칙보다 표결 성공값의 공평성에 대한 간섭을 줄이는 역할을 한다.

독일 선거법에 규정되어 있는 5% 봉쇄 조항은 독일 정부의 안정성을 도모하는 데 매우 중요한 요소다. 게다가 이 저지 규정은 정당제도와 표결 행태에도 상당한 영향을 끼쳤다. 정당의 규모가 클수록 정당 간의 타협만이 아니라 내부에서 타협해야 할 일이 많아졌다. 연정이 정부 프로그램을 구축할 때도 타협은 매우 중요하다.

④ 정당들은 기본법 21조 1항에 기반하여 국민의 정치적 의사형성에 기여해, 연방공화국의 정부체계 구축에 상당히 입지를 굳힐 수 있었다. 정당들은 연방공화국에 적용되는 개인화된 비례대표제[6)]를 선호한다. 그 이유는 각 주[7)]의 출마자 리스트를 작성하고, 하원에

4) BVerfGE 6, 84, 89ff; 51, 222, 234ff.

5) BVerfGE 6, 84, 92.

6) 연방선거법 5조 6조: 유권자는 2가지 투표권을 가짐. 한 표는 선거구의 후보자용이고, 또 한 표는 해당하는 주의 정당용이다.

7) 연방선거법 27조.

안정적인 다수를 확보할 수 있기 때문이다. 각 주의 출마자 리스트는 정당의 제안으로 작성하므로 유권자가 그 순서를 정할 권리는 없다. 이 또한 정당의 힘을 강화하는 장치다. 기본법에는 국민투표 요소가 전혀 포함되어 있지 않다.

정당들은 정부의 주요직과 엄격한 의미에서 장관은 아니지만 여당이 맡을 수 있는 명예직을 맡을 사람을 선출하는 데 그들의 힘을 이용한다. 정부의 주요직과 명예직은 기민당·기사당·사민당의 제안으로 비례대표로 선출한다. 이 절차는 대부분 연방의 메커니즘을 따르는데, 상원이나 하원이 선출할 때는 3분의 2 이상의 표를 얻어야 한다. 비례대표제는 원칙적으로 모든 독일인은 능력·자격·전문성에 따라 정부의 어떤 직책이든 맡을 수 있다고 명시한 기본법 33조 2항의 내용과 대치된다.

3. 정부제도의 연방주의적 요소

연방공화국의 정부제도는 연방을 기준으로 구성한다. 각 주에도 의회정부제가 있는데, 그 구조는 연방정부제도와 크게 다르지 않다.[8] 헌법으로 정한 비례(기본법 51조 2항)에 따라 주정부가 하원(연방참사원)에 파견한 의원들은 연방헌법기관으로서 법제절차와 연방의 행정, 유럽연합과 관계있는 업무에 참여한다(기본법 50조). 하원의원은 일반적으로 대부분 정부를 지지하지만, 하원의 정당정

8) *Manfred Friedrich*, Das parlamentarische Regierungssystem in den Bundesländern, JöR 30(1981), p. 197ff.

치적 균형에 항상 반영되는 것은 아니다. 그러나 정당정치의 구도는 차치하더라도 때때로 연방의 이해관계 때문에 정부는 하원의 저항을 겪기도 한다. 따라서 연방정부는 하원의 승인이 필요한 사안이 있으면 타협하려고 특별한 노력을 해야 한다. 대부분의 법은 주 차원에서 집행하므로 자연히 행정적으로 간단하고 실리적인 법제를 선호한다.[9)]

법학교수와 정치인들은 중앙집권 국가의 이러한 상황이 정부의 행정을 더 어렵게 한다고 보았다. 이들은 이러한 제도가 연방공화국의 정부체제에 불리한 영향을 끼치지 않는다는 사실에 종종 놀란다. 전반적으로 국가의 책임을 주 단위에도 부여하는 — 권력의 수직적 분산 — 연방주의는 하원에서 수평적 권력 분산을 도모할 뿐만 아니라, 중앙집권 국가보다 나은 의사결정을 할 수 있다. 상원의 원들은 모두 주를 통치할 책임이 있어 의사결정에 필요한 경험과 능력이 많다.

정당정치적 긴장은 하원에서 줄일 수 있으며, 하원에서 주요 사안을 논의해 압축할 수 있다. 각 주의 참여는 지역 간만이 아니라 정당정치적 입장과 이해관계를 더 잘 피력하는 계기가 되며, 이를 진지한 정치적 논의로 발전시키는 기회가 될 수 있다. 따라서 연방공화국의 구조는 정부제도를 강화시키는 역할을 한다. 유일하게 정부제도를 약화시키는 경우는 구조적으로 하원의 다수에 반대해야 할 때다.

연방의 구조는 1990년 독일의 통일을 촉진시키는 역할을 했다.

---

9) *Christian Heitsch*, Die Ausführung der Bundesgesetze durch die Länder, 2001, 181, 248ff.

이는 통일 전 동독의 주민이 새로운 주에서 독자적인 의회와 정부로 주의 자치력을 행사했기 때문이다. 지역 주민들을 대표하는 제도에 힘입어 자치력을 행사할 수 있었던 것이다.

4. 입 법

행정업무가 법률유보에 속하는 한 정부는 법치를 할 수 있다. 독일 정부의 부처들은 여러 부문에서 독자적인 권한이 없지만, 법률유보라는 민주주의 원칙으로 각종 업무를 수행할 수 있다. 이는 기본권에 영향을 끼치는 모든 조치와 행정 행위에 적용되며,[10)] 평등의 원칙에 입각한 정부 보조금 지급제도 구축에도 적용된다. 따라서 법제에 대한 다양한 요구는 상당한 부담이 될 수 있다.

각 부처의 법안 제정권한이 있는 공무원들이 속한 정부에서 대다수의 법안을 작성한다. 이 법안으로 정부는 정치의 목표 달성을 추구하며, 유럽연합의 지침을 집행한다(유럽공동체조약 249조 3항). 모든 법안은 의회에 제출한 후(기본법 76조 1항과 2항) 상원과 하원의 본회의와 상임위원에서 논의하는데, 이 논의에는 항상 정부 부처의 관료들이 참석한다. 정부는 의회의 다수로 형성되므로 의회 다수의 지지를 받는다. 따라서 정부의 법안은 일반적으로 하원을 통과하는데 큰 어려움이 없다. 상원의 동의가 필요한 법안은, 특히 상원

10) 특히 BVerfGE 45, 400, 417–School; BVerfGE 57, 295, 318; 73, 118, 172–Broadcast; BVerfGE 111, 191, 214ff.–Freedom of profession; BVerfGE 116, 24, 52–Withdrawal of an administrative act; BVerfGE 116, 69, 80ff. à Execution of a sentence passed by a juvenile court. 참조.

의 구성이 하원의 구성과 달라 힘의 균형이 다를 때는 정부는 앞에서 언급한 바와 같이 타협안을 이끌어내야 한다.

법안 제출권리로 정부는 법제에 상당한 영향력을 행사할 수 있다. 정부의 법안은 의회의 지도자들과 조율한 후 하원에 상정하지만, 의회에서 논의한 후 개정하는 경우가 많다. 일반적으로 의회의원 중 해당 분야에 전문성을 가진 하원의원이 법안의 실질적인 논의에 참여한다. 하원이 효과적으로 작동하려면 위원회 의원들이 임무를 제대로 수행해야 한다. 각 부처의 관료들은 모든 위원회에 참여해 법안을 조율하고, 원안과 개정안 사이에 모순이 없는지 확인해야 한다.

정부의 법안은 다양한 이유로 개정할 수 있는데, 대부분 사소한 내용을 개정하거나 어조를 약화시키는 정도다. 그러나 자신의 입장을 정부에 호소하지 못한 압력 단체들이 하원을 통해 영향력을 행사하려고 할 수도 있다. 정부를 지지하는 단체 중 소수 의견을 지닌 의회단체의 반대에 부딪히면 그들의 견해를 받아들이지 않고는 전체 법안이 통과하지 못할 수도 있다.

정부와 다수당은 4년 후에 재선을 치러야 하므로 원활한 협력관계를 유지해야 한다. 이는 독일의 의회정부를 안정시키는 데 매우 중요한 요소다. 연방정부가 계속 하원 다수를 차지하는 한 정책 입안과 기획의 구심점이 된다. 정부와 하원 다수당은 대립적이라기보다는 협조하며 지지하는 관계다. 이러한 관계는 법제와 예산, 외교정책을 세우는 기반이 된다. 의회의 다수당과 정부의 공조는 의회 통제의 약화가 아닌 의회정부제의 원활한 작동으로 봐야 한다. 그러나 두 대형 정당이 연대했는데 모두 차기 선거에서 작은 정당과 연합해 다수당이 되기를 노린다면 상황은 달라진다고 볼 수 있다.

5. 예산정책

정부가 통치를 하려면 법만큼이나 예산도 매우 중요한 요소다. 그러나 정부는 예산법으로 편성한 예산만을 집행할 수 있고, 이 예산은 의회에서 논의를 거쳐 채택한다(기본법 100조 2항). 하원에서는 예산안을 개정할 수 있는데, 실제 정기적으로 한다. 정부는 연방의회가 허가해야 차입할 수 있다(기본법 115조 1항). 정부는 균형 있는 수입과 지출 예산을 의회에 제출한 다음 심의를 받아야 한다. 예산은 유관 법령에 따라 심의를 거친 후 통과된다(기본법 110조 2항과 3항). 예외가 없는 한 예산집행은 재무부장관의 책임이며, 재무부장관은 해마다 예산을 집행한 후 연방감사원의 감사를 받은 회계보고서를 제출해야 한다(기본법 114조).

의회가 예산과 관계있는 결정을 한다는 것은 예산 기획과 집행이 민주적으로 이루어진다는 뜻이다. 예산집행에 단독으로 권한이 있는 정부는 정책수립에 대한 근본적인 역량을 갖추게 된다. 이는 특히 정부가 균형 잡힌 예산을 작성해야 하는 의무를 진다는 점에서 명백히 드러난다. 의회 다수의 지지를 받는 정부는 예산이 통과하는 데 아무런 어려움을 겪지 않는다. 오늘날 의회의 예산 채택과 정부의 집행을 감시하는 기능은 약화되었으며, 정부의 향후 7~8년에 대한 예산 기획으로 집행과 관계있는 정부의 힘은 더 강화되어(기본법 109조 3항) 예산에도 정치 우선 효과가 반영된 것이라고 볼 수 있다.

회계년도 말까지 차기년도의 예산이 수립되지 않으면 기본법 111조에 의해 정부는 직접 법적 책임을 지거나, 법적 기관들이 업무에 필요한 모든 비용이나 전년도 예산에 이미 계상된 비용을 모두 지출해야 한다. 차입도 어느 정도는 허용된다. 예산을 세우지 못한 경우는 연초이거나, 정부가 입각한지 얼마 되지 않았거나, 의회에 예산안을 제출할 시간이 부족한 경우 등이다. 또한 정부가 다수의 지지를 얻지 못해 의회에 제출한 예산안이 통과하지 못해 예산이 없는 경우가 발생할 수 있다. 이와 관계있는 비상대책은 기본법 111조에 명시되어 있는데, 이는 새로운 다수를 형성하거나 하원의 사퇴를 촉구하는 내용이다.

6. 외교와 유럽연합 정책

외교정책은 정부가 수립한다. 기본법 59조 1항에는 조약체결은 연방대통령이 한다고 명시되어 있다. 그러나 연방대통령의 역할은 대외적으로 독일의 입장을 표명하는 일로 제한되어 있고, 조약의 협상과 체결은 연방정부가 하게 되어 있다. 그러나 이는 의회의 결정사항임이 기본법 59조 2항 첫 번째 문장에 "독일 연방의 정치적 관계와 관련된 외국과의 조약이 연방법의 대상인 경우에는 반드시 유관 입법기관의 법률 형식으로 승인이나 참여가 필요하다"라고 명시되어 있다.

이 조항은 국제법의 영속적·장기적·원칙적 조약은 하원의 승인을 받아야만 체결할 수 있음을 의미한다.[11)] 따라서 국제조약을 협상할 때 연방정부는 하원의 다수 의견과 견해를 고려해야 한다. 따라서 연방정부만 외교적인 권한을 갖는 것이 아니며, 의회의 참여가 필수이므로 정부와 의회는 공동책임을 져야 한다.[12)]

연방헌법재판소는 의회의 참여와 관련해 기본법 59조 2항 첫 번째 문장과 24조 1항을 인용했다.[13)] 연방헌법재판소는 중대한 정치적 사안은 중대성만으로는 의회의 참여를 정당화할 수 없다고 판결했다.[14)] 집행기관은 다른 국가들과 행정 협정체결을 연방행정 규정에 따라 할 수 있다. 이는 제도적·장기적으로 보았을 때 정부만이 변하는 외부 환경에 대응하고 최선의 외교활동을 하는데 필요한 인력과 자원, 시설을 보유하고 있기 때문이다.

독일 군대를 공동안보의 기틀에서 사전에 이루어진 의회의 헌법적 승인에 따라 파견할 수 있느냐와 관련된 사건에 대한 연방헌법재판소의 최근 판결에서 이러한 원칙의 변경을 볼 수 있다.[15)] 이러한 헌법적 진화는 과거 의회의 승인 없이 이루어졌던 독일 군대의 파견은, 독일이 유엔에 가입한 이후 급변하는 세계 정치 속에서 의회의 승인 사항으로 변경할 것인가에 달려 있다고 볼 수 있다.

---

11) BVerfGE 68, 1, 88; 80, 286, 357.

12) *Rüdiger Wolfrum*, Kontrolle der auswärtigen Gewalt, in: Veröffentlichungen der Vereinigung der Deutschen Staatsrechtslehrer, Vol. 56(1997), p. 38ff.

13) 의회 승인은 기본법 24조 1항에도 나타나 있다. 기본법 23조 1항 참조.

14) BVerfGE 68, 1, 87f, 109 also with relevance to the following.

15) BVerfGE 90, 286, 381ff; critical comment in *Georg Nolte*, Zeitschrift für ausländisches öffentliches Recht und Völkerrecht 1994, S. 652, 674ff; *Christian Starck*, Verfassungen, 2009, p. 127f.

기본법 23조 1항에는 연방은 주권을 양도할 수 있는 유럽통합을 위해 상원의 동의를 얻어야 한다고 명시했다. 이는 유럽연합의 통치가 주정부의 역량에 영향을 끼쳐 각 주는 유럽연합의 법규를 따라야 하며, 유럽연합의 지침을 이행해야 함을 의미한다.

7. 질의와 위원회 심리

하원의 특별통제권한은 다수당의 결의 필요성 유무에 따라 나눌 수 있다. 의회정부의 원칙상 의회의 다수당은 정부와 밀접한 관계가 있고, '그들의 정부'가 곤경에 처할 일을 해서는 안 되는 입장이므로 소수당의 역할이 중요하다. 의회와 정부의 양극성이 존재하던 19세기의 입헌군주제와 대통령제가 의회가 정부를 선출하는 의회민주주의로 바뀌었다. 이때 정치적 양극성은 정부와 의회단체와 그 반대세력의 대립으로 볼 수 있다.[16)]

연방정부의 모든 공무원은 하원과 하원 내의 위원회가 요청하면 출석해야만 한다(기본법 43조 1항). 이에 따라 의회에서는 정부 관료에게 자유롭게 질의하며 답변을 들을 권리가 있다. 연방의회의 의사규칙[17)]에 명시한 다양한 수준의 질의권한에 따르면 의회단체나 하원의 5%가 질의를 하면 정부는 반드시 답변해야 하고, 개별 의원은 서면으로 질의할 수도 있다.

---

16) BVerfGE 49, 70, 85; *Klaus Stüwe*, Die Opposition im Bundestag und das Bundesverfassungsgesetz, 1997, p. 24ff.

17) 75조 이하, 100조 이하: 독일 연방의회 사무규칙(Geschäftsordnung des Deutschen Bundestages).

하원은 국정조사위원회를 설치할 권한이 있고, 의원 4분의 1이 발의했을 때는 국정조사위원회를 설립하고 공개회의로 증거를 수집해야 한다(기본법 44조). 하원에서 결정할 수 있는 모든 사안에 하원은 질의를 받을 의무가 있다. 오늘날 국정조사위원회를 구성하는 것은 정부에 대한 공격 무기를 보유한 야당이 주도한다.

그러나 국정조사위원회도 의원의 비율로 구성하므로 야당이 증거 채택 대한 동의를 결정하는 공청회위원회의 다수를 차지할 수는 없다.[18] 그러나 일단 위원회를 구성하면 국정조사위원회에서 다수결로 증거 채택 동의를 받아들일 수밖에 없다. 결과적으로 의회 내의 위원회는 조사하는 목표를 이룰 수 있다. 수집한 증거를 기반으로 보고서를 작성한 다음 다수당이 최종보고서를 작성한다. 의회의 소수당은 소수당 보고서를 첨부할 수 있다.

하원은 기본권 보장과 의회통제권을 행사하기 위해 보조기관으로 방위수임을 임명한다(기본법 45b조). 의회의 방위수임은 연례보고서를 제출하고, 이 내용은 하원에서 논의할 수 있다. 정보수집 행위[19]의 감독과 교신, 우편 교환 통신에 대한 감독[20]을 위해 의회는 일정한 권한이 있다.

---

18) 일부 주는 소수당으로(전체 의원의 1/4) 증거를 채택하기 위해 안건을 상정해야 한다는 것을 안다(Art. 11 Par. 2 Nieders.Vf, Art. 35 Par. 2 Bad.-Württ.Vf, Art. 25 Par. 1 Hambg.Vf, Art. 41 Nordrh.-Westf.Vf, Art. 18 Par. 3 Schl.-Holst.Vf(referring here to one fifth of the deputies).

19) Gesetz über die parlamentarische Kontrolle nachrichtendienstlicher Tätigkeit of 11.04.1978(BGBl. I, p. 453).

20) Gesetz zur Beschränkung des Post-, Brief- und Fernmeldegeheimnisses(Act pertaining to Art. 10 GG).

8. 헌법에 의거한 정부의 독립권

필자는 정부와 하원 다수당과의 법제, 예산수립, 외국과 조약체결 등의 사안과 관계있는 인터액션을 여러 번 언급한 바 있다. 프리젠한(Ernst Friesenhahn)[21]은 국가를 통치하는 것은 정부가 의회와 함께 권한을 행사하는 일이라는 결론을 내렸다. 이는 때때로 모호할 수 있으므로 상당히 주의해야 한다. 따라서 정부와 의회의 기능은 명확하게 구분해야 한다.

정부의 독자적인 권한을 보장해야만 의회에 대해 책임을 질 수 있다. 만약 의회가 정부와 행정에 효과적인 조사를 할 수 있다면 의회는 사전에 정부나 의회에 영향을 끼치지 않아야 한다.[22] 바로 이것 때문에 장관이 하원위원회의 승인을 받아야만 의사결정을 할 수 있다는 규정이, 헌법상의 정부와 의회의 독립성 조항에 위배되는 것이다. 정부는 의회의 공동통치로 마비되어서는 안 된다. 브레멘 주 직원대표법(das Bremische Personalvertretungsgesetz)과 관련해 연방헌법재판소[23]는 정부가 직원을 자체적으로 뽑을 수 있어야만 의회의 공공정책을 집행할 때 명확한 지침을 제공할 수 있다고 판결했다. 기능의 분리라는 관점에서 보면 의회가 정부에게 요구하는 사안의 시행은 정부에 구속력이 없다. 그러나 물론 정부는 자체적으로 사안을 채택해 시행할 수는 있다.

---

21) Parlament und Regierung im modernen Staat, Veröffentlichungen der Vereinigung der Deutschen Staatsrechtslehrer Vol. 16(1958), p. 38.

22) Acc. to *Klaus Stern*, Das Staatsrecht der Bundesrepublik Deutschland, Vol. I, 2. Ed. 1984, p. 967f, also of relevance to the following.

23) BVerfGE 9, 268, 281.

9. 의회의 반대당과 권력 교체 가능성

"소수당은 의회민주주의에서 매우 중요한 요소다."[24] 의회 야당이라는 말은 소수당은 정부에 대안을 제시함으로써 그 이상과 구체적인 행동을 충족시킨다는 것을 의미한다. 일반적으로 의회단체들은 정부를 구성하는 다수당 — 혹은 연정 — 에 소속되지 않으며, 이들은 야당, 즉 반대파로 일컬어진다. 반대 의견을 가진 여러 의회단체들이 정부의 정책과 프로그램을 비판하려고 연대할 필요는 없다. 야당은 정부에 대한 비판을 서로 독립해서 할 수 있기 때문이다.[25] 의회단체가 정부에게 인내와 관용을 베푸는 한 — 소수 정부 — 반대파에 속한다고 보기는 힘들다.[26]

야당은 정치투쟁을 하는 것이 원칙이지만 헌법의 범위에서 해야야 한다. 이와 관계있는 헌법으로는 다수당의 원칙, 모든 정당의 동등한 기회, 소수당이 다수당으로 될 수 있는 가능성, 즉 야당의 집권가능성 — 정권교체 — 등을 들 수 있다.[27] 야당의 업무는 정권교체를 목적으로 하나, 연방공화국의 헌법으로는 정상적인 일이 아니다.

연방정부의 구조는 현재 하원에서 야당이라고_해도 개별 주에서는 다수당이 될 수도 있다. 따라서 해당하는 주에서 통치자의 지위

24) According to the wording of Art. 24 of the Constitution of Hamburg which, however, says nothing that does not already follow from the regulation of the parliamentary system of government, as correctly pointed out in *Achterberg*, DVBl. 1974, p. 704.

25) Hence it is inappropriate to designate the leader of the largest parliamentary group not supporting the government the 'Opposition leader' in Art. 12 Par. 2 Schl.-Holst.Vf.

26) *Christian Starck*, Praxis der Verfassungsauslegung II, 2006, p. 199, 206f.

27) BVerfGE 2, 1, 13; 44, 125, 145.

를 가진 사람은 정권을 쉽게 교체할 수 있다. 왜냐하면 연방 차원에서 정권교체가 이루어진 경우, 다년간 야당으로 지낸 의원이라도 주 차원에서 정치 역량을 구축했으므로 통치 역량을 구축하는 데 도움이 된다. 뿐만 아니라 주에서 정부의 책임과 상원의 참여는 하원의 야당에게 충분한 실용주의적 논리를 제공한다. 연방의회에서 연대하고 일부 주의회에서 다수당의 위치를 차지하기 위해 소수당이 다양한 이유로 여러 당과 연정할 수 있다. 이로 인해 특별한 정치적 고려와 실용적인 정책을 수립할 수 있다.

그러나 야당의 한 가지 문제는 정부의 행정기구를 이용할 수 없다는 것이다. 의원들이 제공하는 독일 하원의 연구 서비스는 매우 유용하다. 이뿐만이 아니라 의원들이 받는 재정으로 연구 지원 인력 비용을 지불한다. 그러나 이러한 지원이 있는데도 정부가 정치를 잘 하면 할수록 야당의 역할은 더 어려워진다.

10. 안정성 요소의 헌법재판

의원내각제의 안정성에서 중요한 부분을 차지하는 것은 바로 연방헌법재판소다. 사건이 제기되면 연방헌법재판소에서는 기본법의 해석에 따라 최고 연방기관의 권리와 의무에 관련된 권한이나 기본법으로 정한 권한 부여 등을 결정한다(기본법 93조 1항). 앞에서 설명한 대로 하원의 다수당은 연방정부를 지지하므로 연방 정부와 하원 사이에 권한 분쟁이 자주 일어나지는 않는다. 그러나 하원의 교섭단체와 개별 위원은 하원에서 권리를 주장[28]할 수 있고, 헌법에 규정한 하원과 연방정부의 관계에 관한 문제는 연방헌법재판소가 보호하는 가운데 해결할 수 있다. 따라서 헌법재판소에서 하원의 통제권을 주장할 수 있다. 예를 들면 국정조사위원회의 소수자 권리[29]나 조사위원회의 조사 권리 등을 헌법재판소에서 주장할 수 있다.[30]

연방헌법재판소는 112조에 의거해 추가 예산에 필요한 권리 요건을 심사했다.[31] 이는 선거운동 기간에 정부의 홍보활동을 제한하는 것은 헌법재판의 심사 대상이 되는 것이다.[32] 연방헌법재판소는 국가기관이 특정 정당을 지지해 선거에 영향을 준 것을 정당의 평등한 권리를 침해했다고 판결했다. 선거 시점까지 연방정부는 정부의 활동·성과·성공사례를 이용한 홍보에 예산을 사용하는 것이 금지되어 있다.

마지막으로 의회 반대파는 연방헌법재판소에 하원의 외교 참여권리,[33] 국가 예산, 법제와 관련해 제한할 수 있다. 본 논문에서 언급한 대부분의 사안은 연방헌법재판소 판결 사안이다. 그러나 하원의 교섭단체들이 연방헌법재판소의 판결을 빌려 달성할 수 있는 것은 참여하는 권리와 감독만은 아니다. 기본법 93조 1항과 2항에 의거해 하원의원 중 3분의 1은 연방의 법령과 행정명령, 주별 법령이나

---

28) 연방헌법재판소법(BVerfGG) 63조, 64조; BVerfGE 20, 56, 104; 45, 1, 28; 100, 266, 268; 114, 121, 146 참조.

29) BVerfGE 49, 70, 85f.

30) BVerfGE 67, 133ff.

31) BVerfGE 45, 1, 31ff.

32) BVerfGE 44, 125, 141ff; 63, 230, 243ff.

33) BVerfGE 68, 1, 79ff.

헌법적 조사를 따라야 한다. 이는 야당이 논란의 대상인 법안을 개정하지 못했으나 위헌이라고 판단되는 것을 악용할 우려가 있다.

독일의 의원내각제는 의회와 정부가 긴밀하게 공조해야만 작동할 수 있다. 이와 관계있는 기본적인 법령은 기본법에 명시되어 있고, 이 기본법은 국가의 모든 기관에 구속력이 있다. 헌법은 최상위 법으로 의회의 다수당에도 예외 없이 적용한다. 연방헌법재판소가 바로 헌법의 이러한 위치를 '수호'하는 역할을 한다. 따라서 연방헌법재판소는 독일 연방공화국의 의회민주주의 요건을 보장해주며, 이 제도의 성공 여부를 결정하는 데 필수 요소다.

3장.
민주적 헌법국가에서 의회입법의 기능

1. 법률과 입법

1. 법률의 개념

법률의 현상과 개념은 옛날부터 법사상과 법학에서 내려오는 기초에 속한다. 법률 개념은 헌법 제정에서는 대부분 절차적·권한적 요소만으로 규정되어 있고, 그외에는 전제되어 있을 뿐이다. 게젯츠(Gesetz), 렉스(lex), 노모스(nomos) 등의 용어는 일반적으로 그 성립 근거를 고찰하지 않으면 규정·명령·당위·규범 등을 의미한다. 이러한 규범적 법률 개념들은 이미 하나의 문명발전의 산물이다. 이 개념과 더불어 법률을 자연의 질서와 다름없다고 보는 과거의 개념은 극복되었다. 즉 법률은 특정 행태에 따를 의무를 의미하는 것이 아니라, 신이 규정한 여러 생명을 가진 존재들의 본성이 표현되는 행태 그 자체를 의미한다는 개념은 극복되었다.[1)]

---

1) *Christian Starck*, Nimos und Phzsis, in: Festschrift für Günther Küchenhof, 1987, S. 149ff(Lit.).

자연법(lex naturae) 개념에서는 법률과 인간의 본성이 이렇게 일치한다고 하는 태고적 견해는 나타나지 않고, 오히려 이성의 수단으로 승인된 자연적 법률, 즉 인간의 입법을 포함해 인간의 행태를 조종해야 하는 자연적 법률이 문제가 된다. 인간의 권위로 제정한 법률과 자연법적·이성법적으로 성립한 법률 사이의 개념적 구별은 신학과 철학의 독자적인 법학하기 위한 필수적 전제다. 이로써 법률이 갖는 이러한 2가지 현상의 관계에 대해 아직 언급한 것이 아무것도 없다.

법률 개념은 19세기에서는 입법절차와 그 절차에 참여한 국가기관, 특히 그 배후에 놓여 있는 사회적 여러 세력의 관점에서 더 좁은 의미를 갖게 되었다. 이에 의하면 의회가 승인하고 군주가 재가한 그러한 국가의 법제정 행위만이 법률이라는 것이다. 따라서 헌법적 법률 개념은 주로 권한법적·절차법적으로 형성되었다. 그러나 한편으로 법제정의 전체 범위가 의회입법의 영역에 속하는 것은 아니고, 다른 한편에 전통적으로 법제정에 속하지 않았던 영역에서 의회가 결정권한을 가졌기 때문에 법률 개념이 분열되기 시작했다.[2] 이에 따르면 형식적 의미에서 법률은 그 구조가 어떻든 헌법적으로 규정한 입법절차에 따라 성립한 입법자의 모든 의사 행위다.

다른 한편 실질적 의미에서 법률은 모든 법규범을 의미한다. 따라서 의회입법자가 제정하지 않은 모든 법규범 — 법규 명령·조례 — 과 관습법, 조약법은 실질적 의미에서만 법률이다. 법규범이 아닌 법령(Rechtsakt)이 의회에서 통과하더라도 그것은 단지 형식적인 의미

2) 상세한 것은 *Christian Starck*, Der Gesetzesbegriff des Grundgesetzes, 1970, S. 77~104(설명적), S. 303~312(비판적).

에서만 법률이다. 예를 들면 해마다 의결하는 예산법이나 일정한 조직법에서 볼 수 있다.

법규범의 개념 정의에서 이 두 법률 개념의 공통부분이 어느 정도인지를 알 수 있다. 법규범의 개념은 더는 개인주의에 바탕을 둔 의사 영역들 간의 한계 설정과 상호관계에만 미치는 것이 아니라, 국가의 모든 공권력을 행사하기 위한 근거를 설정하고, 아울러 공권력의 구성·형성·활동을 구체적으로 규율하는 그러한 규정까지도 포함한다. 그러므로 소위 형식적 의미에서만의 법률의 범위는 거의 영으로 줄어들었다. 따라서 헌법적인 의미에서 법률은 오늘날 의회법을 의미한다. 소위 실질적 의미에서만의 법률은 — 법규 명령·조례 등과 같이 — 그 이름이 붙여질 수 있다.

2. 법률의 일반성

법률의 일반성은 2가지 문제로 구분해볼 수 있다. '일반적'이라는 독일어의 allgemein은 우선 '같은 종류에 속하는'이라는 generell을 의미한다. 이러한 의미의 일반적(generell) 법률은 다음과 같은 경우를 말한다. 추상적으로 기술한 구성 요건과 법적 효과의 연결이 장래의 불특정한 종류(Gattung)의 사례나 사람과 관련된 경우다. 이러한 의미에서 모든 법률이 generell, 즉 일반적인 것은 아니다. 예를 들면 개별 국가기관에 대한 수권이나 조직 규정들이 그러하다. 법률의 일반성(Generellität)은 올바른 법을 규범하기 위한 어떤 보장도

되지 못하는 순수한 형식 원리일 뿐이다.[3)]

그러나 법률의 일반적인 성격은 적어도 2가지 관점에서는 중요한 의미가 있다. 첫째는, 입법자는 시간의 제약이 있으므로 규율하려는 대상을 일반적인 기준에 따라 가장 중요한 것에 국한시킬 수 있다. 둘째는, 일반적인 법률은 제정할 때 개별화될 수 없는 불특정한 종류의 수범자들과 관계가 있으므로 상당한 정도로 국민의 자유와 평등을 보장한다.[4)] 그러나 자유와 평등의 이러한 보장은 상대적이다. 왜냐하면 이러한 보장은 보장 유형의 방식과 내용 그리고 법적 효과의 연관성에 의존하기 때문이다.

이성법적 전통에서 유래해 서유럽과 북미 유형의 헌법에 아직까지 남아 있는 법률의 일반성의 두 번째 측면이 있다.[5)] 이에 따르면 법률은 하나의 시험대에 놓이게 되는데, 이럴 때는 이미 행해진 보장 유형의 법적 효과와의 연결이 일반화할 수 있는(verallgemeinerungfähig) 원칙에 근거하는지를 심사해야 한다.

이 일반화 여부를 시험하는 기준은 자유로운 인간 사이의 조정 원리에서 나오는데, 특히 필요한 소수자 보호를 보장하는 차별 요청·금지·허용 등을 포함하는 기본권과 국가 목적의 규정에서 나온다. 헌법재판이나 이와 유사한 규범 통제제도가 있는 나라에서는 이러한 헌법적 조건(Vorgabe)을 준수하는지를 심사할 수 있다. 그런 제도가 없는 나라는 입법위원회나 국가위원회 등의 자문으로 보완

---

3) *Starck*(각주2), S. 205ff.

4) 기본법 19조 1항(기본권을 제한하는 법률은 일반적으로 적용해야 한다. 개별적인 경우에만 적용하는 것이어서는 안 된다) 참조.

5) *Starck*(각주2), S. 210ff; *Hasso Hofmann*, Das Postulat der Allegemeinheit des Gesetzes, In: Starck(Hg.), Die Allgemeinheit des Gesetzes, 1987, S. 33ff.

하는 입법절차만을 두고 있고, 이러한 자문에서 앞에 상응하는 내용적 관점들을 관철할 수 있다.[6)]

3. 입법의 개념

입법이란 법률을 제정하는 단순한 절차와 방법만을 말하는 것이 아니다. 과거는 물론 오늘날에도 영향력이 있다는 의미에서 입법이란 우선 의식적·계획적인 법제정이다. 여기서는 절차가 아니라 절차의 결과, 즉 제정한 법률이 중요하다. 그러한 한 입법이란 법에 대한 변화된 견해의 표현이다. 중세기에 일반적으로 타당했으며, 관습과 전통에서 유래한 '옛날의 좋은 법'의 우위 원칙은 국가 입법의 우위로 바뀌었다.[7)]

이것은 3가지 요소에 근거한다. 첫째, 자연법에 기초한 법의 이성적 제정과 형성이라는 계몽주의적 사상이다. 둘째, 어느 정도 절대주의적으로 통치하던 유럽 국가들과 독일 연방에서 법의 통일성에 대한 필요다. 셋째, — 처음에는 나타나지 않았으나 점차 분명해지는 — 법의 시대 상황에 대한 적응 사상 등이다.

이 입법 개념의 세 번째 측면은 권한법적·절차법적 입법 개념과 발생학적으로 관련이 있다. 입법의 내용은 전반적으로 자연법으로 이루어지는 것으로 이해했으므로, 입법의 계몽주의적 사상이 처음

---

6) *Albrecht Weber*, in: Starck/Weber(Hg.), Verfassungsgerichtsbarkeit in Westeuropa, Bd. I, 1986, S. 41, 64ff의 개관 참조.

7) *Wilhelm Ebel*, Geschichte der Gesetzgebung in Deutschland, 1958, S. 75ff; *Franz Wieacker*, Privatrechtsgeschichte der neuzeit, 2. Aufl. 1967, S. 322ff.

에는 절차적 사상과는 거리가 있었지만, 입법에서 나타나는 법의 유동성(Dynamisierung)은 입법자와 입법의 절차법적 구성 문제를 더욱 강력하게 제기했다.

국가 기능의 입법은 다른 국가 기능, 즉 집행 — 통치와 행정 — 과 사법에 우선하는 지위를 갖는다. 그것은 집행과 사법은 유효한 법률에 구속되기 때문이다. 이것은 3가지 국가 기능이 서로 분리되어 있는지, 어떻게 분리되어 있는지의 문제와 상관없이 타당하다. 입법은 — 헌법적 조건의 범위에서 — 국민 간의 권리 보호와 조정, 형법, 국가에 대한 국민의 권리와 의무, 국가의 과제와 이것들을 행사하는 방식에 대해서 규정한다.

입법권의 담당자에 관해서는 개별 헌법에 따라 매우 다양한 조직적 유형이 나타난다. 이러한 헌법적으로 형성된 유형들은 대부분 그 외의 헌법적인 기본 결단이나 국가 통치활동의 실제 현상을 살펴보아야만 평가할 수 있다. 그렇게 해서만, 예를 들어 입법과 다른 국가 기능의 분리가 겉으로만 그런지, 실제적 의미를 갖는지가 분명해진다. 입법권과 법률집행권의 원칙적 분리의 근거를 로크는 입법부가 자신이 제정한 법률을 구체적인 사건에 적용한다면 위험하기 때문이라고 했다.[8] 입법기관에 소속된 시민이 법률과 이 법률을 적용하는 권력에 스스로 복종하는 상황이 될 때 비로소 정당한 법률이 보장한다. 이러한 반절대주의적 사상이 완화된 국가의 기초다.

권력분립이 발달된 모습은 입법기능 자체가 권력분립적으로 행사한다는 데 있다. 입헌주의에서는 일반적으로 모든 법률에 군주와

---

8) *John Locke*, Second Treatise of Government, §§143ff.

양원의 의견이 일치하는 것이 필수적이다. 이전 시대에서 유래한 군주의 입법권은 양원의 동의권으로 제한되었다. 양원은 서로 다른 사회적 입장에 따라 구성되었고 견제해야 했다. 오늘날에도 제2원은 계속 입법에서 역할을 하는데, 제2원을 구성하기 위해서는 특히 연방주의적인 국가의 구조가 이용될 수 있고, 제2원은 지방정부나 지방의회, 혹은 개별 지방의 선거를 근거로 구성할 수 있다. 제2원은 단순한 자문 기능을 할 수 있고, 공동으로 결정하거나 사안에 따라 다른 참여권을 행사할 수 있다.

4. 입법의 절차

법률안 제출권은 일반적으로 입법에 참여하는 의회와 의회의 프로그램을 수행할 수 있는 법률이 있어야 하는데, 이를 빈번하게 집행하는 정부가 갖는다. 국민의 대표 기관에서는 보통 일정한 (qualifiziert) 소수가 갖는다. 법률안은 반드시 제출권이 있는 기관에서만 나오는 것이 아니라 정당이나 단체에서 나올 수도 있다.

의회에서 심의는 본회의 심의와 위원회 심의로 나눈다. 본회에서 법률안의 원칙 문제들을 심의한 후 소관 상임위원회로 송부하면, 이 위원회는 그 심의 결과를 본회에 보고한다. 그후 본회는 재차 논의한 후 의결할 수 있다.

제2원이 있을 때는, 보통 본회의 심의와 위원회 심의로 나누어지는 제2원의 심의는 제1원이 의결한 후에 진행한다. 법률을 제정하기 위해 제2원의 동의 결정이 필요한지, 제2원은 단지 제1원이 가중 다수로 기각할 수 있는 거부권(überstimmbares Veto)만을 행사할 수 있는지와 상관없이, 타협적 해결을 모색하고 제안할 수 있는 중재위원회(Vermittlungsausschuβ)가 필요하며 최소한 유용하다. 제2원이 동의를 결정한 다음이나 제1원이 제2원의 거부권을 기각한 후에 국가원수가 인증한다.

입법절차는 토론과 정보, 공개성의 원리가 지배한다.[9)] 토론과 정보는 이미 법률안 제출 단계에서 중요한 표식이다. 제출권자는 보통 합의체 기관(Kollektivorgane)이거나 국민 대표 기관에서 나오는 제출권과 관련해서는 합의체 기관의 수인으로 구성한 일부(kollektiver Teil eines Kollektivorgans)다. 하나의 법률안에 표결하기 전에 논거를 교환해 서로 양해를 모색한다. 의회민주주의의 국가 관행에서 중대한 의의가 있는 정부 초안에서는 사항에 따라 전문적인 소관 부서가 참여한다. 더 나아가 이미 제출절차에서 경우에 따라 특별위원회 소속 전문가와 이익 대표들을 초치할 수 있으며, 이들이 또 다른 정보를 제공한다.[10)] 전문가안에서는 내각의 결의에 이르는 과정에 법률안을 공개할 수 있으며, 이로써 대부분 늦어도 의회에서 제출과 함께 매우 일반적인 토론을 할 수 있다.

정부는 법률안을 심의·결정한다. 법률안 제출절차에서 토론은 법률안을 제출한 후 의회에서 계속한다. 가능한 개념과 세부 사항은 명확성을 기하기 위해 일반적인 문제와 개별적인 문제를 조직적

---

9) *Starck*(각주2), S. 158ff.

10) §58 der Geschäftsordnung des Deutschen Bundestages zur Vorbereitung von Entscheidungen überumfangreiche und bedeutsame Sachkomplexe에 따른 조사위원회 참조; 스웨덴에 대해서는 *Gustaf Lindencrona*, Das schwedische Kommissionswesen, in: Theorie und Methoden der Gesetzgebung, 1983, S. ff.

으로 토론한다. 새로운 관점을 도입할 때는 모든 토론의 기초를 문서화하는 것과 심의 단계별로 일정한 시간 간격을 두는 것은 토론에 도움이 된다.

이로써 개별 의원에게는 토론의 대상이 된 생각을 — 전문성 있는 교섭단체 동료(Fraktionsfreund)의 도움을 받아 — 명확하게 할 가능성이 생긴다. 의회의 본회는 토론을 철저하게 하기에는 너무 큰 기관이므로 법률안은 보통 비교적 전문성이 있는 의원으로 구성하는 소관 상임위원회에서 논의한다. 그 소관 상임위원회는 전문가로 구성한 특별한 자문회의(Informationssitzung)를 열 수 있다. 의회에서 최종 의결은 보통 광범한 정보와 토론에 기초해 행한다. 때에 따라서는 제2원에서 다시 토론하며 자문할 수 있다.

토론과 정보 외에도 입법절차는 광범위한 공개성으로 특징짓는다. 의회의 본회의와 때에 따라서는 제2원에서 심의를 공개한다. 입법 초안(Gesetzgebungskonzept)의 설명과 관련 토론은 공개적으로 하고, 이로써 공개적 비판에 놓인다. 이 경우 집단적 이해관계가 나타날 수도 있다. 법률안 제출 단계에서 공개성과 토론의 관계는 더욱 세분된다. 보통 이러한 절차를 거쳐 비로소 의회의 공개적인 심의 대상인 초안을 마련한다. 이 절차에서 공개성은 무엇보다 규정의 기초가 되는 자료의 사항 정보를 알 수 있게 한다는 의미가 있고, 이런 경우에는 법률과 관계되는 사람들의 견해가 중요하다.

더 나아가 법률안 제출 단계에서 미리 공개함으로써 의회에서 법률을 심의할 때까지 비판가들에게 논거를 수집하고 근거지울 수 있는 시간을 더 많이 갖게 된다. 의회 본회의의 토론과는 반대로 소관 상임위원회의 심의는 비공개로 하는 것이 합목적적이다. 입법절차는 이러한 비공개 절차로 촉진될 수 있다. 비공개 심의는 공개석상에 올린 논쟁들을 최소한 부분적으로나마 전문적인 문제(Sachfragen)로 되돌려 놓게 한다.

소관 상임위원회가 입법에 참여하는 양원의 대립적인 다수 의견 사이에서 중재해야 할 과제를 갖고 있는 한, 이 소관 상임위원회는 비공개로 회의를 진행하지 않을 수 없다. 사안을 의회의 본회의로 회부함으로써 입법절차는 다시 공개되며, 더 나아가 소관 상임위원회 심의 결과를 공개적으로 보고함으로써 소급적으로 공개된다. 입법절차는 보통 공개 투표로 종결된다.

헌법에서 규정한 절차로 만든 법률은 지배자가 명령하는 법률 개념과는 다르다. 후자의 개념에서 지나치게 강조하는 의사는 전자의 개념에서는 논증·정보·공개성·이성·타협·경솔한 다수의 횡포에서 보호로 대체한다. 입법절차의 민주적 요소는 입법이 특정한 세계관을 가진 대표자가 장악할 수 없게 하는 중요한 보장 역할을 한다. 그러한 한 이미 입법절차는 법률의 일정한 내용의 가치를 보장한다.

이외에도 입법절차에서 또 하나의 내용적인 계기가 도출되는데, 제정 절차와 규정의 중요성 간의 비례다. 입법기관의 특성을 보면 법률이 갖는 기본 의의를 알 수 있다. 입법기관은 임의로 개별 사례를 규율할 수도 없고, 다음과 같은 규범을 제정할 수도 없다. 일반적이기는 하나 거의 일반적인 정치적 의의를 갖지 못하거나, 너무 빨리 뒤집어질 수 있기 때문에 그 규범이 제대로 효력을 갖는 기간보다 제정과정이 더 오래 걸리는 규범이다. 입법기관이 시간이 충분하지 못하다는 점과 세부 사항에 대한 지식에 한계가 있기 때문에 중요하지 않은 규범의 제정은 금지된다.

입법절차는 인간의 공동생활에서 중요한 문제를 될 수 있으면 지속적이고, 멀리 내다보며 계획하고, 심사숙고한 규정을 제정하는 것을 목표로 한다. 헌법은 법률유보를 통해서, 입법자는 법률 우위의 범위에서 무엇이 일반적 의의가 있는 중요한 문제인가에 대해 답해준다. 의회의 입법자가 위임할 가능성이 있을 때만 입법절차와 법률 내용의 비례를 고려해 입법절차를 진행할 수 있다.

2. 입법과 법치국가

1. 권력분립과 민주주의

법률의 개념은 2가지 관점에서 법치국가 개념을 밝히는 열쇠 역할을 한다. 즉 법률의 개념은 국가권력의 합리적이며 통제할 수 있는 행사를 보장하기 위해 법률 제정과 적용을 구별하는 권력분립 이론의 구성 부분이다. 여기서 부담을 지우는 법률의 소급효금지원칙이 나온다.[11] 법률의 개념에서 도출되는 법률의 특별한 형식적·내용적 특질은 또 하나의 법치국가성을 보장하는 것인데, 실질적 의미에서 보면 더욱 그러하다.

국민이 직접 선출한 의회에서 법률을 제정할 때 — 때에 따라 제2

11) *Volkmar Götz*, Bundesverfassungsgericht und Vertrauenschutz, In: Starck(Hg.), Bundesverfassungsgericht und Grundgesetz, Bd. Ⅱ, 1976, S. 421ff.

원과 협력해 — 법률의 개념은 민주주의의 원리를 표현한다. 법률의 이러한 특수한 성격은 법률의 우위와 법률의 유보로 구성되는 법률 적합성원칙의 출발점이 된다. 법률의 우위란 법률 형식으로 표현한 국가의 의사가 법적으로(rechtlich) 다른 모든 국가적 의사표현에 우선함을 의미한다.[12] 헌법의 우위가 존재하는 한 헌법은 법률에 우선한다. 입법의 개입권한이 사법과 집행의 유보 영역으로 형성되는 헌법상의 한계가 있는 곳에서는 법률의 우위가 존재하지 않는다.[13]

2. 특히 법률유보

법률유보란 유보 영역에서 행하는 행정활동은 명시적인 법률적 근거를 필요로 함을 의미한다.[14] 이러한 유보원칙의 표현은 법률이란 단지 그 밖의 경우에 자유롭게 활동하는 행정에 대한 한계이자 테두리일 뿐이라는 견해에 명백히 반대되는 것이다. 법률유보는 입법절차에서 창출한 국가 행위가 더 높은 법적인 질을 보유한다는 사상에서 근거했다. 이를 통해서 국민의 자유가 더 효과적으로 보호된다는 것이다.

법률의 유보 범위는 그때그때 헌법으로 결정한다. 국민의 자유와 재산에 대한 모든 침해는 법률유보에 있다고 하는 19세기에서 유래

---

12) *Otto Mayer*, Deutsches Verwaltungsrecht, 3. Aufl., Bd. I, 1924, S. 68.

13) *Hartmut Maurer/Friedrich E. Schnapp*, Der Verwaltungsvorbehalt, in: Veröffentlichungen der Vereinigung der Deutschen Staatsrechtslehrer, Bd. 43(1985), S. 135ff, 172ff.

14) Kreuzberg-Urteil des Preu*β*ischen Oberverwaltungsgerichts von 1882(OVGE 9, 353ff); *O. Mayer*(각주12), S. 69.

한 고전적 침해 유보가 오늘날 서구 국가에서는 일반적으로 승인하며, 대부분 소위 특별권력관계 내부에서 침해와 관련해서도 인정한다. 이러한 사실은 연방헌법재판소[15]가 수형자의 기본권은 법률이나 법률에 근거해서만 제한할 수 있다고 판결한 1972년 이래 독일의 연방공화국에서도 마찬가지다.

국가의 급부활동 — 사회적 급부와 자금조성 — 은 그것이 지속적으로 행해지고, 높은 범위의 수익자를 위한 것이거나, 많은 비용이 필요할 때 법률의 유보에 놓인다.[16] 이 밖에 법률유보는 오늘날 급부법이나 조직법과 관련된 기본권을 고려할 때 이들 법에까지도 미친다.[17] 이와 관련해서는 학교법과 방송법을 들 수 있다. 연방헌법재판소는 "기본법의 법치국가 원리와 민주주의 원리는 입법자에게 교육제도의 중요한 결정을 내리고, 이를 교육 행정에 위임하지 못하도록 의무지웠다. 이는 특히 기본권 행사 영역에서 국가의 형성에 맡겨져 있는 법률 영역에 적용한다"고 판결했다.

더 나아가 연방헌법재판소는 방송의 자유라는 기본권을 이용해 민간방송 설립을 위해서는 법률적 규정이 필요하다고 했다. 이러한 규정으로 방송의 자유를 보장하는 대비책을 마련한다고 한다. 방송의 자유는 제한하는 것이 아니라 구체적으로 '형성할' 뿐이라는 것이다. 본고는 이를 비판하려는 것이 아니므로 우리는 단지 법률유보의 확대만을 인식하고자 한다.

---

15) 그렇게는 BVerfGE 33, 1, 10f.-Strafvollzug.

16) 여전히 논쟁이 있다; *Starck*(각주2), S. 2822ff.

17) 특히 BVerfGE 45, 400, 417f.-hessische gymnasiale Oberstufe; BVerfGE 57, 295, 319f.-Privatfunk.

이와 같이 법률유보는 그 대상을 더 확대했을 뿐만 아니라 법률적 수권의 명확성이 점증적으로 요구되고, 행정상의 판단 여지와 재량 여지가 계속 배제됨으로써 오히려 법률유보를 강화하려고 시도했다. 이 점과 관련해 연방헌법재판소는 권력분립적 권한질서를 지적하고, 일원적인 민주주의관을 경고할 계기가 되었다고 보았다.[18)]즉, "기본권은 기본적인 결정을 할 때는 의회에 포괄적인 우위를 부여하지는 않는다. 기본법은 권력분립적 권한 정서(整序)로 의회의 권한에 한계를 정한다. … 기본법이 지키려는 국가권력의 분립과 조정의 구체적인 질서는 민주주의 원리에서 잘못 도출한, 즉 포괄적 의회유보라는 형식의 권력 일원주의로 침탈되어서는 안 된다"고 했다.

3. 다수결 원리의 한계와 헌법의 우위

시민적 영역의 침해와 기타 기본권과 관련된 규정의 법률유보를 자유를 수호하는 도구로 여겼다. 물론 이 도구는 의회와 여기서 지배하는 다수결 원리에 전적으로 의존한다. 기본법은 1조 3항에서 입법자 역시 기본권에 직접 구속된다고 규정하고, 공권력이 자신의 기본권을 침해했다고 주장하는 모든 사람에게 제소를 허용하는 연방헌법재판소를 설치함으로써 이를 보장한다(기본법 93조 1항 4a호). 기본법은 실제 법생활에서 연방헌법재판소의 설치와 권한이 비로소 입법자의 기본권 구속을 실현하기 위한 고유한 전제 조건이 됨을 보여준다. 기본권에 관한 판례와 기본권 해석 이론에서 입법자에

18) BVerfGE 49, 89, 124f.

대한 연방헌법재판소의 영향을 개별적으로 살펴볼 수 있다.

입법의 기본권에 대한 구속을 실현하는 과정에서 겪는 본래의 어려움은 다음에 있다. 입법은 기본권에 구속될(201조 3항) 뿐만 아니라, 동시에 기본권에 부가된 개별 법률의 유보에 따라 기본권의 한계를 확정하도록 수권되었다는 점이다. 이로써 우선 기본권 침해에 대한 형식적 전제 조건이 확정된다. 권한 규정에 따라 권한 있는 입법자 — 혹은 명령제정자 — 만이 기본권의 한계를 설정할 수 있다.

여기서 기본권 침해의 실질적 전제 조건에서 볼 수 있는 입법의 기본권 구속이라는 딜레마에 빠진다. 동시에 여기에는 입법과 연방헌법재판소 간의 권한 문제가 있다. 한 법률이 기본권에 위배된다는 이유로 연방헌법재판소에 제소하면 입법자는 틀림없이 법률유보에 따라 기본권을 제한했으며, 기본권으로 보장한 자유를 규정했다는 등의 자신의 권한을 주장할 것이다. 연방헌법재판소는 이와 같은 기본권 제한이나 침해, 구속 조항의 위반 여부를 심사해야 한다.

모든 기본권 제한에 대한 첫 번째 정당성의 근거는 보호할 만한 가치가 있는 법익이다.[19] 무엇이 보호할 만한 가치가 있는 것인가는 기본권의 개별적이며 내용적인 한계에서 나오거나, 헌법으로 보호하는 법익이거나, 최소한 헌법과 모순되지 않는 법익에서 나온다.

이와 같이 기본권 제한으로 보호하는 법익을 헌법적으로 기초짓는다 해도 앞에서 언급한 기본권 구속과 법률유보의 딜레마를 해결하는 것은 아니다. 법익보호라는 단순한 목적으로 기본권을 임의로 제한한다면 구속 조항은 공동화되고, 기본권은 다시 선언적 문장

19) *Peter Lerche*, Übermaβ und Verfassungsrecht, 1961, S. 223ff.

으로 전락할 것이다. 헌법적 근거가 있는 법익을 보호하려고 설정한 수단도 일정한 한계가 있다면 회피될 수 있을 것이다.[20]

기본법 자체가 이에 상응하는 암시를 한다. 이전의 자유의 제한을 정당화하는 실질적 보호법익들을 매우 상세하게 든 기본법 11조는, 열거한 법익을 보호하기 위해 이전의 자유의 제한이 필요하다고 했다. 다른 기본권이 기본권을 제한하는 법률의 필요성을 명시하지 않았다고 해도 이 원칙은 다른 기본권을 제한하는 데도 적용한다. 왜냐하면 이 원칙으로 불필요한 기본권의 제한을 방지함으로써 구속 조항을 실현할 수 있기 때문이다.

연방헌법재판소의 판례는 필요성원칙(Erforderlichkeit), 즉 과잉금지(Übermaβverbot)인데 이 원칙을 어떻게 부르든 단지 이 원칙만을 의도하는 것이 아니라, 기본권 제한의 적합성(Geeignetheit)과 비례성(Proportionalität)까지도 요구한다. 적합하다는 것은 기본권을 제한하는 법률 규범이 위협을 받는 법익을 효과적으로 보호할 수 있는 때다.[21]

그러나 적합한 처분이라고 해도 지나치게 부담이 될 수 있다. 이것은 필요성원칙을 살펴보면 확인할 수 있다. 필요성원칙은 위협을 받는 법익을 효과적으로 보호할 수 있는 가장 온건한 수단을 사용할 것을 요청한다.[22] 마지막으로 세 번째 비례원칙 — 협의의 의미에서 비례원칙 — 은 기본권의 적합하고도 필요한 제한으로 개인의 부담

---

20) *Eberhard Grabitz*, Der Grundsatz der verhältnismäβigkeit in der Rechtsprechung des Bundesverfassungsgerichts, AöR 98(1973), S. 568, 586ff; *Jörg Paul Müller*, Elemente einer schweizerischen Grundrechtstheorie, 1982, S. 119ff, 132ff.

21) BVerfGE 16, 147, 81, 확립된 판결.

22) BVerfGE 39, 165, 확립된 판결.

이 일반에게 귀속되는 이익과 합리적인 관계가 되도록 보장한다.[23)]

이상과 같은 3가지 원칙을 법익을 보호하려고 사용한 기본권 제한의 수단을 심사하는 데 이용하는 것은 사실확정(Tatsachenfeststellungen)과 사전예측(Prognosen)을 전제로 한다. 이것은 상응한 기본권 제한을 규범화하려는 입법자가 결정한다. 불확정 법률 조항을 통해 입법자는 그러한 확정을 행정부와 사법부에 넘길 수도 있다. 입법자가 기본권 제한 규범의 기초가 되는 사실확정과 사전예측에서 완전히 자유롭다면 구속 조항은 무의미해질 수도 있다. 그러나 거꾸로 사전예측의 불안정성 때문에 입법자가 기본권을 제한하는 법률을 제정하지 못해도 안 될 것이다.

규범을 통제할 임무가 있는 연방헌법재판소는 입법자가 행한 사실확정과 사전예측 결정을 통제해왔다.[24)] 그러나 입법자의 경험적인 기초와 형량, 평가를 논박할 여지가 없을 때는 그 정당성을 인정하는 것으로 본다.[25)] 입법자의 평가할 권한을 인정하지만 규율해야 할 사항의 특성, 충분히 확고한 판단을 내릴 수 있는 가능성, 문제가 되는 법익의 의의에 따라 이 권한은 구분할 수 있다.[26)]

---

23) 이 원칙은 *Lerche*(각주19), S. 19ff; *Grabitz*(각주20), S. 568, 571ff; *Hirschberg*, Der Grundsatz der verh□ltnism□βigkeit, 1981, S. 25ff, 50ff, 190ff, 200ff 참조.

24) BVerfGE 7, 377, 412; 25, 1, 13; 30, 250, 263f; 50, 290, 332f 참조; 자세한 것은 *Fritz Ossenbühl*, Die Kontrolle von Tatsachenfestftellungen und Prognoseentscheidungen durch das Bundesverfassungsgericht, In: Starck(Hg.), Bundesverfassungsgericht und Grundgesetz, Bd. Ⅰ, 1976, S. 458ff. 그외 참고문헌과 판결 참조; *Starck*, JZ 1972, 609, 612; 기본권을 제한하는 다양한 입법적 실험은 *Bernhard Schlink*, Abwägung im Verfassungsrecht, 1976, S. 208ff 참조.

25) 소극적인 것으로는 BVerfGE 16, 147, 181; 17, 306, 317; 19, 119, 127; 30, 250, 263; 47, 109, 117f. 적합성에 대해서는 *Grabitz*(각주20), S. 568, 615ff.

26) BVerfGE 50, 290, 333.

여기서 통제강도의 세분화된 기준이 나오는데, 무엇보다도 경제정책 분야에서 단순한 '명백성 통제(Evidenzkontrolle)'는 자유 경제인의 기본권이 단지 그 외곽에서만 침해되는 경우의 기준이다.[27] 경제의 기본권 영역에서 '주장할 만한가의 통제(Vertretbarkeitskontrolle)'는 사전예측 가능성이 확실할 때 행한다.[28] '강화된 내용 통제(intensivierte inhaltliche Kontrolle)'는 개인의 생명이나 자유,[29] 혹은 광범위한 제한이 문제되는 한에서 — 예를 들면 직업선택 — 또 다른 기본권과 관련될 때 행한다.[30]

통제 단계 사이의 한계를 긋는 것 — 특히 명백성의 통제와 주장가능성의 통제 간의 — 은 항상 쉽지만은 않다. 왜냐하면 전자나 후자의 단계를 정서(整序)하는 기준이 대개 불명확하고, 그 자체를 먼저 평가할 수 있어야 하기 때문이다. 그러나 각 단계의 순서는 논증의 목록(Raster)을 제공할 뿐만 아니라, 선례를 고려한다면 점점 더 예측할 수 있게 되므로 유용하다.

시간이 많이 지난 후에 사전예측이 잘못되었다고 분명하게 확인되면 입법자는 새로운 인식으로 법률을 개정할 의무가 있다.[31] 이것은 연방헌법재판소의 규범 통제에 대해서 다음과 같은 것을 의미한다. 연방헌법재판소는 규범을 통제할 때 법률을 제정할 당시의 인식에서 출발해야 하지만, 새로운 인식을 간과해서도 안 된다는 것이

27) BVerfGE 37, 1, 20ö 40, 196, 223.

28) BVerfGE 25, 1, 12f; 30, 250, 263; 39, 210, 225f; 미해결로 열어둔 것으로는 BVerfGE 57, 139, 159ff.

29) BVerfGE 39, 1, 46, 51ff; 45, 187, 238.

30) BVerfGE 7, 377, 415; 11, 30, 45; 17, 269, 276ff.

31) BVerfGE 25, 1, 13; 50, 290, 335; 57, 139, 161ff.

다. 기본권 보호라는 관점에서 볼 때 이것은 타당한 결론이다.

3. 입법의 현명성

1. 입법학의 과제

헌법의 우위가 문서상에만 있는 것이 아니라 항상 효력을 발휘할 수 있고, 헌법재판으로 규범을 통제하는 제도가 있는 나라에서 입법학은 우선 다음과 같은 문제에 몰두하게 된다. 즉 법률이 헌법과 일치하려면 어떠한 전제 조건을 충족시켜야 하는가의 문제다. 이 점에서 기본권의 해석과 적용은 중요한 역할을 한다. 그러한 한 입법학은 실정 헌법 해석학(Verfassungsrechtsdogmatik)에 구속된 학문이다. 독일 연방공화국에서 법률의 합헌성에 대한 유일한 관심은 입법학의 다른 관점을 왜곡하거나 잊게 만들었다.

최근에 와서야 비로소 입법학의 헌법 외적 측면에 관심을 갖기 시작했다.[32] 여기서 문제가 되는 것은 입법의 중요한 합목적성이다. 예를 들어 법률 — 혹은 집행 — 의 경제성·단순성·명료성·효율성·지속성, 다시 말해 입법의 현명성 문제들이다. 바람직하지 않은 부수적·결과적 효과의 회피나 법률의 효력 통제 등을 학문적인 문제로 받아들였다. 포괄적인 입법학의 과제는 합목적적이며 합헌적

32) 특히 *Peter Noll*, Gesetzgebungslehre, 1973; *Hans Schneider*, Gesetzgebung, 1982(여기 수록한 다른 문헌도 참조); *Ulrich Karpen*, Zum gegenw'rtigen Stand der Gesetzgebungslehre in der Bundesrepublik Deutschland, in: Zeitschrift für Gesetzgebung 1(1986), S. 5ff; *Christian Starck*, Überlegungen zur Gesetzgebungslehre, in: Zeitschrift für Gesetzgebung 3(1988), S. 1ff.

인 법률을 받아들이는 것만이 아니라, 입법에서 어떠한 지나침도 배제하는 기준을 개발하는 것이다. 법률이 목적에 맞지 않으면 — 의도하는 — 부작용을 일으켜 또 다른 국가활동을 초래한다.

법률이 하자가 있거나 잘못된 효력을 갖는 이유는 수없이 많으며 서로 관계가 있는데, 부분적으로는 입법 영역에 있고, 부분적으로는 국민의 영역에 있다.[33] 흔히 법률이 이해하기 어렵고, 분명하지도 단순하지도 않거나, 인간의 기본적인 태도를 충분히 고려하지 않아 남용할 수 있다는 점이 잘못의 원인으로 거론된다.

국민의 고정관념과 생활습관이 입법자의 일회적 결정으로 하루아침에 바뀔 수 있는 것은 아니다. 너무 자주 바뀌는 법률을 많이 제정하고 있다. — 법률은 분개한 일부 국민을 진정시키려고 짧은 기간이나 선전효과만을 노리는 경우도 많다. — 입법자는 언제나 사회의 현실을 충분히 아는 것이 아니다. 그래서 전문가의 도움을 받으면 알 수 있는 개별 사항이 문제되기도 하고, 소관 부서의 권한에 따라 제한적·부분적으로만 인식되기 때문에 충분히 고려하지 않은 다른 법률 규정들과의 내적 관련 등이 문제되기도 한다.

현실을 파악하는 이데올로기적 한계(Verengung)와 사회공학적 관점에서 사회의 상황을 파악할 수 있다는 잘못된 신념으로 생활의 체험을 간과하기도 한다. 왜냐하면 이 생활의 체험이 장래를 구속한다고 생각하지 않기 때문이다. 입법학의 과거의 인식은 헌법의 비례원칙에서 도출한 과도한 요청 때문에 잊혀졌다. 다시 말해 법률만으로는 정의를 이룰 수 없다. 정의는 개별 사례에서 정의(형평,

33) 이에 대해서는 *Starck*(각주32), S. 17ff.

Billigkeit)로 보완해야만 한다.[34] 법률을 지나치게 세분하면 형평에 도달하는 것이 아니라 법률을 불분명하게 만든다.

2. 법이론(Rechtsdogmatik)의 과제

법이론은 입법에 도움이 되는가? 법이론 하면 먼저 그것이 법률의 해석과 적용에 얼마나 도움이 되는가를 생각하게 된다. 그렇다면 법이론은 항상 입법의 결과만을 연구하는 것인가? 법이론은 법률간은 물론 법률 외적으로 전개되며, 일반적 승인과 준수를 요구하는 법학 원칙과 규정의 상관적 구조를 이룬다.[35] 이러한 확정에서 법이론과 입법의 양립적인 관계가 나온다.

우리는 법이론이 입법에 얼마나 영향을 주는지 알 수 있다. 즉 일반 행정법이 입법도 되기 전에 법이론에서 판례와 달리 발전·확립·세련화되었다.[36] 의심할 여지없이 일반 행정법에서 거의 100년 동안 지속된 이론적 업적이 행정법 분야의 입법에 매우 중요한 체계적 기초를 제공했고, 논란이 되는 문제를 해결할 가능성을 제공했다. 일반 행정법의 일부가 법전화되기 전에 이미 특별 행정법 분야와 관련된 연방과 지방들의 수많은 입법과정에서 일반 행정법은 개

---

34) *Franz Bydlinski*, Allgemeines Gesetz und Einzellfallgerechtigkeit, In: Starck(Hg.), Die Allgemeinheit des Gesetzes, 1987, S. 49ff.

35) *Franz Wieacker*, Zur praktischen Leistung der Rechtsdogmatik, in: Gadamer-FS, Bd. Ⅱ, 1970, S. 311, 319 각주22의 그외 문헌 참조; *Christian Starck*, Empire in der Rechtsdogmatik, JZ 1972, S. 609.

36) *Christian Starck*, Rechtsdogmatik und Gesetzgebung im Verwaltungsrecht, in: Behrends/Henkel(Hg.), Gesetzgebung und Dogmatik, 1989, S. 106ff.

별 행정법 영역 간의 상호모순(Auseinanderdriften)을 막고 행정법의 구조에 공고성과 완결성을 부여하며, 특별 행정법의 단명성과 장황성을 보완하는 중요한 기능을 했다.[37] 이러한 과제 설정이 보수적으로 들릴지 모르지만 행정법 이론의 정신사적·사회적 제약성(Bedingtheiten)을 연구해서 찾아내고, 현재의 변화에 대처해 필요한 결론을 끌어내고, 법이론을 주의 깊게 발전시키는 것을 배제하는 것은 아니다.[38]

1962년의 16개 독일 연방법을 조사해보면 특별 행정법의 입법자에 의한 일반 행정법의 전통적 원칙과 제도의 보존과 적용에서 만족할 만한 일치를 확인할 수 있다.[39] 즉 학문과 판례로 형성한 개념과 형식은 명백히 입법자가 사용한 형성 요소보다는 더 큰 지속력이 있다는 것이다. 물론 입법자는 권위를 갖고 결정할 수 있으나, 올바르게 확립된 관념·사항·구조에 적합하며, 깨끗하고 논리적으로 탓할 데 없이 해결하도록 결정하는 것은 매우 중요하다.[40]

따라서 법이론은 행정법에서도 입법의 필수 기초임을 알 수 있다.[41] 입법은 법이론의 선행 연구와 체계화가 없었다면 매우 저급한 수준에 머물렀을 것이고, 법의 개관 가능성과 신뢰성에 대한 법치

37) *Klaus Stern*, Das allgemeine Verwaltungserecht in der neueren Bunddesgesetzgebung, JZ 1962, S. 265, 297ff.

38) 이에 대해서는 *Winfried Brohm*, Die Dogmatik des Verwaltungsrechts vor den Gegenwartsaufgaben der Verwaltung, in: Veröffentlichungen der Vereinigung der Deutschen Staatsrechtslehrer, Bd. 30(1972), S. 245, 253.

39) *Stern*(각주37), S. 302.

40) 현재 비슷한 것은 *Eberhard Schmidt-Aßmann*, Das allgemeine Verwaltungsrecht als Ordnungsidee und System, 1982, S. 10f.

41) *Jan Harenburg*, Die Rechtsdogmatik zwischen Wissenschaft und Praxis, 1986, S. 365.

국가의 요청을 만족시키지 못했을 것이다. 입법에는 법이론도 속한다.[42] 이것은 또한 법의 다른 소재도 마찬가지다.

민주적 입법자에게 엄격한 의미에서 법이론적 과제를 부여할 수는 없으나, 입법자는 법이론만이 아니라 헌법에도 구속된다. 법이론은 입법자에게 결코 강제적이 아닌 자문 역할을 할 뿐이다. 그리하여 우리는 입법자가 법률 자문을 잘 받았는지, 현명하게 규정했는지를 심사할 수 있다.

필자는 입법의 현명성을 갖춘 그러한 규정에서 결코 과소평가해서는 안 되는 중요한 법이론의 기능을 본다(법'학' juris 'prudentia'). 또한 오늘날 헌법에서 너무 많은 것을 끌어내려는 경향이 있음을 생각할 때 이 현명성의 관점이 큰 의의가 있다고 생각한다. 왜냐하면 이것은 헌법을 논의할 때 고정관념에서 탈피(Entkrampfung)하게 하고, 규정의 현명성을 공개적으로 논의하게 해주기 때문이다.

법이론은 개별 법률의 내적 통일성과 사항이 서로 관련되는 법률 간의 내적 일치 문제를 다루며,[43] 평가의 모순이나 불일치를 찾아내게 한다. 법이론의 이러한 활동은 오늘날 처분해야 할 법률과 계속 적응해야 할 입법에서 나타나는 입법자의 개별적 관점에 기초한(punktuell) 평가와 관련해보면 큰 역할을 한다.[44] 개정한 법률을 법률체계로 적응시키는 방식은 겉으로 보기에만 정치적인 문제다. 실제에서는 개정한 법률을 법체계에 합리적으로 적응시키는 것은

42) Günther Winkler Gesetzgebung und Verwaltungsrecht, in: Winkler/Schilcher(Hg.), Gesetzgebung, 1981, S. 100, 109f: '완전한' 법률이라는 표현으로 일련의 흠결을 드러내는데, 이 흠결들은 장래 입법에 비판적 방향 지시가 될 수 있고, 또 되어야 한다고 한다.

43) *Helmut Schulze-Fielitz*, Theorie und Praxis parlamentarischer Gesetzgebung, 1988, S. 526f.

44) *Winfried Brohm*(각주38), S. 248f; Schulze-Fielitz(각주43), S. 524, 526 참조.

법정책적 의도를 강화시킨다.

왜냐하면 법률의 안정성과 효율성을 제고하고, 부작용을 막기 때문이다. 법률체계와 필요한 추론의 법이론 연구에서 적지 않게 문제가 되는 것은 헌법상 평등원칙의 요청이므로, 헌법적 논증이 필요하다[45]는 것은 헌법의 기준과 현명성의 원칙이 얼마나 밀접한 관계가 있는지를 보여준다. 이를 구별하는 것은 헌법재판으로 규범을 통제하는 제도가 있는 나라에서 헌법학자들의 과제다.

---

45) *v. Mangoldt/Klein/Starck*, Das Bonner Grundgesetz, Bd. Ⅰ, 1985, Art. Rdnr. 33ff.

4장.
법치국가와 전법치국가적 과거 극복

1. 무엇을 어떻게 극복해야 하는가

1. 극복의 임무

법치국가와 전법치국가적 과거 극복(Aufarbeitung)이라는 과제는 옛 동독에서 사회주의 정당독재의 붕괴와 이어지는 독일의 국가 통일의 회복으로 다시 우리에게 현실이 되었다. 수십 년 동안 옛 서독은 나치의 불법을 법률·재정·형사재판의 측면에서 극복(Bewältigung)하려고 노력했다.[1)]

1949년의 기본법 전문은 서독 각 주의 독일 국민은 기본법을 제정할 때 협력할 수 없었던 그 독일인들을 위해서도 행동했다고 규정했다. 그 독일인들은 지금에야 우리와 함께 다시 하나의 국가로 통일되고, 그 과거와 함께 기본법의 영역으로 들어왔다. 기본법에 따

1) 보상은 Bundesminister der Finanzen und Walter Schward(Hg.), Die Wiedergutmachung nationalsozialischen Unrechts durch die Bundesrepublik Deutschland, Bd. Ⅰ-Ⅵ, München 1974~1987 참조.

라 본질적으로 구성되고, 지금에야 달성한 재통일의 임무를 지닌 법치국가는 옛 동독의 과거를 무시할 수는 없다. 법치국가에 위반되는 구조들(rechtsstaatswidrige Strukturen)은 장래를 위해 없애야만 한다. 사람들을 괴롭힌 불법(Unrecht), 즉 법적인 평등과 평화를 중대하게 위반하면 변상이 따라야 한다. 즉 보상을 하거나 때에 따라서는 범죄자를 처벌해야 한다. 보상의 재정적 부담은 국가 전체가 부담해야 하며, 주로 옛 서독 시민이 부담하게 된다.

2. 전법치국가성과 불법

법치국가의 개념은 무엇이 전법치국가적인가, 다시 말해 무엇이 법치국가의 원리에 반하는가를 결정할 때 사용한다. 법치국가의 요구는 극복할 수 있으며, 법적으로 평가할 과거에도 미친다. 그것의 기준은 기본법에서 규정한 법치국가의 개념일 수는 없다. 즉 기본법의 많은 개별 규정에서 표명되고, 연방헌법재판소의 판결에서 전개한 개념은 아니다. 국가의 불법(staatliches Unrecht)이나 그외 법치국가의 위반을 확정하는 기준은 우선 첫째로, 근대 민주국가(zivilisierte Staaten)에서 승인하는 형식적이며 실체적인 기본 원칙이라는 의미에서 법치국가의 개념이 문제가 된다.

통일조약에서는 이러한 의미에서 전반에 걸쳐 몇 번이나 법치국가 원칙의 불일치에 대해서,[2] '인간성이나 법치국가성의 원칙

---

2) 통일조약(Einigungsvertrag) 18조와 19조: Anlage I Kapitel Ⅲ Sachgebiet A Abschnitt Ⅲ Nr. 14 Maßgabe d; §64 a Abs. 3 Bundeszentralregisetz; §2 Gesetz über die innerdeutsche Rechts-und Amtshilfe in Strafsachen.

(Grundsätze der Menschlichkeit oder Rechtsstaatlichkeit)'의 위반에 대해서,[3] 정치적 동기의 형사소추나 법치국가·헌법 위반의 판결에 대해서[4] 언급했다. 여기서 무엇보다 중요한 것은 행정처분이나 유죄판결로 시민의 신체·생명·자유·인격권·재산권에 대해 사회주의 국가의 위법한 침해를 확정·평가하고, 공무원·정당 조직 등에서 그외의 법치국가 위반의 구조를 확정·평가하는 것이다.

3. 법치국가의 한계

개개인이 입은 독재의 피해가 모두 변상되거나 다른 형태로 법적으로 극복된다는 것은 아니다. 왜냐하면 법치국가의 수단은 한정되어 있기 때문이다. 많은 사람이 수십 년 동안 배반이 두려워 자신을 위장하고, 자신의 생각을 감추고, 의견을 교환할 수 없었다. 많은 사람이 이른바 국가의 보안당국과 타협할 수밖에 없었는데, 이 타협 때문에 그들의 체면은 오늘날 상처를 입었다.

여기서 마음의 상처(geistg-seelische Verletzung)가 생겼다. 우리가 무엇보다 존중하는 인격의 자유로운 발전은 많은 사람의 생활과 관계될 만큼, 그리고 돌이킬 수 없는 형태로 방해된 것이다. 이러한 마음의 상처는 상처를 입은 사람이 그것에 대해 말할 수 있고, 이해와 동정심으로 들어주어야만 극복할 수 있다. 그러나 이럴 때 필요한 대화(Ausspsechen)와 경청(Anhören)에 대해서는 국가가 제공

---

3) 통일조약 Anlage Ⅰ Kapitel ⅩⅨ Sachgebiet A Abschnitt Ⅲ Nr. 1, sowie Sachgebiet B Abschnitt Ⅱ Nr. 2 §7 Abs. 2.

4) 통일조약 17조: Protokollvermerke Nr. 10 zum EV.

할 수 있는, 법치국가적으로 규정한 절차가 없다.

나아가 법치국가의 한계에서 나타나는 것은 도덕적인 시민의 의무다. 우리는 모두 개인이든 집단이든 대화를 할 때나 논쟁이 생겼을 때, 표현할 수 있는 모든 동정심과 배려로 마음의 상처를 극복하는 데 협력하도록 요구받는다. 이러한 시민의 의무를 느끼게 되면 독재를 경험하지 않았어도 독재 속에서의 생활에 대한 정확한 지식을 얻을 수 있고, 더 명확한 정치적 판단을 내릴 수 있을 것이다. 그러나 이것은 오늘 다룰 주제가 아니다. 여기에 언급한 것은 오로지 법치국가의 한계를 명확하게 하려는 생각일 따름이다.

4. 극복의 법치국가성

법치국가적 극복은 규범이나 인간이나 집단에서 나온 법치국가의 위반 구조에 관해, 절대 권리의 침해에 관해 가능하며 필요하다. 여기서 법치국가의 개념은 전법치국가적 과거가 현재 기본법의 지배 속에서 극복되는 여러 상황을 위한 기준으로 기능한다. 즉 다음과 같은 문제에서다.

① 현상회복, 다른 방법의 보상(Wiedergutmachung), 기득권 보호.
② 유죄판결 취소, 명예회복, 보상에 대한 절차법적·실체법적 요구.
③ 죄형법정주의(nulla poena sine lege)를 준수하면서 범죄자 처벌.
④ 행정·대학·사법에서 직원의 처우.
⑤ 동독과 구분해서 생각할 수 없는 독재권력을 휘두르던 정당과

그 추종자의 재산 취급

⑥ 이전의 국가보안성과 하부 관청의 문서 — 이른바 슈타지 문서(Stasi-Akten) — 를 법치국가적 보장으로 취급하는 데 따른 희생자의 인격권과 결과적 침해의 저지

2. 전법치국가의 기준과 유형

1. 국가의 불법(staatliches Unrecht) 가능성

전법치국가적이라는 표현을 쓸 때 그 기초에는 무엇이 법인가를 국가가 아주 자유롭게 결정해서는 안 된다는 국가관이 있다. 국가가 특정한 법원칙을 승인하고, 국가의 법질서가 그 법원칙과 일치해야만 그 국가는 법치국가가 되는 것이다. 가령 각각의 국가가 규범에 구속력을 부여해 그것을 법이라고 부르면서 실시한다면, 단지 그것만으로 법치국가가 된다면 '전법치국가적' 과거라고 하는 것은 존재하지 않을 것이다. 국가의 행위가 법치국가에 위반될 수 있다는 것, 특히 불법일 수 있다는 것은 서구 입헌국가에서는 일반적으로 확신하고 있다. 권력분립제 국가에서는 불법 행위(Unrechtsakte)를 체제 내부에서 확정하는데, 그것이 아직 무효가 아니면 제거하고, 때에 따라서는 보상하기도 한다.

우리의 과제는 그와 다른 형태의 국가적 불법에 관한 것이다. 주로 문제가 되는 것은 재판권이 독립하지 않아 체제 내부에서 막을 수 없는 형사소추나 소유권 박탈, 스파이 행위 등의 불법이다. 불법

은 불법에 봉사하거나, 해석에 따라 불법적으로 봉사할 수 있었던 법률에 기인한 것도 드문 일은 아니었다. 그것을 가능하게 한 정당 독재는 1968년과 1974년의 동독 헌법 1조 1항에서 최고의 헌법 원리로 보장했다.[5)] 각각의 불법 행위는 결국 법치국가를 위반하는 구조에 묻혀 있었던 것이다. 그렇다면 어떤 기준으로 법치국가의 위반·구조·불법 행위를 확정하는가?

2. 법치국가 원칙(Rechtsstaatliche Grundsätze)의 구속성

이전의 SED(Sozialistsche Einheitspartei Deutschland, 독일 사회주의 통일당)의 지배 영역이 기본법의 타당 영역으로 들어가고, 그 과거를 법치국가의 기준으로 판정해야 한다고 해도, 기본법에서 특별히 각인되는 법치국가의 개념이 항상 기준이 되는 것은 아니다. 그러면 무엇이 전법치국가적인가를 결정할 수 있는 법치국가의 개념은 어디서 유래했으며 어떤 내용이 있는가?

출발점으로 법치국가의 개념 하나를 들 수 있다. 그것은 서구적 특질의 입헌국가의 역사적 발전의 성과이며, 프랑스 인권선언 16조에서 권리의 보장과 권력의 분립을 보장하지 않으면 안 된다[6)]고 하는 점에 표현한 법치국가의 개념이다. 오늘날 그것은 특히 법률의 지배(Gesetzesherrschaft)와 재판의 독립, 나아가서는 기본권의 실효

5) "독일 민주공화국은 노동자와 농민의 사회주의 국가다. 그것은 노동자계급과 그 마르크스·레닌 정당의 지도 아래서의 도시와 농촌의 근로자에 의한 정치적 조직이다."

6) 프랑스의 인간과 시민의 권리 선언 16조: "권리보장과 권력분립이 규정되지 않은 사회는 헌법을 갖고 있지 않은 것이다."

적 보장과 신뢰의 보호를 전제로 한 복수정당제다.[7)]

법치국가의 개념에 포함된 근대 민주국가의 법원칙은 인간의 자유, 즉 자기 자신에 대해 결정하는 능력에 기초를 둔다.[8)] 인간에게 절대적인 것(Unbedingte)인 자유는 최고의 법원칙을 얻기 위한 인간학상의 관련점(anthropologischer Bezugspunkt)이다. 이 인간학상의 관련점은 역사적으로 각인된 법원칙과 실정법이 인간학상의 결과를 정당하게 평가하는지에 대해서는 부정적인 확인을 허용할 뿐이다.

즉 자유에서 도출되는 인간의 자기결정 능력은 모든 법질서에서 인간의 공존을 고려해 인간의 행위가 전체와 조화해야 한다는 데서 제한을 받게 된다. 인간의 자유 의지가 그에 대해서 보장하지 않으면 안 된다고 하는 법을 제정·적용하는 공동체의 권위(Gemeinschaftsautorität)는 바로 법으로 존재하는 것이다. 국가권력은 항상 제한한 이것만이 허용되는 것이다. 법치국가의 개념은 나아가 동독이 1973~1974년에 유엔 가맹함으로써 국내적으로 존중해야 할 의무를 지니게 된, 고전적 인권의 국제법적 보장[9)]에도 부분적으로 나타나 있다. 관련되는 것은 특히 개인의 생명, 자유와 안전의 권리,[10)]

---

7) 연방헌법재판소는 판결(84, 90, 124)에서 초국가적 법원칙을 서술했다.

8) 상세한 것은 *Christian Starck*, Die Bedeutung der Rechtsphilosophie für das positive Recht, in: Alexy/Dreier/Neumann(Hg.), Rechtsund Sozialphilosophie in Deutschland heute, Stuttgart 1991, S. 376, 389ff.

9) GBI. 1973 Ⅱ, 14/15: Bekanntmachung über das Inkrafttreten der Charta der Vereinten Nationen für die Deutsche Demokratische Republik vom 24. 9. 1973. 이 법률은 동독이 국제연합에 가맹하고 세계인권선언의 목표를 설정해서 승인한 것에 근거를 두었다. 나아가 Bekanntmachung über die Ratifikation der Internationalen Konventionen vom 19. 12. 1966(GBI. 1974 Ⅱ, 2/5).

10) 세계인권선언(AEMR, Allgemeine Erklärung der Menschenrechte) 3조. 9IPbürgR. 6조.

독립한 법정 앞에서 공개심리를 요구할 권리,[11] 자국을 떠날 권리,[12] 자의적인 박탈에서 재산의 보호[13] 등이다.

3. 불법체제(Unrechtssystem)와 필연적 귀결

국가의 법률이나 조치는 법원칙과 일치하지 않으면 불법이 된다.[14] 그러한 법률과 조치를 대량으로 만들면서 이것들을 체제 내적으로 불법이라고 인식하지 못하는 국가를, 우리는 모든 법철학적 견지에서 불법체제라고 한다. 옛 동독에서 이 불법체제는 주로 SED의 독재에 있었다. 그 결과 거기서는 권력분립도 통제도 없었고, 가장 기본적인 인권이 계속 침해되었다.

'전국가적' 법원칙('vorstaatliche' Rechtsgrundsätze)을 실정법으로 인정하지 않는 사람이라도 이것을 기준으로 국가법을 평가할 수밖에 없을 것이다. 그리고 이 평가에서 밝힐 수 있는 것은 이_전국가적 법원칙과 모순되는 국가 행위의 결과는 사회 전반(Allgemeinheit)의 급부에 의해, 특히 이 법원칙에 따른 의무를 지닌 국가(기본법 1조 2항, 79조 3항)에 의해 조정된다는 것이다. 만약 법치국가가 희생자에게 급부를 부여해 전법치국가 시대에 일어난 불법을 보상하는 것이라면, 그 법치국가는 물론 일반적인 — 최소한의 — 법치국가의 원칙보다도 엄격한 기준으로 과거의 국가체제를 평가할 수 있게 된다.

---

11) 세계인권선언 10조. IPbürgR 14조.

12) 시계인권선언 13조 2호. IPbürgR 12조 2항.

13) 세계인권선언 17조 2호.

14) 나치독재에 관해서는 BVerfGE 23, 98, 106. 또한 그것과 관련해서는 BVerfGE 3, 58, 119; 6, 132, 198.

또한 이것과 엄밀히 구별해야 할 문제는 불법체제 속에서 행한 범죄를 그 체제가 끝난 후에 일반적인 법원칙으로 책임을 물을 수 있는지, 특히 형벌을 부과할 수 있는지다. 그러기 위해서는 법치국가의 요구를 충족시키는 기준을 검토해야만 한다.

4. 옛 동독 『형법전』의 기능

동독의 『형법전』에 근거해 근대 민주국가에서 범죄 행위라고 하는 SED 독재시대의 불법 행위를 불법 행위로 인정하고, 그에게 유죄판결을 내릴 수 있는가? 이에 대해서는 앞에서 언급한 법원칙과 일치하도록 동독의 형법을 해석하고 이해한다면 그 범위에서 그 법원칙에 위반한다고 이해하고, 법률을 적용한 판결을 동독의 형법에 의거해 불법이라고 평가할 수 있다고 생각한다.

이런 문제가 생기는 것은 동독 『형법전』의 모든 범죄 구성 요건이 서구 입헌국가의 대응하는 법과 구별하지 못할 방법으로 규정되어 있기 때문이다. 불법은 다음과 같은 경우에 발생한다. 이러한 법률이 사람들을 소추하려고 이데올로기적으로 적용될 때, 체제의 상급 간부에게는 적용하지 않을 때, 형사절차를 겉으로만 하고 실제로는 정당의 서기장이나 권력자의 기록 메모에 형벌이 이미 확정되어 있을 때다.[15)]

이러한 법치국가의 위반 조치는 형법의 해석학으로 더 쉬워졌다.

---

15) 이는 Frankfurter Allgemeine Zeitung v. 6. 4. 1991/Nr. 80, S. 65에 게재한 예시적인 기록 'Tod durch Hausmitteilung'(*Walter Ulbricht*, 1955)와 v. 21. 5. 1991/Nr. 115, S. 4, "Das Verfahren ist geeignet, aus erzieherischen Gründen gegen Smolka die Todesstrafe zu verh?ngen"(Erich Mielke, 1960) 참조.

이것은 공동으로 집필한 공식 교과서인 『독일민주공화국 헌법』[16]에서 로타르 로이터가 설명한 그대로다. 그것에 따르면 형벌 법규의 해석은 다음과 같이 특징지을 수 있다. "해석은 사회의 구체적인 발전 단계에서 노동자계급과 그 정당의 정책에 의거하지 않으면 안 된다. 해석은 주어진 조건에서 사회주의 형법의 내용을 인식하는 열쇠를 형성하는 것"이다.

정당에 봉사한다고 하는 법의 순수한 도구적 성격[17]은, 동독의 종합·단과 대학의 교육을 위해 고등·전문교육장관이 승인한, 게르하르트 슈틸러의 교과서 『마르크스·레닌주의의 국가론과 법이론』[18]에 다음과 같이 서술되어 있다. "해석은 법규범에 표현한 계급 의사의 내용과 그 사회적 목적을 탐구한다. 그것은 당파적 과정(parteilicher Vorgang)이다." "모든 사회주의 법규범을 해석하는 기초는 변증법적 유물론과 마르크스·레닌 정당의 결정"이다.

이러한 법률 이해에 직면하면 일반적으로 옛 동독의 법률을 불법의 기준으로 고려했는지 상당히 의문이 생긴다. 왜냐하면 법률은 모든 것을 지배하는 정당이 마음대로 하게 되어 있으며, 법률의 문언은 단순한 겉치레에 지나지 않기 때문이다.[19] 그런데 동독 『형법전』의 대부분의 범죄 구성 요소의 문언에는 지금까지 이어온 근대의 민주적 법원칙(zivilisierte Rechtsgrundsätze)에 비춰보면 형벌에 해당

16) 1. Aufl. 1988, S. 140f.

17) 또한 *Ernst-Wolfgang Böckenförde*, Die Rechtsauffassung im kommunistischen Staat, 1967, S. 33, 36ff, 40f 참조.

18) 3. Aufl. 1980, S. 580.

19) 따라서 그것을 부정하는 견해는 *Josef Isensee*, Staatseinheit und Verfassungskontinuität, VVDStRL 49(1990), S. 39, 61.

하는 불법으로 보이는 것이 있다. 이것을 기초로 한다면 유죄판결은 자의적 판결이었다고 평가할 수 있고, 중요한 당 간부의 범죄 행위 불기소는 불법이라고 볼 수 있는 것이다. 그렇기 때문에 형사절차나 유죄판결을 많이 공개하지 않았다는 점, 예를 들면 국경에서 총살 같은 국가 행위의 흔적이 없어진 점, 나아가 중요한 당 간부의 법률 위반이 밝혀져서는 안 되었다는 설명이 따르는 것이다.

이것이 비밀리에 이루어진 것은 권력자의 뒤가 켕기는 결과였다. 국민에게 끊임없이 선전했음에도 기본적인 문제에서는 국민 대다수의 법의식을 바꾸지는 못한 것 같다. 그렇지 않으면 비밀이나 위협은 필요하지 않았을 것이다. 혜택받은 국제정치의 상황 속에서 정당독재가 붕괴되었지만, 그 붕괴는 법과 불법에 대한 의식이 국민 속에 널리 살아 있고, 그들의 대다수가 SED 체제를 정당하지 않다고 보았다는 것만으로도 이해할 수 있는 것이다.

5. 기본법의 예외 소급효(Rückwirkung)

앞에서 서술했듯이 법치국가의 원칙이 — 기본법에서 확정한 법치국가의 개념은 아니지만 — 동독의 과거를 평가하는 기준이 된다. 재통일 임무라는 다리를 건넜다고 해도 모든 기준을 갖춘 기본법 전체를 사후에 옛 동독의 SED 체제의 국내 조치를 평가하는 기준으로 삼을 수는 없다. 그러나 옛 동독의 국내 문제 평가에 규제적 법률 효과를 함께 소급하는 것은, 그것이 독일의 민주적 의사를 형성하는 과정이 불가결하다는 이유로 예외적으로 인정할 여지는 있다.

가장 중요한 예는 정당법에서 찾아볼 수 있다. 1990년의 동독 정당법과 통일조약[20]에 의하면 1945년 5월 8일~1989년 10월 7일까지 옛 동독의 정당들과 대중 조직의 모든 재산 취득은 "기본법의 의미에서 실체적·법치국가적 원칙에 따라" 실시되었는지를 심사한다.

기본법의 법치국가 개념을 소급하는 근거는 다음에서 찾아볼 수 있다. 앞에서 언급한 조직들의 재산 취득 효과가 계승될 것, 앞에서 언급한 조직들에 관해서는 독일의 통일이 회복된 후에 기본법 21조에 의해 명확하게 정치적 의사결정에 참가하거나, 기본법 9조에 의거해 정치적 의사결정에 참가할 수 있는 정당과 대중 조직이 문제가 되어 있다는 점이다. 옛 동독의 정당과 대중 조직이 기본법의 의미에서 자유민주주의에서는 결코 얻을 수 없는 재산을 자유롭게 처분함으로써 부당하게 유리한 지위에서 재통일된 독일의 정치 참가에서 정당의 기회 균등[21]이 침해되어서는 안 되는 것이다.[22]

그래서 무엇이 전법치국가적인지를 판단하는 더 엄격한 기준이 있어야 한다. 나아가 이미 앞에서 언급한 보상으로 하는 극복과 규제(Eingriff)로 하는 극복의 구분을 배려한다면, 무엇이 전법치국가적인가의 기준은 극복이 어떠한 목적을 위한 것인가에 따라 단계짓지 않으면 안 된다.

---

20) §§20 A, 20 B DES gESETZES VOM 21. 2. 1990(bgbi. I, s. 66), I. D. f. des Änderungsgesetzes vom 31.

21) 이는 BVerfG, Beschluβ vom 10. 7. 1991, DVBI. 1991, S. 991, 992 참조.

22) 이에 대해 상세한 것은 *Christian Starck*, Die Behandlung des Vermögens der Parteien und Massenorganisationen der ehemaligen DDR, in: Staatswissenschaften und Staatspraxis 2(1991), S. 316, 322ff 참조.

1. 불법의 유형

국제법, 일반적인 법원칙, 그것에 대응하는 동독법과 부분적으로는 기본법이 SED 독재의 구조와 개별적 조치를 법치국가의 위반을 판단하는 기준이 된다. 법치국가의 위반 구조는 인적조직·정당조직·감시제도에서 볼 수 있다. 그러나 여기서 문제가 되는 것은 실제로 일어난 모든 불법 행위를 명확한 카테고리로 파악할 수는 없다. 오히려 문제가 되는 것은 과제로 설정한 '극복'이라는 관점에서 사람들이 입어온 현저한 불법 행위이며, 법치국가가 더욱더 결정을 요하는 방법으로 대처하지 않으면 안 되는 불법 행위의 유형이다. 다음과 같은 법익이 주로 문제가 된다.

① 여기서 명확해진 기준으로 보면 생명과 건강의 침해에 대해서는 사형판결을 내리고 집행했으면 여하튼 불법이다. 다만 사형판결이 입증된 중대범죄를 변상할 때는 제외한다. 군대나 행정에서 행한 살인이나 중대한 신체 손괴도 역시 불법이다. 예를 들면 미결구류나 형집행과 관련해 행하거나, 도망자의 도망을 막기 위해서라고 해도 국경을 넘는 것을 방해하기 위해 행하기도 했다.

② 자유 침해가 불법이 되는 것은 자유형이 행위에 비추어 불균형하게 길었거나, 범죄 행위가 증거 위조로 날조되었거나, 언론 자유나 집회 자유의 기본권을 행사한 것에 불과해 행위가 일반적인 법원칙에 비추어 전혀 처벌할 수 없는 경우다. 경찰과 행정당국이 자유를 박탈한 것도 역시 불법이라고 평가할 수 있다.

③ 인격권 침해는 불법체제에서는 일상에서 많이 일어난다. 왜냐하면 정당하지 못한 체제를 감시나 위압으로 보충하기 때문이다. 이것은 슈타지 신드롬을 보면 충분할 것이다.

④ 친권(Elternrecht)은 기본법에서 자연적 권리(natürliches Recht)라고 부르며, 모든 근대 시민국가에서 인정하는 것이다. 이 친권은 '정치적으로 신뢰할 수 없는' 부모한테서 어린이를 빼앗아 시설에 넣거나 양자로 보낸 경우에 침해되었다.

⑤ 소유권 침해는 형법상 이유가 없는 몰수나, 보상이 없는 수용이라는 점에서 볼 수 있다.

⑥ 많은 사람에게 직업상 성공은 특히 대학의 입학 허가가 정치적 신념에 의존한 것으로 이미 방해를 받고 있었다.

3. 법치국가적 극복

1. 부당한 형사소추의 대응

1) 불법판결(Unrechtsurteile)

동독과 옛 소비에트 점령 지구에서는 소비에트와 독일의 재판소가 수많은 부당한 형사판결을 내렸다. 특히 생각나는 것은 1949년의 동독 헌법 6조 2항[23]에 의거한 유죄판결이다. 이 조항은 형벌 법규의 모든 본질적 특징이 결여되어 있었음에도 1958년까지 사형을

23) 6조 2항 "민주적 제도나 조직에 대한 보이콧의 선동, 민주적 정치가에 대한 살인 선동, 신앙·인종·민족에 대한 증오 표명, 군사적 선전, 전쟁 선동, 기타 권리 평등에 반하는 모든 행위는 형법의 의미에서 범죄다. 헌법의 의미에서 민주적 권리 행사는 보이콧의 선동은 아니다."

포함한 중죄를 내린 많은 판결의 기초가 되었다.[24)]

발트하이머 재판[25)]에서 셈니츠 지방재판소 형사부는 관리 이사회법 10조(Kontrollratsgesetz Nr. 10)에 의거해, 언어의 진정한 의미에서 단기재판(kurzes Prozess)을 해서 이른바 전쟁범죄자에 대해서 후에 베를린 상급지방재판소가 '치유할 수 없는 절대 무효'라고 불렀던[26)] 유죄판결을 내렸다. 동독에서는 1989년 10월까지 사상과 의사표명, 그외의 기본권 행사를 범죄로 하는 형벌 규정을 적용했다. 또 당국의 증거 조작으로 아무런 죄도 범하지 않은 사람들이 범죄 행위를 했다고 유죄판결을 받은 것도 고려해야 한다. 자주 불균형하게 무거운 자유형을 부과했다. 이렇게 해서 유죄판결을 받은 사람이 독일 연방공화국으로 돌아왔을 때 억류자원호법(抑留者援護法)[27)]에 의거해 약간의 사회 조정 급부를 받았다.

형사판결의 불법은 한편으로는 법을 적용하는 수준 때문에 일어난다. 즉 법률 문언 자체에 명확하게 불법으로 기재하지 않은 경우,[28)] 재판관이 자발적 혹은 정당의 지시로 불법이라고 볼 수 없는 행위를 처벌하도록 법률을 적용하는 경우, 재판관이 조작된 증거로 유죄판결을 내리는 경우, 불균형하게 무거운 형벌을 과하는 경우다. 다른 한

24) *Karl Wilhelm Fricke*, Politik und Justiz in der DDR. Zur Geschichte der politischen Verfolgung 1945~1968, 1979, S. 201ff. 또한 S. 250ff에 서술한 판결도 참조.

25) *Fricke*(각주24), S 205ff.

26) KG, NJW 1954, S. 1901. 이제는 Art. 1 §1 Abs. 2 Entwurf eines Gesetzes zur Bereinigung von SED-Unrecht(BR-Drucks. 438/91).

27) 1987년 2월 4일 공포한 것(BGBI. I, S. 512), 최종적으로는 1987년 2월 4일 법률(BGBI. I, S. 2398) 6조로 개정되었다. 피해자 원호(4조), 유족 원호(5조), 친족을 위한 부양 보조(8조), 다양한 단계의 사회복귀 원조(9a조, 9b조, 9c조)가 규정되어 있었다.

28) *Erich Buchholz*, Wiedergutmachung von Unrecht, ZRP 1990, S. 466, 468.

편으로는 불법이 이미 명확히 형벌 법규 안에 뿌리를 내린 것도 있다. 예를 들면 기본권 행사를 범죄로 보아 그러한 형벌 법규를 그대로 적용하는 것이 법률상 불법이 되는 경우다.[29)]

2) **파기**(Kassation)**와 명예회복**(Rehabilitierung)

동독의 인민의회(Volkskammer)는 재통일 전에 이미 이 2가지 불법 – 법률 적용의 불법과 법 내용의 불법 – 을 그것이 발생한 그때그때의 정도에 따라 확정과 무효, 변상하려고 했다. 형사재판관은 법률을 적용할 때 불법은 파기판결를 내려 없애야 한다. 그러기 위해 사회주의 소송법[30)]이라는 도구에 손을 대게 되는데, 그것은 그 본질적인 개정[31)]으로 유죄판결을 받은 사람의 이익을 위해 그 신청으로 형사의 확정판결을 심사하게 되었다. 이 심사에서는 확정판결이 법률을 중대하게 위반했는지, 형 선고를 부당하게 했는지가 문제가 된다. 파기 청구는 통일조약으로 법치국가적 기준에 일치하지 않는 형의 선고도 포함하는 데까지 넓어졌다.[32)] 이로써 파기는 법률내재성(Gesetzesimmanenz)을 잃게 된다. 파기 신청에 이유가 있을 때는 재판절차에서 취소되거나 변경되거나 되돌려 보낸다.

형사판결의 파기 외에 불법으로 유죄판결을 받은 사람의 명예회복이 문제가 되었다. 통일조약은 17조에서 정치적 동기에 의한 형사

---

29) 1990년 9월 6일의 명예회복법(BGI. I, S. 1495) 전문에 의하면 (동독)헌법에 보장된 기본권과 인권을 기준으로 했다.

30) Strafverfahrensrecht, Lehrbuch, 2. Aufl., 1982, S. 330. *Kurt Kemper/Robert Lehner*, Überprüfung rechtskräftiger Strafurteile der DDR, NJW 1991, S. 329, 330도 참조.

31) §311 StPO-DDR sowie Einigungsvertrag Anlage I Kapitel Ⅲ Sachgebiet A Abschnitt Ⅲ Nr. 14 lit. h. 참조.

32) Anlage I Kapitel Ⅲ Sachgebiet A Abschnitt Ⅲ Nr. 14 lit. h, hh.

소추 조치의 희생자나, 그외의 법치국가 위반과 헌법 위반 희생자의 명예회복을 규정했다. 그러나 1990년 9월 6일의 명예회복법[33]은 이미 오랫동안 논의했음에도 이 통일조약을 체결한 후에야 겨우 공포했다. 1990년 9월 18일의 '통일조약의 해석과 시행을 위한 협정'으로 단축된 문언에서 명예회복법[34]은 헌법에서 보장한 기본권과 인권에 위반해 형사소추된 사람의 명예회복을 목적으로 했다.[35] 명예회복은 유죄판결을 전제로 하지 않으며, 형사소추가 수사절차에서 종료(1조 3항)되거나 구류(Half)되거나 고문을 받은 경우 고려한다.

3조 2항에 열거한 명예회복 사례는 표준적 사례다. 그것은 불법 확정을 재차 동독법으로 행하려는 것을 나타낸다. 동독 헌법의 의미에서 헌법상의 정치적 기본권[36]을 행사한 사람, 비폭력으로 저항한 사람, 평화적인 수단으로 동독에서 출국허가에 영향을 미친 사람, 스파이나 첩보기관이 아닌 동독 영토 외의 관청·조직·사람과 접촉한 사람이나 이러한 행위로 유죄판결을 받은 사람은 명예를 회복할 수 있다.

또 공화국 도망(Republikflucht)의 범죄 구성 요건(3조 2항)으로 유죄판결을 받은 사람도 마찬가지다. 그동안 파기와 명예회복이라는 2가지 절차를 합쳐 보상급부를 상당히 증액한 1차 SED 불법제거법안(SED-Unrechtsbereinigungsgesetz)을 제출했다.[37] 이에 의하면

---

33) GBl. I, S. 1459.

34) Einigungsvertrag Anlage Ⅱ Kapitel Ⅲ Sachgebiet C Abschnitt Ⅲ Nr. 2.

35) 이는 특히 Buchholz, ZRP 1990, S. 466ff; Kemper/Lehner, NJW 1991, S. 329, 332f; Wolfgang Pfister, Das Rehabilitierungsgesetz, NStZ 1991, S. 165ff 참조.

36) Staatsrecht der DDR, 2. Aufl. 1984, S. 188 참조. "평등, 공동 결정권과 공동 형성권, 선거권과 피선거권, 자유로운 의견표명 권리, 출판·방송·TV방송의 자유, 집회·결사의 자유.

37) BR-Druckt. 483/91 vom 16. 8. 1991. 다음의 인용은 초안 1조 1절 1항에 의함.

1945~1990년까지 독일의 재판소나 행정청이 편입지역 — 옛 동독지역 — 에서 행한 형사 재판과 처분, 정신병원 강제입원 지시는[38] '자유로운 법치국가적 질서라는 본질적인 원칙과 일치하지 않으면' 재판절차에서 법치국가의 위반이라고 선언할 수 있다.

3) 보상(Wiedergutmachung)

금전보상(Entschädigung)으로는 단계적인 조정급부가 규정되어 있다. 자유를 박탈한 개월에 따라 최저 300마르크, 통상 450마르크를 지불하며, 연방전쟁희생자원호법(Bundesversorgungsgesetz)의 원조 금액까지 증액할 수 있다는 것이다. 통일조약 17조 2문에는 SED 불법체제에서 희생당한 사람의 명예회복은 적절한 보상 규정과 결부되어야 한다고 되어 있다. 국가가 낮추어서는 안될 기준은 나치의 독재가 끝난 후 보상법으로 규정했다.[39]

국가적 불법의 보상은 평등 보장의 원칙이다. 왜냐하면 개인이 입은 불법은 시민 간의 평등을 항상 극단으로 침해하기 때문이다.[40] 국가는 위법으로 다룬 재산 자체를 반환하거나 다른 방법으로 가치에 따라 보상할 수 있으나, 위법으로 박탈된 자유나 손상된 건강은 다시 원상태로 돌릴 수 없고, 적정하게 평가할 수도 없다. 할 수 있는 것은 금전으로 보상하는 것뿐이다. 액수는 수용재산의 보상에

38) Protokollvermerk Nr. 10 zum Einigungsvertrag.

39) 이는 특히 *Ernst Féaux de la Croix*, Vom Unrecht zur Entschädigung, in *ders.*/Rumpf(Hg.), Der Werdegang des Entschädigungs-rechts, 1985, S. 1ff.

40) 파기 결과는 Einigungsvertrag Anlage I Kapitiel Ⅲ Sachgebiet C Abschnitt Ⅱ Nr. 4=§16 a Gesetz über die Entschädigung für Strafverfolgungsmaβnahmen vom 8.3. 1971(GBI. I, S. 157), zuletzt geändert durch Gesetz vom 24. 5. 1988(GBI. I, S. 638) 참조.

대응할 수 있게 규정해야 한다. 특히 억류자원호법 같이 단순히 상징적인 것이 되어서는 안 된다.

교도소에서 건강을 해친 사람은 건강상의 장해 없이 부당한 자유의 박탈을 참고 견딘 사람보다 고액의 보상을 요구할 청구권이 — 장해 정도와 기간에 따라 — 있다. 이에 대응하는 구별은 법률안에 규정되어 있다. 그러나 "인간성이나 법치국가성의 원칙에 위반한' 사람이나, — 예를 들면 스파이나 밀고자 — "자기의 이익이나 다른 불이익을 위해 지위를 중대하게 남용한' 사람은 보상청구권이 없다. 소련 점령 당국이 법치국가 위반의 형사소추 보상에 관해서는 아직 규정하지 않았으나 희생자들의 나이를 생각하면 시급하다.

2. 행정의 불법(Verwaltungsunrecht)

명예회복은 통일조약에 의해 규정한 곳에서는 형사소추에서 생긴 불법에 한정되어 있다. 그러나 중대한 불법은 행정과 경찰 당국이 저지르기도 했다. 이러한 불법은 더욱 다양한 형태도 보인다. 이때 문제가 되는 것은 통일조약 19조에 명시한 법치국가의 원칙이나 통일조약의 원칙에 적합하지 않으면 취소할 수 있는 행정 행위만은 아니다. 불법은 고등학교나 대학에서 배제, 정치적 신용도의 결여가 이유인 직업상의 차별, — 이것은 직업상 불법의 거대 복합물(Riesenkomplex)이지만 — 국가 보안당국에 의한 스파이 행위·협박·강요에서도 볼 수 있다. 동독의 국경 보안시설을 넘으려다가 사망한 경우, 명예회복법 3조 4항은 동독의 국가책임법에 의거해 유족에게 손해배상청구권을 주었다. 통일조약에 의해 변경된 후 계속 적용하게 된 이 법률[41]은 SED의 불법조치에는 적용되지 않는다고 생각한다.

3. 범죄자의 처벌

1) 동독 형법의 적용

전법치국가적 과거 극복에 포함되는 것으로는 다음과 같은 범죄행위의 소추와 처벌이 있다. 직접적으로 불법체제를 유지하기 위해 행했고, 그때문에 당연히 소추하지 못한 범죄나, 체제를 유지하는 목적으로 사용하지는 않았지만 정치적 이유에서 특권층을 우대하려고 처벌하지 않은 범죄다.

2차세계대전 직후 나치독재의 극복에 대해 생각한다면, 일반적 법원칙에서 인도에 대한 범죄(Verbrechen gegen Menschlichkeit)라는 법률 범죄 구성 요건을 만들고, 1945~1989년의 소련 점령 지구와 동독에서 소급적으로 적용한 것을 생각할지도 모른다. 이것에 대응해 연합국은 1945년에 '인도에 대한 죄(Crimes against humanity)'로 대처했다.[42] 이 소급적인 형벌 규정에 의거해 수많은 유죄판결을 처음에는 점령국의 재판소에서, 나중에는 몇몇 사건을 독일 재판소에서 내렸다.[43]

---

41) 1969년 5월 12일의 법(GBI. I, S. 34)은 1988년 12월 14일의 법(GBI. I, S. 329)에 의해 통일조약 Anlage Ⅱ Kapitel Ⅲ Sachgebiet B Abschnitt Ⅲ Nr. 1의 비율과 함께 개정.

42) Kontrollratsgesetz Nr. 10 v. 20. 12. 1945(ABI. des Kontrollrats 1946, S. 22) 참조. 인도에 관한 죄 "잔학 행위와 범죄 행위로 다음의 것을 포함하지만 그것에 한정되지 않는다. 모든 일반 인민에게 행한 살인, 절멸적인 대량 살인, 노예화, 강제 이송, 투옥, 고문, 강간 기타의 비인도적 행위는 범죄가 행해진 국가의 국내법 위반 여부를 불문하고 정치적·인종적·종교적 이유에 근거한 박해" 참조.

43) 영국 점령 지구 최고 재판소(OGHSt. 2, 269, 271ff; OGHSt. 1, 217~229도 참조)는 소급

이 재판을 언급하는 것은 그것이 심한 논쟁을 일으켰고,[44] 그 결과 소급적 범죄 구성 요건이 적용되지 않아 죄형법정주의 원칙이 이겼기 때문이다. 우리는 SED 불법체제의 극복에 임해서도 이것을 문제로 삼을 것은 없고, 옛 동독에서 다시 통용되던 형법만을 적용할 수 있다.[45]

범죄 행위의 처벌에서 특히 문제가 되는 것은 학살(Mord, 112조), 고의 살인(Totschlag, 113조), 신체 상해(Körperverletzung, 115조 이하), 감금(Freiheitsberaubung, 131조), 어린이 유괴(Entführung von Kindern, 144조), 강요(Nötigung, 129조), 공갈(Erpressung, 127조), 중죄에 의한 협박(Bedrohung mit einem Verbrechen, 130조) 등의 범죄 구성 요건이다. 독일 연방공화국의 현행 헌법에 있는[46] 개인의 생활이나 비밀의 침해를 처벌하는 범죄 구성 요건은 동독『형법전』에는 없으므로[47] 처벌은 문제가 되지 않는다.

유죄로 해야 하는 것은 특히 이전의 자유 제한과 관련해 실행되

적 범죄의 구성 요건을 다음과 같이 정당화했다. "모든 문화 민족의 영역에서 인격의 가치와 존엄에 대한, 인간의 행위에 대한 특정한 원칙이 있다. 그 원칙들은 인간의 공존과 개인의 존재에서 본질을 이루므로 그 영역에 속하는 어떠한 국가도 거기서 벗어날 권리가 없다. 이러한 인간성(인도)의 원칙에 위반하는 것은, 즉 국가가 허용·촉진·지시한 것이더라도 처벌해야 할 불법이다."

44) *Hodo v. Hodenberg*, Zur Anwendung des Kontrollgesetzes Nr. 10 durch deutsche Gerichte. Süddt.JZ 1947, Sp. 113~124; *August Wimmer*, Die Bestrafung von Humanitätsverbrechen und der Grundsatz "nullum crimen sine lege." Süddt.JZ 1947, Sp. 123~132; Gustav Radbruch, Zur Diskussion über die Verbrechen gegen die Menschlichkeit. Süddt.JZ 1947, Sp. 131~136; *Matin Broszat*, Siegerjustiz oder strafrechtliche "Selbstreinigung", in: Vierteljahresschrift für Zeitgeschichte 29(1981), S. 477, 516ff의 보고 참조. 마지막 논문은 국내 각 부처의 견해를 넓게 포함했다.

45) Art. 315 Abs. 1 EGStGB.(Einführungsgesetz zum Strafgesetzbuch, 형법 시행법) 참조.

46) §§201, 202a, 203, 204 StGB.

47) 1988년 12월 14일의 제5형법 개정법(GBI. I, S. 335)은 고문의 처벌 가능성(91a조)과 개인 정보에 관한 권리 침해(136a조)를, 1990년에 6월 29일의 제6형법 개정법(GBI. I, S. 526)은 권한 없는 도청의 처벌 가능성(135a조)을 도입했다.

거나 명령된 살인·살인미수·중대한 신체장애, 형사소추나 형을 집행할 때 행한 폭행, 정치적 이유로 강제로 입양한 어린이 유괴, 국가보안국 요원의 강요와 협박 같은 범죄 행위다. 정당한 이유가 있었는지는 우선 동독법으로 검토해야 할 것이다. 여기서 이미 — 당시의 실제에 반하여 — 정당한 이유는 부정할 수밖에 없을 것이다.[48)] 동독법에 따라 정당한 이유가 구성될 때는 다음의 사실이 타당하다. 근대 민주국가에서 국제법적으로도 오늘날 거의 승인한 법원칙 밖에서 행한 국가의 명령은 정당한 이유가 될 수 없다는 것이다. 그러면 행위자는 더욱더 금지 착오가 있는지를 검토해야 할 것이다.[49)]

2) 특히 법률 왜곡(Rechtsbeugung)

앞에서 불법으로 유죄판결을 받은 사람의 명예회복과 보상에 대해 설명했다. 그런데 거기서 유죄판결에 관여한 사람에게 형법의 책임을 물을 수 있는가 하는 문제가 생긴다. 동독의 『형법전』에도 법률 왜곡범(224조) 규정이 있다. 그에 따르면 관계한 사람의 이익이나 불이익을 위해 사정을 알면서도(wissentlich) 위법으로 판결·결정한 재판관과 검찰관, 수사기관의 협력자는 처벌하는 것으로 되어 있다.

---

48) 위법으로 국경을 통과(동독 형법 213조)하는 것은 비록 중대 사태라고 해도 동독 형법 1조 3항의 의미에서 중죄(Verbrechen)가 아닌 범죄 구성 요건이었다. 왜냐하면 규정된 최저형은 명확하게 2년 이하였기 때문이다. 1982년 3월 25일의 국경법(BGI. I, S. 197) 27조 2항에 의하면 총기 사용은 "상황에 비추어 중죄가 되는 범죄 행위가 이미 압박해 실행이나 계속되는 것을 막기 위해서"만 정당화되었다. 뒤에 자유형을 2년 이상으로 규정함으로써 그 행위는 확실한 중죄(동독 형법 1조 3항)가 되었다. 그러나 그것은 시간적으로 선행할 수 없는 것이므로 범죄 행위는 27조 2항에서 말하는 '상황에 비추어 중죄인' 것이 되지는 않는다. 도주 시도를 항상 중죄 시도로 본다는 명령은 법적 근거가 없고, 모든 시민에게 자국을 떠날 권리를 보장하는 동독의 국제법상 의무와도 모순되었다.

49) 특히 BGHSt,2, 173,175ff; 2, 234, 236ff 참조.

거기에는 직접 고의가 필요하지만 재판관의 이데올로기 통제를 고려한다면 겨우 입증할 수 있을 뿐이다. 어떤 경우에도 법률 왜곡의 직접적 고의를 증명하는 일은 나치시대의 재판관에 대해서와 마찬가지로 거의 어렵다고 본다. 따라서 재판관은 매우 드물게만 형법상의 문책을 받는다. 나아가 합의제재판소의 판결에서 법률왜곡죄로 처벌하려면 피고인인 재판관이 찬성투표를 했다는 증명이 전제가 된다.

동독에서 1968년까지 통용되던 옛 형법 336조에 대해 연방통상재판소는[50] 동독의 형사재판관이 그 유죄판결에서 고의적으로 법률을 왜곡하지 않았더라도, 그 양상과 정도에서 행위의 중대성과 행위자의 책임 간에 현저히 불균형한 형벌을 의식적으로 부과했을 때는 법률 왜곡을 범한 것이라고 판단했다. 법을 왜곡하는 판결에서 자유형을 부과하고 집행했으면 단일범(Tateinheit) — 여기서는 관념적 경합의 의미 — 으로 자유박탈죄(동독 형법 131조)를 범한 것이 되고, 자의로 사형판결을 내렸을 때는 살인죄를 범한 것이 된다.

3) 서독 형법의 적용

서독의 형법은 5조에서 열거한 국내 법익을 침해하는 국외 행위에도 적용한다. 거기에는 포함되는 것으로서 국내에 주소나 거소를 가진 독일인에게 향해진 경우에서 국외납치죄(Verschleppung, 234a조) — 타인을 위계·협박·폭력으로 이 법의 적용 구역 외의 영역으로 연행하고, 정치적 이유로 소추할 위험에 놓이게 하는 등을 처벌하는 규정 — 와 정치적혐의죄(politische Verdächtigung, 241a

50) NJW 1960, 974f.

조 – 타인을 고발해 정치적 이유로 소추할 위험에 놓이게 하는 것 등을 처벌하는 규정 – 가 있다(5조 6호).

연방통상재판소가 확립한 판례[51)]에 의하면, 규정을 보호하는 목적이 동독에 거주하는 행위의 희생자인 독일인에게도 미치기 때문에 동독도 그러한 한에서 국내이며,[52)] 동시에 그 행위가 법률에 따라 행한 것이 틀림없을 때는 국외이기도 하다고 되어 있다. 연방통상재판소에 의한 국내 개념의 해석은 다투어지고 있다.[53)]

지금까지는 형법 234a조와 241a조에 의한 처벌은 행위자가 예외적으로만 독일 연방공화국으로 오지 않아 거의 없었다. 그러나 재통일 후에는 수많은 밀고자의 재판(Denunziantenprozessen)과 유죄 판결이 예상된다. 이 문제는 여기서 상세히 서술할 수 없다. 연방통상재판소는 국가의 통일이 회복된 후 이에 대응하는 사건의 판결을 아직 내리지 않았다.

그러나 연방통상재판소가 새로운 상황에 비추어 판례를 변경할 것이라고는 예상하지 않는다. 기소한 사건이라도 행위자의 개인 책임을 입증하지 않으면 안 된다. 행위자는 자신이 무엇을 했는지를 알아야 하고, 다른 행동을 취할 수 있어야만 한다. 그리고 그의 행위가 위법이라는 것을 상당한 양심의 가책을 갖고(bei gehöriger

---

51) BGHSt. 30, 1; 32, 293; 33, 238.

52) Denkschrift des Bundesjustizministeriums, DRiZ 1951, S 162f 참조.

53) *Volker Krey*, Anwendung des Internationalen Strafrechts im Verhältnis der Bundersrepublik Deutschland zur DDR, JR 1980, S. 48ff; *ders.*, Schutz von DDR-Bürgern durch das Strafrecht der Bundesrepublik Deutschland?, JR 1985, 406; *Wilhelm Wengler*, Anmerkung, JR 1981, 208; *Christian Friedrich Schroeder*, Anmerkung, NStZ 1981, S. 179; *Gerald Grünwald*, Die strafrechtliche Bewertung in der DDRbegangener Handlungen, in: Strafverteidiger 1991, S. 31, 34.

Gewissensanspannung) 알고 있었던 것이어야 한다.[54] 이 양심의 가책은 법공동체의 관념을 기초로 해서 일어나야 하는 것이다.[55] 법공동체란 특권층이 아니라 그 법의식이 전통적인 법원칙에 일치하는 시민 전체였던 것이다. 그러므로 많은 것이 시민에게 비밀로 되어 있었다.

서독의 형법에 의하면 동독 첩보기관의 협력자도, 배반죄(Landesverrat)와 대외적 안전을 위태롭게 한 죄(Gefährdung der äußeren Sicherheit)로 소추할 수 있다. 형법 5조 4호는 형법 92조에서 101a조 모반과 외적 안전의 위협의 범죄 행위를 국내 법익을 향한 국외의 행위라고 했다. 그것에 상당하는 공소는 연방검찰청이 제기한다. 연방통상재판소는 이와 같은 형사소추를 할 수 있다고 판단했다. 왜냐하면 상응하는 피고인의 구류이의(拘留異議)를 각하하기 때문이다.[56]

동독 첩보기관의 하부 첩보원은 누구든 신분이 노출되었을 때는 서독 형법의 국사범 규정(國事犯規定, Staatsschutzbestimmungen)에 의거해 기소하는 것을 고려해야만 했다. 옛 동독의 평화혁명과 재통일로 동독에 거주하는 첩보기관의 간부도 서독 사법의 추궁을 받으며, 그들이 서독에게 범한 국사범을 이유로 기소할 수 있게 되었다.

통일조약에서는 이러한 소추를 배제할 수 있었을지도 모르나 그렇게 하지는 않았다.[57] 기본법은 소추를 포기할 것을 요구하는가.[58] 평등 조항에서는 동독 첩보기관의 협력자와 서독 정보기관의 첩보원을

54) BGHSt. 2, 194.

55) BGHSt. 4, 1, 5.

56) BGH, Beschl. v. 30. 1. 1991, JZ 1991, S. 713ff; BGH, Beschl. v. 29. 5. 1991, NJW 1991, S. 2498ff; 다르게는 KG, Vorlagebeschl. v. 22. 7. 1991, NJW 1991, S. 2501ff.

57) Arg. Einigungsvertrag Anlage Ⅰ Kapitel Ⅲ Sachgebiet C Abschnitt Ⅱ Nr. 2 lit. b(Art. 315 Abs. 4 EGStGB).

58) 국제법과의 적합성은 BGH, JZ 1991, S. 713, 714f 참조.

평등하게 취급할 의무를 규정하지 않았다. 왜냐하면 서방측 첩보원은 민주적 법치국가의 방위를 위해 활동했기 때문이다. 이에 대해서 동독 첩보원은 독일 연방공화국이라는 법치국가의 대외적 안전을 위협하고, 시민에게 타도당한 정당독재의 목적을 추진한 것이다.

정당독재의 붕괴와 최종적으로는 재통일로 범죄 실행 전부터 처벌 가능성이 법률로 규정된 동독 첩보기관 구성원의 행위를 형사소추할 수 있는 것으로 되었다(기본법 103조 2항, 소급처벌의 금지 참조).[59] 그러나 다음과 같은 문제가 생긴다. 동독에서 사회주의 정당독재가 붕괴되고, 독일 연방공화국의 대내외적 안전을 위협하는 원천이 없어진 후, 동독 첩보기관에서 일하던 사람의 순수한 국사범죄가 사면으로 불소추가 될 수 있는가 하는 문제다.[60] 이것은 연방의회가 결정해야 할 정치적 혁명의 문제이고, 의회는 사면이 평화를 추진하는 효과가 있는가에 대해 유의해야 할 것이다.

4) 시효 정지(Ruhen der Verjährung)

동독과 서독 쌍방의 『형법전』의 형사소추의 시효 규정[61]에 의하면 일정한 시점 이전의 범죄 행위 대부분은 시효에 걸린다. 한편 시효 정지에 대한 법률 규정은 범죄 행위를 정치적 이유로 조직적으로 소추하지 못할 때에 대해서는 규정하지 않았다. 그래서 정치적 이유

---

59) A.A. *C.D. Classen*, Anmerkung, JZ 1991, S. 717, 718; *Gunter Windmaier*, Verfassungswidrige der DDR-Spionage, NJW 1991, S. 2460.

60) 같은 뜻으로는 BGH, JZ, 1991, S. 713, 716f; *Bruno Simma/Klaus Volk*, ZUR BGH-Entscheidung über die Strafbarkeit der DDR-Spione, NJW 1991, S. 871, 875; *Helmuth Schulze-Fielitz*, Der Rechtsstaat und die Aufarbeitung der vorrechtsstaatlichen Vergangenheit, DVBl. 1991, S. 893, 902.

61) 동독 형법 82조, 84조; 형법 87조.

로 소추하지 않는 범죄 행위의 시효가 재통일되는 그날까지 정지되어 있었다는 것을, 일반적인 관점에서 근거를 둘 수 있는가에 관한 문제를 검토할 필요가 있다.

국가의 형벌권 행사는 평화를 지킨다. 형사소추의 시효가 의미하는 것은 범죄 행위가 그 중대성의 단계에서 일정한 시점 이전에 행해졌을 때는 국가는 처벌을 요구하는 것을 포기한다는 것이다. 그 동안 통상 살아 있는 법적인 평화가 깨지면 안 된다. 그러나 독재체제가 정치적 이유로 특정한 범죄 행위와 특정한 행위자를 소추하지 않는다면 사회의 질서와 법적인 평화는 매우 혼란해진다.

예를 들면 국가의 최고 간부가 지시한 어린이 유괴, 국가보안국원의 협박, 교도소의 학대자 일 등이다. 형사소추를 방해하는 정치의 관계가 존재하는 한 형법에 내재하는 법적 평화 사상은 시효 정지를 요구한다. 또 법적 평화 일부를 이루는 것으로 독재의 틈바구니에서 심하게 해를 입어온 형사소추에서 원리적 평등이 있다. 시효 정지가 판례법으로 나오지 않을 때는[62] 법률을 제정하지 않으면 안될 것이다. 나치의 전제 지배에 관한 그와 같은 법률의 합헌성은 1952년에 연방헌법재판소가 확인했다.[63]

4. 소유권 박탈(Eigentumsentziehung) 보상(Wiedergutmachung)

소비에트 점령군과 SED 정당독재는 사회를 근본적으로 바꾸려

62) 문제가 되는 것은 소추의 장해와 결부된 시효정지 규정을 유추한 적용이다(형법 78b조 1항 1문, 동독 형법 83조 3호).

63) BverGE 1, 418, 422ff.

고 보상을 하지 않거나, 아주 낮은 보상으로 — 법치국가를 위반하는 형태로 — 소유권과 그외의 재산을 빼앗았다. 빼앗긴 재산은 인민소유권(Volkseigentum)이 되어 양도되거나 간부 몫으로 위임되었다. 기본법 14조는 소련 점령 지구와 그후의 동독에서는 효력이 없었기 때문에 재양도청구권(Rückübereignungsanspruch)이나 보상청구권(Entschädigungsanspruch)을 14조에서 찾을 수는 없다. 기본법의 타당 영역으로 들어온 전법치국가적 과거를 극복하는 법치국가는 지금까지 논한 생명·건강·자유의 침해와 마찬가지로 소유권 박탈도 방치할 수는 없다.[64] 이러한 모든 침해는 법적 평등에 위반된다.

1949년 이후 소유권 외의 재산을 박탈하자 통일조약의 일부인 '미해결 재산문제의 규율에 관한 법률'[65]은 원칙적으로 반환(Rückübertragung)을 규정했다(3조 1항 1문). 이것이 어려울 때는 (4조) 가치가 같은 토지를 주거나 금전으로 보상할 수 있다(9조). 이러한 규정에서 명백한 것은 금전으로 보상할 때는 빼앗긴 당시의 가치에 상응해야 한다는 것이다. 그렇지 않으면 평등 조항에 위반되기 때문이다.[66] 낮아진 보상 수준에서 다시 양여한 토지재산은 상응하게 부과하지 않으면 안 되었다.

통일조약에 의하면 1945~1949년에 점령법이나 점령고권(占領高權)에 근거해 빼앗긴 소유권은 취소되지 않는다.[67] 이 소유권의 박탈 경과는 그 격심함과 추방·납치·살해까지 이르는 부수적인 사

64) 같은 뜻으로는 *Peter Badura*, Der Verfassungsauftrag der Eigentumsgarantie imwiedervereinigten Deutschland, DVBl. 1990, S. 1256, 1262.
65) Anlage Ⅲ Kapitel Ⅱ Sachgebiet B Abschnitt Ⅰ Nr. 5.
66) 같은 해석을 취하는 것은 BVerfGE 84, 90, 128f.
67) Anlage Ⅲ Nr. 1과 관련한 통일조약 41조 1항; 개정된 기본법 143조 3항.

정 때문에 매우 완곡하게 '수용'이라는 법률 개념으로 부른다. 이것은 통일조약 부속서 Ⅲ에서 알 수 있다. 그러나 더 문제가 되는 것은 형벌 성격을 지닌 의식적인 권리 박탈이라고 생각되는 몰수(Konfiskation oder Einziehung)다.[68] '민주적 토지개혁'이라고 부른 이 조치는 법치국가의 기본 원칙을 비웃는 일이며, 소비에트 점령 권력이 책임을 지는 한 국제법과도 합치되지 않았다.[69]

이러한 조치에 손을 쓰지 않는 것은 당시 빈사 상태에 있던 정당독재의 대표자 희망만이 아니라, 자유롭게 선출한 최초의 인민의회에서 성립한 정부의 희망이기도 했다.[70] 이 말은 기본법 143조 3항 – 통일조약의 체결로 추가된, 동독에서 1949년 이전의 재산권 제한에 관해서는 이미 현상을 회복할 수 없다고 규정한 수정 추가 조항 – 으로 헌법상 규정되고, 연방헌법재판소가 기본법 79조 3항 – 헌법 개정의 한계에 대해서 기본법 1조와 20조에서 정한 기본 원칙은 개정할 수 없다고 규정한 조항 – 에 비추어 심사하고, 그 합헌성을 확인했다.[71]

---

68) 이는 특히 Weiβbuch über die "Demokratische Bodenreform", bearbeitet von Joachim v. Kruse, hg. von der Arbeitsgemeinschaft Deutscher Landwirte und Bauern, Hannover 1955; Die Enteignungen in der Sowjetischen Besatzungszone und die Verwaltung des Vermögens von nicht in der Sowjetzone ansässigen Personen, hg. vom Bundesministerium für Gesamtdeutsche Fragen, 3. Aufl, Bonn 1962; *Gerhard Fieberg/Harald Reicgenbach*(Hg.), Enteignungen und offene Vermögensfragen in der ehemaligen DDR, BD. I, Köln 1991 참조.

69) *Alfred Verdroβ/Bruno Simma*, Universelles Völkerrecht, 1984, 581 참조. *Seidl-Hohenveldern*, Volkerrecht, 6. Aufl, 1987, S. 411에 의하면 헤이그 육전 법규는 1945년 이후 독일에서도 통용되었다.

70) 이 점을 지적한 것은 *Gerhard Fieberg/Harald Reichenbach*, Zum Problem der offenen Vermogensfragen, NJW 1991, S. 321, 322f 참조. 또한 *Eckart Klein*, Der Einigungsvertrag, DOV 1991, S. 569, 574 참조.

71) BVerfGE 84, 90, 126, 128, 131.

이 판결에서는 문제가 된 수용이 현상을 회복하는 방법으로는 깨끗하게 되지 않을 때 기본법 79조 3항에서 그 이상의 것을 연역하지 않는다. 재판소는 스스로 서술한 "79조 3항으로 불가침이 되는 평등 조항의 기본 요소"가 재정적 조정(finanzieller Ausgleich)을 요구하는지는 심사하지 않는다. 그러나 그것은 인정해야 한다. 왜냐하면 불법 행위에 포함된 심한 법적 평등의 침해에는 이것이 필요하기 때문이다.

연방헌법재판소는 1949년 이후 소유권 박탈 보상이 규정한 것을 이유로 평등 조항에 의거한 조정의무를 근거지웠다.[72] 그리고 전쟁의 손해를 조정하려고 발전한 원칙을 적용해야 한다고 했다. 자유롭게 처리할 수 있는 자금이 무제한이 아니라는 것을 생각해, 계량할 수 있는 물질적 손해를 조정할 때는 계량할 수 없는 신체의 불가침이나 자유의 손해 조정을 배려하지 않으면 안 된다.

5. 공무원의 처우

1) 옛 간부체제

대학교수나 재판관까지 옛 동독의 공무원은 특별히 마르크스·레

72) 연방헌법재판소와 같은 결론을 내린 판결 이전의 논문은 *Badura*, DVBI. 1990, S. 1256, 1262; *v. Mangoldt/Klein/v. Campenhausen*, Das Bonner Grundgesetz, 3. Aufl, Bd. 14, 1991, Art. 143 Rdnr. 56; *Matthias Herdegen*, Die Verfassungsänderung en im Einigungsvertrag, Heidelberg 1991, S. 19ff. 국가의 조정의무를 부정한 논문은 *Edzard Schmidt-Jortzig*, Sind nicht in Wahreit bloβ Hoffnungen enttäuscht worden?, in: FAZ v. 22. 9. 1990/Nr. 221, S. 10; *Hans-Jürgen Papier*, Verfassungsrechtliche Probleme der Eigentumsregelung im Einigungsvertrag, NJW 1991, S. 193, 197; *Schulze-Fielitz*, DVBI. 1991, S. 903. 몰수의 무효를 전제로 하는 논문은 Otto Kimminich, Die Eigentumsgarantie im Prozeβ der Wiedervereinigung(Landwirtschaftliche Rentenbank, Frankfurt, Schriftenreihe Bd. 3), 1990; *Hans-Herbert v. Arnim*, Entzug der Grundrechte aus Oppotunität?, FAZ v. 6. 9. 1990/Nr. 207, S. 8.

닌 정당과 그 이데올로기에 속박되었다. 그들은 행정[73)]·학설[74)]·교육[75)]·판례[76)]에서 정당의 입장을 강력하게 대표하지 않으면 안 되었고, SED의 결정을 실현할 임무가 있었다. 잠재적으로 모든 공무원이, 현실적으로는 대다수가 불법 국가의 도구였다. 체제의 지배를 받는 사람들은 괴롭힘과 동요를 당하며, 적응해야 하는 압력에 놓여 생의 기회를 빼앗긴 것이다.

여기에는 다른 영역에서는 볼 수 없는 극복해야 하는 전법치국가적 과거가 결정화되어 있다. 여기다 학문·행정·재판에서 많은 공무원에게 치우친 이데올로기를 통제한 결과, 공무원은 전문적인 능력이나 개인적인 적성 부족으로 사회주의 정당독재가 사라진 후에도 법치국가의 체제에서 그들에게 주어진 요구에 응할 수 없게 되었다.

2) 해고(Kündigung)와 청산(Abwicklung)

이러한 결과에 대해 통일조약은[77)] 자격이나 적성 부족으로 인한 통상해고와 중대한 이유로 인한 특별해고 규정으로 대처했다. 특별

---

73) BVerfGE 27, 253, 284f; 38, 128, 133 참조.

74) 국가 기구의 '간부'의 이데올로기적 요구는 Verwaltungsrecht, als Lehrbuch für die Aus- und Weiterbildung an Universitäten und Hochschulen der DDR vom Minister für Hochschul-und Fachschulwesen anerkannt, 2. Aufl, 1988, S. 86 참조.

75) 대학의 정당지배에 대해 상세한 것은 관련된 명령과 국가평의회의 결정 인용과 함께 Julius Schoenemann, Verzeweifelte Oppotunisten, arrogante Karrieristen, FAZ v. 3.1.1991/ Nr.2. S. 5.

76) 특히 *Karl Polak*, Reden und Aufsätze, Ostberlin 1968, S/431 참조. "법의 정당 의존성(Parteilichkeit)과 그것에 의한 법의 관철 문제, 노동자계급의 마르크스·레닌주의 정당에 의한 사회적 발전의 의식적 형성의 레벨로 법을 고양시키는 것, 그것은 즉 법에서 마르크스주의적 변증법의 관철과 같은 것이다." 마찬가지로 *Günther Lehmann/Hans Weber*, Theoretische Grundfragen der sozialistischen Rechtspflege, in: Neue Justiz 1969, S. 608. 나아가 *Böckenförde*(각주17), S. 68ff.

77) 통일조약 Anlage I Kapitel XIX Sachgebiet A Abscitt Ⅲ Nr. 1 Absätze 4 und 5.

해고에 해당하는 중대한 이유는 다음과 같은 경우에 생긴다. 피용자가 인간성이나 법치국가의 기본 원칙을 위반했을 때다. 즉 1966년 12월 19일의 시민적·정치적 권리에 관한 국제 규약으로 보장한 인권이나, 1948년 12월 10일의 세계인권선언에 포함된 기본 조항을 위반한 경우다. 또 국가보안성 활동을 한 경우로 그때문에 고용관계를 계속 요구할 수 없어 보이는 경우다.

해고 규정은 각 공무원의 종전 행동이나 적성과 결부되어 있는 반면, 통일조약 13조가 규정한 시설의 해산(Auflösung)과 청산[78]은 객관적 필요성으로 결정된다. 객관적 필요성은 연방헌법재판소의 대기선회비행 판결(待機旋回飛行判決, Warteschleifen-Urteil)에 의하면, 특히 중요한 사회적 이익을 위해 위험을 방지하는 데 상응하는 것이어야 한다.[79] 해산된 시설에서 일하던 공무원은 고용관계가 이전에 해소되지 않은 청산에 의해 사회적으로 완화된 형태, 즉 일반적인 고용보다 우대하는 형태로[80] 고용된다.

훔볼트 대학의 종전 법학 부분과 다른 몇 개의 극단적인 이데올로기로 굳은 부문을 청산하는 계획을 세울 때 다음과 같은 문제가 제기되었다. 통일조약으로 요청된 대학제도의 쇄신과 학문 자유의 기반의 수복[81]은 적어도 정신적으로 SED에 전적으로 의존해 운영

---

78) 청산의 개념은 BVerfGE 84, 133, 149ff 참조. (역자 주: 이 판결에 의하면 해산은 청산하는 데 필요한 전 단계이며, 시설은 해산을 거쳐 청산한다. 또 시설의 해산이란 시설의 조직적 통일성이 계속하지 않는 것을 의미하므로 시설이 제3자에게 위양될 때는 시설이 실제 유지되는 한 해산이라고 간주하지는 않는다).

79) BVerfGE 84, 133, 151f.

80) 통일조약 Anlage I Kapitel XIX Sachgebiet A Abschnitt Ⅲ Nr. 1 Absätze 2 und 3.

81) Denkschrift zum Einigungsvertrag, BT Drucks. 11/7760, S. 353. 이는 37조 참조.

하던 전문 영역을 해산·청산·신설로 실현해야 하는가에 관한 문제였다. 단지 SED의 독재를 이데올로기적·실질적으로 지지하는 것만을 임무로 삼던 종전의 법학은 법치국가적 데모크라시의 기초인 법학을 가르치는 법학부와는 기능과 조직이 달랐다.

이 본질적인 차이가 강하게 떠오르는데,[82] 이것을 강조하지 않으면 안 된다. 왜냐하면 지금까지와는 전혀 다른 직무(Funktion)를 수행한다는 것은 종래의 교수 대다수에게 어려운 문제였다. 새로운 세대의 법률가를 교육해야 하는데, 그들을 법학부에 남게 한다면 법치국가에 대한 지도를 근본부터 손상하게 할 것이다.

베를린 상급행정재판소는 가처분 명령 소송[83]에서 훔볼트 대학의 몇몇 부문의 청산, 특히 법학 부문의 청산에서 각각의 기능적 통일성이 약화되지 않았으므로 부적법하다고 판결했다. 순수하게 고용법의 카테고리에 잡혀 법학부와 구조나 임무가 제한된 행정이나 사법이라는 그외의 통일체제와의 차이를 인정하지 않았던 것이다. 즉 법학부 교수들은 연구와 교수에서 자유로운 데 대해서 행정청의 모든 결정은 그 합법성과 합목적성을 심사할 수 있다. 또한 재판소는 합의제 표결기관에서 판결을 내리고, 그 판결은 항소나 상고에 따르는 것이다.

재판소가 이데올로기적으로 특별한 임무를 띠던 대학의 부문들을 청산하고, 그것에 이은 신설을 허용하지 않는다면 해고 가능성을 고려하지 않으면 안 된다. 행정청은 재심사위원회(Überprüfungsausschuβ)

---

82) *Ulrich Karpen*, Den Dienern des Systems die Frelheit schenken, FAZ vom 17. 8. 1991/Nr. 190, S. 23.

83) Beschluβ vom 6. 6. 1991, DOV 1991, S. 746, 748=DVBI. 1991, S. 762, 766. 신문보도(FAZ v. 17. 8. 1991)에 의하면 에어푸르트·뮐하우젠 교육대학의 교육학 부문에서 에어푸르트 군재판소도 같은 결정을 내렸다.

와 협력해 모든 경우의 해고 이유를 입증하지 않으면 안 된다. 어떤 해고라도 재판소의 심사를 받을 수 있다. 그 재판절차는 청산가처분과 마찬가지로 대학의 쇄신을 몇 년 연장할 것이다.

3) 재판관의 재심사(Überprüfung)

옛 동독의 재판관은 1,200명 정도였는데 항상 기한부로 임용했다. 부적격한 재판관을 조직에서 배제하는 것은 이미 1990년 7월 5일의 동독 재판관법[84]으로 시작되었다. 이 법률은 이른바 재판관선출위원회라는 제도를 규정했고,[85] 그들의 동의 없이는 어떤 재판관도 임명할 수 없다고 규정했다. 통일조약의 규정은 독일 재판관법에 대한 몇 가지 지시[86]를 포함하는데, 그 지시는 현재 각 주의 권한으로 넘어간 동독의 재판관법과 결부되었다.

재판관선출위원회에서 문제가 된 것은 재판관재심사위원회(Richterüberprüfungsausschuβ)인데, SED 독재 때 임용되어 다시 그 지위에 머무르려고 하는 모든 재판관의 심사에 몰두했다.[87] 앞에서

---

84) GBl. I, S. 637.

85) Beschluβ der Volkskammer der Deutschen Demokratischen Republik zum Richtergesetz — Ordnung über die Bildung und Arbeitsweise der Richterwahlaussch?sse — vom 22. Juli 1990(GBl. I, s. 904) 참조. 그것에 의하면 위원회는 다음의 임명 요건을 심사해야 한다. 자유주의적·민주주의적·연방적·사회적·생태지향적 법치국가에 충성, 도덕적·정치적 결벽성, 전문적 자질, 자기 연찬 의욕, 직업 윤리의 특성.

86) Anlage I Kapitel Ⅲ Sachgebiet A Abschnitt Ⅲ Nr. 8, 특히 Maβgabe o.

87) 독재시대의 직무활동 때문에 공직을 떠날 수밖에 없었거나 스스로 떠난 재판관과 검찰관, 기타 법학 교육을 받은 공무원은 1990년 2월 22일의 '독립 영업 변호사의 활동과 인간에 대한 명령(GBl. I, S. 147)'으로 길이 열려 변호 사업이 쇄도했다. 통일조약을 체결한 후에 발포·협정한(vereinbart) 통일조약 9조 3항에는 "통일조약 체결 후에 발포한 옛 동독의 법률은 양 독일이 합의한(vereinbaren) 범위에서 효력이 있다"고 규정했다. 1990년 9월 13일의 동독 변호사법(GBl. I, S. 1504)은 "변호 사업을 하는 데 적합하지 않은 행위를 한"사람은 변호사로 허가하면 안 된다라고 규정했다(7조 2항). 같은 이유로 허가를 취소할 수 있다(16조 2항). 예전에 재판관이나 검찰관으로 소관 재심사위원회가 거부한 사람, 재심사를 받으면 틀림없이 거부당할

언급한 통일조약의 지시에 의하면, 위원회는 동독 재판관법의 규정에 따라 재판권을 행사할 권한이 있는 재판관의 고용관계 계속에 관해 늦어도 1991년 4월 15일까지 결정하지 않으면 안 되고, 현직 재판관은 재판관선출위원회가 결정할 때까지 재판권을 행사할 권한이 있다.

재판관의 재심사는 필요하다. 왜냐하면 법치국가의 원칙에 따라 판결을 내리는 독립된 재판관에게 보내는 시민의 신뢰는 새로운 주에서 법치국가를 건설하는 데 불가결한 전제이기 때문이다.[88] 재심사를 지지하는 데는 또 다른 이유가 있다. 만약 재판관이 법률을 왜곡할 의도 없이 불법판결을 내렸다는 이유로 형법상 유죄라고 할 수 없다면(Ⅲ부 4장 3. 3. 2 참조), 적어도 그러한 재판관이 다시 유임되는 것은 막아야 한다. 또 재판관이 옛 국가보안당국과 모든 음모를 공모했다면 그것도 그 재판관의 적성을 부정하는 이유가 된다.[89] 계속 임용되기를 희망하는 재판관은 모드로우(Modrow) 정권에서 '정정(訂正, bereinigen)'했을 것이다.

이것은 지나간 정당독재의 마지막 못된 짓이지만 개인 기록을 다시 완전하게 하도록 요구할 수 있다고 생각한다. 재판관의 재심사에서 증거가 될 수 있는 중요한 방법은 잘츠기터(Salzgitter)의 주 사법행정의 중앙통계조사국(Zentralle Erfassunfgsstelle)의 서류,[90] 대개

사람은 변호사, 즉 사법의 독립기관으로(1조) 활동하기에는 적합하지 않다. 특히 슈타지와 음모적 공동은 변호 의뢰인의 손해를 고려한다면 불허가나 허가 취소 사유가 된다.

88) 각주37에서 인용한 초안에는 재판소 명예회복부(部)에는 3명의 재판관 중 1명만 1990년 10월 3일 이전에 편입지역에서 직업 재판관이나 검사로 활동할 사람을 추가할 수 있다고 규정했다.

89) 어떤 재판관이 슈타지 문서에 언급되었다는 것만으로는 음모를 추정하는 데 충분하지 않다.

90) *Heiner Sauer/Hans-Otto Plumeyer*, Der Salzgitterreport 1991 참조. 여기서는 통계조사국의 법적 근거와 활동, 특히 살인행위, 정치적 유죄판결, 국가 보안기관과 교도소 억류 중의 학대, 정치적 혐의 같은 기록을 참고했다.

정치적 이유로 유죄판결을 받았다가 독일 연방공화국이 몸값을 지불해 자유롭게 된 수형자의 베를린·룸멜스부르크에 집중적으로 보존되어 있는 형벌 기록, 시민 중에서도 특히 유죄판결을 받은 사람의 개별 재판관의 직무상의 행동에 대한 통보 같은 것이 있다.

6. 개인에 관한 슈타지 문서 취급

1) 문서기록(Aktenbestand)

옛 동독 국가 보안기관(Staatssicherheitsdienst, Stasi-, 슈타지)은 약 800만 건의 문서를 남겼다. 거기에는 600만의 옛 동독 주민과 200만의 옛 서독 주민의 명단이 있다.[91] 문서에 포함된 정보는 조사 대상이 된 사람의 직장 행동에서부터 지인관계나 편지의 왕래, 성생활까지 생활 전체가 담겨 있다. 정보는 비밀리에 편지를 개봉해 복사하기도 하고, 전화를 도청하기도 하고, 소형 도청기로 얻은 것들이다. 그외의 조사 대상이 된 사람을 정탐했으며, 종종 측근자에게까지도 행했다. 슈타지 문서는 국가충성(Staatstreue)이라고 부른 정당 독재에서 충성을 평가하는 데 사용했다. 사람들에게 강요하고 협박하면서 불안에 빠뜨려 위압하려는 근거였던 것이다.

문서의 규모와 내용은 비교할 만한 것을 찾을 수 없을 정도다. 문서의 기록은 복종하는 시민(Untertan) 앞에서 안전하지 못하다고 느낀 정당독재의 비정당성과 국가의 무분별성을 여실히 보여주고, 거대한 감시체제를 운영한 지배자들의 불안은 광란과 망상이라는

91) Erläuterungen zu den Anlagen zum Einigungsvertrag, BT-Drucks. 11/7811, S. 2; Gauck, Die Stasi-Akten, 1991, passim 참조.

특징도 나타낸다. 또한 문서의 기록은 수백만 건의 매우 중대한 인격권 침해를 입증하고,[92] 광범위한 권리침해의 근거로 사용했으며, 오늘날에도 여전히 명단에 있는 사람들의 인격권을 광범위하게 위협한다. 국가 보안기관의 음모 행위의 형태는 협력자(Mitarbeiter)가 고유한 문서를 은닉장소나 비밀보관소로 운반하기도 하고, 적당한 때 악용할 수 있도록 복사했다고 본다.

이 슈타지 문서는 하나의 정보체계를 형성하는데, 아직 그 규모는 충분히 파악하지 못했다. 내용은 알고 있는 범위에서도 주요한 부분은 아직 밝혀지지 않았으며, 적절한 이용에 대해서는 알려진 내용에서마저 매우 큰 어려움이 있다. 왜냐하면 슈타지 당국이 정보자료를 음모로 입수하고 가공해서 보관했기 때문이다.

2) 문서의 법치국가적 취급

슈타지 문서는 명예회복과 보상, 범죄자의 처벌, 행방불명자의 운명과 미해결 사망 사건의 해명, 보상을 받고 슈타지 당국을 위해 공식·비공식으로 행한 일을 입증하는 기초가 되는 중요한 자료임이 밝혀졌다.[93] 이 문서는 전법치국가적 관계를 법적으로 극복하는 데

---

92) 통일조약 Anlage I Kapitel II Sachgebiet B Abschnitt II Nr. 2 lit. b. 이 조항의 전문에는 "위법이나 위헌적으로 얻은 개인에 관한 정보"라고 서술되어 있다.

93) 슈타지 문서에 정보제공자(Informant)라고 기재되었다고 모두 슈타지 협력자(Mitarbeiter)는 아니다. "인간의 운명을 걸고 악마와 포커를 한 사람은 슈타지 문서에 흔적을 남겼다." 이 문제는 *Richard Schröder*, Soll die Zersetzungsarbeit endlos weitergehen? Wie man zum Mitarbeiter des Staatssicherheitsdienstes gepreßt werden konnte, was erwartet wurde und warum man es tat, in: FAZ vom 2. 1. 1991 Nr. 1, S. 23.

반드시 필요하므로 이 문서에 있는 정보를 파기하면 안 된다.[94)]

슈타지 문서의 보관과 이용은 법률로 규율하지 않으면 안 된다. 정보 대부분을 위법으로 수집한 점과 인격권이 계속 위협을 당하는 점을 고려하면 슈타지 문서의 이용은 법률의 유보에 놓인다.[95)] 법치국가는 여기서 이상한 도전 앞에 놓인 것이다. 통일조약은 잠정적인 규정만 있을 뿐이다.[96)] 그리고 1990년 9월 18일의 '통일조약의 시행과 해석에 관한 협정'[97)]에서 당시의 조약체결 국가들은 통일된 독일의 입법자가 8월 말에 공포한 인민회의법의 기초가 된 기본 원칙을 전면적으로 고려할 것이라는 기대를 강조했다. 이 인민회의법을 다룬 최초의 법적 분석은, 이 법은 문제를 법치국가적인 방법으로 해석하기에는 매우 불충분한 시도에 불과하다는 것이다.[98)] 그래서 이 법률은 통일조약으로도 효력을 부여하지 않았던 것이다.

앞으로 발포해야 할 법률은[99)] 우선 첫 번째는 모든 슈타지 문서와 그 복사물을 그것을 보관하는 권한을 가진 부서로 보낼 의무를

---

94) 인민의회가 발포한 다음의 법률도 이것을 전제로 했다. Gesetz über Sicherung und Nutzung der personenbezogenen Daten des ehemaligen Ministeriums für Staatssicherheit vom 24. 8. 1990(GBI. I, S. 1419). 명확하게는 §2 Abs. 1 satz 2 Überleitungsregelungen über die Behandlung von Unterlagen des ehemaligen Ministeriums für Staatssicherheit = Einigungsvertrag Anlage I Kapitel Ⅱ Sachgebiet B Abschnitt Ⅱ Nr. 2. lit. b.

95) BVerfGE 65, l, 44.

96) 각주95 참조.

97) BGBI. Ⅱ 1990, S. 1239.

98) 이 점에 대한 비판론은 *Klaus Stoltenberg*, Zur Regelung des Umgangs mit den Stasi-Akten, ZRP 1990, S. 460, 461~463; *Klaus Martin Groth*, Das Stasi-Unterlagengesetz, Krit. Justiz 1991, S. 168ff 참조.

99) Der Gesetzentwurf der Bundesregierung vom 12. 6. 1991, BR-Drucks. 365/91 mit Stellungnahme des Bunderates und Anträgen des Ländet Bayern, Niedersachsen und Sachen. 지금은 Stasi-Unterlagen-Gesetz vom 20. 12. 1991(BGBI. I, S. 2272) 참조.

규정하고, 위반에 대한 제재를 규정하지 않으면 안 된다. 예외는 슈타지 당국에게 희생된 사람의 자기 관련 문서만이다. 이 규정은 인격권의 보호와 증거 방법의 보전에도 쓴다.

그다음 두 번째는 이 법률은 인격권의 보호와 증거 방법을 얻는 필요성을 비례원칙을 엄격히 준수하면서 조정하지 않으면 안 된다. 이 경우 희생자의 정보 보호는 범죄자 — 슈타지의 협력자 — 의 정보 보호보다 우선해야 한다. 설령 범죄자가 처음에는 희생자였더라도 마찬가지다. 희생자의 문서와 범죄자의 문서는 엄격하게 구분할 수 있다. 문서열람을 보장할 때는 인격권을 보호하기 위해 이점을 충분히 주의하지 않으면 안 된다. 즉 정보제공을 구하는 권리(Recht auf Auskunft)와 문서열람 권리(Recht auf Akteneinsicht)는 따로 규정해야 한다. 슈타지의 희생자와 때에 따라서는 희생자의 친족에게는 희생자의 기록에 대해 무제한의 정보제공의 권리와 열람권을 보장하지 않으면 안 된다.

또한 슈타지 희생자나 유족에게는 그들과 배치되고, 그들의 정보를 제공한 첩보원과 그 상사의 이름을 알 권리를 보장해야 한다. 첩보 행위로 파괴된 인간관계는 지속적으로 공표해야만 정상적인 상태가 될 수 있는 것이다. 종전의 슈타지 협력자에게는 정보가 소추를 위해서 필요하며, 보호해야 할 타인의 이익보다 우월하지 않은 범위에서만 정보제공의 권리를 부여한다. 슈타지 문서에 자신의 정보가 있는지를 알려는 사람의 권리는 문서를 합당하게 정리한 후에야 비로소 법률로 규정할 수 있다.

법률로 청구권을 인정할 때는 그것이 얼마나 직원을 늘릴 수 있는지도 고려해야 한다. 문서를 취급하는 직원이 많아질수록 자료의 비밀을 지키기 어렵고, 자료를 남용할 위험도 많아진다. 특히 종전의 슈타지 협력자가 기록보관소에 근무한다면 더욱 그렇다. 이것은 슈타지 문서에 관한 법률안을 마련하려고 한 독일 연방의회 내무위원회(Innenausschuβ)의 청문과정에서 알 수 있었다.[100]

개개인의 정보 말소를 요구하는 희생자의 청구권은 법률로 규정하면 안 된다. 왜냐하면 희생자가 다시 범죄자라고 판명될지도 모르기 때문이다. 그리고 슈타지 문서를 역사적·정치적으로 총괄한다고 하는 일반적인 이익도 있다. 이 목적을 위해 개인 정보는 후일 익명화되지 않으면 안 된다. 그러나 슈타지 당국이 각각의 정보에서 만든 인간상(Persönlichkeitsbilder)이 문제가 될 때는 그 서류를 폐기하는 희생자의 이익이 우선해야 한다.

슈타지 문서를 형사소추기관이 사용해도 좋은가? 나는 그렇다고 말하고 싶지만 하나의 예외를 둔다. 희생자의 개인 정보는 소추기관은 이용할 수 없다는 것이다. 다만 중대범죄나 테러혐의, 국가 보안기관의 활동과 관련된 범죄 행위의 소추가 문제일 때는 별개다.

시급한 것은 SED의 문서를 보전하고, 더 조작할 수 없게 하는 것이다. 국가권력을 보존한 마르크스·레닌 정당인 SED는 국가에서 떼낼 수는 없다. 그러므로 SED 문서는 국가 문서(Staatsakten)와 동등하게 취급해야 한다.

100) FAZ vom 28. 8. 1991/Nr. 199, S. 5 참조.

7. 맺는말

결론으로 한마디만 하겠다. 우리의 눈은 정당하게도 미래를 향한다. 왜냐하면 SED 독재가 지배한 영역의 경제 재건과 생태적 개량(ökologische Sanierung)을 오늘날 첫 문제로 삼기 때문이다. 강력한 기업가나 정치가가 거기에 골몰한다. 새로운 주의 주 의회는 법치국가의 장래의 기초가 될 헌법과 법률을 제정했다. 그러나 이것으로 불법 극복을 소홀히 해서는 안 된다. 독일 국민의 법문화에서 중요한 것은 재인식된 다음의 이론이다. 그것은 법으로 제한한 국가 통치만이 정당하다는 것과 통치자라도 불법에 대해서는 책임을 져야 한다는 것이다.

| 부 | 록 |

법을 수용하는 이유·조건·형태

다른 나라의 법을 받아들이는 것은 새로운 문제들을 해결하는 데 자국의 법이 충분하지 않다는 인식과 다른 나라의 법질서 발전을 나누어 갖고자 하는 바람 때문이다. 성공적인 수용 조건은 실행력 있는 국가의 권력이다. 수용은 입법·사법·법이론으로 이루어질 수 있다.

1. 수용의 개념

법의 수용은 모든 시대와 문화 영역에서 생기는 포괄적인 문화 수용 현상에 속한다. 수용의 개념에 대해 게어하르트 쾨블러의 『법학사전』에서는 특정한 사회적·정신적·기술적 발전을 받아들여 새로운 환경에서 편성하는 것이라고 했다.[1] 가령 언어나 문화적 발전의 수용은, 문학·음악·미술·패션은 광범위하게 비형식적으로(formlos) 개인이 수용해 일어났다가 시간이 지나면서 사회적 승인으로 비로소 실현되지만, 법 수용은 형식적(förmlich)이다. 법 수용

1) *Gerhard Köbler*, Juristisches Wörterbuch, 5. Aufl 1991, S. 303.

이 그럴 수밖에 없는 것은 법률의 효력은 형식과 절차를 전제로 하기 때문이다. 이에 대해서는 좀더 구체적으로 언급할 것이다.

아래에서 문제가 되는 법 수용의 개념은 유럽, 특히 독일에서는 무엇보다도 로마법을 수용한 과정과 관계가 있다. 로마법의 수용은 14세기에서 16세기 중반까지 이른다. 로마법의 수용은 사법(私法) 이론과 입법과 법률 적용 분야에서 『로마법대전』에 편성되어 있던 로마법을 위해 고대 독일의 사법(私法)을 배척했다.[2] 그 과정은 유럽의 법문화, 특히 독일의 법문화에 큰 의미가 있었는데,[3] 그 의미가 너무 커 하인리히 미타이스는 수용 개념을 이 과정에 한정지으려고 했으나[4] 실패했다.

나는 법 수용의 문제를 그것도 — 내가 대변하는 분야와 일치해 — 주로 공법과 관련해 광범위하게 취급한다. 수용은 라틴어인 recipere에서 유래한 명사다. Recipere는 취하고(aufnehmen), 인정하고(annehmen), 받아들이는(entgegennehmen) 능동적인 과정을 말한다. 서로마는 몰락했고, 동로마는 허약해 얼마 가지 않아 멸망했다. 6세기에 유스티니아누스의 법률가들이 『로마법대전』으로 집대성

---

2) *Franz Wieacker*, Privatrechtsgeschichte der Neuzeit, 2. Aufl. 1967, S. 124; *Georg Dahm*, Zur Rezeption des römischen italienischen Rechts, Sonderausgabe 1960, S. 7ff; 최근의 매우 유용한 정보는 *Wolfgang Sellert*, Zur Rezeption des römischen und kanonischen Rechts in Deutschland von den Anfängen bis zum Beginn der frühen Neuzeit: Überblick, Diskussionsstand und Ergebnisse, in: H. Boockmann/L. Grenzmann/B. Moeller/M. Staehelin(Hg.), Recht und Verfassung im Übergang vom Mittelalter zur Neuzeit, 1998, S. 115~166.

3) *Reinhard Zimmermann*, Römisches Recht und europäische Kultur, in: Juristenzeitung, 2007, S. 1~12.

4) *Heinrich Mitteis*, Die Rechtsgeschichte und das Problem der historischen Kontinuität, Abhandlungen der Deutschen Akademie der Wissenschaften, Berlin 1947.

한 로마법은 피정복민을 강제하는 그런 정복민의 법이 아니라, 죽은 법이 '수용으로 재탄생'한 것이었다.[5]

나는 수용의 개념을 원래의 언어적 의미로 이해하고자 한다. 따라서 제국주의 국가에 의한 원하지 않는 법 전승은 다루지 않을 것이다. 중유럽과 동유럽에서 소련에 의한 법 강제(Rechtsoktroi)가 이에 해당한다. 북아메리카를 포함한 영국의 식민지에 보통법(Common Law)을 들여온 것도 수용이 아니다. 식민지의 영국 이주민들이 그들의 법을 갖고 이주한 것이다. 아프리카와 아시아의 식민지화도 의무적으로 주어진 – auctorare에서 유래한 의미로 – 강제된 법으로 이루어진 식민지화였다.

식민지 국민은 왕의 법령이나 명령으로 타국법에 수동적으로 예속되었다. 그들은 타국법을 '인정'한 것이 아니었다. 식민지 주둔 관리와 영국의 식민지 법관들이 왔다. 강요된 보통법의 토착화는 원주민을 영국 법률 학교에서 교육하면서 시작되었다. 법관이 되는 교육을 받은 원주민들은 오늘날 양모가발을 쓰고 재판을 한다. 오늘날의 관점에서 보면 애초에 강요되었던 보통법과 관련해 수용이라고 하는 것은 어느 정도 타당하다고 할 수 있다.[6] 왜냐하면 과거 식민지들이 강요된 법을 버리지 않는 한 그들은 그것을 그동안 '인정'한 것이기 때문이다.

법전을 수용의 기초로 받아들인다고 해서 법을 물적 대상처럼 취하고, 새로운 사회 분위기에서 경직되게 적용하는 것을 의미하는 것은 아니다. 모든 수용과정은 대개 어느 정도는 쌍방의 동화를 전제

---

5) 그렇게는 *Heinrich Henkel*, Einführung in die Rechtsphilosophie, 2. Aufl. 1977, S. 219.

6) *Konrad Zweigert/Hein Kötz*, Einführung in die Rechtsvergleichung, 3. Aufl. 1996, S. 220ff, 224ff.

로 한다. 법은 식물처럼 이식할 수 있는 것이 아니다. 정신적 현상인 법은 하나의 법질서에서 다른 법질서로 적응해가는 것이다. 이것은 특히 개별 규범이나 규범 복합체 — 제도 — 가 전래될 때는 그러하다. 영속적으로 수용하려면 수용된 법은 이를 받아들이는 국가의 법 이론과 사회적 연관 속으로 들어가야 한다. 법질서 전체를 낯선 힘으로 덮어씌우는 것은 언제나 강요이지 결코 수용이 아니다. 그러나 시간이 지나면서 수용이 될 수는 있다.

2. 법을 수용하는 이유와 조건

인간이 공동으로 살아가는 곳에는 법이 있다(Ubi societas, ibi ius). 수용은 법적이지 않은 상태에 대한 것이 아니다. 따라서 어떤 이유로 수용하는가, 즉 법률 영역 전체나 개별적인 제도나 법의 원칙을 수용하는가 하는 문제가 제기된다. 우리는 역사적 사례들을 선택함으로써 이것을 가장 잘 명백하게 할 수 있을 것이다. 여기서는 수용하는 이유를 체계적으로 고찰하지는 않겠다. 단지 다음과 같은 정도, 즉 고유한 법질서의 불완전성, 가령 법의 단편화는 극복했지만 장기간 계속된 독재나 법이론으로 볼 때 완성·발전한 '현대적' 법률에 참여하려는 희망이 이유일 수 있다는 정도로 그치겠다. 법을 수용하는 이유는 기대한 결과를 얻기 위해 필요한 조건과 밀접한 관련이 있다.

1. 일본이 수용한 독일 헌법

나는 민법 같은 법률 영역의 수용의 예로 19세기 후반의 일본을 먼저 든 다음 헌법을 다룬다.[7)] 1868년은 일본의 사회와 문화에서 중요한 유신(ishin)의 해다. 정치적으로 무력한 궁중귀족들이 — 천황은 겨우 15세였다 — 반대파와 연합하고, 250년 이상 지속된 토쿠가와 막부(bakufu) 시대가 끝났다. 1868년 1월 3일 쇼군이 실각한 중요한 원인 중 하나는 쇼군이 무력하게 서구 열강과 체결한 불평등조약 때문이었다. 막부 종말 이후 정부의 문서(1868)에 따라 중앙정부를 수립했고, 후에 제정할 헌법에 국가권력의 조직과 절차를 지속적으로 규정할 것을 목표로 했다.

유럽에서 공부한 일본 법률가들의 자문과 유럽과 미국의 수많은문헌들, 특히 독일과 프로이센 국법에 관한 헤르만 슐체와 루트비히 폰 뢴네의 책들의 번역은 이미 1850년의 프로이센 헌법과 남부 독일 헌법이 일본의 모델이 되었음을 나타낸다. 영국은 성문헌법이 없어 모델이 되지 못했고, 프랑스는 1871년까지 제국헌법이 있었지만 1875년 이후로는 공화국헌법을 적용했기 때문에 모델이 되지 못했다. 극동에서 제3의 식민지 보유국이었던 미국도 역시 공화국헌법이 있었다.

천황이 국가의 권력을 넘겨받은 뒤 10년은 독일 헌법을 수용하는 데 적합한 것으로 나타났다. 왜냐하면 — 프로이센에서는 황제가, 대부분의 독일 영토에서는 제후가 했던 것과 동일하게 — 일본에서도 헌법 위에 군림하는 것으로 생각되었던 천황이 헌법을 흠정한,

---

7) 다음의 *Junko Ando*, Die Entstehung der Meiji Verfassung. Zur Rolle des deutschen Konstitutionalismus im modernen japanischen Staatswesen, 2000; *Noriko Kokubun*, Die Bedeutung der deutschen für die japanische Staatslehre unter der Meiji Verfassung, 1993; *Johannes Siems*, Die Gründung des modernen japanischen Staates und das deutsche Staatsrecht. Der Beitrag Hermann Roeslers, 1975; *Tadakazu Fukase/ Yoichi Higuchi*, Le Constitutionnalisme et ses problèmes au Japon, Paris 1984, S. 9ff 참조.

즉 주어진 것이었기 때문이다.

서구에서는 메이지헌법으로 부르는 1889년 2월 11일에 발효된 대일본제국 헌법은 이토 히로부미와 1872~1873년에 프랑스와 독일에서 공부한 이노우에 고바야시가 만들었다. 독일인 헤르만 뢰슬러(1878년부터)[8]와 알베르트 모쎄가 그들을 도왔다. 뢰슬러는 입헌군주제 헌법 이론을 주장했는데, 일본의 정치 상황과 맞았다. 이러한 헌법의 기본 개념에 관한 몇 가지 규정은, 예를 들면 입법·예산법·천황·의회(양원제)·군주정부·사법·일본인의 권리와 의무에 관한 규정들이다. 이 규정들은 독일 헌법과 매우 같았다.

중국에서도 동일하게 법을 수용해야 하는 이유가 생겼다. "일본에서 배우는 것은 이기기 위한 것"이라는 모토에 따라 청왕조의 마지막 8년간(1903~1911)의 법률안과 법전화 계획은 서구적 모범, 특히 독일적 모범으로 편찬했다.[9] 중국은 제국이 멸망한 후에는 확고한 국가 형태를 갖추지 못해 수용 조건이 결여되어 있었다.

그러나 중국이 시모노세키 평화조약(1895)으로 일본에 양도해야만 했고, 그래서 일본의 영토가 된 대만은 일본에서 시작한 유럽법, 특히 독일법을 수용했다. 그래서 오늘날까지 중국보다 유효한 현대화의 장점을 지니고 있다. 이것은 특히 민법에 해당한다.

대한민국은 10년 뒤에 일본의 지배를 받게 되었다. 대한민국에서는 중국에서 전래된 전통적인 법이 일본이 수용한 법으로 대체되었

---

8) 이는 특히 *Siems*(각주7 참조).

9) 상세한 것은 *Robert Heuser*, Beginn eines Jahrhundertprojekts: Die Rechtsreform unter der späten Qing-Dynastie(1903~1911), in: Zeitschrift für chinesisches Recht, 15. Jg., 2008, S. 193~205.

다. 대한민국과 대만은 수용한 것이 아니라 일본의 영토가 됨으로써 강제된 것이었다. 그러나 대한민국과 대만은 중국보다 현대화의 장점이 있고, 그래서 강제된 법이 1945년 이후에도 존속했으며, 어느 정도는 수용이 이후의 승인으로 보충되었다.

일본인들은 수용한 군주입헌주의를 우선 전통적인 가부장적 제도로, 그후에는 엄격하게 국가주의적인 절대주의 제도로 변형해 동화시켰다. 천황은 주권자로서 절대적이며 제약이 없는 지배권을 행사했다. 헌법은 천황에게 복종하는 국가기관의 권한을 제약하는 데 사용했다. 헌법에 규정한 인권(22조, 32조)은 일본적 도덕에 맞지 않는 서구적인 관념으로 평가절하되었다. 국가는 인간을 위해 존재하는 것이 아니라, 인간이 신민으로서 천황이 구현한 국가를 위해 존재한다고 했다.

반면에 한동안 풍미하기도 했고, 1924~1932년에사실상 존재했던 의회정부제를 지지했던 일본의 국법학의 헌법적 방향은 천황을 헌법에 기속되는 국가기관으로 보았다. 이러한 헌법 해석은 앞에서 언급한 독일에서 공부한 동경제국대학의 교수들이 주장했다. 자유-입헌주의적 방향의 주요 주장자인 타츠키치 미노베는 천황을 모욕했다는 이유로 1935년에 기소되었다. 그는 모든 직을 박탈당했고, 천황을 국가기관으로 본 그의 헌법 주석서는 금서가 되었다.

일본의 발전은 수용의 관점에서 보면 다양한 점에서 흥미롭다. 수용을 제안하고, 수용한 법을 선택한 이유는 설명한 바와 같이 논리적으로 도출할 수 있다. 헌법의 이해에 대한 계속된 발전, 특히 1924~1932년의 자유주의시대는 물론 새로운 헌법 속에서 독일의 발전과 일치한다. 그에 이어 두 나라는 독재적 억압의 시대를 맞았고, 이로 말미암아 사실상 헌법을 폐기하게 되었다.

여기서 2차세계대전 이후 일본 헌법의 발전은 다루지 않겠다. 다만 1945년 8월에 히로시마와 나가사키에 원자폭탄이 떨어졌고, 이로써 전쟁이 끝났다는 것과 미국의 영향 속에서 제정한 헌법이 1946년 11월부터 효력을 발생하기 시작했다는 것만 언급한다.

2. 헌법재판제도의 수용

개별적 법제도의 수용과 관련해 스페인의 예를 들면서 시작하려고 하는데, 그것은 일반적인 의미가 있다. 스페인은 전제적 독재에서 헌법국가로 이행(Transición)하면서 헌법재판소를 설치했다. 이에 대한 스페인 토착적인 외적 단서는 1931년의 헌법보장재판소(Tribunal de Garantías Constitucionales)인데, 당시에는 아무런 실천적인 전통을 발전시킬 수 없었다. 특히 요렌테는 구성과 관할권 면에서 오늘날의 헌법재판소(Tribunal Constitucional)와 매우 차이가 있다고 지적했다.[10)]

헌법재판소는 헌법의 준수, 특히 권한질서와 기본권 준수를 보장해 헌법의 규범성을 확보해야 한다. 우선 헌법재판제도가 2차세계대전 이후 서유럽에서 경험한 발전은 헌법재판소의 이러한 책임으로 설명할 수 있다. 재건한 법치국가의 질서는 제도적으로 확보하지 않

10) *Francisco Rubio Llorente*, Del Tribunal de Garantías al Tribunal Constitucional, in: Revista de derecho politico 16(1982/83), S. 27ff; *Antonio Varela SuanzesCarpegna*, La Constitucion de 1978 en la historía constitucional española, in: Revista Española de Derecho Constitucional 69(2003), S. 31, 62

으면 안 되었다. 독일 연방공화국이 연방헌법재판소를 통해 이룬 눈에 띄는 좋은 경험들은 스페인이 독재를 극복한 뒤 헌법재판제도를 두게 된 주된 이유였다. 포루투갈과 대한민국, 1990년 이후 동유럽과 중유럽의 과거 공산국가들도 마찬가지라고 할 수 있다.

많은 점에서 스페인 헌법재판소는 독일 헌법재판소와 비슷한데, 특히 헌법소원 권한이 그렇다. 특수한 제도인 헌법재판소에서는 드문 이러한 권한을 수용한 것은, 1978년의 헌법으로 헌법국가로 이행하면서 최고법원의 구성에 손을 댈 수 없었던 배경에서 이해해야 한다. 새롭게 설립한 헌법재판소에 헌법소원을 제기할 수 있게 함으로써, 새로운 헌법에 명시했을 뿐만 아니라 더 효과적인 효력이 있는 기본권과 최고법원의 결정이 합치하는지를 심사할 수 있게 되었다(스페인 헌법 53조).

스페인에서 도입한 헌법소원과 비슷한 것이 15년 뒤에 남아프리카에서 나타났다. 인종차별정책을 폐지하면서 법원의 구성에는 손대지 않고, 남아프리카를 지배하는 보통법 전통에 반하는 특수한 헌법재판소를 설치했다. 오스트리아·독일적 헌법재판제도 모델로 바꾼 것은[11] 법원의 최종판결에 영향을 미치려는 의지가 주요 원인이었다. 인종차별정책 시대 이후의 구성이 지속되는 법원이 기본권 지향적인 해석을 요구하는 데 적응하기까지는 오랜 시간이 걸릴 것이라는 지적도 있었다.[12] 이러한 의미에서 1996년의 남아프리카 헌법 167조 6항은 "정의관념에 합당하고 헌법재판소의 허가를 얻은 경우 … 국가

11) *Jörg Fedke*, Die Rezeption von Verfassungsrecht. Südafrika 1993~1996, 2000, S. 392.
12) *Levin Holle*, Das Verfassungsgericht der Republik Südafrika, 1997, S. 50의 참고문헌 참조.

의 입법이나 헌법재판소의 규칙은 개인이 다른 어떠한 법원에서도 직접 헌법재판소에 청구하는 것을 허용해야 한다"고 규정했다. 이것은 헌법재판소의 재량을 제약하기는 하나 헌법소원을 의미한다.

이미 관철되었지만 남아프리카에서 특수한 헌법재판소를 주장한 사람들은 기본권 보호를 확고히 하려고 모범이 되는 연방헌법재판소의 판결로 논증했고, 주목할 만한 방법으로 새로운 법질서의 안정[13]과 그를 통한 공동체의 기본 콘센서스의 안정[14]을 위해 헌법재판소의 주요한 기능으로 논증했다.

헌법재판제도는 수용한 것을 변경한 예도 있다. 남아메리카 국가 대부분은 미국에서 일반 법원들에 의한, 특히 최고법원에 의한 분산형 헌법재판제도(die diffuse Verfassungsgerichtsbarkeit)를 수용했다. 1978년 스페인이 헌법재판소를 설립한 이후 남아메리카의 많은 국가는 헌법재판소에 의한 집중형의 전문화된 헌법재판제도로 이행하면서 유럽의 제도를 따르게 되었다.[15]

3. 기본권 적용을 위한 수용 대상으로서 비례원칙

법제도라는 큰 틀에서 보면 헌법재판제도는 비례원칙과 밀접한 관계가 있다. 그것은 결코 독일 법문화의 발견도 아니고, 연방헌법재

13) 구체적인 것은 *Marinus Wiechers*, A Constitutional Court for South Africa, 1991, S. 292; *Kader Asmal*, Constitutional Courts à a comparative survey, in: The Comparative and International Law Journal of South Africa, 1991, S. 320 참조.

14) *Christian Starck*, Freiheit und Institutionen, 2002, S. 319, 329ff.

15) 이에 대한 라틴아메리카 국가들의 일반적·개별적으로 상세한 것은 *Norbert Lösing*, Die Verfassungsgerichtsbarkeit in Lateinamerika, 2001, S. 28ff, 37f; Allan R. Brewer Carias, La jurisdicción constitucional en America Latina, in: García Belaunde/Fernández Segado(coord.), La jurisdicción constitucional en Iberoamerica, Madrid 1997, S. 141ff 참조.

판소의 발견도 아니다. 프란츠 비악커가 입증한 것처럼 그것은 고대로까지 소급한다.[16] 그러나 기본권 이론에서 비례원칙의 활성화가 연방헌법재판소의 판결로 발전한 것이 아니라고 해도 적어도 강하게 촉진된 것은 사실이다.

이 판례를 간단하게 요약하면 비례원칙은 "기본적으로 이미 국가에 대한 시민의 일반적인 자유청구권의 표현으로, 그때그때 공공의 이익을 보호하기 위해 불가피할 때만 공권력으로 제약할 수 있다고 하는 기본권의 본질에서 나온다"는 것이다.[17] '기본권의 본질'이라는 말에서 연방헌법재판소가 지칭하려고 한 것은 '기본권의 본질'을 결정적으로 다시 표현하는 기본법 1조 3항의 기속 조항을 고려할 때 더 명백하게 달리 표현되어 있음을 알 수 있다.

기본권이 법률유보를 거쳐 단지 입법자에게 맡겨져 있을 때 기본권의 본질은 다른 것이 된다. 포기할 수 없는 입법자의 기본권에 대한 규율권한과 입법자의 기본권 기속 간의 중재는 논리적으로 입법자가 보호법익을 선택하는 경우와 그것을 보호하기 위해 투입한 수단을 선택함에서 입법자가 헌법적으로 기속될 때만 가능하다.

국가기관을 기본권에 직접 기속시키려는 새로운 헌법과 새롭게 시작되는 헌법재판은 통상 비례원칙과 그 적용 방법을 수용하게 된다. 원칙은 기본권 제한의 한계로 기본권을 제한하는 일반적 규범에서 명시적으로 볼 수 있다.[18]

---

16) *Franz Wieacker*, Geschichtliche Wurzeln des Prinzips der verhältnismäßigen Rechtsprechung, in: Festschrift für Robert Fischer, 1979, S. 867ff.

17) BVerfGE 19, 342, 349; 35, 382, 401.

18) 스위스 헌법(1999) 36조, 유럽기본권헌장(2000) 52조 참조.

흥미로운 수용과정은 오스트리아와 이탈리아 헌법재판소(Corte costituzionale)에서 동시에 일어났다. 두 재판소는 1980년대까지 헌법상의 기본권 제한을 재량에 따라 기본권을 제한할 수 있는 입법자의 위임으로 이해했다. 기본권의 핵심 영역만을 기본권의 본질을 침해하면 안 되는 입법자가 보호했다.

이러한 발전을 상세하게 연구한 칼 코리네크[19]는 "법률유보에 있는 기본권 영역에서 재산권을 보호하는 재판 … 이 지속적으로 발전하고, 가령 의사표현의 자유, 소수의 보호, 영업의 자유 같은 다른 기본권에서도 법률유보의 실질적 관점이 등장한다. 법률이 기본권의 핵심을 제한할 때 위헌으로 인정하는 것은 아니다. 이미 그전에 한계에 도달한 것이다. 즉 공익으로 정당화될 수 없는 기본권적 지위의 제한이나 기본권 주체의 기본권적 지위를 넘어, 비례적이지 않거나 정당하지 않게 제약하는 기본권적 지위의 제한은 기본권의 이러한 실질적 관점과 법률유보는 기본권에 반하는 것"이라고 했다.

이러한 새로운 개념이 나온 것은 유럽인권협약의 영향, 슈트라스부르크 소재 기관들의 유럽인권협약 해석, 이웃한 외국의 판결이었다고 한다. 이러한 새로운 방향의 설정은 법이론으로 마련되었다.[20] 여기에는 기본권의 효율성을 높이는 법학적 논증 도구의 수용이 있다.

---

19) *Karl Korinek*, Grundrechte und Verfassungsgerichtsbarkeit, 2000, passim, Zitat S. 53f; 자세한 것은 *Heinz Schäffer*, Die Entwicklung der Grundrechte und ihrer Interpretation, insbesondere durch die Verfassungsgerichtshöfe in Österreich und Italien, In: Starck(Hg.), Fortschritte der Verfassungsgerichtsbarkeit in der Welt à Teil II, 2006, S. 47, 105ff 참조.

20) *Schäffer*(각주18), S. 133f.

이탈리아에서도 비슷하게 발전했음을 확인할 수 있다.[21] 1980년대 후반부터 기본권 제한에서 라지오네 볼레짜(ragione-volezza)라고 해서 규정의 합리성을 심사한다. 이것은 상응하는 형량을 하는 비례성 심사로 귀결된다.[22]

대만 사법원(司法院) 판결에서도 비례원칙은 기본권을 기준으로 한 법률의 통제수단으로 받아들였다.[23] 비례원칙에서 나오는 추구하는 목적에 대한 법률의 적합성과 필요성 심사는 어떤 정치적 여지를 열어놓았다. 그러나 고등법원 법관들은 미국적 심사와 형량도 사용한다. 재판을 분석해보면 어떤 도구로 얻은 결과는 다른 도구로도 얻을 수 있음을 알 수 있다. 대한민국 헌법재판소는 법률 심사에서 기본권의 척도에 비추어 비례원칙을 적용한다.

4. 헌법상 정당 통제의 수용

이탈리아는 최초로 1948년의 헌법에서 정당을 언급했다. 49조에 의하면 모든 시민은 민주적인 방법으로 국가적 정치를 결정하는데 참여하기 위해 자유롭게 정당을 결성할 권리가 있다. 그 직후 기본법에 정당을 넣었고, 연방헌법재판소의 판결로 21조 1항을 해석하고 활성화한 것은 다른 나라의 헌법에 의미 있는 영향을 미쳤다. 1978년의 스페인 헌법 6조는 정치적 의사형성에 참여, 설립의 자유, 민주

---

21) 이는 *Schäffer*(각주18), S. 133f.

22) *Diana-Urania Galetta*, El principio de proportionalidad en el Derecho Público italiano, in: Cuardernos de Derecho Público, núm. 5(1998), S. 299ff.

23) Justiz Yuan, Auslegung Nr. 476 vom 29. 1. 1999, in: The Republic of China Constitutional Court Reporter, vol II, S. 157.

적인 내부 질서 등 기본법 21조 1항을 모두 받아들였다. 물론 정당 기구의 재정적인 면은 6조에 규정하지 있지 않았다.

대한민국헌법 8조도 마찬가지다. 포르투갈은 1976년의 헌법에서 정당의 참여권과 정당 설립의 자유(10조 2항, 51조 1항)를 규정하고, 라디오와 TV 방송의 송출시간 권리(40조), 정당에 속했다는 이유로 받는 불이익 금지(51조 2항), 반대의 권리(117조) 등 연방헌법재판소의 판결에서 도출한 정당의 권리에 대해 많은 권리를 구체적으로 규정했다.

1975년의 그리스 헌법 29조는 포괄적으로 독일의 정당 조항을 따랐다. 특히 국가의 정당 재정 보조를 규율하고, 공개의무를 규정하는 입법자의 의무도 규정했다. 심지어 그리스 헌법상 정당 조항의 위치는 대한민국헌법과 마찬가지로 기본법과 일치한다. 결사의 자유에 대한 특별법인데, 기본법 21조처럼 기본권을 규정한 절(節) 밖에다 규정했다. 1958년의 프랑스 헌법 4조와 헌법적 지위를 갖는 1975년의 오스트리아 정당법은 기본법 21조 1항의 영향을 받았다. 지금은 유럽연합에 속하지만 공산주의 독재가 통치했던 국가들이 1990년대에 만든 헌법들은 모두 정당 조항이 있다. 이것들은 주로 이전의 정당독재에 대한 반작용으로 내용을 보면 결코 기본법 수용으로 설명할 수는 없다.

5. 요 약

지금까지 살펴본 대로 법을 수용하는 과정에는 많은 이유가 있고, 일반화할 수 있다. 자신들의 규정 흠결이나 잘못된 것을 보상하기 위해, 다른 법질서의 분명한 진보에 참여하기 위해, 모범적이며 검증된 법제도와 개별 규정들을 전승한다.

독재를 정치적으로 극복할 때는 새로운 질서를 안정시킬 제도를 수용하고, 극복해야 할 것은 법률 규정에 명시하며 금지한다. 예를 들면 정당은 절대 직접 국가권력을 행사하면 안 된다거나(헝가리 헌법 3조 3항), 전체주의적 방법을 전파하거나(포르투갈 헌법 13조), 민주적인 기본 질서를 침해하는(대한민국헌법 8조 4항) 정당은 금한다는 것 등이다. 일반 법원에 의한 분산형 헌법재판제도에서 전문적인 헌법재판제도로 가는 것은, 기존 제도에서 유래한 법관들을 바꾸지 않고 새로운 헌법에 규범적 효력을 보장하려고 할 때 일어난다.

3. 수용의 형태

수용은 헌법이나 법률 제정으로 가장 분명하게 인식할 수 있다. 낯선 규범은 수용하는 나라의 언어로 번역해 법질서로 편입된다. 낯선 규범의 새로운 관계성은 때에 따라서는 의미에 미묘한 차이가 생기고, 사회적 분위기도 일정한 역할을 한다. 그러나 헌법이나 법률 제정은 수용의 시작에 불과하다. 이후 재판이 수용한 규범을 어떻게 해석하고 적용하는지, 교육받은 법률가들의 법이론이 수용을 다루는 방법을 이해하는지가 중요하다. 법률로 편입할 때 수용하는 이유를 설명할 수 있다고 해도 수용을 성공으로 이끌 수 있는 조건들이 지배적인지는 아직 확실하지 않다.

설명한 예들은 일관적으로 이국의 법이 어떻게 해석·작용하며,

자국에서는 어떻게 작용할 것인가를 우선 배운 법이론가들이 헌법이나 법률을 제정하는 방법으로 수용을 준비한다는 것을 보여준다. 일본에서 이미 이것에 대해 설명한 바 있다. 포르투갈·스페인과 관련해서는 독재시대에도 젊은 법률가들이 고국에서 공부한 후 더 공부하려고 독일에 왔다. 그후 수용한 법은 그들에게는 결코 낯선 법이 아니었다는 것이 기술한 수용과 그외의 수용에 유리한 조건들이었다는 것이다. 포르투갈과 스페인 헌법재판소는 특히 1기의 인적 구성을 보면 소장자들[24)]을 포함한 많은 재판관이 독일에서 공부하고 독일 헌법을 알고 있었음을 확인할 수 있다. 이러한 언급은 대한민국과 대만에도 그대로 적용된다.

그러나 재판도 수용의 토착적 형태다. 재판은 사전적인 입법 없이 법 수용하기 시작한다. 이러한 인상 깊은 예는 공산독재가 끝난 후 1997년 새로운 헌법을 제정하기 전의 폴란드 헌법재판소의 판결이다. 그동안 폴란드 헌법재판소는 연합노동자당의 주권 규정에서 해방된 옛 헌법을 대폭적으로, 특히 인권협약의 수용으로 법치국가적 헌법 방향으로 지속적으로 형성했고,[25)] 1997년의 헌법을 대비해 사전에 준비를 했다.[26)]

대만 사법원이 2005년 9월 28일 603호 해석에서 인간존엄성의 보장을 수용한 것은 잘 알려진 사실이다. 근접한 헌법적 단서는 이전에

---

24) José Manuel Moreira Cardosa da Costa(포르투갈), Pedro Cruz Villalón(스페인).

25) 이는 *Lech Garlicki*, Constitutional Development in Poland, in. Saint Louís University Law Review, vol. 32 No. 3, 1998, S. 713ff; *Piotr Tuleja*, Grundlagen und Grundzüge staatlichen Verfassungsrechts: Polen, in: v. Bogdandy/Cruz Villalón/Huber, Handbuch des Ius Publicum Europaeum, Bd. I, 2007, S. 451, 462 참조.

26) 이에 대해서는 이 책의 Piotr Czarny의 저술 참조.

는 평등의 보장으로 이해한 여성의 존엄성 보장이었다.[27] 인간의 존엄성은 고등법원 법관들이 법의 기초로 사적 영역에 적용한다. 왜냐하면 인권의 보장은 해석에서 말하는 것처럼 모든 '자유롭고 민주적인 헌법질서'의 불문 원칙이기 때문이라고 한다. 이러한 해석에서 자연법적 근거를 가진 유럽의 헌법 사상을 수용하기 시작했다. 법이론이 이러한 재판 수용 행위를 얼마나 받아들였는지, 얼마나 이론적으로 다루었는지를 경험하는 것은 매우 흥미로운 일이 될 것이다.

제3의 수용 형태는 법이론으로 타국법을 직접 수용하는 것인데, 이는 재판과 입법에서 늦게 효과를 발휘한다. 19세기 말 오토 마이어는 주로 국사원(Conseil d'Etat)에서 형성된 『프랑스 행정법 이론』이라는 책을 썼는데, 후에 독일의 행정 판례의 토대가 된 독일 행정법에 대한 자신의 주요 법이론 연구[28]에서 수용했다.

유럽경제공동체의 창설에서 법을 유지하는 임무를 가진 법원을 설립했는데, 이 임무는 오늘날까지도 변함이 없다. 유지해야 할 법에는 조약과 공동체의 기관이 제정한 것이 이에 속하고, 이탈리아의 법관인 페스카토레가 언젠가 규정한 회원국 법문화의 기초가 되는 질서와 정의, 이성관념이라는 공통된 근거도 이에 속한다. 이것들은 비교법으로 평가하고, 그에 근거한 수용으로 법원과 법이론에 의해 함께 형성되었다.[29]

---

27) 헌법 부칙 10조 6항.

28) *Otto Mayer*, Deutsches Verwaltungsrecht, 2 Bände, 1895 und 1896.

29) *Jürgen Schwarze*, Europäisches Verwaltungsrecht, 2. Bände, 1988; 같은 사람, Das Verwaltungsrecht unter europäischem Einfluβ, 1996; *Christian Starck*, Rechtsvergleichung im öffentlichen Recht, in: Juristenzeitung 1997, S. 1021, 1029 참조, 이 책에서 *Christoph Müller*이 기술한 부분도 참조.

인물 찾아보기

낱말 찾아보기

참조 조문 찾아보기

이 책에 실은 논문과 번역 소개

I부 헌법과 헌법재판소

1장. 기본법 50년

원문: Das Grundgesetz nach 50 Jahren: bewährt und herausgefordert(1999), in: JZ 1999, S. 473~485.

번역: 김형성, 『세계헌법연구』 4호, 1999, 7~38쪽.

*편역자가 각주를 번역·보완했다.

2장. 헌법의 해석

원문: Die Verfassungsauslegung(1993), in: J. Isensee/P. Kirchhof(Hg.), Handbuch des Staatsrechts der Bundesrepublik Deutschland, Band VII, Heidelberg 1992, S. 189~229.

번역: 계희열, 『헌법의 해석』, 고려대출판부, 1993, 309~364쪽.

*원문에 따라 편역자가 각주를 보완했다.

3장. 헌법질서와 정치과정에서 연방헌법재판소

원문: Das Bundesverfassungsgericht in der Verfassungsordnung und im politischen Prozeß(2014), 「Verfassungen」, Mohr Siebeck, 2009, S. 107~138 sowie Festschrift 50 Jahre Bundesverfassungsgericht 1. Band[Badura/Dreier(Hg.)], Mohr Siebeck, 2001, S. 1~32.

번역: 김대환, 『세계헌법연구』 20권 3호, 2014. 12, 151~182쪽.

4장. 권력분립과 헌법재판

원문: Gewaltenteilung und Verfassungsgerichtsbarkeit(2010), in: Dong-A Law Review, Vol. 46, 2010, S. 451~475(deutsch)

번역: 김대환, 『동아법학』 46호, 2010, 477~494쪽.

*2009년 10월 26일 동아대학교 법학연구소 주최로 동아대에서 강연한 내용을 저자가 후에 수정·보완 것을 번역했다.

5장. 국민적 기본 콘센서스와 헌법재판소

원문: Nationaler Grundkonsens und Verfassungsgerichte(2001), in: World Constitutional Law Review(Korean Branch of IACL), No. VI, 2001, S.

93~118(deutsch).

번역: 송석윤, 『세계헌법연구』 6호, 2001, 119~138쪽.

6장. 헌법재판 규범 통제 결정의 주문작성과 효과

원문: Tenorierungen und Wirkungen verfassungsgerichtlicher Normenkontrollentscheidungen(2012), 1st Int'l Academic Symposion of the Constitutional Research Institute Korea 2012. 12. 12. Proceedings, P. 72~118, http://ri.ccourt.go.kr→1st International Academic Symposion.

번역: 홍강훈, 「제1회 헌법재판연구원 국제학술심포지엄 자료집」, 2012, 75~89쪽.

* 2012년 12월 12일 헌법재판소 헌법재판연구원 대강의실에서 열린 제1회 헌법재판연구원 국제학술심포지엄의 발표 자료집에 수록된 것을 수정·보완했다.

Ⅱ부 기본권

1장. 인간존엄성의 종교적·철학적 배경과 현대 헌법에서 그 좌표

원문: Religiöse und philosophische Grundlagen der Menschenwürde und ihr Platz in modernen Verfassungen(2000)=The Religious and Philosophical Background of Human Dignity and its Place in Modern Constitutions, in: Sung Kyun Kwan Law Review, Vol 12, Seoul 2000, S. 335~359(english).

번역: 박정훈, 미발간.

*2000년 3월 17일 서울대 법대 특별초청강연에서 강의한 내용을 번역했다.

2장. 헌법으로 보장하는 인간의 존엄성

원문: Menschenwürde als Verfassungsgarantie im modernen Staat(2005), in: Juristenzeitung 1981, S. 457~464 jetzt in: Christisn Starck, Der demokratische Verfassungsstaat, Tübingen: J. C. B. Mohr 1995, S. 186~203

번역: 김효전, 『헌법학연구』 11권 2호, 2005, 33~560쪽.

3장. 기본권의 해석과 효과

원문: Über Auslegung und Wirkung der Grundrechte(2004), in: W. Heyde/Ch. Starck(Hg.), Vierzig Jahre Grundrechte in ihrer Verwirklichung durch die Gerichte. Göttinger Kolloquium, München 1990, S. 9~34 jetzt in Christisn Starck, Praxis der Verfassungsauslegung, Baden-Baden: Nomos 1994, S. 21~45

번역: 김효전, 『독일학연구』 20호, 2004, 동아대학교, 141~167.

4장. 기본권은 어떻게 사법으로 들어와 효력을 발휘하는가

원문: Wie kommen die Grundrechte ins Privatrecht und wie wirken sie dort?(2012) in: Festschrift für Prof. Kim, Tschol-Su, Kyung-in Publishing, Korea 2012, S. 53~62.

번역: 김대환, 『김철수 교수 팔순기념 논문집』, 2012, 53~62쪽.

* 저자가 이 논문집을 위해 수정·보완한 것을 번역했다.

5장. 기본권의 보호의무

원문: Grundrechtliche Schutzpflichten(2003) in: Christisn Starck, Praxis der Verfassungsauslegung, Nomos 1994, S. 46~84.

번역: 김효전, 『최대권 교수 정년기념 논문집』, 2003, 135~172쪽. 『독일 기본권 이론의 이해』, 법문사, 2003, 475~519에 재수록.

6장. 연구의 자유와 한계

원문: Forschungsfreiheit und ihre Grenzen(2006) in: Christian Starck, Verantwortung der Wissenschaft, Mohr Siebeck(Tübingen: 2005), S. 71~103.

번역: 김대환, 『경성법학』, 2006, 231~244쪽.

7장. 배아의 도덕적 지위

원문: Der moralische Status des Embryos(2003)in: Reveu Hellénique des Droits de l'homme, 2002, S.321-332 auch in: Zeitschrift für Lebensrecht 2000, S. 25f.

번역: 김대환, 『법과사회』 25호, 2003, 277~287쪽.

* 저자가 수정한 내용을 다시 번역·보완했다.

Ⅲ부: 선거·정부·입법

1장. 민주적 헌법국가의 선거

원문: Wahlen im demokratischen Verfassungsstaat(2000), in: Public Law Vol. 28-4-1, June 2000, Korean Public Law Association, S. 38 ~55(deutsch)

번역: 김형성, 『공법연구』 28집, 21~35.

2장. 독일 의회정부의 안정성

원문: Das parlamentarische Regierungssystem in Deutschland als Faktor der Stabilität(2009), in: The National Academy of Korea(ed.), The Presidential Government or the Parlamentary Government. The 36th NAS International Symposion, 2009, S. 145~162(englisch)

번역: 대한민국학술원, 『대한민국학술원자료집』, 2009, 61~74쪽.

3장. 민주적 헌법국가에서 의회입법의 기능

원문: Die Funktion der parlamentarischen Gesetzgebung im demokratischen Verfassungsstaat(1991), in: Law Review of Legal Research Institute Korea University, Vol. 26(=Festschrift für Prof. Koo, Byung-Sak zum 65. Geburtstag), Seoul 1991, S. 357~382(deutsch).

번역: 계희열, 『법학논집』 26집, 1991, 339~382쪽.

*1990년 8월 24일 고려대 법대 초청강연회에서 발표한 논문을 번역했다.

4장. 법치국가와 전법치국가적 과거 극복

원문: Der Rechtsstaat und die Aufarbeitung der vor-rechtsstaatlichen Vergangenheit(1995), in: Veröffentlichungen der Vereinigung der Deutschen Staatsrechtslehrer, Heft 51. 1992, S. 9~42, auch in: Dong-A Law Review, Vol. 18, Pusan 1995, S. 175~212.

번역: 김효전, 『동아법학』 18호, 1995년, 175~212쪽.

부록: 법을 수용하는 이유·조건·형식

원문: Gründe, Bedingungen und Formen von Rechtsrezeptionen(2010), in: Seoul Law Review, Vol. 18 No. 1, 2010, S. 1~21(deutsch).

번역: 김대환, 『서울법학』 18권 1호, 2010, 23~38쪽.

*2009년 10월 27일 서울시립대에서 발표한 내용을 수정한 것을 번역·보완했다.

크리스티안 슈타르크 교수 약력

1937. 1. 9	현 폴란드 브레슬라우에서 상인의 아들로 태어나 가톨릭 세례를 받음.
1944~1948	초등학교 졸업.
1948~1957	김나지움을 졸업하고 대학입학 자격시험에 합격.
1957~1961	키일, 프라이부르크, 부뤼츠부르크 대학에서 법학을 공부하고, 프라이부르크에서는 철학과 역사학도 공부.
1960	1차 사법시험에 합격한 후 밤베르크 상급지방재판소에서 시보, 부뤼츠부르크 대학에서 조수 생활.
1963. 1	부뤼츠부르크 대학에서 「정부수반의 정책지도 권한에 대한 영향권(Einfluβrechte auf die Richtlinienkompetenz des Regierungschefs)」으로 법학 박사학위를 받음. 지도교수는 권터 퀴헨호프(Günther Küchenhoff).
1963~1968	뷔르츠부르크 대학 법철학연구소 조교.
1964	뮌헨에서 2차 국가시험 합격.
1964~1967	연방헌법재판소 연구관.
1965	브리기테 에델만과 결혼해 자녀 셋을 둠.
1969. 6	뷔르츠부르크 대학에서 교수자격 논문 「기본법의 법률개념(Der Gesetzesbegriff des Grundgesetzes)」이 통과되어 공법과 법철학 분야 강의. 그후 함부르크 대학 대리강사, 뷔르츠부르크 대학 강사.
1971. 5. 3	괴팅엔 대학의 공법 강좌교수로 초빙.
1975~1976	괴팅엔 대학 총장 직무대행.
1976~1977	괴팅엔 대학 총장.
1977. 1~	북독일 가톨릭전문대학 징계재판소 위원과 소장.

1977~1992 니더작센 주 학문연구 촉진 위원과 의장.

1977~1991 니더작센 주 국사재판소(Staatsgerichtshof) 대리판사.

1978~ 법률 잡지 『Juristenzeitung』 공동편집인.

1980. 9 튀빙엔 대학과 본 대학의 교수직 초빙 사양.

1981~ 국제헌법학회(International Association of Constitutional Law) 집행위원회 위원.

1993~ 국제헌법학회 집행위원회 부회장.

1982. 2~ 괴팅엔 과학아카데미 정회원.

1986. 1~ 독일비교법학회 의장단·공법부 부장.

1987년 파리 제1대학 객원 교수.

1988·1989 독일 국법학자협회(Vereinigung der Deutschen Staatsrechtslehrer) 의장단.

1988~1994 법과 사회철학 국제회의(Internationale Vereinigung für Rechts- und Sozialphilosophie) 의장단.

1991. 3.~ 니더작센 주 국사재판소 재판관.

1991~1992 작센·안할트 주의회 헌법위원회 위원.

1991~1993 멕클렌부르크·포어폼메른 주의회 헌법위원회 위원.

1996. 1~ 예루살렘에서 인권을 위한 미네르바 중앙위원회 자문위원.

1996. 12~ 하노버 철학연구소재단 의장단.

1998~1999 독일 국법학자협회 의장.

1999. 6~ 독일 교구 국가교회법연구소 학술자문위원.

1999. 6~ 프라이부르크 대학 프랑스연구소 학술자문위원.

2005 괴팅엔 대학 정년퇴직, 현재 명예교수.

2008~2012 괴팅엔 아카데미 회장.

2012~ 대한민국학술원 명예회원

번역자 소개

■ 계희열

고려대학교 법과대학 명예교수

고려대학교 졸업, 법학박사(독일 프라이부르크 대학교)

고려대학교 부총장 역임

『헌법의 해석』(고려대출판부, 1993)

『헌법학 (상)』(박영사, 2005)

『헌법학 (중)』(박영사, 2007)

『헌법학』(박영사, 2007)

『헌법의 기초이론』(박영사, 2001)

『(통일)독일헌법원론』(박영사, 2002)

■ 김효전

동아대학교 법과대학 명예교수, 대한민국학술원 정회원

성균관대학교 졸업, 법학박사(서울대학교)

독일 프라이부르크 교환교수

한국공법학회 회장 역임

『근대 한국의 국가사상』(철학과현실사, 2000)

『헌법』(소화, 2010)

『독일헌법학설사』(법문사, 1982)

「경성제대 공법학자들의 빛과 그림자」(『공법연구』 41집 4호, 2013) 외 다수.

■ 김형성

성균관대학교 법학전문대학원 교수

성균관대학교 졸업, 법학박사(독일 괴팅엔 대학교)

국회입법조사 처장, 한국헌법학회 회장 역임

「부패방지법의 문제점과 개선방안」(『성균관법학』 24권 2호, 2012)

「제헌헌법의 논의 과정에 나타난 쟁점에 관한 소고」(『성균관법학』 12권 1호, 2000)

「생명공학의 헌법적 문제」(『헌법학연구』 5권 2호, 1999) 외 다수

■ 박정훈

서울대학교 법학전문대학원 교수
서울대학교 졸업, 법학박사(독일 괴팅엔 대학교)
서울지방법원(민사, 형사) 판사 역임
『행정법의 체계와 방법론』(박영사, 2005)
「법규명령 형식의 행정규칙과 행정규칙 형식의 법규명령」(『행정법학』 5호, 2013)
「행정심판의 심리」(『행정법학』 3호, 2012) 외 다수

■ 송석윤

서울대학교 법학전문대학원 교수
서울대학교 졸업, 법학박사(독일 빌레펠트 대학교)
이화여자대학교 교수 역임
『위기시대의 헌법학 : 바이마르 헌법학이 본 정당과 단체』(정우사, 2002)
『헌법과 사회변동』(경인문화사, 2007)
『헌법과 정치』(경인문화사, 2007) 외 다수

■ 김대환

서울시립대학교 법학전문대학원 교수
연세대학교 졸업, 법학박사(서울대학교)
독일 괴팅엔 대학교 방문교수
중앙행정심판위원회 위원, 법제처 법령해석심의위원
대법원 사실심충실화 사법제도개선위원
『기본권제한의 한계』(법영사, 2002)
「개별 기본권의 개정방향」(『세계헌법연구』 19호, 2013.
「본질적 내용 침해금지 원칙의 이론과 실제」(『헌법학연구』 19권 4호, 2013) 외 다수

■ 홍강훈

단국대학교 법과대학 교수
연세대학교 법과대학 졸업, 법학박사(독일 튀빙엔 대학교)
헌법재판연구원 책임연구관 역임
「관습헌법의 성립영역으로서의 헌법 외적 관습헌법」(『공법연구』 43집 3호, 2015)
「법규명령과 행정규칙의 경계설정을 위한 새로운 기준」(『공법연구』 43집 1호, 2014)
「기속행위와 재량행위 구별의 새로운 기준」(『공법연구』 40집 4호, 2012) 외 다수

크리스티안 슈타르크 교수 저작목록(2014년 12월 현재)

약어(Abkürzungsverzeichnis)

Anm.	Anmerkung
AöR	Archiv des öffentliche Rechts
ARSP	Archiv für Rechts und Sozialphilosophie
BayVBl.	Bayerische Verwaltungsblätter
BB	Der Betriebsberater
BFH	Bundesfinanzhof
BSG	Bundessozialgericht
BStBl.	Bundessteuerblatt
BVerfG	Bundesverfassungsgericht
BVerfGE	Entscheidungen des Bundesverfassungsgerichts
DöV	Die öffentliche Verwaltung
DVBl.	Deutsches Verwaltungsblatt
Hrsg.	Herausgeber
Jg.	Jahrgang
JR	Juristische Rundschau
JuS	Juristische Schulung
JZ	Juristenzeitung
NdsVBl.	Niedersächsische Verwaltungsblätter
NJW	Neue Juristische Wochenschrift
StRK	Steuerrechtsprechung in Karteiform. Höchstrichterliche Entscheidungen in Steuersachen
StuW	Steuer und Wirtschaft
VBlBW	Verwaltungsblätter für Baden-Württemberg
Veröff.	Veröffentlichung
VerwArch.	Verwaltungsarchiv
VVDStRL	Veröffentlichungen der Vereinigung der Deutschen Staatsrechtslehrer
ZRP	Zeitschrift für Rechtspolitik

1. 저서(Bücher und selbstädige Schriften)

1963~1977

1. Einfluβrechte auf die Richtlinienkompetenz des Regierungschefs. Die Auslegung der Art. 56 WRV und 65 GG; zugleich ein verfassungstheoretischer Versuch zum Problem des Verfassungswandels. Dissertation. Maschinenschriftlich, Würzburg 1962/63, XX, 213 Seiten.
2. Verfassungsrecht in Fällen. Entscheidungen des Bundesverfassungsgerichts. Ausgewählt, redigiert und kommentiert, Baden-Baden 1968~1977
   Heft 1: Schutz der körperlichen Integrität, 1968(39 Seiten)
   Heft 2: Meinungs-und Pressefreiheit, 1968(48 Seiten)
   Heft 3: Vereinigungsfreiheit, 1975(52 Seiten)
   Heft 4: Glaubens-und Gewissensfreiheit; Verhältnis von Staat und Kirche, 1968(61 Seiten)
   Heft 5: Ehe und Familie; uneheliche Kinder, 1970(56 Seiten)
   Heft 6: Berufsfreiheit, 1968(60 Seiten)
   Heft 7: Schutz des Eigentums, 1968(48 Seiten)
   Heft 8: Freie Entfaltung der Persönlichkeit, 1975(51 Seiten)
   Heft 9: Gleichheit, 1970(64 Seiten)
   Heft 10: Staatsbürger und Gericht, 1975(74 Seiten)
   Heft 11: Volkssouveränität und Gewaltenteilung, 1972(64 Seiten)
   Heft 12: Bundesstaatlichkeit, 1977(88 Seiten)
   Heft 13: Politische Parteien, 1970(78 Seiten)
   Heft 14: Wahlrecht und Abgeordnete, 1970(61 Seiten)
   Heft 15: Gesetz und Verwaltung, 1972(66 Seiten)
   Heft 16: Ermächtigung zum Erlaβ von Verordnungen, 1972(55 Seiten)
   Heft 17: Garantie der kommunalen Selbstverwaltung, 1970(45 Seiten)
   Heft 18: öffentlicher Dienst, 1977(73 Seiten).
3. Grundgesetz und ärztliche Berufsordnungen, Baden-Baden 1969, 47 Seiten.
4. Der Gesetzesbegriff des Grundgesetzes. Ein Beitrag zum juristischen Gesetzesbegriff, Baden-Baden 1970, 329 Seiten.
5. Verfassungsmäβigkeit der Vergnügungsteuer? Zum Gleichartigkeitsverbot des Art. 105 Abs. 2a GG und zur gemeindlichen Steuersatzungsbefugnis(Steuerrecht im Rechtsstaat, wissenschaftliche Hefte zum deutschen und internationalen Steuerrecht, Heft 13), München 1973, IX, 73 Seiten.
6. Rundfunkfreiheit als Organisationsproblem. Zur Zusammensetzung der Rundfunkgremien(Recht und Staat, Heft 422/423), Tübingen 1973, 48 Seiten; Vortragsfassung mit Diskussion in: Evangelische Konferenz für Kommunikation(Hrsg.), Wie geduldig ist Medienpapier?(Medium-Dokumentation,

Band 4), Frankfurt 1973, S. 109~141.

7. Freiheit und Organisation(Recht und Staat, Heft 460), Tübingen 1976, 22 Seiten[Rektoratsrede], [aufgenommen in Veröff. Nr. I 24].
8. Das Bundesverfassungsgericht im politischen Prozeβ der Bundesrepublik(Recht und Staat, Heft 466/467), Tübingen 1976, 35 Seiten.
9. Schule und Verfassung(Pädagogik und freie Schule, Heft 6), Köln 1977, 26 Seiten.

1979

10. Vom Grund des Grundgesetzes(Texte und Thesen, Heft 113), Osnabrück und Zürich 1979, 81 Seiten.
11. El concepto de Ley en la Constitución alemana, Madrid 1979, 480 Seiten[Spanische Ausgabe der Veröff. Nr. I 4 in der Übersetzung von Prof. Luis Legaz y Lacambra und mit dessen Vorwort auf S. 13~30].

1985

12. Das Bonner Grundgesetz. Kommentar begründet von Hermann v. Mangoldt, fortgeführt von Friedrich Klein, dritte, vollständig neu bearbeitete Auflage, Band 1: Präambel, Artikel 1 bis 5, München 1985, XI, 671 Seiten.

1987

13. Vom Grund des Grundgesetzes, Yushindo Press, Tokyo 1987, 128, 14 Seiten[Japanische Ausgabe der Veröff. Nr. I 10 und Nr. II 80 in der Übersetzung von K. Hirota und K. Sakai], 5. Nachdruck 1992.

1989

14. Recht auf Widerstand in der Demokratie(Zur christlichen Berufsethik-Kirche im Gespräch, Heft 13, hrsg. vom Bistum Essen), o. J.(1989), 19 Seiten.
15. Über Auslegung und Wirkungen der Grundrechte(Heft 14 der vom Präsidenten des Niedersächsischen Landtages herausgegebenen Schriftenreihe), Hannover 1989, 32 Seiten[Vorabdruck von Veröff. Nr. II 135].

1994

16. La Constitution. Cadre et mesure du droit, Aix-en-Provence und Paris 1994, IV, 195 Seiten.
17. Praxis der Verfassungsauslegung(Studien und Materialien zur Verfassungsgerichtsbarkeit Band 60), Baden-Baden 1994, 320 Seiten.
18. Die Verfassungen der neuen deutschen Länder. Eine vergleichende Untersuchung(Heidelberger Forum, Heft 89), Heidelberg 1994, VIII, 60 Seiten.

1995

19. The Constitutions of the New German Länder and their Origin: A Comparative Analysis(Konrad-Adenauer-Stiftung Johannesburg, Occasional Papers),

Johannesburg 1995, 54 Seiten[Nachdruck in: Kueck/Mathur/Schindler(ed.), Federalism and Decentralisation, New Dehli 1998, S. 163~212].

20. Der demokratische Verfassungsstaat, Tübingen 1995, XXIII, 439 Seiten.

1996

21. Über Niedersächsische Verfassungsdinge(Heft 26 der vom Präsidenten des Niedersächsischen Landtages herausgegebenen Schriftenreihe), Hannover 1996, 32 Seiten[aufgenommen in Veröff. Nr. I 31].

1999

22. Kommentierung der Präambel und der Art. 1 bis 5, in: *v. Mangoldt/Klein*/Starck, Bonner Grundgesetz, vierte Aufl., Band 1, München 1999, S. 1~760[siehe I 12].

23. Die Vereinbarkeit des apothekenrechtlichen Fremd-und Mehrbetriebsverbotes mit den verfassungsrechtlichen Grundrechten und dem gemeinschaftsrechtlichen Niederlassungsrecht, Baden-Baden 1999, 42 Seiten.

2002

24. Freiheit und Institutionen, Tübingen 2002, XXIX, 536 Seiten.

2005

25. Kommentierung der Präambel und der Art. 1~5, in: *v. Mangoldt/Klein*/Starck, Kommentar zum Grundgesetz, 5. Aufl., Band 1, München 2005, S. 1~669[siehe I 22].

2006

26. Rechtswissenschaft, Verfassungsgerichtsbarkeit und Grundrechte[in chinesischer Sprache mit deutschem Text], Taipeh 2006, X, 540 Seiten.

27. Praxis der Verfassungsauslegung II(Studien und Materialien zur Verfassungsgerichts-barkeit Band 100), Baden-Baden 2006, 288 Seiten.

2007

28. Die kurhessische Verfassung von 1831 im Rahmen des deutschen Konstitutionalismus(Kasseler Universitätsreden 14), Kassel 2007[bebilderter Nachdruck der Veröff. Nr. II 364], 41 Seiten.

29. Rechtliche Bewertung der Niederlassungsfreiheit und des Fremdbesitzverbots im Apothekenrecht, Baden-Baden 2007, 46 Seiten.

30. Gesellschaftsrechtliche Publizität und Schutz personenbezogener Daten, Baden-Baden 2007, 56 Seiten.

2009

31. Verfassungen, Tübingen 2009, XXVIII, 442 Seiten.

2010

32. Kommentierung der Präambel und der Art. 1~5 GG, in: *v. Mangoldt/Klein*/Starck,

Kommentar zum Grundgesetz, 6. Aufl., Band 1, München 2010, S. 1~681[siehe Nr. I 25].

2011

33. Jurisdicción Constitucional y Derechos Fundamentales, Madrid 2011, 328 Seiten.
34. Woher kommt das Recht?[in chinesischer Sprache mit deutschem Text], Taipeh 2011, XXX, 416 Seiten.
35. Errungenschaften der Rechtskultur. Menschenrechte und Gewaltenteilung(Reden im Lichtenberg Kolleg), Göttingen 2011, 40 Seiten.

2. 논문(Aufsätze in Sammelwerken, Zeitschriften und Zeitungen)

1963

1. Völkerrechtliche Aspekte der Oder-Neiβe-Linie, in: Europäische Begegnung, 3. Jg., 1963, S. 157~160.
2. Menschenrechte nur auf dem Papier. Zum Schicksal der Friedensverträge von 1947 mit Bulgarien, Rumänien und Ungarn, in: Europäische Begegnung, 3. Jg., 1963, S. 564~568[aufgenommen in Veröff. Nr. I 20].

1965

3. Die richterliche Kontrolle der Einheitsbewertung des GrundVermögens von 1935, in: Finanzrundschau, 47. Jg., 1965, S. 131~134.

1967

4. Autonomie und Grundrechte. Zur Regelungsbefugnis öffentlich-rechtlicher Autonomieträger im Grundrechtsbereich, in: AöR 92, 1967, S. 449~478[aufgenommen in Veröff. Nr. I 24].

1968

5. Bundesverfassungsgericht: Vermögensteuer ist nicht verfassungswidrig, in: Das Wertpapier, 16. Jg., 1968, S. 615~619[aufgenommen in Veröff. Nr. I 17].

1969

6. Plädoyer für ein Strafvollzugsgesetz, in: ZRP, 2. Jg., 1969, S. 147~149.

1970

7. Allgemeine Steueraufsicht und Gesetzmäβigkeitsprinzip, in: BB, 25. Jg., 1970, S. 181~186.
8. Rundfunkräte und Rundfunkfreiheit, in: ZRP, 3. Jg., 1970, S. 217~220.
9. Gegen WDR-Gesetz und NDR-Staatsvertrag kann man klagen. überlegungen zur Gefahr von Parteienproporzsendern, in: Evangelischer Pressedienst(epd) vom 7. Oktober 1970, S. 1~4.

1971

10. "Freie Berufe" und der Schutzbereich des Artikel 14 Grundgesetz, in: Jus et commercium. Festschrift für Franz Laufke, Würzburg 1971, S. 285~301[aufgenommen in Veröff. Nr. I 24].

1972

11. Rundfunkfreiheit und die bayerische Rundfunknovelle, in: Frankfurter Allgemeine Zeitung v. 6. April 1972/Nr. 80, S. 13.
12. Überlegungen zum verfassungsrechtlichen Steuerbegriff, in: Verfassung, Verwaltung, Finanzen. Festschrift für Gerhard Wacke, Köln 1972, S. 193~210[aufgenommen in Veröff. Nr. I 24].
13. Regelungskompetenzen im Bereich des Art. 12 Abs. 1 GG und ärztliches Berufsrecht. Bemerkungen zum Facharzt-Beschluß des BVerfG, in: NJW, 23. Jg., 1972, S. 1489~1493[aufgenommen in Veröff. Nr. I 17].
14. Zum Annexionsproblem im Völkerrecht, in: Recht und Staat. Festschrift für Günther Küchenhoff, Berlin 1972, 2. Halbband, S. 851~867.
15. Empirie in der Rechtsdogmatik, in: JZ, 25. Jg., 1972, S. 609~614[aufgenommen in Veröff. Nr. I 20].

1973

16. Der Kreditbegriff und der verhältnismäßigkeitsgrundsatz im Bardepotrecht, in: BB, 28. Jg., 1973, S. 1607~1612.

1974

17. Rundfunkräte und Rundfunkfreiheit, in: W. Langenbucher(Hrsg.), Zur Theorie der politischen Kommunikation, München 1974, S. 273~279[Nachdruck der Veröff. Nr. II 8].
18. Die Bundesstaatlichkeit im Spiegel der Finanzverfassung. Bemerkungen zum Bonner Kommentar, in: StuW, 51. Jg., 1974, S. 271~284.
19. Herkunft und Entwicklung der Klausel "allgemeine Gesetze" als Schranke der Kommunikationsfreiheiten in Artikel 5 Abs. 2 des Grundgesetzes, in: Im Dienst an Recht und Staat. Festschrift für Werner Weber, Berlin 1974, S. 189~215[aufgenommen in Veröff. Nr. I 24].
20. Das "Sittengesetz" als Schranke der freien Entfaltung der Persönlichkeit, in: Menschenwürde und freiheitliche Rechtsordnung. Festschrift für Willi Geiger, Tübingen 1974, S. 259~276.
21. Zusammensetzung der Rundfunkgremien und Rundfunkfreiheit, in: Gemeinschaftswerk der Evangelischen Publizistik(Hrsg.), Herrschaft und Kritik(Medium-Dokumentation, Band 5), Frankfurt 1974, S. 15~47.

1975

22. Privatschulen als Antwort auf Rahmenrichtlinien? Ein staatliches Erziehungsmonopol

wäre gefährlich, in: Frankfurter Allgemeine Zeitung v. 14. Januar 1975/Nr. 11, S. 6.

23. Freiheitlicher Staat und staatliche Schulhoheit, in: Essener Gespräche zum Thema Staat und Kirche, Band 9, 1975, S. 9~34[aufgenommen in Veröff. Nr. I 24], sowie Diskussionsbeiträge S. 39~41, 44~46, 51~52, 61~62, 107f.

24. Finanzausgleich und Finanzhilfen im Bundesstaat, in: JZ, 30. Jg., 1975, S. 363~365[aufgenommen in Veröff. Nr. I 17].

1976

25. Die Bindung des Richters an Gesetz und Verfassung, in: VVDStRL 34(1976), S. 43~93[aufgenommen in Veröff. Nr. I 20], sowie Diskussionsbeiträge S. 115, 123~125, 139~141.

26. Wie Freiheit gesichert werden kann, in: Frankfurter Allgemeine Zeitung v. 27. 4. 1976/Nr. 98, S. 10[Kurzfassung der Veröff. Nr. I 7].

27. Organisation des öffentlichen Schulwesens, in: NJW, 29. Jg. 1976, S. 1375~1380.

28. Staatliche Organisation und staatliche Finanzierung als Hilfen zu Grundrechtsverwirklichungen?, in: Ch. Starck(Hrsg.), Bundesverfassungsgericht und Grundgesetz. Festgabe aus Anla β des 25jährigen Bestehens des Bundesverfassungsgerichts, Band II, Tübingen 1976, S. 480~526[aufgenommen in Veröff. Nr. I 24].

29. Concerning the German Federal Constitutional Court, in: Chengchi Law Review, Vol. 14, Taipeh(Taiwan), Oktober 1976, S. 157~172.

1977

30. Gutachterliche Äu β erungen Über die in den Weiterbildungsbestimmungen der einzelnen Berufsordnungen der Landesärztekammern festzulegenden Modalitäten der Facharztprüfung, in: Radiologische Praxis, 2. Jg., 1977, S. 17~20.

31. Die Auskiesungsurteile des Bundesgerichtshofes vor dem Bundesverfassungsgericht －BVerfG NJW 1977, 1960, in: JuS, 17. Jg., 1977, S. 732~738[aufgenommen in Veröff. Nr. I 17].

1978

32. Wie Grundwerte zu Unwerten werden können, in: Frankfurter Allgemeine Zeitung v. 11. 3. 1978/Nr. 53, S. 7

33. Das Bundesverfassungsgericht im politischen Proze β der Bundesrepublik[japanische Fassung der Veröff. Nr. I 8 in der Übersetzung von Hideo Wada und Ideo Naga], in: The Meiji Law Review, Vol. 50, Tokyo 1978, No. 6, S. 91~132.

34. Der Rechtsstaat in der politischen Kontroverse, in: JZ, 33. Jg., 1978, S. 746~750.

35. Gesetzgeber und Richter im Sozialstaat, in: DVBl., 31. Jg., 1978, S. 937~945[aufgenommen in Veröff. Nr. I 20].

36. Informationsfreiheit und Nachrichtensperre, in: Archiv für Presserecht, 8. Jg., 1978, S. 171~177[aufgenommen in Veröff. Nr. I 24].

1979

37. Die Grenzen des Sozialstaates, in: Frankfurter Allgemeine Zeitung v. 5. 3. 1979/ Nr. 54, S. 9.
38. Staatliche Schulhoheit, Pädagogische Freiheit und Elternrecht, in: DöV, 32. Jg., 1979, S. 269~275.
39. Die Rechte der Ratsfraktionen bei den Haushaltsberatungen, in: DVBl., 32. Jg., 1979, S. 495~498.
40. Übermaß an Rechtsstaat?, in: ZRP, 12. Jg., 1979, S. 209~214[aufgenommen in Veröff. Nr. I 20].
41. Freiheit und Sozialstaat, in: Jahrbuch der Wittheit zu Bremen, Band XXIII, 1979, S. 151~165.

1980

42. Teilhabeansprüche auf Rundfunkkontrolle und ihre gerichtliche Durchsetzung, in: Presserecht und Pressefreiheit. Festschrift für Martin Löffler, München 1980, S. 375~389.
43. Rechtliche Konsequenzen einer Niederlassungsbeschränkung für Apotheken, in: VerwArch. 71(1980), S. 1~43.
44. Das Fernsehen muß nicht bleiben, wie es ist. Das Freiheitsprinzip der Verfassung bestimmt die Rundfunk-Organisation, nicht umgekehrt, in: Frankfurter Allgemeine Zeitung v. 9. 2. 1980/Nr. 34, S. 10f[Kurzfassung der Veröff. Nr. II 45].
45. Zur notwendigen Neuordnung des Rundfunks, in: NJW, 33. Jg., 1980, S. 1359~1363[aufgenommen in Veröff. Nr. I 24].
46. Kommunikationsfreiheit und Rundfunkorganisation hierzulande und anderswo. Bemerkungen zu fünf Neuerscheinungen auf dem Gebiet des Rundfunkrechts, in: JZ, 35. Jg., 1980, S. 436~440.
47. Entwicklung der Grundrechte in Deutschland, in: U. Immenga(Hrsg.), Rechtswissenschaft und Rechtsentwicklung, Göttingen 1980, S. 89~105[aufgenommen in Veröff. Nr. I 20].

1981

48. Die Grundrechte des Grundgesetzes. Zugleich ein Beitrag zu den Grenzen der Verfassungsauslegung, in: JuS, 21. Jg., 1981, S. 237~246, 644.
49. Grundrechtsrhetorik und Grundrechtsgeltung. Entwicklungen und Tendenzen in den europäischen Verfassungen, in: Frankfurter Allgemeine Zeitung v. 10. 4. 1981/Nr. 85, S. 10f[Kurzfassung der Veröff. Nr. II 52].
50. Staatliche Schulhoheit, Pädagogische Freiheit und Elternrecht – aus rechtlicher Sicht, in: Gesellschaft für Rechtspolitik(Hrsg.), Bitburger Gespräche. Jahrbuch 1979/80, S. 49~60[Nachdruck der Veröff. Nr. II 38].
51. Ist der kategorische Imperativ ein Prinzip des Sozialstaates?, in: ZRP, 14. Jg., 1981, S. 97~101, 304[aufgenommen in Veröff. Nr. I 20].

52. Europas Grundrechte im neuesten Gewand, in: Recht als Prozeβ und Gefüge. Festschrift für Hans Huber, Bern 1981, S. 467~484[aufgenommen in Veröff. Nr. I 20].

53. Entwicklung der Grundrechte in Deutschland, in: Das Europa der zweiten Generation. Gedächtnisschrift für Christoph Sasse, Kehl und Straβburg 1981, Band II, S. 777~794[Nachdruck der Veröff. Nr. II 47].

54. Menschenwürde als Verfassungsgarantie im modernen Staat, in: JZ, 36. Jg., 1981, S. 457~464[aufgenommen in Veröff. Nr. I 20].

55. Szkoly wyzsze w Republice Federalnej Niemiec po roku 1945[=Das Hochschulwesen in der Bundesrepublik Deutschland seit 1945], in: zycie szkoly wyzszej, 29. Jg., Warschau 1981, Nr. 5, S. 127~136.

56. Ein Grundrechtskatalog für die Europäischen Gemeinschaften, in: Europäische Grundrechte-Zeitschrift, 8. Jg., 1981, S. 545~550[aufgenommen in Veröff. Nr. I 31].

57. Menschenwürde als Verfassungsgarantie, in: L. Lombardi Vallauri/G. Dilcher(cura), Cristianesimo, Secolarizzazione e diritto moderno(Quaderni Fiorentini per la storia del pensiero giuridico moderno 11/12), Mailand/Baden-Baden 1981, S. 805~829, 1379~1384, 1475~1478[Nachdruck der Veröff. Nr. II 54].

58. Ist der kategorische Imperativ ein Prinzip des Sozialstaats?, in: Selbstverantwortung in der Solidargemeinschaft(Veröffentlichung der Konrad-Adenauer-Stiftung), Baden-Baden 1981, S. 33~44[Nachdruck der Veröff. Nr. II 51].

1982

59. Die Entwicklung des Bildungswesens in der Bundesrepublik seit 1945, in: Starck/Imbert/Lecheler/Epp, Staat, Schule, Kirche in der Bundesrepublik Deutschland und in Frankreich(Straβburger Kolloquien, Bd. 3, hrsg. von Listl/Schlick), Kehl und Straβburg 1982, S. 3~37.

60. Die Anwendung des Gleichheitssatzes, in: C. Link(Hrsg.), Der Gleichheitssatz im modernen Verfassungsstaat. Symposion zum 80. Geburtstag von Gerhard Leibholz(Studien und Materialien zur Verfassungsgerichtsbarkeit Band 20), Baden-Baden 1982, S.51~73[aufgenommen in Veröff. Nr. I 17], sowie Diskussionsbeiträge S. 109~112, 117~119.

61. Menschenwürde als Verfassungsgarantie im modernen Staat, in: Ethel L. Behrendt(Hrsg.), Rechtsstaat und Christentum, Band I, München 1982, S. 317~341[Nachdruck der Veröff. Nr. II 54].

62. Rezensierte Verfassungsrechtswissenschaft, in: JZ, 37. Jg., 1982, S. 674~675.

63. Zasada federalizmu w strukturze panstwowej Republiki Federalnej Niemiec[=Der Bundesstaat im Regierungssystem der Bundesrepublik Deutschland], in: Ruch Prawniczy, Ekonomiczny i Socjologiczny, Band 43, Warschau/Posen 1981[erschienen 1982], Heft 2, S. 101~112.

64. Gleichheit als Maβ des Rechts. Probleme der Anwendung des Gleichheitssatzes,

in: L. Ingber(dir.), L'Egalité, vol. VIII, Brüssel 1982, S. 563~582.

65. Europe's Fundamental Rights in their Newest Garb, in: Human Rights Law Journal, Vol. 3, 1982, S. 103~120[englische Fassung der Veröff. Nr. II 52].

1983

66. Die Konstruktionsprinzipien und verfassungsrechtlichen Grundlagen der gegenwärtigen mediengesetzlichen Aktivitäten in den deutschen Bundesländern, in: JZ, 38. Jg., 1983, S. 405~415.

67. Konstytucyjna zasada równosci w RFN[=Das verfassungsrechtliche Prinzip der Gleichheit in der Bundesrepublik Deutschland], in: Studia Nauk Politycznych, Nr.1~2(61~62), Warschau 1983, S. 81~101[polnische Fassung der Veröff. Nr. II 60].

68. Der verfassungsrechtliche Status der Landesverfassungsgerichte, in: Ch. Starck/K. Stern(Hrsg.), Landesverfassungsgerichtsbarkeit Teil I(Studien und Materialien zur Verfassungsgerichtsbarkeit Band 25), Baden-Baden 1983, S. 155~182.

69. Sondervoten überstimmter Richter und Bekanntgabe des Abstimmungsergebnisses – de lege lata, in: Ch. Starck/K. Stern(Hrsg.), Landesverfassungsgerichtsbarkeit Teil I(Studien und Materialien zur Verfassungsgerichtsbarkeit Band 25), Baden-Baden 1983, S. 285~314.

70. Leitbilder und Ordnungsideen des Sozialstaates, in: Sozialstaat(Veröffentlichungen der Walter-Raymond-Stiftung, Bd. 22), 1983, S. 69~85, sowie Diskussionsbeiträge S. 93f, 103f, 106f, 110ff, 121f, 132ff.

71. Freiheit und Gebundenheit der Massenmedien, in: Bund Deutscher Verwaltungsrichter(Hrsg.), Dokumentation zum 7. Deutschen Verwaltungsrichtertag 1983, Stuttgart 1983, S. 50~64.

1984

72. Der Frieden im Dreieck der Staatsziele. "Ziviler Ungehorsam" und die Gefahr der Anarchie, in: Frankfurter Allgemeine Zeitung v. 15. 3. 1984/Nr. 64, S. 11[Kurzfassung der Veröff. Nr. II 80].

73. Menschenwürde als Verfassungsgarantie[japanische Fassung der Veröff. Nr. II 57 in der Übersetzung von Tadashi Watanabe], in: Kokusikan Comparative Law Review, Vol. 7, 1984, S. 85~112.

74. Constitutional Review in the Federal Republic of Germany, in: Notre Dame International and Comparative Law Journal, Vol. 2, 1984, S. 81~98.

75. Artikel "Menschenwürde" in: Ergänzbares Lexikon des Rechts, Luchterhand(LdR 10, 1984) 5/470, S. 1~4.

76. Einleitung zu Werner Weber, Zur Vorläufigen Niedersächsischen Verfassung(Heft 7 der vom Präsidenten des Niedersächsischen Landtages herausgegebenen Schriftenreihe), Hannover 1984, S. 3~9.

77. [Zusammen mit Ralf Dreier] Tierschutz als Schranke der Wissenschaftsfreiheit, in:

U. Händel(Hrsg.), Tierschutz. Testfall unserer Menschlichkeit, Frankfurt 1984, S. 101~112.

78. Die Wahrnehmung von Kammeraufgaben durch Handelsgesellschaften – dargestellt am Beispiel der Apothekerkammern – in: B. Rüthers/K. Stern(Hrsg.), Freiheit und Verantwortung im Verfassungsstaat. Festgabe zum 10jährigen Jubiläum der Gesellschaft für Rechtspolitik, München 1984, S. 433~449[aufgenommen in Veröff. Nr. I 24].

79. Entwicklung der Grundrechte in Deutschland[japanische Fassung der Veröff. Nr. II 47 in der Übersetzung von K. Hirota und K. Sakai], in: Oshin Ronsô, Vol. 58, Tokyo 1984, No. 3, S. 1~14.

80. Frieden als Staatsziel, in: Einigkeit und Recht und Freiheit. Festschrift für Karl Carstens, Köln 1984, S. 867~887[aufgenommen in Veröff. Nr. I 20].

81. L'Egalité en tant que mesure du droit, in: Ch. Perelman/R. Vander Elst(dir.), Les notions à contenu variable en droit, Brüssel 1984, S. 181~199[aufgenommen in Veröff. Nr. I 16].

1985

82. Entwicklung der Grundrechte in Deutschland(1)[japanische Fassung der Veröff. Nr. II 47, Abschnitt I~IV=S. 89~100, in der kommentierten Übersetzung von Tadashi Watanabe], in: Kokusikan Comparative Law Review, Vol. 8, Tokyo 1985, S. 61~79[siehe auchVeröff. Nr. II 92].

83. L'applicazione del principio di uguaglianza, in: Diritto e Società 1985, S. 237~263[italienische Fassung der Veröff. Nr. II 60].

1986

84. Verwaltungsermessen im modernen Staat. Rechtsvergleichender Generalbericht, in: M. Bullinger(Hrsg.), Verwaltungsermessen im modernen Staat, Baden-Baden 1986, S. 15~50[aufgenommen in Veröff. Nr. I 20].

85. Die künstliche Befruchtung beim Menschen – Zulässigkeit und zivilrechtliche Folgen. 1. Teilgutachten: Verfassungsrechtliche Probleme(Verhandlungen des 56. Deutschen Juristentages, Band I Teil A), München 1986, S. A 1 – A 58[aufgenommen in Veröff. Nr. I 24], sowie Diskussionsbeiträge, Bd. II, S. K 131f, K 215~K 219.

86. Interpretation als Frage nach der Macht. Der moderne Verfassungsstaat im Spannungsverhältnis zwischen Recht und Gesetz, in: Frankfurter Allgemeine Zeitung v. 5. 6. 1986/Nr. 126, S. 35.

87. Artikel "Gesetz II", in: Görresgesellschaft(Hrsg.), Staatslexikon, 7. Aufl., Band 2, 1986, Spalte 997~1003.

88. Artikel "Gesetzgebung", in: Görresgesellschaft(Hrsg.), Staatslexikon, 7. Aufl., Band 2, 1986, Spalte 1003~1011.

89. Artikel "Gewaltenteilung", in: Görresgesellschaft(Hrsg.), Staatslexikon, 7. Aufl., Band 2, 1986, Spalte 1023~1027[aufgenommen in Veröff. Nr. I 20].

90. Vorrang der Verfassung und Verfassungsgerichtsbarkeit, in: Ch. Starck/ A.Weber(Hrsg.), Verfassungsgerichtsbarkeit in Westeuropa, Teilband I(Studien und Materialien zur Verfassungsgerichtsbarkeit Band 30), Baden-Baden 1986, S. 11~39[aufgenommen in Veröff. Nr. I 20].

91. Der Vorrang der Verfassung und sein Preis. Richter als Vollstrecker der höchsten Norm im Staat, in: Frankfurter Allgemeine Zeitung v. 3. 10. 1986/Nr. 229, S. 9[Kurzfassung der Veröff. Nr. II 90].

92. Entwicklung der Grundrechte in Deutschland(2)[japanische Fassung der Veröff. Nr. I 47, Abschnitt V=S. 100~105, in der kommentierten Übersetzung von Tadashi Watanabe], in: Kokusikan Comparative Law Review, Vol. 9, Tokyo 1986, S. 59~79[siehe auch Veröff. Nr. II 82].

93. Pace e disobbedienza civile(alcune osservazioni sui fini dello Stato), in: Diritto e Società 1986, S. 433~458[italienische Fassung der Veröff. Nr. II 80].

1987

94. Schriftsatz vom 26. 6. 1985 und Schriftsatz vom 26. 2. 1986, in: W. Hoffmann-Riem/ Ch. Starck(Hrsg.), Das Niedersächsische Landesrundfunkgesetz vor dem Bundesv erfassungsgericht(Studien und Materialien zur Verfassungsgerichtsbarkeit Band 35), Baden-Baden 1987, S. 240~313, 556~592.

95. Constitutional Definition and Protection of Rights and Freedoms, in: Ch. Starck(Ed.), Rights, Institutions and Impact of International Law according to the German Basic Law(Studien und Materialien zur Verfassungsgerichtsbarkeit Band 37), Baden-Baden 1987, S. 17~61.

96. Ohne Grundrechte keine Demokratie. Die europäische Freiheitsidee und das Verfassungsrecht, in: Frankfurter Allgemeine Zeitung v. 19. 6. 1987/Nr. 138, S. 12[Kurzfassung der Veröff. Nr. II 102].

97. La suprématie de la constitution, in: Académie Internationale de Droit Constitutionnel(dir.), La Suprématie de la Constitution. Recueil des Cours, vol. 1, Casablanca(Marokko) 1987, S. 17~50[französische Fassung der Veröff. Nr. II 90, aufgenommen in Veröff. Nr. I 16].

98. The Supremacy of the Constitution, in: International Academy of Constitutional Law(ed.), La Suprématie de la Constitution. Recueil des Cours, vol. 1, Casablanca(Marokko) 1987, S. 51~83[englische Fassung der Veröff. Nr. II 90].

99. Artikel "Kodifikation", in: Görresgesellschaft(Hrsg.), Staatslexikon, 7. Aufl., Band 3, 1987, Spalten 563f.

100. Artikel "Meinungs-und Informationsfreiheit", in: Görresgesellschaft(Hrsg.), Staatslexikon, 7. Aufl., Band 3, 1987, Spalten 1089~1093.

101. Artikel "Menschenwürde", in: Görresgesellschaft(Hrsg.), Staatslexikon, 7. Aufl., Band 3, 1987, Spalten 1118~1121.

102. Grundrechtliche und demokratische Freiheitsidee, in: J. Isensee/P. Kirchhof(Hrsg.), Handbuch des Staatsrechts der Bundesrepublik Deutschland, Band II, Heidelberg 1987, S. 3~27[aufgenommen in Veröff. Nr. I 20]; 2, unveränderte Aufl. 1998, S. 3~27.

103. Las escuelas privadas de la Iglesia en el marco de las normas constitucionales sobre enseñanza, in: Estudios Eclesiasticos, Vol. 62, Madrid 1987, S. 467~481.

104. Meinungs- und Wissenschaftsfreiheit. Grundlagen und rechtsdogmatische Ausformungen, in: Festschrift für Wolfgang Zeidler, Berlin 1987, S. 1539~1552[aufgenommen in Veröff. Nr. I 24].

105. Verfassung und Organisation der Georgia Augusta 1968~1987, in: Georgia Augusta, Heft 47, Göttingen 1987, S. 95~108.

106. Heinrich Albert Zachariae(1806~1875)—Staatsrechtslehrer in reichsloser Zeit, in: F. Loos(Hrsg.), Rechtswissenschaft in Göttingen. GöttingeJuristen aus 250 Jahren, Göttingen 1987, S. 209~228.

107. Nomos und Physis, in: Recht und Rechtsbesinnung. Gedächtnisschrift für Günther Küchenhoff, Berlin 1987, S. 149~161[aufgenommen in Veröff. Nr. I 20].

1988

108. Von Geburt frei und gleich. Zur Entwicklung und Aktualität der Menschenrechte, in: Evangelische Kommentare, 21. Jg., 1988, Heft 1, S. 13~16.

109. Über Narrengerichte, in: NJW, 41. Jg., 1988, S. 281~288.

110. Überlegungen zur Gesetzgebungslehre, in: Zeitschrift für Gesetzgebung, 3. Jg., 1988, S. 1~22.

111. Zur Lage der Menschenrechte:(I) Die Idee wurzelt im Christentum,(II) Die innerstaatliche Geltung,(III) Bemühungen um internationale Anerkennung, in: GöttingeTageblatt v. 3. 3, 4. 3. und 5. 3. 1988[Nachdruck der Veröff. Nr. II 108].

112. Las escuelas privadas de la Iglesia en el marco de las normas constitucionales sobre enseñanza, in: C. Corral/L. Listl(ed.), Constitución y_Acuerdos Iglesia-Estado, Actas del II simposio hispano-alemán, Madrid 1988, S. 213~227[Nachdruck der Veröff. Nr. II 103].

113. Bändigung des Krieges und Frieden in der Lehre der Politik und des Völkerrechts der ersten Hälfte des 17. Jahrhunderts, in: Politik, Philosophie, Praxis. Festschrift für Wilhelm Hennis, Stuttgart 1988, S. 56~78[aufgenommen in Veröff. Nr. I 20].

114. Artikel "Niedersachsen II: Staat und Verfassung", in: Görresgesellschaft(Hrsg.), Staatslexikon, 7. Aufl., Band 4, 1988, Spalte 18~22.

115. Mittel zum Zweck darf das Leben nicht werden. Verfassungsrechtliche Grenzen der Wissenschaftsfreiheit bei der Fortpflanzungsmedizin, in: Frankfurter Allgemeine Zeitung v. 12. 9. 1988/Nr. 212, S. 7f.

116. Verfassungsrechtliche Grenzen der Wissenschaftsfreiheit am Beispiel der Genomanalyse, Gentherapie und In-vitro-Fertilisation beim Menschen, in: H.G. Schlegel(Hrsg.), Gentechnologie und In-vitro-Fertilisation(Nachrichten der Akademie der Wissenschaften in Göttingen, math.-phys. Klasse, Nr. 2), 1988, S. 10~18.

117. La jurisprudence de la Cour constitutionnelle fédérale concernant les droits fondamentaux, in: Revue du Droit public et de la Science politique en France et à l'étranger, Année 104, 1988, S. 1263~1287[aufgenommen in Veröff. Nr. I 16].

118. Der Schutz der Grundrechte durch den Verfassungsrat in Frankreich, in: AöR 113, 1988, S. 632~650[aufgenommen in Veröff. Nr. I 27].

119. Istorijski razvoj i aktuelni znac aj suprematije ustava, in: Anali Pravnog fakulteta u Beogradu, 36. Jg., 1988, S. 497~517[serbo-kroatische Fassung der Veröff. Nr. II 90].

1989

120. Rechtliche Grundlagen der Pauschalisierung von Kirchenlohnsteuerforderungen, in: Deutsches Steuerrecht, 27. Jg., 1989, S. 3~10.

121. Zur Deutung fastnächtlicher Bräuche, in: NJW, 42. Jg., 1989, S. 363~365.

122. Der tiefgefrorene Mensch. Verfassungsrechtliche Grenzen der Wissenschaftsfreiheit bei der Fortpflanzungsmedizin, in: MUT 1989, Nr. 259, S. 50~57[Nachdruck der Veröff. Nr. II 115].

123. L'autonomie de gestion des collectivités territoriales et des autres personnes morales du droit public dans le cadre du fédéralisme allemand, in: Revue française de droit administratif, Année 5, 1989, S. 93~105[aufgenommen in Veröff. Nr. I 16].

124. Überholt Europa die Rundfunkkompetenz der Bundesländer?, in: D. Weirich(Hrsg.), Europas Medienmarkt von morgen, Berlin 1989, S. 109~126.

125. Zur Notwendigkeit einer Wertbegründung des Rechts, in: Verantwortlichkeit und Freiheit. Festschrift für Willi Geiger, Tübingen 1989, S. 40~60[aufgenommen in Veröff. Nr. I 24].

126. Rechtsdogmatik und Gesetzgebung im Verwaltungsrecht, in: O. Behrends/W. Henckel(Hrsg.), Gesetzgebung und Dogmatik. 3. Symposion der Kommission "Die Funktion des Gesetzes in Geschichte und Gegenwart" am 29. und 30. April 1988(Abhandlungen der Akademie der Wissenschaften in Göttingen, phil.-hist. Klasse III 178), Göttingen 1989, S. 106~119.

127. Die Begründung mit Stimmengleichheit erlassener Entscheidungen des Bundesverfassungsgerichts, in: Verfassungsrecht und Völkerrecht. Gedächtnisschrift für Wilhelm Karl Geck, Köln 1989, S. 789~802[aufgenommen in Veröff. Nr. I 31].

128. Geltung und Schranken des Grundgesetzes. Die Realisierbarkeit in Wechselwirkung und Reaktion auf Neues, in: Frankfurter Allgemeine Zeitung v. 5. 7. 1989/Nr. 152, S. 10[Kurzfassung der Veröff. Nr. II 135].

129. Die französische Revolution und das deutsche Staatsrecht, in: JZ, 44. Jg., 1989, S. 601~609[aufgenommen in Veröff. Nr. I 20].

130. Freedom of Expression and Academic Freedom: Background and Formation of Legal Principles, in: Mahendra P. Singh(Ed.), Comparative Constitutional Law. Festschrift in honor of Professor P.K. Tripathi, Lucknow/Delhi/Alahabad 1989, S. 193~204[englische Fassung der Veröff. Nr. II 104].

131. Artikel "Widerstandsrecht", in: Görresgesellschaft(Hrsg.), Staatslexikon, 7. Aufl., Band 5, 1989, Spalte 990~993.

132. Die kirchlichen Privatschulen im Rahmen der verfassungsrechtlichen Normen Über das Schulwesen, in: Staat, Kirche, Wissenschaft in einer pluralistischen Gesellschaft. Festschrift für Paul Mikat, Berlin 1989, S. 665~677.

133. Ustawa i ustawodawstwo jako podstawowe kategorie nauki prawa[=Gesetz und Gesetzgebung als Grundkategorien der Rechtswissenschaft], in: Konstytucja w spoleczenstwie obywatelskim. Ksiega pamiatkowa ku czci Prof. Witolda Zakrzewskiego[=Festschrift für Prof. W. Zakrezewski], Krakau 1989, S. 211~224.

134. Konstytucyjne granice wolnosci nauki na przykladzie zaplodnienia in vitro, terapii genetycznej i analizy genomów, in: Palestra, 33. Jg., Warschau 1989, Nr. 11/12, S. 168~180[polnische Fassung der Veröff. Nr. II 116].

1990

135. Über Auslegung und Wirkungen der Grundrechte, in: W. Heyde/Ch. Starck(Hrsg.), Vierzig Jahre Grundrechte in ihrer Verwirklichung durch die Gerichte. GöttingeKolloquium, München 1990, S. 9~34[aufgenommen in Veröff. Nr. I 17].

136. Zur Notwendigkeit einer Wertbegründung des Rechts, in: R. Dreier(Hrsg.), Rechtspositivismus und Wertbezug des Rechts(Beiheft Nr. 37 zum Archiv für Rechts- und Sozialphilosophie), Stuttgart 1990, S. 47~61[Nachdruck der Veröff. Nr. II 125].

137. Das Grundgesetz für Deutschland－Schritt für Schritt, in: Frankfurter Allgemeinen Zeitung v. 5. 4. 1990/Nr. 81, S. 14[Kurzfassung der Veröff. Nr. II 138].

138. Deutschland auf dem Wege zur staatlichen Einheit, in: JZ, 45. Jg., 1990, S. 349~358[aufgenommen in Veröff. Nr. I 31].

139. La Révolution françaiseet le Droit public en Allemagne, in: Revue internationale de droit comparé, Année 42, 1990, S. 251~272[französische Fassung der Veröff. Nr. II 129, aufgenommen in Veröff. Nr. I 16].

140. Würde und Freiheit des Menschen. Die Legitimation des Grundgesetzes, in: "Die Bundesrepublik", Redaktionsbeilage der Frankfurter Allgemeinen Zeitung v. 23. 4. 1990/Nr. 94, S. 1 B.

141. Rechtsvergleichender Generalbericht, in: Ch. Starck(Hrsg.), Grundgesetz und deutsche Verfassungsrechtsprechung im Spiegel ausländischer Verfassungsentwicklung(Studien und Materialien zur Verfassungsgerichtsbarkeit Band 47), Baden-Baden 1990, S. 13~39[aufgenommen in Veröff. Nr. I 31].

142. Über Auslegung und Wirkungen der Grundrechte, in: Kokka Gakkai Zassi[=The

Journal of the Association of Political and Social Sciences], Vol. 103, Tokyo 1990, S. 273~306[japanische Fassung der Veröff. Nr. I 15].

143. Würde und Freiheit des Menschen. Die Legitimation des Grundgesetzes, in: F.U. Fack/F.K. Fromme/G. Nonnenmacher(Hrsg.), Das deutsche Modell. Freiheitlicher Rechtsstaat und Soziale Marktwirtschaft, München 1990, S. 51~56[Wiederabdruck der Veröff. Nr. II 140].

144. Von den Schwierigkeiten, klar Über Menschenrechte zu sprechen, in: Zeitschrift für evangelisches Kirchenrecht, 35. Jg., 1990, S. 237~249.

145. Vorrang der Verfassung und Verfassungsgerichtsbarkeit, in: Fu-jen fa-hsüeh Vol. 9, Taipeh 1990, S. 17~33[chinesische Fassung der Veröff. Nr. II 90, aufgenommen in Veröff. Nr. I 26].

1991

146. Recht, Gerichte und der Geist der Liebe. überlegungen zu einer Korintherbriefstelle, in: Evangelische Kommentare, 24. Jg., Heft 1, 1991, S. 30~32.

147. Verfassungsrechtliche Einführung: Allgemeine Wehrpflicht und das Recht der Kriegsdienstverweigerung, in: L. Harles/H. Neyer(Hrsg.), Beratung und Begleitung Wehrpflichtiger(Schriftenreihe Gerechtigkeit und Frieden der Deutschen Kommission Justitia et Pax, ARB, Band 56), 1991, S. 11~12.

148. La base constitutionnelle du droit scolaire en Allemagne, in: Revue françaisede Droit constitutionnel, Nr. 5/1991, S. 55~69[aufgenommen in Veröff. Nr. I 16].

149. Eine Verfassung für Mecklenburg-Vorpommern, Artikelfolge in: Nordkurier[Tageszeitung für Mecklenburg, Vorpommern und Uckermark] vom 4. 4. 1991/Nr. 78, vom 5. 4. 1991/Nr. 79, vom 8. 4. 1991/Nr. 81 und vom 13. 4. 1991/Nr. 86, jeweils S. 3.

150. Das Verwaltungsermessen und dessen gerichtliche Kontrolle, in: Bürger-Richter-Staat. Festschrift für Horst Sendler, München 1991, S. 167~181[aufgenommen in Veröff. Nr. I 17].

151. Die Bedeutung der Rechtsphilosophie für das positive Recht, in: R. Alexy/R. Dreier/U. Neumann(Hrsg.), Rechts-und Sozialphilosophie in Deutschland heute(Beiheft Nr. 44 zum Archiv für Rechts-und Sozialphilosophie), Stuttgart 1991, S. 376~393[aufgenommen in Veröff. Nr. I 20].

152. Gerechtigkeit mal zwölf. Die Harmonisierung der europäischen Rechtsordnungen, in: Frankfurter Allgemeine Zeitung v. 2. 10. 1991/Nr. 229, S. N 3~4.

153. Las regiones(Länder) alemanas y el poder exterior, in: F. Puy(Ed.), Los espacios regionales en el marco de la comunidad Europea, Santiago de Compostela 1991, S. 151~164.

154. Die Behandlung des Vermögens der Parteien und Massenorganisationen der ehemaligen DDR, in: Staatswissenschaften und Staatspraxis, 2. Jg., 1991, S. 316~335.

155. Die Funktion der parlamentarischen Gesetzgebung im demokratischen Verfassungsstaat[und koreanische Übersetzung], in: Law Review of Legal Research Institute Korea University, Vol. 26[=Festschrift für Koo, Byung-Sak zum 65. Geburtstag), Seoul 1991, S. 339~356(koreanisch), S. 357~382(deutsch)[deutsche Fassung aufgenommen in Veröff. Nr. I 20].

156. Über Auslegung und Wirkungen der Grundrechte, in: Journal of Social Science(College of Law, National Taiwan University), Vol. 39, Taipeh 1991, S. 121~148[Nachdruck der Veröff. Nr. I 15].

157. Das parlamentarische Regierungssystem in der Bundesrepublik Deutschland[koreanische Übersetzung durch Kay, Hee-Yol], in: Koo, Byung-Sak(ed.), Theories of Parliamentary Government System[koreanisch], Seoul 1991, S. 163~178.

1992

158. Stärkere Bundesländer für Europa. Rückgabe von Zuständigkeiten, finanzielle Eigenverantwortung, in: Frankfurter Allgemeine Zeitung v. 25. 2. 1992/Nr. 47, S. 13[Kurzfassung der Veröff. Nr. II 205].

159. Der Rechtsstaat und die Aufarbeitung der vor-rechtsstaatlichen Vergangenheit, in: VVDStRL 51, 1992, S. 9~45[aufgenommen in Veröff. Nr. I 20], sowie Diskussionsbeiträge S. 141~144, 172~175.

160. Der Rechtsstaat und die Aufarbeitung der vor-rechtsstaatlichen Vergangenheit, in: jurist Nr. 996 v. 1. 3. 1992, S. 89~95, Nr. 997 v. 15. 3. 1992, S. 75~81 und Nr. 998 v. 1. 4. 1992, S. 96~103[japanische Fassung der Veröff. Nr. II 159].

161. Verfassunggebung in den neuen Ländern, in: Zeitschrift für Gesetzgebung, 7. Jg., 1992, S. 1~27.

162. Verfassunggebung in Thüringen, in: Thüringer Verwaltungsblätter, 1. Jg., 1992, S. 10~16.

163. Rechtsvereinheitlichung durch Gesetze. Bedingungen, Ziele, Methoden. Einführung, in: Ch. Starck(Hrsg.), Rechtsvereinheitlichung durch Gesetze. 5. Symposion der Kommission "Die Funktion des Gesetzes in Geschichte und Gegenwart" am 26. und 27. April 1991(Abhandlungen der Akademie der Wissenschaften in Göttingen, Phil.-Hist. Klasse III 197), Göttingen 1992, S. 9~14.

164. Norbert Kamp. Präsident der Georg-August-Universität von 1979~1992, in: Georgia Augusta, Heft 57, Göttingen 1992, S. 5~13.

165. Vorrang der Verfassung und Verfassungsgerichtsbarkeit, in: Nihon Hogaku, Vol. 58, No. 1, Tokyo 1992, S. 159~192[japanische Fassung der Veröff. Nr. II 90].

166. Les relations extérieures des Etats fédérés et des communes, in: The Territorial Distribution of Power in Europe II(Eurorégions 2), Institut du Fédéralisme, Fribourg(Schweiz), 1992, S. 189~213.

167. "Grundversorgung" und Rundfunkfreiheit, in: NJW, 45. Jg., 1992, S.

3257~3263[aufgenommen in Veröff. Nr. I 17].

168. Nachruf auf Ernst Rudolf Huber(1903~1990), in: Jahrbuch der Akademie der Wissenschaften in Göttingen 1991, Göttingen 1992, S. 232~243.

169. Über Auslegung und Wirkungen der Grundrechte, in: National Taiwan University Law Journal, Vol. 21 No. 2, 1992, S. 159~181[chinesische Fassung der Veröff. Nr. I 15, aufgenommen in Veröff. Nr. I 26].

170. I diritti fondamentali nel Grundgesetz della Repubblica federale di Germania, in: Giurisprudenza Costituzionale, Anno 37, 1992, S. 2521~2549.

171. I Länder tedeschi ed il potere estero, in: Giurisprudenza Costituzionale, Anno 37, 1992, S. 3394~3404.

172. Die Verfassungsauslegung, in: J. Isensee/P. Kirchhof(Hrsg.), Handbuch des Staatsrechts der Bundesrepublik Deutschland, Band VII, Heidelberg 1992, S. 189~229.

173. Die Tätigkeit der verfassunggebenden Gewalt in Deutschland seit 1946, in: Revue Européenne de Droit public, Année 4, 1992, S. 353~369[aufgenommen in Veröff. Nr. I 31].

1993

174. Abtreibung auf Grund Gewissensentscheidung?, in: JZ, 47. Jg., 1993, S. 31f.

175. Die deutschen Länder und die auswärtige Gewalt, in: Wege und Verfahren des Verfassungslebens. Festschrift für Peter Lerche, München 1993, S. 561~573.

176. Landesverfassung und Bundesrecht. Zum Honnecker-Beschlu β des Verfassungsgerichtshofs des Landes Berlin, in: Frankfurter Allgemeine Zeitung v. 17. 2. 1993/Nr. 40, S. 12[Kurzfassung der Veröff. Nr. II 177].

177. Der Honnecker-Beschlu β des Berliner VerfGH. Anwendung von Bundesprozessrecht durch Landesgerichte unter Kontrolle der Landesverfassungsgerichte?, in: JZ, 48. Jg., 1993, S. 231~234[aufgenommen in Veröff. Nr. I 17].

178. Was wird aus dem Grundgesetz? Der neue Art. 146 und die Verfassungskommission, in: Frankfurter Allgemeine Zeitung v. 15. 6. 1993/Nr. 135, S. 12[Kurzfassung von Veröff. Nr. II 186].

179. Verfassunggebung in Thüringen, in: Thüringische Verfassungsgeschichte im 19. und 20. Jahrhundert(Schriften zur Geschichte des Parlamentarismus in Thüringen, Heft 3), Jena 1993, S. 132~144[Nachdruck der Veröff. Nr. II 162].

180. Die Verfassungsauslegung, in: Kay, Hee-Yol(Ed.), Verfassungsinterpretation. Ausgewählte Schriften, Seoul 1993, S. 309~364[koreanische Fassung der Veröff. Nr. II 172].

181. Der verfassungsrechtliche Schutz des ungeborenen menschlichen Lebens. Zum zweiten Abtreibungsurteil des BVerfG, in: JZ, 48. Jg., 1993, S. 816~822[aufgenommen in Veröff. Nr. I 17].

182. Über Auslegung und Wirkungen der Grundrechte, Anhang in: Tzong-li Hsu,

Recht und Staatsgewalt(Series of Taiwan National University Department of Law, No. 71), Taipeh 1993, S. 479~510[Nachdruck der Veröff. Nr. II 169].

183. Droits fondamentaux, Etat de droit et principe démocratique en tant que fondements de la procedure administrative non contentieuse, in: Revue Européenne de droit public, Sonderausgabe 1993(Spetses Conférences), S. 31~51[aufgenommen in Veröff. Nr. I 16].

184. Rück-Neugliederungsgesetze vor dem Bundesverfassungsgericht, in: Festschrift für Werner Thieme, Köln 1993, S. 845~862[aufgenommen in Veröff. Nr. I 17].

185. Rechtsstaatliche Aufarbeitung der DDR-Vergangenheit, in: Jahrbuch der Akademie der Wissenschaften in Göttingen 1992, Göttingen 1993, S. 154~165.

1994

186. Der neue Artikel 146 GG und die Gemeinsame Verfassungskommission, in: für Recht und Staat Festschrift für Herbert Helmrich, München 1994, S. 289~302[aufgenommen in Veröff. Nr. I 31].

187. Verfassung und Organisation der Georgia Augusta 1968~1987, in: H.-G. Schlotter(Hrsg.), Die Geschichte der Verfassung und der Fachbereiche der Georg-August-Universität zu Göttingen, Göttingen 1994, S. 25~45[Nachdruck der Veröff. Nr. II 105].

188. Die neue Niedersächsische Verfassung von 1993, in: NdsVBl., 1. Jg., 1994, S. 2~9[aufgenommen in Veröff. Nr. I 31].

189. Constitutional Review and the Theory of Interpretation, in: Jahrbuch zur Staats- und Verwaltungswissenschaft, Band 7, 1994, S. 43~64.

190. Die Französische Revolution und das deutsche Staatsrecht[japanische Fassung der Veröff. Nr. II 129 in der Übersetzung durch Tadashi Watanabe], in: Kokushikan Comparative Law Review, Vol. 17, 1994, S. 133~164.

191. Die Vergrö β erung der Mehrheit durch überhangmandate, in: Frankfurter Allgemeine Zeitung v. 15. 11. 1994/Nr. 266, S. 15[aufgenommen in Veröff. Nr. I 27].

192. Eine Verfassung für das Vereinigte Königreich?, in: AöR 119, 1994, S. 627~641[aufgenommen in Veröff. Nr. I 31].

193. Los Länder alemanes y la competencia exterior, in: Manuel Pérez González(Ed.), La acción exterior y comunitaria de los Länder, Regiones, Cantones y Comunidades Autónomas, Vol. I, Bilbao 1994, S. 107~123; deutsche Fassung, ebenda, S. 379~390.

194. I Länder tedeschi ed il potere estero, in: Antonio d'Atena(cura), Federalismo e regionalismo in Europa, Milano 1994, S. 181~195[Nachdruck der Veröff. Nr. II 171].

195. The Constitutionalisation Process of the New Länder: A Source of Inspiration for the Basic Law?, in: German Politics, Vol. 3, No. 3, London 1994, S. 118~130.

196. The German Länder and External Power, in: University of Rome II, Department of

Law, Yearbook 1990~91, Vol. III, 1994, S. 143~153.

1995

197. Verfassungsrechtliche Untersuchung zur 20-Uhr-Werbegrenze für die öffentlich-rechtlichen Rundfunkanstalten im Rahmen der Rundfunkfinanzierung auf der Grundlage der Rechtsprechung des Bundesverfassungsgerichts, in: Verband Privater Rundfunk und Telekommunikation(Hrsg.), Öffentlichrechtlicher Rundfunk und Werbefinanzierung, Berlin 1995, S. 9~32.
198. Grund-und Individualrechte als Mittel institutionellen Wandels in der Telekommunikation, in: Ernst-Joachim Mestmäcker(Hrsg.), Kommunikation ohne Monopole II(Wirtschaftsrecht der Telekommunikation Band 23), Baden-Baden 1995, S. 291~310[aufgenommen in Veröff. Nr. I 24].
199. Verfassung und Gesetz, in: Starck(Hrsg.), Rangordnung der Gesetze(Abhandlungen der Akademie der Wissenschaften zu Göttingen, philol.-hist. Klasse III 210), Göttingen 1995, S. 29~38.
200. Grundrechte, Rechtsstaat und Demokratieprinzip als Grundlagen des Verwaltungsverfahrens. Rechtsvergleichende Betrachtung, in: Recht zwischen Umbruch und Bewahrung. Festschrift für Rudolf Bernhardt, Berlin 1995, S. 595~614[aufgenommen in Veröff. Nr. I 24].
201. Der Rechtsstaat und die Aufarbeitung der vor-rechtsstaatlichen Vergangenheit, in: Dong-A Law Review, Vol. 18, Pusan 1995, S. 175~212[koreanische Fassung der Veröff. Nr. II 159 in der Übersetzung von Prof. Kim, Hyo-Jeon].
202. The Constitutionalisation Process of the New Länder: A Source of Inspiration for the Basic Law?, in: Klaus H. Goetz/Peter J. Cullen(Ed.), Constitutional Policy in Unified Germany, London 1995, S. 118~130[Nachdruck der Veröff. Nr. II 195].
203. Das deutsche Kirchensteuerrecht und die Europäische Integration, in: Festschrift für Ulrich Everling, Baden-Baden 1995, S. 1427~1437.
204. Constitutional Interpretation, in: Starck(Hrsg.), Studies in German Constitutionalism(Studien und Materialien zur Verfassungsgerichtsbarkeit Band 64), Baden-Baden 1995, S. 47~70.
205. Die Bundesstaatlichkeit und die Gemeinsame Verfassungskommission, in: Vertrauen in den Rechtsstaat. Festschrift für Walter Remmers, Köln 1995, S. 159~172[aufgenommen in Veröff. Nr. I 31].
206. La légitimité de la justice constitutionnelle et le principe démocratique de majorit?, in: Legitimidade et Legitimaçao da Justiça Constitucional. Colóquio no 10. Aniversário do Tribunal Constitucional, Coimbra 1995, S. 59~73.
207. Der demokratische Rechtsstaat als europäisches Erbe. Anfechtungen und Gefahren gegenwärtiger Entwicklungen, in: Neue Züricher Zeitung v. 1. 11. 1995/Nr. 254, S. 28.
208. Die Flexibilität rechtlicher Institutionen, in: Birgitta Nedelmann(Hrsg.), Politische

Institutionen im Wandel(Sonderheft 35 der Kölner Zeitschrift für Soziologie und Sozialpsychologie), Opladen 1995, S. 41~53[aufgenommen in Veröff. Nr. I 24].

1996

209. Der Rechtsstaat und die Aufarbeitung der vor-rechtsstaatlichen Vergangenheit, in: Hyo-Jeon Kim(Hrsg.), Das Rechtsstaatsprinzip, Seoul 1996, S. 253~288[Nachdruck von Nr. II 201].

210. The Development of the Idea of Religious Freedom in Modern Times, in: Instituto de Investigationes Jurídicas(Ed.), La Libertad religiosa. Memoria del IX. Congreso Internacional de Derecho Canónico, Mexiko 1996, S. 3~17.

211. Artikel "Menschenwürde", in: Ergänzbares Lexikon des Rechts, Luchterhand(LdR 81, 1996) 5/470, S. 1~4[=2, ergänzte Aufl. der Veröff. Nr. II 75].

212. Europa. Die Einheit gründet im gemeinsamen politischen Erbe, in: Rheinischer Merkur v. 12. 7. 1996/Nr. 28, S. 17f[Kurzfassung der Veröff. Nr. II 223].

213. Raíces históricas de la libertad religiosa moderna, in: Revista Española de Derecho Constitucional, Año 16, núm. 47, 1996, S. 9~27[spanische Fassung der Veröff. Nr. II 210; aufgenommen in Veröff. Nr. I 33].

214. Hermann von Mangoldt(1895~1953). Mitglied des Parlamentarischen Rates und Kommentator des Grundgesetzes, in: AöR 121(1996), S. 438~447.

215. Verfassungsgerichtsbarkeit und Fachgerichte, in: JZ, 51. Jg., 1996, S. 1033~1042[aufgenommen in Veröff. Nr. I 24].

216. Auβenhandelsfreiheit und Handelsembargo. Zur Auslegung des §7 AWG, in: Der Verwaltungsstaat im Wandel. Festschrift für Franz Knöpfle, München 1996, S. 319~332.

217. Le Christianisme et les Eglises dans leur signification pour l'identité de l'Union Européenne et de ses Etats membres, in: Jorge Miranda(Org.), Perspectivas Constitucionais. Nos 20 Anos da Constituiçao de 1976, Volume I, Coimbra 1996, S. 737~768[französische Fassung der Veröff. Nr. II 223].

218. Zum Verhältnis des Bundesverfassungsgerichts zu den Fachgerichten, in: Recht und Politik, 32. Jg., 1996, S. 201~205[Kurzfassung der Veröff. Nr. II 215].

219. The Legal Framework of the Institutional Autonomy of Civil Society in the Federal Republic of Germany, in: Hennie Kotz?(Ed.), Consolidating Democracy. What Role for Civil Society in South Africa?, Centre for International and Comparative Politics, University of Stellenbosch, 1996, S. 9~17.

220. Verfassungsgerichtsbarkeit und Fachgerichte. Referat, in: Verhandlungen des 61. Deutschen Juristentages, Bd. II/1, 1996, S. 0 27~0 42[Kurzfassung der Veröff. Nr. II 215]; Schluβwort, Bd. II/2, 1996, S. 0 114~0 121.

1997

221. "Grundversorgung" und Programmauftrag des öffentlich-rechtlichen Rundfunks, in: Verfassungsstaatlichkeit. Festschrift für Klaus Stern zum 65. Geburtstag,

München 1997, S. 777~797[aufgenommen in Veröff. Nr. I 24].

222. Das Wahlrecht braucht Beständigkeit. Die Legitimation der Staatsmacht im demokratischen Verfassungsstaat, in: Frankfurter Allgemeine Zeitung vom 13. 2. 1997/Nr. 37, S. 11[Kurzfassung der Veröff. Nr. II 226].

223. Das Christentum und die Kirchen in ihrer Bedeutung für die Identität der Europäischen Union und ihrer Mitgliedstaaten, in: Essener Gespräche zum Thema Staat und Kirche, Bd. 31, 1997, S. 5~30[aufgenommen in Veröff. Nr. I 24], sowie Diskussionsbeiträge, S. 34~36, 39~41, 43, 48~50, 140f.

224. "…in die freien Nationen anständige Richtung." Über polnische Verfassungsdinge, in: Frankfurter Allgemeine Zeitung vom 23. 5. 1997/Nr. 117, S. 10[aufgenommen in Veröff. Nr. I 31].

225. Hermann von Mangoldt. Member of the Parlamentarischer Rat and Commentator of the Grundgesetz, in: German Yearbook of International Law, Vol. 39(1996), 1997, S. 11~19[Englische Fassung der Veröff. Nr. II 214].

226. Wahlen im demokratischen Verfassungsstaat, in: Staat und Recht. Festschrift für Günther Winkler, Wien 1997, S. 1099~1113[aufgenommen in Veröff. Nr. I 24].

227. Unitarisierung des Rechts im Bundesstaat, in: Verfassung als Verantwortung und Verpflichtung. Festschrift zum 50-jährigen Bestehen des Bayerischen Verfassungsgerichtshofs, Stuttgart 1997, S. 229~239.

228. Flexibility of Legal Institution, in: The National Chung Hsing Law Review, Vol. 42, Taipeh 1997, S. 39~52[chinesische Fassung der Veröff. Nr. II 208 in der Übersetzung von Dr. Ai-er Chen, aufgenommen in Veröff. Nr. I 26].

229. Die Rolle der Grundrechte in Deutschland, in: Fakultätsgruppe Saarbrücken der European Law Students' Association und Centre juridique franco-allemand der Universität des Saarlandes(Hrsg.), Recht und Gesetz im deutsch-französischen Dialog(Annales Universitatis Saraviensis, Rechts-und Wirtschaftswissenschaftliche Abteilung, Bd. 130), 1997, S. 49~64.

230. Rechtsvergleichung im öffentlichen Recht, in: JZ, 52. Jg., 1997, S. 1021~1030[aufgenommen in Veröff. Nr. I 31].

231. Verfassungsauslegung, in: National Taiwan University Law Journal, Vol. 26, No. 4, Taipeh 1997, S. 233~265[gekürzte chinesische Fassung der Veröff. Nr. II 172 in der Übersetzung von Dr. Chien-liang Lee, aufgenommen in Veröff. Nr. I 26].

232. Das Christentum und die Kirchen in ihrer Bedeutung für die Identität der Europäischen Union und ihre Mitgliedstaaten, in: U. Nembach(Hrsg.), Informationes Theologiae Europae, Bd. 6, 1997, S. 25~52[Nachdruck der Veröff. Nr. II 223, ohne Diskussionsbeiträge].

233. Die Verfassungen der neuen Länder, in: J. Isensee/P. Kirchhof(Hrsg.), Handbuch des Staatsrechts der Bundesrepublik Deutschland, Bd. IX, Heidelberg 1997, S. 353~402[=2, verbesserte Auflage der Veröff. I 18, aufgenommen in Veröff. Nr. I 31].

234. Znaczenie chrzescijanstwa i Kosciolów dla tozsamosci Unii Europejskiej i jej panstw czlonkowskich, in: Helmut Juros(Red.), Europa i Kosciól, Warschau 1997, S. 75~100[polnische Fassung der Veröff. Nr. II 223].

235. The State's Obligation to Protect Fundamental Rights, in: National Chengchi Law Review, vol. 58, Taipeh 1997, S. 33~64[chinesische Fassung des 2. Kap. der Veröff. Nr. I 20 in der Übersetzung von Dr. Chien-Liang Lee, aufgenommen in Veröff. Nr. I 26].

1998

236. Jurisdicción constitucional y Tribunales ordinarios, in: Revista Española de Derecho Constitucional, Año16, núm. 53, 1998, S. 11~32[aufgenommen in Veröff. Nr. I 33].

237. The Religious Origins of Public Law, in: Revue Européenne de droit public, vol. 10, 1998, S. 621~636.

238. The German Länder and External Power, in: Antonio D'Atena(cura), Federalism and Regionalism in Europe, Neapel 1998, S. 177~191[2, ergänzte Auflage der Veröff. Nr. II 196].

239. Freiheit und Sozialstaat, in: Welt–Stadt–Wissenschaft. Jahrbuch 1997/98 der Wittheit zu Bremen, 1998, S. 108~114[Nachdruck der Veröff. Nr. II 41].

1999

240. Steuerliche Lenkungsnormen und Vertrauensschutz am Beispiel der Schiffsabschreibungen, in: Festschrift für Bernhard Groβfeld zum 65. Geburtstag, Heidelberg 1999, S. 1137~1154[aufgenommen in Veröff. Nr. I 27].

241. Die Urteilsverfassungsbeschwerde und Schluβwort, in: Harald Bogs(Hrsg.), Urteilsverfassungsbeschwerde zum Bundesverfassungsgericht(Studien und Materialien zur Verfassungsgerichtsbarkeit Band 77), Baden-Baden 1999, S. 11~16, 55f.

242. Das Grundgesetz nach fünfzig Jahren: bewährt und herausgefordert, in: JZ, 54. Jg., 1999, S. 473~485[aufgenommen in Veröff. Nr. I 31].

243. Ius utrumque im Wandel der Zeiten, in: Festschrift für Martin Heckel zum 70. Geburtstag, Tübingen 1999, S. 275~293[aufgenommen in Veröff. Nr. I 24].

244. The Legitimacy of Constitutional Adjudication and Democracy, in: Starck(Ed.), Constitutionalism, Universalism and Democracy–a comparative analysis(Studien und Materialien zur Verfassungsgerichtsbarkeit Band 75), Baden-Baden 1999, S. 13~23.

245. Religion and the State, in: Starck(Ed.), Constitutionalism, Universalism and Demomocracy –a comparative analysis(Studien und Materialien zur Verfassungsgerichtsbarkeit Band 75), Baden-Baden 1999, S. 239~251.

246. Zum Verhältnis von positiver und negativer Religionsfreiheit, in: Kirche und Recht, 5. Jg., 1999(Sonderheft anläβlich des 70. Geburtstages von Heiner Marré), S. 131~136[aufgenommen in Veröff. Nr. I 27].

247. Gleichberechtigung und tatsächliche Gleichheit von Mann und Frau, in: Richterliches Arbeitsrecht. Festschrift für Thomas Dieterich zum 65. Geburtstag, München 1999, S. 643~659[aufgenommen in Veröff. Nr. I 24].

248. Rechtsvergleichung im öffentlichen Recht, in: National Taiwan University Law Journal, Vol. 28 No. 4, 1999, S. 357~379[chinesische Fassung der Veröff. Nr. II 230 in der Übersetzung von Dr. San-chin Lin, aufgenommen in Veröff. Nr. I 26].

249. Religionsunterricht in Brandenburg. Art. 141 GG als Ausnahme von der Regel des Art. 7 Abs. 3 GG, in: Dem Staate, was des Staates ist – der Kirche, was der Kirche ist. Festschrift für Joseph Listl zum 70. Geburtstag, Berlin 1999, S. 391~406[aufgenommen in Veröff. Nr. I 27].

250. Das Grundgesetz nach fünfzig Jahren: bewährt und herausgefordert, in: World Constitutional Law Review(Korean Branch of IACL), No. IV, 1999, S. 7~38[koreanische Fassung der Veröff. Nr. II 242 ohne Fu β noten].

251. La théorie de la démocratie constitutionnelle, in: Mélanges Patrice Gélard, Paris 1999, S. 87~92.

252. State Duties of Protection and Fundamental Rights, in: Constitution and Law III(Konrad-Adenauer-Stiftung Johannesburg, Seminar Report) 1999, S. 11~32.

253. Grundrechtliche Schutzpflichten, in: Meijo Hogaku(=Meijo Law Review) vol. 49 no. 1, 1999, S. 185 224[japanische Fassung des 2. Kapitels der Veröff. Nr. I 17 in der Übersetzung von Prof. Go Koyama].

254. Grundrechte und Privatrecht[und koreanische Übersetzung], in: Korea University Law Review, Vol. 35(1999), S. 333~381.

255. The Legitimacy of Constitutional Adjudication and Democracy, in: S. Skaric(Hrsg.), Zbornik vo cest na Eugeni Dimitru, Skopie 1999, S. 331~342[mazedonische Fassung der Veröff. Nr. II 244].

256. Grundrechtliche Schutzpflichten, in: Chien-liang Lee, Verfassungstheorie und Verfassungspraxis(chinesisch), Taipeh 1999, S. 103~149[Nachdruck von Nr. II 235].

257. Verfassungsauslegung, in: Chien-liang Lee, Verfassungstheorie und Verfassungspraxis(chinesisch), Taipeh 1999, S. 189~225[Nachdruck von Nr. II 231].

2000

258. Staat und Religion, in: JZ, 55. Jg., 2000, S. 1~9.

259. Nationaler Grundkonsens und Verfassungsgerichte, in: Europas universale rechtsordnungspolitische Aufgabe im Recht des dritten Jahrtausends. Festschrift für Alfons Söllner zum 70. Geburtstag, München 2000, S. 1109~1124[aufgenommen in Veröff. Nr. I 24].

260. Le régime parlementaire en Allemagne, in: Revue Marocaine d'Administration Locale et de DöVeloppement, No. 30, janvier – février 2000, S. 9~22.

261. State Duties of Protection and Fundamental Rights, in: Potchefstroom Electronical

Law Review(PER), vol. 1, 2000, http://www.puk.ac.za/lawper/2000~1/starck.html[elektronische Fassung der Veröff. II 252].

262. Nationaler Grundkonsens und Verfassungsgerichte, in: Schuppert/Bumke(Hrsg.), Bundesverfassungsgericht und gesellschaftlicher Grundkonsens, Baden-Baden 2000, S. 227~241[Nachdruck der Veröff. Nr. II 259].

263. Das Verhältnis von Staat und Religion in Europa und Nordamerika, in: Starck(Hrsg.), Staat und Individuum im Kultur-und Rechtsvergleich. Deutsch-taiwanesisches Kolloquium(Beiträge zum ausländischen und vergleichenden öffentlichen Recht Band 14), Baden-Baden 2000, S. 185~205[Nachdruck von Nr. II 258].

264. Wahlen im demokratischen Verfassungsstaat[und koreanische Übersetzung], in: Public Law, Vol. 28-4-1, Seoul 2000, S. 21~35(koreanisch), S. 38~55(deutsch) [geringfügig veränderter Nachdruck und Übersetzung von II 226].

265. Mifegyne und die Abtreibungsgesetzgebung, in: NJW, 53. Jg., 2000, S. 2714~2716.

266. Menschenbild, Institutionen und Ethos. Zur circumspektiven Politikwissenschaft von Wilhelm Hennis, in: JZ, 55. Jg., 2000, S. 927~929.

267. Gleichheit der Besteuerung durch amtliche AfA-Tabellen und Sonderbehandlung von Verlustzuweisungsgesellschaften, in: Staaten und Steuern. Festschrift für Klaus Vogel zum 70. Geburtstag, Heidelberg 2000, S. 391~403[aufgenommen in Veröff. Nr. I 27].

268. Artikel "Gesetz, V. Politisch, juristisch", in: Religion in Geschichte und Gegenwart, 4. Aufl., Bd. 3, Tübingen 2000, Spalten 854f.

269. The Religious and Philosophical Background of Human Dignity and its Place in Modern Constitutions, in: Sung Kyun Kwan Law Review, Vol. 12, Seoul 2000, S. 335~359, und koreanische Kurzfassung von Hyung Sung Kim, S. 359~363.

2001

270. Wer ist eigentlich für den Erlaβ der AfA-Tabellen zuständig?, in: JZ, 56. Jg., 2001, S. 132f.

271. Verfassungsrechtliche Probleme der deutschen Abtreibungsgesetzgebung, in: Die Macht des Geistes. Festschrift für Hartmut Schiedermair, Heidelberg 2001, S. 377~389[aufgenommen in Veröff. Nr. I 27].

272. Stabile Minderheitsregierung als heimliche Mehrheitsregierung. Zum "Magdeburger Modell", in: Recht－Staa－Gemeinwohl. Festschrift für Dietrich Rauschning, Köln 2001, S. 157~172[aufgenommen in Veröff. Nr. I 27].

273. Problems of New Abortion Legislation in Germany, in: Vial Correa/Sgreccia(Ed.), Evangelium Vitae. Proceedings of the Sixth Assembly of the Pontifical Academy for Life, Città del Vaticano, 2001, S. 194, 205. Verbesserter Nachdruck in: Revista internazionale bimestrale di Bioetica, Deontologica e Morale Medica, 51. Jg., 2001, S. 461~475.

274. Der moralische Status des Embryos, in: Neue Zürcher Zeitung v. 14./15. 4. 2001/Nr. 87, S. 89(internationale Ausgabe S. 59).

275. Hört auf, unser Grundgesetz zerreden zu wollen. Auch im Reagenzglas gilt die Menschenwürdegarantie: Die "Unbehaustheit" des Embryos ist kein Argument für seine Vernichtung, in: Frankfurter Allgemeine Zeitung vom 30. Mai 2001/Nr. 124, S. 55.

276. Neues zur Gesetzgebungskompetenz des Bundes kraft Sachzusammenhangs, in: Staat – Kirche – Verwaltung. Festschrift für Hartmut Maurer, München 2001, S. 281~296[aufgenommen in Veröff. Nr. I 27].

277. Die Rechtsgrenzen der Gemeinschaft. Weltgesellschaft, Individualismus, Nützlichkeitsdenken: künftige Aufgaben der Rechtsdogmatik, in: Frankfurter Allgemeine Zeitung vom 4. September 2001/Nr. 205, S. 55[Kurzfassung von Nr. II 284].

278. Das Bundesverfassungsgericht in der Verfassungsordnung und im politischen Prozeβ, in: Badura/Dreier(Hrsg.), Festschrift 50 Jahre Bundesverfassungsgericht, 1. Band, 2001, S. 1~32[aufgenommen in Veröff. Nr. I 31].

279. La legitimación de la justicia constitucional y el principio democrático, in: Jurisdicción Constitucional de Colombia. La Corte Constitucional 1992~2000. Realidades y Perspectivas, Bogotà 2001, S. 467~485.

280. Le gouvernement des juges vu par les juges, in: S. Brondel/N. Foulquier/L. Heuschling(dir.), Gouvernement des juges et démocratie(Série Science politique 3, Publications de la Sorbonne), Paris 2001, S. 293~296, 312f, 316f, 320f, 323.

281. Die Todesschüsse an der innerdeutschen Grenze, in: JZ, 56. Jg., 2001, S. 1102~1106[aufgenommen in Veröff. Nr. I 27].

282. Wirtschaft und Recht in China. Von der paternalistischen Verwaltung zum partnerschaftlichen Rechtsstaat, in: Neue Zürcher Zeitung v. 14. 11. 2001/Nr. 265, S.17(Internationale Ausgabe S. 29).

283. La protection des droits de l'homme. Quelles procédures?, in: Revue Européenne de Droit Public, vol. 13, No. 1(2001), S. 121~137.

284. Die Rechtswissenschaft in der Zukunft, in: Akademie der Wissenschaften zu Göttingen(Hrsg.), Wissenschaften 2001. Diagnosen und Prognosen, 2001, S. 48~67.

285. Nationaler Grundkonsens und Verfassungsgerichte, in: World Constitutional Law Review(Korean Branch of IACL), No. VI=FS for 80th Birthday of Prof. Naoki Kobayashi, 2001, S. 93~118[Nachdruck der Veröff. Nr. II 259 mit koreanischer Übersetzung, S. 119~138].

286. Kontrola administracji przez ogólny sady administracyjne w Niemczech(=Die Kontrolle der Verwaltung durch die allgemeinen Verwaltungsgerichte in Deutschland), in: Instytucje wspólczesnego prawa administracyjnego. Ksiega jubilenszowa Profesora Józefa Filipka(=Festschrift für Josef Filipek), Krakau 2001, S. 661~671.

287. El estatuto moral del embrión, in: Revista de Derecho y Genoma Humano, Núm. 15, 2001, S. 139~149[spanische Fassung der Veröff. Nr. II 293].

288. Human Rights and Private Law in German Constitutional Development and in the Jurisdiction of the Federal Constitutional Court, in: D. Friedmann/D. Barak-

Erez(ed.), Human Rights in Private Law, Oxford 2001, S. 97~111.

2002

289. Wahlperiode und Wahltermin. Zur Neuwahl der ersten Landtage der ostdeutschen Länder im Jahre 1994, in: Tradition und Weltoffenheit des Rechts. Festschrift für Helmut Steinberger, Berlin 2002, S. 627~644.

290. Der kleinste Weltbürger. Person, nicht Sache: Der Embryo, in: Frankfurter Allgemeine Zeitung vom 25. April 2002/Nr. 96, S. 50.

291. The Religious and Philosophical Background of Human Dignity and its Place in Modern Constitutions, in: D. Kretzmer/E. Klein(ed.), The Concept of Human Dignity in Human Rights Discourse, Den Haag 2002, S. 179~193[veränderter Nachdruck der Veröff. Nr. II 269].

292. Die Rechtswissenschaft in der Zukunft, in: Der Wandel des Staates vor den Herausforderungen der Gegenwart. Festschrift für Winfried Brohm, München 2002, S. 567~583.[geringfügig geänderte Fassung der Veröff. Nr. II 284].

293. Der moralische Status des Embryos, in: Revue Hellénique des Droits de l'homme, Tomos IV, No. 14/2002, S. 321~332.

294. Grundrechte und Privatrecht[und chinesische Übersetzung von San-chin Lin], in: Modern Theories of Public Law Revisted. Festschrift in honor of Prof. Dr. Yueh-Sheng Weng's 70th Birthday, Vol. I, Taipeh 2002, S. 365~419[aufgenommen in Veröff. Nr. I 26].

295. Verfassungsrechtliche Grenzen der Biowissenschaft und Fortpflanzungsmedizin, in: JZ, 57. Jg., 2002, S. 1065~1072.

296. Artikel "Legislative", in: Religion in Geschichte und Gegenwart, 4. Aufl., Bd. 5, 2002, Spalten 178f.

297. Der Status der Kirchen als Körperschaften des öffentlichen Rechts in Deutschland[und russische Übersetzung], in: Goethe-Institut u.a.(Hrsg.), Sozialethik, Verantwortung des Einzelnen, der gesellschaftlichen Organisationen, der Kirche und des Staates im sozialen Bereich, St. Petersburg 2002, S. 92~96A(deutsch) und 92~97B(russisch).

298. Derechos fundamentales y Derecho privado, in: Revista Española de Derecho Constitucional, Año 22, Núm. 66, 2002, S. 65~89[aufgenommen in Veröff. Nr. I 33].

299. Das Bundesverfassungsgericht in der Verfassungsordnung und im politischen Prozeβ, in: Kokusikan Hogaku(=Kokusikan Law Review), vol. 34, 2002, S. 81~129[japanische Fassung der Veröff. Nr. II 278 in der Übersetzung von Tadashi Watanabe.

300. Das Bundesverfassungsgericht in der Verfassungsordnung und im politischen Prozeβ. überlegungen anläβlich des 50. Jahrestages der Einrichtung des Bundesverfassugs-gerichts, in: Jahrbuch der Akademie der Wissenschaften zu Göttingen 2001, Göttingen 2002, S. 139~157[Kurzfassung der Veröff. Nr. II 278].

2003

301. Legitimation politischer Entscheidungen durch Verfahren. Das Zuwanderungsgesetz im Bundesrat und vor dem Bundesverfassungsgericht, in: Zeitschrift für Gesetzgebung, 18. Jg., 2003, S. 81~91[aufgenommen in Veröff. Nr. I 27].

302. Die Vorlesung Rechtsphilosophie, in: Strafrecht, Biorecht, Rechtsphilosophie. Festschrift für Hans-Ludwig Schreiber, Heidelberg 2003, S. 985~999.

303. Die "Stiftung" der Landesuniversität, in: O. Behrends(Hrsg.), Göttingen Stiftungsuniversität?, Göttingen 2003, S. 65~80.

304. Religionsunterricht und Verfassung. Eine rechtsvergleichende Betrachtung, in: Bürgerliche Freiheit und Christliche Verantwortung. Festschrift für Christoph Link, Tübingen 2003, S. 483~499.

305. Gewaltenteilung und Verfassungsgerichtsbarkeit, in: Mensch und Staat. Festschrift Thomas Fleiner, Freiburg/Schweiz, 2003, S. 451~467[aufgenommen in Veröff. Nr. I 27].

306. Education religieuse et Constitution, in: Revue françaisede Droit constitutionnel, No. 53, 2003, S. 17~32[französische Fassung der Veröff. Nr. II 304].

307. Menschenwürde von Anfang an: Der Embryo ist ein Wer, kein Was, in: Die Welt vom 1. Nov. 2003, S. 9.

308. So wird eine Revolution ausgehandelt. Vor zehn Jahren gab sich Südafrika eine neue Ordnung: Der Verfassungsvertrag vom 18. November 1993, in: Frankfurter Allgemeine Zeitung vom 18. November 2003/Nr. 268, S. 44.

309. Die Sozialdoktrin der Russisch-Orthodoxen Kirche 2000, in: Kirche und Religion im sozialen Rechtsstaat. Festschrift für Wolfgang Rüfner, Berlin 2003, S. 821~835.

310. Constitución. Jurisdicción constitucional. Interpretación constitucional.(Reflexiones en torno a los 25 años de vigencia de la Constitución española), in: Francisco Fernández Segado(ed.), The Spanish Constitution in the European Constitutional Context, Madrid 2003, S. 1157~1178[aufgenommen in Veröff. Nr. I 33].

311. La legitimación de la justicia constitucional y el principio democrático, in: Anuario Iberoamericano de Justicia Constitucional, vol. 7, 2003, S. 479~493[Nachdruck von Nr. II 279; aufgenommen in Veröff. Nr. I 33].

312. Der moralische Status des Embryos, in: Korean Journal of Law and Society, vol. 25, 2003, S. 277~287[koreanische Übersetzung der Veröff. Nr. II 293 durch Kim, Dai-whan].

313. Freiheit und Wahrheit, in: Loiodice/Vari(cura), Giovanni Paolo II. Le vie della giustizia. Omaggio dei Giuristi a Sua Santit? nel XXV anno di Pontificato, Rom 2003, S. 476~478.

314. Europas gemeinsame Wurzeln und ihre Bedeutung für die Rechtsordnung der Europäischen Union, in: L. Leuzzi/C. Mirabelli(cura), Verso una Costituzione Europea, Tomo II, Lungro di Cosenza(Italia) 2003, S. 937~948.

315. Grundrechtliche Schutzpflichten, in: Verfassungsrecht und Gesellschaft. Festschrift für Professor Choi, Dai-Kwon zur Emeritierung, Seoul 2003, S. 135~172[koreanische

Übersetzung des 2. Kapitels der Veröff. Nr. I 17 durch Hyo-Jeon Kim].

2004

316. Der südafrikanische Verfassungsvertrag von 1993, in: O. Behrends/Ch. Starck(Hrsg.), Gesetz und Vertrag I, 11. Symposion der Kommission "Die Funktion des Gesetzes in Geschichte und Gegenwart" am 10. und 11. Mai 2002(Abhandlungen der Akademie der Wissenschaften in Göttingen, philol.-hist. Klasse III 262) Göttingen 2004, S. 125~150[aufgenommen in Veröff. Nr. I 31].

317. Die philosophischen Grundlagen der Menschenrechte, in: Der Staat des Grundgesetzes－Kontinuität und Wandel. Festschrift für Peter Badura, Tübingen 2004, S. 553~570.

318. Menschenrechte－aus den Büchern in die Verfassungen, in: G. Nolte/H.-L. Schreiber(Hrsg.), Der Mensch und seine Rechte. Grundlagen und Brennpunkte der Menschrechte zu Beginn des 21. Jahrhunderts, Göttingen 2004, S. 9~27.

319. Die Rolle der Verfassungsrechtswissenschaft im demokratischen Verfassungsstaat, in: Ch. Starck(Hrsg.), Die Rolle der Verfassungsrechtswissenschaft im demokratischen Verfassungsstaat. Zweites deutsch-taiwanesisches Kolloquium(Beiträge zum ausländischen und vergleichenden öffentlichen Recht Band 21), Baden-Baden 2004, S. 21~31.

320. Verfassungsrechtswissenschaft, Normenkontrolle und Verfassungsauslegung, in: Ch. Starck(Hrsg.), Die Rolle der Verfassungsrechtswissenschaft im demokratischen Verfassungsstaat. Zweites deutsch-taiwanesisches Kolloquium(Beiträge zum ausländischen und vergleichenden öffentlichen Recht Band 21), Baden-Baden 2004, S. 85~92[aufgenommen in Veröff. Nr. I 27].

321. Grundrechtliche Schutzpflichten, in: Hyo-Jeon Kim(ed.), Georg Jellinek u.a., Zum Verständnis der deutschen Grundrechtstheorie[koreanisch] Seoul 2004, S. 475~519[Nachdruck der Veröff. Nr. II 315].

322. Gründung und Entwicklung der Internationalen Vereinigung für Verfassungsrecht 1981~2001, in: Essays in Honour of Georgios J. Kassimatis, Athen, Berlin, Brüssel 2004, S. 983~1002.

323. Urgestein des Rechts. Tiefe historische Wurzeln: Der Europäische Verfassungsvertrag, in: Frankfurter Allgemeine Zeitung vom 9. Juni 2004/Nr. 132, S. N 5.

324. Gewaltenteilung und Verfassungsgerichtsbarkeit, in: Ch. Starck(Hrsg.), Fortschritte der Verfassungsgerichtsbarkeit in der Welt－Teil I. Deutsch-japanisches Kolloquium(Studien und Materialien zur Verfassungsgerichtsbarkeit Band 95), Baden-Baden 2004, S. 117~131.

325. Fortschritte der Verfassungsgerichtsbarkeit; Gewaltenteilung und Verfassungsgerichtsbarkeit, in: Kuriki/Tonami/Hatajiri(Hrsg.), Die Fortschritte der Verfassungsgerichtsbarkeit in der Welt[japanisch], Tokyo 2004, S. 7~36[japanische

Fassung der Veröffentlichung II/324].

326. Démocratie et participation, in: Srdjan Djordjevic(Réd.), Constitution. lex superior. Mélanges Pavle Nikolic, Belgrad 2004, S. 611~618.

327. Wieviel Finanz-und Steuerrecht gehört zum Jurastudium?, in: Staat, Wirtschaft, Finanzverfassung. Festschrift für Peter Selmer, Berlin 2004, S. 925~945.

328. Artikel "Menschenwürde", in: Ergänzbares Lexikon des Rechts, Luchterhand(LdR 121, 2004) 5/470, S. 1~5[=3, ergänzte Aufl. der Veröff. Nr. II/75, II/211].

329. Aspekte deutscher Bundesstaatlichkeit in Rechtsprechung und Reformplänen, in: Demokratie und sozialer Rechtsstaat in Europa. Festschrift für Theo öhlinger, Wien 2004, S. 254~271[aufgenommen in Veröff. Nr. I 27].

330. Artikel "Rechtspolitik", in: Religion in Geschichte und Gegenwart, 4. Aufl., Bd. 7, Tübingen 2004, Sp. 123~125.

331. Artikel "Rechtsstaatlichkeit/Rechtsstaat", in: Religion in Geschichte und Gegenwart, 4. Aufl., Bd. 7, Tübingen 2004, Sp. 126~127.

332. Artikel "Rechtswissenschaft I-III", in: Religion in Geschichte und Gegenwart, 4. Aufl., Bd. 7, Tübingen 2004, Sp. 127~133.

333. The Human Embryo is a Person and not an Object, in: Vöneky/Wolfrum(eds.), Human Dignity and Human Cloning, Leiden/Boston 2004, S. 63~67.

334. Erinnerung an Werner Weber(geb. 1904), in: DöV, 57. Jg., 2004, S. 996~1000.

335. Consenso fundamental nacional y tribunales constitucionales(una reflexión jurídica comparada), in: Anuario Iberoamericano de Justicia Constitucional, vol. 8, 2004, S. 539~556[aufgenommen in Veröff. Nr. I 33].

336. Le radici comuni dell'Europa e la loro importanza per l'ordinamento giuridico dell' unione Europea, in: Antonio D'Atena/Pierfrancesco Grossi(cura), Tutela dei Diritti fondamentali e Constituzionalismo multilivello tra Europa e Stati nazionali, Milano 2004, S. 3~17[italienische Fassung der Veröff. Nr. II 314].

337. Werner Weber(1904~1976), in: GöttingeJahrbuch 52(2004), S. 189~195[Nachdruck der Veröff. Nr. II/334].

338. Über Auslegung und Wirkungen der Grundrechte, in: Fachzeitschrift für Deutschlandkunde, Bd. 20, Pusan 2004, S. 95~121[koreanische Fassung der Veröff. Nr. II/135 in Übersetzung von Kim, Hyo-Jeon].

2005

339. Eine Verfassung für Mecklenburg-Vorpommern, in: Landtag Mecklenburg-Vorpommern(Hrsg.), 10 Jahre Verfassung des Landes Mecklenburg-Vorpommern, Schwerin 2005, S. 117~134[Nachdruck der Veröff. Nr. II 149], 2. Aufl. Schwerin 2005, S. 119~136[aufgenommen in Veröff. Nr. I 31].

340. Maβstäbe der Gestaltung des rechtlichen Rahmens für Lebenswissenschaft und Lebenstechnik, in: Eilert Herms(Hrsg.), Leben – Verständnis. Wissenschaft.

Technik(Veröffentlichungen der Wissenschaftlichen Gesellschaft für Theologie, Band 24), Gütersloh 2005, S. 120~134[leicht veränderter Nachdruck der Veröff. Nr. II 295].

341. The Impact of Human Rights on Private Law, in: Eibe Riedel(ed.), Constitutionalism – Old Concepts, New Worlds, Berlin 2005, S. 73~87.

342. Education religieuse et constitution, in: J. Iliopoulos-Strangas(ed.), Constitution & Religion, Athen u. Brüssel o.J.(2005), S. 155~172[Nachdruck der Veröff. Nr. II/306].

343. Der Vertrag Über eine Verfassung für Europa, in: für Sicherheit, für Europa. Festschrift für Volkmar Götz, Göttingen 2005, S. 73~92[aufgenommen in Veröff. Nr. I 31].

344. Menschenwürde als Verfassungsgarantie im modernen Staat, in: Constitutional Law, Vol. XI No. 2(June 2005), S. 533~560, Korea Constitutional Law Association, Seoul[koreanische Fassung der Veröff. Nr. II 54 in Übersetzung von Kim, Hyo-Jeon].

345. Die Finanzausstattung der Kommunen im Spiegel der Rechtsprechung der Landesverfassungsgerichte, in: NdsVBl. 2005, Sonderheft vom 15. Juli 2005 zum 50-jährigen Bestehen des Niedersächsischen Staatsgerichtshofs, S. 36~39[aufgenommen in Veröff. Nr. I 27].

346. Gesetz und Vertrag. Grundbegriffliche Klärung, in: O. Behrends/Ch. Starck(Hrsg.), Gesetz und Vertrag II, 12. Symposion der Kommission "Die Funktion des Gesetzes in Geschichte und Gegenwart"(Abhandlungen der Akademie der Wissenschaften in Göttingen, philol.-hist. Klasse III 266), Göttingen 2005, S. 9~25, Diskussionsbeiträge S. 27, 29f, 32ff, 36, 59f, 88, 177.

347. Introducción a la dignidad humana en el Derecho alemán, in: Anuario Iberoamericano de Justicia Constitucional 9, 2005, S. 489~497[aufgenommen in Veröff. Nr. I 33].

348. Grundrechtliche und demokratische Freiheitsidee, in: J. Isensee/P. Kirchhof(Hrsg.), Handbuch des Staatsrechts der Bundesrepublik Deutschland, Bd. III, 3, völlig neubearbeitete und erweiterte Auflage, Heidelberg 2005, S. 3~29[siehe II 102].

349. Allgemeine Staatslehre in Zeiten der Europäischen Union, in: Weltinnenrecht. Liber amicorum Jost Delbrück, Berlin 2005, S. 711~726.

350. Forschungsfreiheit und ihre Grenzen, in: Ch. Starck(Hrsg.), Verantwortung der Wissenschaft, Tübingen 2005, S. 71~93, 100~103.

351. Democracy and Participation, in: Lorenzo Leuzzi/Gian Piero Milano(cura), Per un nuovo umanesimo in Europa. Atti del simposio europeo "Università e Chiesa", Siena 2005, S. 156~162.

352. Das Caroline-Urteil des EGMR und seine verfassungsrechtlichen Konsequenzen, in: Hanns Prütting(Hrsg.), Das Caroline-Urteil des EGMR und die Rechtsprechung des Bundesverfassungsgerichts, München 2005, S. 23~36, Diskussionsbeiträge, S. 40f, 48ff, 85f, 105f, 112f.

353. Anayasal Demokrasi ve S ı n ı rl ı Yönetim(=Demokratischer Konstitutionalismus und beschränkte Staatsgewalt), in: Ergül(Ed.), Demokrasi ve Yarg ı . Democracy and Judiciary, Ankara 2005, S. 25~33.

354. Europa–wie geht es weiter?, in: Zeitschrift für Staats-und Europawissenschaften, 3. Jg., 2005, S. 542~552[aufgenommen in Veröff. Nr. I 31].

355. La teoría general del Estado en los tiempos de la Unión europea, in: Revista de Derecho Político, No. 64, 2005, S. 25~48[spanische Fassung der Veröff. Nr. II 348; aufgenommen in Veröff. Nr. I 33].

2006

356. Das Caroline–Urteil des Europäischen Gerichtshofs für Menschenrechte und seine rechtlichen Konsequenzen, in: JZ, 61. Jg., 2006, S. 76~81[leicht veränderter Nachdruck der Veröff. Nr. II 351, aufgenommen in Veröff. Nr. I 27].

357. Ist die finanzielle Förderung der Forschung an embryonalen Stammzellen durch die Europäische Gemeinschaft rechtlich zulässig?, in: Europarecht, 41. Jg., 2006, S. 1~25.

358. Die Position der Kirchen im europäischen Recht, in: Staat und Recht in europäischer Perspektive. Festschrift für Heinz Schäffer, Wien 2006, S. 765~777.

359. Constitutional Democracy and Limited Government, in: Ozan Ergül(ed.), Democracy and the Judiciary, Ankara 2006, S. 25~34[englische Fassung der Veröff. Nr. II 352].

360. Embryonic Stem Cell Research According to German and European Law, in: German Law Journal, vol. 7, 2006, p. 625~656[http://www.germanlawjournal.com/index.php], [englische Fassung der Veröff. Nr. II 356].

361. Toleranz als Freiheitsgewährleistung und Bürgertugend, in: Ch. Starck(Hrsg.), Wo hört Toleranz auf?, Göttingen 2006, S. 11~19.

362. Forschungsfreiheit und ihre Grenzen, in: Kyungsung Law Review, Vol. 15, No. 1(2006), S. 231~244[koreanische Fassung der Veröff. Nr. II 349].

363. Freedom of Scientific Research and its Restrictions in German Constitutional Law, in: Israel Law Review, Vol. 39, No. 2[Special Issue in Honor of Professor Claude Klein], 2006, S. 110~126[englische Fassung der Veröff. Nr. II 349].

364. Deutsches Verfassungsrecht in Japan, in: Jahrbuch der Akademie der Wissenschaften zu Göttingen 2005, Göttingen 2006, S. 95~100.

365. Die kurhessische Verfassung von 1831 im Rahmen des deutschen Konstitutionalismus, in: Zeitschrift des Vereins für hessische Geschichte und Landeskunde Bd. 111, 2006, S. 181~194.

366. Teilnahmerechte, in: D. Merten/H.J. Papier(Hrsg.), Handbuch der Grundrechte, Band II, Heidelberg 2006, S. 709~740.

367. Les fondements du fédéralisme allemand, in: Revue Marocaine d'Administration Locale et de Développement, No. 68, mai–juin 2006, S. 20~32.

2007

368. Vorrang der Verfassung und Verfassungsgerichtsbarkeit, in: Ch. Starck/A. Weber(Hrsg.), Verfassungsgerichtsbarkeit in Westeuropa, Teilband I(Studien und Materialien zur Verfassungsgerichtsbarkeit Band 30), Baden-Baden, 2. Aufl. 2007, S. 11~35[siehe Nr. II 90].

369. Die europäischen Institutionen und die Nationalstaaten－Die Rechtskultur im Bau Europas, in: Wege gelebter Verfassung in Recht und Politik. Festschrift für Rupert Scholz, Berlin 2007, S. 179~188.

370. Menschenwürde als Verfassungsgarantie, in: Academia Sinica Law Journal, Inaugural Issue, March 2007, S. 307~347.

371. Auslegung und Fortbildung der Verfassung und des Verfassungsprozessgesetzes durch das Verfassungsgericht, in: Staat im Wort. Festschrift für Josef Isensee, Heidelberg 2007, S. 215~227[aufgenommen in Veröff. Nr. I 31].

372. Wolnosc badan nauko wych i jej granice[=Forschungsfreiheit und ihre Grenzen], in: Przeglad Sejmowy, 15. Jg. 3(80), 2007, S. 45~57[polnische Fassung der Veröff. Nr. II 349].

373. La Cour constitutionnelle fédérale. Son rôle et ses effets, in: Renouveau du droit constitutionnel. Mélanges en l'honneur de Louis Favoreu, Paris 2007, S. 455~471.

374. Soziale Rechte in Verträgen, Verfassungen und Gesetzen, in: Wirtschaft und Gesellschaft im Staat der Gegenwart. Gedächtnisschrift für Peter J. Tettinger, Berlin 2007, S. 761~774.

375. Le istituzioni europee e gli Stati nazionali. La cultura giuridica nella costruzione dell'Europa, in: Lorenzo Leuzzi(cura), Europa e nuovo umanesimo, Genova 2007, S. 37~49[italienische Fassung der Veröff. II 368].

376. Interpretation and Judicial Evolution of the Constitution and of the Statute concerning the Constitutional Court by the Constitutional Court, in: The Constitutional Review, Vol. 32, No. 4, Taipeh 2007, S. 483~493[chinesische Fassung der Veröff. Nr. II 370 in Übersetzung von Dr. Tzu-hui Yang], [aufgenommen in Veröff. Nr. I 34].

377. Gewaltenteilung und Verfassungsgerichtsbarkeit, in: Fu-Jen fa-hsüch(=Fu Jen Law Review), Vol. 33, Taipeh 2007, S. 27~44[chinesische Fassung der Veröff. Nr. II 305 in Übersetzung von Dr. Tzu-hui Yang mit deutschem Text, S. 1~26], [aufgenommen in Veröff. Nr. I 34].

2008

378. Rechtsfortbildung durch das Verfassungsgericht, in: Heun/Starck(Hrsg.), Verfassungsgerichtsbarkeit im Rechtsvergleich. Drittes deutsch-taiwanesisches Kolloquium vom 2~3. Oktober 2006(Studien und Materialien zur Verfassungsgerichtsbarkeit Band 102), Baden-Baden 2008, S. 15~26.

379. Verfassung und Verfassungspraxis am Beispiel der Kurhessischen Verfassung von 1831, in: Verfassungen – Zwischen Recht und Politik. Festschrift für Hans-Peter Schneider, Baden-Baden 2008, S. 39~53[aufgenommen in Veröff. Nr. I 31].

380. Deutsche Nationalakademie und verfassungsrechtliche Kompetenzordnung, in: JZ, 63. Jg., 2008, S. 81~83.

381. Jurisdição Constitucional e Tribunais Comuns, in Anuário Português de Direito Constitucional, vol. IV(2004/2005), Coimbra 2008, S. 13~38[portugiesische Fassung der Veröff. Nr. II 236].

382. La dignidad del hombre como garantía constitucional, en especial en el derecho alemán, in: Francisco Fernández Segado(Coordinador), Dignidad de la persona, derechos fundamentales, justicia constitucional, Madrid 2008, S. 239~302.

383. Los fundamentos filosóficos de los derechos humanos, in: Francisco Fernández Segado(Coordinador), Dignidad de la persona, derechos fundamentales, justicia constitucional, Madrid 2008, S. 395~411[spanische Fassung der Veröffentlichung Nr. II 317].

384. Pamattiesibas un privattiesibas(=Grundrechte und Privatrecht), in: Jurista vards 2008, Nr. 12, S. 14~21[lettische Fassung der Veröff. Nr. II 294 ohne Abschnitt I in Übersetzung durch Laila Niedre und Liga Ziedina].

385. Die notwendige gesetzliche Neujustierung des Versandhandels mit apothekenpflichtigen Medikamenten, in: DöV, 61 Jg., 2008, S. 389~395.

386. Das neue Recht polizeilicher Datenerhebung und – verarbeitung in Niedersachsen, in: NdsVBl., 15. Jg, 2008, S. 145~152.

387. Die Gewährleistung der Menschenwürde in der Praxis der Biowissenschaften, in: Revista catalana de dret públic, núm. 36, 2008, S. 79~105; spanische Fassung "Garantía de la dignidad humana en la practica de la biomedicina" und katalanische Fassung "Garantia de la dignidat humana en la pràctica de la biomedicina" in der elektronischen Ausgabe der Revista http://www.eapc.cat/rcdp.

388. Allgemeine Staatslehre in Zeiten der Europäischen Union, in: National Taiwan University Law Journal, Vol. 37, No. 2, Taipeh 2008, S. 285~302[chinesische Fassung der Veröff. II 348 in Übersetzung durch Dr. Tzung-Jen Tsai], [aufgenommen in Veröff. Nr. I 34].

389. Krieg, Moralphilosophie und Völkerrecht, in: Ch. Starck(Hrsg.), Kann es heute noch "gerechte Kriege" geben?, Göttingen 2008, S. 11~19.

390. Varas dalisana un konstitucionala jurisdikcíja(=Gewaltenteilung und Verfassungsgerichtsbarkeit), in: Jurista vards 2008, Nr. 27, S. 19~24[lettische Fassung der Veröff. Nr. II 305 in Übersetzung durch Laila Niedre und Liga Ziedina].

391. Verfassungsgerichtsbarkeit der Länder, in: J. Isensee/P. Kirchhof(Hrsg.), Handbuch des Staatsrechts der Bundesrepublik Deutschland, Bd. VI, 3. völlig neu bearbeitete und erweiterte Auflage, Heidelberg 2008, S. 317~382.

392. Bilanzpublizität und Datenschutz, in: Deutsches Steuerrecht, 46. Jg., 2008, S. 2035~2039.

393. Menschenwürde im Spannungsverhältnis zu Freiheit und Sicherheit und Özgürlük ile Güvenlik Arasindaki Gerilim Iliskisinde Insan Onuru, in: Heinrich Böll Stiftung Dernege/Goethe Institut(Hrsg.), Menschenwürde und Menschenrechte: Garantie für die Demokratie, Istanbul 2008, deutsch S. 80~85 und türkisch S. 72~76.

394. Forschungsfreiheit und ihre Grenzen, in: National Taiwan University Law Journal, Vol. 37, No. 4, Taipeh 2008, S. 391~406[chinesische Fassung der Veröff. Nr. II 349 in Übersetzung von Dr. Ai-er Chen], [aufgenommen in Veröff. Nr. I 34].

2009

395. Dignidade humana como garantia constitucional: o exemplo da Lei Fundamental alema, in: Ingo W. Sarlet(org.), Dimensoes da Dignidade. Ensaios de Filosofia do Direito e Direito Constitucional, 2. edicao revista e ampliada, p. 199~224.

396. Direitos sociais em Tratados Internacionais, constituicoes e leis, in: George Salomao Leite/Ingo Wolfgang Sarlet(Coord.), Direitos fundamentais e Estado constitucional. Estudos em homenagem a J. J. Gomes Canotilho, Coimbra e Sao Paulo 2009, p. 279~293[portugiesische Fassung der Veröff. II 373 in Übersetzung von Gustavo Fossati e Fabiana Okchstein Kelbert].

397. Woher kommt das Recht?, in: Ars Iuris. Festschrift für Okko Behrends, Göttingen 2009, S. 515~531.

398. Soziale Rechte in Verträgen, Verfassungen und Gesetzen, in: Jahrbuch des Deutsch-Chinesischen Instituts für Rechtswissenschaft der Universitäten Göttingen und Nanjing, Band 6(2008), Nanjing 2009, S. 3~15[chinesische Fassung in Übersetzung durch Xiao-min Fang der Veröff. Nr. II 373; in sprachlich verbesserter Fassung aufgenommen in Veröff. Nr. I 34].

399. Gründe, Bedingungen und Formen von Rechtsrezeptionen, In: Heun/Starck/ Tsai(Hrsg.), Rezeption und Paradigmenwechsel im öffentlichen Recht. Viertes deutsch-taiwanesichesKolloquium vom 7~8. November in Taipeh(Beiträge zum ausländischen und vergleichenden öffentlichen Recht Band 28), Baden-Baden 2009, S. 25~35.

400. Über die Sicherung des verfassungsrechtlichen Sonntagsschutzes in der modernen Konsumwelt, in: Nach geltendem Verfassungsrecht. Festschrift für Udo Steiner zum 70. Geburtstag, Stuttgart 2009, S. 808~825.

401. Woher kommt das Recht? Antrittsrede, in: Jahrbuch der Akademie der Wissenschaften zu Göttingen 2008, Berlin 2009, S. 87~103[gekürzter Abdruck der Veröff. Nr. II 396].

402. Auslegung und Fortbildung der Verfassung und des Verfassungsprozessgesetzes durch das Verfassungsgericht, in: Nihon Hogakū(Journal of Law) Vol. 75, No.

2(2009), S. 165~187[japanische Fassung der Veröff. Nr. II 370 in Übersetzung von Kenji Hirota und Kenji Nayuki].

403. The Parliamentary Government in Germany as a Factor of Stability, in: The National Academy of Korea(ed.), The Presidential Government or the Parlamentary Government. The 36th NAS International Symposion, 2009, S. 145~162(englisch), S. 61~74(koreanisch); 2. Aufl. 2009, S. 261~276(englisch), S. 61~73(koreanisch), S. 162~187(Kurzfassung englisch und koreanisch sowie Diskussion).

404. Ustawa Zasadnicza po 60 latach. Niemieckie i europejskie perspectywy[Das Grundgesetz nach 60 Jahren. Deutsche und europäische Perspektiven], in: Przegląd Sejmowy, 17. Jg. 6(95), 2009, S. 17~31[polnische Fassung der Veröff. Nr. 412].

2010

405. Art. "Jurisprudence I – III", in: Religion. Past and Present, Vol VII, 2010, S. 101~105 [englische Fassung der Veröff. Nr. II 332].

406. Art. "Law and Legislation: V. Politics and Jurisprudence", in: Religion. Past and Present, Vol. VII, 2010, S. 376 f[englische Fassung der Veröff. Nr. II 268].

407. Art. "Legal Policy", in: Religion. Past and Present, Vol. VII, 2010, 2010, S. 401f[englische Fassung der Veröff. Nr. II 330].

408. Art. "Legislative", in: Religion. Past and Present, Vol VII, 2010, S. 407f[englische Fassung der Veröff. Nr. II 296].

409. The Parlamentary Government in Germany as a Factor of Stability, in: Tschol-su Kim(Hrsg.), The Presidential Government or the Parlamentary Government, 2010, S. 81~92[alles koreanisch, Nachdruck der Veröff. Nr. II 402].

410. Gewaltenteilung und Verfassungsgerichtsbarkeit, in: Dong-A Law Review, Vol 46, 2010, S. 451~475(deutsch), S. 477~494(korenisch).

411. Publizität Über alles?, in: Ebke/Möhlenkamp(Hrsg.), Rechnungslegung, Publizität und Wettbewerb, Baden-Baden 2010, S. 217~223.

412. Where does Law Originate from?, in: East Asian Law Journal, Vol 1, No. 1(2010), S. 1~14[englische Fassung der Veröff. Nr. II 396].

413. Das Grundgesetz heute. Deutsche und europäische Perspektiven, in: Stern(Hrsg.), 60 Jahre Grundgesetz. Das Grundgesetz für die Bundesrepublik Deutschland im europäischen Verfassungsverbund, München 2010, S. 55~70 und Diskussionsbeiträge S. 89~91, 95f, 103f, 209f.

414. Nuevo desarollo de las relaciones entre Estado e Igesia en el Derecho alemán, in: Revista General de Derecho Canonico y Eclesiastico del Estado, No. 23(2010) – Revistas@iustel.com

415. Creazione giudiziale del diritto rispetto alla formulazione del dispositivo(Tenorierung) e all'efficacia delle sentenze sul controllo di costituzionalità delle norme, in: Associazione italiana dei costituzionalisti. Annuario

2006: La circulazione dei modelli e della techniche del giudizio di costituzionalità in Europa, Neapel 2010, S. 185~198.

416. Gründe, Bedingungen und Formen von Rechtsrezeptionen[deutsch und koreanisch in der Übersetzung von Dai-Whan Kim], in: Seoul Law Review, Vol. 18, No. 1(2010), S. 1~21(deutsch), S. 23~38(koreanisch).

417. Verfassungsbeschwerde und Stellungnahme im Verfahren 1BvR 2858/07, in: Axel Frhr v. Campenhausen(Hrsg.), Tag der Arbeitsruhe und der seelischen Erhebung. Dokumentation zum Urteil des Bundesverfassungsgerichts zum Schutz der Sonntagsruhe(Schriften zum Staatskirchenrecht Band 52), 2010, S. 91~124.

418. Gründe, Bedingungen und Formen von Rechtsrezeptionen, in: Jahrbuch der Akademie der Wissenschaften zu Göttingen 2009, Berlin 2010, S. 377~384.

419. Auslegung und Sicherung der Grundrechte in Deutschland, in: Academia Sinica Law Journal(Taipei) 7(2010), S. 1~40.

420. Auslegung und Sicherung der Grundrechte in Deutschland, in: Percorsi costituzionali, Anno III, No. 1, Rom(2010), S. 253~273[Nachdruck von Veröff. Nr. II 418].

421. Das Bundesverfassungsgericht in der Verfassungsordnung und im politischen Prozeβ[chinesische Übersetzung und Einführung durch Tzu-hui Yang], in: Festschrift 50 Jahre Bundesverfassungsgericht Band I[chinesische Ausgabe], Taipeh 2010, S. 3~33[auch in Veröff. II 26 enthalten].

2011

422. Rechtsrezeption, in: Fehling/Grewlich(Hrsg.), Struktur und Wandel des Verwaltungsrechts. Symposion zum 80. Geburtstag von Prof. Dr. Dr. h.c. Martin Bullinger, Baden-Baden 2011, S. 123~131.

423. Menschenbild in der Verfassung, in: Trappe/Palm(Hrsg.), Menschenbild und Menschenbildung.(Ethik der öffentlichen Verwaltung. Schriftenreihe der Fachhochschule für öffentliche Verwaltung NRW Band 1), Frankfurt 2011, S. 23~37.

424. Nuevo desarrollo de las relaciones entre Estado e Iglesia en el Derecho alemán, in: Leite/Sarlet/Carbonell(coord.), Direitos, Deveres e Garantias fundamentais, Salvador Bahia 2011, S. 45~56[gekürzte Druckfassung der elektronischen Veröff. Nr. 413].

425. Das parlamentarische Regierungssystem in Deutschland als Faktor der Stabilität, in: G. Püttner(Hrsg.), öffentliches Recht: Zwanzig Jahre nachher. Bundesrepublik Deutschland(European Public Law Series, Volume XCIX), London 2011, S. 49~64.

426. Freedom of Expression and Academic Freedom: Background and Formation of Legal Principles, in: Mahendra P. Singh(Ed.), Comparative Constitutional Law. Festschrift in Honour of Professor P. K. Tripathi, 2nd edition, Lucknow, Dehli, Alahabad 2011, S. 409~423[erweiterte Fassung der Veröff. Nr. II 130].

427. Direitos sociais em tratados internacionais, constituições e leis, in: Revista Latino-Americana de Estudos Constitucionais Nr. 12(Ano 10), 2011, S.

363~383[Nachdruck der Veröff. Nr. II 395].

428. Art. "Rule of Law", in: Religion. Past and Present, vol. XI, 2011, S. 317f[englische Fassung der Veröff. Nr. II 331].

429. Soziale Rechte in Verträgen, Verfassungen und Gesetzen[japanische Fassung der Veröff. Nr. II 373 in Übersetzung durch Professor Tadashi Watanabe], in: Kokusikan Law Review vol. XXXXIV, 2011, S. 81~101.

2012

430. Grundrechte und Gesetz. Eine Entwicklungsgeschichte, in: Taiwan Law Journal, Issue 191(1. 1. 2012), S. 10~25[chinesische Fassung der Veröff. Nr. II 431 in Übersetzung durch Professor Tzung-jen Tsai].

431. Errungenschaften der Rechtskultur, in: Taiwan Law Journal, Issue 191(1. 1. 2012), S. 26~39[chinesische Fassung der Veröff. I 35 in Übersetzung durch Professor Chien-liang Lee].

432. Grundrechte und Gesetz. Eine Entwicklungsgeschichte, in: Der grundrechtsgeprägte Verfassungsstaat. Festschrift für Klaus Stern zum 80. Geburtstag, Berlin 2012, S. 197, S. 216.

433. Gesetz und Recht, in: Heun/Starck(Hrsg.), Das Gesetz. Fünftes deutsch-taiwanesisches Kolloquium am 1. und 2. April 2011 an der Georg-August-Universität Göttingen(Beiträge zum ausländischen und vergleichenden öffentlichen Recht Band 31), Baden-Baden 2012, S. 51~63.

434. Idee und Struktur des Föderalismus im Lichte der Allgemeinen Staatslehre, in: Ines Härtel(Hrsg.), Handbuch des Föderalismus, Band I, 2012, S. 41~55.

435. Gleichberechtigung von Mann und Frau – eine öffentlich-rechtliche Perspektive, in: Nina Meier(Hrsg.), Kompendium Coaching & Teamcoaching, Sternenfels(Verlag Wisenschaft und Praxis Dr. Braun), o.J.(2012), S. 449~455.

436. Wie kommen die Grundrechte ins Privatrecht und wie wirken sie dort?[koreanische Fassung der Veröff. Nr. II 445], in: Festschrift für Professor Kim, Tschol-Su, Kyung-in Publishing, Korea 2012, S. 53~62.

437. De onde vem o Direito?, in: Estudos de homenagem ao Prof. Doutor Jorge Miranda, vol. VI, Coimbra 2012, S. 99~118[portugiesische Fassung der Veröff. Nr. II 396 in Übersetzung durch Prof. Ingo Sarlet und Joana Ripoll].

438. La libertad religiosa en Alemania como libertad positiva y negativa, in: María Elósegui Itxaso(Coord.), La neutralidad del Estado y el papel de la Religión en la Esfera pública en Alemania, Zaragoza 2012, S. 63~74.

439. Die Religionsfreiheit in Deutschland als positive und negative Freiheit, in María Elósegui Itxaso(Coord.), La neutralidad del Estado y el papel de la Religión en la Esfera pública en Alemania, Zaragoza, 2012, S. 291~302.

440 The Right Protection of Civil Servants in Germany, in: National Elite, No. 29(2012),

S. 153~165[in chinesisch übersetzt durch Prof. Dr. Ai-er Chen].

441. Verfassungsgerichtsbarkeit und Grundrechte. verhältnismäβigkeit, Hierarchie, Abwägung, in: G. Cerrina Feroni/F. Palermo/P. Ridola(cura), I 60 anni della Legge fondamentale tra memoria e futuro-60 Jahre Grundgesetz zwischen Herkunft und Zukunft(Atti del convegno dell'Associazione di Diritto Pubblico comparato ed Europeo, Milano 2009), Torino 2012, S. 85~94.

442. La Ley Fundamental de Bonn hoy. Perspectivas alemanas y europeas, in: Constitución y Democracia: Ayer y hoy. Libro Homenaje a Antonio Torres del Moral, vol. III, Madrid 2012, S. 2979~2995[spanische Fassung der Veröff. Nr. II 412 in Über-setzung durch Prof. Carlos Vidal Prado].

443. Tenorierungen und Wirkungen von verfassungsgerichtlichen Normenkontroll-entscheidungen[in koreanisch mit deutschem Text], 1st Int'l Academic Symposion of the Constitutional Research Institute Korea 2012. 12. 12, Proceedings, S. 72~89 (koreanisch), S. 91~119(deutsch), in: hptt://ri.ccourt.go.kr〉seminars〉1st Int'l Academic Symposion.

2013

444. Die Enticklung der Sozialversicherungsgesetzgebung in Deutschland und die europäische Sozialunion, in: Verfassungsstaatlichkeit im Wandel. Festschrift für Thomas Würtenberger zum 70. Geburtstag, Berlin 2013, S. 293~303.

445. Wilhelm Hennis und die Legitimität als politikwissenschaftliche Kategorie, in: Andreas Anter(Hrsg.), Wilhelm Hennis' Politische Wissenschaft, Tübingen 2013, S. 125~138.

446. Freiheit, in: Leitgedanken des Rechts. Paul Kirchhof zum 70. Geburtstag, Band I, Heidelberg 2013, S. 507~513.

447. Wie kommen die Grundrechte ins Privatrecht und wie wirken sie dort?, in Festschrift für Rolf Stürner zum 70. Geburtstag, 1. Teilband, Tübingen 2013, S. 61~77.

448. Architektonisches und archäologisches Kulturerbe in europa-und völkerrechtlicher Sicht, in: Festschrift für Eibe Riedel zum 70. Geburtstag, Berlin 2013, S. 181~190.

449. Akademie und Staat, in: Starck/Schönhammer(Hrsg.), Die Geschichte der Akademie der Wissenschaften zu Göttingen. Teil I(Abhandlungen der Akademie der Wissenschaften zu Göttingen. Neue Folge Band 28), Berlin 2013, S. 3~26.

450. Die Akademie der Wissenschaften in Gegenwart und Zukunft, in: Starck/ Schönhammer(Hrsg.), Die Geschichte der Akademie der Wissenschaften zu Göttingen. Teil I(Abhandlungen der Akademie der Wissenschaften zu Göttingen. Neue Folge Band 28), Berlin 2013, S. 317~330.

451. Das parlamentarische Regierungssystem in Deutschland als Faktor der Stabilität, in: Taiwan Law Journal, Issue 220(15. 3. 2013), S. 28~37[chinesische Fassung in Übersetzung von Prof. Tzung-jen Tsai].

452. Tenorierungen und Wirkungen von verfassungsgerichtlichen Normenkontrollentscheidungen, in: Taiwan Law Journal, Issue 222(15. 4. 2013), S. 1~11[chinesische Fassung in Übersetzung von Prof. Chien-liang Lee].

453. Die Entwicklung der Sozialversicherungsgesetzgebung in Deutschland und die europäische Sozialunion, in: Taiwan Law Journal, Issue 226(15. 6. 2013), S. 40~48[chinesische Fassung der Veröff. Nr. II 442].

454. Logros de la cultura jurídica, in: Revista de Derecho Politico No. 87(2013), S. 131~147[spanische Fassung der Veröff. Nr. I 35 in Übersetzung von Antonio Pau Pedrón].

455. El sistema de Gobierno parlamentario en Alemania como factor de estabilidad, in: Revista de las Cortes Generales, vol. 87(2012, erschienen 2013), S. 101~119[Übersetzung durch Prof. María Roca].

456. Bedeutung und Funktion der mündlichen Verhandlung in Normenkontrollverfahren des Bundesverfassungsgerichts[in Chinesisch, übersetzt durch Prof. Tzu-hui Yang], in: Judicial Weekly(Taipei), Nr. 1665(2013), S. 2~3.

457. Basic Rights, Law and Constitutional Court[in Chinesisch, übersetzt durch Prof. Chia-ho Lin], in: The Constitutional Review(Taipei), vol. 39, No. 1(July 2013), S. 147~158.

458. The Development of the Idea of Religious Freedom in Modern Times, in: Silvio Ferrari/Rinaldo Cristoforo(eds.), Freedom of Religion and Belief(The Library of Essays on Law and Religion. Volume II), Abington 2013, p. 3~18 [Nachdruck der Veröff. Nr. II 210].

2014

459. Die Bedeutung der Schumannschen Formel für Rechtssysteme mit Urteilsverfassungsbeschwerde, in: Herbert Roth(Hrsg.), Symposion "50 Jahre Schumannsche Formel"(Schriftenreihe der Juristischen Studiengesellschaft Regensburg, Band 36), Baden-Baden 2014, S. 29~47.

460. Das ZDF-Gremien-Urteil des Bundesverfassungsgerichts und seine gesetzliche und staatsvertragliche Umsetzung, in: JZ, 69. Jg., 2014, S. 552~557.

461. The Concept of Law from a Legal Point of View, in: European Review, Vol. 22, Supplement No. 1(2014), p. S 180~S 185.

462. Woher kommt das Recht?[Veröff. Nr. II 396 in chinesischer Sprache; Nachdruck aus Veröff. Nr. I 34, S. 3~22], in: Jahrbuch des Deutsch-Chinesischen Instituts für Rechtswissenschaft der Universitäten Göttingen und Nanjing, Band 11, Nanjing 2014, S. 3~20.

463. Patrimonio Cultural Mondial, in: Margarita Fuenteseca(Coord.), Diccionario Jurídico de la Cultura, Real Academia de Jurisprudencia y Legislación. Sección de Derecho de la cultura, www.diccionario-juridico-cultura.com, 6 Seiten.

464. Maximen der Verfassungsauslegung, in: J. Isensee/P. Kirchhof(Hrsg.), Handbuch des Staatsrechts der Bundesrepublik Deutschland, Bd. XII, 3, völlig neu bearbeitete

und erweiterte Auflage, Heidelberg 2014, S. 613~657[siehe Veröff. Nr. II 172].

465. Die Bedeutung der Rechtsphilosophie für das positive Recht, in: fiph-Journal(Forschungsinstitut für Philosophie Hannover), Nr. 24, Oktober 2014, S. 1, 2~4.

466. Kammerselbstverwaltung und Staatsaufsicht. Die Architektenkammer und die Ingenieurkammer in Niedersachsen, in: NdsVBl. 21. Jg., 2014, S. 197~302, 333~337.

467. Gerhard Leibholz(1901~1982), in: Peter Häberle/Michael Kilian/Heinrich Amadeus Wolf(Hrsg.), Staatsrechtslehrer des 20. Jahrhunderts, 2014, S. 580~591.

468. Faith and Rational Law. Legal Reflections on the Encyclical *Fides et Ratio* of Pope John Paul II, in: Państwo demokratyczne, prawne i socjalne. Tom 3 Księga Jubileuszowa dedykowana Profesorowi Zbigniewowi Antoniemu Maciągowi, Kraków 2014, S. 9~16.

469. Das Bundesverfassungsgericht in der Verfassungsordnung und im politischen Prozeß[Nr. II 278 in koreanischer Sprache, übersetzt von Prof. Dr. Dai Whan Kim], in: World Constitutional Law Review, vol. XX No. 3, 2014, S. 151~182

3. 판례 평석(Urteilsanmerkungen)

1963

1. Anm. zum Urteil des BFH VII 188/57 S vom 26. 3. 1963(BStBl. III, 282): Formelle und materielle Bedenken gegen die Ermächtigung zur Festsetzung des Branntweinaufschlags, in: StRK(1963) BranntwMonG §79 R 1[6 Seiten].

1964

2. Anm. zum Urteil des BFH IV 270/59 vom 22. 11. 1962: Verböserung(reformatio in peius) und rechtliches Gehör im Steuerprozeß; wirtschaftliche und an privatrechtliche Formen anknüpfende Betrachtungsweise im Steuerrecht, in: StRK(1964) EinkStG §4 R 546[4 Seiten].

3. Anm. zum Urteil des BFH I 236/59 vom 27. 2. 1963(BFHE 77, 145): Ablehnung eines Richters des Finanzgerichts; materielle Rechtskraft und §222 Abs. 1 AO, in: StRK(1964) AO §222 Abs. 1 R 168[6 Seiten].

4. Anm. zum Urteil des BFH III 143/61 vom 21. 2. 1964(BFHE 79, 562): Wiederaufrollung des ganzen Steuerfalles gem. §222 Abs. 1 AO ist systemwidrig, in: StRK(1964) AO §222 Abs. 1 R 190, S. 5~7.

5. Anm. zum Urteil des BFH I 248/62 vom 17. 3. 1964: Materielle Rechtskraft und § 222 Abs. 1 AO, in: StRK(1964) AO §222 Abs. 1 R 197[2 Seiten].

6. Anm. zum Urteil des BFH VII 154/62 vom 30. 6. 1964(BFHE 79, 619): Zur Verjährungsunterbrechung bei Zöllen und Verbrauchsteuern, in: StRK(1964) AO § 147 R 40[2 Seiten]

1965

7. Anm. zum Urteil des BFH VI 249/63 vom 24. 7. 1964(BFHE 80, 232): "Milderungserlaβ" als Rechtsnorm?; Fehlgeldentschädigungen, in: StRK(1965) EinkStG §19(Abs. 1) Ziff. 1 R 352[2 Seiten].
8. Anm. zum Urteil des BFH VI 78/63 S vom 3. 7. 1964(BFHE 80, 257~266): Steuerausschuβ als ministerialfreie Staatsverwaltung; Zusage und Auskunft im Steuerrecht, in: StRK(1965) AO §263 R 4[4 Seiten].
9. Anm. zum Urteil des BVerwG VII C 6/64 vom 26. 6. 1964 und zum Urteil des BFH IV 166/63 vom 13. 12. 1963(BFHE 78, 116): Lohnsummensteuer und Grundgesetz, in: StRK(1965) GewStG §§23 R 8[4 Seiten].
10. Anm. zum Urteil des BFH II 141/60 S vom 11. 11. 1964(BFHE 81, 171): Die Besteuerung des nicht genehmigten Güterfernverkehrs; zur Auslegung von Steuergesetzen, in: StRK(1965) BefStG 1955 §11 R 15[4 Seiten].
11. Anm. zum Urteil des BFH IV 179/64 U vom 28. 1. 1965(BFHE 82, 40): Betriebsaufspaltung und Gewerbesteuerpflicht; wirtschaftliche Betrachtungsweise; Grenzen der Auslegung und Rechtsfortbildung im Bereich der Gesetze, die steuerliche Belastungen normieren, in: StRK(1965) GewStG §2 Abs. 2 R 56[6 Seiten], [aufgenommen in Veröff. Nr. I 17].
12. Anm. zum Urteil des BFH IV 106/64Uvom 22. 10. 1964(BFHE 81, 121): Besteuerung auβerordentlicher Einkünfte gem. §34 Abs. 1 EStG; zum Verhältnis von Gesetz und Steuerrichtlinien, in: StRK(1965) EinkStG §34 Abs. 1 R 35[4 Seiten].
13. Anm. zum Urteil des BFH VI 109/65 S vom 4. 5. 1965(BFHE 83, 23): Das Wahlrecht gem. §8 Abs. 2 Wohnungsbauprämiengesetz; zum Verhältnis von Gesetz und Steuerrichtlinien, in: StRK(1965) EinkSt. WoPG §8 R 7[2 Seiten].
14. Anm. zum Beschluβ des BVerfG 1 BvR 488/62 u.a. vom 11. 11. 1964(BVerfGE 18, 224): Pensionsrückstellung für beherrschende Gesellschafter-Geschüftsführer; Gleichheitssatz, wirtschaftliche Betrachtungsweise und Durchgriffsproblem, in: StRK(1965) GG Art. 3 R 249, S. 3~6[aufgenommen in Veröff. Nr. I 17].

1966

15. Anm. zum Urteil des BFH III 186/64 U vom 30. 7. 1965(BFHE 83, 200): Vermögensbesteuerung des Aktienbesitzes verglichen mit der des Grundbesitzes; Möglichkeiten für eine Vorlage an das BVerfG, in: StRK(1966) VermStG §4 R 12[4 Seiten].
16. [Zusammen mit Joachim Starck] Anm. zum Urteil des BFH I 143/64 S vom 28. 10. 1964(BFHE 81, 542): Zur Verfassungsmäβigkeit des §79 Abs. 2 BVerfGG, in: StRK(1966) BVerfGG §79 R 16[4 Seiten].

1968

17. Anm. zum Urteil des BFH I 115/66 vom 21. 11. 1967(BFHE 91, 33):

Nichtabzugsfähigkeit der Vermögensteuer bei der Ermittlung des steuerpflichtigen Einkommens der juristischen Personen und Art. 3 GG, in: StRK(1968) KörpStG § 12 Ziff. 2 R 5[3 Seiten].

1971

18. Anm. zum Urteil des BFH IV R 34/69 vom 9. 7. 1970(BFHE 99, 448): Äuβere Form von Urteilsbegründungen; Steuermilderungen und Gesetzmäβigkeitsprinzip; Aufgaben der Finanzverwaltung; zur Auslegung des §131 AO, in: StRK(1971) AO §131 n.F. R 190[5 Seiten].

1972

19. Anm. zum Beschluβ des BVerfG vom 14. 3. 1972~2 BvR 41/71-"Strafvollzug-Beschluβ" (BVerfGE 33, 1), in: JZ, 27. Jg., 1972, S. 360~362[aufgenommen in Veröff. Nr. I 17].
20. Anm. zum Beschluβ des BVerfG vom 13. 10. 1971-1 BvL 10/69(BVerfGE 32, 78): Mindestbesteuerung von Aktiengesellschaften nach dem Vermögensteuergesetz, in: StRK(1972) VStG §6 R 1[3 Seiten].

1973

21. Anm. zum Urteil des BFH VI R 300/69 vom 30. 8. 1972(BFHE 107, 280): Maigeldrichtlinie ohne Rechtsgrundlage; Gesetzmäβigkeitsprinzip und Steuerbefreiungen, in: StRK(1973) EStG §19 Abs. 1 Ziff. 1 R 501[2 Seiten].
22. Anm. zum Beschluβ des BVerfG vom 1. 2. 1973–1 BvR 426/72 u.a.(BVerfGE 34, 252): Verfassungsrechtliche Beurteilung der Zusammenführung der steuerberatenden Berufe, in: StRK(1973) StBerG Allg. R 1[10 Seiten], [aufgenommen in Veröff. Nr. I 17].

1979

23. Anm. zum Beschluβ des BVerfG vom 11. 10. 1978–1 BvR 84/74(BVerfGE 49, 304): Zum Problem der richterlichen Rechtsfortbildung, in: JZ, 34. Jg., 1979, S. 63~64[aufgenommen in Veröff. Nr. I 17].
24. Anm. zum Urteil des Verwaltungsgerichts Mainz vom 19. 12. 1978–3 K 314/73(JZ 1979, S. 303): Zur staatlichen Rechtsaufsicht Über Rundfunkanstalten, in: JZ, 34. Jg., 1979, S. 305~307[aufgenommen in Veröff. Nr. I 27].
25. Anm. zum Urteil des BSG vom 16. 11. 1978–3 RK 29/76(BSGE 47, 148): Garantiehaftung für AOK, in: Die Sozialgerichtsbarkeit, 26. Jg., 1979, S. 337~338[aufgenommen in Veröff. Nr. I 17].

1982

26. Anm. zum Urteil des BVerfG vom 9. 2. 1982–1 BvR 845/79(BVerfGE 59, 360): Elternrecht, in: JZ, 37. Jg., 1982, S. 329~330[aufgenommen in Veröff. Nr. I 17].

1987

27. Wie verwerflich ist nun Gewalt? Das Bundesverfassungsgericht hat im Sitzblockaden-Urteil mit zwei Zungen gesprochen, in: Frankfurter Allgemeine Zeitung v. 3. 1. 1987/Nr. 2, S. 9[Kurzfassung der Veröff. Nr. III 28].

28. Anm. zum Urteil des BVerfG vom 11. 11. 1986 – 1 BvR 713/83 u.a.(BVerfGE 73, 206): Zu §240 StGB, in: JZ, 42. Jg., 1987, S. 145~148[aufgenommen in Veröff. Nr. I 17].

1989

29. Anm. zum Urteil des BVerfG vom 31. 1. 1989 – 1 BvL 17/87(BVerfGE 79, 256): Zum Recht auf Kenntnis der eigenen Abstammung, in: JZ, 44. Jg., 1989, S. 338~339[aufgenommen in Veröff. Nr. I 17].

1993

30. Anm. zum Beschluβ des BVerfG vom 25. 9. 1992~2 BvL 5, 8, 14/91(BVerfGE 87, 153): Grenzen der staatlichen Besteuerungsgewalt, in: JZ, 48. Jg., 1993, S. 311f[aufgenommen in Veröff. Nr. I 17].

1996

31. Anm. zum Urteil des EuGH vom 17. 10. 1995 – C 450/93: Bremische Quotenregelung für den Zugang zum öffentlichen Dienst, in: JZ, 51. Jg., 1996, S. 197~199.

1997

32. Anm. zum Beschluβ des BVerfG vom 24. 10. 1996~2 BvR 1851, 1853, 1875, 1852/94(BVerfGE 95, 96): Zur strafrechtlichen Verantwortlichkeit für die Todesschüsse an der innerdeutschen Grenze, in: JZ, 52. Jg., 1997, S. 147~149[aufgenommen in Veröff. Nr. I 27].

33. Anm. zum Beschluβ des BVerfG vom 6. 5. 1997 – 1 BvR 409/90(BVerfGE 96, 56): Recht des unehelichen Kindes auf Kenntnis seiner Abstammung; Abwägung der widerstreitenden Interessen der Mutter und des Kindes, in: JZ, 52. Jg, 1997, S. 779f[aufgenommen in Veröff. Nr. I 27].

1998

34. Anm. zum Urteil des EuGH vom 11. 11. 1997 – C 409/95: Quotenregelung des Landes Nordrhein-Westfalen für den Zugang zum öffentlichen Dienst, in: JZ, 53. Jg., 1998, S. 140f.

2000

35. Anm. zum Urteil des EuGH vom 28. 3. 2000 – C158/97: Hessisches Gleichberechtigungsgesetz, in: JZ, 55. Jg., 2000, S. 670~672[aufgenommen in: Veröff. Nr. I 24].

2005

36. Anm. zum Urteil des BVerfG vom 25. 8. 2005 – 2 BvE 4/05, 7/05(BVerfGE 114,

121): Auflösung des Bundestages, in: JZ, 60. Jg., 2005, S. 1053~1056[aufgenommen in Veröff. Nr. I 27].

2006

37. Anm. zum Urteil des BVerfG vom 15. 2. 2006–1 BvR 357/05(BVerfGE 115, 118): Einsatz militärischer Waffen gegen Terroristen, in: JZ, 61. Jg., 2006, S. 417~419[in chinesischer Übersetzung, aufgenommen in Veröff. Nr. I 34].

2008

38. Anm. zum Beschluβ des BVerfG vom 26 .2. 2008–1 BvR 1602, 1606, 1626/07(BVerfGE 120, 180): Bildberichterstattung und Persönlichkeitsrecht, in: JZ, 63. Jg., 2008, S. 634 f.

2011

39. Anm. zum Beschluβ des BFH vom 7. 12. 2010–IX R 70/07: Maβgebliche Bedeutung der höchstrichterlichen Rechtsprechung für den Vertrauensschutz im Steuerrecht, in: JZ, 66. Jg., 2011, S. 426~428.

2012

40. Anm. zum Urteil des EuGH vom 18. 10. 2011–C 34/10: Patentrecht und Embryonen-schutz, in: JZ, 67. Jg., 2012, S. 145~147.

2013

41. Anm. zum Urteil des LG Köln v. 27. 9. 2012: Presseähnlichkeit von Telemedien-angeboten öffentlich-rechtlicher Rundfunkanstalten, in: JZ, 68. Jg. 2013, S. 103f.

슈타르크 헌법논집
민주적 헌법국가

초판인쇄 2015년 8월 10일
초판발행 2015년 8월 15일

저 자 크리스티안 슈타르크
편역자 김대환
발 행 최두환

발행처 시와진실
출판등록 1997년 6월 11일 제2-2389
주소 156-830 서울 동작구 강남초등4길 14번 601호
전화 02-813-8388
팩스 02-813-8377
이메일 ambros2013@naver.com

ISBN 978-89-90890-49-8 93360
*책값은 뒤표지에 있습니다.
*잘못 만든 책은 사신 곳에서 바꿔드립니다.

이 도서의 국립중앙도서관 출판예정도서목록(CIP)은 서지정보유통지원시스템 홈페이지(http://seoji.nl.go.kr)와 국가자료공동목록시스템(http://www.nl.go.kr/kolisnet)에서 이용하실 수 있습니다.(CIP제어번호: CIP2015021045)